Sonne im Staub

Enrico Senftleben

Teil 1
Rückkehr nach Afghanistan

3. Auflage

Impressum

Bibliografische Information der Deutschen Nationalbibliothek: Die Deutsche Nationalbibliothek verzeichnet diese Publikation in der Deutschen Nationalbibliografie; detaillierte bibliografische Daten sind im Internet über dnb.dnb.de abrufbar.

Copyright

Pos. 1-4 Coverdesign: Nina Döllerer unter Verwendung von Motiven von givaga und zieusin von shutterstock.com

Herstellung und Verlag

Herstellung und Verlag: Independently published
Enrico Senftleben
c/o Block Services
Stuttgarter Straße 106
70736 Fellbach
ISBN: 978-3-7579314-5-2

Herstellung und Druck über tolino media GmbH & Co. KG, München.
Printed in Germany

Inhaltsverzeichnis

Vorwort

Dieses Buch soll meinen Angehörigen und allen interessierten Lesern die Möglichkeit bieten, einen Blick in meinen Alltag als Soldat im Auslandseinsatz zu werfen und meine Erinnerungen an den letzten langen Einsatz in Afghanistan erhalten. Auch wenn es nur meine persönlichen Eindrücke und Schilderungen sind, so werden viele Parallelen mit anderen Kameraden bestehen und ihr möglicherweise etwas besser verstehen, warum wir tun, was wir tun. Alle im Buch enthaltenen Ansichten und Meinungen stellen meine persönliche Sichtweise dar. Auch heben sich meine Ausführungen von irgendwelchen heroisierenden „Kriegsgeschichten“ ab, da zwar auch mein Alltag in Afghanistan nicht dem gewöhnlichen Dienst eines Bundeswehrsoldaten entsprach, jedoch den für mich persönlich entscheidenden Teil unserer Mission – Aufbauhilfe im Land zu leisten – herausstellt. Sie ist, auch und gerade im zivilen Bereich, in meinen Augen der Schlüssel zur Verbesserung und Stabilisierung der Situation im Land, die in Zahlen gemessen wohl seit Beginn der Einsätze viel zu kurz kommt.

Alle Darstellungen beruhen auf wahren Begebenheiten. Um die Identität der Beteiligten zu schützen werden sie nicht mit vollem Namen genannt, sondern andere Vornamen, Spitznamen, Dienstgrade oder Verwendungskürzel verwendet. Diejenigen, die dabei waren, werden sich wiedererkennen. Und obwohl das Buch auf wahren Begebenheiten beruht, sind es meine persönlichen Erinnerungen und somit auch meine subjektiven Sichtweisen und Eindrücke.

Bei dem vorliegenden Buch – dem ersten Teil einer Trilogie – handelt sich um eine Aufbereitung meiner Tagebucheinträge, die ich während meines Einsatzes verfasste und welche die Grundlage meiner hier vorgestellten Erinnerungen bilden. Um es verständlicher zu machen und die Spannung an diesem Buch zu erhalten, habe ich die für mich wichtigsten, einschneidendsten und die für den Leser interessanten Erlebnisse aus dem Einsatz und meinem Leben ausgewählt. Damit kann das Buch als eine Mischung aus Tagebuch, Erlebnisbericht und Biografie betrachtet werden. Daher habe ich nicht alle Erlebnisse und Vorfälle in den verschiedenen Einsätzen festgehalten, sondern bewusst daraus ausgewählt. Wohl auch, weil es Dinge gibt, die ich lieber vergessen als festhalten möchte. Lasst euch nun auf die Umstände, Ereignisse und Gefühle ein und begleitet mich auf eine so ganz andere Art der Reise durch diese Zeit, durch einen verhältnismäßig langen Auslandseinsatz in Afghanistan und weiteren interessanten Erfahrungen aus meinem Leben und vorangegangenen Einsätzen. Zu Beginn werde ich gelegentlich Erinnerungen aus meiner Biografie einfügen. Dadurch wird vieles verständlicher, insbesondere die Bewertung meiner Eindrücke sowie Gedanken und Gefühle. Am Ende dieser Bücher werdet ihr viel über mich und mein Leben wissen und um viele Hintergründe reicher sein. Vielleicht kennt ihr mich dann sogar besser als ich mich selbst und beantwortet für euch die Fragen nach Sinn und Motivation. Ihr werdet vielleicht eure eigenen Schlussfolgerungen ziehen, die natürlich von meinen eigenen abweichen können. Neben all diesen Aspekten hoffe ich natürlich auch, dass euch das Buch Freude beim Lesen bereitet.

Einführung

Ich wurde auf der Insel Rügen als zweiter Sohn von vier Kindern eines Berufskraftfahrers und einer Näherin geboren. Mein älterer Bruder ist etwas mehr als ein Jahr älter, mein jüngerer Bruder etwa vier Jahre jünger. Weitere fünf Jahre später wurde meine Schwester als Wunschkind und Nachzüglerin geboren, denn meine Eltern hatten sich immer ein Mädchen gewünscht. In dieser Familie wuchs ich in einer der neu errichteten Wohnsiedlungen des Ostens auf.

Als mein Vater 1989 die Gelegenheit wahrnahm und über Ungarn in den Westen flüchtete, befand ich mich gerade in der neunten Klasse der Polytechnischen Oberschule. Diese konnte ich nicht gänzlich beenden, da wir Anfang Juni 1990 nachzogen und dann im Raum Osnabrück ansässig wurden. Ich beendete die Schule nicht mehr, da ich in meiner pubertären Phase keine Lust auf Unterricht und etwas Angst vor den neuen Anforderungen in einer „fremden" Gesellschaft hatte und es meinen Eltern auch sichtlich egal war. So begab ich mich eines schönes Sommermorgens, nach erfolglosen Versuchen mir durch das örtliche Arbeitsamt eine Lehrstelle vermitteln zu lassen, zu der gegenüberliegenden Maschinenfabrik.

Mein letztes Zeugnis der DDR unter dem Arm und mit frisch gekämmtem Haar, suchte ich den damaligen Lehrmeister auf. Trotz leichter Bedenken und etwas Unkenntnis um die Voraussetzungen für eine Lehre stellte er mich ein und so begann ich im August 1990 eine dreieinhalbjährige Ausbildung zum Maschinenbaumechaniker. Hier fand ich ein wirklich großes Interesse an handwerklichen Tätigkeiten, das mich bis heute begleitet. Im Februar 1994 beendete ich dann mit dem Gesellenbrief erfolgreich die Ausbildung und wurde auch direkt in ein festes Arbeitsverhältnis übernommen.

Erst als ich im Januar 1995 zur Marine eingezogen wurde, schlug ich einen neuen und langen Lebensabschnitt ein. All dies ahnte ich damals natürlich noch nicht, weil ich davon ausging, nach meinen 12 Monaten Grundwehrdienst wieder in das Zivilleben zurückzukehren. Doch nach einem Wechsel von der Marine, bei der ich auf der Fregatte Bremen stationiert war, zur Luftwaffe an den Niederrhein, fand ich Gefallen an der Verwendung als Soldat. Ein wesentlicher Grund dafür war damals die Tatsache, dass ich gut bezahlt und fair behandelt wurde. Das blieb natürlich nicht immer so, aber dazu später mehr. Schon einen Monat nach dem Wechsel zur Luftwaffe beantragte ich die Übernahme in den Status eines Zeitsoldaten für vier Jahre. Ich wollte etwas machen, was mir Freude bereitet und die Zeit nutzen, um meinen Schulabschluss in der Abendschule über zwei Jahre nachzuholen. Ich wurde dann auch recht schnell übernommen und als Fahrer von unserem Oberst eingesetzt. Rückblickend eine der schönsten Zeiten bei der Bundeswehr, in der man mit Zuverlässigkeit und Loyalität ein wirklich gutes Leben und eine fast „unantastbare Position" hatte. Durch eine beinahe väterliche Freundschaft zum Oberst, die durch regelmäßige Briefkontakte bis heute anhält, habe ich mich persönlich sehr stark weiterentwickelt und die Möglichkeit zum Verbleib über die vier Jahre hinaus in der Bundeswehr bekommen. Und da ich nur länger bleiben wollte, wenn ich auch über die damalige Verpflichtungszeit hinaus eine langfristige Perspektive bekäme, bot der Oberst mir die Ausbildung und Anstellung zum Fahrlehrer an.

Da ich zwischenzeitlich über zwei Jahre in der Abendschule meinen Realschulabschluss nachgeholt hatte, hätte ich auch andere Wege beschreiten können. Aber der Spaß am Soldatenberuf und das Wissen um das, was man hat, haben mich dann 1998 in eine ostfriesische Fahrschule der Bundeswehr verschlagen. Ich ahnte zu dieser Zeit noch nicht, dass ich in einer fast 40-jährigen Bundeswehrfahrschulgeschichte der einzige ostdeutschstämmige Fahrlehrer bleiben würde. Nur vier Jahre später fiel diese dann einer der vielen Strukturreformen zum Opfer und ich wurde mit Aufstellung der neuen Streitkräftebasis, die nun neben Marine, Luftwaffe, Heer und Sanität aufgebaut wurde, nach Rheine in das Kraftfahrausbildungszentrum versetzt. Hier erwarteten mich vier weitere, relativ anstrengende Jahre.

Es waren viele Anpassungen und Anstrengungen nötig, begleitet von teilweise schwierigen Vorgesetzten, die in einer Zeit zu militärischen Führern ausgebildet wurden, als die Modernisierung der Inneren Führung in der Bundeswehr noch in den Kinderschuhen steckte. Hier bin ich bis heute der festen Überzeugung, dass die Luftwaffe, allem Geläster zum Trotz, den anderen Teilstreitkräften sehr viel voraushatte. Der hier dominierende, kooperative Führungsstil gilt für mich bis heute als der pädagogisch in der Ausbildung wertvollste und den Ansprüchen an eine moderne Armee am besten Gerecht werdende Führungsstil. Jedoch bedarf es hierzu einer besseren Auswahl von Führungsnachwuchs, der seinerseits von entsprechend geeigneten Führungskräften ausgewählt werden muss. Dieser Anpassung wird die Bundeswehr sich auf längere Sicht nicht entziehen können, wenn sie im Rahmen der Nachwuchsgewinnung konkurrenzfähig bleiben will.

2003 wurde ich mit 28 Jahren – damals absolut unüblich – noch als Zeitsoldat zum Hauptfeldwebel befördert. Das hieß, ich war im Jahresrhythmus vom Hauptgefreiten bis zum Hauptfeldwebel aufgestiegen. Dies brachte viele Neider mit sich, gerade weil ich als Luftwaffensoldat in einer von Heeressoldaten dominierten Fahrschule tätig war. Nur etwa sechs Monate später wurde ich dann auch zum Berufssoldaten ernannt. Nachdem ich für etwa sechs Monate als Unterstützung in der Fahrlehrerausbildung an der damaligen Nachschubschule des Heeres eingesetzt wurde, entschloss ich mich zu einer Bewerbung für einen Auslandseinsatz. Das brachte mich gegen einige Widerstände und auf steinigen Wegen 2006 für einige Monate in den ersten Auslandseinsatz nach Afghanistan. Hier wurde ich nach kurzer Spezialausbildung vom LKW in den Hubschrauber gesteckt und als Bordschützen-Gruppenführer auf dem Hubschrauber CH53GS eingesetzt, einem Transporthubschrauber. Eine sehr harte, aber lehrreiche Zeit, mit Eindrücken, die bis heute ihresgleichen suchen und mich auch in meiner charakterlichen Entwicklung sehr geprägt haben.

Ich war noch keine drei Monate wieder in der Heimat, da wurde ich gefragt, ob ich auch bereit wäre, in derselben Funktion für weitere zwei Monate in den Kongo zu gehen. Diese wohl einmalige Chance wollte ich mir nicht entgehen lassen. Mitte 2006 wurde ich nach Kinshasa verlegt und erlebte hier eine sehr harte Zeit in einem unfertigen Zeltlager bei widrigsten Umständen aber sehr guter Kameradschaft! Die gewonnenen Erfahrungen und ein recht seltener Einsatzorden sind meine heutigen Andenken, um diesen Einsatz im Nachhinein positiv in Erinnerung zu behalten. Dennoch hätte man mich damals nicht nach einer Verlängerung im Einsatzland fragen brauchen. Ich war nach zwei anstrengenden Einsätzen mit militärisch anspruchsvollen Erlebnissen und Aufgaben schon sichtlich ausgebrannt.

Kurz darauf wurde ich im Januar 2007 an die neue Logistikschule der Bundeswehr (die ehemalige Nachschubschule des Heeres) versetzt. Hier fand ich das erste Mal seit langem eine Tätigkeit, die mich in Gänze ansprach und ausfüllte; Eine Tätigkeit als Ausbilder in verschiedenen Bereichen des Kraftfahrwesens, die abwechslungsreich und interessant war. Auch hier merkte ich jedoch nach wenigen Jahren, dass ich den Stillstand nicht mag und eine Weiterentwicklung, die Suche nach neuen Erfahrungen nötig wurde, um weiterhin Zufriedenheit im Soldatenberuf zu finden.

Darum bewarb ich mich 2009 auf den Dienstposten als Mentor für die afghanische Armee in Kabul. Kurz darauf bekam ich eine Zusage und wurde im Januar 2010 für fast 14 Monate nach Afghanistan in den ISAF-Einsatz verlegt. Die ISAF (International Security Assistance Force) war eine internationale Sicherheitsunterstützungstruppe für eine Sicherheits- und Wiederaufbaumission unter Führung der NATO im Rahmen des Krieges in Afghanistan von 2001 bis 2014. Meine Erinnerungen, um die es in diesem Buch geht und die in den folgenden Zeilen meine Erlebnisse und Eindrücke widerspiegeln, beziehen sich jedoch nicht auf diesen ersten, sondern meinen zweiten langen Einsatz in Afghanistan. Dieser begann Anfang Januar 2013 und war mein letzter freiwilliger Einsatz, da ich meiner Frau versprochen hatte, mich auf keine weiteren Auslandseinsätze zu bewerben.

Meine Stimmung während des Einsatzes zeigt sich in den folgenden Kapiteln immer wieder im Schreibstil und den Inhalten, welche nicht in erster Linie auf Spannung, sondern vorrangig an Authentizität und Chronologie ausgerichtet sind. Zudem muss erwähnt werden, dass der Inhalt sich zeitlich vor meiner Rückkehr im Januar 2014 abspielt. Veränderungen, die seitdem im dienstlichen wie privaten Umfeld stattgefunden haben, werden somit nicht oder nur teilweise erwähnt.

Kapitel 1

Die Reise zum Hindukusch

Ich habe nur sehr wenig geschlafen. Eigentlich gar nicht. Die Augen brennen und der Kopf fühlt sich schwer auf meinen Schultern an. Das Handy liegt neben mir am Boden des Bettes und trillert fleißig und wie befohlen die Wegrufmelodie in den Morgen. Es ist kurz vor vier Uhr morgens, wir sind zu Gast bei meinem Bruder und ein langer Tag liegt vor mir. Ein Tag der Reise in das usbekische Termez, bevor es dann über Masar-e Sharif nach Kabul weiter geht.

Mit dem Klingeln meines Handys beginnt ein etwas mehr als einjähriger Auslandseinsatz in Afghanistan, der zweite dieser Länge. Es ist eine eher ungewöhnlich lange Zeit für einen Auslandseinsatz, aber da mich eine erneute Verwendung als Mentor in der afghanischen Armee erwartet, sind lange „Stehzeiten“ (wie wir sie nennen) nötig, um den interkulturellen Kontakt zu den afghanischen Menschen aufzubauen und somit eine brauchbare Basis der Zusammenarbeit zu finden. Es sind nur wenige deutsche Soldaten, die so lange in Afghanistan eingesetzt werden oder wurden. Mein erster Einsatz dieser Art im Jahr 2010 dauerte fast 14 Monate. Der aktuelle Einsatz ist also eigentlich nichts Neues für mich. Und dennoch, kein Tag wird wie der andere sein und auch diesmal werden die Tage, Wochen und Monate nur so dahinfliegen. Das hoffe ich zumindest, denn so richtig neuen Schwung verspüre ich noch nicht.

Gestern noch habe ich mich von meinen daheim gebliebenen Kindern und den Schwiegereltern verabschiedet, dann bin ich mit meiner Frau und meiner Tochter zu meinem älteren Bruder nach Osnabrück gefahren, um dort Zwischenstation zu machen und mich bei einem Abschiedsessen in einem thailändischen Restaurant bei meinen Geschwistern und Anhang zu verabschieden. Eigentlich war es sehr schön, wir waren schon lange nicht mehr so zusammengekommen und hatten einen Abend lang gute Gespräche und eine gute Stimmung. Nur die Frage von der Freundin meines kleinen Bruders, ob es denn jetzt das letzte Mal in den Einsatz ginge, hat die Stimmung etwas gekippt. Erst einen Abend vorher war ich mit meiner Frau noch gemütlich ausgegangen und da hatte sie mir dieselbe Frage gestellt. Vielleicht bin ich der Antwort etwas diplomatisch ausgewichen, aber nun hatte ich die Frage offener und konkreter beantworten müssen. Dies hat zu zusätzlichen Spannungen geführt, die ich im Moment nicht wirklich gebrauchen kann.

Da ich als Berufssoldat nie gänzlich einen weiteren Einsatz ausschließen kann, wurde ich eben konkreter in meiner Antwort. Denn tatsächlich hatte ich versprochen, nicht noch einmal für so eine lange Zeit in einen Auslandseinsatz zu gehen, da dies auch als Berufssoldat auf einer gewissen Freiwilligkeit beruht. Meine Frau hatte es jedoch als gänzliches „Nein" zu weiteren Einsätzen ausgelegt. Damit war die Stimmung kaputt und ich stand auch noch als unglaubwürdig da. Dass sie dann auch noch zu weinen begann, machte die Lage nicht einfacher. Später, als wir dann allein im Auto auf dem Weg zu meinem älteren Bruder saßen, versuchte ich es noch einmal klarzustellen und machte ihr damit Hoffnung, dass ich nach diesem Einsatz zumindest für längere Zeit keinen freiwilligen Auslandseinsatz mehr aktiv anstrebe. Aber ob es wirklich die Wahrheit war, ich weiß es nicht. Selbst für viele meiner Kameraden, die in Deutschland ihren Dienst versehen, ist es teilweise schwer zu verstehen, was mich bewegt und warum ich mich immer wieder diesen besonderen Umständen aussetze. Die meisten haben mir sofort den zusätzlichen finanziellen Anreiz als Motivation unterstellt, da es wohl die von außen betrachtet naheliegendste und einfachste Erklärung ist. Aber entgegen dieser Meinungen muss ich klarstellen, dass es nicht so einfach ist und Geld nicht die oberste Priorität hat. Die Antwort ist zudem weder Schwarz noch Weiß, denn sie hat viele Seiten. Nur wer versucht, sich zu verwirklichen, ein sinnhaftes Leben zu führen und Spuren auf dieser Erde hinterlassen will, kann es vielleicht verstehen. Nicht einer von vielen und in einer besonderen Aufgabe zu sein, war schon immer ein starker Antrieb für mich. Eine Sache einfach gut ausführen zu wollen, um sich später keinen Selbstvorwürfen auszusetzen, kann eine schwierige Aufgabe darstellen. Die mangelnde Anerkennung meiner Eltern in meiner Kindheit spielt bei den Beweggründen unterbewusst sicher auch eine Rolle.

Ich erkenne immer wieder, welche tiefen Spuren meine Kindheit hinterlassen hat. Mit meinem Vater hatte ich stets ein Negativbeispiel vor den Augen. Oft hat er in der Familie schreiend und prügelnd seine persönliche Unzufriedenheit mit seinem Leben ausgedrückt. Die Schuld im System der DDR gesehen oder bei meiner Mutter und uns vier Kindern. Nie wollte ich so werden wie er. Bis heute, und nun bin ich fast 50, habe ich nie geraucht oder Alkohol getrunken. Ich wollte alles besser und vor allem anders machen als er, der auch heute noch dort steht, wo er auch schon vor 30 Jahren stand. Nur heute ist es nicht mehr das System der DDR, dem er die Schuld geben könnte. Die suchte er erst oft bei meiner Mutter, heute muss das Umfeld herhalten. Die Wahrheit ist aber, dass er es nie geschafft hat voranzukommen und sich zu entwickeln. Ihm fehlten einfach sinnvolle Ziele. Im Rahmen seiner Fähigkeiten fährt er heute wie damals seinen Truck und degradiert sich damit zu einen von vielen Hamstern im Laufrad des Lebens. Nicht, weil das ein schlechter Beruf wäre, sondern weil er damit seine persönlichen Entwicklungsschwierigkeiten dokumentiert. Er ist fleißig und hat zumindest seine Verantwortung im Beruf immer ernst genommen – der winzige Teil seines Seins, welchen ich mit Respekt betrachte. Immerhin hat er mit den Jahren gelernt, seine Fehler der Vergangenheit zumindest teilweise zu erkennen. Nur was nützt das heute noch? Seine Spuren bleiben wie ausgehärtete Fußabdrücke im Beton, selbst wenn der zu bröckeln beginnt. Immer, wenn man diesen Weg entlangkommt, wird es holprig sein. Lange habe auch ich gebraucht, um mich immer wieder selbst zu reflektieren und seine Fehler nicht auf meine eigene Familie zu übertragen. Ich denke es ist mir ganz gut gelungen, auch wenn es oft hohe Mauern gab, die ich überwinden musste.

Meine Uniform und die Ausrüstung für die Reise liegen ordentlich vorbereitet im Schlafzimmer. Ich drücke den Wecker meines Handys aus und beginne damit, mir die Uniform anzuziehen. Tausende Male habe ich das nun schon gemacht. Dann prüfe ich noch einmal, ob alles an seinem Platz ist und gehe mich waschen. Da ich am Vorabend noch geduscht hatte, reicht mir die Katzenwäsche. Mein Bruder sitzt schon im Esszimmer und schaut nach seinen Nachrichten im sozialen Netzwerk. Eine Tasse Cappuccino neben ihm auf dem Tisch soll wohl das Frühstück sein. Es ist der 13. Flug nach Afghanistan für mich und schon oft hatten er und mein kleiner Bruder mich zum Flughafen gebracht. Es wurde so langsam etwas wie Tradition, nur meine Eltern kamen nie mit, um mich abzuholen. Wir warten jetzt noch auf meinen kleinen Bruder, der eigentlich fast immer zu spät zu allen Terminen kommt. Vier Uhr war die abgesprochene Treffpunktzeit und als es knapp fünf Minuten nach ist, nehme ich mein Handy und rufe ihn an. Als er abnimmt höre ich schon die Fahrgeräusche im Hintergrund und atme kurz erleichtert auf. Er ist schon fast angekommen und muss jetzt draußen nur noch einen Parkplatz für sein Auto finden.

Ich nutze nun die Zeit, um mich von meiner Frau zu verabschieden, nachdem ich noch schnell meiner kleinen Tochter auf Wiedersehen gesagt habe. Ich drücke meine Tochter kurz, gebe ihr einen Kuss und bitte sie, auf ihren kleinen Bruder mit aufzupassen. Eigentlich nicht rational, da sie auch erst zehn ist und mein Sohn fünf. Aber irgendetwas Sinnvolles wollte ich sagen und ihr das Gefühl geben, dass sie etwas für mich tun kann, wenn ich nicht da bin. Ein kleines Stück Verantwortung tragen und sich ein kleines Ziel zu setzen. Als ihr die Tränen an den Wangen herunterkullern, versuche ich durch kleine Witze und lockere Sprüche, wie ich sie oft nutze, die Stimmung wieder etwas zu lockern. Danach schicke ich sie in Mamas Bett, damit beide später noch etwas kuscheln können. Bei meiner Frau geht das Verabschieden natürlich nicht so einfach. Ich nehme sie in den Arm und halte sie eine gefühlte halbe Ewigkeit fest. Die Nähe fällt mir schwer, dabei wird sie mir in den nächsten Monaten wohl sehr fehlen. Ich fühle mich schon innerlich zum Aufbruch gedrängt, will ihr aber die Zeit geben, die sie nun braucht. Als ich mit meinen Brüdern das Haus verlasse, kommt sie mir mit meiner Schwägerin nach und sie sehen uns noch beim Einsteigen und Losfahren zu. Dann winken wir noch einmal kurz und fahren in der Dunkelheit davon. Die Gedanken drehen sich in diesem Augenblick für mich nur darum, ob es auch wirklich ein vernünftiger Abschied war. Ohne Fehler und mit Rücksicht auf meine Familie. Als Vater von vier Kindern versucht man vielleicht noch mehr, Dinge richtig zu machen. Dennoch gibt es Situationen, wo sich Interessen kreuzen und selbst der Versuch, in einer Entscheidung vielem gerecht zu werden, scheint zu oft unmöglich. In solchen Momenten glaube ich, dass die Kinder es einem vielleicht später einmal vorwerfen werden. Von der Ehefrau bekommt man ja meist unmittelbar eine Rückmeldung. Egal wie man es macht, hierbei gilt ein für mich wertvoller militärischer Grundsatz: Treffe eine Entscheidung, auch wenn sie vielleicht mal die falsche ist, aber treffe sie und bleibe konsequent. Natürlich hat man beim vierten Einsatz ein besseres Gefühl dafür, was richtig und falsch ist, dennoch fahre ich wieder einmal mit einem unguten Gefühl im Magen davon. Doch das muss wohl so sein...

Obwohl wir drei sehr müde sind, entsteht eine angeregte Unterhaltung, da mein großer Bruder zurzeit etwas Stress mit seinem Garagenvermieter hat. Dadurch rückt das Thema des Einsatzes bis kurz vor Köln in den Hintergrund. Ich finde das nicht schlecht, weil ich in den letzten Tagen ständig von der Familie, Freunden und Bekannten auf das Thema angesprochen wurde. Immer wieder muss man vor den Antworten kurz durchatmen, um erneut die Energie für eine angemessene Antwort auf die sehr unterschiedlichen Fragen zu finden. Auch wenn sich die Fragen im Kern immer um dasselbe drehen, so wollen die Antworten wohlüberlegt sein. Aus Erfahrung weiß ich, dass Schlagworte, um die Fragen kurz und knapp zu beantworten, nicht klug sind. Sie lassen einfach zu viel Spielraum für mögliche Interpretationen. Dabei ist es mir sehr wichtig, Antworten so zu veranschaulichen, dass es auch der Laie nachvollziehen kann. Natürlich ist es verständlich, dass die meisten Leute wissen wollen, warum man das tut und wie man es mit der Familie vereinbart. Aber diese Frage kann letztlich nur jeder Soldat für sich selbst beantworten. Es gibt dafür keine Standardantwort. In meinem Fall dreht sich alles um den Konflikt, den Job gut zu machen und sich dennoch gut um die Familie zu kümmern. An meinem Vater habe ich gesehen, wie bedeutsam eine gewisse Berufs- und Lebenszufriedenheit ist. Natürlich könnte ich kündigen und etwas Neues anfangen, täglich zu Hause bei Frau und Kindern sein. Doch ist es beruflich dann das, was mich erfüllt und sind wir als Familie bereit, mögliche soziale und finanzielle Abstriche hinzunehmen? Seit etwa 15 Jahren lebe ich entweder im Auslandseinsatz oder in Kasernenanlagen, verbringe nur die Wochenenden und den Urlaub mit der Familie. Einerseits gewöhnt man sich letztlich an fast alles, andererseits bleibt immer die Unzufriedenheit, es nicht optimal vereinbaren zu können. Es hat mein Wesen als Einzelgänger stark geprägt. Und wenn man einmal ein kleines Häuschen für die Familie gekauft hat und die sozialen Kontakte der Frau und der Kinder nicht in unregelmäßigen Abständen zerstören will, kann man nicht einfach immer an den neuen Standort umziehen. Was würde aus dem Häuschen, wie findet die Frau eine neue Arbeitsstelle und was machen die Kinder durch, wenn sie ihren Freundeskreis verlieren? Es wäre schön, wenn alles nur mit Ja oder Nein zu beantworten wäre, aber so einfach ist es leider nicht. Persönlich schmerzhaft empfinde ich es jedoch immer dann, wenn selbst Kameraden (die häufig selbst noch nie im Einsatz waren) einen dafür kritisieren, dass man es nicht richtig macht und einem Egoismus unterstellen.

Die eigenen finanziellen Interessen werden einem oft als Motivation für die Auslandseinsätze unterstellt. Dabei steht das zusätzliche Geld in keinem Verhältnis zu dem, auf was man sich einlässt: Bei einem Auslandsverwendungszuschlag (2013) von 110 Euro pro Tag macht das 4,58 Euro je Stunde. Damit sind aber alle weiteren Ansprüche abgegolten. Also kein Trennungsgeld, Außendienstzulage, Nachtzuschläge oder Überstundenvergütungen. Wir reden also rechnerisch von weniger als dem gesetzlichen Mindestlohn als Zusatzvergütung, den es für einige Branchen gibt. Doch dafür hat man weder Wochenende noch frei verfügbare Freizeit. Kein Kino, keinen Sex, kein Essengehen, keine Hobbys ausüben und so weiter. Im Gegenteil, man ist ständig der Gefährdungslage ausgesetzt und muss alle klimatischen wie auch infrastrukturellen Nachteile hinnehmen. Und wenn man einmal selbst fast zwei Wochen gebraucht hat, bis der Hustenauswurf vom fäkalverschmutzten Staub aus der Lunge nachlässt, wird es einem sehr bildlich und körperlich bewusst, in welcher Umgebung wir uns befinden. Die Folgeschäden aus solchen monatelangen Belastungen lassen sich nur schwer abschätzen. Wenn ich diesen jetzigen Einsatz geschafft habe, sind es gut 30 Monate, die ich in Afghanistan verbracht habe. Es gibt Kameraden, die das noch sogar deutlich überbieten können. Sicher waren knapp 40.000 Euro Auslandsverwendungszuschlag nach meinem letzten Einsatz viel Geld, und es hat mich und meine Familie auch deutlich finanziell entlastet. Nur darf man eben nicht den Preis dafür vergessen. Letztlich steht es fast jedem gesunden Menschen frei, es uns Einsatzsoldaten gleich zu tun, egal, ob als Reservist, freiwillig Wehrdienstleistender, Zeitsoldat oder Berufssoldat. Dazu müsste man aber Entscheidungen treffen, die Entbehrungen bedeuten und sicher ist es zu Hause in Deutschland im geregelten Arbeits- oder Dienstalltag deutlich angenehmer. Denkt man also einmal ernsthaft über viele der unterstellten Gründe für so einen Einsatz nach, so sollte man schnell erkennen, dass der finanzielle Anreiz nur ein kleines Teilargument sein kann. Andererseits würde ich mir nie anmaßen zu sagen, dass mich das Geld überhaupt nicht interessiert. Wer das von sich behauptet, dem unterstelle ich mangelnde Aufrichtigkeit. Denn dann könnte man das Geld ja auch nach dem Einsatz spenden. Davon habe ich jedoch in mehr als 18 Dienstjahren noch nichts gehört. Aber neben dem finanziellen Anreiz motiviert mich natürlich die eigentliche Aufgabe hier im Einsatz, in der ich etwa sechs Tage in der Woche außerhalb des Camps mit den afghanischen Soldaten zusammenarbeiten werde. Eine Aufgabe, in der man einen Grad der Bedeutung erlangt, der in Deutschland schwer zu erreichen ist, da man dort meistens nur einer von vielen ist. Das Gefühl – wenn auch nur in winzigen Schritten – etwas zu verändern, Spuren zu hinterlassen und damit letztlich auch seinem gesamten Leben einen tieferen Sinn zu geben, kann sehr erfüllend sein. Überall suchen wir nach Anerkennung und Sinn – und wenn es nur der frisch gestrichene Gartenzaun ist, den die Frau bewundern soll. Ohne Sinn gibt es keine Ziele und ohne Ziele im Leben keinen Sinn. Selbst wenn ich mit meiner Biografie sicher nicht zum Durchschnitt gehöre, so zählen am Schluss nur die eigenen Argumente und was ich vor mir und meinen Angehörigen begründen kann. Das alles soll sich nicht nach Rechtfertigungen anhören, sondern nur einmal den Blick in meine Gedanken ermöglichen. Jedem steht es frei, sich dazu seine persönliche Meinung zu bilden und dabei selbst zu reflektieren. Das empfehle ich besonders den kritisierenden Kameraden, die noch nie im Einsatz waren oder nicht sein wollen!

Kurz vor Köln steuern wir einen Rastplatz an. Wir wollen etwas frühstücken und eine kleine Pause einlegen. Noch liegen wir gut in der Zeit und so gehen wir durch den leichten Nieselregen in die Raststätte, um uns etwas Essen zu bestellen. Wie ich dann so meine Rühreier esse wird mir bewusst, dass ich diese Art der Verpflegung für längere Zeit nicht mehr sehen werde. In meinem letzten Einsatz habe ich gestandene Dienstgrade gesehen, die in Termez nach Monaten das erste Mal wieder Kartoffeln, Soße und Fleisch auf dem Teller hatten und es ihnen dabei die Tränen in die Augen trieb. Nach der Rückkehr sieht man die Speisen auf dem Tisch zu Hause dann aus einem anderen

Blickwinkel. Die übertriebene Vielfalt oder auch die Menge an nicht verzehrten Lebensmitteln, die dann nur noch den Weg in den Biomüll findet, hinterlässt kleine Brandmale im Gehirn der Beteiligten, wie viele andere Erlebnisse auch. Manchmal bleiben auch komplett „verbrannte“ Regionen im Gehirn zurück, die man auch nicht mehr vor anderen verstecken kann. Immer wieder musste ich mich nach den letzten Einsätzen zusammenreißen, um nicht das Unverständnis aus mir rausplatzen zu lassen, obwohl ich ja wusste, dass die Menschen um mich herum es nicht besser wissen können. Wenn die Kinder sich nicht entscheiden können, was sie sich auf ihr Brot legen sollen, obwohl auf dem Tisch kaum Platz für weiteren Aufschnitt ist. Auch diesen veränderten Blick und eine teilweise Entfremdung bekommt man gratis zum Auslandsverwendungszuschlag dazu. Man kann jedoch froh sein, wenn es nur solche, eigentlich harmlosen Dinge sind.

Wie wir nun so unser Frühstück verzehren, kommt das Thema Einsatz auch wieder etwas mehr auf den Tisch. Ich gehe nur noch unwillig, ausweichend darauf ein, will eigentlich lieber schon in der Maschine sitzen, obwohl ich die Zeit mit meinen Brüdern immer genieße. Da mein kleiner Bruder etwa vier Jahre jünger ist als ich, sind wir erst spät auch gute Freunde geworden. Bei meinem großen Bruder war das anders. Wir sind im wahrsten Sinne durch dick und dünn gegangen. Haben zusammen die Schläge unseres Vaters ertragen und vieles geteilt. Haben uns trotz einiger Reibereien in der Kindheit immer gut verstanden und konnten uns aufeinander verlassen. Dafür müsste ich meinem Vater heute danken, denn ich kann nicht sicher sagen, ob es auch so geworden wäre, wenn wir eine behütete Kindheit gehabt hätten. Es war zwar nicht gut, wie es damals war, aber wenigstens wie es heute geworden ist. Es ist ein gutes Gefühl sich auf Menschen verlassen zu können. Gerade auch weil mein Beruf nur eine kleine Anzahl an wirklichen Freunden hervorgebracht hat. Wie auch, wenn man kaum soziale Verbindungen in der Freizeit knüpfen kann. Die Freizeit gehört zu einem Großteil der Familie und das ist auch in Ordnung so.

Etwa 20 Minuten später sind wir wieder auf der Autobahn, die letzten Kilometer spulen wir bei dichtem Regen durch die farbigen Lichter der Fahrzeuge in der nächtlichen Dunkelheit ab. Als wir die Autobahn verlassen, halten wir noch einmal an einer Tankstelle an und betanken das Auto. Ich suche mir eine frische Autozeitschrift, die erste dieses

Jahres, und bezahle dann alles. Ich fühle mich einfach besser dabei zu wissen, dass ich neben dem Transport zum Flughafen keine weiteren Belastungen verursache. Dafür bin ich auch viel zu froh darüber, dass alles so unkompliziert funktioniert.

Nun sind wir schon auf den letzten Metern und können bereits das neue militärische Flughafengebäude des militärischen Teils in Köln erkennen. Es wirkt ein wenig zivil und komfortabel, vielleicht auch psychologisch günstig. Denn der Übergang in den Einsatz wirkt dadurch weicher. Selbst der Flug im Airbus der Luftwaffe hat ein Stück zivilen Charakter. Ich ziehe mein Gepäck aus dem Fahrzeug, einen vollgepackten Kampfrucksack mit dem Nötigsten für die nächsten zwei Reisetage und meine Laptoptasche. In der neben dem Laptop auch jede Menge Kabel, eine Handycam und Naschereien stecken. Selbst die Cola, welche mein kleiner Bruder mir schon fast traditionell neben einer kleinen Geschenktüte, in der sich ein Schokoladenschornsteinfeger, ein Foto seiner Kinder und eine kleine LED-Leute befindet, überreicht, verstaue ich noch darin. Wir gehen gemeinsam durch die Personenschleuse in den Wartebereich, in dem sich nur relativ wenige Soldaten und einige Angehörige aufhalten. Wir werden eine Zwischenlandung in Hannover machen, wo der Großteil der Soldaten zusteigt. Es ist Kontingentwechselzeit (die Soldaten werden alle 4 Monate ausgetauscht) und daher sind die Maschinen die nächsten Wochen recht voll. Aber so ist es ganz gut, denn ich kann fast direkt zur Abfertigung durchgehen und nachdem nur zwei Passagiere vor mir eingebucht werden, bin ich auch schon an der Reihe. Ich reiche dem Kameraden der Abfertigung meinen Truppenausweis und lege das gesamte Gepäck auf die Waage. Es sind gerade einmal 27 Kilogramm. Dann reicht er mir die Bordkarte, ich nehme meine Laptoptasche wieder an mich und stelle sie auf einen der Sitze im Wartebereich. Noch einmal gehe ich zu meinen Brüdern zurück und wir laufen gemeinsam zu ihrem Auto. Mein kleiner Bruder zündet sich eine Zigarette an. Er wollte eigentlich im neuen Jahr aufhören, tut sich jedoch etwas schwer damit. Wir sprechen noch kurz über ihre Rückfahrt und auch der Stress mit dem Vermieter meines älteren Bruders kommt nochmal auf. Er ist eher die unruhige Persönlichkeit und regt sich schnell auf, eigentlich ganz das Gegenteil von mir. Da er aber schon Probleme mit dem Herzen und dem Blutdruck hat, mache ich mir schon ab und zu Sorgen darüber. Denn auch seine Frau und seine Tochter sind recht lebhaft und können sehr impulsiv werden. Sie schaukeln sich dann oft gegenseitig hoch. Dabei denke ich mir nur, schade um die verschenkten Nerven und den unnötigen Stress. Womit ich bei einer weiteren Lebensthese ankomme: Es könnte doch alles so leicht sein. Es gäbe kaum Kriege oder Beziehungsprobleme, wenn die Menschen die Fähigkeit besäßen, sich einmal kurz in die Situation und das Problem seines Gegenübers hineinzuversetzen. Es gäbe keine Aggressionen im Straßenverkehr, wenn der Autofahrer den Motorradfahrer, der Radfahrer den Fußgänger und alle Verkehrsteilnehmer die jeweils Schwächeren verstehen würden. Das klingt einfach und scheint doch so unmöglich. Ich finde es gut, dass ich es für mich erkannt habe und es hat mir seither im Leben schon oft den nötigen Stress oder Druck in bestimmten Situationen genommen. Viele meiner Kameraden, die ebenfalls als Mentoren eingesetzt sind, schimpfen zum Beispiel über die Einstellung und Arbeitsmoral der Afghanen. Und wenn man sie dann fragt, wie es ihnen wohl in der gleichen Situation und unter den gegebenen Bedingungen gehen würde, sind meistens Schweigen oder Ausflüchte das Ergebnis. Es lässt sich eben leicht über andere Menschen richten, wobei man allzu schnell vergisst, wie vielen Einflüssen und Faktoren sie ausgesetzt sind. Ich kann mich noch an eine Zeit erinnern, in der mein großer Bruder und ich als kleine Jungen den „Westbussen“ hinterhergelaufen sind, um eventuell mal einen Bonbon zu erbetteln. Gerade in der Sommer-Saison hatten wir auf Rügen viele Urlauber aus dem damaligen Westdeutschland. Ab und an hatte ich schon in den letzten Einsätzen das Gefühl, dass mich dieser Umstand den Afghanen und auch Kongolesen etwas nähergebracht hat und es ganz gut ist, wenn man nicht vergisst, woher man kommt. Heute halte ich bettelnde afghanische Kinder nicht für asozial, sondern bedaure sie eben mehr, womit ich dann abwäge, ob ich sie einfach ignoriere oder meine Möglichkeiten prüfe, ihnen eine kleine Freude zu machen.

Ich umarme meine Brüder noch einmal und wünsche ihnen eine gute Heimfahrt. Sie steigen ein und winken mir dabei noch einmal wortlos zu. Mein kleiner Bruder wirft mir noch ein leichtes Grinsen zu. Vielleicht eine beklemmende Situation, in der man sicher nicht lachen kann, aber eben auch keine zu schlechte Stimmung verbreiten möchte. Ich mache es kurz und drehe mich mit zügigen Schritten weg. Ein schweifender Blick zurück zum davonfahrenden Auto und dann gehe ich weiter zielstrebig durch die Kälte zur Personenschleuse in die Abfertigungshalle zurück. Ich hatte zuvor meinen Laptop und meine Feldjacke auf einem Sitz abgelegt und schaue nun mit prüfendem Blick auf dem Weg zum WC, ob sie noch dort liegt. Das hätte ich in einer öffentlichen, zivilen Flughafenanlage so sicher nicht machen können. Entweder hätte man einen Bombenalarm ausgelöst oder die Tasche wäre vermutlich gestohlen worden. Vielleicht ein Stück Kameradschaft, die wohl nur noch in wenigen Bereichen unserer Gesellschaft funktioniert. Ein gutes Gefühl wieder in Kameradschaft zu sein.

Zurück vom WC treffe ich das erste bekannte Gesicht aus dem letzten Einsatz in einer multinational aufgestellten Einheit: einen belgischen Unteroffizier, der nun in ziviler Bekleidung vor mir steht. Es ist keine Seltenheit, in den Einsätzen immer wieder auf bekannte Gesichter zu treffen, obwohl die Bundeswehr noch über zweihunderttausend Soldaten hat. Dies ist auch ein Ergebnis der ungleichen Belastung von bestimmten Einheiten, die sich die Klinke im Ausland in die Hand geben, während in anderen Bereichen den Soldaten der Auslandseinsatz selbst bei Freiwilligkeit nicht immer genehmigt wird. Natürlich muss der Inlandsbetrieb weitergehen und man kann nicht jeden Soldaten im Einsatz gebrauchen. Dennoch führt oft der dienstliche Egoismus von Vorgesetzten dazu, dass die Möglichkeiten nicht genutzt und sogar verschenkt werden. Solange Soldaten sogar mit Nachteilen rechnen müssen, wenn sie sich freiwillig melden, solange sind wir in einer Sackgasse unterwegs. Die darin endet, dass Ressourcen nicht genutzt und manche Bereiche ausgebrannt werden. Man wird sehen, wie lange man sich so eine Verfahrensweise leisten kann.

Der Aufruf für die Personenkontrolle ertönt über die Lautsprecher, ich nehme meine Tasche und reihe mich in die kleine Warteschlange ein. Ich gehe langsam durch die Personenschleuse, es ist alles ok. Dann geht es in den Wartebereich und ich ziehe mir eine Tageszeitung, welche ich beim Einchecken kostenlos mitnehmen durfte, aus meiner Tasche. Ohne groß das Herumblättern zu beginnen, überfliege ich die Schlagzeilen. Auch das wird für eine längere Zeit die letzte aktuelle Tageszeitung sein, die ich bekomme. Denn aufgrund der Reisedauer werden die deutschen Zeitungen in Kabul immer mindestens 2 Tage alte sein. Mit aktuell dreieinhalb Stunden Zeitverschiebung werden auch die Tagesschau oder Tagesthemen in den späten Abend oder die Nacht rücken. Obwohl ich mich für politisch und an den Tagesthemen interessiert halte, fällt es mir im Einsatz schwer, dem aktuellen Geschehen zu folgen. Eine Mischung aus Bequemlichkeit und auch etwas ungünstigen Umständen. Wer sich kümmert, der bekommt auch die nötigen Informationen, aber sie werden einem eben nicht wie in Deutschland den ganzen Tag über die verschiedenen Medien hinterhergetragen.

Im Bus zum Flieger über das Flugfeld suche ich prüfend die Kennung der Maschine. Mit 3 von 5 der geparkten grauen Airbusse der Luftwaffe bin ich auf meinen bisherigen 12 Flügen nach und von Afghanistan geflogen. Da eine der Maschinen zum fliegenden Lazarett umgebaut worden ist, bin ich nicht wirklich scharf auf einen Flug damit. Dennoch fehlt mir die Neueste der fünf Maschinen. Als wir vor die Gangway fahren kann ich dann erkennen, dass sie es tatsächlich ist. Damit wird wieder ein kleiner Rekord gebrochen und ich sehe es als kleine Entschädigung für den 13. Flug. Zugegebenermaßen steckt ein kleiner Teil an Aberglauben in mir. Nachdem ich 1993 drei schwere Unfälle, einen davon an einem Freitag den 13. überstanden hatte, hat auch diese Ereignisserie ein paar Spuren bei mir hinterlassen.

Im Frühjahr 1993 nahm mir ein PKW-Fahrer beim Motorradfahren die Vorfahrt und es kam zum Frontalzusammenstoß. Am 13.06. desselben Jahres wurde ich während der Arbeit an einer Maschine von einer Schleifmaschine, die ich nicht ausdrehen lassen hatte, schwer am Kopf getroffen, als sie an einer Metallecke der Maschine anschlug und durch die Drehbewegung der Schleifscheibe mit viel Schwung wieder abprallte. Der Abschluss war dann, dass ich im Herbst mit meinem Golf I auf der Autobahn um halb drei Uhr morgens mit etwa 140 Kilometer pro Stunde in den Sekundenschlaf gefallen bin und dabei auf einen LKW auffuhr. Alles ging mit zum Teil schweren Verletzungen einher und dennoch habe ich teils wie durch ein Wunder jeden Unfall überlebt. Und obwohl ich in der DDR ohne Berührung mit der Kirche oder Gott aufgewachsen bin, fing ich an, mir darüber Gedanken zu machen. Nicht, dass ich auf einmal vom System der verschiedenen Religionen überzeugt war, aber der Gedanke daran, dass jemand vielleicht seine schützende Hand über mich gehalten hatte, kam mir schon. Aus Disziplin meiner Erziehung gegenüber schob ich es mehr in die Richtung des Aberglaubens und habe seit her fast eine Phobie gegen ungerade Zahlen und erst recht gegen die 13 entwickelt. Dass man sie auch als Glückszahlen (denn ich hatte ja alles überlebt) betrachten könnte, kam mir damals noch nicht in den Sinn.

Als ich das erste Mal für gut 14 Monate nach Kabul ging, sollte ich in Stube 13 einquartiert werden, wogegen ich direkt Einspruch einlegte. Der damalige Spieß („Mutter der Kompanie" genannt) zeigte mit einem Grinsen Verständnis und benannte die Stube kurzerhand in 12a um. Eine kleine Handlung mit psychologischer Wirkung, denn ich fühlte mich einfach besser dabei. Wer glaubt, dass diese kleine Änderung ohne weiteres möglich war, irrt, denn dazu mussten einige Anpassungen erfolgen (z. B. für Notfall- und Evakuierungspläne).

Als wir in Hannover zur Aufnahme der anderen Soldaten zwischenlanden und bei der Überprüfung der Maschine ein defekter Reifen festgestellt wird, fühle ich mich sofort wieder bestätigt! Der 13. Flug und eine ungerade Maschinenkennung. Hier wird die Maschine nun richtig voll. Es setzt sich ein weiblicher Oberfeldwebel neben mich. Gut denke ich, keine breiten Schultern, also mehr Platz und vielleicht noch ein zeitvertreibendes Gespräch. Aber da sie mit einigen anderen Kameraden ihrer Einheit unterwegs ist, bleibt es bei wenigen Wortwechseln und eigentlich bin ich mit meinen Zeitschriften und meinen Gedanken auch abgelenkt genug. Nachdem wir wieder von Hannover gestartet sind, bekommen wir Getränke gereicht und schon kurz darauf ist auch eine vollwertige Mahlzeit im Anmarsch. Zwar nicht von einem Drei-Sterne-Koch, aber durchaus in Ordnung. Als ich bis auf das Schwarzbrot alles gegessen habe, nehme ich mir meine Wirtschaftszeitung, welche ich seit der Pleite der Financial Times im Probeabo erhalte, und blättere ein wenig darin. Nicht mehr wirklich konzentriert, da ich immer wieder mit den Gedanken nach Hause abschweife. Irgendwann lege ich sie dann wieder weg und drehe meinen Blick zum Fenster.

Ich sitze kurz hinter der Tragfläche und habe so einen recht guten Blick nach draußen und unten. Unter uns sind dichte Wolkendecken und die Sonne reflektiert sehr stark auf ihnen. Da ich ohnehin recht lichtempfindlich und ein „Dauersonnenbrillenträger" bin, ziehe ich den Vorhang fast ganz zu und schließe die Augen. Ich konnte noch nie gut in solchen Zwangshaltungen oder sitzenden Positionen schlafen, daher versuche ich einfach nur zu entspannen und die Gedanken kreisen zu lassen. Gar nicht so leicht, wenn man sich gerade für ein Jahr in ein Kriegsgebiet verabschiedet hat. Und so gehe ich gedanklich meine Familie durch und suche mir schöne Zeiten aus meinen Erinnerungen heraus. Damit möchte ich vielleicht nur meine trübe Stimmung positiv beeinflussen oder dem schlechten Gewissen entgegenwirken, weil ich sie wieder einmal zurückgelassen habe. Auf jeden Fall funktioniert es und ich kann dabei gut abschalten. Irgendwann bin ich dann doch eingenickt und habe etwa eine Stunde geschlafen. Auf den anderen Flügen hatte ich immer Musik dabei, aber diesmal habe ich alles, was irgendwie Platz im Handgepäck weggenommen hätte, vorab in Kisten weggeschickt. Dazu kam noch ein Postpaket, in dem die letzten Dinge, welche mir im Urlaub noch eingefallen sind, unterwegs waren. Aus den letzten Einsätzen hatte ich gelernt und mir sowohl Dinge, die das Leben angenehmer machen, als auch Dinge, die einfach zweckmäßig oder notwendig waren, mitgenommen. Dass selbst das nicht perfekt geklappt hatte, würde ich erst später merken.

Wir sind nun etwa 4 Stunden unterwegs und langsam fängt die Blase an sich zu melden. Die Kameradin neben mir schläft und aus Höflichkeit möchte ich sie auch nicht wirklich wecken und über sie hinüberklettern wäre auch keine gute Idee. Nach vielen Erzählungen, die man so gehört hat, in denen selbst manchmal banale Situationen in einem Disziplinarverfahren endeten, weil die Frau sich sexuell belästigt fühlte, findet bei mir im Kopf immer erst eine Prüfung vor jeder Handlung statt. Als Ausbilder habe ich schon oft mit Frauen in der Bundeswehr zusammengearbeitet und noch nie Schwierigkeiten gehabt. Und doch ist man immer ein wenig vorsichtig.

Ich gedulde mich und ziehe mir meine Autozeitschrift aus der Ablage. Das Lesen dieser Zeitschrift hat sich für mich zu einem Ritual entwickelt, bei dem ich nach einem stressigen Tag in der heißen Badewanne liege und lesend entspanne. Eigentlich wollte ich sie mir so lange wie möglich aufsparen, aber da mir langsam die Möglichkeiten zur Zeitüberbrückung ausgehen, werde ich schwach. Es lenkte mich ab und fast genüsslich und in aller Ruhe selektierte ich die verschiedenen Artikel. In solchen Momenten fühle ich mich in die Zeit der DDR zurückversetzt, weil ich mich immer noch über relative Kleinigkeiten freuen und davon zehren kann. Da sie als erste Zeitschrift des Jahres noch etwas dicker ist als gewöhnlich, rundet das den Eindruck noch etwas ab. Vielleicht durch mein Blättern oder aber auch nur einfach so, wird meine Sitznachbarin dann mit langsamen Augenaufschlägen wach. Diese Gelegenheit nutze ich direkt und bitte sie, mich vorbeizulassen.

Ich schaue auf meine Armbanduhr, welche ich an meiner linken Gürtelschlaufe der Uniformhose trage und die noch auf mitteleuropäischer Zeit läuft. Ungern trage ich Schmuck oder andere Gegenstände an mir; auch mag ich im Sommer keine Streifen auf den Handgelenken. Es ist halb fünf Nachmittag, also weniger als eine Stunde bis zum Zielflughafen Termez in Usbekistan. Im Gang rollen noch einmal die Servicewagen an und verteilen Obst und Getränke. Da zu Beginn über die Bordanlage die Ausgabe des Obstes kurz vor der Ankunft angesagt wurde, kann es also nicht mehr allzu lang bis zur Landung dauern. Nachdem ich mich wieder auf meinen Platz gesetzt habe, gehe ich im Kopf schon den kommenden Ablauf nach der Landung durch. Ein gutes Gefühl, wenn man weiß was einen erwartet und man weniger als *TaPsI* (total ahnungslose Person sucht Informationen) herumlaufen wird. Nur einige Minuten später kommt auch schon die Durchsage des Piloten, der uns zum einen die aktuelle Zeit und Wetterlage durchgibt sowie allen einen guten Einsatz und eine gesunde Rückkehr wünscht. Es ist eine kleine Geste der Höflichkeit und doch ist sie so wertvoll. Der gesamte Service und die Betreuung, Abfertigung und Begleitung während der Reise waren vorbildlich. Wenn ich bedenke, dass ich zwei bis dreimal in der Woche an Bord solch eines Pendelfliegers tätig wäre und immer mit derselben Freundlichkeit und Motivation bei der Sache sein müsste, es fiele mir sicher schwer. Gerade mir, der kein Sitzfleisch hat und fast alles tut, um Monotonie in seinem Leben zu vermeiden. Hier konnte mir bisher die Bundeswehr immer die nötige Abwechslung und sinnstiftenden Ziele schaffen. Oft habe ich darüber nachgedacht, in welchem anderen Beruf ich es in dieser Form gefunden hätte. Doch bleibt man realistisch und berücksichtigt sowohl seine eigenen Voraussetzungen als auch seine Bedingungen, die durch das Umfeld geschaffen werden, so gibt es einfach keine wirklichen Alternativen. Heute, wo ich sehr gut ausgebildet und mit Erfahrungen aufgefüllt bin, wäre es sicher anders. Da gäbe es schon einige Möglichkeiten. Doch als ich als Maschinenbaumechaniker zum Grundwehrdienst eingezogen wurde, waren alle diese Erfahrungen noch undenkbar. Wenn ich zudem heute zurückblicke und feststelle, dass ich zur See gefahren bin, fast alle Fahrzeuge führen durfte, die Räder und Ketten haben, und ich viele Flugstunden im Hubschrauber über Afghanistan und im Kongo als Crewmitglied unterwegs war, bin ich einfach nur dankbar dafür, dass ich all diese Dinge erleben durfte. Da müsste man doch meinen, ich hätte alles gesehen und dennoch sitze ich hier im Flieger und steuere auf 32 Monate in all meinen Auslandseinsätzen zu.

Eine Psychologin hat mein Denken und Handeln im Wesentlichen einmal so analysiert, dass ich dadurch getrieben werde, dass ich eine problematische Kindheit hatte. Da stellt sich für mich natürlich die Frage, ob ich meinen Eltern und im Besonderen meinem Vater dafür dankbar sein soll oder ob es mir anders vielleicht besser ergangen wäre. Vielleicht säße ich sonst in irgendeiner Amtsstube oder bei einem Fahrzeughersteller am Fließband. Keine Ahnung wo und wann in meinem Leben die entscheidenden Weichen gestellt wurden, aber heute bin ich eben auch dankbar für viele Dinge. Spätestens, wenn ich meinen Enkelkindern einmal Geschichten aus meinem Leben erzähle, werde ich wissen, ob alles so „richtig“ oder nicht so gut war. Auch kann ich heute noch nicht mit Gewissheit absehen, welche Spätfolgen so manche Erfahrungen und Eindrücke auf mich haben werden. Sind die Veränderungen normal und gehören zur Reife und Entwicklung dazu, oder passiert hier schon mehr mit mir?

Das ich heute nur noch bei gedämmtem Licht schlafen kann, ist zwar halb so wild. Jedoch habe ich diese kleine Macke erst seit meinem ersten Afghanistan-Einsatz als Bordschützen-Gruppenführer auf dem Transporthubschrauber. Selbst kann ich die Zusammenhänge nicht klar für mich erkennen; ich wollte auch in meiner ersten Präventivkur, welche mir nach dem zweiten Einsatz im Kongo verschrieben wurde, nicht wirklich mit der Psychologin darüber sprechen. Dass ich dann doch von meiner ersten Gefechtssituation im Einsatz und den Nachwirkungen/ Albträumen berichtete, sollte ich schnell bereuen, denn es erweckte die Aufmerksamkeit des Chefarztes. Als ich ihm dann im persönlichen Gespräch auf wiederholtes Nachfragen die Geschichte erzählte, meinte er, dass er als Reservist meine Ängste nicht verstehen könne. Schließlich wäre doch genau dies mein Job und ich dafür ausgebildet. Als er dann aber meine Gegenfrage, ob er denn selbst schon einmal im Einsatz und an Leib und Leben direkt bedroht gewesen wäre, verneinen musste, war das Gespräch für mich beendet. Im letzten Gespräch mit der Therapeutin habe ich mich dann darauf beschränkt, die Vertiefung meines Glaubens an Gott zu erörtern. An Situationen, in denen ich meinte, dass wieder einer die Hand über uns gehalten haben muss, schaute ich ab da an regelmäßig in den Himmel und sagte: „Danke Dir, auch wenn ich nicht ganz sicher bin, ob es Dich gibt, danke!“ Das mag albern klingen, hat mir persönlich jedoch mentale Stärke wiedergegeben. Dabei bete ich wirklich fast nie und nur, wenn ich mal nicht weiterweiß, mich machtlos fühle und mir in letzter Konsequenz eine kleine Hilfe erhoffe. Warum auch nicht? Es schadet nicht, könnte aber helfen.

Dabei denke ich in solchen Situationen oft an meinen verstorbenen Cousin zurück. Er hatte, als ich noch nicht ganz 14 war, einen tödlichen Motorradunfall als er mit einem russischen Militärlaster kollidierte. Er wohnte in einem kleinen Dorf auf Rügen. Dort lebten auch die Eltern meiner Mutter. Fast jedes Jahr waren wir in den Sommerferien für etwa zwei Wochen dort hingeschickt worden, mein großer Bruder und ich. Mal allein und mal zusammen. Mein Cousin war damals eine wichtige Bezugsperson für uns, da es dort außer viel schöner Landschaft eben nicht viel gab. Um sich zu beschäftigen, musste man sich schon einiges einfallen lassen. Er, der damals gerade 19 war, hatte sich oft viel Zeit für uns genommen. Wir haben viel zusammen ausprobiert, Mist gemacht und einige tolle Erlebnisse gehabt. Und dann hat ihn diese Mischung aus Unaufmerksamkeit und möglicher Selbstüberschätzung schlagartig aus dem Leben gerissen. Es war ein 17. Juni, natürlich ein ungerades Datum. Er hatte noch etwa 8 Stunden schwer verletzt im Krankenhaus gelegen. Wurde erst in das Bergener Krankenhaus gefahren, wo sie ihm aber nicht helfen konnten, dann nach Stralsund. Doch die Verletzungen waren zu schwer. Auch weil er seinen Helmgurt nicht geschlossen und diesen bei dem Sturz auf die Straße verloren hatte.

Ich erfuhr es erst am nächsten Tag als ich aus der Schule kam von meiner Mutter. Sie wollte es mir sicher schonend beibringen, aber ich verstand nichts. Ich hatte mehrmals nachgefragt wen sie meinte, weil ich es einfach nicht hören wollte. Es war bis dahin das für mich seelisch schmerzhafteste, was ich neben den Misshandlungen erlebt hatte. Tagelang fantasierte ich mir alle möglichen Theorien zusammen, wollte es einfach nicht akzeptieren. Vermutete sogar noch Wochen und Monate später eine Verschwörung dahinter und noch einige andere Dinge, die wohl eher in einen Film gepasst hätten. Was mir jedoch im Nachhinein einen weiteren Rückschlag in der Verarbeitung seines Todes versetzt hatte, war das Verbot meiner Eltern, mit zur Beisetzung zu gehen. Sicher wäre es für einen 13-Jährigen hart gewesen, aber ich hätte mich zumindest „persönlich" von ihm verabschieden können. Auch mein großer Bruder durfte nicht mit. Viele Jahre später erst begann ich das Geschehene zu akzeptieren und doch bildete ich mir immer noch ein, dass mein Cousin irgendwo vom Himmel herunterschaut und so ein Auge auf uns hat. Ab da nutze ich jede Gelegenheit, um zu seinen Eltern zu fahren und die alte Umgebung zu erleben. Das war nicht einfach, weil ich ja schon wenige Jahre später im „Westen" war. Und als mein Onkel mir irgendwann bei einem Besuch empfahl, nicht mehr so oft zu kommen, ging mir auch der letzte Erinnerungspunkt verloren. Ich besaß eine nicht ganz zu verleugnende Ähnlichkeit mit meinem Cousin, was meiner Tante die Trauer schwer gemacht hatte. Sie meinte es nicht böse, denn wir mögen uns sehr, aber es tat ihr einfach nicht gut, mich so oft zu sehen. Auch heute noch nutze ich jede Gelegenheit, um ihn auf dem Friedhof zu besuchen. Dann bringe ich frische Blumen oder Pflanzen mit und harke ein wenig das Beet nach. Es ist eigentlich immer sehr ordentlich, aber es muss einfach sein. Dann stehe ich kurz schweigend mit gesenktem Kopf vor dem Grabstein und rede mit ihm. Und jedes Mal lese ich für mich langsam die Worte, die dort eingemeißelt stehen: „Er kam und ging mit leiser Spur, ein flüchtiger Gast im Erdenland." Wirklich jedes Mal, sogar jetzt wo ich es niederschreibe, läuft mir ein kalter Schauer den Rücken herunter. Nie werde ich ihn vergessen, weil er es verdient hat, dass man ihn in Erinnerung behält. Hätte er an diesem Tag gewusst, dass seine Freundin schwanger von ihm war, vielleicht hätte er irgendetwas anders gemacht und würde noch leben. So lebt sein Sohn, der ihm wie aus dem Gesicht geschnitten ist und seinen Vornamen trägt, für ihn weiter. Nur kurze Zeit hatte ich damals darüber spekuliert, ob es Gott geben würde und wenn, warum er so etwas zugelassen hat.

Wir kreisen die letzten Meter über Termez, um den militärischen Flughafen anzufliegen. Unter uns nur wenige Lichter in der Dunkelheit. Wir haben es jetzt fast 21 Uhr Ortszeit und wenn man sich eine mittelgroße Stadt in Europa um diese Uhrzeit vorstellt, wirkt der Blick nach unten hier im Vergleich wie die Glut in einem Aschenbecher im Dunkeln. Vereinzelt meine ich sogar Lagerfeuer zu erkennen. Die Maschine sinkt schnell und am Geräusch der Turbinen kann man deutlich hören, dass sie an Leistung verlieren, um die Geschwindigkeit zum Landen zu verringern. Ich suche in der nur vereinzelt beleuchteten Dunkelheit nach markanten Punkten, an denen ich Bekanntes wiedererkenne. Aber erst kurz bevor wir in die Parkposition rollen kommen die Erinnerungen zurück.

Es hat etwas geschneit und es wirkt draußen deutlich kälter als noch vorhin in Deutschland. Während wir auf den usbekischen Zoll und die Kameraden der Personenabfertigung warten, beginnen bereits die ersten mit dem Zusammenpacken ihres Handgepäcks. Dann sollen wir unsere Truppenausweise bereithalten und wir werden in verschiedene Gruppen eingeteilt, je nachdem, wohin die Reise weitergeht. Diesmal habe ich Glück und werde recht früh aufgerufen, packe mein sperriges Handgepäck und drängle mich nach vorne durch die Maschine, um dem usbekischen Zöllner meinen Truppenausweis zu geben. Dann verabschiede ich mich mit einem Lächeln von den ebenfalls nach all den Stunden noch freundlichen Bordbegleiterinnen und gehe die Gangway hinunter. Dort wartet in nur wenigen Metern Entfernung ein Bus der Marke Samisch, wo immer die auch gebaut werden. Es ist nur ein kleiner Bus und dennoch wird er aufgefüllt bis wir so eng stehen und sitzen, dass sich unsere Körper fast formschlüssig selbst für die Fahrt sichern. Es sind eigentlich nur wenige hundert Meter vom Flugfeld herunter, zum Aufnahmebereich aber aus Sicherheitsgründen werden wir eingesammelt und zu einem Abholpunkt gefahren.

Noch kurz vor dem Aussteigen sind wir ermahnt worden, jegliche Art von Fotografien zu unterlassen. Hierauf reagieren die Usbeken sehr empfindlich. Soldaten sind schon berufsbedingt recht gehorsam und so fällt mir auch keiner auf, der es versucht. Aus dem Bus ausgestiegen werden wir direkt in Empfang genommen und in den weiteren Verlauf eingewiesen. Man merkt sofort, wer diese Prozedur schon mehrfach durchlaufen hat. Da bereits hier Urlauber aus meiner neuen

Heimat in Kabul an Bord waren, versucht der ein oder andere etwas ungeduldig durch Zwischenreden und dem Einschalten des Handys den Ablauf abzukürzen. Auch ich ziehe mein Handy aus der Tasche und schalte es wieder ein. Ich habe es noch auf lautlos und so bekomme ich recht unauffällig die Begrüßungs-SMS des usbekischen Netzbetreibers und die aktuellen Preise meines Anbieters mitgeteilt. Würde ich jetzt nach Hause telefonieren, so müsste ich tatsächlich fast 6 Euro je Minute zahlen und wenn ich angerufen würde immer noch fast 2 Euro. Ich schreibe eine SMS, um meiner Frau mitzuteilen, dass ich nun gelandet bin. Das kostet etwa 70 Cent und der günstigste Weg der Kommunikation. Es gibt Menschen in meinem Umfeld, die halten mich wegen solcher und manchmal auch abstrakteren Kostenprüfungen für sehr geizig. Natürlich sehe ich das differenzierter, denn immer dort wo ich das Gefühl habe, ich könnte sinnlos oder unsinnig Geld verschenken, setzen bei mir solche Prüfungsautomatismen ein. Dabei gehe ich auch gerne mal mit der Familie in das Kino, wir machen Urlaub und sind auch bei Geschenken für Geburtstage und andere Anlässe in meinen Augen sehr spendabel. Ich glaube einfach, dass man erst dann von Geiz sprechen kann, wenn man grundsätzlich und bei fast allem wenig oder kein Geld ausgeben möchte oder Dinge auf Kosten anderer macht. Nur weil es für mein Umfeld nicht immer verständlich ist, wie ich bestimmte Ausgaben abwäge, muss es ja nicht zwangsläufig Geiz sein. Natürlich habe ich dann oft das innerliche Bedürfnis bei oberflächlichen Äußerungen eine Rechtfertigung oder Erklärung zu liefern. Mittlerweile weiß ich aber, dass es überflüssig ist, da ich eigentlich nur mir und meiner Frau in solchen Dingen Erklärungen schulden würde. Und bei meiner Frau habe ich das sichere Gefühl, dass sie mit den Jahren nun auch weiß, wie ich denke und warum ich eben bestimmte Entscheidungen treffe. Eine von einigen guten Eigenschaften an ihr, die ich viel zu selten offen wertschätze – weil es mir einfach oft schwer fällt zu loben oder Dankbarkeit zu zeigen. Dabei kostet es eigentlich nur ein winziges Stück Überwindung.

Nachdem sie mir auf die SMS geantwortet hat und ich nun weiß, wo ich schlafen werde, suche ich meinen Schlafcontainer. Ich habe noch Glück, da einige in Zelten untergebracht sind und auch wenn diese gut beheizt sind, ist das Schlafen auf dem Feldbett in einer Zwölfer-Gemeinschaft nicht wirklich förderlich für den Schlaf. Als ich 2006 in den

Kongo nach Kinshasa kommandiert wurde, hatte ich gut zwei Monate das Vergnügen auf einem Feldbett zu schlafen. Damals musste ich etwa zwei Wochen auf meiner Wäsche als Kopfkissen schlafen, bis meine Frau mir per Post ein richtiges Kopfkissen nachgeschickt hatte. Jeden Morgen wachte ich auf, als ob ich auf einem Stein geschlafen hatte, da nachts beim Bewegen des Kopfes die Wäsche so stark verdichtet wurde, dass nichts mehr von der anfänglichen „Polsterung" übrigblieb. Keine guten Erinnerungen, die noch von vielen weiteren Eindrücken im Kongo-Einsatz verstärkt wurden.

In meinem durch mehrere Container vergrößerten Schlafbereich haben etwa 16 Soldaten Platz. Wir sind jedoch nicht voll belegt, da nur die Kabul-Gruppe hier liegt. Es ist sehr warm. Eigentlich recht angenehm bei der Eiseskälte draußen, nur zum Schlafen ist es für mich nicht optimal. Also frage ich kurz in die Runde, ob ich den Stecker der Heizung ziehen kann und tue es nach einvernehmlichem Nicken auch prompt. Neben mir hat sich ein etwa 40 Jahre alter Reservist im Dienstgrad eines Feldwebels in das Bett gelegt. Er scheint erkältet und nicht mehr ganz fit. Als er sich seinen Kälteschutz zum Kopfkissen umbaut und nur eine einfache Bundeswehrdecke über sich legt, spreche ich ihn an. Schnell stellt sich heraus, dass er seinen Schlafsack nicht mitgenommen hat. Wenn man nun bedenkt, dass die Heizungen über Nacht ausbleiben und diese Container recht schnell auskühlen, war das sicher keine gute Vorbereitung von ihm. Da auch auf meinem Bett eine Decke liegt, ich aber einen gut gefütterten Schlafsack dabeihabe, gebe ich ihm meine Decke. An seinem Lächeln kann man schnell sehen, dass er sich über diese eigentlich kleine kameradschaftliche Geste sehr freut. Er bleibt auch gleich liegen, wogegen ich mir nur schon mal alles für die Nacht herrichte, dann meine Laptoptasche mit meinem Schlafsack abdecke und in die Betreuungseinrichtung gehe.

Beim Suchen meines Containers zuvor habe ich Felix kennengelernt, ein sympathischer Feldwebeldienstgrad, der in derselben Einheit in Kabul wie ich Dienst leisten soll. Wir haben uns schon abgesprochen und wollen uns noch eine kurze Weile in der Betreuungseinrichtung *Area 51* besser kennenlernen. Das passt ganz gut, da ihm während des Fluges weitere neue und alte Kameraden unserer Einheit aufgefallen sind und auch sie sich dort verabredet haben. In der Area

51 angekommen, suchen wir uns eine gemütliche Sitzecke und Felix gibt die erste Runde aus. Ich nehme wie fast immer eine Cola und Felix ein Dosenbier. Als er etwas verwundert wegen der Cola-Bestellung schaut, erwähne ich nur kurz, dass ich keinen Alkohol trinke. Meistens fragen die Leute dann nach, warum, aber ihn scheint es nicht wirklich zu interessieren und so beginnen wir mit etwas Smalltalk. Schon kurz danach kommen die Nächsten dazu und nach ein wenig Stühlerückerei sind dann bis auf zwei ebenfalls neue Unteroffiziere alle zusammen.

Der neue Leiter, ein Oberst der Luftwaffe, recht groß gewachsen, macht einen sympathischen Eindruck. Die Schwinge auf seiner Schulter finde ich angenehm, da die Einheit ansonsten als eher „Heeres lastig" gilt. Da ich in meinem ersten Einsatz sehr gute Erfahrungen mit einem Staffel-Chef der Luftwaffe gemacht hatte, stimmt mich dieser Fakt schon mal hoffnungsvoll. Er begrüßt jeden von uns mit einem Handschlag und bietet direkt an, eine Runde Getränke ausgeben zu wollen. Natürlich möchte ich nicht unhöflich sein, aber da ich in meiner Dose noch locker die Hälfte habe und ich kein Freund der Verschwendung bin, winke ich freundlich ab. Nachdem die anderen dann alle eine frische Dose haben, stoßen wir auf eine gute Zeit und eine gesunde Rückkehr an. Felix und ich sitzen nun mit vier Offizieren als Feldwebeldienstgrade in der Runde und relativ schnell finden sich nach Dienstgradgruppen getrennte Gesprächsrunden. Felix ist gerade erst etwas über ein halbes Jahr von der Einheit weg gewesen und nun schon wieder zurück. Ein Phänomen welches ich in allen Einsätzen immer wieder beobachten konnte.

Es gibt eine Menge „Wiederholungstäter". Die Gründe dafür sind ganz vielfältig, aber meistens dreht es sich entweder ums Geld, die Aufgabe oder die Kameradschaft im Einsatzland. Bei Felix ist es da ähnlich wie bei mir: Wir können uns beide recht gut mit der Aufgabe, der Mentalität der Afghanen und den anderen Einsatzbedingungen arrangieren. Es ist für Außenstehende immer schwer diese Argumente nachzuvollziehen, aber man lebt sich dort in eine andere Welt ein, gibt seinem Leben einen speziellen Sinn und bekommt – was enorm wichtig ist – auch die nötige Anerkennung dafür. Jeder, der vom Chef mal gelobt wurde, kennt das Gefühl. In einem Einsatz wird dies noch durch viele andere Umstände multipliziert. Bei dem einen oder anderen Kameraden könnte man auch von sogenannten „Einsatzjunkies“ sprechen, ähnlich eben wie bei Süchtigen. Gib einem Menschen eine für ihn besondere Aufgabe und würze diese mit Anerkennung und du hast folgsame Charaktere hinter dir. Ob das nun ein Orden, das Geld oder Punkte für das Beurteilungssystem sind, die Anreize sind vielfältig und sprechen bei jedem eben etwas anderes an.

Ich wurde im System der DDR 15 Jahre nach sozialistischen Grundsätzen erzogen, auf Loyalität und Ehrgeiz getrimmt. Das sind Einflüsse, die ein ganzes Leben lang nachwirken. Egal ob nun beim Sport, im Alltagsdienst oder im Auslandseinsatz. Selbst bis in das Familienleben, während irgendwelcher Arbeiten am Haus oder Garten, spürt man oft diese unterschwellig wieder durchkommenden Einflüsse. Dabei muss ich klar betonen, dass sie mir im Leben sehr viel mehr weitergeholfen als geschadet haben. Oder wie viele Bewohner der ehemaligen DDR sagen würde: „Es war nicht alles schlecht im Osten.“ Das schließt keinesfalls negative Einflüsse aus, wenn eben auch der Job manchmal wichtiger wird als die Familie, oder sich gewisse Erziehungsmuster daraus ableiten.

Es ist kurz vor ein Uhr morgens, unser Flug geht um 8:50 Uhr. Da wir eine halbe Stunde vorher einchecken und zuvor noch zusammengepackt und gefrühstückt werden muss, wird es langsam Zeit für das Bett. Felix ist dabei und verlässt die Runde mit mir gemeinsam. Er raucht vor der Area 51 noch eine und dann gehen wir die etwa 50 Meter durch die eisige Nacht zu unserem Container. Es brennt noch Licht, einige schlafen und andere sind mit ihrem Laptop beschäftigt. Ich ziehe mir ein Handtuch und meine olivgrüne Waschtasche aus meinem Bett und gehe zum Waschcontainer. Es ist ein ebenfalls olivfarbener, massiver Container, der auf etwa zwei Meter erhöht steht. Eine stählerne Treppe führt zum Eingang. Links und rechts daneben stehen weitere Waschcontainer. Ich wähle die „goldene Mitte“ und laufe mit schnellen Schritten die metallische Treppe hoch. Die massive Tür lässt sich nur schwer aufziehen und im Inneren leuchten die khakifarbenen Wände und Toilettenboxen im grellen Neonlicht. Es ist gemütlich warm und ich gehe in den hinteren Teil, der zum Dusch- und Waschraum eingerichtet wurde. Meinen Kulturbeutel hänge ich an einen kleinen Haken neben dem langen Spiegel aus poliertem Blech.

Darunter liegt ein Doppelwaschbecken im praktischen, alten Kasernenstil. Währenddessen ziehe ich meine Zahnbürste aus dem Kulturbeutel und krame nur durch Tasten meine Zahnpasta heraus, dabei geht ein prüfender Blick in den Spiegel. Während meines Urlaubes habe ich mir einen ansehnlichen Bart stehen lassen. Etwas Bart trage ich eigentlich immer, um die sonst häufigen Rasuren zu reduzieren. Aber jetzt konnte man schon fast von einem Vollbart sprechen. Dicht gewachsen, sauber in Konturen rasiert aber doch schon an der einen oder anderen Stelle etwas mit grauen Haaren durchsetzt. Rechts oberhalb des Halses eine etwas größere „graue Insel". Hier waren bei meinem Auffahrunfall mit meinem alten Golf damals Scherben stecken geblieben. Wenn ich mich rasiere sehe ich an derselben Stelle eine kleine Fläche in heller und faltenfreier Haut. Einen Bart zu tragen erweist sich in den Einsatzländern oft als nützlich, suggeriert er den Einheimischen doch Erfahrung und Weisheit, was gerade in der afghanischen Kultur nicht zu unterschätzen ist.

Eine wohl dosierte Portion Zahnpasta auf die Zahnbürste geschoben, noch kurz etwas Wasser darüber laufen lassen und dann die Bürste wie schon viele tausend Mal durchgeführt im Mund kreisen lassen. Während des Putzens immer wieder der prüfende Blick durch mein Gesicht, ob Haare gezupft oder gestutzt werden sollten. Je nach Nahrungsmitteln und anderen Umwelteinflüssen hatte ich manchmal eine Haut wie ein Pubertierender oder fast faltenfreie und ansehnliche Haut. Wenn man als Soldat eine gewisse Ordnung und Hygiene über die Jahre erhalten will, muss man wohl auch ein Stück weit eitel sein. Ich bekomme zwar keine Depressionen, weil sich auf dem Kopf langsam freie Flächen bilden, aber irgendwie gut aussehen im Rahmen der Möglichkeiten möchte ich ja auch. Seit 2005, also vor meinem ersten Einsatz, habe ich mir die gesamte Haarpracht auf etwa 2–3 Millimeter gekürzt. Ich empfand das einerseits als enorm praktisch, um im Einsatz keinen Friseur zu benötigen, andererseits hatte es mich auch schon immer etwas genervt, wenn die relativ schnell wachsenden Nackenhaare das Haupthaar in der Wachstumsgeschwindigkeit überholten. So gehe ich etwa alle vier bis fünf Tage mit dem Langhaarschneider über das gesamte Areal und fühle mich dabei recht wohl. Gerade am Uniformkragen beginnen die Härchen dann schnell zu pieken und zu scheuern, was mich dann oft einfach unnötig abgelenkt hat. Da ich ohnehin bei Nervosität und Nachdenklichkeit dazu neige, mir im Gesicht zu reiben und leicht zu kratzen, habe ich so zwei Fliegen mit einer Klappe geschlagen.

Ich packe alles wieder zusammen und reibe mir mit dem Handtuch das Gesicht und besonders den längeren Bart trocken. Ich hatte schon fast vergessen wie es ist, nach dem Waschen die (Bart-)Haare wieder trocken zu bekommen. Obwohl ich bei meinen Kindern genauestens darauf achte, gerade wenn wir schwimmen waren, um Erkältungen zu vermeiden. Es zeigt aber, wie oft man auf andere schaut und dabei nur allzu gerne vergisst, auch auf sich selbst zu achten. Genauso schnell wie ich in den Container hinein bin, so schnell bin ich auch wieder hinaus. Ein dumpfer Knall der zufallenden Tür und ich habe schon fast fluchtartig das Ende der Treppe erreicht. Die Kälte zerrt sofort wieder an der Kopfhaut und beginnt durch die Kleidung zu kriechen. Glücklicherweise sind es nur wenige Meter und ich reiße fast schon hektisch die Unterkunftstür auf.

Keiner redet und außer dem monotonen Dröhnen der Generatoren ist es angenehm ruhig. Ich schalte einen der Doppellichtschalter aus und nehme damit das grelle Licht aus dem Raum. Mit kurzen Schritten bin ich an meinem Bett, der Feldwebel neben mir liegt unter den beiden Decken und spielt auf seinem Smartphone Solitaire. Meinen Schlafsack ziehe ich etwas beiseite und meine Laptoptasche stelle ich mir an mein Kopfende. Den zusammengefalteten Kälteschutz schiebe ich in die Kopfkissenposition, entkleide mich bis auf die Unterhose und mein T-Shirt und lege danach meine Uniform über die Laptoptasche. Hier habe ich eine kleine Tasche aus der Verpackung eines großen Verbandspäckchens gebastelt, in der alle für mich wichtigen Dokumente stecken. Sowohl das Impfbuch, das Schießbuch oder der NATO-Marschbefehl in Kopie stecken darin. In der Beintasche meiner Hose auf der anderen Seite habe ich meine Geldbörse mit Bargeld für die ersten Tage deponiert. Da es nun in meiner Kopf Nähe liegt, fühle ich mich besser. Es ist schon mit einigem Umstand und vielen Schreibereien verbunden, wenn man diese Dinge neu erstellen müsste, vom finanziellen Verlust einmal ganz zu schweigen. Mein Handy habe ich auf sieben Uhr eingestellt, auch wenn ich sicher bin, ohnehin nicht so lange schlafen zu können. Aber sicher ist sicher. Grundsätzlich nutze ich mindestens zwei Wecker, nachdem ich mal als Kommandeursfahrer verschlafen hatte. Es war bis hierin das erste und einzige Mal, dass mir das passiert ist und es hat mich damals so bleibend getroffen, dass ich hier einfach kein Risiko mehr eingehen möchte. Die Annahme, dass ich damals – wenn auch nur zeitweilig – das Vertrauen meines Oberst ein Stück weit verloren hatte, saß tief. Bis dahin hatte ich mir einen wertvollen Grad der Zuverlässigkeit erarbeitet und durch eine Verkettung unglücklicher Umstände wieder teilweise zerstört. Eine wirklich blöde Geschichte, die sich vor vielen Jahren in Deutschland zugetragen hatte.

Viele Jahre zuvor an meinem damaligen, niederrheinischen Standort. Es war ein Montagmorgen und ich hatte den Auftrag, den Oberst um 07:15 Uhr von zu Hause abzuholen und von dort in das etwa elf Kilometer entfernte Kalkar mit Landeplatz zu fahren. Von dort würde er dann mit anderen hochrangigen Offizieren im Hubschrauber nach Berlin zu einer Tagung fliegen und am Mittwochnachmittag wieder von mir abgeholt werden. Nur war ich in der Woche zuvor selbst in Aurich als Vertrauensperson der Mannschaftsdienstgrade auf einer Tagung gewesen und hatte hierfür meinen Radiowecker auf fünf Uhr morgens eingestellt. Einen zweiten kleinen Reisewecker, den ich im Oktober 1994 bei einer Bewerbungsveranstaltung der Polizei in Bremen von einer Mitbewerberin leihweise erhalten hatte, hatte ich auf halb sieben eingestellt. Da ich schon vor ihr aus dem Bewerbungsverfahren ausgeschieden war und daher vorzeitig abreiste, vergaß ich ihr den Wecker zurückzugeben. Er begleitet mich bis heute und hat mich noch nie im Stich gelassen. Eigentlich auch damals nicht. An diesem Sommermontag war es schon sehr früh recht sonnig und als der erste Wecker ertönte, drückte ich ihn schnell wieder aus. Ein kurzer Blick zeigte mir, dass ich noch gut eine Stunde weiterschlafen konnte und so drehte ich mich noch einmal um und versuchte wieder einzuschlafen. Das Fenster war gekippt, wie eigentlich immer, da ich gerne mit frischer Luft schlafe – egal ob Sommer oder Winter. Und wie ich versuche wieder in den letzten Traum zu finden, höre ich ein langsam lauter werdendes Summen. Eine Mücke hatte mich ausgemacht und suchte nun nach einem leckeren Frühstück. Da kam ihr so ein junger und gesunder Soldat gerade recht. Weil ich aber einfach noch zu müde war, auf die Jagd nach ihr zu gehen, zog ich mir die Decke über den Kopf und meine Beine mit unter die Decke. Tatsächlich schlief ich wieder ein.

Als ich irgendwann frische Luft unter meine Decke lassen wollte, stand die Sonne direkt in meinem Fenster und blendete meine noch verschlafenen Augen. Ich suchte mit leicht zugekniffenen Augen die Uhrzeit auf meinem Reisewecker und erstarrte fast vor Entsetzen. Eine Zahl die sich wohl für die Ewigkeit in mein Gedächtnis eingebrannt hat. Es war 07:23 Uhr! Ich sprang aus dem Bett wie Gott mich schuf, nackt und noch unrasiert. Meine damals noch sehr ausgeprägten Locken hatten sich der Form des Kopfkissens und meiner Lage angepasst, ich sah einfach „zersprengt" aus. Ich sprang in meine blaue Segeltuchhose, schlüpfte unter Schmerzen ohne Socken in meine Lederhalbschuhe, warf mein kurzärmliges Hemd über und trotz des Sommers und um Zeit zu sparen, zog ich den dicken blauen Baumwollpullover darüber. So brauchte ich die Knöpfe, die nun keiner sah, nicht zu schließen und nur die Enden in die Hose zu stecken. Vorne sah das auch gut aus, nur hinten hatte ich einen Großteil des Hemdes noch aus der Hose hängen. Auf einem kleinen Schreibtisch lag die Tasche mit den Fahrzeugpapieren. Ich griff sie mir und stürmte ohne hinter mir abzuschließen mit knallender Tür aus der Stube. Fast im Sprint rannte ich durch den L-förmigen Gang hindurch, den Haupteingang nach draußen zur Fahrzeuggarage. Die riesigen Falttore riss ich mit Schwung nach außen und ließ sie in die Anschläge knallen. Das reicht zum Rausfahren, dachte ich und stürzte auf das Auto zu! Ein alter Opel Omega mit fünfundsiebzig Dieselpferdchen. Ich riss auch diese Tür auf und sprang auf den Fahrersitz. Die gelbe Kontrolllampe zum Vorglühen des Motors brauchte eine gefühlte Ewigkeit, um wieder auszugehen und ein zügiges Starten des Motors zu garantieren. Die nutzte ich, um noch schnell den Gurt anzulegen. Als der Motor lief, ging es mit quietschenden Reifen über den glatten, lackierten Garagenboden zur Ausfahrt. Ich schaltete fast fliesend unter leicht knackendem Getriebe von Rückwärts auf Vorwärts und hing schon wieder am Gas. Ich fühlte mich wie bei einer Verfolgungsjagd, in der Hoffnung es noch irgendwie ohne zu große Verspätung zum Oberst zu schaffen. Am Haus des Oberst angekommen, schoss ich förmlich in die Hofeinfahrt und brachte den Opel unter einem starken Bremsruck zum Stehen. Bis dahin hatte ich noch nicht wieder auf irgendeine Uhr geschaut und wahrscheinlich wollte ich es auch gar nicht. Aus der Autotür herausgesprungen stand ich schon direkt an der Hauseingangstür und drückte auf die Klingel. Erst jetzt spürte ich, wie der Puls über meinen Hals bis in meinen Kopf schlug und die Atmung einen Rhythmus wie beim schnellen Laufen erreicht hatte. Es dauerte nur kurz und die Frau des Oberst öffnete die Tür. Sie war eine liebenswürdige, sehr ruhige und ausgeglichene Person Mitte fünfzig. Hinter ihr hing eine große Runde Uhr über der Tür zum nächsten Raum und ich traute meinen Augen nicht, als ich darauf 07:27 Uhr ablas. Vielleicht gingen ihre Uhr und mein Wecker nicht wirklich gleich, dennoch war das für etwa zwei Kilometer inklusive anziehen eine rekordverdächtige Zeit. Stotternd fragte ich nach dem Oberst und wiederholte irgendwie wirr den Auftrag des Tages. Sie sah mir an, dass ich gerade unter enormen Druck und Anspannung stand. Die Haare durcheinander, vom Wochenende noch unrasiert und das Hemd teils aus der Hose hängend. Selbst die Haut meiner Füße konnte man in den Halbschuhen ohne die Socken gut erkennen. Vielleicht wirkte ich sogar etwas verängstigt, in der Annahme, es gäbe direkt eine verbale Ohrfeige. Aber sie sagte mir nur in kurzen Sätzen, dass der Oberst schon weg und mit dem eigenen Auto gefahren sei. Sie versuchte mich ein wenig zu beruhigen und schickte mich zurück in die Kaserne.

Es fiel wie eine Last von mir, weil mir klar wurde, dass das Kind nun in den Brunnen gefallen war. Äußerst vorschriftsmäßig und immer ruhiger werdend, fuhr ich durch die Hauptwache und stellte anschließend das Auto wieder in die Garage. Während ich dabei war, das Tor wieder zuzuziehen, kam schon ein Obergefreiter mit schnellen Schritten zu mir. Ich solle mich sofort beim stellvertretenden Kommandeur melden, da man mich bereits vermisst hatte. Darauf sagte ich nur zu ihm, dass ich nun erst mal duschen, mich rasieren und vernünftig anziehen ginge. Sein Grinsen sagte mehr als tausend Worte, aber jetzt war es mir auch egal, denn ändern konnte ich die Situation nun sowieso nicht mehr.

Nachdem ich dann absolut vorzeigefähig zum Oberstleutnant unterwegs war, kam jedoch wieder ein ungutes Gefühl hoch. Er war ein sehr strenger und distanzierter Stabsoffizier, der durch seine forsche und autoritäre Art schon einige Untergebene in Stress gebracht hatte. Aber was sollte mir schon passieren? Ich ließ es auf mich zukommen. Über das Vorzimmer, in dem eine lebensältere, nette Schreibkraft saß, meldete ich mich an und ohne den Oberstleutnant schon vorab anzusprechen, schickte sie mich mit ihrem Blick und einem nur leichten Lächeln zur Tür des Oberstleutnants. Ich baute mich im Türrahmen auf, nahm die Grundstellung ein und wartete darauf, dass er seinen Kopf aus den Unterlagen vor sich hob, um melden zu können. Auch dies dauerte eine halbe Ewigkeit. Langsam hob er seinen Kopf, die Lesebrille weit vorn auf die Nase geschoben, trafen mich seine Augen über die Brille hinweg mit stechendem Blick. Keine Regung ging durch sein Gesicht. Keine Falte verriet seine Stimmung oder was gleich folgen würde. Meine Meldung kam kurz und wie aus der Pistole geschossen über meine Lippen. Mit den Worten: „Herr Oberstleutnant, Hauptgefreiter Senftleben, ich melde mich wie befohlen!“. Wenige Sekunden vergingen bevor er fragte, was passiert sei. Ich begann die Geschichte ehrlich und von Anfang an zu erzählen. Auch er wusste um meine eigentliche Zuverlässigkeit und je mehr ich erzählte, desto weicher wurden seine Gesichtszüge. Gar ein leichtes Grinsen meinte ich auszumachen. Er hörte geduldig bis zum Ende zu und ich wartete nun auf das von ihm bekannte „Donnerwetter“. Doch tatsächlich rügte er mich nur wenig mit den ruhigen, aber bestimmten Worten: „Das war aber das letzte Mal, dass sie verschlafen haben!“. Und ohne große Gedanken über die Konsequenzen meiner nun folgenden Antwort schoss es konternd aus mir: „Das war auch das erste Mal Herr Oberstleutnant und wird garantiert nie wieder vorkommen!“ Da endlich war ein deutliches Grinsen in seinem Gesicht zu erkennen, schnell senkte er den Kopf wieder und gab mir mit einer lockeren Handbewegung zu verstehen, dass ich mich abmelden konnte. Vielleicht um nicht noch mehr seines Grinsens zu zeigen und durch Weitererzählen seinen Ruf zu beeinflussen. Ich meldete mich korrekt ab und ging mit einem Lächeln und sichtlicher Erleichterung an der Vorzimmerdame vorbei aus „der Höhle des Löwen“.

Die Tage wollten nicht vergehen und fast jede freie Minute formulierte ich die verschiedensten Entschuldigungen für den Tag der Abholung. Als ich dann an dem besagten Mittwoch den Oberst wieder abholte, traf ich auf einen ernsten und fast wortlosen Mann. Wir hatten immer ein gutes und angemessenes Verhältnis gehabt. Ich weiß auch, dass mich der Oberst mochte. Er war ein wenig wie ein Wunschvater für mich. Dies zeigte er mir an diesem Tage besonders deutlich. Er ließ mich spüren, dass ich sein Vertrauen in mich angekratzt hatte und die Angelegenheit nicht einfach so aus der Welt war. Etwa fünf Minuten, nachdem wir losgefahren waren, wollte er dann auch hören, warum ich ihn versetzt hatte. An dem Morgen hatte er fast den Hubschrauber verpasst und hatte extra noch den Oberstleutnant angerufen, da er sich Sorgen um mich gemacht hatte. Wir konnten uns nur um Sekunden verpasst haben. Es war an einem Montag gewesen und da ich immer Sonntagnacht von Osnabrück etwa 220 Kilometer zur Kaserne zu fahren hatte, wäre ja auch ein Unfall denkbar gewesen. Auch ihm erzählte ich nun mein etwas komisches Erlebnis und warte einen Moment auf eine Reaktion. Ohne diese Geschichte irgendwie zu kommentieren, sprach er nur die Worte: „Ich verlasse mich darauf, dass so etwas nicht wieder vorkommt!" Das hatte ich verstanden und wenn er gewusst hätte, wie es in mir aussah und wie stark mein schlechtes Gewissen deswegen im Nachhinein war, hätte er es vielleicht sogar noch etwas gefühlvoller formuliert. Damals hätte ich nie geahnt, wie tief sich diese Geschichte in mein Unterbewusstsein einbrennen würde. Selbst heute noch stelle ich denselben Reisewecker mit einer konzentrierten Disziplin, um mich so gut es geht gegen ein erneutes Erlebnis dieser Art abzusichern.

Nachdem also nun mein Handy mit Weckwiederholung eingestellt ist, schlafe ich auch recht schnell ein. Den Reisewecker hatte ich noch in Deutschland in meine „Verlege Kiste" gepackt und musste noch ein paar Stunden auf ihn verzichten. Wie erwartet kommt morgens schon gegen sechs Uhr das erste Mal etwas Unruhe in den Container hinein. Die Ersten haben sich fertig gemacht und sind bereits zum Frühstücken unterwegs. Das verschafft den verbleibenden Kameraden nochmal gut eine halbe Stunde zum Weiterschlafen. Und noch bevor mein Handy das erste Mal klingeln kann, navigierte ich wie im Schlaf durch das Menü, um die Weckfunktion zu deaktivieren. Dann schaue ich nach schräg oben über das Bett meines Nachbarfeldwebels und prüfe, ob Felix auch schon wach ist. Nach einem kurzen Moment, fast wie abgesprochen, bewegt auch er sich und beginnt damit die Stufen des Doppelstockbettes herunter zu steigen. Das ist mein Zeichen und auch ich ziehe den Reißverschluss meines Schlafsackes ganz nach unten und krieche aus ihm heraus. Es ist deutlich kühler als noch am Abend und die Luft wirkt verbraucht. Die Fenster waren die ganze

Nacht geschlossen. Ich ziehe mir nach und nach meine Uniformteile heran und beginne mich anzuziehen. Auch die Uniform fühlt sich im ersten Moment kühl und unangenehm an. Am Morgen merkt man noch, wenn der Gürtel zu eng eingestellt und die Socken eigentlich schon eine Nummer kleiner eingelaufen sind. Dann wieder ab durch die Kälte und die Morgenwäsche erledigen. Es ist ein kalter, aber sonniger Morgen und ich mag die Sonne. Unter ihr bekomme ich gute Laune, kann meine Psyche auftanken und bekomme auch noch eine beneidenswerte Bräune, wenn ich mich ihr lange genug aussetze. Das ist natürlich in Afghanistan grundsätzlich ohne weiteres möglich, aber nicht immer sinnvoll. Dort ist sie viel aggressiver als bei uns zu Hause und die dann auf der Uniform entstehenden Temperaturen gehen über eine wohlige Wärme weit hinaus. Teilweise fühlt sie sich auf dem Rücken an, als würde jemand mit nur wenigen Zentimetern Abstand einen alten Lichtstrahler mit vielen Hunderten Watt über die Schultern halten. Da sucht man lieber instinktiv die schattigen und klimatisierten Bereiche auf. Selbst wenn die geringe Luftfeuchtigkeit einen deutlich später schwitzen lässt als in unseren Regionen.

Meine Waschtasche und mein Handtuch stecke ich in den Beutel für den Schlafsack, welchen ich mit einiger Anstrengung besonders klein gefaltet habe. Das wird neben meiner Tasche das Einzige sein, was ich im anstehenden Flug in der Transall mitnehmen muss. Mein Rucksack mit Wechselwäsche war schon in der Nacht davor auf eine Palette verladen worden, um die Abfertigungszeit so kurz wie möglich zu halten. Nachdem ich alles zusammen habe, warte ich vor dem Container auf Felix. Von dort aus gehen wir gemeinsam ein vorerst letztes Mal „deutsch" frühstücken. Im Küchengebäude begeben wir uns als erstes zu den im Vorraum vorhandenen Waschbecken, welche wir ab jetzt auch in allen Verpflegungseinrichtungen im Einsatz wiederfinden werden. Hier ist es besonders wichtig, sich vor jeder Mahlzeit die Hände zu waschen und möglichst auch zu desinfizieren. Die Durchfallrate im Einsatz ist grundsätzlich deutlich höher als zu Hause. Gerade durch den vielen Kontakt mit der Bevölkerung in Form von „Lokals" (lokaler Mitarbeiter) oder bei den Tätigkeiten außerhalb der Camps mit den Soldaten und Sprachmittlern ist die Ansteckungsgefahr wirklich hoch. Bei mir geht das ständige Händewaschen, welches man ja auch noch bei einigen anderen Gelegenheiten am Tage durchführen muss, sehr stark auf die Haut an den Fingern. Wenn ich nicht regelmäßig mit Handcremes nachfette, reißen mir die Fingerkuppen bis auf das Fleisch ein und machen jede Berührung sehr schmerzhaft. Hier passt bestens das Sprichwort „Lernen durch Schmerz!". Aus diesem Grund habe ich mir angewöhnt, an möglichst vielen Plätzen solche Handcremes bereitzuhalten, egal ob unterwegs oder zu Hause.

Wir biegen nach rechts in den Speisesaal, wo Rollwagen mit Geschirr und Besteck stehen. Es gibt normales und auch Einweggeschirr. Ich greife mir eines der leicht dreieckig geformten Tabletts und folge dem weiteren Verlauf zum Besteck, den Tassen und Schälchen und hole mir routiniert einmal das gesamte Sortiment ab. Wie ein kluger Mann mal sagte: „Haben ist besser als brauchen." Nun befinde ich mich in einem Gang zwischen Speisewagen wie man sie aus öffentlichen Kantinen kennt und sowohl links als auch rechts von mir kann ich mir über Obst, Müsli, Jogurts und vielen anderen frischen Dingen das Tablett vollstapeln. Das könnte die dreieckige Form erklären, denn so vermeidet man, dass der Soldat sich das Tablett zu volllädt und im Zweifel lieber einen Nachschlag holen muss. Ich nehme mir noch Brötchen und ein paar Scheiben Brot – es könnten für die nächsten Monate die letzten guten Backwaren sein. Ich habe mir zwar einen Brotbackautomaten und auch entsprechende Fertigmischungen nach Kabul geschickt, um nicht auf deutsche Backwaren verzichten zu müssen, aber ich werde wohl bei der Qualität Abstriche machen müssen.

Leider ist an dem recht modern wirkenden Getränkeautomaten fast jede Sorte abgeklebt und daher kann ich nur zwischen Cola light und Apfelschorle wählen. Beides nicht wirklich mein Fall, daher entscheide ich mich für die bessere Wahl von beiden und nehme die Schorle. Ich trinke für mein Leben gern Cola, aber sie darf keine Süßstoffe außer Zucker enthalten, denn der Nachgeschmack ist für mich wirklich sehr gewöhnungsbedürftig, und sie muss möglichst eiskalt sein. Allerdings stellt sich nur wenig später am Tisch heraus, dass in meiner Schorle nur Wasser mit Kohlensäure, aber kein Apfelgeschmack ist. Dafür lasse ich mir die Melonenstücke, die Ananas und das Leberwurstbrötchen schmecken. Während wir essen läuft im rechts über uns angebrachten TV ein älterer Actionfilm im bundeswehreigenen Fernsehkanal. In diesem Moment fühle ich mich ein wenig wie in einer Truppenküche der amerikanischen Soldaten, bei denen ein Fernsehgerät für fast jeden Gast einsehbar in den Speisesälen hängt. Als ich das 2010 in Kabul zum ersten Mal sah, war ich von der Idee schon beim Frühstück unterhalten zu werden, schon stark begeistert. Nachdem ich aber in diesen Küchen wirklich teils viele Stunden hintereinander verbringen musste und dort fast immer nur American Football lief, sehe ich auch dies nun mit anderen Augen. Wir mussten immer dann so lange dort ausharren, wenn in Kabul wieder Anschläge verübt wurden oder kurz bevorstanden. Dann zogen wir uns in die nächstgelegene gesicherte Liegenschaft zurück und warteten auf Freigabe der Weiterfahrt durch unsere Leitstelle. Da mein Bereich, in dem ich die Ausbildung in der afghanischen Armee betreute, nah bei amerikanischen Camps lag, war das in der Regel auch der kürzeste Weg zu geschützten Bereichen.

Das Angebot im Bundeswehrsender finde ich wirklich brauchbar, da Fernsehen im Einsatz mit einigen Hürden verbunden ist. Bei diesem Sender geht man zeitlich wie auch inhaltlich auf die Soldaten im Einsatz ein. Neben dem Einsatzradio „Andernach" haben wir eine lobenswerte Menge an Betreuungs- und Unterhaltungsangeboten, um die uns viele andere Nationen beneiden. Sicher kann man immer etwas verbessern und meckern tun wir Deutschen ja sowieso gerne. Aber nüchtern und von außen betrachtet, hat die Bundeswehr in diesen Bereichen doch eine Menge getan. Nicht immer ohne Druck durch die Interessenvertretung der Soldaten, dennoch zählt am Ende das Ergebnis.

Nach dem Essen packen wir die Überreste und das Besteck wieder auf das Tablett und begeben uns zur Geschirrabgabe. Es sind zwei Tische nebeneinander aufgebaut, in denen sich Löcher befinden. Darunter stehen Eimer, in denen große blaue Müllsäcke stecken. Vor diesen Löchern steht jeweils geschrieben, was dort hineingehört. Getrennt wird zwischen Bio- und Restmüll. Auf einem weiteren Tisch stehen Metallgitterboxen, in denen schon etwas Geschirr steht und so stapele auch ich meinen Teller auf die anderen, verteile das restliche Geschirr und werfe danach das Besteck in einen Eimer mit Abwaschwasser. Auf dem Weg zurück zum Schlafcontainer fallen mir schon die ersten Erinnerungen wieder ein und ich beginne damit, Felix durch diese Themen wieder in ein Gespräch zu verwickeln. Davor angekommen bleibe ich noch kurz mit ihm draußen vor der Tür stehen und warte bis er seine Zigarette fertig geraucht hat. Insgesamt ist meine Stimmung an diesem Morgen noch recht gedrückt. Hoffentlich bessert sich das bald.

Da die Zigaretten hier zoll- und steuerfrei sind, ist das Rauchen um vieles günstiger als zu Hause. Für eine Schachtel einer Markensorte wird etwa ein Euro verlangt, dass verleitet viele mehr als sonst zum Rauchen. Selbst Kameraden, die nur wegen der günstigen Preise angefangen haben, habe ich schon kennengelernt. Naja, jeder muss seine Gründe vor sich selbst rechtfertigen. Ich habe mit Fünfzehn mal eine Zigarette probiert und da ich schon immer recht empfindlich mit Kopfschmerzen auf Zigarettenqualm reagiert habe, war klar, dass dies nichts für mich ist. Normal oder Durchschnitt ist sicher anders, denn gerade in der noch männerdominierten Bundeswehr trifft man nur wenige, die weder rauchen noch Alkohol trinken. Doch schon in der Grundausbildung hat es mir gefühlt eigentlich nur Vorteile gebracht. Dabei klingen mir noch die Worte meiner Kollegen aus der Maschinenfabrik in den Ohren. Sie hatten mir schon zu Lehrzeiten prophezeit, dass ich, wenn ich erst zur Bundeswehr müsste, mit dem Rauchen und Alkohol trinken anfangen würde.

Dabei ist die doch stark verbreitete Ansicht, dass die Soldaten unserer Armee mehr trinken als der Durchschnitt der Gesellschaft, in meinen Augen Unsinn. Sicher gibt es Ausreißer, die nicht mit dem Alkohol umgehen können, aber schaut man sich mal sein tägliches Umfeld an, so findet man diese Ausreißer auch zur Genüge um sich herum. Allein in meiner näheren Verwandtschaft, gibt es ein paar Mitglieder, die als Alkoholiker bezeichnen würde. Das mag zum einen an meiner Herkunft liegen, die selbst für die damaligen Verhältnisse in der DDR in der sozialen Unterschicht liegt; zum anderen kann es auch damit zu tun haben, dass damals bei uns der Alkoholkonsum durch alle Schichten stark verbreitet war. Dennoch kann ich zu heute nur wenig Unterschiede im Umgang damit ausmachen. Ich kann immer noch nicht wirklich verstehen, warum man seinem Körper giftige Stoffe, und das ist Alkohol nun mal, zuführt, obwohl man um die verschiedenen negativen Folgen weiß. Und quer durch die verschiedenen sozialen Schichten ist man anscheinend nicht bereit, sich diesem Thema offen und konsequent zu stellen. Bei unserem heutigen Bildungsstatus und all den Erkenntnissen, auf die wir mittlerweile zurückgreifen können, wird es für mich wohl nie wirklich verständlich sein, warum wir hier die Scheuklappen aufbehalten. Sei es drum, ich habe meine Einstellung über die vielen Jahre zu diesem Thema nicht geändert und werde mit fast Vierzig auch nicht mehr davon abrücken. Dafür werde ich auch noch allzu oft und fast regelmäßig daran erinnert, dass die Fakten für sich sprechen. Damit man mich nicht falsch versteht, möchte ich aber auch klarstellen, dass ich trotz oder gerade wegen meiner Einstellung keineswegs Menschen, die nicht meiner Ansicht sind, verurteile. Das sehe ich sehr liberal und steht mir auch gar nicht zu, denn wie beim Rauchen muss es letztlich jeder selbst wissen. Für mich endet nur dann das Verständnis endgültig dort, wo die Auswirkungen des Alkohols in Übermaß vom Umfeld ertragen werden müssen. Da ich am eigenen Leib sehr genau erfahren habe, was das in der Praxis bedeutet, habe ich wohl hierbei durch Schmerz etwas gelernt.

Felix nimmt den Rest der gerauchten Zigarette, wischt die Glut an dem Aschenbecherrand ab und wirft die Kippe danach in den Behälter. Wie vieles hier im Einsatz ist auch der Aschenbecher Marke Eigenbau. Schon erstaunlich, mit wie viel Kreativität hier manche Dinge angegangen werden. Ich ziehe die Tür vom Container auf und Felix huscht mit durch. Wir nehmen in Ruhe die gepackten Sachen auf und gehen zum sogenannten Wartebereich. Das ist der Bereich, in dem wir darauf warten, zum Flugzeug gebracht zu werden. Es gibt hier ein etwas größeres Betreuungszelt, in dem Tischkicker stehen und man fernsehen kann. Ich bleibe mit Felix draußen und nur wenig später kommen immer mehr Kameraden dazu, um auf ihren Flug zu warten. Der Oberfeldwebel, der sich um uns kümmern soll, ist schon da und leicht an dem fehlenden Gepäck und dem Handfunkgerät erkennbar. Er ruft kurz zur Gruppe herüber, dass es noch einige Minuten dauern wird und ist dann wieder mit seinem Blick in den Unterlagen, welche er in der Hand hält. Ich schaue auf einen kleinen Holzturm, an dem zwei runde Küchenuhren hängen und suche die Zeit. Unter der oberen Uhr steht *Termez* und unter der Unteren *Germany*. Es gibt viele Aufkleber an diesem Turm und man muss schon die letzten freien Flecken suchen. Es sind Einheitsabzeichen, Einsatzaufkleber und vieles mehr. Der ein oder andere versucht dort schon mal seine Einheit oder auch Namen zu finden.

Geplante Boarding-Zeit war 08:10 Uhr (Termez-Zeit). Wir haben es fünf nach acht. Fast wie auf die Minute beginnt der Oberfeldwebel mit ein paar einweisenden Worten zum Ablauf. Danach ruft er die Namen der Passagiere auf und wartet auf einen Ruf als Bestätigung für die Anwesenheit. Dann läuft einer nach dem anderen zu ihm herüber und nimmt seinen Truppenausweis, den er am Abend zuvor dem usbekischen Zoll gegeben hatte, wieder in Empfang. Von dort geht es weiter durch ein Holzbogentor und einer Fußmatte mit Desinfektionsmittel zum bekannten Kleinbus. Auch dieses Mal wird er wieder sehr voll. Es werden mehrere Busse eingesetzt und die Maschine ist vollständig ausgebucht. Schon bei der Anfahrt an die zwei parkenden Transall erkennt man das hoch aufgeladene Gepäck, welches auf der hinteren Laderampe verzurrt ist. Sowohl der Lademeister als auch der Pilot, welcher durch seinen khakifarbenen Fliegeranzug und den Hauptmann-Dienstgrad zu erkennen ist, sind an der Maschine und unterhalten sich. Eine zivile Hundeführerin, die einen kleineren Schäferhund mit sich führt, wird zuerst hineingebeten. Währenddessen gibt uns der Lademeister, ein locker wirkender Hauptfeldwebel, die Einweisung und Verhaltensweisen in das Transportflugzeug. Dann gehen wir in Reihe nacheinander geordnet, sowohl links als auch rechts am Gepäck auf der Rampe vorbei. Hinter dem Gebäck befindet sich noch eine Box für den Hund, gefolgt von den heruntergeklappten Sitzplätzen an den Innenwänden der Maschine. Dabei handelt es sich um olivfarbenes Segeltuch, welches über Aluminiumgestänge gespannt ist. Oberhalb der Sitzflächen befinden sich kleine Schlaufen, in denen so eine Art Beckengurte, wie man sie aus dem PKW kennt, eingehängt sind. Jeder versucht, sein Handgepäck unter der Sitzfläche zu verstauen und löst dann den Gurt, um ihn aus der Schlaufe zu ziehen und sich anzulegen. Wir sitzen dicht an dicht, kaum mehr Schulterfreiheit als in einem Mini und versuchen uns gegenübersitzend mit den Füßen zu arrangieren. Ausstrecken der Beine ist nicht möglich, da ja das Handgepäck des Gegenübers im Weg ist. Selbst im Gang am Boden steht Ausrüstung und nimmt so die Bewegungsfreiheit für die Beine. Es werden nur 20 Minuten bis Masar-e-Sharif sein, daher ist das nicht ganz so dramatisch. Wer jedoch schon mal etwas länger in einer Zwangshaltung war, weil er sich irgendwo hineinquetschen musste, der weiß, dass schon manchmal wenige Minuten reichen, um die ersten Schmerzen in der Muskulatur zu bekommen. Nun bin ich mit etwa einen Meter Zweiundsiebzig etwas kleiner als der europäische Durchschnittsmann, daher fällt es mir sicher nicht ganz so schwer. Aber wenn ich so durch die Reihen sehe, sind schon einige große Jungs dabei. Noch tragen wir keine Schutzweste, denn auch die macht den Soldaten nicht schlanker, dennoch sind die Meisten warm angezogen. Da ich meinen MP3-Player nicht dabeihabe, ziehe ich mir meinen grünen gummiartigen Gehörschutz aus der Hosentasche und setze ihn mir ein. Die meisten anderen hören Musik und manche lesen sogar während des Fluges. Die Maschine hat nur wenige kleine Fenster und ich kann durch das leicht verschmutzte Glas und den ungünstig blendenden Sonneneinfall kaum etwas erkennen. Zudem liegt es auf Standhöhe und schließt somit jeden Blick auf den Boden während des Fluges aus. Nur wenn der Pilot eine recht steile Kurve anfliegen sollte, wäre ein Blick möglich.

Die Rotoren drehen noch nicht, aber die Maschine macht schon laut heulende Geräusche, die von dem Pfeifen der Heizungsanlage begleitet werden. Ich sitze fast mittig im Laderaum und das bewusst. Aus Erfahrung weiß ich, dass die Heizungsluft in der Maschine sehr ungleich verteilt wird und da sie nie wirklich zu oder dicht ist, hat man es vorne meistens zu warm und im hinteren Bereich friert man schon wieder. Die Maschine dürfte über dreißig Jahre auf dem Buckel haben und daher verwundert der geringe Komfort auch eigentlich nicht. Der Lademeister fährt die Heckrampe mit dem Gepäck zu und langsam wird das Sonnenlicht, welches bis eben noch viel Helligkeit in den Laderaum geschickt hat, ausgesperrt. Die Rotoren beginnen anzulaufen und nehmen nach und nach an Drehzahl zu. Die Heizungsanlage fährt ebenfalls hoch und bläst uns eine Mischung aus heißer Luft und Kerosingerüchen um die Ohren. Die Maschine fängt unter den schneller werdenden Rotoren an zu vibrieren, schüttelt sich einen kurzen Moment wie eine Waschmaschine im Schleudergang und wird dann wieder ruhiger. Es ist trotz des Gehörschutzes recht laut und eine Unterhaltung wäre ab jetzt nur im „Discostil" möglich. Ein kurzer Ruck signalisiert, dass wir losgerollt sind und nur mit einiger Konzentration kann man jetzt noch wahrnehmen, wohin die Maschine sich bewegt. Aus der Bewegung heraus nimmt die Maschine dann unter dem lauten Getöse der Propeller an Fahrt auf. Säße man nicht quer zur Flugrichtung, man könnte sich fühlen wie in einem Sportwagen, der kurz und schnell beschleunigt wird. Nur durch das Gegendrücken gegen die Schubrichtung, welches ich durch mein rechtes Bein versuche, vermeidet man das Herumrutschen auf seinem Sitz. Es dauert nur wenige Sekunden, dann lässt der Druck nach und man kann wieder einigermaßen entspannt sitzen. Einzig das Abheben und Ansteigen der Maschine kann man jetzt noch spüren. Die Triebwerke drehen wieder runter und es wird fast schon ruhig im Laderaum. Im monotonen Brummen kehren Routine und eine beruhigende Atmosphäre ein. Es wird erst mal nicht mehr viel passieren und so lege ich den Kopf in den Nacken und schließe die Augen. Schnell wird es wärmer und mein Puls fährt in den Ruhemodus. So kann ich leicht wieder etwas einschlafen, nicht tief, aber entspannend.

Durch ein ungutes Gefühl im Magen werde ich geweckt, denn wir fliegen einen taktischen Anflug auf die Landebahn in Masar-e Sharif. So verringert sich für die gegnerischen Kräfte die Möglichkeit eines Abschusses von Luftfahrzeugen. Mit Langwaffen, also Gewehren, wäre es ohnehin relativ schwer. Doch mit einer Panzerfaust könnte ein geschulter Schütze es schaffen, obwohl es nicht gerade einfach ist. Die Selbstschutzanlage, welche glühend heiße Magnesiumkugeln (Flairs) ausstoßen kann, wäre bei dieser Waffe wohl wirkungslos. Sie ist für Abschusseinrichtungen gedacht, die von der Wärme der Triebwerke angezogen wird. Da der Airbus so etwas nicht hat, fliegen wir im Einsatzgebiet grundsätzlich mit der Trall. Jedoch ist das Gebiet um Masar so weiträumig gesichert und überwacht, dass die Kampfentfernungen in der Regel zu groß sind. Im ersten ISAF-Einsatz habe ich aufgrund meiner Funktion als Bordschütze und Luftraumbeobachter auf dem Transporthubschrauber schon reichlich Erfahrung mit den „Flairs“ gesammelt. Es sind beeindruckende Bilder, wenn man als Luftraumbeobachter (Observer) auf der halb geöffneten Rampe sitzt, den Blick nach hinten draußen und die Beine baumelnd in der Luft, sieht wie meist gleich mehrere, zu beiden Seiten ausgestoßenen Flairs, leuchtend rot verglühend im großen Bogen erst leicht nach oben und dann zu Boden fallen. Die dabei entstehenden Rauchstreifen bleiben meist noch etwas länger über dem Boden stehen und verfliegen dann langsam und kreisförmig mit dem Wind, den der Rotor und die Aerodynamik des Hubschraubers auf der Strecke hinterlassen. Es ist ein wenig wie die bunten Leuchtkugeln der Silvesterraketen. Man kann es, wenngleich man es nicht direkt von innen sehen kann, durch mehrere, kurz aufeinander folgende, dumpfe Schüsse hören. Wer es nicht kennt, erschreckt sich dann meistens und geht von einem Beschuss auf das Luftfahrzeug aus. Bei unserem Flug bleibt bis zur Landung alles ruhig und fast butterweich setzt die Maschine am Boden auf.

Auch hier rollen wir noch ein Stück, bevor wir unsere Parkposition erreicht haben und müssen dann nach dem Anhalten noch einen Moment mit dem Aussteigen warten. Zuerst lässt der Lademeister die Rampe runter und der erste Spalt zeigt mir ein gewohntes Bild. Irgendwo in der Ferne kann man durch die staubige Luft die Berge erahnen. Ich weiß, dass mir diese schlechte Luft, die mit Ausdünstungen von Fäkalien angereichert ist und meist nach Müll, Staub und Verbranntem riecht, die erste Zeit wieder zusetzen wird. Hier in Masar ist es noch nicht ganz so schlimm, aber als ich 2010 das erste Mal in Kabul war, habe ich fast zwei Wochen gebraucht, bis ich keinen klumpigen Schleim mehr ausgehustet habe. Sicher konnte aufgrund der kalten Jahreszeit auch etwas Erkältung in mir gesteckt haben, aber die Konsistenz war schon neu und recht staubfarben. Dennoch, ich fühle mich bei diesem Anblick keinesfalls unwohl. Er ist vertraut geworden und schließlich sind die ersten 14 Monate bei dieser Einheit nicht schon wieder vergessen.

Die Rotoren der Maschine drehen aus und es wird wieder ruhiger. Ich stehe auf und hänge mir meine Tasche über die rechte Schulter. Den Schlafsack klemme ich mir unter den linken Arm, um mir mit der freien Hand den Gehörschutz entfernen zu können. Dann gehen wir wieder in Reih und Glied die Rampe herunter, raus aus der Maschine. Ein älterer Bundeswehrbus wartet schon mit laufendem Motor auf uns. Wir steigen ein und suchen uns einen Platz, während im vorderen Bereich beim Fahrer bereits wieder eine Aufnahmeperson steht, die uns in den weiteren Ablauf einweisen wird und den Zustieg aller Personen abwartet. Die Türen schließen sich und seine von mir schon vielfach gehörte Ansage beginnt. Wir bekommen neue Instruktionen, um wieder jeweils die entsprechenden Weiterflüge zu kennen. Der Bus fährt los und nur wenige hundert Meter, knapp hinter einem Stahlzaun, der die Abgrenzung zum Flugfeld darstellen soll, kommen wir auch schon wieder zum Stehen. Felix und ich finden uns über Blickkontakt zusammen und gehen direkt in die Flughafenhalle. Sie sieht ein wenig aus wie eine Mischung aus Blechgarage und Zelt, ungefähr fünf Meter hoch ragt sie vor uns auf. Als wir eintreten, sehen wir rechts eine Art Tresen, der etwa acht Meter lang und aus Holz ist. Davor stehen bereits zwei etwas unsauber aufgestellte „Soldatenschlangen", die sich einerseits bei einem Pappschild, dass auf diesem Tresen steht, mit der Aufschrift *Kabul* und andererseits bei *Kunduz* anstellen. Wie sich nur kurze Zeit später herausstellt, haben die beiden Kameraden, welche jeweils die Passagierlisten abhaken, die Schilder seitenverkehrt aufgestellt, so dass es, als sie es merken, zu etwas Unruhe kommt. Nun müssen Teile der Schlange die Seite wechseln, wobei einige schon am Anfang falsch, also jetzt wieder richtig stehen. Ganz kurz überlege ich nun, für wen das hier jetzt hätte peinlich sein müssen. Für die, die erst falsch standen und jetzt gar nichts machen brauchen oder die, die ja nochmal wechseln mussten. Es wird halt nie langweilig. Als ich dann an der Reihe bin, muss ich wieder auf eine Waage steigen, mit allem was ich am Mann habe. So eine etwas größere Industriewaage, wie man sie vielleicht von Großmärkten kennt. Dann sucht der Kamerad meine Nummer auf der Liste, hakt sie ab und gibt mir eine gelbliche, stark abgenutzte Bordkarte. Er weist mich darauf hin, dass ich spätestens um viertel nach 10 wieder vor Ort sein solle. Auf dem Monitor über ihm kann ich sehen, dass der Flieger um elf Uhr Ortszeit abheben soll.

Nachdem auch Felix damit durch ist, gehen wir nach draußen, wo direkt links vor der Halle die Palette mit unserem Gepäck von einem Stapler gebracht wird. Ein Kompaniefeldwebel, erkennbar an der gelben Kordel um seine rechte Schulter, und ein Stabsunteroffizier, beginnen damit das Gepäck von der Palette zu nehmen. Es ist eher ungewöhnlich, dass ein Kompaniefeldwebel solche Arbeiten verrichtet, aber womöglich war einfach Not am Mann und er hat sich eingebracht. Ich nehme das mit Respekt zur Kenntnis. Um ihn herum steht die Traube der Soldaten, die nach ihrer Ausrüstung Ausschau halten. Man muss dann schon etwas genauer hinschauen, denn wie der Name Uniform es ja sagt, haben in der Regel alle das Gleiche dabei. Zwar gibt es einige, die auch privat beschaffte Ausrüstung nutzen, aber die

Masse ist das hier nicht. Auf meinem Kampfrucksack hatte ich an der dafür vorgesehenen Stelle, oben an der Rückenseite, ein speziell angefertigtes Namensschild angebracht. Es ist auch Khakifarben, hat links das eiserne Kreuz, dem Zeichen der Bundeswehr, und rechts den blauen Nordstern der Nato. Dazwischen liegt mein Nachname, den ich aber im Einsatz nicht an meiner Uniform trage. Also suche ich eben erst mal nur selektiv alle Kampfrucksäcke mit khakifarbenem Namensschild und werde auch schnell fündig. Ich nehme dem Kompaniefeldwebel, der meinen Rucksack bereits gegriffen hat, den Rucksack aus der Hand und ziehe ihn über die anderen zu mir herüber. Ganz leicht ist er nicht, vielleicht fünfzehn Kilogramm. Dann schiebe ich ihn zwischen meine Beine, um ihn besser fixieren zu können und öffne die obere Öffnung. Man könnte ihn auch über einen Reißverschluss im unteren Bereich öffnen, aber ich will an den Gefechtshelm, der eben oben liegt und dann meinen Schlafsack in ihm verstauen. Für den Weiterflug benötigte ich nun eine Splitterschutzweste und meinen Helm. Darum hänge ich den Helm mit der Kinnschlaufe an meine Laptoptasche und hänge sie mir wieder über die rechte Schulter. Auch sie wiegt sicher an die fünf bis acht Kilogramm und schneidet mit dem Trageriemen auf der Außenseite der Schulter unangenehm ein. Mit der linken Hand greife ich den Rucksack am Schulterriemen und trage ihn nur wenige Zentimeter über dem Boden zur nächsten Palette. Diese ist hinter einer weiteren Abzäunung nur etwa 10 Meter von mir entfernt. Dort steht auf mehrere Paletten am hinteren Zaun der Absperrung, welche mit farbigen Schildern markiert sind, Zielorte. In Usbekistan war die Kabul-Palette noch blau gekennzeichnet, während sie nun gelb ist. Typisch, ich hätte es vermutlich idiotensicher gemacht und die Farbkennung, die es in Termez gab, bis zum Zielort konstant beibehalten. Mit etwas Schwung werfe ich den Rucksack in Richtung Palette und schiebe ihn dann mit meinem Stiefel etwas ausrichtend zu Recht. Felix tut es mir gleich.

Die anderen Mitglieder unserer zukünftigen Einheit haben wir inzwischen aus den Augen verloren oder einfach nicht mehr beachtet. Wir haben nun etwa eine Stunde Zeit und wollen ja auch nicht mit zu vielen im *Camp Marmal* herumlaufen. Wir einigen uns darauf, einen Platz für einen Kaffee und eine Cola zu suchen. Ich kenne mich hier gut aus, denn viele Male war ich nun schon hier durchgekommen, wenn ich auf meinen Urlaubs- oder Verlege-Flügen hier gewesen bin. Vorher möchte ich aber gerne noch die internationalen *Marketender Shops* aufsuchen, da ich mit dem dienstlichen Kälteschutz nicht ganz zufrieden bin. Im letzten Einsatz hatte ich eine praktische und angenehme Plüschjacke in Oliv, bei der mir erst der Reißverschluss kaputtging, und ich sie dann mal irgendwo hatte leider hängenlassen. Also wandern wir erst mal in Richtung Marketender-Bereich. Dieser liegt etwa zehn Fußminuten vom Flugplatz entfernt. Er hat gerade erst geöffnet, da es ja gerade kurz nach 9 Uhr ist. Jetzt haben wir, wie in Kabul, dreieinhalb Stunden Zeitverschiebung. Es ist ebenfalls eine größere zweistöckige Halle, in der die ebenerdige Etage den Verkaufsraum darstellt.

Mein großer Bruder hatte mich vor einiger Zeit gefragt, ob ich ihm eine Tarnjacke besorgen könne und nun möchte ich mal schauen, wie es damit preislich aussieht. So richtig sicher bin ich trotz der großen Auswahl dennoch nicht, weil ich einmal wegen des Preises und zweitens wegen des Geschmackes nichts falsch machen möchte. Felix jedoch findet eine Unterziehjacke mit Watte gefüttert zu einem wirklichen Schnäppchenpreis, die auch mir gefällt. Mehr brauche ich als Ersatz für den dienstlichen Kälteschutz eigentlich auch gar nicht. Für knapp 25 Euro nehme ich die passende Größe mit und wechsele direkt vor der Tür die Kleidung. Es ist zwar kühl, aber durch die direkte Sonneneinstrahlung fühlt es sich noch angenehm an und schließlich dauert das Ganze auch nur wenige Minuten. Jetzt muss ich zwar meinen Kälteschutz noch in die pralle Laptoptasche, an der ja auch schon mein Helm hängt, bekommen, aber auch das klappt noch gerade, da ich die Verschlüsse der Tasche etwas verstellen kann. Von dort aus laufen wir dann zur Betreuungseinrichtung, dem sogenannten Atrium, einer kleinen umbauten Betreuungsmeile, die im Viereck angeordnet ist und sowohl Bars, Restaurants, als auch ein Internetkaffee beherbergt. Felix läuft zielstrebig nach rechts auf eine Art Unterhaltungsbar mit Billard, Kickern und TV zu. Davor ist eine große Dreckwasserpfütze, die durch eine afghanische Reinigungskraft dort hingezogen worden war. Bei dem Anblick kann man sicher gleich vermuten, dass hier wohl noch geschlossen ist. Da aber die gläserne Doppeltür weit aufsteht, geht Felix und ich hinterher, weiter ungebremst hinein. Spätestens jetzt, wo man die noch hochgestellten Stühle und kein anwesendes Personal sieht, können wir ohne Worte wieder kehrtmachen. Auf der schräg gegenüberliegenden Seite des viereckig angeordneten Platzes ist eine deutlich belebtere Bar. Dort gehen wir hin und suchen uns einen Platz an einer Sitzecke. Felix legt seine Tasche ab, während ich mir noch den Feldparka ausziehe und geht zum, nur kurz von uns entfernten Tresen. Dort angekommen, blickt er zu mir rüber und fragt: „Kaffee?“ Ich schüttele leicht verneinend den Kopf und antwortet: „Cola, Kaffee trinke ich nicht!“ Dann gibt er die erste Runde in diesem Einsatzland aus. Bei so was bin ich recht eigen. Zwar muss man keine Strichliste führen, wer wann und wie oft einen ausgegeben hat, aber ich schnorre mich auch nicht gerne durch, daher heißt es nun für mich, mir im Kopf eine Notiz zu hinterlassen. Das nächste Mal bin ich dann dran, denke ich mir. Es ist zwar noch früh, aber so eine kühle Cola geht immer. Felix hebt die Tasse an und prostete auf einen guten und sicheren Einsatz. Hoffen wir das Beste, ist da nur mein Gedanke und setze zum ersten Schluck an. Lustigerweise muss ich, wie sehr oft beim ersten Schluck von Cola, einen Schluckauf über mich ergehen lassen.

Wir trinken aus und machen uns wieder auf den Weg zurück zum Flughafen. Wir haben noch etwa zehn Minuten, bis wir vor Ort sein sollen und das passt zeitlich gut. Zumal man dort dann trotzdem noch etwas Wartezeit hat, bevor das Boarding beginnt. Bevor wir jedoch in die Abfertigungshalle laufen, biegen wir noch einmal in den abgegrenzten Paletten-Bereich ab. Ganz rechts in der Ecke stehen größere Transportboxen aus Oliv lackiertem Blech, darauf liegen einige Schutzwesten gestapelt, teils in „Wüsten Tarn“ und teils in „Fleck Tarn“. Ich greife mir eine der etwa 15 Kilo schweren Westen und reiße den Klettverschluss am Schulterstück auf. Man könnte sie in zwei Hälften teilen, da sie sowohl an den Schultern als auch im Beckenbereich komplett geöffnet werden kann. Im vorderen, wie auch im hinteren Teil der Weste befinden sich Einschubtaschen, die fast über die gesamte Fläche reichen. Hierin stecken, leicht an die gebogene Rückenform angepasste, Keramikplatten. Die erklären auch das recht hohe Gewicht. Sie halten Geschossen, wie auch Splittern aus Granaten und Sprengsätzen bis zu einer bestimmten Belastung stand. Natürlich schützen sie nicht den gesamten Soldaten, aber zumindest den Bereich der lebenswichtigen Organe. Nachdem ich die eine Seite dann auch im Beckenbereich geöffnet habe, werfe ich sie mir mit etwas Schwung mit der noch verschlossenen Seite über die Schulter. Dann versuche ich sie einmal zu schließen, um die Größe der Weste für mich zu testen. Dabei lasse ich den Beckengurt, der innen auf Bauchhöhe aus zwei Klettbändern besteht, erst mal offen. Sie passt und ich benötige sie sowieso nur auf dem Flug nach Kabul. Die Westen in der einen und das Handgepäck in der anderen Hand, geht es dann wieder in die Abfertigungshalle, wo recht viel los ist. Noch ein Stück an dem Tresen vorbei, sind Plätze an den kleinen Sitzgruppen frei. Zwar nur zwei an einer Sechsergruppe, aber das genügt. Bis auf den Abfertigungstresen besteht die Halle fast nur aus Sitzgruppen für die wartenden Passagiere. Es sind aus Bambus – vermutlich in China – gefertigte Tisch- und Stuhlgestelle, die geflochtene Rücken- und Sitzlehnen haben. Auf den ersten Blick wirken sie etwas billig und einfach, doch da ich diese Möbel in Afghanistan schon häufiger gesehen habe, weiß ich, dass sie recht robust sind. Wir setzen uns in die tief liegende Sitzfläche, die Sofacharakter hat. Es gibt der Halle, neben den aufgehängten Flaggen der Nato-Nationen, einen zwar militärischen, aber dennoch auch gemütlichen Anstrich. Ein Tischkicker und ein größerer Tisch, der als Zeitungs- und Zeitschriftenauslage dient, runden diesen Eindruck ab. Mehrere Fernseher hängen an den Seitenwänden in erhöhter Position. Dort laufen Musikvideos, während der Sound über einige Boxen in mittlerer Lautstärke gleichmäßig verteilt wird. Das lockert die Stimmung etwas auf und lässt die Zeit schneller vergehen.

Wieder fast auf die Minute stellt sich der Kamerad, der noch vorher die Liste abgehakt und uns die Bordkarten gegeben hatte, hinter ein Pult vor der Ausgangstür zum Flugfeld und ruft die Passagiere für den Flug nach Kabul auf. Ich stehe auf und werfe mir die Schutzweste über. Um sie gleich an der offenen Hüftseite besser fassen zu können, schließe ich das Klettband des Bauchgurtes unter der Weste besonders fest. Hat man die Weste einmal übergeworfen, dann wird man recht unbeweglich. Man fühlt sich wie eine Schildkröte, die sich den Rücken kratzen möchte. Es kostet entweder eine gelenkige Verrenkung oder fremde Hilfe, um die Weste mit dem breiten Klettstreifen auch auf Gürtelhöhe ordentlich zu schließen. Felix und ich helfen uns daher gegenseitig. Jetzt habe ich auch meinen neuen Oberst wiederentdeckt. Die anderen Offiziere, die ich das erste Mal in der *Area 51* begrüßt hatte, sind nun ebenfalls auf dem Weg sich anzustellen. Noch einmal wird jeder auf einer Flugliste abgehakt und muss nun seine Bordkarte abgeben, um durch die Ausgangstür weiter zum Transportbus gehen zu dürfen. Endlich liegt die letzte Etappe zum Zielort nach Kabul vor uns.

Nun kann uns nur noch das Wetter einen Strich durch die Rechnung machen, denn wenn die Staubbelastung zu groß und dadurch die Sichtverhältnisse nicht ausreichend wären, könnte die Landung abgebrochen werden. Das hieße dann zurück nach Masar und warten. So ungewöhnlich wäre das nicht, denn gerade zu langen Trockenzeiten reicht oft schon ein leichter Wind, um den mehlfeinen Sand mehrere Hundert Meter für Stunden in die Luft zu heben. Dafür braucht es also noch nicht einmal einen richtigen Sandsturm. Hätten wir ähnliche klimatische und dieselben Bodenverhältnisse und diesen feinen Sand in Deutschland, könnten wir vermutlich aufgrund der seltenen Windstille fast das ganze Jahr nicht viel um uns herum erkennen. Wie schnell man in so eine ähnliche Situation geraten kann, hat man vor ein paar Jahren bei dem schweren Auffahrunfall auf der Ostseeautobahn gesehen, als innerhalb weniger Minuten die Sicht von einem durchziehenden Sandsturm auf wenige Meter reduziert wurde und dadurch mehrere Unfälle verursacht wurden.

Doch ich bin guter Dinge, denn es ist einfach noch nicht die Jahreszeit für solche Probleme. So geht es wieder mit dem Bus zum Flugzeug, welches sich optisch nur durch die Kennnummer von der anderen Maschine unterscheidet. Es gibt auch hier die routinemäßige Einweisung in kurzen Worten. Etwas mehr als eine Stunde Flugzeit liegt nun vor uns. Etwa 350 bis 400 Kilometer über den Hindukusch, die Gebirgskette, die fast gänzlich und quer das nördliche Afghanistan durchzieht. Doch sehen würden wir davon natürlich wieder nicht viel, auch in dieser Maschine kann man sitzend nichts von der Umgebung erkennen und angeschnallt bleiben ist Pflicht. Diesmal ist die Maschine nur etwa halb voll mit Passagieren. Dennoch sind wir angehalten, von vorne die Plätze aufzufüllen. Der Platz direkt rechts neben mir bleibt frei, meine Laptoptasche habe ich nun unter meinen Sitz geschoben und lege meinen Helm rechts von mir auf den Platz. Meinen rechten Arm lege ich auf ihn, um ihn einmal etwas gegen wegrutschen zu sichern und zum anderen auch mit geschlossenen Augen die Bewegungen zu registrieren. Dann wühle ich wieder nach meinem Gehörschutz und fummele ihn mir in die Ohren. Anschnallen und fertig, es könnte losgehen. Die Augen geschlossen und den Kopf in die leicht erhobene Nackenlage gebracht, bemühe ich mich, meine Gedanken wieder runterzufahren, um die Zeit für ein lohnendes Nickerchen zu nutzen.

Ich bin jetzt mit wenigen Stunden Schlaf etwa eineinhalb Tage unterwegs, muss mit der Zeitverschiebung kämpfen und mich darauf einstellen, dass der Tag nach der Landung in Kabul noch lange nicht zu Ende ist. Es ist der beste Zeitpunkt, um jetzt dem Körper etwas Energie zurückzugeben. Nur noch ein kurzes Drücken gegen den Startschub, um nicht vom Platz zu rutschen und schon bin ich auch eingeschlafen. Wieder nicht sehr tief, aber tief genug. Jedes Mal, wenn ich wieder leicht wach werde, schiebe ich nur die Augenlieder einen Spalt auf, um einen kurzen Blick in Richtung meines Gegenübers zu werfen und dann fallen sie auch gleich wieder zu. Er wirkt schlafend und tiefenentspannt. Nur das mir der Kopf regelmäßig nach rechts wegsackt, nervt etwas, da es zu einem leichten Ziehen auf der linken Nackenseite führt. Meinen Helm halte ich immer noch unter der Last meines Armes an seinem Platz. Der Wüstentarnbezug des Helmes sieht ausgebleicht und verbraucht aus. Ich hatte ihn selbst die Zeit in Deutschland nicht mehr abgenommen, obwohl der Bezug in Deutschland ein anderer wäre. In dem Wissen um einen weiteren Einsatz, sah ich das als überflüssig an. In Deutschland brauchte ich ihn eigentlich nur ab und zu mal zum Schießen. Wäre die Einsatzvorausbildung nicht gewesen, so hätte ich ihn im letzten Jahr vielleicht nur drei oder viermal aufgesetzt.

Schon seltsam, dass man zu manchen Ausrüstungsgegenständen eine Art Beziehung aufbaut. Meinen ersten Stahlhelm hatte ich von Beginn an fast dreizehn Jahre. Ich konnte teilweise Kratzer und Spuren darauf bestimmten Erlebnissen zuordnen. Als ich ihn dann vor dem ersten Einsatz gegen den neuen Gefechtshelm tauschen musste, überlegte ich schon im Vorfeld angestrengt, wie ich meinen Helm vielleicht doch behalten könnte. Keine Ahnung, was ich eigentlich damit erreichen wollte. Vielleicht hätte ich ihn später mal irgendwo aufgehängt um mich an „alte Kriegsgeschichten“ zu erinnern und sie den

Kindern oder Enkelkindern zu erzählen. Genau oben auf dem Helm hatte ich über die Jahre einen auffälligen weiß-grauen Lackstreifen. Den hatte ich mir bei einem Feueralarm auf der Fregatte Bremen zugezogen, als ich rennend durch eines der vielen Schotten sprang. Das passte bis fast genau auf den Millimeter. Ich musste nur, wie beim Weitsprung, den richtigen Absprungpunkt finden. Schon oft hat man sich über meine eher kleine Körpergröße lustig gemacht. Aber in diesem Fall, wie auch in vielen anderen, war es schon ein echter Vorteil nicht so groß zu sein. Einige meiner Kameraden haben bei solchen Alarmen, in denen natürlich Stress und Hektik entstand, Unfälle erlebt. Denn wenn man versucht, die kleine Stufe des Schotts beim Durchlaufen zum Abtreten zu nutzen, konnte man an der Oberseite anstoßen. Das Bild ist ja eigentlich ganz lustig, wenn man hinter so einem Kameraden in voller Brandschutzausstattung hinterherlief. Es sah dann aus wie in einer Filmszene, wenn der Helm oberhalb des Schotts anschlug und den Kameraden gnadenlos vom Sprint in den Stillstand katapultierte. Mit einem kräftigen Satz schlug es ihn dann ein ganzes Stück zurück und er lag hilflos, nicht selten mal kurz bewusstlos, auf dem Rücken am Boden. Sicher wurden wir genau davor immer und immer wieder gewarnt, aber wenn man mit einem Puls von 180 durch den Blick einer beschlagenen Schutzmaske mit stark eingeschränktem Sichtfeld und Schweiß, der in der Maske als Pfütze sammelt, durch ein Kriegsschiff rennt, ist nichts mehr normal. Auch weil man weiß, dass die Vorgesetzten die Zeit stoppen und den Ablauf genauestens prüfen. Dann ist es eben schwierig, sich auf so viele Dinge gleichzeitig zu konzentrieren. So hatte ich dann später in lockeren Runden auch mal etwas Stoff, um mich über größere Körpergrößen lustig machen zu können. Jeder der mich heute mit ironischen Bemerkungen wegen meiner Größe belächelt, bekommt meinen Standardspruch: „Das ist Optimal Größe, die passt zu 99 % immer!“

Zu meinem jetzigen Helm habe ich ebenfalls eine gewisse Verbindung aufgebaut. Nicht nur, weil er meinen Dienstgrad und Namen in dem lederumzogenen, schweißverfärbten Kopfgestell im Inneren trägt. Nein, mittlerweile hat er mich mehr als zweimal um die Welt begleitet und ohne Ausfälle seinen bedeutungslos wirkenden Job gemacht. Es ist ein bisschen wie mit einem Auto, welches man viele Jahre gefahren hat. Oder wie Erinnerungstücke aus dem Urlaub oder Geschenke der

Eltern. Es gibt vieles, womit man es vielleicht vergleichen könnte, auch wenn es für Außenstehende eher abstrakt wirkt.

Ich sitze fast auf dem gleichen Platz wie noch morgens in der ersten Maschine. Gewohnheiten und Routine helfen Ruhe und Gelassenheit in bestimmte Abläufe zu bringen. Zwar bin ich nicht sicher, ob es eher eine Macke von mir oder auch anderen ist, jedoch habe ich damit sehr gute Erfahrungen gemacht. Und wenn es nur dazu beiträgt, sich etwas wohler in bestimmten Situationen zu fühlen, dann hat es seinen Zweck erfüllt.

Meine Augen beginnen sich langsam zu öffnen und ich zwinge mich, wieder zu klaren Gedanken zu finden. Ein leichter Druck im Kopf und auf den Ohren, welches teils durch den Höhenunterschied und teils durch etwas Schlafmangel erzeugt wird, lenkt mich ein wenig ab. Mit schwenkendem Kopf suche ich den einsehbaren Bereich des Laderaumes ab. Nur wenige haben die Augen auf und so fällt es gar nicht auf, wenn man die einzelnen Personen genauer mustert. Irgendwie auch ein Zeitvertreib, in dem ich meiner „geistigen Festplatte" etwas zu tun gebe. Ich mustere gerne andere Menschen, dabei findet man viel über sie heraus. Meinen Fahrschülern gebe ich dies in Deutschland auch oft in der Ausbildung mit. Dabei versuche ich ihnen klar zu machen, dass unser Gehirn wie ein Computer funktioniert und jedes Bild und jedes Erlebnis zum Aufbau von Erfahrung benutzt werden kann. Wer nicht oft genug in die Spiegel eines Autos gesehen hat, der kann eben nicht einfach die Breite seines Fahrzeuges aus dem Augenwinkel und intuitiv einschätzen. Alles Dinge, die wir erst mal erlernen und üben müssen.

Manchmal sieht man nützliche Dinge bei anderen Kameraden: Wie verstauen sie bestimmte Ausrüstungsteile oder was haben sie an nicht dienstlich geliefertem Material dabei? Filtern und zum eigenen Vorteil nutzen lautet dann die Devise. Was ich diesmal im Flugzeug beobachte, habe ich alles schon einmal auf die eine oder andere Art gesehen und es interessiert mich nicht daher weiter.

Die Maschine dreht nach rechts ein und neigt dabei die rechte Tragfläche tief nach unten. Kurz kann ich durch das kleine Runde Fenster die Landschaft sehen. Es rattert in meinem Kopf, der Magen wird kurz flau und ich versuche die wenigen Sekunden zu nutzen, um Bekanntes auszumachen. Irgendwie sieht aber alles gleich und natürlich auch bekannt aus. Klare Erkennungspunkte kann ich noch nicht feststellen. Sofort richtet sich die Maschine wieder in die Waagerechte aus, schüttelt den Gleichgewichtssinn noch einmal durch und der Blick durch das Fenster gibt nur noch den blauen, mit einem Staubschleier durchzogenen Himmel frei. Die Maschine beginnt zu fallen, das einsetzende Kribbeln im Bauch gibt Gewissheit, dass wir schnell sinken. Immer noch verspüre ich kaum Aufregung in mir.

Nur wenige Minuten nach der Landung in Termez hatte ich wieder den inneren Schalter auf den „Einsatzmodus" umgelegt. Das erschreckt mich manchmal sogar selbst, mit welcher Klarheit ich das Private vom Dienstlichen trennen kann. Die ersten Jahre war es mir oft schwergefallen. Wenn ich freitags von einer Woche im Dienst, weit entfernt von der Familie, nach Hause kam, brauchte ich oft Stunden, um mich gedanklich wieder einzufinden. Das drückte sich dann in schlechter Laune und Rückzug aus. So suchte ich Dinge, die mich störten, um die innere Unruhe nach außen zu unterdrücken. Ich schnappte mir den Staubsauger und wuselte durch das Haus. Dass meine Frau dann oft den Eindruck hatte, sie mache ihre Aufgaben im Haushalt nicht gut, ist nachvollziehbar. Das hat oft zu unnötigem Streit geführt. Aber lange Zeit wusste ich nicht, wie und wie viel ich von mir mitteilen sollte. Auch heute noch bin ich meistens der ruhige und zurückhaltende Mensch. Ich sage lieber weniger als Unsinniges. Wenn ich mich aber in einer Umgebung und unter bestimmten Menschen sehr wohlfühle, dann ist das sicherste Zeichen eine ungewohnte Redseligkeit. Meine Frau hat dafür mittlerweile ein feines Gespür entwickelt. Beteilige ich mich nicht aktiv an Gesprächen im Verwandtschafts- oder Freundeskreis, dann fragt sie oft direkt nach, was mit mir los ist – obwohl sie natürlich schon eine Ahnung hat, dass etwas nicht stimmt.

Nun stehen wir, nach einer wiederum butterweichen Landung, auf dem *Kabul International Airport*, von uns mit *KaIA* abgekürzt. Die Luft ist sehr schlecht. Die Gebirgszüge im Hintergrund sind nur schwer zu erkennen. Eine dicke Staubschicht hat sich in der Luft festgesetzt und reicht gefühlt einige hundert Meter hinauf. Um mich herum ein gewohntes Bild, man kann den Staub nicht direkt um sich herum erkennen, aber die Luft ist voll davon. Alles scheint, als wäre ich wieder nur kurz im Urlaub gewesen, die Zeit stehen geblieben. Dabei bin ich fast zwei Jahre nicht mehr hier gewesen. Die Gefühle schwanken zwischen Vertrautheit, Heimweh und Zuversicht. Vor dem kleinen Flughafengebäude, welches aus rotbraunen Klinkern besteht und nur etwas größer als ein kleines Mehrfamilienhaus ist, warten bereits die ersten Kameraden auf uns. Durch den mit durchlöchertem Sichtschutz behängten Zaun kann ich mehrere sandfarbene *Wölfe* ausmachen. Hoch an den Antennen der Motorhauben und am Heck ragen die Funkantennen mit den kleinen deutschen Fähnchen in die Luft. Unterbrochen wird der Zaun von zwei rechteckigen, nach oben schmaler werdenden Säulen. Auf der rechten Säule steht ein Adler mit ausgebreiteten Flügeln, der seine Krallen um eine Kugel klammert. Auf der anderen Säule steht ein etwas kleinerer Bär. Sie markieren optisch den Zugang zum Flughafen, weg von den Landebahnen. Mittig vor dem Gebäude stehen wieder die schon bekannten Blechboxen, auf die wir unsere Westen legen. Hinter mir kommt erneut ein Stapler mit der großen Frachtpalette aus der *Trall* herangefahren und will diese auf zwei dicke, lange Balken ablegen. Das ist nötig, damit er die Gabeln des Staplers wieder unter der Palette wegziehen kann. Es ist eine spezielle Alupalette ohne Stützen, die für das Flugzeug konstruiert und daher besonders leicht, aber dennoch stabil ist. Der Fahrer scheint noch nicht wirklich geübt. Immer wieder springt er vom Fahrzeug, um die Balken passend auszurichten. Die Soldaten stehen uninteressiert herum und warten auf das Ende dieser Vorstellung. Kurzerhand nutze ich die Gelegenheit, als er wieder in seinem Sitz Platz nimmt, und greife nach dem Balken. Dadurch, dass er die Palette immer wieder kurz auf- und dann abfährt, will er die Gabeln zwischen die Balken drücken. Keine Ahnung, welche Sprache er spricht. Er trägt zivile Arbeitsbekleidung und eine gelb leuchtende Warnweste darüber. Auch kann ich kein Hoheitsabzeichen, eine Flagge auf seinen Sachen erkennen. So beuge ich mich zum Balken herab, packe ihn mit der rechten Hand und hebe den linken Arm in seinen Sichtbereich. Nun gebe ich ihm durch auf und ab zeigen zu verstehen, was er machen soll und rücke den Balken passend. Das klappt. Er springt vom Stapler und bedankt sich mit einem kurzen nicken, beginnt dann auch sogleich mit dem Öffnen der Gurte des Ladungssicherungsnetzes, welches die gesamte

Ladung überspannt. Auch das wirkt bei den ersten Gurtverschlüssen etwas ungeübt, aber nach und nach legt er an Geschwindigkeit zu. Die Menschentraube um die Palette wird nun wieder größer und einige beginnen ihr Gepäck von der Palette zu ziehen. So etwa wusste ich noch, dass ich meinen Rucksack ganz unten reingelegt hatte. Somit muss ich mich noch etwas gedulden. Als nur noch wenige Kisten und Taschen auf der Palette stehen, ziehe auch ich mein Gepäck zu mir rüber. Wenn jetzt noch meine Transportkisten im Camp angekommen sind, dann könnte ich direkt mit dem Einzug in die Stube beginnen. Meinen Rucksack halbseitig geschultert, die Laptoptasche in der Hand, gehe ich durch das Gebäude den Beschilderungen folgend zum Ausgang. Mit dem Fuß voran drücke ich die letzte Tür ins Freie auf und blicke dabei auf die Kameraden, welche hinter dem löchrigen Sichtschutz nur schlecht zu erkennen waren.

Nur etwa fünfzehn Meter vor mir stehen sie, fast in einer geraden Reihe. Ein wenig wie ein Empfangskomitee. Meinen zukünftigen Fachvorgesetzten, einen Oberleutnant, kann ich nach nur wenigen Blicken ausmachen. Sein Blick sucht ebenfalls in den ausströmenden Soldaten nach bekannten Gesichtern. Doch seine Mimik verrät mir, dass er mich noch nicht entdeckt hat. Als er mich das letzte Mal sah, hatte ich den Bart so noch nicht, denn nur kurze Zeit, während des Winters 2010/11 hatte ich den Bart ähnlich getragen. Mit begrüßenden Rufen und lachendem Gesicht gehe ich zielstrebig auf ihn zu. Ebenfalls grinsend und mit den Worten „Mensch da bist du ja, Enno“, begrüßt er auch mich. Den Rucksack und die Tasche stelle ich neben mich und wir begrüßten uns mit einer kräftigen Umarmung. Eine Sitte, die ich erst in meinem ersten Einsatz erfahren habe. Für deutsche Soldatenverhältnisse völlig ungewöhnlich, dass unterschiedliche oder auch gleiche Dienstgradgruppen sich gegenseitig in den Arm nehmen. Eine Geste, die nach und nach nun aber auch nach Deutschland herüberschwappt. Viele Kameraden haben durch die Auslandseinsätze innigere Verhältnisse zueinander gefunden. Erlebnisse verbinden und stärken die Kameradschaft. Und es tut gut, das Gefühl von ehrlicher Zuneigung zu erfahren. Anfangs war es sehr ungewohnt für mich. Ich tue mich mit körperlicher Nähe zu familienfremden Menschen ohnehin sehr schwer und selbst bei Angehörigen bleibt oft ein Gefühl hängen, das sich nur schwer beschreiben lässt. Ein Gefühl, dass mir immer wieder, auch nach so vielen Jahren zeigt, dass ich diese körperliche Nähe als Kind nie gelernt habe. Dazu kam, dass es anfangs für mich zugegebenermaßen auch einen „schwulen Touch“ hatte. Zwar habe ich nichts gegen Homosexuelle, mir war aber wichtig, hier keine auch nur noch so kleinen Missverständnisse aufkommen zu lassen. Erst am Ende meines ersten Einsatzes, als ich wusste, wie stark man sich dadurch aneinanderbindet, bin ich ebenfalls auf diese Begrüßung und Verabschiedung mit eingegangen. Zu wissen, dass man sich auf eigentlich fremde Menschen auch in lebensbedrohlichen Situationen verlassen kann, schweißt zusammen. Es ist nicht wirklich mit der familiären Verbundenheit vergleichbar, aber es ist tief und ehrlich. Ein wenig auch manchmal die Kompensation der fehlenden Nähe zur Familie im Einsatz.

Neben ihm steht mein Vorgänger. Wir kennen uns schon länger, auch er ist Ausbilder. Als ich 2005 für sechs Monate zur Aushilfe in der Ausbildung der Fahrlehreranwärter eingesetzt wurde, kam ich in seinen Lehrgang, den er als Hörsaalfeldwebel in der praktischen Ausbildung führte. Er ist ein Mensch mit einigen Eigenheiten. Man muss sie kennen, um ihn zu verstehen und gut mit ihm auszukommen. Wir hatten uns damals aber recht schnell verstanden und noch heute mag ich ihn als Menschen und Kameraden. Und obwohl wir nun schon einige Jahre zusammen an der Schule ausbilden, hatte wir nie wieder so viel miteinander zu tun wie damals. Er dürfte etwa der dritte Kamerad sein, den ich durch meine Einstellungen und Äußerungen in den Auslandseinsatz „getrieben“ habe. Wenn ich bedenke, dass mindestens zwei davon zu Beginn unserer Gespräche über das Thema einen Einsatz für sich grundsätzlich ausgeschlossen hatten, so dürfte ich mir schon gewisse manipulative Fähigkeiten zuschreiben. Seit meinem Fahrlehrerlehrgang, in dem das Thema Pädagogik mit etwa 300 Ausbildungsstunden vermittelt wurde, war ich begeistert von den Möglichkeiten, wie man mit einigen Tricks und wertvollen Kenntnissen über das menschliche Verhalten bei seinem Gegenüber bestimmte Verhaltensänderungen bewirken kann. Zwar habe ich in diesen Fällen nicht bewusst versucht zu manipulieren, aber unterbewusst hat meine Begeisterung für die Sache seine Wirkung wohl nicht verfehlt. Gerade im Umgang mit meinen Kindern oder auch Untergebenen wie Lehrgangsteilnehmern sind solche Kenntnisse und die Fähigkeit, sie im richtigen Moment einzusetzen, unbezahlbar.

Nun steht die Übergabe der Tätigkeit und des damit verbundenen Materials an. Das ist für den Übergebenden immer mit einem etwas mulmigen Gefühl in der Magengegend verbunden, da wenn etwas fehlt oder beschädigt ist, Schreibkram und Lauferei anstehen. Zudem wirft es ein schlechtes Licht auf den Soldaten, da er ja anscheinend sein Material und seinen Bereich nicht im Griff hat. In einigen Bereichen ist das gar nicht so einfach. Bei der Übernahme der Teileinheit der Door Gunner (Bordschützen auf dem Transporthubschrauber) in Usbekistan hatte ich gefühlte Unmengen an Material zu übernehmen. Von Zelten, Waffen, Munition, Fahrzeuge inklusive der Ausstattungen, bis hin zu Computern und Containerunterkünften war alles dabei. Trotz vieler tausend Schuss an Munition muss jede Patrone geprüft und gezählt werden. Gut, wenn dann einige Verpackungen noch verschlossen und versiegelt waren, das sparte eine Menge Zeit. Wenn man dann am Schluss die Übernahmebelege unterschreibt und damit die gesamte Verantwortung übernimmt, war das teilweise schon ein unangenehmes Gefühl. Schließlich konnte ich ja nicht den ganzen Einsatztag lang das Material bewachen, abgesehen davon, dass es auch noch an verschiedenen Ecken des Lagers zu finden war.

Die Gruppenführertätigkeit des ersten Einsatzes war die bis heute mit Abstand schwierigste Zeit meiner Dienstzeit. Nicht wegen dem vielen Material, auch das war anspruchsvoll, aber lösbar. Die Herausforderung bestand in der Bewältigung vieler einzelner Aufgaben. Denn neben meinem eigentlichen Hauptauftrag, im Hubschrauber als Door Gunner oder Observer tätig zu sein, musste ich die Waffenkammer für das Camp verwalten und in direkter Vorgesetztenfunktion die fast zwanzig Door Gunner führen. Wenn man jetzt glaubt, dass läuft ja fast von allein, weil ja alle Soldaten und teilweise sogar Unteroffiziere sind, der liegt weit von der Realität entfernt. Wie mein damaliger Luftwaffenspieß der Einsatzstaffel zu sagen pflegte: „Es ist einfacher, einen Sack Flöhe zu hüten!“. Ab da war ich mehrere Monate rund um die Uhr für sie zuständig und verantwortlich. Über Einteilung in die Flugpläne, Erledigung administrativer Aufgaben, wie die Fliegerzulagen sicherzustellen und Beurteilungsbeiträge zu entwerfen, ging es selbst in die Unterstützung bei persönlichen Problemen hinein. Als die größte Hürde in dieser Verwendung stellte sich schnell die Führungsaufgabe heraus. Gefährdungslagen während der Flüge über Afghanistan, oder die körperlichen Strapazen bei stundenlangen Flügen in voller Ausrüstung, bei Wind und Wetter (halb offenen Türen und offener Rampe), waren dagegen bald nicht mehr so herausfordernd. Doch die Bilder, die sich mir auf den Flügen boten, entschädigten für vieles und sind für mich bis heute durch nichts zu ersetzen. Ein Grundproblem, für das ich nur sehr begrenzt etwas konnte, war die Tatsache, dass ich im ersten Einsatz war. Damit konnte ich schon mal nicht auf meine Fachautorität bauen. Erschwerend kam hinzu, dass ich mich in einem Heeresfliegerverband als Luftwaffen-Hauptfeldwebel befand. Das war auch für die Heereskameraden eine ungewohnte Premiere. Hatten wir Luftwaffensoldaten doch einen eher „lässigen" Ruf. Der einzige Lichtblick hier war die Tatsache, dass der Staffelchef und der Spieß ebenfalls von der Luftwaffe waren. Ansonsten war dies für die Heeresflieger eine neue Erfahrung. Noch nie vorher hatte ein Luftwaffen-Hauptfeldwebel eine Gruppe Door Gunner der Heeresflieger geführt. An manchen Tagen fühlte ich mich wie ein Obergefreiter, unerfahren und völlig überfordert mit der Gesamtheit der Aufgaben. Provoziert wurden diese Schwierigkeiten im Wesentlichen von zwei „Drahtziehern" unter den Gunnern, die als informelle Führer in der Gruppe die Macht behalten wollten. Leider hatte mein Vorgänger sich das Zepter völlig aus der Hand nehmen lassen und dem Druck dieser Untergeben nachgegeben. Keine gute Ausgangslage für mich, denn Leute lassen sich ungern ihren Status streitig machen. Mit meiner Amtsautorität, die mein Dienstgrad und meine Dienststellung hergaben, konnte ich jedoch auch nicht punkten. Das brachten die Eigenheiten so eines Einsatzes mit sich, in dem selbst die kleinen Dienstgrade der Gunner die Offiziere – meistens die Piloten – duzen durften. Nun konnte ich mich ja schlecht hinstellen und auf das „Sie" bestehen und meinen Dienstgrad pochen. Rechtlich wäre das zweifelsfrei abgesichert gewesen und nach und nach hätte ich bei entsprechenden Verstößen und Vergehen die Dienstaxt kreisen lassen können. Nur brauchte man aber nicht viel Weitblick, um die Folgen absehen zu können. Der Verlust meiner letzten Anerkennung und Handlungsmöglichkeiten wären die Folge gewesen. Wie schon eingangs erwähnt, liegt mir viel an einem kooperativen Führungsstil. Ein Miteinander ist besser, angenehmer und effektiver als ein Gegeneinander. Ich musste es also schaffen, die Störenfriede der Gruppe wieder auf meine Seite zu ziehen. Es waren zwei Stabsunteroffiziere, die schon sehr viel Einsatzerfahrung in genau diesem Fachbereich mitbrachten. Der eine von ihnen war zudem auch noch recht intelligent, so dass das einfache „Einmaleins der Pädagogik und Führungslehre“ hier nicht ausreichen würde. Der andere machte es mir leichter. Er beging eigentlich regelmäßig kleine und manchmal auch größere Fehler, die als gesammelte Druckmittel noch sehr hilfreich sein würden. Hier brauchte ich nur akribisch mitschreiben und ihn regelmäßig danach erzieherisch maßregeln. Er war einfach nicht auf Augenhöhe und war am Ende der Einzige, der einen wirklich schlechten Beurteilungsbeitrag bekam. Das war auch der einzige Beitrag im Entwurf, den ich vor dem Staffelchef ausführlich begründen musste. Der Chef vertraute mir und wir verstanden uns wirklich gut. Aber als er das Kreuz beim „A“ im Beurteilungsbeitrag sah, welches die schlechteste Bewertung darstellte, musste er natürlich nachhaken. Das war der Moment, in dem ich meinen kleinen Notizblock aus der linken Beintasche zog und nach und nach die Argumente aufführte. Er machte dann keine weiteren Anstalten, das noch tiefgründiger zu hinterfragen. Dabei bin ich zu Beginn auf die Gruppe zugegangen und hatte klargestellt, dass alle die, die gute Arbeit leisten, dies auch bescheinigt bekommen. Der Hinweis, dass ich auf Druck auch mit Gegendruck reagieren kann, hatten aber eben nicht alle verstanden.

Bei dem intelligenteren der beiden Störenfriede war es aber nicht ganz so leicht. Ihn benannte ich nur wenige Tage nach meiner Übernahme zu meinem Stellvertreter. Damit schob ich ihm ein großes Stück Verantwortung zu, weil er ja nun auch für einen Teil der möglichen Fehler einstehen musste. Es ist einfach ein Fakt, dass man eine Teileinheit nur führen kann, wenn die Unterstellten einem zuarbeiten und sich einbringen. Genauso wie sie einen gut dastehen lassen konnten vor Vorgesetzten, genauso konnten sie einen aber auch hängen lassen. Aber natürlich wollte auch ich am Ende meiner Einsatzzeit eine brauchbare Bilanz ziehen. Schließlich werden Beurteilungsbeiträge aus den Einsätzen auch im Inland zur Bewertung des Soldaten herangezogen. Zwar war ich 2003 Hauptfeldwebel geworden und hatte nun rechnerisch noch bis Ende 2016 auf die nächste Beförderung zu warten, aber immerhin bestand auch noch eine kleine Chance auf den

Wechsel in die Offizierslaufbahn. Ich habe einfach einen gewissen Anspruch an mich und die Herausforderungen wollte ich auch bewältigen. Nun hatte ich erst mal etwas Spannung aus dem Verhältnis mit dem Stellvertreter genommen und Zeit gewonnen. Zeit, die ich dringend brauchte, denn mir rauchte anfangs täglich der Kopf. Alles war neu, die Abläufe, die zu beachtenden Befehle, die Örtlichkeiten und der Einsatzalltag. Oft habe ich abends in meinem Container gesessen und mit Kopfschmerzen über die Lösungen der vielen Schwierigkeiten nachgedacht. Habe begonnen, an meinen Fähigkeiten zu zweifeln und so nächtelang nicht geschlafen. Das war auch meinem noch recht jungen Staffelchef, welcher Pilot auf der Transall und Oberstleutnant war, aufgefallen. Ein menschlich feiner Kerl, der ein außerordentliches Gespür für die Menschen in seiner Umgebung hatte. Als ich eines Abends bei geöffneter Containertür die Vollzähligkeit im Waffencontainer überprüfte, lief er gerade draußen vorbei. Er machte kehrt, nachdem er mich registriert hatte und kam herein. Er zog die schwere Stahltür hinter sich zu und gab mir die Hand, um mich zu begrüßen. Dann fragte er gleich, ob alles in Ordnung wäre. Er war ja nicht blind und hatte schon bemerkt, dass die Schlaflosigkeit Spuren bei mir hinterlassen hatte. Ich zögerte kurz, denn nun hätte ich aus Höflichkeit nur nicken können. Auch weil ich nicht genau wusste, ob er mir etwas vorwerfen oder später in meiner Beurteilung negativ auslegen würde. Nur langsam fand ich die richtigen Worte und schließlich lud ich meine Sorgen vor ihm ab. Er hörte mir aufmerksam zu, fiel mir nicht ins Wort und nahm sich etwas Zeit, bevor er mir nach einigen Sekunden des Schweigens auf meine Aussagen antwortete. Eigentlich eine leichte Sache, zuhören und mal die Klappe halten, und doch eine Kunst, die nur wenige Menschen beherrschen. Für mich einer der wichtigsten Schlüssel zur guten Kommunikation. Obwohl ich es sicher selbst oft nicht perfekt beachte. Es waren keine großen Worte oder stundenlange Reden, die er nun hielt. Nur wenige aufbauenden Worte und am Schluss die Frage, ob ich es hinbekommen würde, waren seine Medizin. Oft senke ich den Blick zu Boden, wenn ich nachdenke; dies hilft mir, mich nicht durch äußere Dinge ablenken zu lassen. Daher hob ich nun langsam wieder den Kopf, den ich zuvor nur unregelmäßig, um Blickkontakt herzustellen, hochgenommen hatte. Ich sah ihm in die Augen und bestätigte seine Frage mit einem Kopfnicken und klaren

Worten. Um etwas abzulenken und aufzulockern, erkundigte er sich dann noch nach meiner Arbeit, an der ich zuvor beschäftigt war und dann war er auch schon wieder verschwunden.

Das eigentlich recht einseitige Gespräch hat mir damals sehr geholfen. Nicht die Tipps von ihm waren entscheidend, sondern nur der Umstand, dass er mir zugehört und Bestätigung gegeben hatte. Meine dortige Dienststellung, meine Schwingen auf den Schultern und sicher auch meine besondere Persönlichkeit, machten mich mehr denn je zum Einzelgänger. Dabei war ich mein Leben lang nichts anderes gewesen. Doch hier sehnte ich mich das erste Mal tatsächlich nach Verstärkung, die mir der Staffelchef auch in diesem Gespräch gegeben hatte.

Nun hatte mein Stellvertreter anscheinend ein sehr gutes Verhältnis zu der einzigen weiblichen Gunnerin (Bordschützin), welche sich in meiner Gruppe befand. Wenn wir in die Bereitschaft eingeteilt waren, dann schliefen wir in Containern im Camp. Ansonsten waren wir in Termez in Hotels untergebracht. Nicht mit dem deutschen Standard zu vergleichen, aber ein wenig mehr Privatsphäre als in Zelten oder Containern war es schon. Die Container mussten aber aufgrund der begrenzten Kapazitäten mehrfach belegt werden. Das war bei dem Frauencontainer nicht unproblematisch, da sie ja nun mal die einzige Gunnerin war und so weitere Soldatinnen aus anderen Bereichen in ihrem Bereitschaftscontainer schlafen mussten. Das führte dann durch die unterschiedlichen Dienstzeiten auch zu unterschiedlichen Tagesabläufen. Denn wenn eine gerade erst auf den Container kam, wollte eine andere gerade einschlafen. Nun wollte mein Stellvertreter sich für sie einsetzen und kam mit dem Problem, von dem ich nun das erste Mal hörte, zu mir. Das Thema fiel jedoch in den Zuständigkeitsbereich des Spießes und somit konnte ich da erst mal nichts machen. Ich sagte aber zu, mich des Themas anzunehmen. Der Spieß war für mich ein echt cooler Typ, ein lebensälterer Oberstabsfeldwebel, der über zehn Jahre in einer Grundausbildungseinheit ebenfalls als Spieß tätig gewesen war. Bei einer günstigen Gelegenheit schilderte ich ihm den Sachverhalt zur Containerproblematik und wollte so einmal die Möglichkeiten prüfen. Er war inzwischen eine wichtige Bezugsperson für mich geworden. Er hatte immer ein offenes Ohr und war in die Schwierigkeiten mit meinem Stellvertreter eingeweiht. Dass er keinen weiteren

Container für die Gunnerin bekommen würde, war schnell erklärt und auch verständlich. Er machte mir aber einen für mich damals sehr großartigen und ungewohnten Vorschlag. Er wollte die Gelegenheit nutzen, um den Stellvertreter mal wieder von seinem hohen Ross zu holen und bat mich, gemeinsam mit ihm am nächsten Tag zu sich zu kommen. Das tat ich dann am nächsten Morgen auch. Zuvor hatte ich meinem Stellvertreter erklärt, dass er das Problem besser direkt mit dem Verantwortlichem besprechen solle, ich aber mitkommen und ihn dabei unterstützen würde.

So gingen wir zu einem aus mehreren Containern zusammengestellten Bürobereich. Ich klopfte an die Tür des Spießes und bekam ein klares „herein". Gegenüber der Tür stand in kurzem Abstand der Schreibtisch und rechts davon war eine kleine Sitzgruppe, die „Kaffeeecke" aufgebaut. Der Spieß begrüßte nur mich mit einem Handschlag und bat mich, in der Kaffeeecke Platz zu nehmen. Dem Stellvertreter gab er, nachdem dieser sich mit militärischem Gruß gemeldet hatte, mit einem Handzeichen zu verstehen, dass er sich gegenüber von ihm auf den Stuhl setzen solle. Dann gab er ihm die Möglichkeit, sein Anliegen vorzutragen. Die Antwort darauf kam zügig und klar, aber in einem ruhigen Ton. Ich saß jetzt etwas abseits und war somit nur passiver Zuschauer bei diesem Gespräch. Es kam wie es kommen musste, denn mein Stellvertreter wollte sich natürlich nicht so einfach abspeisen lassen und setzte erneut zum Argumentieren an. Hätte er das weiterhin höflich und respektvoll getan, wer weiß wie diese Diskussion ausgegangen wäre. So forsch wie er es jedoch jetzt tat, nahm sie eine schlagartige Wendung. Den Satz durfte er noch zu Ende sprechen, dann wurde der Spieß schon lauter und bestimmter in seinem Ton. Als er aber darauf tatsächlich noch einmal kontern wollte, baute der Spieß sich an seinem Schreibtisch auf, indem er sich in vorgebeugter Haltung hinstellte und die Arme gestreckt auf dem Tisch abstützte. In dieser Position kam er mit seinem Gesicht bis auf wenige Zentimeter an meinen Stellvertreter heran, der nun schon sichtlich Farbe bekommen hatte. Die innere Anspannung war ihm durch seinen rötlich leuchtenden Kopf klar anzusehen. Man spürte förmlich, wie es aus ihm rausbrechen wollte, aber er hatte ja keinen dummen Jungen vor sich. Nun hatte der Spieß was er wollte, er verpasste ihm den Anschiss seines Lebens und brachte ihn fast dazu, in Tränen auszubrechen. Die zitternden Mundwinkel des Kameraden sprachen eine eindeutige Sprache. Es wirkte wie im Film, was hier ablief. Wie eine eingeübte und doch sehr professionell gespielte Szene. Mein Stellvertreter war nun endgültig „geknackt“ und wagte es nicht einmal mehr, sich zu bewegen. Langsam fuhr der Spieß aus der aggressiven Position zurück, blieb aber stehen. Als darauf immer noch keine Reaktion vom Stellvertreter kam, befahl er ihm sich abzumelden. Dieser stand auf und erstarrte in der Grundstellung, hob seinen rechten Arm zum Gruß an den Kopf und meldete sich ab. Ohne einen Blick zu mir herüber zu werfen, als wäre ich gar nicht im Raum, ging er aus dem Container und schloss die Tür hinter sich.

Der Spieß ließ sich mit einem entspannten Schnaufen in seinen Stuhl sinken. Dann drehte er sich zu mir herüber. Sein noch etwas neutral wirkender Gesichtsausdruck verzog sich zu einem breiten Grinsen. Und mit den Worten: „Hast du dir das so vorgestellt?“ gingen wir in die Auswertung der Situation. Ich war völlig überwältigt von der schauspielerischen Leistung, in der nicht einmal mir aufgefallen war, dass hier eine große Show stattgefunden hatte. Mit dem Verweis darauf, dass man ihm nach über zehnjähriger Erfahrung in einer Grundausbildungseinheit nichts mehr vormachen könne, bestätigte er diesen Eindruck mehr als deutlich! An diesem Tag hatte ich eine Menge gelernt. Denn wenn du etwas erreichen willst, musst du überzeugen können! Er forderte mich auf, meinem Stellvertreter zu folgen, denn noch war die Szene nicht zu Ende gespielt. Nun war ich an der Reihe. Ich solle ihm Trost und Verständnis spenden, mich so auf seine Seite stellen. Das tat ich dann, und sprang in schnellen Schritten dem vorgelaufenen Stabsunteroffizier hinterher. Ich suchte nach den passenden Worten und meine, dass mir das auch gut gelang. Von diesem Tag an hat er sich mir gegenüber anders verhalten. Sogar einen Rüffel an seinen Kameraden vor den anderen, weil der mir in einer Besprechung ins Wort fiel, kam von ihm. Selbst wenn diese Situation nur mit einigen Tricks zu bereinigen war, und ich fand es im Nachhinein wirklich gut und kameradschaftlich vom Spieß, es hatte funktioniert und für alle Seiten etwas Gutes. Der Spieß hatte eine gute Tat getan und seinen Spaß gehabt. Ich war eine große Last losgeworden und der Stellvertreter wusste nun wieder, wo sein Platz in der „Nahrungskette“ war.

Vielleicht hat ihm das in der Zukunft nochmal genützt. Und wenn nicht, dann war er zumindest um eine Erfahrung reicher.

Nun bin ich mit meinen Gedanken wieder in Kabul. Bevor wir die eigentliche Materialübergabe beginnen können, liegen noch ein paar administrative Dinge und die Fahrt zum Camp vor uns. Mein Vorgänger war mit unserem Fachvorgesetzten und den anderen Kameraden im Konvoi zum Flughafen gekommen. Nun musste das Gepäck auf die Fahrzeuge und jeder seinem Auto zugeteilt werden. Sie sind mit drei *Wölfen* und einem UNIMOG für das Gepäck gekommen. Da in unserem *Wolf* aber genug Platz ist, lege ich mein Gepäck in den Kofferraum. Das Fahrzeug wirkt eigentlich sehr groß, entspricht jedoch bis auf einige Änderungen für das Militär dem Mercedes G-Modell. Durch die vielen Einbauten, wie Funkgeräte, Waffenhalter, Zusatzbatterien und einiges mehr, ist es innen jedoch sehr eng – gerade, weil wir ja in voller Ausrüstung unterwegs sind. Mit Westen und Waffen wird es dann schon mal sehr kuschelig. Sie haben mir eine Weste mitgebracht, die zwar in dem normalen Fleck Tarn gehalten ist, aber sonst den anderen gleicht. Besonders hier ist das Tragen außerhalb der Camps vorgeschrieben.

Nach ein paar kurzen Worten geht es dann auch schon los. Über Funk kommuniziert der Konvoi miteinander, bevor die Abfahrt dann an unsere Leitstelle gemeldet wird. Es ist hier ähnlich wie bei der Polizei, die ihre Einsätze ebenfalls per Funk meldet und koordiniert. So ist sichergestellt, dass immer bekannt ist, wo sich wer mit welchem Fahrzeug befindet. Ich nehme hinten rechts Platz, auch aus Gewohnheit. Wenn ich frei wählen kann, sitze ich immer dort, obwohl es sich mit sachlichen Argumenten nur wenig begründen lässt. Wir sind das zweite Fahrzeug des Konvois und setzen uns langsam in Bewegung. Der Konvoi-Führer gibt über Funk die Meldung an die Leitstelle ab und wir können es über unsere Anlage mithören. Der Parkplatz vor dem Flughafengebäude ist sehr dicht und vollgeparkt. Langsam, wie an einer Schnur gezogen, verlassen wir ihn und biegen auf den Hauptweg ab. Immer wieder wird auf der Strecke zur Ausfahrt des Flughafens das Fahrwerk von den Bodenschwellen hart durchgeschüttelt. Der militärische Teil des Flughafens, in dem wir uns befinden, wirkt ein wenig unordentlich. Überall stehen Zelte verschiedener Größen. Einige erinnern mich an Zirkuszelte von zu Hause. Containersiedlungen, verschiedenste Generatoren und auch weitere feste Gebäude begleiten den Weg zur Ausfahrt. Viele Nationen haben sich hier eingerichtet und irgendwie hat jeder seinen eigenen Stil mitgebracht. Das wirkt daher auf mich etwas unübersichtlich. Nimmt man eine Luftaufnahme von einer deutschen Siedlung und vergleicht sie mit dieser Anlage, so versteht man was ich meine. Das sind natürlich für uns Soldaten nur unwichtige Details, da wir ja hier nicht im Vergnügungspark sind. Noch fahren wir nur etwas mehr als Schrittgeschwindigkeit, da es einmal durch Verkehrszeichen, wie wir sie auch kennen, vorgeschrieben ist und außerdem noch in regelmäßigen Abständen die Bodenschwellen zum langsam Fahren zwingen. Sie sind immer nur sehr kurz, teilweise aus alten Stahlrohren auf dem Beton befestigt und heben das Fahrzeug bei zügigem Überfahren an der jeweiligen Achse einmal kurz an, bevor es wieder fällt. Es ist ein bisschen so, als würde man auf einem sehr welligen Feldweg fahren, wo das Fahrzeug gut durchgeschüttelt wird. Bei meinen ersten Fahrten 2010 in Kabul habe ich diese Schwellen, da sie oft gar nicht farblich abgesetzt sind, oft übersehen. Das sorgt bei den Mitfahrern schnell für Unmut, da der Kopf zum Dachhimmel auch nicht wirklich viel Platz bietet und neben den Schmerzen im Rücken auch durchaus der Kopf anschlagen konnte. Der geschulte Fahrer überfährt diese Schwellen auch möglichst im rechten Winkel, da sonst jedes einzelne Rad das Fahrzeug anhebt und man aus dem Schaukeln nicht mehr herauskommt. Gerade in Ein- und Ausfahrtbereichen gibt es meist mehrere aufeinanderfolgende davon. Dadurch will man verhindern, dass (unbefugte) Fahrzeuge unkontrolliert in einen Bereich durchbrechen können. Für mögliche Attentäter in mit Sprengstoff beladenen Fahrzeugen ist es wichtig, so weit wie möglich in die Camps zu fahren, um einen möglichst großen Schaden anzurichten. Daher sind diese Ein- und Zufahrten auch mit massiven Betonmauern, welche man im Slalom umfahren muss, und mit versenkbaren Barrieren ausgestattet. Also eine Reihe an Maßnahmen, die der Eigensicherung dienen und sich auch bestens bewährt haben. Wir kommen aus dem langsamen Bereich heraus und fahren nun auf die Straße, welche im Bogen um das Flugfeld und die Landebahnen herumführt. Hier darf man nun 50 km/h fahren und der Konvoi zieht sich beim Beschleunigen etwas in die Länge. Der Blick nach links gibt die immer noch durch den Dunst verschwommenen, aber dennoch sichtbaren Gebirgsketten frei. Wäre der Staub nicht, es wäre ein großartiger Anblick.

Vor einigen Jahren las ich in den Medien, dass es auf einer Reise- und Touristikmesse einen Stand von Afghanistan gab. Erst hatte ich das für einen Witz gehalten, denn wer würde in diesem Land, was mehr als 30 Jahre vom Krieg zerrüttet wurde und keineswegs sicher für Ausländer ist, Urlaub machen wollen? Heute weiß ich, dass es natürlich kein Witz war. In meinen Hubschrauberflügen über Afghanistan habe ich die wunderschöne Vielfalt – von Wüsten über blühende Wiesen bis hin zu traumhaften Gebirgen – gesehen. Mit etwas Abstand aus der Luft sieht dieses Land sehr friedlich aus. Einzig die alten Stellungen der russischen Besatzungszeit, verrosteten Waffensysteme und die Krater der Artillerieeinschläge stören das Bild etwas. Dennoch ist die Zeit für ein Reiseland in meinen Augen noch lange nicht gekommen. Erst wenn es sicher genug auf den Straßen ist, um sich frei und unbekümmert zu bewegen, werden es die Menschen sehen wollen. Ein Land mit einer interessanten Kultur und vielen Sehenswürdigkeiten.

Zur rechten Seite kann ich durch die getönte Scheibe die Silhouette der Stadt, welche unter der Glocke aus Staub und Nebel zu versinken scheint, erkennen. Jetzt fällt es mir leicht, bekannte Orientierungspunkte auszumachen. Der Konvoi verlangsamt sich noch einmal, um die Ausfahrt zu passieren. Dann geht es direkt an einigen Lehmhütten und vielen Menschen vorbei. Vereinzelt sieht man am Straßenrand kleine Geschäfte. Einige Menschen schieben große Handkarren, vollbeladen mit verschiedenen Nüssen und Gemüse, die Straße entlang. Ab jetzt wird die Straße richtig schlecht. Zwar ist sie noch befestigt, aber immer wieder von tiefen Schlaglöchern, kleineren Ablaufgräben und auch Schwellen überzogen. Das Fahren gleicht einem Hindernisparcours und während man das Umfeld beobachtet, sucht man konzentriert nach den Schlaglöchern. Sie stehen zurzeit voll mit Matsch und Dreckwasser und sind daher teilweise schwer auszumachen. Einige Kinder am Straßenrand winken uns zu, laufen ein Stück mit den Fahrzeugen des Konvois mit und zeigen die Daumen in die Höhe. Wir würden denken, dass es so etwas wie „alles ok“ bedeutet, da wir es in unseren Breiten dafür nutzen. Hier in Afghanistan steht es ursprünglich für „den Daumen kannst du dir in den Allerwertesten stecken", vergleichbar mit dem Mittelfinger bei uns zu Hause. Allerdings nutzen es die Kinder auch aus Eingewöhnung, um nach einem Dollar zu betteln, denn sie wissen manchmal auch um die Bedeutung des Handzeichens in unseren Ländern. Es hat sich daraus entwickelt, dass die Soldaten im Land zu der Bevölkerung höflich sein wollten und daher das „Daumen hoch"-Zeichen nutzten, um aus den geschützten Fahrzeugen heraus Freundlichkeit zu signalisieren. Würden mir in Deutschland Fremde im Vorbeifahren den Mittelfinger zeigen, weil er bei ihnen möglicherweise etwas anderes bedeutet, ich hätte sicher erst einmal Schwierigkeiten, es zu deuten. So kann man sich vorstellen, dass es manchmal nur Kleinigkeiten sein können, die mein Gegenüber missversteht oder die ihn beleidigen. Dies bringt uns wieder zu meiner „Verstehens-These", da es wie bereits erwähnt in meinen Augen wichtig ist, sich in den anderen hineinzuversetzen und ihn möglichst zu kennen. Nur wenn ich das respektiere und ich mein Gegenüber anerkenne, öffnet sich eine Tür für mich. Dabei spreche ich nicht von Anbiederung, sondern einfach nur von einem respektvollen Umgang.

Die Fahrzeuge der Einheimischen kommen mir wie Geisterfahrer oder Betrunkene vor, sie fahren oft einfach darauf los und hoffen auf das Nachgeben des anderen. Mit defensiver Fahrweise wie zu Hause würde man hier im Stau steckenbleiben und kann dann gleich zu Fuß gehen. Hier müssen die Fahrer sich offensiv, aber natürlich immer mit der nötigen Vorsicht, im Straßenverkehr durchsetzen. Nun kommen wir an eine sehr belebte Kreuzung, wir müssen links weiter und haben eine der größten Hauptstraßen vor uns. Sie ist vierspurig, durch etwa einen Meter hohe Betonmauern, die wir aus Autobahnbaustellen von Deutschland kennen, getrennt. Immer dort, wo Straßen einmünden, sind diese Mauern unterbrochen und werden meistens durch die *ANP* (Verkehrspolizei) überwacht und teilweise geregelt. Die Straße ist auf allen Spuren dicht gefüllt und das Tempo der Vorbeifahrenden ist nur sehr langsam. Stück um Stück drückt sich der vorderste Wolf in die erste und dann in die zweite Spur. Wir ziehen rechts davon nach und versuchen schon in den Fahrstreifen für unsere Seite zu kommen. Nur nach und nach können wir die Fahrzeuge, welche von rechts kommen, ausbremsen. Stehenbleiben und auf freie Weiterfahrt zu warten, wie wir es in Deutschland machen würden, ist eine schlechte Option. Zu groß das Risiko, dass wir zum Anschlagsziel werden. Der Wolf hinter uns bleibt auf den ersten beiden Fahrstreifen der Gegenspur stehen und macht so die Durchfahrt für den restlichen Konvoi frei. Uns ist wichtig, dass wir möglichst zusammenbleiben. Die Taktik geht auf, denn durch unseren und den dritten Wolf blockieren wir kurzzeitig die gesamte vierspurige Straße. Der Konvoi zieht nach und wir schließen wieder auf. Jeder setzt sich wieder an seine Position und mit zügigem Tempo geht es in die Richtung des nach Pakistan ausfließenden Verkehrs zum Camp weiter. Jetzt brauchen wir nur noch geradeaus zu fahren und dann in das Camp abzubiegen. Sofern jetzt nichts mehr dazwischen kommt natürlich.

Mit hohem Tempo ziehen die Geschäfte am Straßenrand an uns vorbei. Ich schaue fast nur auf die rechte Seite und nach vorne, da so viel an Bildern und Informationen auf einen einprasselt, dass man nicht in alle Richtungen auf einmal blicken kann. Diese Straße ist so gut, dass sie auch irgendwo durch Deutschland führen könnte, wären da nicht der Dreck und immer mal wieder Matten und Teppiche mitten auf der Straße. Wohl eine Möglichkeit, um diese durch die darüberfahrenden Fahrzeuge zu reinigen. Schwer vorstellbar, da die ja eigentlich den Dreck nur verteilen, aber es muss ja irgendetwas dran sein. Hier finden wir kaum Beachtung, nur wenige der vielen Menschen schauen uns nach. Es herrscht reger Betrieb und alle scheinen irgendwie beschäftigt. Dazwischen sitzen vereinzelt Menschen in gehockter Sitzposition, dicke Decken übergeworfen, mit den Händen am Mund. Entweder wärmen sie diese mit dem Atem oder sie essen Nüsse, Kerne, Fladenbrot oder Trockenobst. Dies ist hier sehr verbreitet, um mit kleinen Mengen an Nahrung das Hungergefühl zu stillen und gleichzeitig etwas Geschmackvolles zu sich zu nehmen.

Anfangs, als mir im letzten Einsatz solche Dinge angeboten wurden, hatte ich bedenken. Nicht so sehr wegen des Geschmackes, sondern wegen der Sauberkeit und Hygiene, denn es war da noch nicht klargestellt, wer bei eventuellen Schäden durch die Einnahme solcher Lebensmittel haftet. Das klingt banal, ist aber wichtig. Mittlerweile dürfen wir essen, wozu wir eingeladen werden. Man hat erkannt, dass auf der einen Seite nicht alles problematisch ist und auf der anderen Seite der kulturelle Aspekt eine wichtige Rolle spielt. Lehnt mal eine Einladung von Freunden, dem Chef oder anderen Bekannten ab. Mit Ankündigung und einer guten Ausrede mag das bei uns funktionieren. Aber wenn ich mich zu afghanischen Soldaten in die Runde setzte, komme ich aus dieser Einladung nicht einfach so heraus. Lehnt man ab, wird dies als unhöflich aufgefasst, weil der Gastgeber meint, man mag die lokalen Spezialitäten nicht und daher beleidigt sein könnte.

2006 in einem usbekischen Hotel, in dem ich mich etwa zweimal in der Woche durch eine etwas ältere Koreanerin massieren ließ, um die Muskelschmerzen durch das Tragen der schweren Ausrüstung während der Flüge zu kompensieren, konnte mich die usbekische Chefin des Hotels nach einiger Zeit recht gut leiden. Sie war eine für dortige Verhältnisse sehr wohlhabende und wohlgenährte Frau. Sie war um die 60 und immer sehr freundlich zu mir. Dass ich mich mit wenigen Worten immer einige Minuten mit ihr auf Russisch unterhielt, stimmte sie Zusehens fröhlicher. Meine Russischausbildung der DDR reichte nicht mehr für längere Gespräche, aber ein kleiner Wortwechsel war immer noch möglich. Während ich eines Abends ein paar Minuten auf die Masseurin warten musste, war in der Hotellobby in einer größeren Sitzecke ein kleines Mahl aufgebaut worden. Noch holten verschiedene Personen, welche anscheinend dieses Mahl einnehmen wollten, Speisen und Getränke aus Nebenräumen dazu. Wie immer begrüßte ich die auf mich zulaufende Chefin mit einem Lächeln und fragte nach ihrem Befinden. Sie lachte freundlich und sprach, für mich eigentlich schon zu schnell, leicht murmelnd etwas zu mir rüber. Ich konnte es nicht gleich beim ersten Mal verstehen und suchte noch einige Vokabeln für die Übersetzung in meinem Kopf zusammen. Da sie aber keine Antwort von mir bekam oder ich ihr zu langsam war, wiederholte sie es für mich noch einmal und nun etwas langsamer. Mit der linken Hand faste sie nach meiner und mit der Rechten zeigte sie zur gerade fertig aufgebauten Sitzecke mit den Speisen. Das hielt ich für unpassend und fast etwas peinlich berührt versuchte ich abzuwinken. Schnell wurde mir aber klar, dass es einfach absolut unhöflich wäre, die Einladung auszuschlagen. So ging ich mit ihr hinüber, zog meine Fliegerjacke, unter der ich die khakifarbene Fliegerkombi trug, aus und setzte mich in den sehr niedrigen Stuhl, den sie mir zuwies. Es waren Reis, Nüsse und verschiedenes Obst, eigentlich viele lecker aussehende Dinge auf dem Tisch. Noch machte ich mir keine Gedanken über die Genießbarkeit der Speisen. Für mich sah es normal aus und da ich ohnehin einen robusten Magen habe, hatte ich keine Bedenken. In der Mitte des Tisches, etwa so groß wie eine Wassermelone, lag ein in schwarzes Tuch eingewickelter Klumpen. Das Tuch war oben zusammengebunden und die Chefin öffnete es dort. Als sie das Tuch auffaltete, erblickte ich einen großen Brocken Fleisch. Er war sehr dunkel, vielleicht Schaf, so genau kann ich es auch heute nicht sagen. Die Oberfläche sah kräftig angegrillt aus und auf den ersten Blick essbar. Sie nahm ein großes Messer und stach es in den Klumpen. Kreisförmig drehte sie mit der Klinge ein Stück aus dem Brocken heraus, reichte es mir herüber und bat mich mit nickendem Kopf es zu probieren. Eine freundliche Geste dem Gast gegenüber. Die anderen Gäste am Tisch langten derweil bei den anderen Dingen zu und so muss das Fleisch wohl das Besondere an diesem Essen gewesen sein. Das Stück, welches sie mir gegeben hatte, wirkte nur an der Außenseite durch eine knusprig anmutende Hautschicht schmackhaft. Doch darunter lag mit nur wenig Fleisch durchzogen fast pures Fett. Keine Ahnung, von welchem Tier und von welchem Teil dies stammte, doch allein der Anblick ließ in mir einen Würgereiz aufkommen. Nun saß ich in der Sackgasse. Doch das Stück zurückzugeben wäre einer Ohrfeige an die Chefin gleichgekommen. Langsam führte ich das Stück, das immerhin fast faustgroß war, zu meinem Mund, mit einem gequälten Grinsen im Gesicht. Sie ließ es sich auch nicht nehmen selbst mit dem Essen zu warten, bis ich den ersten Bissen getan hätte. Nun gut dachte ich mir, fängst du an der knusprigen Seite an, um erst mal Geschmack aufzunehmen. Vorsichtig biss ich in das sehr fettige Stück hinein. Meine Geschmacksnerven begannen mit ihrer Arbeit und tatsächlich, dieser Teil konnte sich mit meinem Geschmack vertragen. Nur hatte ich eben nur sehr wenig von dem für mich „Guten" daran. Wahrscheinlich ist es besonders gut vom Gastgeber gemeint, wenn man das fetteste Stück bekommt, aber es passt eben nicht zu den Ernährungsgewohnheiten eines deutschen Soldaten. Nach und nach arbeitete ich mich in den fettigen Teil vor. Kaum jemand beachtete mich noch, hin und wieder kamen freundliche Blicke von der Runde, aus den kauenden Gesichtern, die sichtlich gut gelaunt waren. Bemüht mir nichts anmerken zu lassen, zog ich immer mal etwas gezwungen die Mundwinkel beim Kauen hoch. Weder vorher noch nachher hatte ich so etwas für mich Ekeliges je gegessen. Aber ich habe es aufgegessen. Vollständig! Damit war aber dann auch jeglicher Hunger gestillt. Wie durch einen Hilferuf geschickt kam meine Masseurin um die Ecke aus einem Gang gebogen. Die Chefin hatte schon wieder begonnen das nächste Stück aus dem mittlerweile schon recht zerpflückten Fleischblock herauszuschneiden. Doch nun hatte ich eine Ausrede und konnte mit Verweis auf meine Masseurin dankend abwinken. Das war kein Problem, nachvollziehbar und vielleicht kam es meinen Gastgebern auch gelegen, nun in persönlicher Runde allein weiter zu speisen. Den Stuhl ein wenig nach hinten rückend, stand ich auf, beugte mich noch einmal dankend leicht vor und nahm die rechte Hand vor die Brust. So signalisierte ich Dankbarkeit und Respekt, konnte dabei aber auch verhindern, dass mir die Runde die Hände zum Abschied reichen wollte. Mit dem russischen „Danke und auf Wiedersehen" drehte ich mich zielstrebig um und folgte der nun vorangehenden Masseurin. Noch Stunden lag mir dieser Brocken schwer im Magen, doch letztlich hatte ich eigentlich alles richtig gemacht.

In wenigen hundert Metern Entfernung kann ich das große und lange Gebäude aus dem Camp entdecken. Davor wehen die Fahnen der vielen Nationen, die hier Dienst tun. Zwei hohe Zäune, mit Sichtschutz und S-Draht, trennen das Camp von der Hauptstraße ab. Zwischen den Zäunen liegt ein breiter Graben als Niemandsland. Nun kann ich auch die Einfahrt zum Haupttor erkennen. Der Konvoi wird langsamer und das Führungsfahrzeug biegt bereits ein. Nach und nach schließen alle auf und werden wieder schleusenartig über mehrere Kontrollen in das Camp geführt. Die französischen Soldaten arbeiten sehr genau. Station für Station werden verschiedene Punkte in Bezug auf die Besatzung und das Fahrzeug geprüft. Die Besatzungen steigen nach und nach aus, um ihre Waffen zu entladen und zu überprüfen. Das bleibt mir noch erspart, da ich als *PAX* (Passagier in der Luft- oder Seefahrt) noch unbewaffnet bin. Dann fahren wir über die letzte steile Schwelle in das Lager ein. Noch mehr Straßen scheinen geteert worden zu sein, aber sonst gibt der erste Blick in das Lager keine Neuheiten preis. Aufmerksam studiere ich bei Schrittgeschwindigkeit die Gebäude, Anlagen und Container am Wegesrand. Wieder steigt das starke Gefühl in mir hoch, dass ich dieses Camp nie verlassen habe. Dieses

Gefühl beruhigt mich. Nur wenn ich mich hier einigermaßen wohlfühle, und das wird durch eine gewohnte Umgebung ungemein erleichtert, dann kann ich so eine lange vor mir liegende Zeit schadlos überstehen. Gewissermaßen ist es auch eine Art von Selbstschutz für die Seele, den Schalter möglichst schnell und konsequent auf Auslandseinsatz umzustellen. Meine Frau bekommt dadurch zwar regelmäßig das Gefühl, dass ich mehr im Einsatz zu Hause bin als bei der Familie, aber dem ist nicht so. Solange ich mich in der Zeit bei der Familie wohler fühle als im Einsatz, wird das auch immer so bleiben. Aber ich verstehe, dass Außenstehende das so sehen könnten.

Soldaten der verschiedensten Nationen laufen auf der Straße. Einen Fußweg gibt es nicht, so schlängeln wir uns Meter für Meter mit unserem Wolf bis fast an das andere Ende des Camps. Den Innenzaun kann ich gut erkennen, vor dem mehrere Generatoren in einer Reihe stehen. Wir setzen Rückwärts auf den geschotterten Parkplatz, auf dem schon einige Wölfe nebeneinanderstehen, zurück. Daran grenzt das längliche Feldhaus, im dem ich vorerst die nächsten Monate wohnen werde. Es ist eine Mischung aus überlanger Ferienhütte und Jugendlagerunterkunft. Vollständig aus Blech verkleidet, überzogen mit einer dichten Schicht aus Sand. In der Mitte befinden sich neben zwei Fenstern die Durchgänge. Hinter den Fenstern liegen die Sanitärräume, links und rechts davon die Unterkunftstuben, etwa 14 in jedem Gang. Eine lange mannshohe Reihe mit *Heskos* (mit Steinen gefüllte Gittergeflechte), die nur einen kleinen Ausschnitt vom oberen Teil der Fenster freigeben, sollen bei Raketenbeschuss oder Granateinschlägen vor gefährlichen Splittern schützen. Das würde natürlich nur etwas nützen, wenn der Einschlag irgendwo neben dem Feldhaus und nicht darin stattfindet. Am Ende der Parkflächen, direkt an den Heskobehältern, ist noch ein betonierter Ablaufkanal eingebracht. So stehen die Parkflächen bei Regen nicht ständig unter Wasser. Mein Oberleutnant (Fachvorgesetzter), mit dem ich die nächsten Monate in der gleichen Abteilung, bei uns „Branch“ genannt, zusammenarbeiten werde, meldet den Funk ab. Mein Vorgänger und er beginnen damit, die Ausrüstung abzulegen. Ich begebe mich währenddessen nach hinten an den Kofferraum und ziehe meinen Rucksack sowie meine Laptoptasche heraus. Der Spieß der Einheit nimmt uns in Empfang, begrüßt uns und weist uns unsere Stuben zu. Damals war ich ja in der

Stube 12a im rechten Gang untergebracht. Nun bekomme ich die ehemalige Stube des damaligen Leiters unserer Einheit auf der linken Seite. So laufe ich schwer bepackt durch den linken Durchgang an einem großen Sicherungskasten und Müllbehältern vorbei in meinen linken Gang hinein. Es ist gleich die erste Stube hinter einer weiteren Durchgangstür. Das Gepäck lasse ich an die Wand neben der Stubentür fallen. Dann öffne ich noch einmal die Durchgangstür und lasse sie sich allein schließen. Damit möchte ich nicht die Funktion prüfen, sondern sehen, ob sie laut oder leise zugeht. Das wäre sonst eine der ersten Maßnahmen, den Türanschlag dämmen, damit man nachts nicht aus dem Bett geworfen wird oder gar nicht erst einschlafen kann, nur weil regelmäßig zur Toilette gegangen wird. Alles in Ordnung, sie rastet wieder fast unhörbar ein. Dem Schlüssel meiner Tür füge ich einen kleinen Metallengel an, den eine Freundin meiner Frau und seit vielen Jahren eine gute Bekannte mir vor der Reise geschenkt hat. Damit kann mein kleiner Teil an Aberglauben besänftigt werden und ich habe gleich etwas am Schlüssel, was man in der Tasche gut ertasten kann. Mit einem recht lauten Klacken öffnet sich das Schloss. Den Rucksack greifend drücke ich die Tür mit dem Fuß auf, versetze dem Rucksack etwas Schwung und lasse ihn über das glatte Linoleum in die Stube rutschen. Jetzt ziehe ich noch meine Tasche hinterher und trete herein. Ich bin angekommen! Es ist jetzt kurz vor 14 Uhr und somit habe ich von meiner Haustür bis hier fast drei Tage Reise hinter mir. Ab jetzt beginnt ein neues Abenteuer!

Kapitel 2

Die ersten Wochen

Einen kurzen Moment verharre ich und blicke langsam durch den Raum. Auf den ersten Blick ist meine Stube für Einsatzverhältnisse sehr gut ausgestattet. Auch wenn einige Dinge selbst gebaut sind, sind sie deswegen nicht weniger nützlich. Die Stube hat etwas mehr als 20 Quadratmeter und ist damit für eine Einzelstube luxuriös groß. Auf Grund unser längeren Stehzeiten im Einsatzland, welche für normale Kontingentsoldaten etwa vier Monate sind, haben wir diesbezüglich einen Sonderstatus. So kann ich mich auf der Stube, in der sogar noch ein großer, afghanischer Teppich liegt, allein breitmachen. Dies wird voraussichtlich für mehr als ein Jahr mein Rückzugsort sein. Hier schlafe ich, esse ich teilweise und mache all die Dinge, die eben in den privaten Bereich fallen würden und hier machbar sind. Verständlich, dass ich so schnell wie möglich meinen eigenen Stil hineinbringen und die Möbel nach meinen Vorlieben aufstellen möchte. Die Wände sind noch voll von Dreck der Vorgänger und lassen recht genau wissen, wo Bilder oder Fahnen gehangen haben. Auch die Fenster lassen noch kaum einen Blick nach draußen zu, sie sind milchig und staubig. Da der Blick aber direkt gegen die Heskos geht und nur durch den oberen Teil etwas Licht einfällt, spielt das nur für den Reinheitsfreak eine Rolle. Doch noch ist keine Zeit zum Umräumen und Putzen. Der Einzug muss warten. Der Spieß hat uns schon den ersten Termin für die Einweisung, welche allen neuen Soldaten bekommen, gegeben. So reicht die Zeit gerade noch um die ersten Spinde herum zu rücken. Die ganze Stube ist von einer festen Dreckschicht überzogen. Spinde, Fensterrahmen, Heizungsrohre und Steckdosen tragen schwarze Beläge. Die Stube ist zwar besenrein, aber die Mühe, den gesamten Dreck aus der Stube zu holen, macht sich kaum noch einer.

Nun habe ich im Gespräch auf dem Weg zum Camp erfahren, dass wir vermutlich in etwa drei bis vier Monaten ausziehen müssen. Ich will es sauber und ordentlich haben, dennoch geht mir der Aufwand durch den Kopf. Auch beim letzten Mal hatte ich meine Stube bis zur Decke hoch ausgewaschen. Ich habe die vielen Stunden, die ich damit verbracht hatte, noch gut in Erinnerung. Da ich jetzt sowie so zum ersten Termin muss, mache ich kehrt und schließe die Stube zu. Felix ist mit einem weiteren Kameraden genau gegenüber von mir untergebracht worden. Sie werden die Stuben von ihren Vorgängern übernehmen. Das ist natürlich sehr praktisch, da man die Ausstattung (Fernseher, Sat-Receiver usw.) für einen relativ kleinen Betrag übernimmt und nur wenig putzen oder umbauen muss, wenn der Vorgänger ein „Guter" war. Im folgenden Einweisungsgespräch stellt der Spieß mir frei, ob ich direkt in der Stube bleiben oder die meines Vorgängers beziehen möchte. Die Wege zum Waschbereich, Fernsehraum und der Masse der anderen Unteroffizierskameraden, sind vom jetzigen Punkt günstiger. Wirkliche Vorteile für einen Umzug in etwa zwei Wochen kann ich nicht erkennen und so entscheide ich mich für das Bleiben. Was soll an einer Stube, die ein Oberst zuvor bewohnt hatte, auch schlecht sein? Doch im Moment als ich meine Entscheidung ausspreche, fällt mir doch noch eine Besonderheit auf. Meine Tür liegt auf gleicher Höhe wie die WC-Tür im Mittelteil. Ginge jemand im Dunkeln oder etwas schlaftrunken in den Falschen der beiden Durchgänge, so stünde man vor meiner Tür statt dem WC. Es war dem Oberst tatsächlich mehr als einmal passiert, dass vor allem französische Kameraden auf einmal in seiner Stube standen, um ihr kleines Geschäft zu verrichten. Dies war dem Umstand geschuldet, dass nur wenige Meter entfernt eine deutsche Betreuungseinrichtung ist, in der die Franzosen gerne einkehren, um zu feiern und abzuschalten. Zwar habe ich nie genau verstanden, warum der Oberst nach den ersten Vorkommnissen nicht einfach abends die Stube von innen verschlossen hat, aber ich habe es nun für mich abgespeichert.

Mit einer Belehrungsmappe unterm Arm steht der Spieß schon im Fernsehraum, der sich im anderen Gang befindet und mit einem elektronischen Code-Schloss gesichert ist. Der Zugangscode ist leicht zu merken und muss sein, weil hier auch die Post der Kameraden, die neu eingetroffen ist, zwischengelagert wird. Ansonsten befindet sich eine Ledergarnitur, ein großer Flachbildfernseher und ein großer Kühlschrank darin. In der Ecke steht eine dimmbare Stehlampe und an einem hohen Schrank hinter der Tür liegen Schutzwesten – Westen, die für abfliegende und ankommende Kameraden gebraucht werden. Ein großer roter Teppich bedeckt den Boden und zwischen der Garnitur steht ein kleiner Glastisch, in dem in einer unter der Glasplatte sichtbaren Ablage alte Zeitschriften liegen. Sogar eine Spielkonsole befindet sich im Schrank unter dem Fernseher. In der Regel werden auch solche Dinge über einen Betreuungsfonds finanziert. Aus dem letzten Einsatz weiß ich aber, dass viele lieber auf ihrer Stube bleiben oder sich in Gruppen dort zusammenfinden. Damals hatte ich einen Fernsehabend wiedereingeführt. Der hatte sich dann auch über die Zeit recht verlässlich bewährt. Allerdings steht und fällt so etwas immer mit den Leuten, wird es nicht gepflegt, so schläft es meistens ein. Vielleicht versuche ich das wieder zu etablieren.

Jetzt hören wir uns erst einmal den Spieß an und natürlich erzählt er mir nicht wirklich viel Neues. Zwar unterliegt der Auslandseinsatz ständigen Veränderungen, weil alle vier Monate neue Kräfte kommen und vieles verändern wollen, aber bei unserer Einheit ist es durch die langen Stehzeiten nicht so extrem. Der alte Spieß, erst seit drei Wochen wieder zu Hause, hatte hier tatsächlich ganze drei Jahre zugebracht. Von solchen außergewöhnlich langen Einsatzzeiten sind auch andere Kameraden betroffen. Wobei klargestellt sein muss, dass solche Einsätze niemand gegen seinen Willen machen muss. Doch die Kameraden, die sich das antun, haben meistens ganz spezielle Gründe. So ist jedenfalls meine Erfahrung und ich habe immerhin vier von ihnen, die mindestens drei Jahre hier waren, kennengelernt. Selbst deutsche Soldaten zu Hause glauben oft nicht, dass Kameraden solch lange Einsatzzeiten ableisten, weil sie über unseren Bereich nicht viel oder nichts wissen. Aber dass es der Wahrheit entspricht, kann man ihnen später mit seiner Einsatzurkunde und dem entsprechenden Orden glaubhaft machen.

Im Mai habe ich meine 680 Tage in Afghanistan überschritten. Dies ist deswegen eine wichtige Zahl, weil man erst dann die goldene Einsatzmedaille der Bundeswehr für den ISAF-Einsatz bekommt. Silber bekam ich nach 360 Tagen im letzten Einsatz. Für Bronze benötigt man lediglich mindestens 30 Tage. Den Abstand, mit fast einem Jahr zwischen Bronze und Silber finde ich zwar etwas groß, dafür hätte man Bronze vielleicht an die normale Kontingentzeit von vier Monaten koppeln können, aber nun kann es mir persönlich schon fast egal sein. Dieser Orden bedeutet mir sehr viel, weil er für eine Leistung steht, die nicht alltäglich ist, und einen für hohe Einsatzbereitschaft und viele

Entbehrungen auszeichnet. An der Anzahl der Orden wird es zwar nichts ändern, da ich den silbernen nur gegen den goldenen tauschen werde, doch werte ich den Orden an meiner Uniform natürlich auf. Mit zehn verschiedenen Orden und Ehrenzeichen ist dennoch eine für Unteroffiziere in meinem Alter beachtliche Anzahl zusammengekommen. Darauf bin ich stolz, insbesondere, weil ich mir bis auf einen alle durch speziell nachweisbare Leistungen verdienen musste.

Wenn mein Chef sich morgen entscheiden würde mir einen Orden – zum Beispiel das Bundesverdienstkreuz – zukommen lassen zu wollen, dann würde das mit hoher Wahrscheinlichkeit klappen. Dann würde ich ihn aber für allgemeine sehr gute Leistungen im Dienst bekommen und das ist mir nicht spezifisch genug. Von dieser Sorte habe ich auch einen, allerdings ist er auch durch meinen letzten Auslandseinsatz bewirkt worden und somit wieder einer speziellen Leistung zu verdanken. Der Inspekteur des amerikanischen Heeres hat ihn mir nach meinem letzten Einsatz dafür verleihen lassen, dass ich eine so lange Zeit unter dem Oberkommando der Amerikaner die afghanischen Soldaten ausgebildet hatte. Ein seltener und besonderer Orden an einer deutschen Uniform, für die es sich der General meiner Schule nicht nehmen lassen hat, ihn persönlich und vor der Truppe zu überreichen.

Die Belehrung des Spießes ist beendet und es gibt nun die Möglichkeit, Fragen zu klären. Dann werden wir noch auf eine Mappe hingewiesen, in der normalerweise alles Wichtige zusammengefasst ist, was gerade erläutert wurde. Diese Belehrung werden wir dann später noch schriftlich bestätigen, damit später keiner behaupten kann, er hätte etwas nicht gewusst. Nach wenigen Rückfragen verlassen wir nun den Fernsehraum und begeben uns nach draußen. Wir werden jetzt keine große Runde durch das Camp laufen, da solche Dinge später im eigenen Bereich unterwiesen werden können. Doch für die ganz neuen Kameraden, die noch nie hier waren, ist es wichtig, die Bunker zu kennen. Denn würde es in einer halben Stunde einen Alarm geben, so müssen sie natürlich wissen, wo sie sich einfinden müssen. So drehen wir die kleine Runde und bekommen einen neuen Treffpunkt mit einer weiteren Zeit. Der wird erst um 20 Uhr sein und so können wir die Zeit nutzen, um noch essen zu gehen und mit dem Bezug in unseren Stuben weiterzumachen. Für die beiden Kameraden gegenüber meiner Stube wird das sehr schnell gehen, denn da dies nicht ihre endgültige Stube sein soll, lohnt sich kein großes Auspacken. Aus meiner rechten Hosentasche ziehe ich den kleinen Stubenschlüssel an dem sich ein kleiner weißer Anhänger mit der Aufschrift *4/15* befindet, was für die Nummer des Feldhauses und der Stube steht. Ich öffne die Tür meiner Stube und verweile noch einmal kurz nachdenklich im Eingang. Mir geht gerade im Zeitraffer der Ablauf der nächsten Stunde durch den Kopf. Wie und wohin stelle ich die Einrichtung am besten und wie viel reinige ich jetzt direkt? Vom letzten Einsatz weiß ich noch, dass der Freitag der Putztag ist, da es der afghanische Sonntag ist und wir dann in der Regel nicht aus dem Camp fahren. Auch ist das dann der Tag, an dem man auch mal etwas länger schlafen kann, wenn keine Zusatzaufträge anstehen. Daher ist mein grober Plan, jetzt einzuräumen und nur das Nötigste zu reinigen. Freitag habe ich dann dafür genug Zeit und Ruhe.

Nichts steht wirklich so wie ich es haben möchte. Darum beginne ich, die drei Spinde in meiner Stube zu einer Sichtschutzwand zurechtzuschieben. Dafür lasse ich etwa zwei Meter von der Tür Platz und drehe die Spinde mit den Türen zum Fenster. So kann ich später von der Bettseite am schnellsten an meine Ausrüstung. Dafür nehme ich zwei von ihnen und schiebe sie nebeneinander an die rechte Wand, einen im 45-Grad-Winkel und den anderen parallel zur Tür. Daneben lasse ich mir einen Durchgang und schließe diese optische Wand nach links mit dem dritten Spind, den ich aber mit den Türen von der Seitenwand weg positioniere. Jetzt kann ich vom Bett aus, welches rechts an der Wand steht, alle Türen sehen und am einfachsten ohne Umwege öffnen. Das Bett steht etwas erhöht, da es eigentlich der obere Teil eines Doppelstockbettes ist. Der untere Teil steht rechts davon, zur Wand abschließend, seitlich hochkant. So hat man durch das Seitenbrett eine Art Regalablage rechts neben dem Bett. Eigentlich ganz praktisch für den Wecker und etwas Kleinkram. Das Bett ziehe ich bis an den angewinkelten, direkt hinter dem Bett stehenden Spind. So kann ich später Filme im Bett schauen und mich sitzend mit dem Rücken gegen den Spind lehnen. Nur polstern muss ich ihn noch, da die Ecke des Spindes nicht wirklich bequem wirkt. Dass ich das Bett auf die rechte Seite stelle, liegt daran, dass direkt am Fußende ein Fernsehhalter angebracht ist und die dafür nötige Anschlussdose dort sein müsste. Sehen kann ich sie noch nicht, da das hochgestellte Bett mit der Matratze belegt ist und sie die Sicht auf die Wand verdeckt. Einen Fernseher habe ich ohnehin noch nicht, weil ich den erst in etwa einer Woche von meinem Vorgänger bekommen soll. Also hat das noch Zeit. Vor dem Fenster stehen zwei quadratische Tische, von denen ich direkt einen neben dem Bett am Fußende stehenlasse und den zweiten in die linke äußere Ecke neben das Fenster schiebe. So kann ich einen für den Laptop und den anderen als Esstisch nutzen. Wenn sich das Essen gegenüber dem letzten Einsatz nicht verbessert hat, so werde ich wohl wieder regelmäßig an diesem Tisch essen. Einen Aktenschrank, welcher schon fast passend an der linken Wand neben dem einzelnen Spind steht, rücke ich nun bündig heran. So bleibt neben dem Esstisch und dem Aktenschrank noch eine Lücke für einen Kühlschrank und einen Stuhl. Auch von den Stühlen habe ich zwei und so kommt der verbleibende Stuhl natürlich vor den Laptoptisch am Fenster. Wären die Wände nicht so kahl und steril in hellem Grau, es könnte schon fast wohnlich wirken. Die Anordnung gleicht jetzt recht genau meiner Stube im letzten Einsatz. Es sind eben doch gewisse Gewohnheiten, die schnell wieder durchkommen. Ich hatte es nicht aus Geschmacksgründen so gestaltet, sondern es hatte eben praktische Hintergedanken. Nun steht schon, für mich optimal, rechts hinter der Tür eine Art Garderobe, die natürlich ein Eigenbau eines Vorgängers ist und neben einigen Kleiderhaken im unteren Teil noch zwei Ablagen bietet. Da auch links neben der Tür noch Kleiderhaken sind, wird es an Unterbringungsmöglichkeiten für meine Ausrüstung nicht mangeln. Das ist mir darum wichtig, weil ich so die Ausrüstung des Tages an einem Platz schnell greifbar habe und auch eine Gewisse Ordnung gehalten werden kann.

2006 musste ich viele Wochen aus meiner Verlege-Kiste leben. Alles, was ich nicht dort hineinpacken konnte oder wollte, fand dann nur noch im Bett und an einigen Bändern, welche kreuz und quer durch das Zelt im Kongo-Lager gespannt waren, Platz. Mit einem gewissen Ordnungssinn und dem Umstand, diesen gezwungenermaßen nicht beruhigen zu können, kann man sich auf Dauer nicht wohlfühlen. Damals waren wir schließlich auch mit zwölf Soldaten in dem Zelt untergebracht. Jeder hatte Ausrüstung und ein wenig Privatkram. Man lernt dann die Menschen sehr genau kennen, vielleicht sogar besser als es die Frau oder Freundin daheim tut. Man kann sich auf so engem Raum, der die einzige Privatsphäre ist, nicht allzu lange verstellen. Anfangs hatte ich starke Bedenken, dass der Gemeinschaftsfrieden in so einem Zelt schnell an sein Ende kommt. Das Gegenteil war jedoch der Fall, denn ohne gegenseitige Rücksicht und sicher auch Gruppenzwang und Gruppendynamik, kam man nicht weit. Heute denke ich, dass es der Kameradschaft enorm gutgetan hat. Wir haben uns über die Dienstgrade hinweg sehr gut verstanden und auch eine natürlich harte, aber gute Zeit zusammen gehabt. Wenn ich dann heute höre, dass die jungen Rekruten in der Bundeswehr schon fast einen Hotelstandard erwarten, kann ich nur schmunzeln.

Aber nun stehe ich selbst in einer Stube, die fast Hotelstandard erreicht und nach einigen Reinigungs- und Umbauarbeiten meinem Geschmack ausreichend entsprechen wird. Dieser Umstand freut mich innerlich wirklich sehr, weil ich es eben auch anders kenne und genau weiß, wie wertvoll so etwas im Einsatz ist. Für mich gibt es vier wichtige „Bedingungssäulen" für einen erträglichen Auslandseinsatz: Wenn die Unterbringung, Verpflegung, Unterhaltung/Betreuung und Kommunikation nach Hause stehen, dann habe ich einen gut gelaunten, aufmerksamen und motivierten Soldaten. Wenn ich nur an einer dieser Säulen zu stark spare und Abstriche mache, fällt das Leistungsbarometer des Soldaten unweigerlich ab. Es ist ein bisschen wie bei Holzhütten, die auf Pfählen über Wasser gebaut werden. Knickt ein Pfahl ein, so gibt es nasse Füße. Das ist zwar nicht gleich lebensbedrohlich, dennoch hat keiner Lust, lange mit nassen Füßen klar zu leben. Hier kann man bei vielen Nationen, die sicher auch nicht alles und umfänglich richtig machen, vielleicht einiges abschauen.

So sehe ich gerade kleinere Einschränkungen im kommunikativen Bereich, welche aber nicht wirklich bedenklich sind, jedoch deutlichen Verbesserungsbedarf in der Verpflegung hier in Kabul im *Camp Warehouse*. Mal sehen, wie es nach dem Umzug wird. Ich werde es morgen früh das erste Mal sehen, wenn ich mit Felix zum Frühstücken gehe. Meine Verpflegungskarte, eine Art Chipkarte, welche einen Barcode aufgedruckt hat und meinen Namen trägt, habe ich bereits. Sie werde ich genau wie beim letzten Mal auf die Rückseite meiner ID-Karte kleben, dann brauche ich sie nicht jedes Mal gesondert hervorzukramen, wenn ich sie vor dem Essen zeigen muss. Die ID-Karte ist eine Karte, mit der ich dann zu bestimmten Bereichen Zugang haben werde und mich so ausweisen kann. Die muss ich aber erst noch beantragen.

Beide Verlege-Kisten, von den Kameraden dort freundlicherweise hingebracht, stehen schon auf meiner Stube und so beginne ich damit, meine Ausrüstung aus der ersten Kiste zu holen. Beide sind prall gefüllt und doch ist das noch nicht alles. Auf dem Bett liegt ein Satz dienstliche Bettwäsche, Kopfkissen und eine Bettdecke. Alles ist noch in Folie eingepackt. Die Bezüge lege ich in den von mir linken Spind. In meiner Kiste habe ich zwei komplette Sets private Bettwäsche. Das gibt dem Raum noch mehr privaten Charakter. Nachdem ich das Bett gemacht habe, füllt die erste Farbe neben dem Teppich die Stube. Recht schnell ziehe ich danach die einzelnen Teile aus den Kisten und weise ihnen einen Platz zu. Am Anfang habe ich tatsächlich noch Bedenken, alles unterzubringen, doch schnell stellt sich heraus, dass ich mehr als genug Platz in den Spinden habe. Das ist gut so, denn dadurch ist der erste Ansatz für Unordnung abgewendet. Einiges an Verpflegung wie Dosengemüse, Fischkonserven, Nudelsuppen und auch Leckereien habe ich mir selbst hergeschickt. Wie schon erwähnt werde ich einige Mahlzeiten, wohl meistens abends, meine eigenen Vorräte essen. Ich habe durch meine bedachte Ausstattung einige Möglichkeiten. Mit Brotbackautomat und Wasserkocher bin ich nicht auf täglich wiederkehrende Baguettes der Franzosen angewiesen und hole mir so ein kleines Stückchen Heimat hierher. Wenn die anderen erst einmal erfahren, dass ich Brot backen kann, wird der Automat bestimmt heiß laufen.

Eine Vielzahl an Bildern von der Familie und auch Gebasteltes von den Kindern kommt noch zum Vorschein. Der Platz hinter meinem Esstisch ist ohnehin die einzige wirklich kahle Ecke. Also stelle ich den Großteil der Bilder auf den Tischrand zur Wand und hänge ein kleines, in blaues Papier gerahmtes Gedicht von meinem Kleinsten darüber. Die Wände sind ja aus Blech und ich habe einige kleinere Schulmagneten dabei. So muss ich nicht bohren oder nageln. Einige nutzen alternativ das Klebeband, um Dinge zu befestigen. Doch das sieht nicht besonders gut aus und hinterlässt dreckige Klebespuren, wie ich sie zuhauf an meiner Türinnenseite sehe. Zwei lose Fotos von meinem Großonkel und seiner Frau aus Mönchengladbach mit ihrem Wohnmobil im Urlaub und eines von meinem kleinen Bruder als er in Portugal surfen war kommen noch dazu. Bleibt noch ein Plüschherz meiner Frau und ein kleines Kuscheltier meiner Tochter. Beides lege ich auf die Ablage neben mein Bett. Auch mein besonderer Wecker kommt daneben. Nun fehlt mir eigentlich nur noch eine Ablage für meinen Laptop, um die Ausstattung abzurunden. Noch kann ich ihn auf den Fernsehhalter stellen, wenn ich einen Film schauen möchte, nur eine Dauerlösung ist das eben noch nicht. Hierfür hatte ich mir damals aus vier Brettern einen Halter gebaut. Eigentlich simpel und doch so nützlich. Ein Brett diente wie ein kleines Tischchen zur Ablage und die anderen drei brauchte man, um die Ablage am Bettrand einhängen zu können. Sobald ich hier ein wenig Verbindungen aufgebaut habe, werde ich mich auch darum kümmern, denn wie gesagt ist das sehr nützlich. Langsam und durch die viele Bewegung fällt mir auf, dass es hier in der Stube ungewohnt warm ist. Das kann natürlich an mir liegen, da ich nicht gerade langsam vorgehe und so auch etwas ins Schwitzen komme. Der Blick auf den Heizungsregler zeigt mir jedoch, dass sie aus ist. Unter der Heizung verlaufen jedoch noch weitere dicke Rohre. Diese sind wirklich sehr heiß und dienen wohl der Wasserzuleitung für die Heizungen der anderen Stuben. Nur blöd, dass die nicht isoliert sind und natürlich von mir auch nicht heruntergeregelt werden können. Also Fenster auf. Sobald mein Paket aus Deutschland kommt, werde ich noch die Fenster und die Luftschlitze über und unter der Tür abdichten. So reduziere ich die Staubbelastung in der Stube enorm. Dies hilft beim Atmen und beim Putzen, denn so findet einfach viel weniger Dreck den Weg in die Stube. Habe ich aber leider noch nicht. Egal, hier muss Luft rein und da Draußen etwa fünf Grad minus sind, wird es auch gleich etwas angenehmer. Zu Hause würde ich wohl ausflippen, wenn meine Kinder die Heizung an und das Fenster aufmachen, aber anders geht es jetzt nicht. Die Rollos sind weit oben und die Sonne bringt noch viel Licht in den Raum. Eines der geteilten Rollos schließe ich ganz und das andere zur Hälfte, da dies meiner Frischluftzufuhr dient. Nur grell muss ich es wie schon erwähnt nicht haben. Dann lieber etwas gemütlicher, denn mit meiner farbverstellbaren LED-Leuchte, die ich ebenfalls mitgenommen habe, kann ich auch noch tolle Lichteffekte im Raum erzeugen. Zu jeder Stimmung die passende Lichtfarbe. Testen kann ich sie allerdings noch nicht, weil das

Stromkabel auch in der Post ist. Trotzdem stelle ich sie schon einmal auf ihren Platz, auf Kopfhöhe und gut erreichbar auf der Bettablage an das Fußende. Langsam sieht es hier in der Stube aus, als wohnte ich seit Jahren hier. So habe ich mir das vorgestellt!

Dadurch, dass wir um 20 Uhr noch einen Termin haben, wird es ein sehr langer Tag. Umso schneller wir jedoch den administrativen Teil erledigt haben, desto schneller können wir uns auch in den Dienstalltag einreihen. Niemand möchte lange im Camp verweilen, denn der interessante Arbeitsbereich liegt nun mal jenseits der Zäune. Morgen sollen wir uns dann noch unsere ID-Karte ausstellen lassen und dann könnten wir schon fast los. Da gerade aber noch etwas Zeit bis zum nächsten Termin ist, gehen wir zu unserer Unterstützungskompanie. Sie ist hier im Lager für alles um den Dienst herum zuständig. Wenn wir also ein defektes Fahrzeug haben oder ein Computer nicht läuft, wir Bargeld brauchen oder Ausrüstung beschädigt ist, dann ist diese Kompanie unser Ansprechpartner. Hier bekommen wir nun als nächstes unsere Waffen und Ausrüstung, die wir in Deutschland normalerweise nicht brauchen. Es ist so viel, dass man es kaum in einem Anlauf auf die Stube bekommt. Auch ich muss zweimal los und helfe Felix im zweiten Durchgang beim Tragen. Ich stelle alles gesammelt zunächst in die Mitte der Stube auf meinen Teppich. Zwar habe ich gerade beim Übernehmen alles durchgezählt und gesehen, aber nun muss alles auch an seinen Platz. Dazu nehme ich mir eine Vielzahl verschiedener, kleinerer Taschen, welche an die IDZ-Weste (IDZ steht für „Infanterist der Zukunft“) gehören. Die Weste ist netzartig aufgebaut und wie eine Überweste gestaltet. Eigentlich recht dünn und leicht, ohne Schutzfunktion. Sie hat den Zweck, dass man nicht ständig alle Ausrüstungsteile an der eigentlichen Schutzweste tragen muss, die man darunter trägt. So kann ich von Fall zu Fall entscheiden, ob ich voll ausgerüstet herumlaufe oder eben nur mit einem Teil der Ausrüstung. Das kann dann sinnvoll sein, wenn man durch die Ausrüstung bei seinen Tätigkeiten behindert wird oder sich ohnehin in einem teilweise gesicherten Bereich befindet.

In diese kleinen Taschen verstaue ich nun die verschiedenen Dinge und befestige sie mit speziellen Schlaufen an verschiedenen Stellen der Weste. Es dauert eine Weile, bis ich alles dort habe, wo ich es brauche. Die Munition für die Pistole und das Gewehr muss auch noch aufmunitioniert werden. Ich beginne mit der Pistole und drücke eine Patrone nach der anderen in das Magazin. Es passen jeweils 15 Stück hinein und durch eine Markierung an dem etwas blickdurchlässigem Kunststoff erkennt man gut, wann es voll ist. Zur Pistole habe ich ein dienstlichen Pistolen-Holster bekommen, welches ich aber für zu groß und unpraktisch halte. Daher habe ich mir zu Weihnachten eines aus dem Internet für recht schmales Geld schenken lassen. Mein altes aus dem letzten Einsatz habe ich auch noch, es sieht jedoch schon sehr mitgenommen aus. Es ist an mehreren Stellen mit Klebeband gesichert und durch die schwarze Färbung auch recht auffällig. Das neue ist in dem Wüsten Tarn der Amerikaner gehalten und trifft damit am ehesten die Bundeswehrausführung. Eigentlich ist es für Spielzeugwaffen, aus welchen Kunststoffkugeln verschossen werden, gemacht. Es wirkt aber sehr robust und wenn nicht, war es zumindest einen Versuch wert. Ansonsten bin ich ja eher zurückhaltend, wenn es darum geht, private Mittel für den Dienst zu opfern. Nur da, wo der Weg zu steinig und unverhältnismäßig wird, um etwas zu ändern oder meine Gesundheit leiden würde, gebe ich nach. Dieses Holster werde ich mit meiner Waffe über ein Jahr am rechten Oberschenkel tragen. Es wird mir den Hosengürtel in die Hüfte schneiden und viele Male am Tage geöffnet und geschlossen werden. Es ist ohnehin unangenehmer Ballast, der durch eine optimale Ausführung etwas erträglicher gemacht wird. Genauso habe ich es auch mit meinen Stiefeln gehalten. Das Tragen der älteren Kampfstiefel hat bei mir durch die nur mäßig gefederte Sohle und das hohe Gewicht Knie- und Rückenschmerzen ausgelöst. Daher hatte ich mir selbst welche beschafft, in denen ich bei Märschen sogar 30 Kilometer joggen konnte. Nun hoffe ich, dass das Holster auch möglichst lange hält.

Die Munition für das Gewehr lässt sich etwas leichter und schneller in das Magazin drücken. Dafür sind die Kanten des durchsichtigen Kunststoffmagazins sehr scharf und schneiden mit jeder Patrone mehr in die Finger- und Daumenkuppe ein. Zum Schluss nehme ich mir zwei Magazine, parallel aneinander gehakt, für das Gewehr und die anderen kommen in die vorhandenen Magazintaschen der IDZ-Weste. Der Rucksack, der mich auf meiner Reise begleitete, wird nun mit zusätzlicher Ausrüstung, die ich bei Einsätzen eventuell gebrauchen könnte, aufgefüllt. Da es sehr unwahrscheinlich ist, dass ich hier in Kabul auch einmal im Freien schlafen muss, packe ich den Schlafsack erst gar nicht ein. Aber Wechselwäsche, warme Ersatzkleidung und Wasser kommen hinein.

Grundsätzlich werde ich auch im Fahrzeug später noch Wasser und etwas Nahrung mitführen, so sollte es auch reichen, wenn es wieder einmal länger dauert. Das kann sehr schnell passieren, wenn in der Stadt der Teufel los ist und wir uns von den Straßen fernhalten müssen. Dann heißt es sich in Deckung zu begeben, unterzuziehen und abzuwarten. Das könnte dann viele Stunden dauern. Bei so einer Gelegenheit habe ich 2010 das Skatspielen gelernt, obwohl ich eigentlich kein Spieler bin. Seit Jahren habe ich nur einen Dauertippschein, auf dem ich bisher ganze zwei „Vierer" hatte. Aber sonst ist Glücksspiel nicht so mein Ding. Wenn man jetzt fragt „Warum dann Lotto?", noch dazu wo die Wahrscheinlichkeit zu gewinnen extrem gering ist, dann lautet die simple Antwort: Allein der Gedanke, dass ja doch einmal klappen könnte, stimmt einen optimistisch. Letztlich ist es ja auch die Hoffnung, die man mit seinem Tippschein bezahlt. Wenn es auch nie wirklich klappen sollte, war der Betrag nicht die Welt und ich hatte zumindest die Chance auf einen großen Gewinn. Mein kleiner Bruder hat es immerhin schon auf einen „Fünfer" und vier richtige Endzahlen beim Spiel 77 gebracht. Das hat mich gefreut, er hatte es verdient. Ansonsten kenne ich persönlich niemanden, der so richtig abgeräumt hat.

Nun bin ich zumindest was meine Ausrüstung betrifft fertig und könnte direkt losfahren. Wenn da nicht die ID-Karte wäre, ohne die ich das Camp nicht verlassen aber vor allem nicht wieder befahren könnte. Der Termin um 20 Uhr ist nochmal etwas nervenzehrend, da es auch ein Thema ist, welches in der Vorausbildung bereits behandelt wurde und wir einfach müde nach all den Strapazen sind. Wiederholung prägt ein und so versuche ich es positiv zu sehen. Noch die letzten Meter durch die eisige Dunkelheit, die nur durch schwaches Licht, welches beim Vorbeigehen von Bewegungsmeldern angeschaltet wird, ein wenig erhellt wird. Leider kann ich durch die dichten Wolken die Sterne nicht sehen. Denn normalerweise ist der Umstand, dass das Lager recht dunkel gehalten wird, gut geeignet, um die Sterne klar zu erkennen. In Städten ist mittlerweile ständig so viel Lichtsmog, dass sich unser Auge schwertut, diese Feinheiten am Himmel noch wahrzunehmen. Versucht man beispielsweise die Milchstraße zu finden, ist das ohne gute astronomische Kenntnisse ein echtes Glücksspiel. Mich beeindruckt ein sternenklarer Himmel immer wieder. Ich nehme mir viel zu wenig Zeit für solche Augenblicke, in denen man abschalten kann. Aber die Tage werden noch kommen, dann werde ich diese Aussicht auch wieder genießen.

Ich komme in den letzten Durchgang zu meiner Stube und stampfe mit den Stiefeln den Schnee und Matsch etwas ab. Dann habe ich es geschafft, der erste Tag in Kabul ist um. Noch liegen 13 Monate vor mir. Die Uniform lege ich ordentlich über einen Stuhl und hänge die Jacke an meinen Haken neben der Tür. Das Luftwaffenschiffchen und meine Feldmütze haben auch ihren Platz dort gefunden. Die Tür verschließe ich von innen, um nicht schon am ersten Abend ungebetenen Besuch in der Stube zu haben und nehme mir dann frische Unterwäsche aus dem Schrank. Ein kleiner Schock durchfährt mich, in meinem Spind liegen nur drei Unterhosen! Eine habe ich an, und eine müsste noch als Ersatz im Rucksack sein. Das reicht ja nie, oder ich müsste jeden Tag einen Wäschebeutel abgeben, um immer genug auf Vorrat zu haben. Also ziehe ich mein deutsches Handy aus der Tasche und schalte es ein, will bei meiner Frau gleich welche nachbestellen. Weil es sowieso nicht das Einzige bleiben wird, was ich noch brauche, ist das auch kein wirkliches Problem. Paar Tage wird es schon gehen.

Prompt ertönt das SMS-Signal und die Begrüßungsmails treffen ein. Es ist tatsächlich etwas günstiger von hier aus zu telefonieren. Eine SMS ist allerdings genauso teuer. Erst jetzt fällt mir auf, dass ich den ganzen Tag noch nichts von mir hören lassen habe, ich bin wieder voll drin im Einsatzmodus. Ich werde noch überlegen, was ich sonst noch benötige, und dann schicke ich eine Liste per E-Mail. Jetzt möchte ich aber nur noch duschen und dann ab in die Kiste. Ein großes gestreiftes Handtuch, meine Unterhose und Waschtasche nehme ich unter den Arm und tapse in Badelatschen aus der Stube zur Dusche. Schon geht der nächste Ruck durch mich. Shampoo vergessen! Langsam fange ich an, mich über meine Schusseligkeit zu ärgern, denn an jeden Nonsens habe ich gedacht und nun fehlen mir die alltäglichsten Dinge. Um diese Zeit werde ich nirgends mehr etwas bekommen und Kameraden fragen werde ich auch nicht. Ich muss mich ja nicht schon am ersten Tag blamieren. Aber zum Glück gibt es Seife. Es ist zwar nur Handwaschmittel und kein Shampoo, aber es erfüllt seinen Zweck und gut riechen muss ich hier auch für keinen. Die Sachen lege ich auf die weinrote Bank vor den Duschabteilen und schlurfe zum Waschbecken im Vorraum zurück. Die Plastikflasche mit dem blauen Handwaschmittel stelle ich schon mal in die Dusche. Die Duschwände sind ebenfalls in Weinrot gehalten und wirken so etwas ziviler. Genau in derselben Dusche habe ich fast 14 Monate gestanden, sie mir zur Stammdusche gemacht und mich für sie verantwortlich gefühlt. Darauf geachtet, dass sie sauber blieb und der Abfluss immer gut ablief. Also warum nicht wieder bei Bewährtem bleiben?

Nichts hat sich hier verändert. Die gleichen milchfarbigen Duschvorhänge und die stark verkalkte Duscharmatur. Der Duschkopf hat ebenfalls die besten Tage bereits hinter sich. Die Löcher sind so stark mit Kalk zugesetzt, dass nur noch ganz feine, aber harte Wasserstrahlen herauskommen. Die verschiedenen Stufen einstellen geht auch nicht mehr. Es macht aber auch keinen Unterschied, wenn ich die Duschkabine wechsele, da es in allen das Gleiche ist. Mit vorsichtigen Schritten steige ich in das Duschbecken. Der Abfluss sitzt fast voll mit Haaren und anderem Zeug. Den Duschvorhang ziehe ich ganz zu und mit dem unteren Teil in die Duschkabine. So kann das Wasser vom Vorhang gleich direkt in das Becken laufen. An den Seiten mache ich den Duschvorhang nass und kann ihn so mit den Seitenwänden der Dusche „verkleben". Das Wasser wird warm, dann heiß und es dauert etwas, bis ich die passende Hebelstellung gefunden habe. Es tut gut und wärmt nach so einem langen Tag angenehm auf. Am Ende, kurz bevor ich den Duschraum verlasse, ziehe ich noch das Wasser, welches durch mich auf dem Boden zusammengekommen ist, in einen Abfluss ab, getreu dem Grundsatz: Verlasse die Einrichtung so, wie du sie vorfinden möchtest. Das gilt hier für alle öffentlichen Bereiche. Nur was auf der Stube passiert interessiert keinen, solange es keine Beschwerden gibt.

Gegenüber dem Duschraum befindet sich der Waschraum. Nach dem Zähneputzen reinige ich ebenfalls einmal mit den Papiertüchern, welche an jedem der acht Waschplätze in Spendern hängen, den gerade benutzten Bereich und entsorge das Papierknäuel. Hier im Raum befindet sich ein größeres Metallregal. In ihm stehen aufgestapelte 12er Packs mit Wasserflaschen. Eines der Pakete greife ich mit den

Fingern unter der Folie, in die sie eingepackt sind, und mit dem Waschzeug unter dem Arm verlasse ich den Duschraum. Ein eiskalter Wind erwischt mich noch einmal beim Durchlaufen des Durchganges (der Verbindung zwischen den Feldhäusern) und dann soll es das für heute nun wirklich gewesen sein. Das Handtuch kommt zum Trocknen über eine Spind-Tür und das Waschzeug verschwindet im Schrank. Das Wasser stelle ich in die Garderobe und nehme eine einzelne Flasche mit zum Bett. Jetzt eine kalte Cola, das wäre ein leckerer Abschluss. Doch ohne Kühlschrank bliebe sie eh nicht lange kalt. Dennoch, das hat morgen in einer freien Minute Priorität. Meinen Wecker und den Handyalarm stelle ich nun noch auf halb sieben ein und dann rolle ich mich in meine Decke ein. Es ist fast gemütlich. Zufrieden mit dem Tag und dem was schon erledigt ist, kann ich nun erschöpft einschlafen. Auch wenn diese nervende Hellhörigkeit, das Brummen der Generatoren und die sich laut unterhaltenden Soldaten da draußen mir das Einschlafen normalerweise erschweren würden, nicke ich weg wie ein satt gegessenes Baby.

Wir haben Sonntag, den ersten in diesem Jahr, doch man merkt hier davon nicht viel. Der Wecker klingelt um halb sieben und bevor der zweite läuten kann, habe ich ihn schon entschärft. Auf der Bettablage neben mir liegen meine Tabletten, die ich täglich einnehmen muss. Bei der sehr gründlichen Untersuchung zur Wehrflieger-Verwendungsfähigkeit 2005, um mich für den Einsatz auf dem Hubschrauber durchchecken zu lassen, hatte man einen Knoten in meiner Schilddrüse gefunden. Wohl ein Ergebnis einer Autoimmunerkrankung. Zwar gibt es dadurch keine Einschränkungen für mich, dennoch muss ich die Tabletten nun vermutlich ein Leben lang nehmen. Auch diese habe ich mittlerweile an vielen Orten platziert, damit ich morgens auch wirklich immer welche finde. Ich habe mich danach oft gefragt, wann das wohl ohne meine freiwillige Meldung für den Door Gunner-Einsatz aufgefallen wäre. Denn so gründlich und umfänglich bin ich zuvor noch nie untersucht worden. Man hatte mir angeboten den Knoten heraus zu schneiden, aber das habe ich abgelehnt und nun halten die Tabletten ihn im Zaum und könnten ihn vielleicht sogar wieder verkleinern. Solange er gutartig bleibt, dass wird einmal jährlich kontrolliert, kann er bleiben, wo er ist.

Nach dem Waschen schlüpfe ich in meine Uniform und lege mir das Pistolen-Holster an, in dem bereits meine Pistole steckt. Ohne Hast mache ich mich fertig, denn erst halb acht wollen Felix und ich frühstücken gehen. Meinen Parka mit Kälteschutz ziehe ich über meine Uniformjacke, unter der ich auch meinen neuen Kälteschutz trage. So bin ich dick eingepackt, denn es ist etwa minus 10 Grad da draußen. Während ich meine Tür von außen verschließe, sehe ich schon Felix im Durchgang stehen, der mit anderen Kameraden am Rauchen ist. Meine Hände fangen an auszutrocknen, obwohl ich ständig und bei jeder Gelegenheit mit Creme nachfette – eine Folge der trockenen Kälte. Ich schlüpfte in meine Handschuhe. Eigentlich Arbeitshandschuhe, die ich beim Discounter besorgt habe. Aber da sie recht normal in schwarz gehalten und sehr warm sowie stabil wirken, habe ich sie gegen die dienstlichen getauscht. Würde ich die dienstlichen anziehen, hätte ich auch schön warme Hände, jedoch sind sie sehr dick und erschweren so das Autofahren. Auch sind sie in der Uniform immer etwas nervig, weil sie viel Stauraum benötigen. Wenn es natürlich noch kälter werden sollte oder meine nicht ausreichen, dann kann ich immer noch darauf zurückgreifen.

Nach einer kurzen Begrüßung machen wir uns zu viert auf den Weg zur Truppenküche. Sie steht unter der Verantwortung der Franzosen – noch, da diese bis zum Sommer Afghanistan verlassen wollen. Wir umlaufen ein paar Container und durch eine Stahltür, bevor wir in einem Vorraum stehen. Hier gibt es rechts von uns die langen Waschbecken, an denen sich jeder vor dem Essen die Hände waschen muss. Damit sind wir beim dritten Mal Hände waschen und ich habe noch nichts im Bauch. An der linken Wand sind Aushänge mit Terminen für offene Veranstaltungen, aber fast ausschließlich in Französisch. Es ist kaum etwas los und so können wir durchgehen bis hinter der nächsten Tür ein Mitarbeiter der Küche wartet, um unsere Essenskarten zu scannen. Links von ihm stehen auch schon die Tablett- und Besteckwagen. Obendrauf liegen gestapelte Servietten. Kleine Löffel gibt es nicht und aus Gewohnheit lege ich mir das verfügbare Sortiment auf mein Tablett. Der Verlauf ist vorgegeben und so geht es nach dem ersten Mitarbeiter direkt nach rechts zur Essensauslage. Es sind große Regale mit klarer Kunststoffabdeckung, die man anheben und so etwas entnehmen kann. Nichts hat sich verändert und vermutlich wird es die verbleibenden Monate auch so sein. Nicht das dies grundsätzlich schlecht wäre, nur das bezieht sich leider auch auf die Auswahl und das Angebot am Morgen. Heute haben wir noch Glück, ich kann etwas weiter hinten im Raum eine Ablage mit Brötchen erkennen. Weil heute Sonntag ist, sonst kann man jeden – und ich meine wirklich jeden – Morgen zwischen Baguette und Baguette wählen.

Damit wird verständlich, warum ich mein eigenes Brot backen werde. Die Male, bei denen ich in Deutschland zwischen diesen Einsätzen Baguette gegessen habe, kann man an meinen Händen abzählen. Wenn es nicht sein muss, dann esse ich es auch nicht mehr. Hier geht es natürlich nicht anders, es schmeckt auch nicht schlecht. Nur habe ich das Gefühl, die Ration für mein gesamtes Leben an Baguette bereits mehrfach gegessen zu haben. Und nach 14 Monaten kann man sich dafür einfach nicht mehr begeistern. In dem ersten Regal kann man sich Naturjogurt nehmen, natürlich nicht unbegrenzt. Alles ist rationiert. Nicht so, dass man nicht satt wird, sondern so, dass sich keiner nur vom Leckersten nimmt und die Nachfolgenden dann die Reste essen müssen. Das ist in Ordnung und nachvollziehbar. Dann geht es weiter mit einem Regal, in dem Wasserflaschen stehen. Stilles Wasser, dass ab jetzt immer und überall auftauchen wird. Ob auf meiner Stube, im Waschraum, im Auto oder den Büros. Zielstrebig laufe ich jedoch daran vorbei zum nächsten und dort wird es interessant. Nun kann ich mir eine Art Eieromelette geben lassen, kleine Würstchen mit Pelle, wie wir sie von Fleischwurst kennen und Croissant. Die Eier nehme ich, der Rest ist nicht so meines, auch wenn ich das Croissant vorsorglich mitnehme, um es vielleicht an Kameraden weiterreichen zu können. Bei so etwas kann man sich natürlich absprechen und so die Dinge entweder tauschen oder einfach so abgeben. Jetzt noch ein kleines Stück Baguette und dann zum Obst- und Müsli-Wagen. Der steht etwas mittig neben den Regalen, daher macht es Sinn, sich zunächst in der Schlange einzureihen und dann ohne Stress an dem Wagen aussuchen zu können. Die Schälchen sind noch sehr nass und darum trockne ich es mit einer Serviette ab, bevor ich mir dann so etwas wie gemischtes Dosenobst einfülle. Müsli esse ich auch zu Hause so gut wie nie und dieses sieht auch noch ungewohnt, ein wenig wie Holzpellets, aus. Obwohl ich meinen Kindern immer sage, sie sollen erst probieren, bevor sie sich weigern etwas zu essen, möchte ich mir das Probieren in diesem Fall ersparen. Viel habe ich noch nicht auf dem Tablett und daher begebe ich mich zu einem zweiten Obststand, von dem ich mir eine Apfelsine und zwei ungewohnt kleine Kiwis nehme. Von hier geht es in den eigentlichen Speisesaal. Es stehen am Rand Getränke aus verschiedenen Automaten zur Verfügung. Man bekommt dort Kaffee, Tee, verschiedenen Kaltgetränke und heißes Wasser. Zwei kleine Plastikbecher mit Kaltgetränk stelle ich auf das Tablett und hole mir nun noch je eine Packung Salz und Pfeffer für das Ei. Der Saal ist recht voll und so suche ich in der Menge nach deutschen Uniformen. Es sind viele Georgier und noch mehr Franzosen hier. Ob es hier so eine Art Stammplätze gibt, erschließt sich mir noch nicht, wird sich später aber zeigen. Felix habe ich entdeckt und gehe zielstrebig mit leicht angehobenem Tablett durch die Reihen bis zu unserem Platz. Die Stühle stehen eng und so lasse ich einen Platz Abstand zu meinem Tischnachbarn.

Mit der Gabel beginne ich das Ei etwas kleiner zu drücken, so kann ich die Gewürze besser verteilen. Mit etwas Salz und Pfeffer schmeckt es ganz ordentlich. Auch wenn sich beim ersten Schluck des Kaltgetränks die Gesichtszüge etwas verziehen, trinken kann man es. Der Nachgeschmack vermittelt einem einen chemischen Eindruck im Mund, ist für mich in der Auswahl aber die beste Wahl. Denn Kaffee trinke ich ja nicht. Insgesamt ist es schon ganz in Ordnung, wenn da nur nicht diese wiederkehrende Monotonie der Auswahl wäre. Sie wird mich in den nächsten Monaten öfters zu einem Bogen um diese Einrichtung zwingen. Alternativ könnte ich auch auf der türkischen Seite essen gehen, damit habe ich bereits gute Erfahrungen gemacht. Gute Auswahl, sehr sauber und das Geschirr riecht nicht nach altem Abwaschwasser. Der Nachteil ist jedoch die Entfernung zu meiner Unterkunft. Hin und zurück muss ich locker 15 bis 20 Minuten einplanen, zu Fuß. Natürlich habe ich für unser Team einen *Dienstwolf*, aber aus Bequemlichkeit hier im Camp herumzufahren finde ich persönlich nicht gut und es wird auch von den Vorgesetzten nicht gerne gesehen. Vielleicht nutze ich die Gelegenheit, wenn ich demnächst zum Mittag wieder in das Camp komme, dann ist es nur ein kleiner Abstecher. Der Spieß hat uns auch die Möglichkeit, bei den Portugiesen zu Essen, eröffnet. Das gab es beim letzten Mal nicht. Die Küche ist recht klein und so hat das auch zeitliche Nachteile, wenn zu viele dort hingehen. Testen werde ich aber auch das noch, bevor wir das Camp endgültig verlassen müssen. Jetzt lassen wir erst einmal das Frühstück gemütlich ausklingen. Der nächste Termin ist die Ausweisstelle. So schieben wir unsere Tabletts vor dem Ausgang in ein Regal, dass bis zur Decke reicht und den Raum zur Abwasch-Küche trennt. Die Soldaten stellen ihre Tabletts auf der einen Seite rein und die *Lokals (Ortskräfte)* können sie von der anderen Seite entgegennehmen und reinigen.

Gestern hatte ich noch Bedenken wegen der Öffnungszeiten der Ausweisstelle geäußert und nun stehen wir vor verschlossenen Türen: sonntags geschlossen. Zwar sehen die Afghanen gemäß dem Koran den Freitag als Sonntag, doch hier im Camp gehen die Uhren in Bezug auf Feiertage nach dem westlichen bzw. christlichen Kalender. Auch unsere deutschen Soldaten, die nicht unserer Einheit angehören, behalten den Sonntag bei. Das macht schon zwei Tage in der Woche, die nur sehr eingeschränkt genutzt werden können und dass, obwohl alle nur einen halben Tag in der Woche wirklich frei haben. Vielleicht ist es in einem Land, in dem die Arbeitswelt ohnehin in einer ruhigeren Geschwindigkeit agiert, nicht ganz so wichtig. Wir nutzen die Zeiten dann eben anders und legen Treffen oder interne Ausbildungen in solche Zeiten.

Damit ist klar, morgen geht noch nichts in Bezug auf eine Fahrt außerhalb des Camps. Der nächste Anlauf für unsere ID-Karten liegt nun auf dem Montagmorgen und dann sind die anderen schon wieder unterwegs. Schlimm ist es nicht, auch wenn man es kaum erwarten kann wieder die Arbeit aufzunehmen, denn es gibt noch genug andere Dinge zu erledigen. Die verfügbare Zeit nutze ich nun um mit meinem Vorgänger, der ja auch endlich die Verantwortung für das Material loswerden möchte, die Übergabe in Angriff zu nehmen. Im Büro befinden sich Dienstrechner und Kleinkram, der schnell gesichtet und abgehakt ist. Interessanter wird das Fahrzeug. Hier steckt die Masse des Materials und der Ausrüstung drin. Wir planen aber in der Einheit für den Donnerstag einen technischen Dienst an den Autos, das heißt, dass diese gereinigt und durchgescheckt werden. Wenn wir dafür sowieso das Auto ausräumen müssen, können wir die beiden Dinge verbinden und sparen uns einmal Arbeit. Für Donnerstag stellt mein Vorgänger mir die Übernahme der Stubenausstattung in Aussicht. Daher gehen wir gemeinsam in einen der kleinen Shops und ich decke mich mit einer Palette Cola ein. Auch Shampoo vergesse ich diesmal nicht und nehme gleich zwei Sorten mit. Um in das private Internet zu kommen, hole ich mir dann auch gleich das Starterpaket. Da habe ich eine SIM-Karte für das Telefonieren und ein Basisguthaben. Das müsste erst einmal reichen. Die Preise für das Internet sind normal, vergleichbar mit einem Internetcafé in Deutschland. Nur das sehr schnelle Internet, welches man für Videotelefonie bräuchte, ist etwa sechs Mal so teuer. Nun kann ich aber schon SMS schicken, das Festnetztelefon nutzen und E-Mails schreiben. Mit der Handycam von Weihnachten nehme ich später noch Bilder und Videosequenzen auf und schicke sie entweder per Internet oder Post nach Hause.

Wir hatten in der DDR nicht einmal ein normales (Festnetz-)Telefon zu Hause, sondern mussten Telegramme schicken oder die Telefonzelle nutzen, in der Hoffnung, dass der Gegenüber ein Telefon hat. Darum meine ich auch, dass der Standard gut ist und Verbesserungen die Bedingungen und den Komfort noch weiter erhöhen. Diese Shops, in denen ich das erwerbe, gibt es hier von verschiedenen Nationen. Wir Deutschen liegen mit unseren Preisen im sehr günstigen Bereich. Auch hier muss man vergleichen, aber grundsätzlich sind die anderen durchweg teurer. Bei meiner Cola ist das nicht so, eine von wenigen Ausnahmen. Im gewerblichen Shop eines Deutschen soll ich für die Palette (24 Dosen) neun Euro zahlen, während sie im Bundeswehr-Shop 12 Euro kostet. Einen Unterschied gibt es aber, die günstige Variante trägt den Herkunftsort Kabul und die teure kommt aus Dänemark. Dabei setzte ich einfach mal auf den Hersteller, der weltweit einheitliche Qualität verspricht. Schmecken kann man den Unterschied nicht. Das Angebot ist für einen Shop auf etwa 40 Quadratmeter recht umfangreich. Doch in der Masse sollen hier Uhren, Sonnenbrillen, Schmuck und Elektronik an den Mann oder die Frau gebracht werden. Auch Parfüm und Zigaretten sind der absolute Renner. Der Preis ist eben heiß! Und das verleitet immer wieder den einen oder anderen, das Zeug über die Zollfreigrenzen hinaus nach Hause zu schicken. Das ist ziemlich dumm – wird man erwischt, gibt es doppelt einen drüber: Ein Strafverfahren wegen Steuerhinterziehung droht und damit einher geht ein Disziplinarverfahren des Dienstherrn. Jeder kann sich selbst ausrechnen, wie viel er bei den Zigaretten oder anderen hier günstigen Dingen sparen muss, damit sich das Risiko erwischt zu werden, lohnt. Für die Frau mal ein Kettchen, für sich mal eine Uhr und sicher das ein oder andere Souvenir kann ich verstehen, nur übertreiben sollte man es nicht. Für mich steht der Einkauf solcher Dinge aber sowieso noch nicht zur Debatte. Viele Monate habe ich Zeit solche Dinge zu erledigen, da brauche ich mir noch keinen Stress machen.

Mit der Palette unterm Arm und dem Shampoo in der Tasche steuere ich unseren Fernsehraum mit dem großen Kühlschrank an, mir war aufgefallen, dass er so gut wie leer ist. So kann ich meine Palette, ohne sie aufzureißen, in ein Fach schieben. Dazu hole ich später die Lebensmittel, die angefangen wurden und kühl gelagert werden sollten. Die wichtigsten Dinge sind erst mal geschafft, alles andere muss warten. Wo ich schon mal im Feldhaus bin, nutze ich die Möglichkeit, mit meiner Frau zu telefonieren. Zu Hause ist es gerade kurz nach neun, sie ist zu Hause und mein Kleiner auch, da er sich etwas erkältet hat und die Kinder im Kindergarten nicht anstecken soll. Es ist schön, nach gut zwei Tagen ihre Stimme zu hören. In Deutschland telefonieren wir eigentlich auch täglich. Durch die lange Reise war dies in den letzten Tagen nur schwer möglich und außerdem brauche ich Zeit und Ruhe dabei. Wenn ich auf der „Flucht" bin, kann ich mich nicht auf den Gesprächsinhalt konzentrieren. Sie klingt zwar etwas niedergeschlagen, nur nach den Strapazen der letzten Tage ist das auch verständlich. Sie wird einige Tage brauchen, um sich wieder an die Situation zu gewöhnen und ihren eigenen Rhythmus im Alltag zu finden. Wir haben uns noch viel zu erzählen und das ist gut so. Die letzten Wochen im letzten Einsatz waren uns langsam die Themen ausgegangen. Ich durfte am Telefon nicht viel Dienstliches erzählen und bei ihr zehrte das Alleinsein auch am Gemüt. Eine Sache, die ich diesmal bewusst anders machen möchte. Ob es klappt werde ich sehen, aber wenn ich sie mehr an meinem Alltag teilhaben lasse und sie sich so besser in meine Lage versetzen kann, bleibt der Gesprächsstoff auch erhalten. Ein sehr positiver Nebeneffekt ist, dass ich dieses Tagebuch schreibe. Ich schicke ihr jede Woche einmal meine Rohfassung und bin daher genötigt, auch wirklich weiterzuschreiben. So erfährt sie sehr genau, was ich hier mache und hat dazu die Möglichkeit, mir Kritik zu dem was ich schreibe zu geben. Persönlich merke ich schon jetzt, dass es mir guttut über diese Inhalte nachzudenken und mir meine Gedanken auch mal von der Seele zu schreiben.

Auch wenn es nicht gerade günstig ist, habe ich mir vorgenommen, ihr ein- oder zweimal am Tag eine SMS zu schreiben. Dann weiß sie, dass alles gut ist und die Zeit zum nächsten Telefonat wird nicht so lang. Wir haben für zwei Feldhäuser und etwa 30 Kameraden nur dieses eine Festnetztelefon im Fernsehraum, daher sind die Telefonate nur selten und zu bestimmten Regeln möglich. Wir telefonieren nicht während der normalen Dienstzeiten und sollte der nächste Kamerad bereits anstehen, so wird das Gespräch noch maximal 15 bis 20 Minuten fortgesetzt und dann ist er dran. Da viele das Internet und den Telefonanbieter im Einsatz nutzen, ist das eine ganz gute Regelung und hat sich als praktikabel herausgestellt. Sicher gibt es ab und zu jemanden, der auf einmal keine Uhr mehr lesen kann, doch das wird hier recht schnell und intern geregelt. Dazu bedarf es natürlich keiner Gewalt oder Ähnlichem. Wir sind hier fast 24 Stunden des Tages aufeinander angewiesen und so trifft man sich eben immer zwei Mal. Es ist aber auch nur die seltene Ausnahme, dass es dabei zu Schwierigkeiten kommt.

Mir hat das Gespräch gutgetan, mich etwas beruhigt. Nichts ist außerhalb der bisherigen Erfahrungen. Viele Kameraden haben in ihren Beziehungen schon viel Stress gehabt. Trennungen sind sehr häufig. Entweder war das Verhältnis in der Beziehung ohnehin nicht besonders stabil oder die Frauen knicken zu Hause unter den Belastungen der Fernbeziehung zusammen und flüchten in die endgültige Trennung. Gerade wenn es um Berufssoldaten und junge Zeitsoldaten geht, ist das Problem dadurch verschärft, dass für die Frauen einfach „das Licht am Horizont" fehlt. Wer kann heute schon vorhersagen wie oft jemand, der noch zehn und mehr Jahre Dienstzeit vor sich hat, in einen Auslandseinsatz muss oder aufgrund irgendwelcher neuen Strukturen in dieser Armee versetzt wird? Der scheinbar einfachste Weg wird dann die Trennung, weil die Partner so auf der einen Seite Verantwortung abgeben und auf der anderen Seite eine neue Chance für sich sehen. Natürlich ist das, wie viele meiner Meinungen, sehr knapp auf den Punkt gebracht und in jedem Einzelfall wesentlich komplexer. Dennoch dreht es sich mehr oder weniger immer um die gleichen Gründe. Auch gibt es die abgebrühte Sorte von Partnern oder Partnerinnen, die dann noch das Maximum aus der Beziehung herausholen wollen und die Wohnung oder das Konto – manchmal auch beides – leerräumen. Auch das findet man in unserer Gesellschaft außerhalb der Bundeswehr, aber hier im Einsatz fällt jedes Schicksal „doppelt“ auf, da wir ständig zusammen sind und jeder Soldat der Nächste sein könnte. Wie heißt es so schön: Garantien gibt dir keiner. Für mich gilt dabei ein wesentlicher Grundsatz: Mache das Beste aus der Zeit, die du hast, und genieße sie, denn keiner weiß, wie lange es anhält!

1998 wurde ich nach recht kurzer Ehe von nicht einmal drei Jahren inklusive Trennungsjahr wieder geschieden. Insgesamt lief die Scheidung auch recht einvernehmlich ab. Damals war ich aber am Boden zerstört, als meine Exfrau mir gestand, dass sie einen Neuen hat. Bereits viele Monate vorher hatte sie die neue Beziehung über das Internet aufgebaut. Kennengelernt hatte ich sie als Maschinenbaumechaniker und getrennt haben wir uns, als ich bereits Zeitsoldat war. Viele Lehrgänge und eine dadurch bedingte Wochenendehe hatten sicher dazu beigetragen, dass sie sich einen neuen Partner gesucht hatte. Bis zu dem Tage als sie es mir sagte, hatte ich ihr hundertprozentig vertraut und hätte es nie von ihr erwartet, dass sie heimlich eine andere Beziehung hat. Etwa zwei Wochen hat es gedauert, bis ich der Meinung war, dass die Hauptschuld mein Beruf sein musste. Das war natürlich nur die halbe Wahrheit. Aber blind vor Schmerz und Enttäuschung wollte ich alles hinschmeißen. Zwar hatte ich einen Vertrag für 12 Jahre abgeschlossen, aber dieser wurde immer nur mit jeweils bestandenen Lehrgängen schrittweise verlängert. Ich stand zu diesem Zeitpunkt bei sechs Jahren und hätte etwas mehr als zwei Jahre übriggehabt. Darüber sprach ich mit meinem Ausbildungsfahrlehrer, einem älteren und recht pfiffigen Kameraden, zu dem auch ein freundschaftliches Verhältnis bestand. Eine neutrale Meinung wollte ich hören, vielleicht auch eine Bestätigung für meine Gedanken. Doch er sagte damals etwas für mich sehr weises: „Wenn du mal Berufssoldat werden solltest, und ich glaube daran, dann wirst du vielleicht mit deinem Beruf, der dir Essen, Kleidung und ein Dach über dem Kopf sichert, länger verheiratet sein als mit einer Frau!“ Das musste nicht so kommen, und war auch etwas allgemein ausgedrückt. Doch es öffnete mir ein wenig die Augen und das reichte schon, um etwas klarer in meinen Gedanken zu werden. Das Leben fließt eben ein wenig wie die Wellen des Meeres. Mal geht es hoch und mal geht es runter, mal stärker und mal schwächer. Die Schwierigkeit besteht allein darin, dass keiner genau sagen kann, an welchem Punkt auf der Welle ich mich gerade befinde.

Mir kam ein günstiger Zufall zur Hilfe und ich surfte schon bald wieder oben auf der Welle mit. Um meine Voraussetzungen für den Fahrlehrerlehrgang zu erfüllen, fehlten mir noch „Buskilometer". Das Objektschutz-Bataillon in Wittmund musste auf Übung nach Lehnin im Osten fahren und brauchte einen Busfahrer. Da ich mit der eigentlichen Übung nichts zu tun haben sollte, fand ich die Idee gut. Als Kraftfahrer hat man bei so einer Übung immer ein paar Vorteile. Jedenfalls lernte ich dort einen anderen Unteroffizier kennen und verstand mich mit ihm auch ganz gut. Er wohnte auch in meinem Wohnort und lud mich ein, mal mit ihm und anderen Bekannten auszugehen. Dadurch, dass ich gerade am Anfang meines Scheidungsstresses stand, wollte er mir was Gutes tun und mich so auf andere Gedanken bringen. Erst wollte ich nicht so recht, kannte ihn nur wenige Tage und so richtig Lust auf Party hatte ich auch nicht. Wobei ich ohnehin nicht der typische Discogänger bin. Dann lieber etwas ruhiger, Essen gehen oder ins Kino. Laute Musik hatte ich oft genug gehört, wenn mein Vater früher betrunken nach Hause kam und das ganze Haus mit seiner Volksmusik und seinem Gebrüll beschallt hat. Noch Jahre später hat mir bestimmte Musik die Tränen in die Augen getrieben und Erinnerungen zurückgeholt. Musik ist wie Fotos, du siehst oder hörst sie und die Bilder kommen zurück. Das kann sehr schön sein, auch solche Erinnerungen habe ich natürlich. Wenn man einmal als fünf oder sechs Jahre alter Junge gegen seinen Bruder kämpfen musste, nur weil der Vater wieder voll war und sich vor seinen Saufkumpels mit seinen tollen Jungs brüsten wollte, dann bleibt so etwas sehr, sehr lange im Gedächtnis gespeichert. Sicher hatten wir versucht nur so zu tun, doch das reizte ihn noch mehr uns Angst vor Schlägen zu machen und uns anzustacheln. Wir hatten uns schon oft gekampelt und auch Kräfte gemessen, aber das war eine andere Liga: Einem Menschen weh zu tun, den man liebt, der eigentlich der Einzige war, der einen verstand und mit dem man schon einiges zusammen ertragen hatte. Schon vor vielen Jahren habe ich ihm diesen ganzen Mist, den er uns angetan und zugemutet hat, verziehen. Er war dumm und hat sich vom Alkohol ma-

nipulieren lassen. Vergessen werden mein Bruder und ich diese Dinge niemals, aber verzeihen muss man irgendwann. Das hat auch nichts mit einer zweiten Chance zu tun, denn die hatte er viele, viele Male gehabt. Nein, heute muss er damit leben. Zu tun haben möchte ich aber auch nichts mehr mit diesem Menschen, der mehr als einmal bewiesen hat, dass wir ihm nichts bedeuten.
Da ich dann doch mit ausgegangen bin, konnte ich meine Frau kennen lernen und so recht schnell, weg von der Scheidung, auf neue Gedanken kommen.

Meine Frau und ich nehmen uns vor, nun täglich zu telefonieren. So sind wir beide immer auf aktuellem Stand. Dienstag früh fahre ich das erste Mal wieder mit raus. Ein neuer Bereich, der vorerst nur vorübergehend genutzt wird, wartet auf mich. Ich frage mich, wie viele der alten bekannten afghanischen Kameraden ich wohl wiedersehen werde und wie es die letzten zwei Jahre vorangegangen ist. Der neue Tag wird es zeigen und so suche ich mir noch einen Film auf meiner Festplatte raus, stelle mir die kalte Cola, welche ich aus dem Kühlschrank im Fernsehraum mitgenommen habe, auf meine Bettablage und lasse den Tag nachdenklich ausklingen.

Es ist wieder eisig kalt beim Durchlaufen des Durchganges, um zu den Waschräumen zu kommen. Nach dem Waschen gehe ich in meinen alten Ablauf über. Meine ID-Karte mit dem etwas ungewohnten Foto, das mich für die nächsten Monate mit einem Vollbart verewigt hat, habe ich gestern noch erfolgreich erhalten. Nun beginnt die Routine, wenn man sie hier überhaupt so nennen kann. Erst packe ich meine Ausrüstung zusammen und dann gehe ich zum Fahrzeug. Nach dem Öffnen der Fahrertür stecke ich den Zündschlüssel ein und starte die Standheizung. Nun kann ich in Ruhe meine Ausrüstung in das Fahrzeug legen und den Fahrauftrag, in dem täglich genau festgehalten wird, wer wohin fährt, ausfüllen. Das ist auch die Zeit, die ich der Standheizung zum Hochfahren gebe. Ziehe ich den Schlüssel zu früh wieder ab, kann es sein, dass sie den Vorgang abbricht. Danach ziehe ich den Zündschlüssel und verschließe das Auto. Ich gehe einen kleinen Umweg über den Fernsehraum, um für unser Funkgerät einen frisch geladenen Akku zu holen und den alten in das Ladegerät zu stecken. Dort befinden sich die Ladestationen der Funkgeräte. So ist immer sichergestellt, dass unser Funkgerät vollgeladen ist. Alternativ könnten wir aber auch noch mit einem fest eingebauten Gerät oder unseren Handy Kontakt aufnehmen. Von hier aus gehe ich zu unserem Leitstand und melde die Fahrt an. Danach habe ich immer noch einige Minuten bis zur Abfahrt, um die Toilette aufzusuchen und in meiner Stube zu schauen, ob ich auch nichts vergessen habe. Ehe ich mich versehe, sitze ich mit meiner Ausrüstung im Fahrzeug und warte auf meinen Oberleutnant und meinen Vorgänger. Ich mag es stressfrei am Morgen und habe es mir angewöhnt, lieber einige Minuten vorzuarbeiten, dafür aber keine oder weniger Fehler zu machen. Das hat sich bewährt und lässt mich die letzten Jahre deutlich entspannter in den eigentlichen Dienst starten.

Zwischen den Durchgängen stehen mehre Kameraden, sie sind heute auch dabei und rauchen noch eine. Dann kommen sie zum Fahrzeug herüber und beginnen, ihre Ausrüstung zu verstauen. Nach einer kurzen Begrüßung der Kameraden, die ich zuvor noch nicht gesehen habe, öffne ich die Türen des *Wolfes*. Mit drei Mann ist es ziemlich eng im Fahrzeug, jeder hat seine Waffen und Gepäck dabei. Und nicht jeder benötigt mit der Weste so wenig Platz wie ich. Als alle sitzen und fertig sind, rolle ich langsam los. Es ist genau dasselbe Fahrzeug, welches ich 2010 frisch aus dem Depot und somit als Neuwagen übernommen habe. Nun hat er mittlerweile fast 15.000 Kilometer auf dem Tacho, sieht dafür aber noch ganz gut aus und klingt auch so. Das schwierige Gelände und der ständige Dreck setzen den Fahrzeugen hier stark zu. Selbst bei guter Pflege verschleißen die Fahrzeuge hier um ein Vielfaches schneller. Auch innen hat sich nicht viel verändert. Jemand hat eine kleine Tasche für verschiedenen Kleinkram an den vorderen Beifahrergriff angebracht. Für das Handfunkgerät eigentlich auch ganz praktisch. Man muss jedoch immer im Hinterkopf behalten, dass Kleinteile bei einer „Ansprengung“ beziehungsweise einem Bombenanschlag zu Geschossen im Innenraum werden können. Der Oberleutnant ist mein Beifahrer und mein Vorgänger sitzt hinten rechts.

Als Fahrer hat man bei den hiesigen Verkehrsverhältnissen genug zu tun, so dass der Oberleutnant das Funken übernimmt. Langsam, mit etwas mehr als Schrittgeschwindigkeit, rollen wir zum Haupttor. Kurz vor dem eigentlichen Ausfahrtbereich müssen wir uns noch einmal ausweisen und Sonderberechtigungen zeigen. Dann geht es wieder über verschiedene Schwellen und im leichten Slalom zur Hauptstraße. Der fließende Verkehr macht es mir nicht leicht, auf die Hauptstraße einzubiegen. Wir brauchen nur wenige Meter, um auf die andere Seite in das Ausbildungsgebiet zu gelangen. Bevor wir dort jedoch einfahren dürfen, müssen wir eine Straßensperre der afghanischen Armee passieren. Auch wenn ich das Gefühl habe, dass sie gar nicht so genau hinsehen, halte ich dennoch meine ID-Karte sichtbar an die Frontscheibe. Ab jetzt wird der Weg, denn Straße kann man das nicht mehr nennen, sehr holprig. Mit den meisten Autos würde man sich hier vermutlich den Unterboden oder das Fahrwerk beschädigen. Da ist so ein hochgesetzter Geländewagen schon äußerst sinnvoll. Auch hier fahre ich langsam und suche mir die flachsten Schlaglöcher, um nicht zu sehr durchgeschüttelt zu werden. Dann geht es zum Glück nur wenige Hundert Meter später nach rechts, in den durch Kanadier gesicherten Zufahrtsbereich, in die afghanische Ausbildungsliegenschaft. Es folgen Schwellen und Gräben, die man aufgrund der Tiefe teilweise nur schräg überfahren kann. Zudem muss ich immer darauf achten, dass ich die passende Geschwindigkeit wähle, sonst könnten wir entweder hart durchschlagen oder an jeder Schwelle hängen bleiben. Wenn ich dann, um die Schwelle zu überwinden, etwas mehr Gas geben muss, wirbeln die Abgase den trockenen Staub auf dem Weg sehr stark auf. Das schafft natürlich keine Freunde, wenn man gerade danebensteht oder herläuft. Zudem bleibt dieser mehlfeine Staub auch sehr lange in der Luft stehen, bevor er wieder wie in Zeitlupe zu Boden sinkt. Kurz danach erreiche ich eine Parkfläche und stelle das Auto ab. Ab hier können wir die Ausrüstung ablegen und werfen sie daher auf den linken hinteren Sitz. Als Alle ausgestiegen sind, schließe ich den Wolf ab und wir laufen durch eine kurze Mauergasse. Damit bewegen wir uns in einen Bereich, der ein Camp im Camp darstellt und den Amerikanern gehört. Wir haben noch nicht gefrühstückt und da es auf dem Weg liegt, nutzen wir ab und zu die Möglichkeit, hier zu Essen.

Der gesamte Bereich ist mit groben Steinen geschottert, eine Maßnahme, die sich als günstige und schnelle Möglichkeit bewährt hat, dem Staub Einhalt zu gebieten. Auch muss man so nicht durch Pfützen laufen. Es ist zwar etwas ungewohnt und hart und spitz zu laufen, aber man gewöhnt sich daran. Bevor wir durch eine letzte Personenschleuse laufen, überprüfen wir noch unsere Waffe an den dafür vorgesehen Schießkisten und stellen so sicher, nicht mit fertig geladenen Waffen in einem gesicherten Bereich herumzulaufen. In der Personenschleuse stehen fünf afghanische Sicherheitsleute in zivil. Sie tragen zwar einheitliche Bekleidung, aber keine gängige Uniform. Hier müssen wir uns erneut ausweisen und ich nutze die Gelegenheit, mein Dari wieder zu schärfen, indem ich sie in ihrer Sprache begrüße. Damit hatte ich mich damals sehr schwergetan, da die Sprache schon einer gewissen Übung bedarf. Doch ich bin der Meinung, dass der Weg zur Akzeptanz nur über ein gewisses Maß an Anpassung geht. Damit habe ich sehr gute Erfahrungen gemacht. Auch wir freuen uns ja, wenn wir zu Hause von Ausländern in unserer Sprache angesprochen werden und man uns damit zeigt, dass man unsere Kultur respektiert. Doch die Soldaten einiger Nationen und auch manche deutschen Kameraden weigern sich, in der Landessprache zu kommunizieren, da sie argumentieren, dass die Afghanen doch etwas von ihnen wollen. Dabei kosten viele dieser kleinen Anpassungen nicht wirklich viel Mühe und Aufwand. Sicher muss ich bereit sein, gewisse Berührungsängste zu überwinden. Die freundschaftlichen Begrüßungen werden hier nun mal mit mehr Körperkontakt durchgeführt als bei uns. Als mich das erste Mal ein afghanischer Offizier an die Hand nahm und mit mir Hand in Hand durch seinen Bereich lief, kam ich mir auch ziemlich seltsam vor. Dennoch ist es einfach nur eine Frage des Verstehens, Akzeptierens und Anpassens. Wenn man dazu nicht bereit ist, sollte man seinen Auftrag hier hinterfragen. Denn wenn ich schon nicht durch die erste Tür hereingelassen werde, wie soll ich dann im Inneren arbeiten? Das ist allerdings auch eine Erfahrung, auf die man nicht wirklich vorbereitet wird. Man kommt hierher und wird von einer Vielzahl an Eigenheiten überrumpelt. Wenn man dann nicht sofort offen damit umgeht, ist man hier schnell bei den Einheimischen unten durch. Mir sind hier in Afghanistan einige Kameraden aufgefallen, denen dies nicht gelungen ist und die so keinen Zugang zu ihren zu begleitenden afghanischen Soldaten gefunden haben. Damit ist der eigentliche Auftrag, gemeinsam mit den afghanischen Soldaten etwas zu entwickeln und sie zu unterstützen, so gut wie zum Scheitern verurteilt. Wenn man nicht voll akzeptiert wird, werden sie die Vorschläge und damit die Zusammenarbeit nicht ernsthaft betreiben. Und was kann frustrierender sein, als hier nach einem Jahr wieder zu gehen und keine Erfolge zu sehen?

Wir laufen den schmalen Gang nach der Personenschleuse bis an sein Ende und stehen schon fast vor der amerikanischen Truppenküche. Der Eingang liegt in einem U-förmigen Innenhof, in dem die Flaggen der anwesenden Nationen wehen. In der Mitte sind durch kleine Zäune abgetrennte Flächen angelegt. Vermutlich werden sie im Frühjahr begrünt, um hier etwas Farbe in das Grau und Braun der Gebäude und Zelte zu bekommen. Zielstrebig läuft mein Oberleutnant zur Doppeleingangstür und tritt mit uns in den Vorraum ein. Alles wirkt stark verbraucht und abgenutzt, als hätte das alles nie so lange halten sollen, wie es das jetzt schon muss. Wir waschen uns die Hände und gehen durch die nächste Tür an einen Tresen. Dort liegen die Listen der verschiedenen Nationen, welche sich hier für die Teilnahme an den Mahlzeiten eintragen müssen. Es ist keine große Truppenküche und schon oft hatte ich im letzten Einsatz hier gegessen. Meine deutschen Kameraden, die oft hier essen, meinen, dass es ihnen auch langsam über ist, was die Amerikaner so anbieten. Tatsache für mich ist jedoch, dass man hier nicht immer nur Hamburger essen muss. Die Auswahl an Salaten, Obst und auch Fleischgerichten, dazu eine Vielzahl an Softdrinks und Müslibechern, sollten für jeden etwas bieten. Immer stehen Kuchen oder andere leckere Dinge zur Verfügung und kleine Rationen dürfen sogar mitgenommen werden. Das ist in Zubereitung und Qualität Welten von der Küche in unserem Camp entfernt. Für mich macht es einen großen Unterschied, ob ich gutes Essen bekomme oder nicht. Die Laune und Motivation lassen sich damit eindeutig beeinflussen. Das haben die Amerikaner in meinen Augen auch verstanden. Dass dies mit entsprechenden Kosten verbunden ist, sollte klar sein. Doch wer Taxi fahren möchte und das nicht in einem Eselskarren, der muss eben auch bereit sein, die Kosten dafür zu tragen. Oder wie sagte erst kürzlich ein Stabsoffizier zu mir und meinen Kameraden: „Wir sind nicht hier, um Geld zu sparen, denn unser Auftrag hat nun mal seinen Preis!“ Darüber ließe sich im Detail sicher reden, aber im Kern hat er recht. Wenn mir hier ein Kind auf dem Weg zu den Afghanen einen Stein in die Scheibe schmeißt, kostet das mal eben mehrere tausend Euro. Das ist ärgerlich, aber eben Teil des Preises.

An der Ausgabe angekommen, nehme ich mir ein Einwegtablett und Einwegbesteck und beginne musternd die Auslage zu prüfen. Aus der Menge der Angebote nehme ich mir zunächst nur eine Art Waffel heraus und gieße etwas heiße Soße mit Erdbeeren darüber. Dann bestelle ich mir an einem Herd, hinter dem ein „Lokal“ steht, zwei frische Spiegeleier. Das leuchten in meinen Augen muss wie damals im Intershop, dem Westwarenshop der DDR, gewesen sein. Mein Bruder und ich hatten uns etwas „Westersatzgeld“ ergaunert und sind dann in diesen Shop gegangen. Allein der tolle Geruch hatte uns magnetisch angezogen und wir konnten gar nicht genug davon bekommen. Diese vielen bunten Artikel hatten unsere Blicke gefesselt. Wir hatten nur wenig von dem Geld und es reichte gerade für eine Tüte „Speckis“ und eine Tüte Chips. Unerreichbar schienen diese Waren damals für uns. Für eine kurze Zeit fühlten wir uns dann wie im Paradies und waren doch mit so wenig so erstaunlich glücklich zu machen.

Hinter mir zwischen den Sitzreihen ist eine weitere Auslage aufgebaut. Hier gibt es eine riesige Obstauswahl. Ich lege mir frische Erdbeeren, Weintrauben, Melonenstücke und Ananas in eine Einwegschale auf mein Tablett. Hinter mir steht noch ein Behälter, in dem Suppe ist. Heiße Suppe am Morgen? Suppe geht immer und so hole ich mir auch davon etwas. Mit prüfendem Blick fahre ich über meine Auswahl, jetzt ist nur noch Platz für die Spiegeleier und dann reicht es auch erstmal. Wegwerfen ist nicht so mein Ding; ich habe mich schon oft „überfressen“, nur weil ich zu viel aufgeladen hatte. Kleine erzieherische Eigenmaßnahme – lieber nachholen als wegwerfen. Der Mann am Herd hat meine Eier fertig, zwar beidseitig durchgebraten, aber ok. Sie dürfen hier keine, teilweise flüssigen Eier ausgeben. Das Gesundheitsrisiko ist zu hoch. Trotzdem sind sie lecker. Mein Oberleutnant sitzt mittlerweile auf seinem Stammplatz, er ist nun auch schon wieder fast vier Monate hier und wird Ende März wieder nach Hause fliegen. Also folge ich ihm und wir setzen uns zu dritt gegenüber dem TV an einen Vierertisch. Vorsichtig stelle ich die Suppe vom Tablett, ordne meinen Bereich etwas symmetrisch, ziehe das Einwegbesteck aus dem Gummizug meines Beinholsters und reiße die Folie ab. Da die Spiegeleier am schnellsten auskühlen, würze ich sie zügig mit Salz und Pfeffer. Nach vier Tagen wieder leckeres Essen. Kaum zu glauben, wie schnell man das vermisst, wenn man es nicht mehr hat. Danach ist die Suppe dran und während des Essens gehen wir schon einmal den Ablauf des Vormittages durch. Der für mich wichtigste Teil ist heute die Begrüßung meiner afghanischen Freunde, welche mich von damals kennen, und so schnell wie möglich einen Überblick über die vollzogenen Veränderungen zu bekommen. Die Suppe ist sehr heiß und sehr scharf, aber genau mein Ding!

Nach dem Frühstück suche ich noch einmal vorsichtshalber die amerikanischen Toiletten auf, da ich die nächsten Stunden nur auf die afghanische Variante gehen könnte. Da der Frost aber zurzeit die unisolierten Wasserzuleitungen der afghanischen Toiletten etwas einschränkt, muss ein Besuch dort nicht unbedingt sein. Ich gehe in einen der drei WC-Container. Hier kann man im hinteren Teil duschen und im vorderen Teil eine der drei Boxen aufsuchen. Alles hier wirkt absolut verlebt und viel zu eng. Die Wasserhähne glänzen bronzen, weil das Chrom abgegriffen ist. Die Türen der Toilettenboxen hängen sichtlich ausgeleiert in den Scharnieren und lassen sich nur noch mit viel Gefühl von innen schließen. Ansonsten wirkt es zumindest sauber. Die Box ist sehr klein und dass Aus -und Anziehen wird zu einer akrobatischen Übung. Da ich den langen Kälteschutz, der wie ein Strampelanzug aufgebaut ist, anhabe, ist die Angelegenheit alles andere als entspannend. Diesen Kompromiss muss ich aber eingehen, wenn ich später nicht frieren möchte. Gefühlt dauert diese Prozedur doppelt so lange wie das eigentliche Geschäft. Die Wände sind von innen beschrieben und teilweise mit dem Messer beschädigt. Ein großer Lüfter in der Außenwand dröhnt mit leicht pfeifenden Geräuschen vor sich hin. Es ist sehr kalt hier drinnen und das amerikanische Toilettenpapier bringt mich aus meiner gewohnten Falttechnik. Es ist so dünn, dass man gar nicht weiß, wie viel man eigentlich abrollen soll damit alles glattgeht. Trotz aller Kritik ist mir diese Variante aber dann doch lieber als die anderen Optionen. Mit schnellen Schritten verlasse ich wieder den Container in der Hoffnung, dass die anderen beiden nun auch schon draußen sind. Ich vermute sie in der Raucherecke, da der Oberleutnant Raucher ist. Doch unter dem Holzverschlag, der einem Carport mit Spitzdach ähnelt, stehen sie noch nicht. Zurück kann ich nicht mehr, jedenfalls nicht ohne Umstände. Die Ausgangstür, durch welche ich die Küche verlassen hatte, war eine Einwegtür und vorne durch wäre einmal ein Umweg und zweitens nur unter Erklärungen beim Mann hinter dem Tresen möglich. Ihm müsste ich erklären, dass ich schon gegessen habe und nur durch den Bereich durchlaufen möchte. Ich bleibe also einfach draußen, denn allzu lange kann es ja nicht mehr dauern. Die verbleibende Zeit nutze ich, um mir die Auslagen in einem kleinen Shop, welcher recht nah an der Küche steht, anzuschauen. Es ist ein kleiner afghanischer Shop, in dem alte Fundstücke aus den verschiedenen Kriegen angepriesen werden. Sogar ein abgenutztes Feldessbesteck der Deutschen liegt dort aus. Was es nicht gibt, kann man bestellen. Jedoch habe ich die Erfahrung gemacht, dass in den amerikanischen Camps die höchsten Preise verlangt werden. Vielleicht können die Amerikaner nicht feilschen oder die Afghanen wollen sie ein wenig mehr ausnehmen, wer weiß. Wenn ich etwas benötige, bekommen die Sprachmittler den Auftrag, denn sie können in der Stadt zu fairen Preisen einkaufen und verdienen in der Regel nichts daran.

Die anderen kommen endlich raus und gemeinsam gehen wir den Weg vorbei an der Schleuse zurück zum Auto. Wir fahren nun einmal komplett durch dieses große Camp, um auf der anderen Seite durch eine weitere Ausfahrt in den Geländebereich zu gelangen. Ab hier kann man vielen Hundert einheimischen Soldaten bei den verschiedensten Ausbildungen zusehen. Wir nennen sie Ameisenkolonien. Man sieht irgendwann nur noch diese vielen aneinandergereihten Helme und Waffen. Neben der Straße, die in gutem Zustand ist, sind Trainingsanlagen ähnlich unseren Hindernisbahnen (Parcours) aufgebaut. In einiger Entfernung und etwas höher gelegen kann ich schon den Bereich erkennen, in den wir fahren werden. Wir sind nun von kleineren und größeren Bergkuppen umgeben. In etwa drei Kilometern Entfernung ragen die ersten Gebirgszüge auf, die zwar noch nicht sehr hoch, aber für Fahrzeuge schon zu steil sind. Wir biegen noch einmal nach rechts ab und folgen dem Asphalt mit einer Linkskurve. Immer wieder laufen einzelne Soldaten auf der Straße und es stehen Fahrzeuge im Weg. Man bekommt das Gefühl, man wäre unsichtbar. Mit aller Ruhe werden Unterhaltungen mitten auf der Fahrbahn abgehalten, als warte man provokant auf ein ermahnendes Hupen. Auch ein

Stück Kultur dieses Landes. Damit habe ich gelernt umzugehen, wogegen manche meiner Kameraden sich bis zum letzten Tag darüber aufregen können. Wenn ich in Italien oder anderswo Urlaub mache, muss ich auch damit leben, wie die Menschen dort fahren und sich verhalten. Hier muss man lernen in anderen Geschwindigkeiten zu denken. Das stets beschäftigte Treiben aus Deutschland, im ständigen Ringen um mehr Effektivität, interessiert hier niemanden. Heute weiß ich, dass kleine Schritte viel wertvoller sind als kurzfristige vorzeigbare Erfolge. Diese dienen oftmals auch nur der Profilierung des Mentors selbst, doch nachhaltig sind dies Schritte häufig nicht. Oft genug habe ich in Deutschland von Kameraden gehört, was sie hier alles verändert haben wollen. Dann kommt man hierhin und alles wirkt wie vor zehn Jahren. Nur was die Menschen hier einsehen und auch verändern wollen, wird Bestand haben. Schlimm genug, dass lange Zeit jede Nation ihr eigenes Süppchen gekocht hat und damit für viel Unmut gesorgt hat. Wenn mir jedes Jahr ein neuer Lehrer in der Schule vorgesetzt würde und jeder von ihnen nach seinen Erfahrungen und Systemen lehrte, irgendwann ginge mir auch die Lust an den ständigen Veränderungen aus.

Wir fahren nach links vor das Haupttor. Es besteht nur aus Drahtgeflechten in Metallrahmen und soll lediglich den Bereich eingrenzen und etwas Schutz suggerieren. Ein Soldat tritt heraus, in der Hand einen selbst gebauten Spiegel an einer Metallstange. Damit beginnt er, nach einem prüfenden Blick ins Innere das Fahrzeug „abzuspiegeln“. Damit möchte man ausschließen, dass an den Fahrzeugen Sprengsätze befestigt wurden. Über die Gründlichkeit so einer Prüfung kann sicherlich gestritten werden. Über solche Bedrohungsmöglichkeiten mache ich mir wenig Gedanken. Wenn das Schicksal es so will, kann es heute oder morgen, hier oder zu Hause sein, dass mir etwas passiert. Außer die Vorsicht nicht durch Routine zu vernachlässigen kann man viele Faktoren einfach nicht beeinflussen. Wir sind jedoch mit einem Fahrzeug und in der Regel zwei Mann Besatzung nicht wirklich ein lohnendes Ziel. Wer hier zu ängstlich ist oder sich in eine Angst hineinsteigert, der kann so lange Stehzeiten einfach nicht unbeschadet überstehen. Aber was heißt schon unbeschadet?

2010 bin ich einmal so verpeilt gewesen, dass ich plötzlich am Highway 7 stand und auf der anderen Straßenseite merkte, dass ich außer meiner P8 nichts am Mann hatte. Ursprünglich sollte ich einen Bautrupp am afghanischen Haupttor abholen. Da ich dafür den Bereich eigentlich gar nicht hätte verlassen müssen, bin ich ohne mein Gewehr und Weste aus dem Auto gestiegen. Doch in der wilden Diskussion ohne Sprachmittler stellte sich heraus, dass der Bautrupp am Parkplatz des nahegelegenen H7 stand und nur in Begleitung durch das Gate kommen würde. Also bin ich im Übereifer einfach durch das Gate die wenigen Hundert Meter und sprintend über den Highway zum Parkplatz, habe sie freundlich auf Dari begrüßt und dann mit Ihren Fahrzeugen und Ausrüstungen zum Gate die Zufahrt hochgeschickt. Nachdem der Parkplatz dann wieder leer war, stand ich wartend auf der anderen Straßenseite und konnte nicht zurück, da der Verkehr einfach zu dicht und zu schnell lief. Und genau dieser Moment hat sich tief in meinem Hirn festgebrannt. Der Moment, als ich wartend zur „Ruhe“ kam und mich plötzlich irgendwie nackt und schutzlos fühlte. Der Moment, in dem du begreifst, dass der nächste Lieferwagen deiner sein könnte. Eine schnelle Trophäe für subversive Kräfte. Das war ziemlich zum Ende des letzten Einsatzes und hatte mir schlagartig gezeigt, befeuert vom Adrenalin, wie schnell Routine auch gefährlich werden kann.

Das Tor öffnet sich und wir fahren langsam über einen großen geschotterten Platz. Überall stehen Fahrzeuge der verschiedensten Ausführungen. Mit ganz wenigen Ausnahmen handelt es sich dabei um amerikanische Militärfahrzeuge. Nur wenige Meter vor uns steht ein Kranfahrzeug. Ein alter Mercedes-LKW, den ich im letzten Einsatz mit zwei Kameraden unter hohem Aufwand umgebaut habe. Er sollte als Übungsobjekt für die Kranausbildung dienen. Wochenlang hatten wir zusammen oder abwechselnd daran geschweißt, gehämmert und geschraubt. Mit großer Motivation gereinigt und neu gestrichen. Alles funktionierte, denn auch die undichte Hydraulik hatten wir mit Ersatzteilen von zu Hause wieder hinbekommen. Doch beim Probelauf stellte sich die Idee unseres Chefs, das Fahrzeug auch in der Länge zu kürzen, die Ladefläche bis auf den Rahmen herunterzureißen und die inneren Zwillingsreifen wegzulassen, als nicht zu Ende gedacht heraus. Wir schwenkten den Kranarm nach vorne über das Führerhaus und das ganze Fahrzeug begann nach vorne zu kippen. Selbst mit Stützen konnte man nun nicht mehr mit Lasten arbeiten. Für weitere

Verbesserungsmaßnahmen fehlte uns aber die nötige Zeit und die Nachfolger sahen weder den Sinn noch die Lust, das Projekt zu Ende zu bringen. Vielleicht war es auch nur der Versuch unseres Chefs gewesen, etwas Bleibendes zu schaffen. Etwas, dass man auf Bildern später wiedersehen würde. Ohne die Frage nach dem Sinn beantworten zu können: Es war eine gute Zeit, in der wir daran gemeinsam gearbeitet hatten. Es hatte die lange Einsatzzeit mit Leben gefüllt, unser Dreierteam zusammengeschweißt und auch etwas stolz gemacht. Heute weiß ich, wir haben es für uns und nicht für die Afghanen gebaut. Da steht es nun, laut Aussage des Oberleutnants seit Monaten sinnlos und ungenutzt, auf der Abstellfläche.

Wir biegen nach rechts ab und kommen neben einem Volleyballplatz zum Stehen. Direkt daran schließt ein großes Zelt an, welches normalerweise bis zu 20 afghanische Soldaten beherbergt und die Nummer eins trägt. Daran folgen ordentlich aufgereiht weitere Zelte mit den fortlaufenden Nummern. Zwischen den Zelten ist jeweils etwas Platz für die gespannten Seile, welche die Zeltwände fixieren, und kleine deutsche Heizgeräte. Die Zu- und Abluftschläuche liegen an den Zeltwänden bis zu den Öffnungen in das Zelt. Hinter der Zeltreihe verläuft schon der nächste Zaun und trennt diesen Bereich von der in der Entstehung befindlichen neuen Kasernenanlage. Dort waren wir damals untergebracht. Mit viel Mühe hatte ich mit einem niederländischen Unteroffizier namens Pim und einem belgischen Stabsfeldwebel namens Jan die wenigen Gebäude und Unterrichtsräume hergerichtet. Bei brennender Hitze hatten wir Stromkabel verlegt, um die Unterrichtsräume mit Computern auszustatten. Teilweise die Kabel vergraben, um sie vor Diebstahl zu schützen und viele Schautafeln auf DIN A0 Papier erstellt. Tagelang hatte ich in meiner Stube auf Knien gesessen und aus Besenstielen und Panzer-Tape diese Schautafeln zusammengeklebt. Auf ihnen waren die wichtigsten technischen Baugruppen und Bauteile für eine Technikausbildung dargestellt.

Aber der Blick auf das alte Gelände zeigt ein reges Treiben. Es wurde alles dem Erdboden gleichgemacht und die Bauarbeiten für eine neue Anlage sind voll im Gange. Schon im April sollen die ersten Teile der afghanischen Logistikschule hier einziehen. Kaum zu glauben, wenn man den momentanen Fortschritt der Arbeiten sieht. Mit etwas Wehmut lasse ich die vergangenen Bilder an mir vorbeiziehen und sehe den Niederländer, den Belgier und mich, als wäre es gestern gewesen. Oft konnte ich mir das von anderen Kameraden anhören. „Warum machst du das für die? Ein deutscher Hauptfeldwebel muss nicht für afghanische Soldaten arbeiten!“. Mag sein, aber es hat mir einen Sinn gegeben! Denn wenn auch nur in der Zeit, als das Gebäude noch stand, eine gute Ausbildung gemacht wurde, dann fahren nun ein paar afghanische Soldaten mehr herum, die wissen was sie tun. Natürlich werde ich als Hauptfeldwebel damit nicht Afghanistan aufgebaut haben, aber irgendwo hat es und wenn auch nur einen winzigen Sinn gehabt und „Spuren“ hinterlassen.

Mein Vorgänger ruft mich zurück, die Soldaten und Sprachmittler sind eingetroffen. Mein alter Freund Amin fällt mir sofort ins Auge. Kein bisschen hat er sich verändert, läuft immer noch in seinem cremefarbenen Kaftan und den schwarzen Halbschuhen herum. Auch seine gefütterte schwarze Winterjacke hat er noch an. Seinen kleinen Hut auf dem Hinterkopf und den weißen Bart streichelnd, lacht er zu mir herüber. Mit den Worten: „Hallo Herr Enrico“, gibt er mir seine Hand und wir begrüßen uns so, wie es sich gehört. Wir legen unsere rechten Wangen aneinander und drücken uns einmal etwas länger und kräftig. Nie hätte ich gedacht, dass ich ihn wiedersehe. Ich bin froh, dass er noch lebt! Der zweite Sprachmittler, Enaijatulla, der damals mit mir zusammengearbeitet hatte, war letztes Jahr verstorben. Kein kluger und auch kein fleißiger Mann, aber er hatte ein gutes Wesen und war nur 45 Jahre alt geworden. Keine Seltenheit, in solch relativ jungem Alter hier in Kabul zu sterben. Die Lebensbedingungen sind eben nicht optimal für ein hohes Alter. Amin ist ein kluger und vor allem weiser Mann. Er hat mich viel über das Land und die Kultur gelehrt. Mir geholfen, vieles besser zu verstehen und immer loyal gewesen. Leider hat sich der Oberleutnant, welcher auch nicht der beste im Englischen ist, ihn als Sprachmittler genommen. Für mich ist Avabi, ein sehr junger, aber kluger und motivierter Mann gekommen. Er übersetzt jedoch zwischen Englisch und Dari. Das heißt für mich, dass einige sprachliche Herausforderungen aber auch Chancen auf mich zukommen. Auch ihn begrüße ich herzlich. Er wirkt etwas nervös und versucht sichtbar zuvorkommend zu sein. Sicher hat er auch ein wenig Bedenken wegen mir. Er hat von den anderen viel über mich gehört. Und schon oft hat meine äußere Ausstrahlung einen „falschen Eindruck“ hinterlassen. Streng und distanziert bringt es das wohl annähernd auf den Punkt.

Es ist grundsätzlich ein gutes Zeichen, wenn man hier im Gespräch geblieben ist, aber es sollte dann eben auch positiv sein. Wenn ich den Worten von Amin glauben darf, haben sie oft und gut über mich gesprochen. Haben also nicht vergessen, wie viel Schweiß ich hiergelassen habe. Ein wenig Bestätigung für meine Ansichten und Motivation, mir weitere Ziele zu stecken. Der Inspektionschef, ein etwa 45-jähriger Oberst war mir nur vom Sehen und Hören bekannt. Er hatte mit dem Vorgänger einfach den Dienstposten getauscht. Auch die Hörsaal-Leiter sind mir neu. Nur wenige Fahrlehrer sind noch aus der alten Crew da. Viele sind aus der Armee ausgetreten und wenige hatten den Sprung in die Offizierslaufbahn geschafft. Sie sind nach Hörensagen mittlerweile alle mindestens Hauptmann. Bei uns undenkbar, innerhalb von etwas weniger als zwei Jahren vom Oberfeldwebel zum Hauptmann aufzusteigen. Die Krönung dessen ist der ehemalige Lager-Unteroffizier, er war in der alten afghanischen Armee noch Oberst gewesen, dann mit der Übernahme in die neue Arme zum Hauptfeldwebel abgestuft worden und nun wieder Oberst. Das könnte man moderne Attraktivität des Dienstes in den Streitkräften nennen. Wenn ich bedenke, dass ich im günstigsten Fall meinen jetzigen Dienstgrad mindestens etwa 14 Jahre tragen muss, um das nächste Mal befördert zu werden...

Nach und nach werden alle, die bei uns herumstehen, begrüßt. Wen man noch nicht kennt, dem gibt man locker die Hand und legt dabei die linke Handfläche vor die Brust. Ein Zeichen der Herzlichkeit. Danach streife ich mit meinem Vorgänger einmal grob durch den Bereich, um einen Überblick zu bekommen. Er ist sehr überschaubar und nur wenige tausend Quadratmeter groß. In den beiden gegenüberliegenden Seiten stehen etwa vier Meter hohe Wachtürme. Entlang der Zaunflächen stehen abgestellte Fahrzeuge, die nach Modellen sortiert sind. Das hat etwas Ordentliches, auch wenn es nicht in deutscher Gründlichkeit endet. Nach dieser kleinen Lagereinweisung gehen wir mit kurzen Blicken durch die Unterrichtszelte. Sie sind nach Art der Ausbildung unterteilt. Für mich hat der Bereich der Motorrad- und Spezialfahrzeugausbildung einen besonderen Stellenwert. Das steckte damals noch in den Kinderschuhen und soll in den nächsten Monaten vertieft und weiter verbessert werden. Da ich selbst gerne Motorrad fahre und ich auch ganz gerne an ihnen herumschraube, bleibe ich im hinteren, abgetrennten Teil des Motorradzeltes stehen. An der rechten Seite hinter dem Eingang stehen ordentlich einige Maschinen aneinandergereiht. Auf den ersten Blick sehen sie ganz gut aus, nicht neu aber in brauchbarem Zustand. Bei genauerem Hinsehen jedoch entdecke ich abgebrochene Brems- und Kupplungshebel. Kickstarter scheinen verbogen und Handschutz gibt es nur noch an zwei Motorrädern. Schutzausrüstung gibt es augenscheinlich auch nur zu Darstellungszwecken. In meinem Wolf liegt noch ein Motorradhelm, den ich von meinem Vorgänger übernehme. Später, wenn in etwa sieben Wochen der neue Motorradlehrgang beginnt, möchte ich mich aktiv an der Ausbildung beteiligen.

Nachdem wir einmal grob den Überblick haben und ich noch eine Kurzeinweisung in die Starttechnik der Heizgeräte erhalten habe, gehen wir in das erste Zelt. Es ist das Führungszelt, in dem der Inspektionschef Rabur und meistens seine Offiziere anzutreffen sind. Nachdem ich durch einen Vorhang, der die Tür sein soll, gehe, vernehme ich als Erstes laute arabische Musik. Sie dröhnt mit unscharfem Bild und grellem Ton aus dem Röhrenfernseher, der gleich rechts neben dem Eingang in der Ecke steht. Am Ende, also auf der gegenüberliegenden Seite, steht der dunkelbraune Schreibtisch von Rabur. An den Seiten ist schon an vielen Stellen das Furnier des ansonsten sehr massiv wirkenden Tisches abgeblättert. Ein kleines afghanisches Fähnchen und wenige Bilder schmücken den vorderen Rand dieses Tisches. Er liegt voll mit Dokumenten und gibt daher einen arbeitsintensiven Eindruck ab. Dahinter steht ein großer und gemütlich wirkender Bürostuhl. Der könnte bei uns zu Hause auch als Sessel durchgehen. Im Hintergrund an der Zeltwand hängen laminierte Befehle und Dienstpläne. Der Raum ist durch eine mannshohe Wand getrennt. Sie steht direkt links vom Eingang und dahinter befindet sich Raum für ein Bett und eine kleine Teeküche. Auch diese Wand ist mit vielen Übersichten und Plänen beklebt – fast so als nehme man diese, um Tapete zu ersetzen. Viele Bilder, die ich schon 2010 erstellt und mitgebracht hatte, finden hier einen Platz. Auch eine lange afghanische Fahne in laminierter Folie hängt noch so, wie ich sie erstellt hatte. Das freut mich natürlich auf der einen Seite, da noch vieles da zu sein scheint.

Andererseits sind auch viele Bilder, auf denen ich sogar noch mit meinem damaligen Vorgänger zu sehen bin, einfach nicht mehr aktuell. Das bestätigt meine Vermutung vom Tapetenersatz. Denn wenn der Inhalt der Bilder und Übersichten eine Bedeutung haben soll, dann muss er aktualisiert werden. Schließlich soll das Ganze auch dazu dienen, Fremden oder Besuchern einen Überblick des Bereiches und der Ausbildung zu verschaffen. An dieser Wand stehen eine kleine Doppelbank, wie ich sie in Masar im Wartebereich der Flugabfertigung schon gesehen hatte und zwei einzelne Stühle derselben Form. Davor ein kleiner selbst gebauter Tisch, der aus einem Metallgestell und einer Plexiglasplatte besteht. Über die Platte ist eine Art Küchentischdecke gespannt. Es könnte aber auch eine Folie mit blauem Blumenaufdruck sein. Die Mitte des Raumes wird von zwei dicken, rostigen Stahlrohren durchzogen, welche die Zeltspitze abstützen. Rechts vor dem Fernseher steht ebenfalls eine kleine Sitzgruppe. So haben insgesamt zehn Mann in diesem Bereich Platz. Das kann im Sommer noch interessant werden, wenn es sehr heiß hier drinnen wird. An den Stützen hängen große Neonlampen, wie man sie aus Werkstätten kennt, und sind mit einem Stromkabel, welches an der Decke verlegt ist, verbunden. Die Lampen, Zeltwände und andere Kleinigkeiten sind hier überwiegend mit Kabelbindern befestigt. Es sieht sehr ordentlich aus und sehr warm ist es auch.

Mein Oberleutnant stellt mich Rabur und weiteren Offizieren im Zelt vor. Rabur ist etwa 45 und wirkt durch seinen neutralen Gesichtsausdruck und das narbige Gesicht etwas streng. Sein Blick trifft selten die Augen der anderen Anwesenden und fällt immer wieder recht schnell hinab auf seinen Dokumentenberg. Er setzt sich wieder und ich schaue danach, wo ich am besten Platz nehmen kann. Das könnte sonst schon der erste unhöfliche Akt sein, wenn ich jemandem den Platz wegnehme. Ich setze mich zum Oberleutnant auf die Zweierbank an der Fernsehseite und höre erst mal nur zu. Die Zeit brauche ich auch, um die Gesichter zu lesen und das Verhalten der Anwesenden zu studieren. Selbst bei meinem Vorgänger, den ich eigentlich aus Deutschland kenne, lasse ich das nicht aus. Umgebungen und Einflüsse verändern die Menschen. Also schaue ich in Ruhe, welche Besonderheiten mir auffallen. Speziell er scheint sich hier sichtbar wohlzufühlen. Zwar hat er mir schon gesagt, dass er sich sehr schwer mit dem Abschied tun wird, man sieht das dann allerdings erst, wenn es soweit ist. Es ist das vorletzte Mal, dass er mit rauskommt. Morgen wollen wir seinen Abschied hier feiern und dann ist er nur noch im Camp mit der Übergabe und seiner Ausschleusung, also der Abgabe von Material und der Erledigung von administrativen Dingen beschäftigt. Immer wieder wundert er sich darüber, wie schnell die knapp sieben Monate für ihn vergangen sind. Das kann ich aus eigener Erfahrung nur bestätigen: Die ständige Beschäftigung und natürlich die damit verbundene Ablenkung lassen die Uhren für uns Deutsche hier gefühlt schneller laufen – und dies trotz der Tatsache oder gerade deswegen, da hier alles viel langsamer als in Deutschland vonstattengeht.

Wenn ich damals hier in hektischen Arbeitsabläufen war, habe ich ab und zu den Spruch „Adjala Karre Sheitan Ast“ (so klang es zumindest für mich von der Aussprache her) von den Afghanen gehört. Vielleicht habe ich ihn mir aber auch etwas verdreht gemerkt. Er heißt so viel wie „Eile mit Weile“. Eile ist nach der Ansicht der Einheimischen eine Eigenschaft des Teufels. Danach wurde mir einiges klar. Nur kam ich mir komisch vor, denn Tatendrang als teuflisch darzustellen, passte irgendwie nicht in meine Logik. Dazu habe ich von meinem neuen Fachvorgesetzten auch schon einige mahnende Worte bekommen. Er wünscht sich, dass wir wirklich nur noch beratend unterstützen und aufhören, alles Mögliche für die Soldaten zu machen. Recht hat er im Grundsatz ja, aber so ganz einfach ist diese Einstellung auch nicht. Wenn die Soldaten keine wirkliche Hilfe sehen, könnten sie unseren Sinn und Anwesenheit hier in Frage stellen. Dann sind der Respekt und die Zusammenarbeit schnell in Gefahr. Ich werde versuchen, das Ganze mit dem nötigen Fingerspitzengefühl anzugehen. Versuchen, beiden Seiten gerecht zu werden.

Nur kurz hänge ich mich mal in die Gespräche mit hinein und auch meinen neuen Sprachmittler Avabi beachte ich noch nicht besonders. Dann wird uns von einem Feldwebel, der in der kleinen Küche angefangen hatte, etwas vorzubereiten, Tee in kleinen Teetassen gereicht. Der Oberleutnant lehnt ab und mein Vorgänger sowie ich selbst nehmen dankend an. Das Problem für die meisten Deutschen bleibt einfach die Hygiene. Sicher ist mein Glas nicht sauber als käme es gerade aus einer Spülmaschine. Der Tee ist aber kochend heiß und den Henkel der Tasse drehe ich seit Jahren nach links. Da auch hier die meisten Rechtshänder sind, trinke ich so von der gegenüberliegenden Seite, die nicht von der Masse benutzt wird. Sogar Zucker bekomme ich gereicht. Nicht üblich, da die meisten den Tee so trinken. Er schmeckt mir auch wirklich gut, nur ohne Zucker etwas streng. Dafür ziehe ich aus meiner rechten Beintasche, in der ein kleines Fach für das Taschenmesser ist, einen Teelöffel. Er begleitet mich seit meinem ersten Einsatz, als ich mich einer Tradition der Heeresflieger anschloss. Dort ist es üblich, ständig einen kleinen Löffel während des Einsatzes am Mann zu tragen. Meistens oben am linken Arm in den kleinen Kugelschreibertaschen. Doch das wird von Nicht-Heeresfliegern nicht gerne gesehen und verstanden. Daher ist meiner seit Jahren in der Messertasche im Hosenbein. Der Grund für diesen Löffel findet seinen Ursprung in leichtem und ein wenig komischem Aberglauben der Piloten auf dem Transporthubschraubern und der damit verbundenen Ironie. Er besagt, dass, wenn du einmal deinen „Löffel abgeben musst“, du besser den kleinen Löffel aus deiner Uniform nimmst. Vielleicht bringt es ja was....

Mit dem Löffel rühre ich langsam in meinem Teeglas herum und schaue dabei nachdenklich den kreisenden Teekräutern zu. Viele Gedanken durchkreisen meinen Kopf. Was erwartet mich nun, bis wohin sind die Soldaten hier gekommen und welche Unterstützung benötigen sie noch? Ich rede mit Amin und den verbliebenen Soldaten über die „alten Zeiten“ und die Mentoren, die schon einmal hier waren. Es sind immer dieselben Namen, die dann genannt werden und dabei bleiben eben nur diejenigen haften, die entweder sehr positiv oder negativ aufgefallen sind. Fast alle sind mir persönlich bekannt und ich muss mich zurückhalten, um nicht parteiisch zu werden. Dabei stoßen mir diejenigen Mentoren sauer auf, die hier so gut wie nichts getan und irgendwie nur die Tage „weggestrichen“ haben. Die teilweise sogar die eigene Unfähigkeit, sich hier zu integrieren und dadurch Dinge vorwärtszubringen, auf den Unwillen der afghanischen Soldaten geschoben haben. Sicher sind nicht alle Afghanen hoch motiviert. Wenn sie aber einen Sinn erkennen und ihr Gegenüber schätzen, dann wollen sie sich auch verbessern. Da ist es dann nur schade um die verschenkte Zeit.

Kurz vor der Mittagspause kommen viele Fahrzeuge von der praktischen Ausbildung aus dem Gelände zurück. Dort wird nur in abgesperrten Bereichen und „Offroad“ gefahren. Dadurch sehen die Fahrschüler zwar nur wenige Verkehrszeichen, aber die gibt es in der Stadt auch nur vereinzelt. Da wir in einem relativ gut gesicherten Bereich sind, muss man sich während der Ausbildung nicht so viele Gedanken über die Bedrohungslage machen, auch wenn es hin und wieder terroristischen Kräften gelingt, in diese Bereiche einzudringen. Die Fahrschüler fahren nach einem erkennbaren System auf und beginnen die Fahrzeuge zu parken. Einige Fahrlehrer sitzen schon von den Fahrzeugen ab und laufen auf unser Führungszelt zu. Die ersten von ihnen erkenne ich sofort wieder. Sie waren damals teilweise noch in der Ausbildung zum Fahrlehrer, andere gehören bereits zum alten Eisen. Jare, ein recht kleiner und sportlich wirkender Fahrlehrer, hat mich ebenfalls erkannt. Erst beim damaligen Abschied hatte er gezeigt, dass er mich wohl wirklich mochte. Seine Augen hatten sich tief mit Tränen gefüllt. Von ihm hätte ich damals alles Mögliche gedacht. Er war uns Deutschen gegenüber stets sehr distanziert und hatte nur selten Gespräche mit uns geführt. Ein kluger und motivierter Soldat, wie sie die afghanische Armee gut gebrauchen kann. In seiner schwarzen Fleecejacke, mit einem Dreitagebart, steht er vor mir und reicht mir die Hand. Ich reiche ihm meine und dann nutzen wir beide Arme, um uns kräftig zu drücken – die höchste Stufe der Wertschätzung hier in diesem Land. Das Geben der einfachen Hand ist nur eine Form der Höflichkeit, wobei die Hand in Verbindung mit den aneinandergelegten Wangen schon für gute Bekanntschaft steht. Bei dieser Umarmung, die einige Sekunden dauert, zeigt man aber ehrliche Zuneigung, sprich, dass man den anderen mag. Und das hat tatsächlich nur freundschaftliche Gründe. Jare ist einer, der nicht zu mir kommt, weil er etwas braucht oder sich irgendwie andere Vorteile erhofft und das macht ihn ungewohnt sympathisch. In einem Land, in dem selbst die Kleinsten schon mit Korruption und unseriösen Geschäften in Berührung kommen, ist so eine Einstellung sehr selten. Mich verwundert, dass er nicht auch in die Offizierslaufbahn gewechselt hat. Von Amin erfahre ich, dass in Jare seinem Dorf viele Taliban-Sympathisanten leben und er daher zu viel Angst hat, irgendwann dadurch Schwierigkeiten zu bekommen. Ich tröste ihn mit den Worten: „Lieber ein guter Feldwebel als ein schlechter Offizier“, und lasse es von Amin übersetzen. Langsam muss ich Avabi allerdings mit einbinden, sonst könnte er den Eindruck bekommen, dass ich ihn nicht mag. So versuche ich die ersten englischen Sätze mit ihm. Er spricht, nachdem ich ihn über mein schwaches Englisch aufgeklärt habe, sehr deutlich und vor allem langsam. Lange hatte ich im Vorfeld Bedenken, mit einem englischsprachigen Übersetzer zusammenzuarbeiten. Doch langsam verschieben sich meine Befürchtungen in eine Herausforderung. Und schließlich bietet es mir die Chance, deutlich besser zu werden. Ich vereinbare mit Avabi, dass ich jeden Tag, den wir zusammenarbeiten, ein neues englisches Wort lernen möchte. Er soll es als meine Anforderung an ihn betrachten.

In der heutigen Feldwebelausbildung ist Englisch als wichtiger Bestandteil enthalten. Da es auch mittlerweile jeder in der Schule hat, würde das völlig reichen. Jedoch hatte ich diese moderne Art der Feldwebelausbildung noch nicht und meine zwei Jahre Abendschule befassten sich eben nur oberflächlich damit. Seit vielen Jahren versuche ich nun in Kenntnis um mein Defizit, einen Englischlehrgang durch „den Dienstherren" zu bekommen. Doch die Kapazitäten und meine angebliche Unverzichtbarkeit im Dienst haben es bisher nicht möglich gemacht. Etwa ein Jahr vor diesem Einsatz habe ich über ein Lernprogramm der Sprachenschule erneut meine Kenntnisse verbessert. Dennoch ist das allein vor dem PC lernen nicht so effektiv, wie es eine gute Ausbildung gewesen wäre. Ich werde mich da durchbeißen und das Beste daraus machen. Und wenn es gar nicht geht, hole ich mir Amin dazu, der deutsch übersetzen kann.

Mein Vorgänger bindet mich wieder ein und zeigt mir nun nach und nach die speziellen Punkte für meine nächsten Aufgaben. Er macht seine Sache ganz gut, nimmt sich Zeit für mich, auch wenn er insgesamt wohl gedanklich schon fast zu Hause ist. Da ich weiß, wie es ist nur noch wenige Tage zu haben, stellt das für mich auch kein Problem dar. Selbst wenn er etwas vergessen sollte, der Oberleutnant ist ja auch noch da und keiner lässt einen hier im Regen stehen. Er weist Amin an, ihm morgen früh vom Basar ein paar Lebensmittel mitzubringen. Hauptsächlich Nüsse, getrocknete Weintrauben und Pistazien. Mit den vielen Softdrinks, die er über die letzten Wochen von seinen eigenen Rationen abgezweigt hat, will er daraus einen kleinen Abschiedsschmaus zusammenstellen. Es ist hier eine kleine Tradition, dass man sich auf diese Weise verabschiedet, um den anderen zu zeigen, dass man gerne hier war. Manche fahren dabei etwas mehr und manche eben etwas weniger auf. Mehr hieße dann, dass Kuchen und Kekse mit dabei liegen. Es ist also der Mittelweg, den mein Vorgänger hier wählt. Einige vor ihm haben dann noch einen daraufgelegt und an spezielle Personen Abschiedsgeschenke verteilt. Davon halte ich allerdings nicht allzu viel, da dies zu einem gewissen Anspruchsdenken führt und somit der Nachfolger nur schlechter dastehen kann, wenn er es nicht gleichtut. Wir bleiben heute auch nicht lange, da die wenigen Lehrgänge schon einige Zeit laufen und mein Vorgänger hier wohl seine Aufgaben auch abgeschlossen hat. So verabschieden wir uns herzlich von jedem Anwesenden und legen unsere Ausrüstung an.

Zurück im Camp gehen wir in die Mittagspause über und verabreden uns, der Oberleutnant, mein Vorgänger und ich, für halb zwei zum Mittagessen. Nachdem ich die Ausrüstung wieder aus dem Fahrzeug geholt und den Schreibkram erledigt habe, bringe ich alles in meine Stube. Ab jetzt versuche ich für die Ausrüstungsteile feste Plätze zu behalten, denn es vermeidet Vergesslichkeit. Die Ausrüstung behalten wir auf den Stuben, da wir im Alarmfall immer und zügig darauf zugreifen können müssen. Bequemer wäre es natürlich, sich am Fahrzeug der Weste zu entledigen und die Ausrüstung gleich darauf liegen zu lassen. Diese Zeiten in der Mittagspause und nach dem regulären Dienst versuche ich ab jetzt, mit dem Schreiben zu verbringen.

Pünktlich um halb zwei hole ich die Beiden aus dem Durchgang – der inoffiziellen Raucherecke – ab. Es ist zwar kalt, aber sehr sonnig, daher setze ich mir eine Sonnenbrille auf. Davon hatte ich 2010/ 2011 etwa zehn Stück verbraucht. Es ist zwar ein deutsches Modell, aber nur ein sehr günstiges. Die Erfahrung hat gezeigt, dass der feine Sand, den ich gewohnheitsmäßig mit den Enden meiner Uniformbluse entferne, die Brillengläser nach und nach verkratzt. Wollte ich das verhindern, so müsste ich die Brille ständig unter fließend Wasser mit etwas Seife abspülen. Das habe ich da draußen aber ohnehin fast nie, also lebe ich mit dem Verschleiß.

Beim Essen kann ich mich wieder nicht wirklich entscheiden, was ich nehmen soll, da keine der Fleischsorten einen guten Eindruck macht. Daher entscheide ich mich für Fisch. Zwar auch nicht ganz unbedenklich, falls die Kühlkette nicht optimal eingehalten wurde, aber irgendetwas muss man ja essen. Und nur von meinen kleinen Vorräten und Brot kann ich die nächsten Monate auch nicht überbrücken. Bei den Getränken ist heute Sparflamme angesagt. Es gibt nur Wasser oder ein grünliches Erfrischungsgetränk, welches ich für Waldmeistergeschmack halte. Gleich darauf muss ich mich zusammenreißen, dass ich es nach dem ersten Schluck nicht wieder ausspucke. Regelmäßig hinterfrage ich, ob ich im Verlauf des Tages genug trinke, um Kopfschmerzen zu vermeiden. Daher nehme ich mir mittags jetzt immer zwei der gefüllten Plastikbecher, um mich zum Trinken zu zwingen. Den ersten Becher will ich vor dem Beginn des Essens trinken und setze zu einem kräftigen Schluck an. Doch während der erste Schwung in meinen Hals läuft, nehmen meine Geschmacksnerven die unangenehme Info auf und signalisieren „Mundspülung“. Keine Ahnung, wer jemals so etwas verkostet und in Umlauf gebracht hat. Vielleicht soll das ja auch der erzwungene Beitrag zur Mundhygiene im Einsatz sein. Aber Menthol Geschmack in einem Getränk, der in der Konzentration fast so stark wie in einer Mundspülung ist, geht für mich gar nicht. Diszipliniert schlucke ich das, was schon im Mund ist herunter, doch das war es dann auch. Diese Sorte ist jedenfalls von meiner Liste gestrichen. Da ich wirklich hungrig bin, esse ich meinen Teller auch leer und höre auf, mir Gedanken über das Aussehen und den Geschmack zu machen. Wenigstens habe ich noch eine Apfelsine und eine Nashi-Birne, um sie mir zu meinen Vorräten auf die Stube zu legen. Wenn ich übermorgen dann endlich den Kühlschrank bekomme, dann bleiben diese Dinge auch länger frisch und es lohnt sich dann auch, meine Konserven zu öffnen.

Wir laufen aus der Küche wieder in die grelle Sonne, die auf dem hell verstaubten und teilweise schneebedeckten Beton besonders stark reflektiert. Meine Sonnenbrille hatte ich mir in die Gummibänder meines Pistolenholsters geklemmt und sie war schnell zur Hand. Auf dem Weg zum Stabsgebäude, in dem sich unser Büro befindet, kommen wir an der Gedenkstätte für die gefallenen Soldaten vorbei. Ordentlich eingegrenzt mit einer kleinen Mauer, die durch einen schmalen Durchgang mit Gehwegplatten und im Hintergrund eine hohe Mauer in U-Form begrenzt. An der Mauer sind viele Marmortafeln angebracht, ebenfalls ordentlich sortiert und angeordnet. Auf jeder Tafel stehen die Namen der gefallenen Soldaten. Überwiegend Deutsche, aber nicht nur. Viermal hatten wir im letzten Einsatz hier gestanden, angetreten, um uns von den Kameraden zu verabschieden. Auch jetzt läuft mir ein kurzer Schauer den Nacken herunter. Zu Hause, im Fernsehen oder in den Zeitungen scheint es oft so normal. Eine Schlagzeile hat den gleichen Stellenwert wie eine Kampfszene im Film. Alles wirkt so weit weg und interessiert nur noch am Rande. Es wird gelesen und vergessen, durch Halbwahrheiten und eigene Meinungen verfälscht. Nur die Angehörigen und die, die dabei waren, werden es nie vergessen. Und wenn du hier vorbeiläufst, bist du eben sehr nah dran und das ist auch gut so, denn sie sollen uns mahnen nicht zu vergessen, was wir hier tun und das „Inshalla" (so Gott will) alles gutgehen kann aber nicht sicher ist.

Einer der gefallenen Kameraden war mir persönlich bekannt. Wir haben damals nur wenige Worte gewechselt und ich hätte nie gedacht, welche Bedeutung er für mich noch einmal haben würde. Als ich vor vielen Jahren auf meinem Fahrlehrer-Lehrgang war, hatte er schon einige Wochen mehr hinter sich. Eines Sonntagnachts hatte er sich mit einem anderen Kameraden auf dem Weg zur Kaserne ein kleines Rennen geliefert. Das Ganze steigerte sich so stark, dass es wirklich gefährlich wurde. Keiner hatte nachgeben oder verlieren wollen und die Landstraße zur Kaserne war nicht an allen Stellen sehr übersichtlich. Erst vor dem Kasernentor kamen beide dann gezwungenermaßen zum Stehen. Sie mussten, um ihre Ausweise vorzuzeigen, aussteigen. Das war die Gelegenheit, um ein folgendes Wortgefecht eskalieren zu lassen und mein Kamerad verlor die Fassung. Er prügelte auf das Auto des Rivalen mit den Fäusten ein und beschädigte es so nicht gerade unerheblich. Das Ganze führte dann im weiteren Verlauf zur Beendigung der Fahrlehrerausbildung aufgrund charakterlicher Nichteignung zum Fahrlehrer. Auch seine Dienstzeit wurde damals nur stufenweise festgesetzt und wäre erst mit bestandenem Lehrgang verlängert worden. Dabei hat er immer einen höflichen und sympathischen Eindruck auf mich gemacht. Um nun für ihn eine andere Aufgabe zu finden, steckte man ihn, was mit den vorhandenen Führerscheinen naheliegend war, in die Fahrbereitschaft. Einige Zeit später traf ich ihn dort und wir kamen wieder ins Gespräch. Natürlich interessierte mich, wie es nun für ihn weitergehen sollte. Da war er bereits offenkundig unzufrieden mit der Situation und hatte sich als einer der ersten Soldaten für den ISAF-Einsatz gemeldet. Als Door Gunner wollte er sechs Monate in Kabul ableisten, um einerseits dem Alltagstrott zu entfliehen und um etwas mehr Geld zu verdienen. Der Hubschrauber, auf dem er dann eingesetzt wurde, stürzte wenig später ab und alle sieben Kameraden an Bord kamen ums Leben. Lange nutzte ich seine Geschichte, natürlich anonymisiert, wenn ich ein bestimmtes Thema in der Fahrschule unterrichtete. Denn es war ein gutes Beispiel dafür, wie schnell man in seinem Leben die Weichen verstellt.

Oft sind es unüberlegte Handlungen, deren weitreichende Konsequenzen nicht ansatzweise erkannt werden. Dabei scheue ich mich auch nicht, eigene Fehler aus der Jungend einzugestehen und die dazugehörigen Geschichten zu erzählen. Denn Glaubwürdigkeit ist ein wichtiger Punkt, wenn ich überzeugen möchte. Sicher wird es mir nie gelingen damit alle zu erreichen, aber wenn nur einer sich meine Worte im richtigen Moment noch einmal durch den Kopf gehen lässt, dadurch eine bessere Entscheidung trifft und vielleicht nicht im Straßenverkehr verunglückt, habe ich einen guten Job gemacht. So hat auch seine persönliche Geschichte im Nachhinein noch einen guten Zweck, auch wenn sein Schicksal besiegelt ist. Erfahren habe ich von seinem Tod, als ich in unserer Verbandszeitschrift las. Ein kleines Passfoto aller verstorbenen war dort abgebildet gewesen. Erst sah ich das Foto und dachte „den kennst du doch!“. Als ich den Namen darunter sah, durchfuhr mich ein Schreck und eine gewisse Betroffenheit war deutlich spürbar. Es war das erste Mal, dass ich eine so direkte Verbindung zu einem gefallenen Kameraden hatte. Obwohl wir uns nur kurz kannten und nur wenige Sätze miteinander gesprochen hatten, ging es mir sehr nah. Ein Teil des Schmerzes, den ich nur noch allzu gut von meinem verstorbenen Cousin gekannte, war wieder präsent. Leider sind ihm bis heute zu viele meiner Kameraden in den Tod gefolgt. Doch wenn – und davon bin ich fest überzeugt – unsere Anwesenheit und unsere Hilfe in diesem Land nur kleine Veränderungen, die auch der Sicherheit dienen, bewirkt haben, dann waren die Verluste der gefallenen Kameraden nicht sinnlos. Dann waren und sind sie ein Preis, den wir notgedrungen zahlen müssen.

Als ich mal in Deutschland gefragt wurde, ob dieser Einsatz Sinn macht, habe ich mit einem Vergleichsbeispiel gearbeitet, um anschaulich zu sein. Ich habe geantwortet: „Wenn du mit deiner Frau in der Fußgängerzone spazieren gehst, du irgendwann in einiger Entfernung laute Hilferufe hörst und natürlich, weil du ein guter Bürger bist, schaust was dort los ist. Und dann siehst du, wie unter den Blicken vieler Menschen eine Frau von einem Mann ganz offensichtlich schwer belästigt wird. Was machst du dann? Du weißt nicht was als nächstes passiert, ob es schlimmer wird oder er vielleicht ablässt? Jetzt kannst du natürlich sagen, ich bin kein Polizist und das ist nicht meine Aufgabe, ihr zu helfen. Du kannst dich wie all die anderen in der Menge verstecken und einfach zusehen. Das würdest du sicher nicht tun, wenn es deine eigene Freundin wäre, oder? Oder du kannst dir einen Ruck geben und andere um Hilfe bitten, gemeinsam mit dir den Mann von der Frau weg zu holen."

Also mal unabhängig davon, ob wir hier in Afghanistan immer das richtige tun, ob andere es besser könnten und ob wir hier überhaupt sein sollten: Wenn wir an Frieden auf dieser Welt interessiert sind, können wir es uns gar nicht leisten, einfach wegzuschauen oder zu hoffen, dass andere das schon machen. Sicher wäre noch mehr zivile Aufbauhilfe sinnvoll, aber das muss eben entwickelt werden. Wir sind erst mal dort, um etwas mehr Sicherheit zu bringen. Einen Alltag zu ermöglichen, ohne ständig in Angst und Unterdrückung vor den Taliban zu leben. Um beim obigen Beispiel zu bleiben, helfen wir der Frau aus der gefährlichen Lage, doch vieles was danach kommt werden wir nicht leisten können. Wir können von der Bundeswehr nicht erwarten, dass sie den gesamten afghanischen Staat verwaltet und mit aufbaut. Also gibt es in letzter Konsequenz gar keine Alternative, wenn wir auch in Deutschland sicher leben wollen. Wachsamkeit als Preis der Freiheit und des Friedens reicht allein eben nicht!

Wenn ich die Interviews einiger Kameraden in den Medien sehe und höre, stelle ich gehäuft fest, dass diejenigen, die nicht direkt mit den Afghanen zusammenarbeiten, am wenigsten den Sinn nach all den Jahren sehen, egal ob sie im Camp tätig sind und für Monate kaum Kontakt zu Afghanen haben oder auf Patrouille fahren. Wer aber die Menschen, ihre Familien und ihre Probleme kennenlernt, der bekommt einen anderen Blick auf unseren Auftrag und versteht die Notwendigkeit. Dazu muss man aber auch klar Freund und Feind erkennen und das ist in diesem Land leider nicht immer einfach.

Mein Vorgänger und der Oberleutnant laufen, in ein Gespräch vertieft, gewohnheitsmäßig an der Gedenkstätte vorbei. Da ich hinter ihnen gehe, bemerken sie nicht, wie ich am Eingang zu der Gedenkstätte stehen bleibe. Ich richte mich mit Blick auf die Gedenktafeln an der Mauer aus und nehme die Grundstellung ein. Dann grüße ich einen kurzen Moment, militärisch mit der Hand am Kopf. Nehme die Hand wieder ab und senke meinen Kopf leicht. Mit Blick auf den Weg lasse ich ein wenig die Gedanken schweifen. Nehme unwillig zur Kenntnis, dass damit auch dunkle Wolken aufziehen, die ich lieber verdränge. Dann gehe ich den beiden anderen mit schnellen Schritten nach, um sie einzuholen. Die Stufen des Haupteinganges sind noch sehr rutschig. Die Marmorplatten glänzen unter dem tauenden Matsch. Wir gehen durch zwei Doppeltüren, hinter denen sich ein Tresen befindet. Dahinter sitzt ein türkischer Soldat der Militärpolizei. Er lässt sich die ID-Karten zeigen und stellt für alle ohne ausreichenden Sicherheitsstatus Besucherausweise aus. Dann geht es vorbei an ihm bis hoch in den vierten Stock. Mit schnellen Schritten und gleich mehrere Stufen ziehe ich mich am Geländer nach oben. Jetzt merke ich das erste Mal wieder diese dünne Luft in ungewohnter Höhe. Ich bin sichtbar am Schnaufen und bekomme damit gleich den Hinweis, dass ich mir die nächsten Tage wieder den Sport auf die Fahnen schreiben muss. Noch habe ich zu wenig Zeit dafür, aber für die neue afghanische Woche habe ich es mir fest vorgenommen. So habe ich bis höchstens übernächsten Freitag Zeit und das sollte auch klappen. Mein Vorgänger ist wieder sichtlich in Hektik und zeigt mir immer mal zwischendurch, welche Dateien und Daten für meine Tätigkeit wichtig sind. Nicht viel Neues, außer das wieder irgendwie jeder meiner damaligen Nachfolger die Datenbanken durchgeschüttelt und verändert hatte. Zugegeben, es ist übersichtlicher geworden, dafür sind aber auch viele Daten verschwunden. Ob das Auswirkungen haben wird, bleibt abzuwarten. Der Oberleutnant, der die recht rasche Übergabe registriert hat, stellt mir eine ausführliche Einweisung in unsere Datenbank in Aussicht. Und während mein Vorgänger schon wieder aus dem Büro ist, macht der Oberleutnant sich einen Eimer mit Wasser fertig und beginnt, damit seine Möbel abzuwischen. Das Staubproblem ist hier noch etwas intensiver, da weder Fliegennetze noch Pollenfilter an den Fenstern angebracht sind. Sicher möchte er mir damit auch signalisieren, dass ihm etwas an Ordnung und Sauberkeit liegt. Nachdem er seinen Bereich fertig hat, nehme ich mir den Eimer und hole frisches Wasser. Dann beginne ich ebenfalls die Tische und Schränke abzuwischen. Meinem Vorgänger, der gerade zurückkehrt, bereitet das wohl ein schlechtes Gewissen, denn er bietet mir an, für mich weiterzumachen. Eigentlich ist aber fast nichts mehr zu tun und so lege ich den Lappen zurück und schaue zu, wie er zielstrebig noch Stellen zum Putzen sucht. Jetzt wirkt der Schreibtisch wieder aufgeräumt, auch wenn noch einige persönliche Dinge von ihm dort sind. Am Abend verlassen wir dann das Büro wieder und die anderen beiden gehen zu Abend essen. Auf dem Weg zu meiner Stube schaue ich noch kurz im Fernsehraum vorbei. Es ist niemand dort und er steht voller Pakete und auch einige Briefe liegen auf dem Tisch. Ich nutze die Zeit, um mein tägliches Telefonat zu führen und gehe nach und nach die Post durch. Tatsächlich ist mein Paket nun schon angekommen. Das ging ziemlich schnell, es dürfte höchstens zwei Wochen unterwegs gewesen sein. Jetzt habe ich meinen Vorratsschrank fast voll. Bis das nächste Paket mit den Dingen, die ich anscheinend vergessen habe, ankommt, kann ich erst mal einige Wochen so klarkommen.

Das ist die perfekte Gelegenheit, um den Brotbackautomaten anzuwerfen. Die Auswahl ist recht groß, also nehme ich zunächst eine Mischung, die ich vermutlich am wenigsten mag. Wenn mir diese misslingt, tut es nur halb so weh, es wegzuwerfen. Nach wenigen Einstellungen und dem Hinzufügen einer knappen Flasche Wasser geht es dann auch los. In Zukunft werde ich den Automaten so starten, dass er dann arbeitet, wenn ich außerhalb der Stube bin. Denn wenn er mit dem Teigkneten anfängt, kann das etwas nerven. Gerade noch abgelenkt fällt mir auf, dass es in der Stube sehr kalt ist. Die sonst so stark erhitzten Heizungsrohre sind ebenfalls kalt. Draußen geht es auf die minus zehn Grad zu und hier geht die Heizung nicht? Alles was ich jetzt anfasse, fühlt sich ausgekühlt an. So gehe ich vorerst duschen, um gleich schön aufgewärmt zu sein. Mein Abendbrot wird eine Dose Fisch und danach einige Süßigkeiten sein. Dazu meine kalte Cola, auch wenn es bei den Zimmertemperaturen wohl eher ein heißer Tee sein müsste. Habe ich aber nicht und würde auch nicht so lecker schmecken. Sorgsam lege ich mir noch einmal die Ausrüstung und

Bekleidung für den morgigen Tag zurecht, schreibe noch ein paar Zeilen und möchte in das Bett huschen.

Die Zeitumstellung habe ich mittlerweile kompensiert, dennoch ist es auch ganz angenehm mal etwas intensiver zu schlafen. Die Kälte gibt mir allerdings zu denken, denn meine Bettdecke ist nicht besonders dick und etwas anderes habe ich nicht. Darum entschließe ich mich, die Socken und den Kältestrampelanzug wieder anzuziehen. Die „frische“, wenn auch staubige Luft, brauche ich ja sowieso für einen guten Schlaf und darum bleibt das Fenster auf. Einige Male werde ich in dieser Nacht wach, weil ich friere und irgendwo ein Arm oder Bein unter der Decke hervorgerutscht ist. Das war es dann mit dem Tiefschlaf. Irgendwann gegen halb sechs habe ich dann auch keine Lust mehr und hole mir Teile meiner Wäsche zum Vorwärmen unter die Bettdecke. Mit leicht geöffneten Augen versuche ich, wacher zu werden. Es ist noch still auf dem Flur. Leise schlüpfe ich aus dem Bett und ziehe mir nach und nach meine Kleidung hervor, um sie anzuziehen. Mit Badeschlappen, welche nun als meine Hausschuhe und Duschschuhe fungieren, schlurfe ich gemütlich mit der Waschtasche und einem kleinen Handtuch auf den Flur. Der Bewegungsmelder schaltet mit einem lauten Knacken die Flurbeleuchtung ein. Teilweise stehen die khakifarbenen Kampfstiefel vor den Türen. Entweder zum Auslüften oder weil sie zu sehr vom Matsch verdreckt sind. Der Waschraum ist leer. Das ist ganz angenehm, so hat man nicht morgens gleich Hektik und nervige Nebengeräusche. Teilweise benutzen Kameraden hier Rasierer, die einem wie Rasenmäher vorkommen und die ersten Kopfschmerzen heraufbeschwören.

Es ist der letzte Tag meines Vorgängers. Die Fahrt habe ich schon vorbereitet und warte nun mit eingeschalteter Standheizung auf ihn. Mit einem schweren Rucksack und einer kleineren Tasche bepackt, kommt er auf den Wolf zugelaufen. Keine Ahnung, wie viele Dosen Softdrinks da drinnen sind, aber gefühlt reicht das für die gesamte afghanische Armee. Ein letztes Mal fahren wir mit ihm zu den Amerikanern frühstücken und sein Schweigen spricht für sich. Als ich im letzten Einsatz dieses Gefühl der Endgültigkeit hatte, fand ich das auch nicht besonders gut. Aber das hatte ich bis jetzt in allen Einsätzen und wusste nie, was danach kommt. Wie ich mich zu Hause und im Dienst wieder eingewöhnen würde. Doch es ist, wie es ist und die Zeit läuft weiter. Zu lange in den Erinnerungen hängen lähmt nur die Zukunft. Es fühlt sich ein wenig wie das Ende eines Urlaubs an, auch wenn das ein vielleicht widersprüchlicher Vergleich ist. Das Gefühl, etwas Besonderes erlebt zu haben, macht den Abschied oft unangenehm. Denn merkwürdigerweise vergisst man oft sehr schnell die miesen Tage und zehrt auch später noch lange von den guten Erinnerungen – sofern die schlechten Erinnerungen sich nicht zu sehr eingebrannt haben.

Es geht los auf die gewohnte Route und nach dem Frühstück in unseren Bereich zu den Afghanen. Nach einer, diesmal sehr kurzen und oberflächlichen Kontrolle unseres Fahrzeuges, rollen wir über den Schotter zu unserem Parkplatz. Wir sind etwas später dran als sonst und so herrscht schon reges Treiben vor den Fahrzeugen. Die theoretischen Ausbildungstage der zurzeit zwei laufenden Lehrgänge sind vorbei und ab nun sind die Schüler bis zur Prüfung nur noch im Gelände unterwegs. Das hat den Nachteil, dass bei der Verabschiedung nicht allzu viele Fahrlehrer anwesend sein können. Wir wollten eines der Unterrichtszelte dafür nutzen, dort hätten wir ausreichend Platz. Kurzfristig wird der Plan jedoch geändert als sich herausstellt, dass es nur ein kleiner Kreis sein wird. Amin ist noch nicht da, vermutlich braucht er etwas länger, da er noch die Besorgungen machen muss. Wir nutzen die Zeit, um im Führungszelt auf den Tischen kleine „Softdrink-Türme“ zu bauen und stellen ein paar Einwegteller dazu, um später die Nüsse und Trauben darauf legen zu können. Wie auf Bestellung tritt Amin in das Zelt. Mit einer weißen Plastiktüte in der Hand, die aussieht, als würde sie jeden Moment zerreißen. Freundlich wie er eigentlich immer ist, begrüßt er in aller Ruhe jeden im Zelt. Die Tüte reicht er einem afghanischen Feldwebel, der auch gleich darauf mit dem Verteilen des Inhaltes beginnt. Mein Vorgänger möchte Amin auch sofort das Geld für die Ausgaben zurückgeben, doch er winkt ab. Er meint, obwohl mein Vorgänger ausdrücklich um die Abrechnung gebeten hat, dass es auch nicht so schlimm wäre, wenn er es aus eigener Tasche bezahlen müsste. Schon oft hatte er solche Andeutungen gemacht. Es war ihm sehr wichtig, nie an solchen Gefälligkeiten etwas zu verdienen. Auch das hatte er mir damals so erklärt, dass ein guter Moslem keinen Gewinn machen darf, um sich zu bereichern.

Doch mein Vorgänger bleibt natürlich hartnäckig und begleicht seine Rechnung. Dieses Verhalten von Amin ist für die afghanische Mentalität nicht immer üblich. Vielen von ihnen hatte ich aus Gefälligkeit mal Shampoo oder andere Dinge besorgt. Als jedoch die Bezahlung dieser Artikel nicht vernünftig funktionierte, habe ich es nur noch über Amin laufen lassen. Manche betrachteten diese Schulden als Ehrenschulden und hätten vermutlich lieber gehungert als nicht bezahlt. Andere waren der Meinung, und das haben sie auch offen so gesagt, dass der gutverdienende deutsche Soldat solche Dinge doch ruhig als Geschenke mitbringen könne. Gut gemeint ist eben nicht immer gut gemacht. Später hatten sie es dann aber verstanden und es funktionierte recht gut. Ob Amin dabei auf Forderungen sitzengeblieben ist, hat er mir nie gesagt. Wenn ich ihn darauf angesprochen habe, hat er immer abgewunken.

Das Zelt füllt sich langsam, jedoch sehe ich nur die Sprachmittler und die Offiziere. Mein Vorgänger ist sichtlich sauer über diesen Umstand und schickt Avabi nochmal los, die Fahrlehrer zu holen. Fast bekommt man den Eindruck, als wäre das Verhältnis zu den Fahrlehrern nicht besonders gut gewesen. Dann kommen doch noch drei von ihnen und mein Vorgänger ergreift das Wort. Er nimmt sich Zeit und versucht, den wichtigsten Bezugspersonen durch lobende Worte gerecht zu werden. Jeden, den er persönlich angesprochen hat, überreicht er eine kleine Tüte, dessen Inhalt so nicht erkennbar ist. Vermutlich liegen ein paar nützliche Dinge wie Feuerzeuge oder Taschenlampen darin. Bei Rabur als Chef und Amin zeigt er einen Kugelschreiber, welchen er aus den Tütchen holt, und betont dessen Besonderheit. Mobbid, ein sehr alt scheinender Oberstleutnant und stellvertretender Chef, geht dabei leer aus. Er hat keinen guten Ruf, weil er sich sehr wenig einbringt. Man sieht ihm allerdings auch an, dass er nicht mehr der Jüngste und Gesündeste ist. Er hat kaum noch Zähne im Mund und trägt eine alte, ausgeblichene Winterjacke der türkischen Armee. Die Älteren wissen meistens nicht genau, wie alt sie sind. So hatte Amin mir vor zwei Jahren noch gesagt, er wäre 46 und jetzt im Gespräch spricht er von über 50. Mobbid schätzt sich auf 60, doch auch das war er schon vor zwei Jahren. Das Problem ist der Job und die Absicherung. Denn mit 65 muss er die Armee verlassen. Als Oberstleutnant hat er um die 350 Dollar im Monat und wenn er in Rente geht, bekommt er von heute auf morgen nicht mehr viel. Vorsorge wie in unserem Sozialstaat gibt es hier nicht. Entweder hätte er vorsorgen oder sparen müssen, oder er muss auf seine Kinder hoffen. Doch sparen tun nicht einmal unsere Sprachmittler, sie bekommen in der höchsten Gehaltsstufe ca. 1000 US-Dollar im Monat. Amin mag noch ganz gut mit seinem Geld umgehen. Doch die meisten können das nicht. Auch Mobbid macht seine Geschäfte nebenher. Da er bei meinem Vorgänger wenig Sympathie fand, geht er nun eben leer aus.

Nach seiner Ansprache und dem Verteilen der Geschenke ergreift Rabur das Wort. Viele lobende Worte und auch Bedauern über das schnelle Einsatzende kommen über seine Lippen. Dann überreicht er meinem Vorgänger eine Art Pokal, der zwei Tanzende darstellt. Zwar erschließt sich mir nicht auf Anhieb der Hintergrund, aber damit wird eine ehrliche Sympathie der Afghanen deutlich. Das häufige Wiederholen der lobenden Worte, in Verbindung mit einem Abschiedsgeschenk, ist ein sicheres Zeichen dafür, dass sie es ernst meinen. Es ist nicht die erste Verabschiedung, die ich hier draußen miterlebe. Wir hatten damals zeitweise bis zu acht Soldaten in unserer Inspektion. Keiner von ihnen war so gut weggekommen. Selbst mein damaliger Major bekam nur deshalb ein Abschiedsgeschenk, weil ich dem afghanischen Chef damit bis zum vorletzten Tage in den Ohren gelegen hatte und die Organisation einer Steinplatte mit Gravur durch Amin sichergestellt hatte. Am Ende hatte ich es dann auch noch selbst bezahlt, weil sich keiner der Afghanen, wie vorher abgesprochen, daran beteiligt hat. Der deutsche Major hatte ein gutes Herz und ich fand es einfach unangebracht, ihn durch einen schlechten Abschied zu kränken. Egal, was er letztlich hier bewegt haben mag, ob es nun das missglückte Lehrmodel für die Kranausbildung war oder andere Dinge. Auch er hatte als Familienvater von drei Kindern hier ein ganzes Jahr seines Lebens geopfert. Da ist es einfach eine Frage des Anstandes, sich ordentlich zu bedanken und zu verabschieden. Bis heute hat er keine Ahnung, wie das damals gelaufen ist. Und hätten das die anderen Kameraden erfahren, so hätten sie es wahrscheinlich wie Schleimerei ausgesehen. Ich kannte ihn aber nun mal nach fast zehn gemeinsamen Monaten sehr gut und einen Abschied ohne Geschenk hatte er nicht verdient.

Zwar ist der Rahmen der Verabschiedung recht klein, aber für die recht kurze Einsatzzeit anständig. Wir waren heute nicht wirklich produktiv, denn die Zeit vergeht während der Gespräche wie im Flug. Wir wollen aufbrechen und mein Vorgänger beginnt sich zu verabschieden. Er scheint es kurz und knapp halten zu wollen und nimmt sich jetzt auch nicht mehr viel Zeit für jeden. Dann geht es zurück ins Camp. Am Nachmittag kommt er dann auch nicht mehr zu uns nach oben in das Büro, sondern nutzt die Zeit, um die letzten Dinge vor seiner Heimreise zu erledigen. Gemeinsam wollen wir morgen dann noch das Fahrzeug für die Übergabe fertigmachen und im Rahmen eines technischen Dienstes durchchecken.

Am Abend verabreden wir uns aber noch mit mehreren Kameraden und gehen in die Pizzeria im Camp. Sie hat einen guten Ruf, und ein wenig mehr die anderen Mitglieder unserer Einheit kennenzulernen kann auch nicht schaden. Es ist eine Pizza-Kette, die weltweit in Einsätzen die Soldaten versorgt. Die Preise sind etwa auf deutschem Niveau und damit für uns in Ordnung. Außer einem kleinen Bestelltresen, hinter dem die Küche liegt, und einem großen Weinregal im Hintergrund gibt es hier nicht viel Ambiente. Einige Bilder, davon überwiegend Werbung in eigener Sache, hängen in dem Raum verteilt. Die Stühle und Tische sind sehr einfach gehalten und wenn es hier voll ist, haben vielleicht 40 Leute Platz. Die Karte, welche in drei Teilen neben der Wand am Tresen hängt, zeigt in Französisch und Englisch das Angebot. Eine Chicken Pizza mit viel Knoblauch ist meine Wahl, dazu natürlich eine Dose Cola. Dann setze ich mich zu den anderen. Es ist eine gute Gelegenheit, um die noch unbekannten Gesichter besser kennenzulernen. Und da, wie auch überall anderswo üblich, hier gleich kleine Lästereien ausgetauscht werden, ist es noch interessanter. Gelästert wird ja schließlich nur über diejenigen, die nicht anwesend sind. So bekommt man vielleicht auch ein paar nützliche Informationen über Kameraden, die gerade nicht hier sind. Einerseits finde ich diese Lästereien nicht wirklich gut, denn davon werde ich ja sicher auch nicht ausgenommen, dennoch hat es schon Vorteile, wenn man ein wenig hinter die Kulissen schauen kann. So lassen sich manchmal auch im Vorfeld schon Fehler vermeiden, wenn man weiß, wie der ein oder andere Kamerad tickt. Das Ganze entwickelt sich langsam zu einer lustigen Runde und wir sind in gelockerter Stimmung. Keiner verschwendet gerade auch nur einen Gedanken daran, dass jeden Moment der Alarm losgehen kann und wir im Camp angegriffen werden könnten. Oft hatten wir 2010/11 im Bunker gesessen. Manchmal nur wegen eines Übungsalarmes und manchmal auch bei scharfen Alarmen. Speziell bei denen, die schon länger hier waren, konnte man über die Zeit ein gewisses Abstumpfen erkennen. Da wurde mit aller Ruhe die Stube aufgesucht, während draußen die Sirenen heulten. Im Bunker wurde dann die Zeit mit dem Anschauen von Fotos, Kartenspielen oder Schlafen verbracht. Es wäre einerseits natürlich schlimm, wenn man hier nur unter Hochspannung stehen würde, andererseits muss man aber wirklich aufpassen, dass man sich auch nicht zu sicher fühlt und die entsprechenden Maßnahmen auch einhält.

Als wir die Pizzeria verlassen, ist es schon dunkel draußen und da das Camp nur sehr schwach und auch nur an wenigen Stellen beleuchtet ist, schalte ich meine kleine Lampe ein. Sie ist nicht größer als mein Daumen und hängt mit einer kleinen Metallspange an meinem Namensschild. Dazu habe ich den Klett, auf dem mein Namensschild vernäht ist, geöffnet und die Spange so aufgeschoben, dass mein Name noch lesbar bleibt. Ich kann sie in drei Stufen schalten und wähle die stärkste Ausleuchtung. Wenn sie aber nur einfach an meinem Namensschild herunterhängt, kann ich wenig erkennen, da so nur meine Füße von dem grellen, blauen Licht angestrahlt werden. Darum hebe ich die Lampe mit der rechten Hand beim Laufen an, um mir den Weg optimaler auszuleuchten. Es sind etwa 300 Meter bis zu unseren Unterkünften und sofort kühlt man wieder aus. Mittlerweile sind meine Hände stark ausgetrocknet. Mit dem Eincremen komme ich kaum hinterher. Da man draußen selten Handschuhe trägt, die man sowieso ständig an- und ausziehen würde, um Afghanen die Hand zu geben, landen die Hände oft in den Hosentaschen. Damit scheuert man sich aber den Handrücken ständig auf, weil die Taschen sehr eng genäht sind.

In meiner Stube angekommen, erledige ich die Vorbereitungen für das Bett und schaue dann anschließend im Fernsehraum, ob das Telefon frei ist. Heute habe ich Glück und kann fast dreißig Minuten telefonieren, bevor der erste Kamerad einen prüfenden Blick in den Raum wirft. Da ich nun wirklich lange reden konnte, zeige ich ihm mit dem Finger symbolisch eine Minute an. Dann gehe ich zurück in meine Stube. Die Heizung ist immer noch defekt. Abendbrot ist damit auch erledigt und ich schreibe nur noch etwas, bevor ich mich schlafen lege.

Gleich am Morgen – heute fahren wir nicht raus – beginnen wir mit den Vorbereitungen für den Technikcheck. Da unser Fahrzeug schon vor der Eingangshalle der Werkstatt steht, sind wir als erstes dran. Mein Vorgänger hakt die Checkliste ab und ich kümmere mich um den Austausch unseres Spezialfilters für den Innenraum. Er besteht aus ähnlichem Material wie die Filter der Dunstabzugshauben in unseren Küchen zu Hause. Dort, wo die Frischluft für den Innenraum hereinkommt, wird er als zusätzliche Maßnahme gegen den Staub aufgelegt und festgeklemmt. Während der Fahrt in der Stadt oder im Gelände haben wir die Lüftungsschalter immer auf Umluft. Das würde man zu Hause nur in Tunneln oder bei starker Geruchsbelästigung machen. Vielleicht noch, wenn man etwas Ahnung hat, bei Nutzung der Klimaanlage. Aber hier versuchen wir uns so den ständigen Staub, der besonders im Gelände ja nie wirklich weg ist, aus dem Innenraum und damit aus den Lungen zu halten. Da das Fahrzeug auch von innen stark verstaubt, hilft das zwar nur bedingt, ist aber besser als nichts zu tun.

Mit einem Ölkännchen gehe ich das Fahrzeug ab und schmiere alle beweglichen Teile. Ich öffne auch die Türen, um die Schlösser, Scharniere und Verriegelungen gut zu erreichen, und beginne dann mit der Innenreinigung. Ab jetzt bin ich für das Auto verantwortlich, also möchte ich es in einem guten Zustand übernehmen. Danach kommt das Auto auf eine Hebebühne und dabei werden verschiedene Schäden festgestellt. Die Bremsanlage ist undicht, die hinteren Stoßdämpfer sind defekt und ein Teil der Fahrwerksgelenke sind ausgeschlagen. Bedenkt man die geringe Laufleistung, so wird die Belastung für diese Fahrzeuge hier im Einsatz deutlich. Der langsam einreißende Sitzbezug ist da eher nebensächlich. Die Frontscheibe ist an drei Stellen gesprungen, hervorgerufen von geworfenen Steinen, was hier keine Seltenheit ist. Doch das wird nach meiner Erfahrung dauern, bis diese getauscht wird. Mit diesem Ergebnis des Checks ist unser Wolf leider sofort für die Weiterfahrt gesperrt.

Heute ist Donnerstag und morgen wären wir sowieso nicht rausgefahren, aber bis Samstag bekommen sie es sicher auch nicht hin und dann haben wir ein Problem. Wir brauchen zwingend ein Auto, da wir sonst das Camp nicht verlassen können. Uns in den afghanischen Ausbildungsbereich bringen und später wieder abholen lassen, geht auch nicht. Es ist aus Sicherheitsgründen immer erforderlich, dass wir ein Fahrzeug vor Ort haben. Es dient uns bei Aufenthalten bei den Afghanen, die ja keine Bunker haben, als Schutzraum und Fluchtmittel. Denn sicher werden wir hier nicht anfangen, mit ein paar Mann gegen Aufständische zu kämpfen. Das wäre – mit zwei Soldaten und Munition für eine sehr überschaubare Zeit – absoluter Unsinn. Daher kann das Motto bei Angriffen nur sein durchzubrechen und eine gesicherte Liegenschaft erreichen. Geht das nicht, möglichst lange im Fahrzeug bleiben, weil es das Sicherste ist. Aber so weit wird es nicht kommen, denn wir sind als Zwei-Mann-Team mit einem Fahrzeug kein lohnendes Ziel. Dazu kommt, dass auch noch ein paar afghanische Soldaten im afg. Ausbildungsbereich sind. Damit will ich nicht behaupten, dass sie für uns kämpfen würden, aber es schreckt etwas ab und müsste von potentiellen Angreifern berücksichtigt werden. 2010 habe ich es einmal erlebt, dass es vor dem Camp zu einem Schusswechsel kam und daraufhin ein afghanischer Wachsoldat die Waffe weggeworfen hat und fortgelaufen ist. Ich unterstelle jedoch einfach mal, dass es ein Einzelfall war.

Jetzt heißt es, sich um ein Ersatzauto zu kümmern, doch das übernimmt der Oberleutnant. Nach dem Mittagessen fange ich mit meinem Vorgänger an, die brauchbaren Dinge aus seiner Stube auszusortieren. Einiges davon werde ich zwar erst morgen bekommen, aber zu wissen was man braucht, ist natürlich von Vorteil. Den Kühlschrank hat er schon ausgewischt und ich ziehe ihn langsam aus seiner Position. Er ist nicht besonders schwer und so lege ich das Stromkabel einmal quer oben drüber und hebe ihn hoch. Es sind nur wenige Meter und dann steht er an seinem neuen Platz in meiner Stube. Er hatte ihn wohl schon morgens vor dem Reinigen ausgeschaltet und so langsam taut das Gefrierfach ab. Darum nehme ich meinen Wischlappen und lege ihn unter die Kühlschranktür. Ein wenig wische ich nach und vor allem trocken. Dann kommt meine angefangene Palette Cola ordentlich sortiert in das unterste Fach. Im nächsten Schwung hole ich den Fernseher und stelle ihn auf den Halter an der Wand. Das Ganze wirkt recht wackelig, aber da ich nicht daran herumturnen, sondern nur schauen möchte, wird das schon gehen. Das Antennenkabel hängt noch im Fernseher, doch leider habe ich keine Antennendose, sondern nur das Kabel aus der Wand hängen. Kurzerhand schraube ich den Stecker vom Antennenkabel und isoliere das Kabel etwas länger ab. So habe ich den inneren Draht und das äußere Drahtgeflecht etwas länger zum Verbinden. Nun verdrehe ich mit meinem Tool die beiden Drahtenden und isoliere sie mit einem dünnen Streifen Panzertape. Danach verwickle ich das Drahtgeflecht der beiden Enden und isoliere auch diese nochmal mit dem Tape. Der Probelauf zeigt, es hat funktioniert. Das Bild ist zwar nicht in HD, aber für hier ganz in Ordnung. Kurz schalte ich die Programme durch, die nur lückenhaft in der Programmreihenfolge des Fernsehers gespeichert sind. Insgesamt zähle ich fünf deutsche Sender, wobei mich die Privatkanäle nicht interessieren. In den letzten Jahren haben sich diese immer mehr zu Werbesendern entwickelt, die die Zeit zwischen den Werbeblöcken mit recht anspruchslosen Programmen füllen. Für mich sind das Erste, Zweite und der bundeswehreigene Kanal interessanter. Der dazugeschaltete Videokanal der Bundeswehr ist sicher ein guter Lückenfüller, wenn mir die Filme auf dem Laptop ausgehen sollten. Damit ist meine Stube auf dem gleichen Niveau ausgestattet wie damals und bietet mir so einen angenehmen Rückzugsort. Ein wenig wie eine Studentenwohnung, nur ohne eigene Küche und Toilette, wobei ich immerhin eine Art Campingküche besitze.

Gleich ist noch ein wöchentliches Treffen in dem unserer Einheit zugeordnetem Betreuungsbereich angesetzt. Nun muss ich mich beeilen, da diese „Umräumerei“ doch recht viel Zeit in Anspruch genommen hat. Der Spieß hatte darum gebeten, dass wir eine Stunde vor dem Termin dort sind, um den Bereich aufzuräumen und den Weihnachtsbaum abzubauen. Also ziehe ich mir wieder etwas über und begebe mich dorthin. Einige Kameraden sind schon dort. Das Ganze wirkt wie eine kleine Containersiedlung. Über eine Holztreppe geht es zwei Stufen hoch und dann durch einen selbst gezimmerten Türverschlag. Rechts ist nur eine Wand, die einem länglichen Gang folgt, der von der linken Seite durch Wohncontainer abgeschlossen wird. Hier sind wieder mehrere Container aneinandergestellt und mit Durchgängen und Türen verbunden. Der Gang ist mit Aluminiumplatten ausgelegt, deren Oberflächen lackiert und damit bei Feuchtigkeit sehr rutschig sind. Dafür muss man aber nicht über Schotter oder Matsch laufen. Am Ende des etwa 15 Meter langen Ganges kommt eine durch eine hohe Mauer eingezäunte Fläche, die etwa 40 Leute aufnehmen kann. Sie dient als Antrete -und Grillplatz. Ein kleiner Haupteingang führt in die Container hinein. Man blickt von hier aus auf einen Tresen in Hausoptik. Ein kleines Vordach bildet zusammen mit der Theke die Silhouette für die Haus Form. Das naturfarbene Holz ist bestückt mit vielen verschiedenen Namensschildern. Anfangs haben sich die Erbauer, zu denen auch ich gehörte, hier verewigt. Nun ist es eine kleine Tradition geworden, dass jeder, der bei unserer Einheit war, sein Namensschild hier anbringt. Hinter dem Tresen ist in der Ecke noch ein weiterer Ausgang, der jedoch in einer Containersackgasse endet und überwiegend von den Rauchern genutzt wird. Neben dem Ausgang reihen sich drei Kühlschränke aneinander. Auf dem ersten Steht ein alter Laptop, welcher mit einer Anlage und einem Fernseher über der Haupteingangstür verbunden ist. Im Container daneben, welcher direkt mit einem Durchgang verbunden ist, befindet sich eine Art Küche mit einigen Sitzgelegenheiten an zusammengestellten Schreibtischen. Darum reihen sich die verschiedensten Stühle. Sogar ein Herd und eine Mikrowelle stehen auf einer langen Arbeitsplatte. Hier kann man so gut wie alles machen, was man auch in seiner eigenen Küche machen kann. Im zweiten Container, der an die andere Seite des Thekenraumes grenzt, ist eine Art Kinosaal nachgebaut. Auf zwei Podesten, die hintereinander angeordnet und in verschiedenen Höhen an der Wand stehen, ist in der Mitte eine Anlage mit einem Beamer aufgebaut. Der zeigt zur entgegengesetzten Wand, in der zwar ein Fenster eingelassen ist, welches aber von einer großen vorgehängten Leinwand abgedeckt ist. Auf den Podesten sind verschiedene, sehr bequeme Ledersessel aufgestellt. Eigentlich ist es in diesem abgedunkelten Raum gemütlicher als im echten Kino. Das Ganze strahlt ein wenig Luxus und Privatsphäre aus. Der gesamte Bereich ist ausschließlich für unsere Einheit vorgesehen und Gäste sind die absolute Ausnahme.

Auf dem Antrete Platz steht ein etwa sechs Meter hoher und reichlich geschmückter Weihnachtsbaum. Keine Ahnung, wie der hier nach Afghanistan gekommen ist – einem Land, wo Holz kaum zu finden ist. Nun müssen wir ihn bis zum Begrüßungs- und Abschiedsantreten abgeschmückt und kahlgeschnitten haben. Alle, die da sind, packen auch mit an. Meterlange Lichterketten werden wieder vom Baum und aus dem Bereich abgewickelt und in die Verpackungen gepackt. Jede Kugel wird sorgfältig abgenommen und in große Kartons gelegt. Die ersten beginnen damit, die Nadeln aufzufegen. Das bringt zwar noch nichts, da wir noch die Äste vom Stamm sägen müssen, aber wenigstens steht keiner sinnlos herum. Unter dem Tresen in einer Ablage liegt jede Menge Werkzeug unaufgeräumt herum. Ich suche mir zwei Handsägen und prüfe schon auf dem Weg nach draußen, welche das bessere Sägeblatt hat. Solche Arbeiten machen mir Spaß, da man sieht, was man schafft und man sich auch noch sinnvoll körperlich betätigt.

Der Baum steht direkt vor der Eingrenzung des Antrete Platzes, der durch die mit Beton und Steinen gefüllten „Hescos" (Schanzkörbe), unterbrochen von einer kleinen Metalltür, umzäunt ist. Dahinter verläuft eine der betonierten Durchgangsstraßen des Camps. Mitten auf der Straße ist der auf einem Anhängergestell verbaute „Lift" aufgestellt. Durch die ausgefahrenen Seitenstützen ist die gesamte Fahrbahn versperrt. Einem Oberstleutnant, der schon in Erwartung auf die Säge auf mich zuläuft, drücke ich die etwas „Abgenutztere" der beiden in die Hand. Dann beginne ich von unten her die ersten Äste abzusägen. Währenddessen sind die anderen mit dem letzten Baumschmuck beschäftigt. Die Säge geht gut und zügig durch das Holz, während der Oberstleutnant die ersten Ermüdungserscheinungen zeigt. Doch auch mein rechter Arm wird langsam etwas lahm und so wechsle ich erst kurz zum anderen Arm, bevor ich die Säge weiterreiche. Suchen brauche ich nicht, da wohl mehrere Kameraden Lust auf etwas praktische Betätigung haben. Ich spreche ich mich mit dem Übernehmenden so ab, dass wir uns beim Sägen untereinander abwechseln. Da wir nun nicht mehr ohne Verrenkungen an die höheren Äste gelangen, steigen wir über eine Leiter auf den Hesco und von dort in den Lift. Das Teil wirkt ganz schön wackelig und da wir im Umgang mit der Fernbedienung noch nicht ganz fit sind, wackeln wir erst mal etwas ziellos von oben nach unten, vor und zurück, sowie nach links und rechts. Wieder eine Bestätigung dafür, dass man sich vorher in unbekannte Geräte einweisen lassen sollte. Es muss auf jeden Fall am Anfang lustig ausgesehen haben, da auch den anderen unsere Versuche aufgefallen sind. Also erst mal Haltung bewahren und sich die erreichbaren Äste vornehmen. Wenn das Interesse des Publikums nachlässt, dann werden wir es weiter oben versuchen. Da Übung bekanntlich den Meister macht, wird es nach und nach etwas flüssiger. So langsam wird der Stamm kahl und übrig bleiben die frischen Flächen der gesägten Stellen. Der Stamm ist in mehrere Richtungen mit dünnem Draht abgespannt, um ihn gegen Windbewegungen zu schützen. Wir lassen ihn vorerst so stehen und werden ihn vielleicht noch als Maibaum verwenden – wenn denn im neuen Camp Platz dafür ist.

Die Gerüchteküche brodelt und es scheint sich zu verdichten, dass wir eigentlich keine andere Option als den Auszug aus dem Camp Warehouse haben. Wenn es so kommt, werden sich nochmals Verbesserungen in der Unterkunft ergeben, nur der vorhandene Platz im Camp scheint ein Problem. Das neue Camp wäre verdammt klein. Auch ist noch nicht sicher, ob die Absicherung unseren deutschen Anforderungen standhält. Daher sehen sich in den nächsten Tagen und Wochen verschiedene Kommissionen aus Deutschland und von hier dieses neue Camp ACCL genauer an. Die Entscheidung muss aber schnell fallen, da die ersten Umzugsvorbereitungen schon laufen. Die nächsten Wochen werden zeigen, wie die verschiedenen Herausforderungen angegangen werden.

Wir bringen noch sämtliche Äste in den Außenbereich unserer Anlage und fegen die Kleinteile zusammen. Nun ist genug Platz, um die gesamte Einheit, die aus gerade einmal gut 25 Deutschen und Angehörigen von anderen Nationen besteht, hier antreten zu lassen.

Viel Zeit bis 17 Uhr ist nun nicht mehr und da ich die Sägen noch wegbringen muss, nehme ich mir eine Cola aus dem Schrank und trage sie in eine Strichliste ein. Diese Strichliste wird noch heute Abend abgerechnet, also immer zu diesem festen Termin. Auch wenn es sich langsam wie Cola-Werbung anhört, aber nach schweißtreibender Arbeit schmeckt so etwas Kaltes echt lecker. Ich war zwar noch nicht wieder beim Sport und es macht sich ein kleiner Rettungsring unter der Uniform bemerkbar, aber auf die Cola möchte ich nicht verzichten. Eigentlich habe ich eine recht sportliche Figur, nur mittlerweile fast sechs Wochen ohne Sport und reichlich Feiertagsfutter hinterlassen Spuren. So langsam treffen immer mehr Kameraden ein, von denen einige Ungarn, Franzosen und Kroaten sind. Die Italiener und die Belgier haben die Einheit in den letzten Monaten bereits verlassen und werden vorerst auch keine weiteren Soldaten schicken. Schade eigentlich, dies hat in vielen Bereichen neue Erfahrungen gebracht und wir konnten voneinander lernen. Gerade die Zeit mit Pim, dem ersten ausländischen Kameraden an meiner Seite, hat viel Spaß gemacht und uns beide ungemein bereichert. Auch wenn der Deal, dass ich von ihm Englisch lerne und er von mir Deutsch, nicht ganz aufgegangen ist. Bei den Niederländern sind die Fahrlehrer alle nur „einfache Unteroffiziere", während es in Deutschland Feldwebel auf Meisterebene sind. Doch das hatte keinerlei Einfluss auf unsere Zusammenarbeit. Pim war ursprünglich im HQ (Hauptquartier) eingesetzt. Doch da er tatsächlich nichts zu tun hatte und von uns erfuhr, fragte er an, ob er uns unterstützen könne. Das wurde genehmigt und ab da waren wir das erste Halbjahr 2010 zusammen mit unserem Major unterwegs. Dass Pim da war, hatte viele Vorteile, da er regelmäßig ins HQ musste und wir so einerseits etwas herumkamen und andererseits auch mal andere Methoden sahen und andere Perspektiven auf unsere Tätigkeit bekamen. Er ist einer der Menschen, die ich gerne einmal wiedersehen würde. Von Kameraden habe ich erfahren, dass er nicht mehr bei der niederländischen Armee ist, da sein Vertrag endete. Viele gute Bilder, die er mit seiner hochwertigen Kamera damals machte, werden mir noch viele Jahre gute Erinnerungen liefern.

Der Oberst ist zusammen mit seinem Stellvertreter eingetroffen, der bis Sonntag noch der eigentliche Leiter der Einheit ist. Da der Oberst noch nicht offiziell die Amtsgeschäfte übernommen hat, bleibt so lange sein zukünftiger Stellvertreter, der derzeit die Amtsgeschäfte leitet, der Leiter. Wir sammeln uns auf der großen Fläche, es wird langsam dunkel und die Temperatur fällt merklich ab. Mit dem Kälteschutz aus Masa und meinem „Wärme Strampler" (Wärmeschutzkombi), bin ich aber auch für einige Minuten mehr gerüstet. Die Ansprache des Oberstleutnants und des derzeitigen Leiters erfolgt in Englisch. Ich muss mich sehr konzentrieren, um ihm klar folgen zu können. Auch wenn sich mir der Sinn erschließt, huschen mir doch einige Vokabeln unter, die ich nicht kenne. Der Oberst ist gut drauf und macht sogar ein paar Scherze. Auch wenn man sie nicht gänzlich aufgrund fehlender Sprachkenntnisse versteht, dann wird trotzdem erst mal mitgelacht. Er beginnt damit, meinen Vorgänger zu verabschieden und nimmt sich dafür auch recht viel Zeit. Auch wenn sich irgendwie der Hauptsinn seiner Worte um Fußball und Bier drehen bekommt man den Eindruck, dass er meinen Vorgänger persönlich mag. Nach der Verleihung der Einsatzmedaille, das natürlich im „Stillgestanden“ erfolgt, überreicht er noch das Einheits-Wappen und ein Bild von Kabul in einem geschnitzten, goldfarbenen Rahmen. Es zeigt Kabul mit viel grün, zu einer Zeit, als es noch einige Bäume mehr gab, die den darunter wachsenden Pflanzen Schatten gespendet haben.

Das Abholzen dieser Bäume hat einen Teufelskreis ausgelöst. Dadurch sind die Gräser und Blumen vertrocknet, wurde der Boden trocken und staubig. Heute versucht man diesen Fehler rückgängig zu machen, doch auch hier zeigt sich, dass zerstören meist einfacher ist, als etwas zu schaffen. Und wofür hat man die Bäume abgeholzt? Um es als Feuerholz zu verkaufen. Als ich im letzten Einsatz das erste Mal nach etwa drei Monaten Urlaub gemacht hatte, da konnte ich mich auf dem Weg nach Hause über die deutschen Straßen gar nicht an dem Grün sattsehen. Auch die Afghanen, denen man Bilder von Deutschland zeigt, sind stets begeistert. Doch wer hat bei uns zu Hause dafür überhaupt ein Auge? Wir nehmen so etwas als selbstverständlich hin und vergessen dabei sehr schnell, dass es auch anders sein könnte. Mit viel Aufwand versuchten der afghanische Major und seine Feldwebel einen Gemüsegarten anzulegen. Direkt vor dem Unterrichtsgebäude hat er dafür den Boden bestellen lassen. Kleine Bewässerungsgräben wurden gezogen und Parzellen mit kleinen Erdwällen umrandet. Mit Samen aus Deutschland von Gurken, Tomaten und Radieschen wuchs langsam eine kleine Pflanzenwelt heran. Optisch passte das überhaupt nicht in das graue, staubfarbene Bild des Fahrschulgeländes, doch es hatte etwas. Es wurde sichtbar, dass auch hier etwas entstehen und sich entwickeln kann, wenn es den Willen und die Anstrengungen dazu gibt und nicht irgendwelche Dummköpfe es unsinnig zerstören. Aber die gibt es bei uns auch, denn der Müll in den Autobahnausfahrten spricht schließlich für sich. Das Ergebnis, als dann das Gemüse langsam reif war, konnte sich sehen lassen. Nur das dann nach und nach angegessenes Gemüse zwischen den Wegen und um das Unterrichtsgebäude herumlag, fand ich nicht gut. Bis ich es dann selbst einmal probierte und mir klar wurde, dass das Zeug nahe an der Grenze zum Ungenießbaren war. Es musste am Boden gelegen haben, genau konnte es mir aber auch kein Afghane sagen. Danach haben wir das Gemüse gegen Rosensträucher getauscht. Das sah farblich natürlich auch toll aus und wenn man für ausreichend Wasser sorgt, dann blüht unter dieser afghanischen Sonne fast alles.

Es wird noch ein weiterer Kamerad verabschiedet, etwas kürzer, aber mit dem gleichen Orden, dem Wappen und dem Bild. Nun sind die Neuankömmlinge dran und da geht es wie fast immer nach Dienstgrad. Daher darf ich mich in diesem Fall als erster melden und lege mich beim Nachvornelaufen fast auf die Nase. Das ich wirklich gute Reflexe habe ist mir schon oft aufgefallen. Gerade wenn mir Dinge heruntergefallen waren oder jemand mich kitzeln wollte und mich das reflexartig „Ausschlagen" lies.

Nach meiner Versetzung von der Fregatte zur Luftwaffe musste ich einige Wochen später zu einer Nasenoperation nach Hamburg. Bei warmer Umgebung schwollen meine Naseninnenflügel so stark an, dass ich durch die Nase nicht mehr atmen konnte. Gerade an Bord, wo in den Betriebsräumen mitunter mehr als 50 Grad Celsius waren, stellte sich das für mich als Problem heraus. Es sollte ein schneller und unkomplizierter Eingriff unter örtlicher Betäubung werden. Kurz bevor ich in den OP geholt wurde, lag ich in meinem Krankenhausbett und las auf der Seite liegend eine Zeitschrift, mit dem Rücken zur Tür. Unbemerkt kam ein Pfleger von hinten an mein Bett heran und drückte mir schnell und kurz seinen Finger an meine empfindlichste Stelle im seitlichen Hüftbereich. Natürlich zuckte ich unkontrolliert zusammen. Ohne große Erklärungen kam erst mal: „Das ist nicht gut!" aus ihm heraus. Auf mein Nachfragen, was er denn meine, zeigte er mir ein kleines Blechtablett, auf dem eine Spritze mit einer unglaublich langen Nadel lag. Die musste etwa 10 bis 15cm gehabt haben und daneben Desinfektionsmittel und Tupfer. Das wäre eine Beruhigungsspritze, welche in das Becken gespritzt würde. Ich war mir sicher, dass ich so etwas nicht brauche, aber er ließ sich nicht überreden. Sein Problem war nun, dass er die Befürchtung hatte, die Nadel könne brechen, wenn ich zucke und der, wie er es nannte „Turtle-Effekt" einsetzen. Also griff er zu einem sehr merkwürdigen Trick. Um meinen Körper vor dem Spritzen so wenig wie möglich zu erschrecken, wollte er mit seinem Fingernagel einen Abdruck setzen. So weit so gut, da so der genaue Einstich fixiert wird. Dann bat er mich kurz zum Fenster zu schauen, doch im Blickwinkel und der Spiegelung des Fensters konnte ich sehen, wie er die Spritze wie einen Dartpfeil in die markierte Stelle warf. Die Spritze wippte an der langen Nadel noch kurz hin und her, bevor er sie langsam, bis zum Ende hineinstach. Das schmerzende Gefühl der eingedrückten Flüssigkeit in mein Becken, hatte ich ab da ungefähr zwei Wochen lang. Wäre die Nadel jedoch zwischen den Beckenknochen abgebrochen, wäre das eine weitere spannende OP geworden. Im OP-Saal wurde mir dann mit Narkosemittel getränkte Watte durch die Nasenlöcher in den Rachen gezogen und anschließend mit einer Art Seitenschneider die Nasenflügel abgekniffen. Das Knacken der Knochen, was direkt in meinem Kopf stattfand, werde ich wohl auch nie mehr vergessen. Auch wenn ich noch einige Jahre gebraucht habe, um meine Nase wieder fast uneingeschränkt zu nutzen, hat sich die OP doch gelohnt.

Mein Ausrutscher auf dem Weg zum Oberstleutnant muss lustig ausgesehen haben, auch wenn ich mich blitzschnell abgefangen habe, oder gerade deswegen. Das nutzte der Oberstleutnant auch gleich, um meine Begrüßungsrede aufzuhübschen. An der Stelle, wo er meine schon geleistete und noch vor mir liegende Einsatzzeit anspricht, sind gerade bei den anderen Nationen verschiedene Emotionen in den Gesichtern zu lesen: Von Erstaunen über Bewunderung bis hin zu leichtem Entsetzen ist alles vertreten. Der Gang zurück in die angetretenen Reihen klappt ohne Ausrutscher und sogleich geht es mit Felix weiter. Auch hier gibt es noch keine langen Worte, denn wir sind ja erst seit einer Woche da. Damit ist der offizielle Teil des Antretens vorüber und wir gehen in den lockeren über. Es wurde selbst gemachte Erbsensuppe gekocht und durch den Einstand des Oberst gibt es Freigetränke. Da der Kamerad, der normalerweise für die Musik zuständig ist, gleichzeitig mit der Erbsensuppe beschäftigt ist, schaue ich noch nach der Anlage. Sie besteht aus einem Laptop, einer Festplatte, den verteilten Boxen und einem kleinen Mischpult. Damit könnte man sicher auch als DJ auf Tour gehen. Ich versuche mich da rein zu finden, doch zugegebenermaßen ist das nicht ganz einfach. Ich muss zwar jedes Lied einzeln in den Player ziehen, doch die Musik läuft erst mal. Die Stimmung ist gut und da der Oberst ebenfalls direkt am Tresen bei der Anlage steht, dauert es auch nicht lange, bis wir ein paar

Worte wechseln. Aus dem Gespräch mit seinem zukünftigen Stellvertreter heraus, dreht er sich zu mir und fragt: „Sind Sie eigentlich Berufssoldat?“ Dabei kann ich mir das Grinsen nicht verkneifen, denn einerseits fühle ich mich geschmeichelt, wenn man mich für jünger hält, andererseits habe ich die Richtung dieser Frage schon öfter gehört. Daher antworte ich kurz und knapp und gebe ihm damit ein wenig Zeit darüber nachzudenken: „Ich bin seit fast zehn Jahren Hauptfeldwebel Herr Oberst.“ Selbst sein Stellvertreter zieht bei dieser Antwort ein wenig die Augenbrauen hoch. Die beiden bringen ihre Gespräche zu Ende und der Oberst wendet sich erneut mir zu. Mit einigen Höflichkeitsfragen steigt er ein und stellt mir seine Ansichten zu verschiedenen Themen dar. Die Antworten versuche ich kurz und überlegt zu halten. Denn weder möchte ich Unsinn reden, noch finde ich es gar nicht schlecht, mal mehr zuzuhören als selbst zu reden. So kann man dabei in kurzer Zeit viel vom Gegenüber erfahren. Bei ihm habe ich ein gutes Gefühl, er wirkt sachlich und beherrscht. Seine Art ist sympathisch und er unterlässt jegliche Art von Arroganz. Eine gute Basis, um bei Untergebenen Anerkennung zu finden und auch für die Zusammenarbeit mit den Afghanen ist das vorteilhaft. Zwischendurch ziehe ich immer wieder neue Musik nach, um das ganze am Laufen zu halten.

Mein Magen knurrt aber mittlerweile und etwas zu essen wäre jetzt schon ganz gut. Zwar ist Erbsensuppe absolut nicht mein Lieblingsgericht, dennoch gebe ich Selbstgemachtem gerne eine Chance. Wenn sich schon jemand die Mühe für so viele macht, dann sollte man das auch anerkennen. Als ein neuer Titel beginnt, nutze ich die Möglichkeit und gehe zur Ablage, auf der der Suppentopf steht. Das Einweggeschirr ist zwar etwas ungeeignet für eine Suppe, da die Teller sehr flach sind, aber dann nimmt man eben nicht ganz so viel. Auch kühlt die Suppe dadurch etwas schneller ab, denn sie ist kochend heiß. Mit einer Serviette auf der Hand als Isolierung, stelle ich den sehr wabbeligen Teller darauf und balanciere ihn auf den Kühlschrank neben der Anlage. Nun kann ich essen und dabei auch noch die Musik am Laufen halten. Langsam probiere ich die noch dampfende Suppe und muss zugeben, dass sie geschmacklich wirklich gut gemacht ist. Dadurch bleibt sie zwar trotzdem eines der Dinge, die ich nicht unbedingt haben muss, aber gegen meinen Hunger hilft sie gut.

Nach etwa zwei Stunden habe ich dann den Dreh raus und einen kompletten Ordner für die Abspielliste zusammengestellt. Damit kann ich die Anlage nun selbstständig laufen lassen und die Veranstaltung für mich beenden. Morgen ist „Großkampftag", die Stube muss picobello gereinigt werden. Dann wird es unbedingt Zeit für die erste Runde Sport und danach geht es ja schon wieder im Büro weiter. Fahrten müssen angemeldet und Unterrichte überprüft werden. Zwar gibt es um kurz nach 10 Uhr die Möglichkeit, an einem gemeinsamen Frühstück hier im Bereich teilzunehmen, aber da klinke ich mich aus. Nicht, dass ich keine Lust auf Spiegeleier und andere, leckere Dinge hätte, aber mit der Zeit für das Reinigen, Weiterschreiben und Sport, ist das einfach zu knapp. Diese Freitagvormittage sind nun mal die einzige Zeit, in der man für sich ist und sie im Rahmen der Möglichkeiten frei verfügen kann. Wenn ich dann auch noch ein paar Minuten länger liegenbleiben möchte, ist das Frühstück nicht mehr drin. Ab nächster Woche Freitag ist dann auch noch das Waffenreinigen mit dabei.

Die Dose zum letzten Schluck angesetzt, bewege ich mich Richtung Ausgang. Es sind nur wenige Meter, aber sofort wird es wieder kalt. In aller Ruhe bereite ich mich für das Duschen vor und wähle dabei schon mal einen Film von der Festplatte aus. So kann ich danach gleich in das Bett hüpfen, mir die Kopfhörer aufsetzen und den Film starten. Den Fernseher lasse ich währenddessen nebenbei leise laufen. Könnte ja sein, dass auf dem Videokanal gleich auch ein guter Film kommt, dann würde ich mir den eigenen Film für später aufsparen. Doch der Abend klingt mit meinem Film und ein paar Schokobananen aus. Lahm und müde schleppe ich mich danach noch einmal in den Waschraum, um die Zähne zu putzen und dann war es das für heute.

Gegen sieben Uhr morgens weckt mich ein lautes Dröhnen in Verbindung mit anderen unangenehm lauten Geräuschen. Das Reinigungsfahrzeug für die Dixi-Toiletten scheint da zu sein. Es entleert die Behältnisse, welche in größeren Abständen an den Wegen und Zufahrten stehen und reinigt dann eine gefühlte Ewigkeit mit dem Dampfstrahler die Häuschen. Das ist mir eindeutig zu früh für einen Tag, an dem man auch mal ein wenig ausschlafen könnte. Doch einmal wach, drehe ich mich nur noch hin und her. Die Heizung läuft wieder und trotz des offenen Fensters ist es mittlerweile viel zu warm. Dennoch raffe ich mich hoch und schließe das Fenster. Mit einem Shirt aus meinem letzten Einsatz mit der Aufschrift: „Wenn Du nie da warst, dann halte den Mund!“ und einer kurzen Sommerhose bekleidet gehe ich mich waschen. Als ich wiederkomme, setze ich mir meinen MP3-Player auf. Hunger habe ich noch keinen, also besorge ich mir frisches Wasser, Lappen und Reiniger, bevor ich mit dem Putzen loslege. Es scheint nie Enden zu wollen; wenn ich eine Ecke sauber habe, dann blicke ich in den nächsten Dreck. Dieser Staub ist einfach überall. Erst versuche ich noch mit einem normalen Putztuch die Flächen auf den Schränken und an der Tür zu reinigen, doch das ständige Ausspülen, obwohl man keine zwei Meter geputzt hat, nervt einfach. Also nehme ich den großen Wischlappen und setze neu an. Geschlagene zwei Stunden brauche ich für die paar Quadratmeter, um die Wände, Rohleitungen, Spinde und Fenster zu reinigen. Ich kann jetzt aber noch nicht einmal sagen, dass es wirklich sauber wäre. Besser ja, aber wirklich sauber wird wohl nie wieder. Sichtlich durchgeschwitzt bringe ich den Eimer mit dem Schmutzwasser nach draußen und kippe ihn in die Ablaufrinne vor den Hesco. Würde ich das Zeug in die Toilette geben, sie wäre vermutlich sofort verstopft.

Als ich wieder in den Flur komme, steht Felix verschlafen vor mir. Ich hatte wohl zu laut zu der Musik in meinen Ohren mitgeträllert. Aber es ging ja auch schon auf elf zu und dann sollte jeder ausgeschlafen haben. Er ist auch nicht sauer oder so, hatte sich nur gewundert. Die frische Uniform, die ich von der Wäscherei mitgebracht habe, fülle ich noch eben mit meinen Utensilien auf, bevor ich mich dann um mein Essen kümmere. Das Brot ist zwar nicht mehr ganz frisch, aber genießbar. Da ich noch Margarine im Kühlschrank habe, wird es schon schmecken. Es gibt Vollkornbrot mit Jagdwurst und etwas Tomatensoße. Das Ganze bereite ich mir auf einem Plastiktablett aus der Küche, welches unter dem Kleinkram meines Vorgängers gewesen war, zu und trinke dazu das stille Wasser. Jetzt bloß nicht wieder alles vollkrümeln. So gestärkt ziehe ich mir mein Sportzeug an, packe mir Wechselschuhe und ein Handtuch ein und gehe zum *GYM*, dem Fitnesscenter. Wasser liegt noch in der Tasche, da ich draußen immer auf ausreichend Flüssigkeit achte.

Damals gab es hier im GYM bergeweise Wasserflaschen, doch danach sieht es nicht mehr aus, als ich durch die Doppeltür trete. Viel hat sich sonst nicht verändert. Etwas größer ist das ganze geworden. Dafür hat man die Wände zu kleineren Nebenräumen durchbrochen. An den Wänden entlang stehen etliche Laufbänder gefolgt von Fahrrädern. Davor auch recht viele aufgereihte Rudergeräte. Der zweite Teil des Raumes ist fast lückenlos mit Geräten für das Krafttraining zugestellt. Aus jeder Perspektive hat man einen Blick auf Fernsehgeräte, die von den Decken abgewinkelt herunterhängen. Hier läuft von morgens bis abends der polnische Musikkanal. Auch nicht zu laut, so dass ich meine eigene Musik noch weiterhören kann. Demnächst werde ich mich an andere die Sportmachen, ran hängen. Aber heute muss es einfach mal losgehen. Rechts an der Wand stehen Bänke mit Kleiderhaken, an denen man sich umziehen kann. Dort gehe ich hin und hänge meine Tasche an einen der Haken. Schlüpfe in meine Hallenschuhe und schnappe mir mein Handtuch und die Wasserflasche. Das ist zwar nur eine kleine Flasche, aber für die eine Stunde wird es reichen. Direkt vor einem der Bildschirme ist noch ein Rudergerät frei, dass ich mit dem Handtuch auf der Sitzfläche belege. Dann setze ich mich und schlüpfe mit den Schuhen in die Halterungen. Das Display des Gerätes steht noch auf Französisch und es dauert ein paar Sekunden, bis ich durch etwas Glück auf die deutsche Sprache zurückwechsele. Dann beginne ich langsam mit den vorgegebenen Bewegungen und konzentriere mich, sie sauber auszuführen. Alles andere ist schlecht für den Rücken und bekommt man spätestens am nächsten Tag bestätigt. Mein Ziel ist zunächst, mindestens 40 Minuten und 8666 Meter zu rudern – je nachdem, was ich zuerst erreiche. Da die 6 meine Lieblingszahl ist, aber 6666 Meter zu schnell abgespult wären, gehe ich auf die nächste gerade und auf 6 endende Zahl. Nimmt man meine Anfangsbuchstaben des Vor- und Nachnamens als Druckbuchstaben und schiebt sie übereinander, so sieht man eine 6, was mir zu Schulzeiten mal vorgab, die 6 als Glückszahl zu sehen. Auch wenn die Unterseiten der Oberschenkel langsam zu schmerzen beginnen und ich zwischenzeitlich die Handgriffposition gedreht habe, um die Muskulatur zu entlasten, so halte ich doch durch und schaffe die Meterzahl vor Erreichen der 40 Minuten. Jetzt kommt noch ein ausgiebiges Dehnprogramm, bei dem ich von unten nach oben die verschiedenen Muskeln durchdehne. Zwischen den Übungen gehe ich zum Klimmhang und versuche noch eine kleine Serie von achtmal Hochziehen und vier Durchläufen zu machen. Doch das fällt mir sichtlich schwer, denn mit dem Rudern habe ich gerade im Oberkörper die Muskulatur schon stark beansprucht. Also greife ich im Wechsel die Handgriffe um und ziehe so einmal über den Bizeps und das andere Mal mehr über den Trizeps. Das will ich auf jeden Fall auch beibehalten. So habe ich immer eine gute Dehnungskomponente und tue etwas für die Schulter und Rückenmuskulatur.

Ich packe mich wieder warm ein, wechsele die Schuhe und lege mir das Handtuch in den Nacken. Zwar ist die Sonne rausgekommen, aber sie hat noch keine Kraft und sobald man durch schattige Bereiche geht, zieht es sehr kalt am Kopf. Zwar werde ich nicht gerade schnell krank, aber provozieren muss man es auch nicht. Einen ganzen Tag musste ich mich im letzten Einsatz ausklinken. Dabei war ich eines Nachmittages nur in den Stab hochgegangen, allerdings ohne Kälteschutz oder Parka. Als ich dann abends das Büro unplanmäßig spät verließ und es bereits dunkel war, war auch die wärmende Kraft der Sonne verschwunden. Keine 400 Meter zu Fuß haben dann gereicht, um mir eine kräftige Erkältung zu verpassen. Das war mir eine Lehre und hat sich wie so vieles festgesetzt. Das war seit 1996 das erste Mal, dass ich wegen eines Infektes nicht am Dienst teilnehmen konnte.

Meine letzten Krankheitstage hatte ich im Sommer 2009 und mich so fast den kommenden Einsatz gekostet. Eine Woche vor den Sommerferien, an einem Samstag, wollte ich mit der Familie grillen. Dazu hatte ich mir am Rande der Terrasse den Grill aufgestellt und mit Grillbriketts gefüllt. Grillanzünder hatte ich nicht mehr und da meine Frau gerne mit Spiritus die Fenster putzt, sah ich das als Ersatz. Ich holte mir die etwa halb volle grüne Flasche aus dem Putzschrank und tränkte damit die Kohle. Dann stellte ich die Flasche hinter mich auf den Tisch und zündete die getränkte Kohle an. Sicher war mir klar, dass ich dabei vorsichtig sein musste, um nicht von der Stichflamme getroffen zu werden. Nach einem kurzen Aufflammen war der Spiritus anscheinend sehr schnell verbrannt. Die Sonne stand mir direkt vor dem Gesicht und mit leicht zugekniffenen Augen suchte ich die kleine, blaue Flamme. Sie muss so kurz und schlecht erkennbar über der Kohle geflammt haben, dass ich sie gegen die Sonne nicht ausmachen konnte. Also nahm ich den Spiritus, stellte mich mit etwas Abstand zum Grill und spritzte mehr davon auf die Kohle. Das gab natürlich noch einmal eine mächtige Stichflamme. Doch ich stand weit genug mit meinem freien Oberkörper weg. Als ich jedoch die zusammengepresste Plastikflasche wieder entspannte, geschah es. Noch mit der Flasche zu nah an der Flamme zog – wie ich es vorher auch noch nicht gesehen hatte – die Flamme vom Grill in die kleine Öffnung der Spiritusflasche. Dabei entzündeten sich die Gase und die Flüssigkeit in der Flasche schlagartig und verwandelten diese in ein Geschoss. Fast explosionsartig wurde mir die Flasche aus der Hand gerissen und schoss, von der Verpuffung zerrissen, in entgegengesetzter Flugrichtung vom Grill unter meinem Arm durch. Die Reste der Flüssigkeit spritze, abgeprallt vom Stubenfenster hinter mir, bei dem Zerplatzen der Flasche unter meinem Arm und auf Teile meines Rückens. Kurzzeitig und durch den Knall etwas benommen, erstarrte ich für wenige Sekunden. Mir wurde heiß, sehr heiß! Ein leichter Blick nach rechts zur Schulter zeigte ein Bild von Flammen, die meinen Rücken überragten. Mein kleiner Sohn, damals gerade zwei, stand etwa fünf Meter weiter und rollte mit seinem Bobbycar den Gartenweg entlang. Gegenüber dem Grill hatten wir einen Baby Pool für ihn aufgebaut. Kurz überlegte ich, ob ich dort rein springen und mich löschen sollte. Die Hitze am Arm und am Rücken wurde immer stärker, ich sprang, laut stöhnend, einen Schritt auf diesen Baby Pool zu, doch der lag voll mit Spielzeug. Ich hätte mich also mit Schwung und der verbrannten Haut auf jede Menge hartes Plastikspielzeug geworfen. Dann flog mein Blick schnell und schon wirklich panikartig zu dem größeren Kinderpool, dieser stand etwa zehn Meter von mir entfernt. Kurz vorher hatte meine Frau jedoch Chlortabletten gegen Algen dort hineingetan. Meine Gedanken, rational zu denken, wurden immer unkontrollierbarer und überschlugen sich unter den zunehmenden Schmerzen. Es roch schon stark nach verbrannten Haaren und Haut. Ich musste was tun, mich sofort löschen! Mir stieg der verbrannte Geruch von Haaren und Haut immer intensiver in die Nase und schürte eine aufsteigende Panik. Dann entschied ich mich in das Haus zu laufen, nur einen Raum weiter, in der Speisekammer war ein Waschbecken und da wollte ich ran. Gerade als meine Frau mit Grillfleisch beladen aus der Tür treten wollte, sprang ich ihr entgegen. Schreiend, mit den Worten: „Weg da ich brenne!“ stieß ich sie beiseite und sprang nun schon fast sprintartig auf das Waschbecken zu. Die Schmerzen wurden immer stärker und ich fühlte eine einsetzende Lähmung meiner Handlungsfähigkeit. Unzählige Male war ich in erster Hilfe ausgebildet worden. Hatte spezielle Einsatzausbildung genossen und fühlte mich bis dahin wirklich fit in Erstmaßnahmen. Doch unter diesen Schmerzen und der aufkommenden Panik war es fast unmöglich bei klaren Gedanken zu bleiben. Überhektisch drehte ich das kalte Wasser stark auf, während meine Frau hilflos hinter mir stand und wissen wollte, was sie tun kann. Das nahm ich aber nur nebenbei war, denn mir lief einfach die Zeit davon. Das kalte Wasser schleuderte ich mir über die Schulter, unter den Arm und auf den Rücken. Dann war es aus. Großflächig begannen mich Schmerzen zu durchziehen. Mein Körper wurde lahm und ich musste mich am Beckenrand abstützen, um nicht abzusacken. Mein Kreislauf bekam die ersten Aussetzer und mir wurde schwindelig. Dann schleppte ich mich an den Wänden entlang zum Badezimmer. Meine Frau lief immer noch etwas hilflos hinter mir her, wollte mich stützen und wartete auf Anweisungen von mir. Genau weiß ich es nicht mehr, aber ich glaube sie wollte gleich mit mir ins Krankenhaus. Aber ich meinte es ginge schon und wies sie an, mir eine Brandsalbe oder irgendetwas anderes dafür von der Apotheke zu holen. Während sie mit dem Auto losraste, schleppte ich mich in die Dusche. Mein Körper glühte vor Schmerzen und sie schienen immer stärker und tiefer zu werden, so als wären die Flammen noch auf mir. Dann drehte ich das kalte Wasser auf und ließ es mir über die rechte Schulter, den Arm und den Rücken herunterlaufen. Das nahm ein wenig den Schmerz, doch der Kreislauf begann weiter einzuknicken. Von meinen Kräften langsam verlassen, sackte ich auf die Knie. Mit der linken Hand versuchte ich das Abrutschen an der Wand der Duschkabine zu bremsen. Es schien wie eine Ewigkeit, als das Wasser auf mich herunterprasselte und die Schmerzen sich immer wieder die Stellen suchten, die vom kühlenden Wasser gerade nicht optimal getroffen wurden. Dann hörte ich den leisen, aber hohen Klang der Stimme meines kleinen Sohnes. Mit fast ängstlicher Stimme fragte er: „Papa was hast du?“ Darauf hob ich den Kopf und sagte mit verkrampftem Blick „Papa hat ein wenig

Aua, aber geht gleich wieder“. Inzwischen war auch mein mittlerer Sohn aus seinem Zimmer gekommen und sah schnell, dass hier was nicht stimmte. Ich bat, ihn mir den Zimmerventilator zu holen. Meine Kräfte ließen mich immer mehr im Stich, die Schmerzen zerrten an meinem Willen mich zu bewegen, doch ich raffte mich etwas hoch und lief in gekrümmter Haltung in die Stube. Dort ließ ich den Ventilator einstecken und auf der höchsten Stufe laufen. Unter mir bildete sich eine Pfütze und meinen Rücken drehte ich in den Luftstrom des Lüfters. An der Wand abgestützt und sichtlich geschwächt, bewegte ich meinen Oberkörper leicht hin und her, um alle verbrannten Stellen zu kühlen. Bis jetzt hatte ich noch keinen Überblick über das Ausmaß der Verbrennungen. Lediglich meinen rechten Arm hatte ich leicht eingedreht, um auf den Ellenbogen schauen zu können. Er war um den Knochen herum schwarz verkrustet und von dort an ging es bis zum Handgelenk in verschiedenen Übergängen herunter. Gefolgt von Brandblasen, bis zur aufgerollten Hautschichten, war das ganze Spektrum der verschiedenen Verbrennungsstufen erkennbar. Als meine Frau dann wieder bei mir Stand, mit einer fast witzig wirkenden Auswahl an Salben, wurde schnell klar, dass es ärztlicher Hilfe bedurfte. Als Soldat hätte ich nun erst mal den Truppenarzt aufgesucht. Doch samstags ist der in meiner Heimatkaserne nicht besetzt gewesen. Der nächste hätte fast 30 Kilometer entfernt gelegen und auch da war nicht sicher, ob er am Wochenende vor Ort wäre. Also machten wir uns auf den Weg in das örtliche Krankenhaus. Die Fahrt dorthin war die Hölle, die fehlende Kühlung und jede Berührung am Autositz schmerzten unaufhörlich. Die verbrannte Haut hatte sich begonnen zusammen zu ziehen und die Blasenbildung hatte auch noch weiter zugenommen. Glücklicherweise mussten wir nicht lange warten, obwohl das Wartezimmer sehr voll war. Etwas über eine Stunde hatte es nun gedauert, die ersten Hautreste abzuziehen und die Fläche zu versorgen. Ohne Betäubung fühlte sich das wie ein nie enden wollendes Martyrium an. Zum Schluss wurde alles mit Tüchern abgedeckt und sorgsam verbunden. Dann folgte etwas Papierkram, da die Rechnung zur Bundeswehr geschickt werden musste und es gab ein paar Schmerztabletten. Die Belehrung des behandelnden Arztes zum Thema Grillunfälle sollte nicht die Letzte gewesen sein. Und obwohl ich sehr starke Schmerzmittel eingenommen hatte, schienen die Schmerzen einfach nicht aufzuhören. Es machte fast wahnsinnig, wie die Hitze unaufhörlich im Körper stach. Wieder zu Hause angekommen, legte ich mich völlig erschöpft in das Bett. Drehte mich auf die linke, die gesunde Seite und schloss die Augen. Schlafen konnte ich natürlich nicht, aber ich musste versuchen meinen Körper zu beruhigen und etwas Erholung zu geben. Stundenlang quälten mich noch die Schmerzen, bis ich dann erschöpft einschlief.

Ab da musste ich täglich zum Truppenarzt im etwa 30 Kilometer entfernten Standort fahren. Hier wurden mir immer wieder alte, absterbende Hautreste abgezogen und ich bekam täglich neue Brandwunden-Tücher aufgelegt. Die Luxusversion aus dem Krankenhaus – Tücher, die mit Silberionen beschichtet waren und so keine zusätzlichen Schmerzen erzeugten – bekam ich aber nicht mehr. Hier nahm man die günstigere aber auch deutlich schmerzhaftere Variante der jodgetränkten Auflagen. Ob das medizinisch besser war, kann ich nicht beurteilen. Geholfen haben sie aber unbestritten gut. Nur wer schon mal eine kleine Schnittwunde hatte und dort Jodlösung draufbekommen hat, der kennt das unangenehme Brennen. Wenn man jetzt mal versucht das Schmerzgefühl auf eine Fläche von 14 % des Körpers hochzurechnen, kann man sich vorstellen, dass damit Schmerzen kurz vor der Bewusstlosigkeit einhergehen. Mit Schmerzmittel gefüllter Spritze hatte die Krankenschwester neben dem Arzt die Behandlung unterstützt, um auf mein Zeichen das Schmerzmittel zu verabreichen. Aber das wollte ich nicht.

Vier Wochen lang musste ich ab dann erst täglich und später alle zwei Tage diese Prozedur über mich ergehen lassen. Gefolgt von Besuchen bei Spezialisten in Bundeswehrkrankenhäusern und zivilen Fachbereichen. Von einfacher Wundbehandlung bis zur Frage einer Hauttransplantation kamen alle Themen auf den Tisch. Und das alles, weil ich die physikalischen Grundsätze nicht bedacht hatte und trotz besseren Wissens einen Grillanzünder eingesetzt hatte, der keiner war. Den Schock und die Angst, die ich damit bei meiner Frau und den Kindern hinterlassen habe, habe ich erst viel später begriffen. Aber die Schmerzen und dass ich vier Wochen fast nichts allein tun konnte, haben sich bei mir im wahrsten Sinne des Wortes eingebrannt. Nun hatte ich noch ein knappes halbes Jahr, um für den 2010er Einsatz wieder fit zu werden. Heute staune ich selbst oft über die Heilung und auch die nachbehandelnden Ärzte haben mir eine außergewöhnlich gute Heilung bescheinigt. Nur wenn ich heiß Dusche oder man sich die Hautflächen in Ruhe und aus der Nähe ansieht, erkennt man den damals verbrannten Bereich. Selbst die Behaarung hat wiedereingesetzt. Wenn das Thema heute nochmal ab und zu auf den Tisch kommt, dann sage ich spaßeshalber, dass ich später meinen Enkelkindern daraus eine Kriegsverletzung dichten werde. Beim Blick in die Vergangenheit macht es mich schon nachdenklich, denn in unregelmäßigen Abständen habe ich über mein Leben hinweg immer wieder solche heftigen Ereignisse erlebt. Teils natürlich selbst verschuldet, aber das kommt auch bei anderen vor. Beim Grillunfall hatte mich erneut die ungerade Zahl eingeholt: Es passiert an einem Samstag, einem ungeraden Tag in einem ungeraden Jahr. Heute bin ich mir sicher, dass mir so etwas kein zweites Mal passiert und ich meine Lehre daraus gezogen habe. Dass diese ungeraden Zahlen und Tage vielleicht auch meine Glückszahlen sein könnten, im Wissen, dass ich all diese Ereignisse überlebt und überstanden hatte, kam mir damals noch nicht in den Sinn.

Vom Sport zurück muss ich mich sputen. Allzu lange ist die Mittagspause nicht mehr und heute ist Haareschneiden angesagt. Also schnappe ich mir mein Duschzeug und den Haarschneider. Seit 2005 laufe ich mit dem praktischen Drei-Millimeter-Kurzhaarschnitt herum und da ich nun auf keinen Friseur, sondern nur noch auf eine gute Haarschneidemaschine angewiesen bin, mache ich das selbst. Einem kleinen Kreis von Kameraden hatte ich schon im letzten Einsatz die Haare geschnitten und damit mein handwerkliches Talent gemeinnützig eingesetzt. Das wollte ich aber diesmal nicht mehr so publik machen, da es eben auch schnell ein unverhältnismäßiges Ausmaß annimmt. Nur leider hat einer der letzten Kameraden, er war mehr als drei Jahre hier, das nicht für sich behalten. Er hatte es jemandem erzählt, der nun auch wieder hier ist: Felix. Nein sagen ist nicht mein Ding, wenn es keine guten Gründe dafür gibt und daher werde ich schauen, wie es sich entwickelt. Nun bin ich aber erst einmal selbst dran und frisch geschert geht es unter die Dusche. Am Nachmittag helfe ich noch meinem Vorgänger das restliche Gepäck wegzubringen und dann ist der Freitag auch schon um. Morgen geht es dann zum

Flughafen, meinen Vorgänger und den zweiten „Abflieger“ abliefern. Dann beginnt die zweite Woche und damit mein Einstieg in den richtigen Alltag hier in Afghanistan.

Kapitel 3

Kein Krieg und kein Frieden

Die Straßen wirken zwar friedlich, auch wenn hier schon vormittags wieder reges Treiben herrscht, aber das kann täuschen. Insgesamt habe ich den subjektiven Eindruck, dass man uns hier schlechter gesonnen ist als noch 2010. Nie waren mir vorher so viele Kinder in aggressiven Posen und mit Steinen und Schneebällen nach uns werfend aufgefallen. Irgendetwas hat sich verändert.

Es ist Samstagvormittag und wir sind kurz vor dem Flughafen. Wir durchfahren das Haupttor und biegen auf die Umgehungsstraße ein. Im Fahrzeug ist es ruhig und außer dem Aufheulen des Motors nach jedem Gangwechsel des Automatikgetriebes bleibt es das auch. Keiner kann mit Sicherheit sagen, ob der Flug heute tatsächlich geht. Das Wetter ist im Moment wirklich schlecht, denn dichter Nebeldunst und Staub stehen in der Luft. Für die Luftwaffe würde das wohl nicht reichen, um hier zu landen. Doch es ist erst kurz vor elf und der Check-In soll viertel nach 12 sein. Also ausreichend Zeit, um die Lage zu bewerten. Am Hauptgebäude des Flughafens angekommen, sehen wir schon einige deutsche Soldaten stehen. Auch sie wollen heute sicher nach Masar fliegen. Wir nehmen nach dem Einparken Verbindung zu ihnen auf und unsere Annahme bestätigt sich. Dann packen wir uns zu dritt das Gepäck meines Vorgängers und gehen damit zum Check-in. In der Halle stehen schon einige Soldaten anderer Nationen in Reihe vor einem der drei Schalter. An einem Schwarzen Brett ist die Flugliste des Tages angeschlagen. Und da zeigt sich die erste Enttäuschung: Der Flug, auf den mein Vorgänger gebucht war, ist abgesagt. Es gibt noch zwei weitere Flüge für diesen Tag, doch den führen die Norweger durch. Es besteht also zumindest die Chance auf einen Flug, dennoch muss das Gepäck wieder zurück in den Kofferraum des Wolfes. Wir fahren mit einem geliehenen, da unser Wolf ja gerade in der Instandsetzung steht und auf seine Ersatzteile wartet. Wie sich herausstellt, ist auch dieses Leihfahrzeug nicht ganz ohne Mängel. Denn erst nach einigen Versuchen lassen sich alle Türen über die Zentralverriegelung öffnen. Vermutlich sind die Schlösser mal ausgewechselt worden, denn der Schlüssel passt nur für das Zündschloss und die

Fahrertür. Das ist natürlich nicht optimal, denn wenn Ausrüstung und Waffen im Fahrzeug liegen, sollte man es auch verschließen können. Warum auch immer man nun mit diesem Mangel herumfahren musste, es geht nun nicht anders.

Ab jetzt haben wir Zeit, denn der nächste Check-In ist erst gegen 14:30 Uhr. Laut Aussage unseres Flugbuchers (Flugkoordinator) möchte er die beiden Kameraden unserer Einheit nun nachbuchen. Wenig später wird das erfolgreich bestätigt. Also nutzen wir die Zeit um auf der PX (kleine Einkauf-Shops) -Meile in eine Kaffeebar zu gehen und eine Pause einzulegen. Danach durchstreifen wir einen Teil der verschiedenen Shops. Irgendwie hat sich auch hier nichts geändert, warum auch? Die Angebote sind zwar aktuell, aber eben in der Sache unverändert. Die Zeit vergeht und vergeht einfach nicht. Doch dann kommt endlich der nächste Anlauf. Schon etwa 40 Minuten vor dem eigentlichen Check-in sind wir in der Abfertigungshalle und stehen vor dem richtigen Schalter. Kurz nach uns kommen die ersten VIP-Gäste, eine Delegation afghanischer Offiziere, und dürfen sich nach vorne in die mittlerweile angewachsene Warteschlange begeben. Damit sind inklusive der amerikanischen Begleitung schon mal zehn Plätze weg. Bevor das eigentliche Einchecken beginnt, stellt sich die Dame vom Schalter vor die wartende Reihe, um eine Ansage zu machen. Auf Englisch erklärt sie, dass maximal 54 Plätze an Bord frei sind. Die Anzahl der Wartenden und damit Nachgebuchten steht jetzt aber schon bei 40. Die Aussage, dass wer zuerst bucht die freien Plätze erhält, nützt uns aber wenig. Leider hat das Nachbuchen nicht funktioniert. Die ganze Wartezeit war damit vergebens. Als das klar wird, ist mein Vorgänger sichtlich erbost und flucht vor sich hin. Verständlich. Zwar soll der eigentliche Flieger nach Deutschland erst am Montag von Termez gehen, doch wenn er morgen auch nicht aus Kabul kommt, kann es zeitlich durchaus eng werden. Mehr als fünf Stunden hatten wir ohne Fahrzeit für diesen Anlauf gebraucht. Gut, dass ich den Stubenschlüssel meines Vorgängers noch nicht abgegeben habe. So muss er sich nur frische Bettwäsche besorgen und kann nochmal eine Nacht in seiner Stube verbringen. Das Nötigste für die Reise hat er ohnehin in seinem Rucksack. Er verschwindet auch nach unserer Ankunft im Camp gleich wütend in seiner Stube und hat auch nicht mehr vor, herauszukommen. Er schiebt die Schuld auf den Flugbucher, der anscheinend nicht in der Lage war diese Nachbuchung zu organisieren. Wie auch immer. Morgen geht der nächste Flug und dann starten wir erneut. Schade nur, dass wir dadurch keine Zeit mehr an diesem Tage finden, um zu „unseren“ Afghanen rauszufahren.

Mir knurrt der Magen und es ist Zeit für das Abendbrot. Mein Oberleutnant und ich gehen gemeinsam in die französische Küche. Es gibt Pizza, wie fast jeden Abend. Und damit ist man auch ganz gut beraten. Zusätzlich gibt es in der Abendverpflegung einen Softdrink, den ich mir für die Stube mitnehme.

Zwar fliegen wir in der Regel zwei Tage vor dem eigentlichem Deutschlandflug aus Kabul heraus, aber viel Spielraum bleibt nun nicht mehr. Und wenn vielleicht die Frau zu Hause auch noch Urlaub an den Einsatz geplant hat, wirft so eine Verzögerung alles über den Haufen. Der nächste Airbus fliegt erst zwei Tage später. Vielleicht wird es ja morgen etwas.

Da wir das geliehene Fahrzeug wieder abgeben müssen und Plätze in den Fahrzeugen nur begrenzt vorhanden sind, bleibe ich beim zweiten Anlauf im Camp. Kurz vor der Abfahrt aus dem Camp verabschiede ich mich noch einmal von meinem Vorgänger und hoffe für ihn, dass dieser Anlauf glückt. Dann gehe ich ins Büro und mache aus diesem Tag einen „Camp-Day“. Damit bleibt mir genügend Zeit, einige Vorschriften von den Fahrzeugen durchzusehen, die außerhalb des Camps eingesetzt werden. Dabei geht es mir speziell um die Sonderfahrzeuge, da ich damit damals kaum Berührung hatte. Wie sich wenige Stunden später, als mein Oberleutnant vom Flughafen zurück ist, herausstellt, hat es mein Vorgänger nun auch nach Masar geschafft.

Es ist Sonntag und wir müssen immer noch auf ein Leihfahrzeug zurückgreifen. Diesmal bekommen wir es vom Stellvertreter sogar mit dem Fahrer. Er ist ebenfalls mit mir Anfang Januar hergekommen, nur hatten wir ihn während der Reise noch nicht als Mitglied unserer Einheit ausgemacht. Da wir nun zu dritt fahren, setze ich mich nach hinten rechts. Als wir im Ausbildungsbereich der Afghanen ankommen, ist nur wenig Betrieb. Unsere Sprachmittler kommen gerade an und nur wenige Soldaten laufen hier herum. Das bringt mich zu dem Vorschlag, doch mal im Gelände nach der Ausbildung zu schauen. Der Oberleutnant ist einverstanden und da noch andere Deutsche mit Fahrzeugen im Bereich sind, fahre ich mit meinem Fahrer und meinem

Sprachmittler Avabi raus. Entlang einer kurvig und leicht hügeligen Betonstraße, kommen wir nach wenigen Minuten dort an, wo die Fahrlehreranwärter und Fahrschüler ihre Runden drehen. Nur wenige Soldaten sitzen herum und eigentlich sind alle Fahrzeuge in Bewegung. Das ist gut und nicht selbstverständlich.

Inmitten eines fast unüberschaubaren Geländeplatzes, der durch die verschiedenen Fahrspuren durchzogen wird, steht der afghanische Oberleutnant und schaut sich das Treiben an. Wir fahren zu ihm hinüber. Langsam und übervorsichtig lenkt unser Fahrer den Wolf über das schneebedeckte Gelände. Mit kurzen Tipps weise ich ihn auf die Möglichkeiten des Wolfes im Gelände hin, ohne jedoch schon den Fahrlehrer raushängen zu lassen. Er wirkt etwas ungeübt. Beim afghanischen Oberleutnant angekommen, gehe ich mit Avabi auf ihn zu. Auch er spricht recht gut Englisch und macht einen klugen Eindruck. Das Staubschutzhalstuch weit bis unter die Nase gezogen, die Hände in den Taschen vergraben, kann er sein Frieren nicht verstecken. Ich erkundige mich nach der Ausbildung, den Anwesenheitszahlen und den ausbildenden Fahrlehrern. Geduldig und freundlich lässt er sich auf das Gespräch ein. Dass er hier als afghanischer Offizier in der Kälte steht und auch wirklich konsequent die Ausbildung überwacht, ist schon etwas ungewohnt für mich. Es freut mich zu sehen, dass sich doch etwas tut und sich die Einstellung zum Dienst verbessert hat. Natürlich hoffe ich, dass er damit keine Ausnahme bleibt, doch das wird sich die nächsten Wochen zeigen.

In etwa vier Kilometern Entfernung kann man durch den Morgendunst das alte Gelände erahnen. Dort hatten 2010 die Afghanen noch ihre Ausbildung durchgeführt. Das Gelände ist deutlich weiträumiger und anspruchsvoller. Doch da die Anfahrt etwas länger dauert, hat man sich für dieses kleinere Gelände entschieden. Mich interessiert, wie sich der hintere Bereich verändert hat und entschließe mich, mit den anderen beiden wieder aufzusitzen und weiterzufahren. Eine gute Gelegenheit, um dem jungen Fahrer etwas Landschaft zu zeigen und seine Fähigkeiten im Geländefahren zu schulen. Nicht ganz einfach heute, denn gerade die nicht befahrenen Bereiche liegen unter einer hartgefrorenen Schneedecke. Das macht die Beurteilung des Untergrundes nicht ganz einfach. Langsam rollen wir wieder zur Straße und nehmen dort angekommen etwas Fahrt auf. Eine letzte Straßenkontrolle der afghanischen Sicherheitskräfte, bevor es durch eine enge und scharfe Kurve in den Geländeabschnitt geht. Noch fahren wir auf Beton, doch schon wenige Meter später biegen wir nach rechts in einen Schotterweg ein. Von hier aus kann man wunderbar auf das gesamte Gelände blicken und hat bei guter Sicht etwa zehn Kilometer Sichtweite.

Das Gelände ist im Osten von den hohen Bergen des *Hindukusch-Gebirges* umringt und fließt nach Norden weiter in eine Talebene. Am nördlichen Horizont kann man kleine Hütten erkennen. Vielleicht sind es auch kleine Dörfer. Das Gelände ist tief mit älteren Gräben durchzogen. Man kann an ihnen den Weg des Schmelzwassers aus den Bergen erkennen. Wir fahren den holperigen Schotterweg langsam weiter und kommen durch ein zerstörtes Dorf. Alte, teilweise eingestürzte Lehmhütten liegen am Wegesrand. Ein kleines Stück nördlich dahinter werden neue Hallen und Gebäude gebaut.

Eine Zeit lang nutzte man dieses Dorf für Übungen der afghanischen Infanterie. Jetzt scheint es wie ausgestorben. Vereinzelt laufen abgemagerte Hunde in der Gegend herum. Über eine kurze Betonbrücke hinweg überqueren wir ein ausgetrocknetes Flussbett. Der Grund liegt voll mit großen und kleinen Steinen, die auf dem Weg aus den Bergen rundlich geschliffen wurden. Im ersten Einsatz hatte ich mir noch einige schöne Exemplare als Andenken gesucht, aber heute interessiert mich so etwas nicht mehr. Es sei denn, jemand bittet mich darum welche mitzubringen. Es geht weiter an alten Schrottresten vorbei, die nur noch mit viel Fantasie als alte Militärfahrzeuge erkennbar sind, da der Rost sie langsam zerfrisst. An einer Gabelung fahren wir noch ein Stück nach Norden, ich möchte mir einen Überblick über das gesamte Gelände verschaffen. Wir fahren einen kleinen Hügel hinauf und an einem afghanischen Checkpoint vorbei. Diese Checkpoints sind die letzten Kontrollpunkte, um das militärisch genutzte Gelände zu überwachen. Ab hier sollten eigentlich keine Zivilisten mehr in den Bereich hereinkommen. Doch das funktioniert nur teilweise. Von hier, leicht erhöht, hat man einen guten Blick auf eine andere Ausbildungseinheit, die mit dem Fahrtraining beschäftigt ist. Sie gehört zum Nachbarcamp und hat mit unserer Fahrschule nichts zu tun. Es ist dennoch sehr interessant, sie einen Moment lang zu beobachten. Wie an einer Schnur gezogen fahren die Fahrzeuge hintereinander her. Ein wenig nach dem System „Folge mir und schaue zu“. Das ist auch fast der einzige Bereich, in dem Fahrspuren durch den Schnee zu erkennen sind. Wir fahren weiter nach Osten auf die Berge zu. Langsam kann man im Hintergrund Schießbahnen erkennen. Hier wird mit großkalibrigen Waffen geübt und aus Hubschraubern geschossen. Ein wichtiger Orientierungspunk, um auf die alte Fahrschulstrecke zu kommen, scheint nicht mehr dort zu sein. Um aber in die richtige Richtung, südlich das Gelände einkreisend weiterzukommen, müssen wir mit dem Fahrzeug direkt durch das Flussbett. Dann entdecke ich den Turm des alten Panzers, der mir als Orientierung diente. Vermutlich hatte man den Schrottpanzer wegschleppen wollen und dabei den schon gelösten Turm verloren. Nun weiß ich natürlich nicht genau, ob der Turm an der richtigen Stelle liegt und kann die verschneiten Fahrspuren nicht erkennen. Eine gute Gelegenheit, um dem Fahrer eine kleine Weiterbildung im Geländefahren zu geben. Das Gelände ist für den Wolf unter Nutzung der Möglichkeiten durchaus meisterbar. Dazu weise ich den Fahrer an, ab hier in „Low“ zu schalten und die Antriebssperren 1–3 zu aktivieren. An dem Turm vorbei, biegen wir nach rechts in das Flussbett ein. Langsam und schon fast übervorsichtig lenkt er das Auto durch den glatten Schnee. Dann folgt ein steiler Anstieg, den er im ersten Anlauf nicht packt. Er fährt mit zu wenig Schwung und als die Räder durchdrehen, gebe ich ihm das Stopp-Zeichen. Es wäre völlig unsinnig, hier lange weiter zu buddeln und damit die Fahrspur zu zerstören. Wir setzen einige Meter zurück und ich lasse ihn mit etwas mehr Schwung und kontinuierlichem Gas den Wolf langsam, aber beharrlich die Steigung erklimmen. Was nützen einem die ganzen technischen Möglichkeiten, wenn man damit nicht umgehen kann? Doch dann stehen wir auf einer Bergkuppe.

Mein Sprachmittler würde gerne Fotos machen, doch ich winke ab und vertröste ihn auf später. Das wird er in dieser Situation wohl nicht ganz verstehen, doch ich kenne da noch bessere Stellen. Der Fahrer hat einen rötlichen Kopf und scheint sichtlich im Stress. Der Blick führt uns in eine steile Senke. Rauf können die meisten, aber wenn sie dann sehen, wie tief sie fallen können, bekommen sie Angst. Es liegen etwa 200 Meter im 45-Grad-Winkel bergab vor uns. Einen kurzen Moment betrachte ich ihn von der Seite und kann mir das Grinsen nicht verkneifen. Er schaut langsam zu mir rüber und fragt: „Wollen wir dort wirklich runter?“ Die Alternative wäre ja rückwärts dort runter, wo wir hochgekommen sind. Also frage ich ihn: „Hast du Angst?“, und ehrlicherweise gibt er es zu. Nicht selbstverständlich, aber sehr klug. Denn Angst verschafft Respekt vor der Situation und der leitet zu überlegtem Handeln an. Er hat zwar eine Einweisung für das Auto erhalten, aber wie so oft fehlen den Kameraden, wenn es darauf ankommt, wichtige Details. Ich frage ihn, wie er denn dieses Gefälle am besten befahren möchte und ernte ein kurzes Schulterzucken. Darum lasse ich ihn aus der Fahrstufe „D“ in den ersten Gang schalten. Ab jetzt macht der Wolf eigentlich alles allein und man muss nur zusehen, dass man das Fahrzeug gerade und in der Spur hält. Dann lasse ich ihn losfahren und „befehle“ ihm, beide Füße auf den Boden zu stellen. Ab jetzt soll er bis wir unten sind weder auf das Gaspedal noch auf die Bremse treten, denn die elektronische Bergabfahrhilfe regelt das allein. Würde er nämlich bei zunehmender Geschwindigkeit Angst bekommen und die Bremse treten, ist das Blockieren der Räder gerade auf der Hinterachse fast unvermeidlich. Die Folge wäre ein den Abhang herunterrutschender und sich möglicherweise quer drehender Wolf. Wenn dann der Wolf sich etwas zu stark verdrehen würde, könnten wir uns seitlich überschlagen. Beruhigend rede ich auf ihn ein und motiviere ihn dies als Erfahrung zu speichern – schließlich hat er einen Fahrlehrer mit ausreichend Geländeerfahrung neben sich.

Wirklich oft bin ich damals mit meinem Major hier unterwegs gewesen und hatte genügend Erlebnisse sammeln können. Die ersten Schweißperlen auf der Stirn des Fahrers laufen in die Schläfe. Avabi hat inzwischen sein Smartphone eingeschaltet und filmt fleißig mit. Ich schaue ihn nach hinten an und frage, ob alles gut bei ihm ist. Ein breites Grinsen und bestätigendes Kopfnicken kommen mir entgegen. Er ist noch recht jung und hat wenig Angst. Eine weitere Steigung hinauf und wir erreichen einen „Aussichtspunkt“, eine sehr gute Gelegenheit für eine Pause. Wir stehen auf einem Bergvorsprung, etwa 100 bis 150 Meter über dem Tal. Nichts für Menschen mit Höhenangst. Daher empfehle ich dem Fahrer, sich nicht zu nahe an den Abgrund zu begeben. Gerade durch den Schnee lässt sich der Untergrund nur schlecht beurteilen. Doch die Aussicht ist absolut toll! Sehr weit kann man von hier aus bis auf die andere Seite des riesigen Tales sehen, in dem Kabul liegt. Das gesamte östliche Kabuler Areal ist von hier zu überblicken, auch wenn immer noch etwas Staub und Dunst den Blick trüben. Weit unten im Tal kann man teilweise die Jalalabad-Route nach Pakistan erkennen. Häuser und Lehmhütten stehen dicht aneinander. Bis fast an den Fuß des Tales und unserer Aussichtsplattform reichen die schon mit Steinhaufen eingegrenzten Grundstücke. Versucht man hier einmal in Ruhe auch die Details zu erfassen, dann kommt es einem vor wie in einem Film. Stundenlang könnte ich das hier bewundern.

Wird es mal eine Zeit geben, in der die abwechslungsreiche und teilweise wunderschöne Landschaft dieses Landes allen Menschen zugänglich sein wird? Wäre es so, ich würde auch privat einmal wiederkommen. Vielleicht meiner Frau und den Kindern zeigen, wo ich war und was an diesem Land so besonders ist. Aber vielleicht geht es den Menschen hier dabei nicht anders als zu Hause in Deutschland. Sie verlernen es, die schönen Seiten ihrer Heimat zu schätzen. Die Deutschen suchen nach Abwechslung und Erlebnissen in der ganzen Welt, kennen aber die eigene Umgebung oft gar nicht richtig. Wie oft ich gerade nach der Wende erklären musste, wo die Insel Rügen liegt, glaubt mir heute keiner mehr. Dabei ist das die größte Insel Deutschlands und bietet so viel mehr als nur den Ostseestrand. Im Sommer wollen wir mit den Kindern auch wieder dorthin. Aber bis dahin muss ich noch einige Monate hier abspulen.

Etwa eine viertel Stunde lassen wir die Eindrücke auf uns wirken, Avabi raucht mit dem Fahrer währenddessen eine und ich gleite etwas in die Erinnerungen ab. Dann geht es weiter und da wir etwas auf die Zeit achten müssen, nutze ich ab hier nur noch leichtere Passagen. Langsam ist der Fahrer auch wieder entspannt und äußert sich sichtlich begeistert von dieser Ausfahrt. Das freut mich, da ja nicht nur die schlechten Seiten dieses Einsatzes hängen bleiben dürfen. Es geht vorbei an einer alten Unfallstelle eines unserer Fahrlehrer, bevor wir wieder zur Brücke zurückkommen. Jetzt wo ich an diesen Unfall erinnert werde, fällt mir auf, dass auch dieser Fahrlehrer nicht mehr da ist. Er war mit einem militärischen Hummer zu schnell gefahren und wollte einer Schrott-Barriere ausweichen, die als Geschwindigkeitsbegrenzer fungieren sollte. Dabei überfuhr er mit sehr viel Schwung einen Felsen und hob ab. Dann überschlug sich der Hummer seitlich und landete wieder auf den Rädern. Auf der Beifahrerseite war der Spiegel ab und

Teile des MG-Turmes waren beschädigt. Er stieg aus dem Hummer, in dem er natürlich nicht angeschnallt war, und hatte eine leichte Platzwunde am Kopf. Muss wohl ein guter Moslem sein, sonst hätte Gott wohl nicht seine Hand schützend über ihn gehalten.

Während ich nachdenklich aus dem Fenster sehe, passieren wir wieder das ehemalige Übungsdorf und ab jetzt kann sich der Fahrer auch ohne meine Anweisungen orientieren. Im afghanischen Camp angekommen, laden wir unseren Oberleutnant wieder ein und fahren direkt weiter zum Camp Warehouse. Zurück geht es über die staubig gefahrenen Betonflächen, zum Ausgang dieser afghanischen Liegenschaft. Vor uns schließen wir auf zwei *Dingos* (gepanzerte und bewaffnete Fahrzeuge) auf, die ebenfalls den Ausfahrtbereich zur Hauptstraße durchfahren. Dann zieht der erste Dingo in die Fahrbahn des Highway 7 hinein und blockt so für das zweite Fahrzeug die Ausfahrt. So ist sichergestellt, dass die zusammengehörenden Fahrzeuge auch immer zusammenbleiben. Plötzlich zieht unser Fahrer rechts an dem hinteren Dingo vorbei, doch dieser kann uns durch seinen toten Winkel in diesem Moment gar nicht sehen. Vermutlich glaubt unser Fahrer, dass sie gesehen haben, dass wir auch Deutsche sind und die Auffahrt für uns mit blocken. Doch wir fahren einen zivil lackierten Wolf und daher macht diese Annahme keinen Sinn. Der Platz nach rechts wird nun extrem eng, da hier Betonwände aufgestellt sind. Der Oberleutnant beginnt damit, verbal in das Fahrgeschehen einzugreifen, denn noch immer scheint unser Fahrer nicht zu erkennen, dass wir jeden Moment mit dem Dingo zusammenstoßen könnten. Sollte dieser nämlich weiterhin nicht erkennen, dass wir neben ihm fahren und weiter nach rechts in Richtung Camp reinziehen, könnten wir nicht mehr ausweichen. Nun mische ich mich auch ein, auch wenn das vielleicht zu viele Informationen für unseren Fahrer sind. Also weise ich ihn mit deutlicher Stimme dazu an, Gas zu geben. Denn so kann er schnellstmöglich aus dieser Engstelle herausfahren. Würde jetzt der aktive Beifahrer des Dingos seinen Job gut machen, so müsste er uns spätestens jetzt sehen. Eine ruckartige Lenkbewegung signalisiert auch sogleich die Reaktion des Dingo-Fahrers. Die Abgase des Wolfes blasen beim Vollgasgeben den Staub des Bodens kräftig auf. Mit zunehmendem Tempo fahren wir den anderen Deutschen davon. Das war knapp und eigentlich nur eine Verkettung von Unaufmerksamkeiten und

Missverständnissen. Die Fahrt vorher durch das Gelände habe ich als Erweiterung seiner Fähigkeiten betrachtet, doch diese Fahrsituation schien mir schon mehr als ein Anfängerfehler. Zwar er ist erst wenige Tage hier im Einsatz und da kann es schon sein, dass man durch Unwissenheit Fehler macht. Doch er war kurz vorher bereits im Afghanistan-Einsatz und sollte also eine gewisse Erfahrung haben.

Zurück im Camp dauert es dann auch nicht lange, bis ich von mehreren Seiten auf diesen Vorfall angesprochen werde. Die Beteiligten gehen wohl davon aus, dass ich gefahren bin. Normalerweise wäre ich das auch, aber da wir das Fahrzeug nun mal mit Fahrer geliehen hatten, war es eben nicht so. Der Verantwortliche im Dingo war auf jeden Fall stinksauer und hatte durch sein Herumtelefonieren bereits sämtliche Leute aufgescheucht. Es dauert etwas, um den Sachverhalt richtig zu stellen, denn der Dingo-Fahrer hatte angenommen, dass wir nur schnell überholen wollten. Dem war aber wie zuvor beschrieben nicht so. Am nächsten Tag gehe ich mit dem Oberleutnant zum Transportzug, von dem die Dingos stammen. Gleich morgens bevor wir rausfahren suchen wir den verantwortlichen Oberfeldwebel. Den treffen wir auch an und schon nach wenigen Minuten ist die Stimmung wieder geglättet. Unseren Fahrer haben wir da rausgehalten, weil wir uns für diesen Tag verantwortlich fühlten. Als ich dem Fahrer dann das Klärungsgespräch eröffne, ist er auch sichtlich erleichtert. Es macht sich eben nicht gut, wenn man schon in den ersten Tagen durch solche negativen Erlebnisse im Gespräch ist.

Heute ist Mittwoch und für den Abend eine Trockenübung in Vorbereitung auf die Schießausbildung des nächsten Tages geplant. Obwohl der verantwortliche Ausbilder heute erst aus dem Urlaub zurückkommt, soll der Termin gehalten werden. Das klappt natürlich nicht, da der Flieger verspätet ankommt und zwischenzeitlich keine Fahrten erlaubt sind. Die Sicherheitslage hat sich aktuell verschlechtert und nun muss auf die Fahrtfreigabe gewartet werden. So kommt es, dass wir erst gegen 17 Uhr mit den Trockenübungen in unserem Betreuungsbereich beginnen können. Wir sind dazu in zwei Gruppen aufgeteilt und so stehe ich hier mit den anderen Neuankömmlingen der letzten Tage. So eine Spezialausbildung hatte ich vorher noch nie bekommen. Andere Kameraden hatten mir jedoch davon erzählt und so freue ich mich sehr schon darauf. Einzig die Tatsache, dass ich nicht weiß von welchem Ausbildungslevel hier ausgegangen wird, beunruhigt mich leicht. Schließlich möchte ich nicht wie ein Trottel dastehen. Und da ich einer der wenigen aus Deutschland ohne spezielle Schießausbildung bin, könnten mir einige Voraussetzungen fehlen. Doch der Oberstaber (Oberstabsfeldwebel), der ehemals bei einer Sondereinheit eingesetzt war, macht seine Sache erstaunlich gut. Er passt sich professionell dem Ausbildungsstand jedes einzelnen an und unterstützt bedarfsgerecht auch persönlich. Durch Abläufe im Umgang mit den verschiedenen Waffen versucht er drillmäßig, Automatismen zu schaffen. Da wir morgen auch recht schwierige Übungen umsetzen wollen – zum Beispiel vom Fahrzeug zu schießen – muss das sitzen. Die angekündigten Übungen klingen vielversprechend. Denn sie spiegeln in meinen Augen realistische Szenarien wider und sind daher für unsere Einheit deutlich praktischer als manche allgemeinen Übungen der Einsatzvorausbildung. Nachdem wir nun in verschiedenen Abläufen etwas gefestigt sind, gehen wir an einen Wolf hinter unserem Bereich. Dort spielen wir mehrere Möglichkeiten durch, wie man unter Ausnutzung des Schutzes vom Fahrzeug den Gegner bekämpfen kann. Es fängt an, auch schon hier bei den Trockenübungen Spaß zu machen. Zum Abschluss werden noch einzelne Aufträge für den nächsten Tag ausgegeben, denn einer allein kann so ein Schießen nicht organisieren. Da ich als Fahrlehrer fast alle Fahrzeuge fahren darf und sonst keiner auf den Fünftonner eingewiesen ist, wird der Materialtransport auf diesem LKW mein Auftrag sein. Der LKW ist vom Transportzug ausgeliehen und schon von anderen Kameraden hinter unseren Unterkünften an der Straße abgestellt worden. Ich muss morgen früh nur noch meine Ausrüstung aufladen und den Oberleutnant mitnehmen. Die Schießscheiben liegen schon, fast vorbildlich verzurrt, auf der offenen Ladefläche des LKW. Dann geht es zum Essen und Telefonieren, um den Abend ausklingen zu lassen.

Um kurz nach fünf klingelt mich der Wecker wach. Zwar müssen wir alle erst um viertel vor sechs abfahrtbereit sein, doch da ich noch die Ausrüstung vorbereiten und den LKW abholen muss, ich aber auch keine Lust auf Hektik habe, bin ich eben etwas früher dran. Durch die unbeleuchteten Schotterwege und über die gefrorenen Eisbrocken gehe ich gemütlich zum LKW. Zuerst starte ich die Standheizung, denn bei den gepanzerten Scheiben dauert es teilweise sehr lange, bis sie nicht mehr beschlagen sind. Zugefroren sind sie glücklicherweise nicht. Den Fahrauftrag und die Diagrammscheibe (Aufzeichnungsgerät in älteren LKW) fülle ich in aller Ruhe aus, auch wenn der Fahrauftrag nur sehr schwach bedruckt und kaum lesbar ist. Das schwache Licht der Innenbeleuchtung ist da keine große Hilfe. Mit meiner kleinen Taschenlampe leuchte ich in die geöffnete Motorraumöffnung. Die Lampe im Motorraum ist nur sehr schwach und leuchtet viele Ecken nicht optimal aus. Ich lasse den Leuchtkegel der Taschenlampe einmal durch den Motorraum kreisen und schaue nach Auffälligkeiten. Mir fällt auf den ersten Blick nichts auf und so ziehe ich den Motorölstab. Er ist sehr lang und am Ende tropft schon das pechschwarze Motoröl zäh auf meinen Lappen herab. Auch hier passt alles. Nach einigen weiteren Checks ist alles erledigt. Dann starte ich den Motor, indem ich erst einige Sekunden den Startknopf leicht über den ersten Widerstand gedrückt halte. Wenn ich jetzt lange genug warten würde, ginge eine gelbe Kontrolllampe an, die mir zeigen soll, dass der Motor vorgeglüht hat. Das habe ich viele Male in der Fahrlehrerausbildung angesprochen. Eigentlich ein simpler Ablauf. Doch wenn der LKW beim Starten stark qualmt, erkennt man sofort den „Ahnungslosen". Dann drücke ich den Startknopf durch und mit schwacher Drehzahl meldet sich der Motor in diesen Morgen. Mit leichtem Gas erwecke ich ihn aus seinem Drehzahlkeller und bringe ihn langsam auf Touren. Den Startknopf halte ich noch etwas in der ersten Position gedrückt, denn nun flammt die Vorglühanlage nach. Damit wird die angesaugte Motorfrischluft weiter erwärmt und fördert so eine bessere Verbrennung. Um keine Schäden am Motor und den Anbauteilen wie dem Turbolader zu verursachen, muss sich erst der Öldruck im Motor richtig aufbauen. Wenn man manchmal sieht, wie die Leute in ihre Fahrzeuge springen und bei einem kalten Motor fast mit Vollgas in den Tag starten, dann blutet mir das Herz. Sie können einfach kein technisches Verständnis haben oder das Fahrzeug ist ihnen egal. In meiner ersten Fahrschule haben wir während einer Technikausbildung einmal die Ölleitung am Turbolader abgeschraubt. Dann haben wir den Motor, ohne ihn zu zünden, drehen lassen. Es hat fast 15 Sekunden gedauert, bis das Öl am Turbolader ankam. In 15 Sekunden sind die meisten schon auf über hundert Kilometer in der Stunde, wenn sie es eilig haben. Dann hat der Turbolader schon über 100.000 Umdrehungen in der Minute gemacht und das ohne frisches Öl. Wenn dann das Teil nach wenigen tausend Kilometern den Geist aufgibt, ist natürlich das Produkt, die Automarke oder jedenfalls ein anderer Schuld. Bin mir auch nicht sicher, ob das Auswüchse der Wegwerfgesellschaft sind oder ob es einfach nur Ignoranz ist.

Der Motor läuft jetzt schön rund und die Heizung pustet warme Luft in den Innenraum. Der Luftdruck in der Bremsanlage ist auch ausreichend. Wenn ich gleich vor unserem Feldhaus bin, will ich noch das Licht des LKW prüfen, brauche dazu aber am besten noch einen zweiten Mann. Also fahre ich langsam los und suche mir einen Weg durch das Camp, bei dem ich an unserem Feldhaus herauskomme und gleich in Abfahrtrichtung stehe. Es scheint, als wäre ich der Einzige der wach ist, wie ausgestorben wirkt das Camp in der Dunkelheit. Nach und nach werden die ersten Fahrzeuge aufgefahren und da noch etwas Zeit ist, gehe ich zurück auf meine Stube und schaue noch etwas fern. Der Videokanal ist wirklich praktisch, da ich hier rund um die Uhr Filme schauen kann. Zwar will ich mir jetzt keinen kompletten Film ansehen, sondern nur einen Teil zum Zeitvertreib. Durch die dünnen Wände kann man draußen fast jedes Wort verstehen und da mein Fenster zur Straße zeigt, entgeht mir hier eigentlich nichts. Da es draußen nun immer unruhiger wird, packe ich meinen Kleinkram und mache mich startklar. Mein Oberleutnant steht mit seiner Ausrüstung auch schon beim LKW und raucht gemütlich eine. Nach einer kurzen Begrüßung schließe ich ihm dann die Beifahrertür auf und gehe danach zu einer kleinen Gruppe, die sich bereits gesammelt hat. Nach und nach trudeln dann auch die anderen ein. Der Oberstaber, der heute die Ausbildung leitet, gibt die Lage aus. Darin wird kurz und knapp das wesentliche des Tages und die Einzelaufträge angesprochen. Da ich das größte Fahrzeug führe, werde ich an Position zwei fahren. Insgesamt sind wir mit sechs Fahrzeugen unterwegs, wobei der Leiter und sein Stellvertreter später erst nachkommen.

Keiner von uns hat bis jetzt gefrühstückt, daher steuern wir zunächst das kleine amerikanische *Camp Alamo* an. Gute Idee, denn der Tag, an dem mir das französische Frühstück zum Halse raushängt, ist schon wieder überschritten. Immer nur Obst, Baguette und mit Glück Ei sind mir auf Dauer einfach zu eintönig. Da bin ich bei den

Amerikanern deutlich besser gelaunt. Da bekomme frische Eier nach Wunsch, eine heiße Suppe, die auch noch gut schmeckt, und jede Menge frisches statt Dosenobst. Nach dem Frühstück geht es weiter und obwohl wir recht viele sind, funktioniert dies fast reibungslos. Die Strecke ist fast identisch mit unserer Alltagsstrecke, nur dass wir jetzt weiter durchfahren. Die Schießbahnen liegen vor dem recht großen Berg. Auch eine gute Sache, da man so schnell sieht, ob jemand im Schussbereich unterwegs ist. Und da man hier keine deutschen Sicherheitsstandards hat, sind solche Bedingungen der Sicherheit nur förderlich. Alles ist schneebedeckt und wirkt wie seit Ewigkeiten unbenutzt. Ich fahre mit dem LKW in den vorderen Bereich der Schießbahn, hier wollen wir die Schießtafeln, welche auf der Ladefläche liegen, abladen und aufbauen. Drei Tafeln stellen wir in den linken Teil in einer Reihe auf und die anderen zwei in den rechten Teil. Nach dem Aufstellen ziehe ich mir die Gummiüberschuhe an. Sieht etwas witzig aus, da sie meine Füße recht groß und unbeweglich scheinen lassen. Doch der Schnee liegt etwa 15cm hoch und da ist es nur eine Frage der Zeit, wann die Tropenstiefel und meine Wintersocken durchnässen. Und da wir bis mittags hier draußen bleiben, habe ich keine Lust auf nasse und kalte Füße. Jetzt belächeln mich die anderen noch, da ich der Einzige mit dieser Idee bin, aber die Stunden werden zeigen, wer dann noch lacht. Ab jetzt kann mit zwei Übungsgruppen trainiert werden, die Neuankömmlinge und die alten Hasen. Da die neuen Kameraden dieses Programm zum ersten Mal sehen, ist es etwas einfacher aufgebaut. Die alten bekommen dagegen schon neuere Übungen, die auf dem Erlernten aufbauen. Wir beginnen jeden Durchgang wieder mit einer Trockenübung, bei der uns der Oberstaber noch durch Korrekturen in die richtigen Positionen hilft. Wir haben uns jeder drei Gewehr- und drei Pistolenmagazine aufmunitioniert. Mal schauen, für wie lange das reicht. Um immer erst die Durchgänge auf mich wirken zu lassen, schaue ich mir das bei den anderen an und reihe mich als Vorletzter ein. Bei einigen Übungen kommt man gut aus der Puste. Auch wenn bestimmte motorische Handlungen nicht bis in das letzte Detail sitzen: Wenn uns Außenstehende zusehen würden, das ganze unterschied sich wohl optisch kaum vom Training einer Spezialeinheit. Es macht riesigen Spaß und wir kommen mit dem Nachmunitionieren kaum hinterher. So ein Schießen ist für den Durchschnittssoldaten in

Deutschland gerade zu undenkbar. Weder steht für jeden so viel Munition zur Verfügung wie hier, noch sind solche speziellen Übungen überhaupt vorgesehen. Das Ganze kann ich auf die Positivseite des Einsatzes setzen, denn sonst hätte ich das sicher nicht erlebt.

Auch im letzten Einsatz waren wir recht oft schießen, konnten dabei sogar die Schützenschnur (Schießabzeichen) der Amerikaner schießen. Nicht allzu viele tragen das „Expert-Abzeichen“ auf ihrer deutschen Uniform. Auch etwas, was man sich nur selbst verdienen kann, wenn man die Chance dazu bekommt. Während ich in der Warteschleife meiner Gruppe stehe, weil gerade andere dran sind, mache ich einige Fotos von der anderen Gruppe. Sie trainieren etwa 100 Meter von uns entfernt und mit dem Zoom meiner Kamera kann ich mir das Geschehen etwas näher holen. Sie schießen in Zweiertrupps und beginnen die eigentlichen Schießübungen mit einem Nahkampf gegen einen dargestellten Feind aus Holztafeln. Da hätte ich auch Lust zu, selbst wenn unsere Übungen nicht langweilig sind. Ein Blick auf die Uhr zeigt aber, dass ich mir das für heute abschminken kann, denn wir haben noch etwa eine Stunde und es sind noch vier Durchgänge geplant. Beim nächsten Mal vielleicht. Das Schießen neigt sich dem Ende und die ersten Teilnehmer beginnen damit, die Magazine ab zu munitionieren. Der ganze Müll der Verpackungen wird gesammelt und die Magazine werden wieder in die Boxen gelegt. Ich schnappe mir meine Waffen und gehe zum LKW. Dort sitzt bei offener Tür Jo, ein manchmal zu locker wirkender Kamerad, hinterm Lenkrad und blickt mich erwartungsvoll an. Er würde gerne etwas fahren, eingewiesen ist er. Zwar frage ich mich gerade, warum ich dann fahren sollte, aber nach kurzer Überlegung stimme ich zu. Der Oberleutnant hat sich für ein anderes Fahrzeug gemeldet und so mache ich nun den Beifahrer. Natürlich fahre ich auch gerne, wenn sich die Möglichkeit ergibt, doch genau darum weiß ich wie großartig es ist, wenn man auch mal gelassen wird. Meine Antwort macht ihn sichtbar glücklich. Am liebsten fahre ich Bus, doch seid die Bundeswehr die Fahrzeuge über den Fuhrparkservice anmietet, sind die Möglichkeiten zum Selbstfahren oder um Fähigkeiten aufzufrischen sehr selten geworden. Früher hatte jede Einheit eigene Fahrzeuge und wenn die nicht gebraucht wurden, hat man sich weitergebildet und die Fahrfertigkeiten erhalten. Heute komme ich nur dann zum Fahren, wenn ich mich bei entsprechenden Anlässen freiwillig melde. Da ich in der Regel auch der einzige Nichttrinker bin, gibt es wenigstens diese seltenen Möglichkeiten bei Weihnachtsfeiern und Weiterbildungsveranstaltungen. Jo fährt den LKW an die einzelnen Schießtafeln und mit mehreren Männern bauen wir sie ab und legen sie wieder auf die Ladefläche.

Langsam leert sich die Schießbahn und etwa 20 Minuten später bleiben nur noch die Spuren im Schnee. Die ausgeworfenen Patronenhülsen sind nur schwer im Schnee auszumachen. Doch darum brauchen wir uns nicht zu kümmern, da am Eingang des Schießplatzes schon zwei afghanische Soldaten warten. Sie werden die Hülsen gleich einsammeln, da sie genau wissen, wie viel das Messing auf dem Markt bringt. Sie sind eigentlich so etwas wie die Schießbahnaufsicht, doch erst jetzt wo wir fertig sind, lassen sie sich hier sehen. Auf dem Rückweg in unser Camp stoppen wir noch einmal bei den Amerikanern, denn es liegt auf dem Weg und die Mägen knurren auch schon wieder. Ich hatte mich morgens noch schön warm angezogen, doch in der Mittagssonne wird es nun sehr warm. Die Füße beginnen auch zu qualmen, also entledige ich mich der Überschuhe und bin tatsächlich der Einzige, der trockene Stiefel hat. Obwohl es nicht gerade, wie auf einer Modenschau ausgesehen haben mag, den Zweck hat es erfüllt. Darum kann ich mir beim prüfenden Blick des Oberst auf meine Füße auch den Spruch nicht verkneifen: „Erfahrung ist durch nichts zu ersetzen!“ Das hat er zwar nicht kommentiert, aber seine Mimik spricht für sich.

Zurück im Camp ist die Nachbereitung notwendig, doch irgendwie scheint sich das zu einem einseitigen Spiel zu entwickeln. Noch sind Jo und ich allein. Das Fahrzeug ist vom Transportzug geliehen und daher beschließe ich, es zu tanken und zu waschen. Man tut gut daran, solche kleinen Gesten zu nutzen, um sich die Türe für das nächste Mal offen zu halten. Beim Entladepunkt für das Schießmaterial angekommen, warten schon einige Kameraden auf uns. Ich bin positiv überrascht, denn das hätte ich jetzt nicht gedacht. Die Container stehen sehr eng zusammen, so dass man sie nur schlecht mit dem LKW erreichen kann. Doch Jo traut es sich zu und rangiert den LKW langsam durch eine davorliegende Engstelle. Irgendjemand hatte hier direkt neben der Zufahrt einen Schotterberg abgeladen und nun muss der LKW einseitig darüber. Dabei kippt er gefährlich nahe an eine

Stahlträgerkonstruktion. Schnell wird mir klar, rauf auf den Baum geht meist besser als runter vom Baum. Als wir den LKW leer haben, drückt Jo die Verantwortung gekonnt ab indem er die Aussage trifft, dass dies ja nur ein Fahrlehrer hinbekommen kann, den LKW dort wieder schadlos herauszufahren. Lust auf lange Diskussionen habe ich nicht und außerdem sieht es dann wie kneifen aus. Also springe ich auf und beginne den LKW behutsam zurückzusetzen. Die Panzerung des Fahrerhauses zwingt selbst mich zum Krummmachen, da ich sonst nicht aus der Seitenscheibe, sondern gegen die Innenverkleidung gucke. Die Sonne strahlt von hinten auf den Spiegel und die Fenster lassen sich wegen der Panzerung nicht öffnen und sind vom Matsch der Straße noch recht dreckig. Sehr schlechte Voraussetzungen. Doch jammern nützt nichts und so versuche ich im Zusammenspiel mit Jo, der mich einweisen soll, die kommende Engstelle zu fokussieren. Langsam und sicher rolle ich an den gefährlichen Punkten vorbei. Die wenigsten haben wirklich Angst davor, mal einen Kratzer in das Fahrzeug zu fahren, doch der Schreibkram und die anschließende „Vernehmung“ sind unangenehm. Wer eine Diensthaftpflicht besitzt muss sich nur dann Sorgen machen, wenn er es mit Absicht gemacht hat. Meine würde sogar bei grober Fahrlässigkeit zahlen. Dann geht es noch unter eines der Schleppdächer und der Job ist erledigt. Ein Kamerad des Transportzuges hatte fast zeitgleich einen anderen LKW weggestellt und so können wir ihm die Papiere und die Schlüssel von unserem LKW, der nun frisch gewaschen ist, gleich mitgeben. Das war ein guter Tag, wieder etwas gelernt und diesen Tag mit Sinn gefüllt. Ob das auch alle Soldaten, die ihre vier Monate im Camp verbringen, von sich sagen können, weiß ich nicht. Selbst wenn ich scharf nachdenke, mir fällt auch aus dem letzten Einsatz kein Tag ein, der nicht irgendetwas Interessantes oder Sinnvolles hervorgebracht hätte.

Die Tage beginnen Geschwindigkeit aufzunehmen. Trotz der fast Sieben-Tage-Woche wird es nicht langweilig. Ganz im Gegenteil! Dass ich einigermaßen Haare schneiden kann, bleibt leider wieder kein Geheimnis. Ich mache es ja gerne, doch wenn ich bedenke, dass ich locker eine halbe Stunde pro Haarschnitt planen muss, dann kann das noch sehr zeitintensiv werden. Und meine Freizeit ist auch so schon sehr beschränkt. Daher ist mir die Idee gekommen, zukünftig von jedem „Kunden“ zwei Euro einzusammeln und das in eine Spardose für das Soldatenhilfswerk zu tun. Dann dient das Ganze noch einem guten Zweck. Vielleicht werde ich es schon bei der nächsten Einheitsbesprechung ansagen oder noch etwas auf die weitere Entwicklung schauen. Jetzt nutze ich erst mal den Freitag, um meine Stube und meine Waffen zu reinigen. Dann noch ein wenig schreiben und schon geht es weiter.

Heute ist Samstag und wir werden meinen ehemaligen afghanischen Inspektionschef beim Prüfen besuchen. Darauf freue ich mich schon sehr, denn auch wenn viele schlecht über ihn reden und ihn für bestechlich halten, ich kann ihn leiden. Wir hatten damals ein gutes Verhältnis, auch wenn ich erkennen musste, dass die afghanische Kultur etwas anders funktioniert. Wenn er merkte, dass man etwas für ihn tat, dann war er ebenfalls bereit, etwas für einen zu tun. Doch ganz wichtig, und das beobachte ich bei fast allen Afghanen, ist die Anerkennung und der Respekt. Als mein damals gerade frisch angekommener Offizier der Inspektion versuchte, die Motorradausbildung auf den Weg zu bringen, blieb das lange erfolglos. Auch vorher gab es Motorradausbildung, doch wie so oft war das eingeschlafen, weil die verantwortlichen Mentoren nicht ausreichend an der Ausbildung drangeblieben sind.

Schon damals hatten die Afghanen einen neuen offiziellen Fuhrpark, zu dem eben auch die neuen Motorräder gehörten. Doch die Fahrschule hatte wohl kein wirkliches Interesse, die Ausbildung wieder durchzuführen. Also nahm sich mein Offizier, der selbst leidenschaftlich gern Motorrad fährt, das Ziel vor, die Motorradausbildung wieder zu starten. Nun brauchte er die der Fahrschule zustehenden Motorräder. Doch die standen noch in einem der amerikanischen Depots. Das wäre die Aufgabe von Hashib, dem afghanischen Inspektionschef gewesen, nun diese Motorräder auch offiziell bei seiner Führung zu beantragen. Die hätten ihm die notwendigen Dokumente zum Empfang gegeben. Doch wochenlang redete unser Offizier auf Hashib ein und nichts bewegte sich. Er hatte einfach nicht den persönlichen Zugang zu Hashib gefunden. War vielleicht auch nicht mit dem richtigen Ton und Fingerspitzengefühl an Hashib herangegangen.

Einige Wochen später saß ich mit meinem Offizier beim Frühstück. Ein wenig tat er mir schon leid, denn er wollte wirklich etwas bewegen und fand einfach nicht den richtigen Zugang zu Hashib. Allerdings hatte ich mir auch in den ersten Wochen den Mund fusselig geredet und versucht, ihm gewisse Sitten nahezubringen. Wahrscheinlich wollte er jedoch nicht einsehen, dass ein Hauptfeldwebel ihm in diesem Fall etwas voraushat. Jedenfalls redeten wir beim Frühstück wieder über das nie enden wollende Thema. Da schlug ich ihm eine Wette vor: Ich bat ihn um genau einen Tag und dann stünde das erste Motorrad auf dem Hof. Das würde ja reichen, um sich mit der Maschine vertraut zu machen und mal selbst etwas zu fahren. Zu verlieren hatte er nicht viel, wenn man vielleicht von der persönlichen Kränkung durch den eigenen Misserfolg absieht. Glauben wollte er es dennoch nicht so richtig. Denn zu lange schoben wir das Thema nun schon vor uns her. Mir hätte es fast schon egal sein können, denn meine letzten Einsatzwochen waren angebrochen. Noch an diesem Vormittag hatte ich mir Hashib zur Seite genommen. Brüderlich habe ich meinen Arm um seine Schulter gelegt und dann sind wir ein Stück den Schotterweg vor dem alten Bürogebäude auf- und abgelaufen. Ich habe ihn an die gute Zusammenarbeit erinnert, an all die Gefallen, die er immer wieder eingefordert hatte und erfüllt bekam. Das hatte er auch nicht vergessen und immer wieder in seinem schwachen Deutsch, seine Freundschaft zu mir betont. Dies klang für mich auch ehrlich. Dann habe ich ihn um den Gefallen gebeten, mir eines der Motorräder aus dem Depot zu holen. Natürlich hat er die Lunte gerochen und vermutet, dass mein Offizier mich geschickt hätte. Doch er wusste auch, dass ich ihn nicht belügen würde und dann erzählte ich ihm von der Wette. Nun hatte er es in der Hand meine Ehre zu retten oder mich ins Messer laufen zu lassen.

Einem Afghanen muss man nichts über die Ehre erzählen, denn sie nehmen sie sogar als Rechtfertigung für Tötungen (die sogenannten „Ehrenmorde"). Wenn man das weiß und auch beim Gegenüber anerkannt ist, kann man fast alles bekommen. Genau genommen forderte ich auf diese Weise nur eine Gegenleistung ein und das fand ich legitim. Hashib sprang an und sagte mir das Motorrad zu. Das hieß aber noch nicht viel, denn Zusagen dauern bei Afghanen schon mal etwas. Nicht weil sie einen ärgern wollen oder es gar böse meinen, nein. Sie nehmen nur nicht alles so genau wie wir und wenn es auf der Prioritätenliste eben etwas weiter unten steht, dann dauert es auch etwas länger. Mein Glück war aber, dass die Ehre sehr weit oben steht. Als wir am nächsten Morgen zum Büro von Hashib kamen, stand da doch tatsächlich ein Pickup mit einem Motorrad auf der Ladefläche. Die Sprachlosigkeit meines Offiziers zog mir ein breites Grinsen ins Gesicht. Sie dauerte aber bei ihm nur kurz und ging dann in tosendes Geschimpfe über, welches sicher mit etwas Humor untermalt war. Dafür bedankte ich mich auch bei Hashib, denn dass er mich damit nicht hängen ließ, rechnete ich ihm hoch an. Auch aus solchen Erlebnissen nehme ich die Annahme, dass er mich ebenfalls ehrlich mochte. Bei meinem deutschen Offizier hat diese Erfahrung jedoch sichtliche Resignation nach sich gezogen.

Wir fahren diesmal an einen recht flachen Platz des Trainingsgeländes für die Fahrausbildung. Auch ist das nicht unser Bereich, sondern wird von kanadischen Mentoren begleitet. Hashib ist an diesem Tag als Prüfer eingeteilt, gemeinsam mit afghanischen Offizieren dieser Ausbildungsgruppe. Nach welchen Kriterien diese Prüfereinteilung stattfindet, entzieht sich noch meiner Kenntnis, doch sie sind nicht unumstritten. Noch 2010 hatte uns Hashib oft gebeten bei den Prüfungen anwesend zu sein, da man ihm Bestechlichkeit vorwarf. Nur dann, wenn seine Prüforte zu weit aus unserem Einsatzbereich lagen, musste wir das ablehnen. Es konnten auch böswillige Nachreden von den „Durchfallern" gewesen sein, auch das entzieht sich unserer Kenntnis.

Als wir ankommen, ist die Prüfung schon voll im Gange. Es dauert nur wenige Sekunden, da hat Hashib mich erblickt. Er ist seit 2011 etwas dicker und faltiger geworden. Er unterbricht die Prüfung, um flüchtig die vor mir laufenden Soldaten zu begrüßen und lässt mich dabei nur kurz aus den Augen. Dann erreiche ich den Tisch, auf dem er die Prüflisten und seinen Fragenkatalog liegen hat. Den Katalog hatte ich ihm 2010 nach seinen Wünschen erstellt und jedes einzelne Blatt einlaminiert, um sie etwas haltbarer zu machen. Schon der Blick in diese Mappe macht mich ein wenig glücklich, denn auch diese Arbeit hatte seinen Sinn gehabt. Dann drängelt er sich an dem Tisch zu mir durch und begrüßt mich mit einem strahlenden Lächeln. Mit beiden Armen umgreifen wir unsere Körper, als wollten wir uns gegenseitig hochheben. Dann drücken wir uns für einige Sekunden fest aneinander. Selbst jetzt fühlt es sich an, als wolle er mich fest packen und anheben obwohl er etwas kleiner ist als ich. Diese Begrüßung nehmen die Kanadier mit Verwunderung zur Kenntnis.

Die meisten Nationen bleiben, ob bewusst oder unbewusst, auf Distanz zu den Afghanen. Das mag zum einen der ungewohnte Umgang mit Soldaten, der so in den eigenen Streitkräften nicht üblich ist, und auch an den hygienischen Einflüssen liegen. Nur wenige Afghanen können sich Shampoo und tägliche Duschen leisten. Auch werfen sie ihre Kleidung in viel längeren Intervallen in die Wäsche. Sie haben dadurch bedingt einen strengeren Körpergeruch, den wir verständlicherweise vermeiden wollen. Doch wenn ein Afghane mir freundlich gesonnen ist und bei einer Begrüßung dicht an mich herankommt, ist es das absolut Falsche, ihm durch das entsprechende Verhalten eine gewisse Abstoßung spüren zu lassen. So desinfizieren sich einige Soldaten nach den Begrüßungen im Sichtbereich der Afghanen die Hände, was ganz sicher nicht gut ankommt. Nach fast zwei Jahren in Afghanistan habe ich solche Bedenken fast völlig abgelegt. Ich nehme ihre Rituale an, esse und trinke mit ihnen und wenn es sein müsste, würde ich auch in ihren Zelten schlafen. Bis auf eine Bindehautentzündung, die ich auch beim einfachen Händeschütteln bekommen hätte, habe ich keine mir bekannten gesundheitlichen Schäden durch den Kontakt mit den Afghanen bekommen. Es ist mehr der Kopf, der uns durch die Flutung der Sinnesorgane einen Streich spielt. Wenn ich diese Hemmungen im Griff habe, ist mir die Freundschaft und damit eine gute Zusammenarbeit fast sicher. Denn damit habe ich den meisten, die hier in diesem Land als Ausländer etwas verändern wollen, etwas Unbezahlbares voraus.

Hashib will mich gar nicht mehr loslassen und ununterbrochen prasseln die Fragen nach meinem Befinden und der Familie auf mich ein. Es beeindruckt mich, mit welcher Ruhe und Wichtigkeit er sich die Zeit für unsere Begrüßung nimmt. Doch wir sind heute hier, weil mein Oberleutnant einen Prüfungslehrgang ausgearbeitet hat, zu dem wir die fachliche afghanische Meinung benötigen. Hashib hat zwischenzeitlich den Bereich gewechselt und betreut neben den Nachschubaufgaben auch die Lizenzstelle, in der die Führerscheine erstellt werden. Und da er auch Prüfer für die Fahrerlaubnisklassen ist, wird er auch regelmäßig zum Prüfen eingesetzt. Die zivile Polizei hat vermehrt afghanische Soldaten mit militärischen Führerscheinen angehalten und diese für ungültig erklärt. Da der Polizeioberst in Kabul ein alter Freund von Hashib ist, möchten wir mit ihm und einigen anderen zum Polizeihauptquartier fahren und dieses Thema angehen. Auch das müssen wir mit Hashib abklären. Auf dem Tisch, der vor einem Zelt aufgestellt ist, liegt die aktuelle Prüfliste des Tages. Die Prüflinge werden einzeln und nacheinander aufgerufen. Sie kommen an den Tisch und müssen Verkehrszeichen, auf die Hashib zeigt, im Sinn erklären können. Dies ist vergleichbar mit der theoretischen Führerscheinprüfung in Deutschland. Die Liste ist in Tabellenform gehalten und enthält neben den Teilen für Namen und Dienstgrad ein Feld für die Ergebnisse. Darin macht Hashib verschiedene Zeichen. Die kenne ich noch aus der damaligen Zeit und es sieht nicht gut aus. Denn immer, wenn ich zwei kleine Kreise, die durch einen Strich verbunden sind sehe, bedeutet das durchgefallen. Ist auf dem Verbindungsstrich ein kleines Komma, so heißt das, dass er noch eine zweite Chance bekommt. Es mögen etwa 50 Namen auf der Liste stehen und grob überflogen tippe ich auf 80 % Durchfaller. An diesem Tag werden 100 Mann (es kommen viele dazu, teilweise ohne Ausbildung, mit „Beziehungen oder Schmiergeld“) geprüft und davon bestehen nur 22. Zeitgleich läuft ein Lehrgang in unserer Nachbarinspektion, bei dem 97 von 100 Prüflinge bestanden haben. Das zu verstehen ist nicht so einfach, denn augenscheinlich bilden mittlerweile alle das Gleiche aus. Die Prüfer gehören jedoch zu dem Kommandeur, dem auch die 97 bestandenen Prüflinge zugeordnet sind. Bekanntlich hackt ja eine Krähe keiner anderen ein Auge aus. Das der kanadische Major diese Tatsache mit Unmut zur Kenntnis nimmt, ist verständlich. Er ist der verantwortliche Mentor und steht mit diesem Ergebnis auch bei seinen Vorgesetzten nicht gut da. Laut seiner Aussage kostet die Ausbildung jedes einzelnen Fahrschülers 1300 US-Dollar. Dafür bekäme man schon fast einen deutschen Führerschein, zumindest in den günstigeren Regionen. Der Schaden bei so vielen endgültig Durchgefallenen ist natürlich enorm. Sie müssen diesen Lehrgang noch einmal vollständig absolvieren. Wir einigen uns mit dem Major darauf, dass wir bei der nächsten Prüfung von Anfang an dabei sein wollen. Vielleicht bringt unsere Anwesenheit etwas.

Der Boden beginnt in der Mittagssonne aufzuweichen. Nicht überall ist geschottert und so haftet der klebrige, tonfarbene Matsch an meinen Stiefeln. Auf dem Weg zum Auto versuche ich also so viel wie möglich davon wieder loszuwerden. Damit mein Oberleutnant nicht auch noch mit matschigen Stiefeln in das Auto steigt, fahre ich zu ihm vor. Dann verabschiede ich mich von Hashib und den Kanadiern und steige wieder ein. Das Geschehene gibt uns im Fahrzeug genug Gesprächsstoff für die Rückfahrt in das Camp. Doch denkt man länger über das Ursprungsproblem dieser gescheiterten Prüfung nach, so landen wir wieder in der afghanischen Kultur und der damit verbundenen Mentalität. Selbst Hashib hatte sie am eigenen Leib gespürt und dennoch macht er es nicht wirklich besser. Hashib ist, auch wenn er es nur ungern zugibt, Hazara. Die meisten in dieser Armee gehören aber zur Volksgruppe der Paschtunen. Sein Hörsaalleiter, der unter ihm damals gedient hat, war zu dieser Zeit noch Hauptmann, Hashib Major. Heute sind beide Oberstleutnante der afghanischen Armee. Damit ist Hashib nach vielen Jahren einen Dienstgrad aufgestiegen und Salim, sein Hörsaalleiter gleich zwei, nach nur etwas weniger als 2 Jahren. Salim ist Paschtune. Wenn man über viele Monate einige solcher und ähnlicher Fälle erlebt hat, dann braucht man nur eins und eins zusammenzuzählen und versteht, wie das funktioniert. Das ist natürlich Gift für jedes System, denn wie will ich gute Motivation erzeugen, wenn der Lohn sich nicht an der Leistung orientiert? Sicher gibt es das auch vereinzelt in unserem Land. Aber dann in der Privatwirtschaft und in der Regel nicht so offen nachvollziehbar. Über dieses Thema habe ich schon viele Male mit den Soldaten und Sprachmittlern gesprochen. Alle sehen es und verstehen es auch. Doch irgendwie fügt sich jeder diesem System und denkt nicht einmal im Ansatz an Veränderung. Daher glaube ich auch, dass diese Probleme sich nur durch eine gut gebildete, junge Generation entschärfen lassen. Dies jedoch setzt gute Bildung für möglichst alle Kinder und Jugendlichen voraus und wird sich nur über viele Jahrzehnte ändern lassen. Dem Land sich selbst überlassen ist daher die ungünstigste Lösung, solange keine demokratischen Strukturen und ein dazu wirksames Rechtssystem existieren. Nur wenn man den Verantwortlichen durch Aufsicht zu verstehen gibt, dass sie eben nicht alles machen können und vielleicht ihre Macht missbrauchen, wird es nach und nach besser werden. Das gilt für die höchsten politischen Ämter genauso wie für den Polizisten auf der Straße. Hashib ist einverstanden, uns am kommenden Montag zum Polizeihauptquartier zu begleiten, so halten wir diesen Termin fest.

An diesem Montagmorgen stehe ich sehr früh auf, denn wir wollen kurz nach sieben die afghanischen Offiziere, unter anderem auch Hashib, von der afghanischen Liegenschaft abholen und von dort gemeinsam zur DMS (Driver Mechanic School) fahren, um die Sprachmittler Avabi und Amin aufzunehmen. Schon für 8 Uhr haben wir den Termin beim Polizeioberst und daher wenig Zeit zu vertrödeln. Routinemäßig bereite ich den Wolf vor und begebe mich in unseren Leitstand. Hier wird mir um kurz vor sieben gemeldet, dass im Polizeihauptquartier Gefechte laufen und sich anscheinend mehrere Attentäter in die Luft gesprengt haben. Nachtsichtkameras liefern fast gestochen scharfe Bilder des betroffenen Geländes in den Leitstand. Teile des Einganges sind bereits zerstört und dichter schwarzer Rauch steigt vom Gebäude herauf. Einige Fenster scheinen zerborsten zu sein. Ein etwas ungewöhnlicher Vorfall, da die Uhrzeit einfach sehr früh ist. Sie haben gegen halb sieben das Hauptquartier gestürmt und mehrere Polizisten erschossen; die Angreifer werden im Laufe des Vormittages bei den Gefechten getötet. Hätten sie wichtige Personen wie den Oberst treffen wollen, so hätten sie gegen 9 oder 10 Uhr angreifen müssen. Vielleicht waren es die Aussicht auf die Verkehrslage oder die stärkeren Absicherungsmaßnahmen im späteren Tagesablauf, die sie so früh haben zuschlagen lassen. Jedenfalls sind wir um nur wenige Stunden einer wirklich gefährlichen Situation entgangen. Wir wären dort mit zwei Fahrzeugen und vier deutschen Soldaten aufgelaufen und hätten vermutlich unsere Langwaffen und Westen wieder im Fahrzeug gelassen. Wäre dann dieses Attentat im Gebäude erfolgt, hätten wir ohne Hilfe von außen keinen großen Widerstand leisten können. Weder sind wir für solche speziellen Situationen ausgebildet, noch hätte unsere Pistolenmunition dafür ausgereicht. Im Kopf habe ich ähnliche und viele andere Szenarien schon so oft durchgespielt. Doch wenn es wirklich passiert, dann kann einen die Situation auch schnell überfordern.

Avabi ruft mich auf meinem Diensthandy an und fragt, ob wir bereits die Informationen von dem Vorfall haben. Er ist schon auf dem Weg zu unserer afghanischen Inspektion, daher lasse ich ihn auch dorthin kommen. Amin steht bereits am vereinbarten Abholpunkt und wartet vergebens auf uns. Nach einem Telefonat mit dem Oberleutnant kommt er dann aber auch dort hin. Damit müssen wir den Termin mit dem Polizeioberst auf später verschieben und in einigen Tagen oder Wochen, wenn sie dort wieder alles aufgeräumt und aufgebaut haben, nachholen. Das Problem bleibt nun mal auf dem Tisch. Und dann werde ich ganz sicher meine Weste und mein Gewehr samt aller vorhanden Magazine am Mann haben.

Für die nächsten zwei Tage hat sich hoher militärischer Besuch für unseren afghanischen Bereich angekündigt. Unser Oberst und sein Stellvertreter werden ihn begleiten. Damit der Besuch auch einen umfassenden Eindruck über unsere Ausbildungsbereiche bekommt, planen wir eine „kleine Show". Das muss natürlich mit dem Inspektionschef Rabur abgesprochen werden. Doch auch er möchte sich gut präsentieren und daher können wir voll auf seine Unterstützung zählen. Diesen praktischen Teil werde ich betreuen und koordinieren, damit der Oberleutnant die Besucherdelegation begleiten kann. Avabi wird, weil es sich um einen Australier handelt, für Rabur übersetzen und Amin wird für diese Zeit an meiner Seite bleiben. Anfangs hatte ich noch viele Bedenken mit einem neuen und englischsprachigen Afghanen zusammenzuarbeiten. Hatte lange überlegt, wie ich Amin wiederbekommen könnte. Doch nach fast einem Monat hat sich meine Einstellung gedreht. Nicht das Amin kein guter Übersetzer wäre, ich mag ihn sehr und wir verstehen uns wie Freunde, doch ich profitiere einfach deutlich mehr von Avabi. Durch ihn scheine ich fast spielend täglich mein Englisch zu verbessern. Wenn ich wieder in Deutschland bin und zum nächsten, alle drei Jahre anstehenden, Englischtest muss, bin ich auf die Verbesserung schon jetzt gespannt. Zudem ist Avabi deutlich jünger, näher an meinem Alter und vor allem sehr aufgeschlossen. Wo Amin ein recht strenger Moslem ist, hat Avabi eine gewisse Offenheit, obwohl er auch gläubig ist. Mittlerweile kann ich mich mit Avabi fast stundenlang unterhalten und muss nur selten bei bestimmten Wörtern, die ich noch nicht kenne oder er sie etwas undeutlich ausspricht, nachhaken.

Wir, der Oberleutnant und ich, laufen über den großen Schotterplatz vor dem Führungszelt, um die einzelnen Stationen zu besprechen. Dabei ist uns wichtig, die besonderen Lehrgänge auf der gesamten einsehbaren Fläche zu demonstrieren. Dazu hole ich mir Samuel, einen sehr klugen Feldwebel. Er ist für die Speziallehrgänge verantwortlich und wird daher die afghanischen Soldaten für uns anleiten. Zurzeit läuft noch keiner dieser Speziallehrgänge, da sie erst wieder Mitte März starten. Doch zeigen wollen wir es dennoch, also muss eine kleine Vorführung her. Auch wenn der Oberleutnant seine Vorstellungen kundtut, so lässt er mir bei der Durchführung recht viel Spielraum. Gemäß dem Motto: Ein guter Vorgesetzter muss zu allem auch immer einige Anregungen haben, sonst ist er kein guter Vorgesetzter. Darin besteht heute unser Hauptziel des Tages, diesen Besuch so gut wie möglich vorzubereiten.

Der nächste Morgen ist da und wir sind relativ früh draußen. Es ist erst kurz nach halb 8 und es herrscht reges Treiben auf dem Platz. Das macht gute Laune, denn da der Besuch sich erst für 11 Uhr angekündigt hat, können wir alles in Ruhe vorbereiten. Der Fahrlehrerlehrgang ist derweil draußen im Gelände und führt praktische Übungen durch. Samuel kann ich auch schon sehen, auch wenn er mal wieder mit seinem Smartphone beschäftigt ist. Wenn ich ihn brauche, ist er auch für mich da. Im hinteren Bereich werden gerade die Pylonen für die Motorradausbildung aufgestellt. Daher gehe ich, nach einer kurzen Begrüßung von Avabi und Amin, direkt dorthin. Zwei Motorräder stehen schon draußen. Gemeinsam mit den afghanischen Motorradausbildern legen wir die Abstände der Pylonen fest. Jeder hat seine Meinung und will etwas dazu beitragen. Um keinen Streit wegen einer Lappalie aufkommen zu lassen, schlage ich vor, die Slalomgasse zu testen. Dazu hole ich mir den Motorradhelm und meine Handschuhe aus dem Wolf. Damit gehe ich zu den beiden Motorrädern, um mir eines auszusuchen. Doch die Afghanen haben schon eines für mich festgelegt. Hätte ich wahrscheinlich genauso gemacht, um mir die bessere Maschine zu sichern. Wenn man bedenkt, dass von 10 Motorrädern nicht einmal zwei wirklich in Ordnung sind, dann geht es nur noch darum, wer die Maschine mit den schlimmeren Mängeln bekommt. Darum habe ich auch den verantwortlichen Offizier darauf angesetzt, dass wir in den nächsten Tagen nach Kabul reinfahren, um in der Instandsetzung die Absprachen dafür zu treffen. Leider funktioniert es wie vieles hier nur durch persönlichen Kontakt. Man trinkt Tee zusammen, bespricht alle Wünsche und wenn man sich einig trennt, dann klappt das oftmals auch.

Das Motorrad ist eine leichte Enduro, die mit 18 PS aber ausreichend bestückt ist. Selbst die Ausstattung ist mit einem Elektrostarter gut. Wären jetzt auch noch die Batterien dieser Maschinen in Ordnung, so könnte man sie ganz bequem per Knopfdruck starten. Doch leider bleibt uns nur das „Ankicken" mit dem verbogenen und wackeligen Kickstarter. Die Maschine springt immerhin gleich beim zweiten Versuch an. Jetzt stört nur der verbogene Kickstarter, den man normalerweise einklappen kann. Jedoch steht dieser störend dicht hinter der Wade. Gerade im Gelände, wo man oft stehend fahren muss, geht das gar nicht. Der Bremshebel scheint auch seine beste Zeit hinter sich zu haben, denn er springt nicht mehr in seine Ausgangsposition zurück, wenn man ihn wieder loslässt. Von den ganzen Kratzern durch die Stürze mal abgesehen, scheinen die Maschinen ansonsten aber recht gut in Schuss. Ich setze mir den Helm auf, den mein Vorgänger wohl nur selten gereinigt haben muss. Die schwarze Farbe ist von einer festen Schmutzschicht überzogen und das Innenfutter kommt einem gebrauchten Putzlappen nahe. Mit meinen drei Millimetern auf dem Kopf werde ich mir sicher keine Läuse einfangen, es sei denn sie wandern in meinen Bart.

Die Afghanen scheinen sich zu freuen. Lustig begutachten sie mich und schauen mir dabei zu, wie ich das Motorrad langsam, rückwärts rollend aus der Parkposition schiebe. Der Viertakter knattert noch etwas unruhig vor sich her, dennoch schiebe ich den Choke, der die Verbrennung des kalten Motors etwas unterstützen soll, wieder leicht zurück. Mit wiederholten Drehungen am Gasgriff versuche ich den Motor etwas in Laune zu bringen. Dann ziehe ich den recht gefühllosen Kupplungshebel und klacke den ersten Gang rein. Langsam lasse ich den Kupplungshebel unter etwas Gas kommen und schon nach kaum einem Millimeter Hebel Weg versucht das Motorrad loszufahren. Das ist mir definitiv zu wenig Kupplungsspiel, denn wie soll denn ein Anfänger so das Gefühl für den Schleifpunkt, an dem der Antrieb einsetzt, bekommen? Dann nehme ich Fahrt auf und schalte munter in die höheren Gänge. Doch mit zunehmender Geschwindigkeit wird das Fahrgefühl unruhiger. Der grobe Schotter erweist sich als wirklich ungünstiger Untergrund. Wenn man etwas Erfahrung und Gefühl für das Geländefahren hat, dann kann man solche Einflüsse sicher ausgleichen, aber wie sollen denn die Fahrschüler auf diesem Untergrund das Fahren lernen? Langsam werden die ganzen Sturzschäden an den Maschinen plausibel. Auch das muss sich ändern, wenn wir im März mit dem neuen Durchgang beginnen. Zumindest muss ein einigermaßen ebener und fester Untergrund her. Mit Tempo 40 geht es an der Wache vorbei in den anderen Bereich der Fahrausbildung. Spaß macht das ja, gerade wenn man etwas für das Motorradfahren übrighat.

In meiner Fahrlehrerausbildung habe ich noch auf den alten 125er Krad Herkules meine Berechtigungen gemacht. Oft waren wir schon als Anwärter im Gelände gewesen. Und nicht selten ist dabei auch einiges kaputtgegangen. Meistens jedoch wegen Selbstüberschätzung oder weil man dem recht schwachen Motorrad einfach zu viel zugemutet hatte. Dagegen sind diese 200 Kubikzentimeter-Maschinen wirklich gut und leistungsstark. Kurz überlege ich, mit etwas mehr Gas und leicht fliegender Kupplung das Vorderrad in die Luft zu bringen und so ein paar Meter nur auf dem Hinterrad zu fahren. Doch auf dem Schotter und bei der ersten Fahrt auf einer Enduro seit Jahren ist das Risiko für einen Sturz einfach zu groß. Von der Peinlichkeit gegenüber den afghanischen Fahrlehrern ganz zu schweigen. Dafür lasse ich es mir nicht nehmen, auch die zweite Maschine zu testen. Schon beim Losfahren geht sie merklich besser los und hängt viel giftiger am Gas. Alle Motorräder sind an der vorderen Lampenverkleidung nummeriert und so merke ich mir deren Nummer 8. Jetzt versuche ich auch einmal die Pylonen-Gasse zu durchfahren und merke schnell, dass sie viel zu eng steht. Noch einige Male werden die Pylonen hin und her geschoben, bevor es dann gut passt. Schließlich sollen die afghanischen Fahrlehrer bei der Präsentation fahren und da müssen wir ja keinen Sturz provozieren.

Die Zeit vergeht wie im Fluge und der Oberleutnant signalisiert, dass die Delegation kurz vor dem Eintreffen ist. Mit schnellen Schritten bringe ich meinen Helm und die Handschuhe zurück zum Wolf. Dann rufe ich Amin zu mir und begebe mich mit ihm zu Samuel. Der ist immer noch mit seinem Handy beschäftigt. Über Amin lasse ich ihn dennoch fragen, ob nun jeder auf seiner Position ist und gebe ihm den kurz bevorstehenden Start der Vorführung zu verstehen. Ein afghanischer Wachmann, den ich vorher gebeten hatte die Überprüfung des ankommenden Konvois mit der Delegation nicht allzu zeitintensiv zu gestalten, ist auf den Wachcontainer geklettert. Von dort oben ruft er unter wilden Armbewegungen in unsere Richtung. Samuel reagiert auf ihn und auch Amin übersetzt seine Rufe. Es geht los. Auch im letzten Einsatz hatten wir vielen „Neugierigen“ in unserem Bereich die Fahrzeuge und die Ausbildung präsentiert. Mal waren Generäle, Fotografen, Politiker und auch Kamerateams darunter. Wenngleich mich dieser Umstand nicht nervös macht, so ist es doch für alle Beteiligten immer wichtig, einen guten Eindruck zu hinterlassen. Mein Oberleutnant und auch die Afghanen haben schon sehr früh verstanden, wie wichtig solche Besuche sein können.

Mit Amin laufe ich zu den Motorrädern und weise die afghanischen Fahrlehrer dazu an, sich in Bewegung zu setzen. Das quittieren sie mit einem deutlichen Kopfnicken und fahren los. Langsam und mit Bedacht beginnen sie durch die Pylonen-Gasse zu fahren, mal sitzend auf den Motorrädern und mal stehend. Weil das schon ganz gut aussieht, gehe ich mit Amin wieder zu Samuel und frage ihn, ob alles gut läuft. Die Antwort kenne ich natürlich, denn das Bild spricht für sich. Eine Station, die er betreut, hebt mit dem Kranwagen einen Hummer (HMMWV) auf einen Sattelanhänger. Das sieht natürlich beeindruckend aus, wie der sechseinhalbtonnen schwere Hummer da durch die Luft schwebt, während ein Soldat ihn über eine dicke Kette, welche an einer Verladeöse befestigt ist, in die richtige Richtung dreht. Das ist zwar nicht die deutsche Musterlösung, weil man ein schwebendes Gerät besser an zwei Punkten ausrichten sollte, aber es sieht für den Laien schon mal gut aus. So heben sie den Hummer im Wechsel auf die Ladefläche und dann wieder auf den Boden. Die Bedienung des Kranarmes hat der Soldat jedenfalls gut drauf. An der zweiten Station wird mit einer großen Ausführung eines Staplers, dem Atlas, eine Box nach der anderen auf dem Platz umgesetzt. Dazu ist einer der Fahrlehrer als Sicherungsposten eingeteilt und stellt sicher, dass niemand in den Gefahrenbereich des Atlas läuft. Er hat eine, noch sehr neue, auffallende Warnweste an. Sie leuchtet weit über den Platz und hebt sich aus dem Grün der Uniformen und den sandfarbenen Fahrzeugen deutlich ab. Damit haben wir auf etwa 500 Quadratmetern drei interessante Stationen in Aktion und ziehen die Aufmerksamkeit an. Interessiert bleiben selbst die Wachsoldaten und Soldaten der anderen Bereiche am Eingang stehen.

Aus den Fahrzeugen steigen neben den zugehörigen Sprachmittlern auch unser Oberst, sein Stellvertreter und ein australischer General aus. Der General wird wie hier im Einsatz üblich, von seinen Leibwächtern begleitet. Die Uniform des Australiers ist markant: Er trägt grünen Fleck Tarn. Die Flecken sind deutlich größer und die Formen der Flecken auch deutlich runder als die der Deutschen Tropenuniform. Aber möglicherweise bildet das die Vegetation in Australien am besten ab. Dort war ich bisher noch nicht. Der Oberleutnant und Avabi begrüßen im Beisein von Rabur die Delegation. Auch unser Oberst sticht durch seine Größe immer sofort hervor. Er dürfte knapp über zwei Meter groß sein und damit den Größenrekord in unserer Einheit halten. Schnell bin ich mit meinem Blick wieder in den Stationen und wechsele von Station zu Station durch. Avabi hatte mich um ein Foto mit dem General gebeten. Er sammelt solche Bilder mit besonderen Persönlichkeiten, um sie bei einer späteren Jobsuche als Referenzen nutzen zu können. Das klingt für eine deutsche Bewerbung zwar sehr seltsam, aber hier funktioniert das tatsächlich. Nur steht die Delegation etwas weit weg und ich kann ja schlecht wie ein Fotograf umherspringen, um die besten Bilder zu schießen. Also nehme ich meine kleine Kamera und versuche eher unauffällig einige Fotos zu machen. Gar nicht so einfach, denn der Fokus der Kamera ist begrenzt und Avabi steht ständig entweder schräg oder mit dem Rücken zu mir. Er ist fleißig am Übersetzen und mit den Gedanken ganz wo anders. Dabei hatte ich ihm gesagt, dass er ein wenig auf seine Position zu mir achten muss. Später werde ich ja sehen, was daraus geworden ist. Der Zeitplan der Delegation ist eng und die Vorführung voll im Gange. Fleißig und unbeirrt ziehen die Afghanen ihr Programm durch. Selbst als die Delegation in eines der Unterrichtszelte verschwindet, geht es munter weiter. Nur kurz verweilen sie dort drinnen und dann kommt einer nach dem anderen wieder heraus. Amin verwickelt mich in ein Gespräch, er hat eigentlich immer Fragen. Wenn es nicht um die deutsche Sprache geht, dann um Gott und die Welt. Dabei komme ich mir manchmal auch etwas seltsam vor: Da steht ein über fünfzigjähriger Mann neben mir, der in seinem Dorf der klügste sein könnte, und fragt mich manchmal für mich ganz einfache, ja banale Dinge. Vielleicht gerade deswegen lasse ich mir mit den Antworten meistens einige Sekunden Zeit. Überlege erst genau, bevor ich etwas Falsches sage und dadurch vielleicht seinen Glauben verletze oder falsche Eindrücke schaffen könnte.

Im letzten Einsatz hatte er einen unserer deutschen Soldaten ausgefragt. Sich ganz gewöhnlich nach der Familie, dem Alter und anderen Dingen erkundigt. Und dann, fast ein wenig wie in eine Falle gelockt, hatte er sich nach vorherigen Einsätzen in Afghanistan erkundigt. Der Kamerad war als Fallschirmjäger einer der ersten im Jahre 2002 hier gewesen. Das hatte er auch stolz berichtet. Dann fragte Amin ihn, ob er bei seinem ersten Einsatz auch mal einen Afghanen erschossen hätte. Nie habe ich Amin danach gefragt, warum er überhaupt so eine Frage gestellt hatte. Doch die Antwort meines Kameraden, die fast wie aus der Pistole geschossen kam, lautete: „Na klar, das musste ich doch!" Mit meiner heutigen Erfahrung und weil ich diesen Kameraden später noch sehr gut kennengelernt habe, kann ich davon ausgehen, dass diese Antwort gelogen war. Das war in diesem Moment aber gar nicht entscheidend. Die Tatsache, einem Afghanen zu erzählen, dass man Afghanen erschossen hätte, ist mehr als dämlich! Er sollte für sechs Monate bleiben und erzählte in der ersten Woche so etwas Unpassendes.

Viele Wochen später, die damalige Situation schon ein wenig verdrängt, gab ich dem Kameraden einen Auftrag. Er sollte zusammen mit Amin Unterrichte übersetzen. Da Amin nicht immer alle Fachwörter direkt aus dem Deutschen in Dari übersetzen konnte, hielt ich die Unterstützung durch den Kameraden für sinnvoll. Er ging dann auch mit meinem Stick, auf dem die Unterrichte gespeichert waren, zu Amin und wollte sich der Aufgabe annehmen. Einige Minuten später stand Amin neben mir. Er wollte wissen, ob er die Übersetzung mit dem Kameraden wirklich machen müsse und ich warf ihm einige Sekunden einen fragenden Blick zu. Ich konnte in diesem Moment gar nicht verstehen, was er für ein Problem hatte. Während durch meinen Kopf die möglichen Gründe schwirrten, sagt er zu mir: „Würdest du mit einem Afghanen zusammenarbeiten, von dem du weißt, dass er Deutsche erschossen hat?" Dass die Aussage einige Wochen zuvor dumm gewesen war, hatte ich dem Kameraden schon gesagt, doch mit dieser Wirkung hatte ich nicht gerechnet. Das musste ich jedoch einsehen und tauschte den Kameraden aus. Glücklicherweise hatten wir damals noch das Personal in entsprechender Stärke. Wäre der Kamerad aber wie ich heute allein als Unteroffiziersdienstgrad bei den Afghanen im Bereich eingesetzt, er hätte eigentlich direkt wieder nach Hause fliegen können. Eine Zusammenarbeit mit den Afghanen hat durch ihn nie wirklich stattgefunden, wie auch? Wer in dieses Land kommt, sollte sich über seinen Auftrag und der damit verbundenen Verantwortung im Klaren sein. Ansonsten ist er eben besser in Einheiten ohne persönliche Berührungspunkte mit Einheimischen aufgehoben.

Ein paar Fotos konnte ich für Avabi noch machen, doch langsam bewegt sich die Gruppe zurück zu den Fahrzeugen. Wir lassen die Vorführung jedoch weiterlaufen bis die Fahrzeugkolonne sich in Bewegung setzt. Bevor sie das Haupttor erreichen, kommen ihnen auch schon die Ausbildungsfahrzeuge aus dem Gelände entgegen. Das hätte auch abgesprochen sein können. Sieht auf jeden Fall jetzt richtig nach Bewegung aus und entwickelt sich schon fast zu einem kleinen Chaos. Der Platz ist durch die drei Stationen noch versperrt, doch den benötigen die einfahrenden LKWs zum Rangieren. Und so dauert es einige Minuten, bis sich das ganze Szenario reguliert. Der Oberleutnant kommt mit einem breiten Grinsen auf mich zugelaufen. Alle, auch und gerade unser Oberst, sind zufrieden mit dem Dargestellten! So soll es sein!

Wir bereiten gemeinsam den Vormittag nach, bauen die Stationen zurück und besprechen den positiven Verlauf mit Rabur. Denn damit ist es noch nicht ganz getan. Es ist nicht unbedingt üblich, dass wir mehrfach hintereinander Besucher haben, doch morgen kommt ein britischer Dreisternegeneral und dann planen wir den gleichen Ablauf nochmal. Schließlich hat er sich soeben erst bewährt. Samuel spricht mich kurz bevor wir wieder in das Camp fahren wollen darauf an, dass er den Atlas morgen nicht einsetzen könne, weil er fast kein Kraftstoff mehr habe. Es kommt sehr oft vor, dass die afghanischen Soldaten selbst bei kleinen Problemen erst mal zu den deutschen Soldaten gehen.

Viele Jahre hatten wir die Möglichkeit, die afghanische Armee auch mit materiellen Dingen zu unterstützen. Doch unser Ziel ist es eben auch, dass sie selbstständig werden und die eigenen Versorgungswege aktivieren. Wer das hier einmal verstanden hat und damit auf Dinge zugreifen möchte, die ihm oder seiner Einheit zustehen, der bekommt mittlerweile schon fast alles. Darum nehme ich ihn und gehe mit Avabi und ihm zu Rabur. Keine drei Sätze später winkt Rabur ab und verspricht, dass es Kraftstoff geben wird. Im Wolf besprechen wir dann direkt den nächsten Tag und dem Oberleutnant ist immer noch seine Freude über den geglückten Tag anzumerken. Insgesamt verstehen wir uns Tag für Tag etwas besser und merken, dass wir doch einige Gemeinsamkeiten haben, in vielen Dingen auch die gleiche Meinung. Zwar weiß ich den Unterschied der Dienstgrade zu würdigen, doch hier sind wir ein Team und damit ist für beide Seiten eine gute Zusammenarbeit sinnvoll und nötig. Er lobt auch mal gelegentlich, wenn es die Situation hergibt, selbst wenn er sich mit allgemeiner Kritik an meiner Person sonst zurückhält. Dass er nicht gerne bei den Amerikanern isst, habe ich mittlerweile akzeptiert, obwohl das eines der Unterschiede zwischen uns bleiben wird. Daher haben wir für uns einen Kompromiss entschieden und fahren jetzt je nach Auftrag die Hälfte der Woche dorthin und die andere Hälfte bleiben wir bei der französischen Küche. Das sind dann meine Diät-Tage. Nachher, wenn die Bürozeit verstrichen ist, werden wir auch wieder gemeinsam zum Sport gehen. Mein fester Rhythmus, alle zwei Tage dorthin zu gehen, beginnt sich zu verfestigen. Er konzentriert sich dann mehr auf das Muskeltraining und ich wechsele an den Tagen jeweils zwischen Ausdauertraining auf dem Laufband und Kraftausdauer auf der Rudermaschine. So verbrenne ich ausreichend Kalorien und baue langsam wieder Muskelmasse auf.

Heute wollen wir der zweiten Besuchergruppe mit dem britischen General das gleiche Programm bieten. Auch heute sind die Afghanen schon fleißig in den Vorbereitungen, als wir auf das Gelände des Lagers fahren. Sie wissen wie es gestern war und bauen die Station fast punktgenau an dieselben Plätze. Sogar der Atlas ist in Bewegung und scheint demnach seinen Kraftstoff bekommen zu haben. Wenn nicht, was auch möglich ist, wird er vermutlich später einfach irgendwann ausgehen. Ich ziehe mich kurz in die Fahrerkabine hoch und stelle fest, dass die Tanknadel zumindest noch nicht am unteren Anschlag liegt und bin optimistisch. Die Delegation sollte zwar erst gegen halb zwölf erscheinen, aber der Anruf beim Oberleutnant ruft einmal wieder eine Planungsänderung hervor. Für uns nicht wirklich problematisch, eher gut, da wir durch die halbe Stunde früher mit dem Abbauen wieder anfangen können. Es bleibt nicht einmal Zeit, um Tee zu trinken, denn alle warten auf das Kommando zum Loslegen. Dann springt wie gestern der Wachsoldat etwas aufgeregt auf dem Container herum und gibt Zeichen. Der Fahrzeugtross fährt bis kurz vor das erste Zelt und die Bodyguards in Uniform springen als erstes aus den Fahrzeugen. Wichtig wirkend, postieren sie sich etwa auf zehn Meter verteilt an vier Punkten um den General herum. Dieser wird von mehreren seiner Offiziere begleitet und lässt sich gar nicht so leicht ausmachen. Mit den internationalen Rangabzeichen kenne ich mich mittlerweile ganz gut aus, nur trägt der General seine Sterne vor der Brust, nicht auf den Schultern wie bei vielen üblich und das in dem gleichen Tarndruckmuster wie seine Uniform.

Da ich beim Atlas stehe und die Entfernung zu groß ist, kann ich im Moment nicht mit Sicherheit sagen, welcher es nun eigentlich ist. Der Stellvertreter unserer Einheit winkt mich laut rufend zu sich heran. Mit sehr schnellen Schritten laufe ich zu ihm herüber. Der britische General war an einer Besucherstation zuvor mit einem Stapler selbst gefahren und nun will man ihm gleich eine Runde auf dem Motorrad anbieten. Also renne ich zum Wolf und hole meinen Helm. Noch hatte ich es nicht geschafft und auch immer wieder vergessen, ihn zu reinigen. Er sieht immer noch deutlich gepflegter als die afghanischen Alternativen aus, aber eben doch von meinem Vorgänger stark gebraucht. Ab jetzt halte ich mich mit dem Helm in der Hand in der Nähe des Stellvertreters auf, dennoch habe ich keine Ahnung, wo nun genau und wer der General ist. Tarnen kann er sich also. Die Besuchergruppe hat sich geteilt und während der eine Teil sich die Unterrichtszelte ansieht, steht der andere Teil beim Kran und schaut sich das Verladen des Hummers an. Erst jetzt, wo der Stellvertreter mich noch einmal etwas näher heranwinkt, kann ich den General auch erkennen. Als ich nun direkt neben der Gruppe und dem General stehe, reiche ich dem Stellvertreter den Helm und dieser wiederum hält ihm den General hin. Dann fragt er den General, ob er nicht Lust auf eine kleine Motorradtour hätte. Dieser zögert keine Sekunde und sagt mit einem Grinsen im Gesicht sofort zu. Doch den Helm möchte er nicht haben, wohl in der Annahme, dass er von den Afghanen ist. Ich klinke mich kurz in das Gespräch ein und betone, dass es sich um einen deutschen Helm handelt. Das scheint ok für ihn, denn jetzt nimmt er den Helm an. Gemeinsam gehen wir zu den Motorrädern hinüber, die gerade von den Afghanen vorgefahren werden. Das erste winke ich weiter, da ich an der Nummerierung sehe, dass es das mit dem defekten Bremshebel ist. Während der General sich startklar macht, nutze ich die Möglichkeit, um Fotos zu machen. Der Chef des Stabes, ein wirklich netter Hauptmann, bestellt direkt Bilder für sein Postfach in der Datenbank. Das scheint die Sache abzurunden, denn irgendwie hatte keiner daran gedacht, diesen hohen Besuch auf Bildern festzuhalten. Gut, dass die Kamera so klein und praktisch ist, dass ich sie täglich in der Uniform dabeihabe. Vor dem ersten Einsatz hatte meine Frau mir eine Handycam mit Mini-DVD geschenkt. Auch wenn man nur etwa 30 Minuten aufnehmen kann, bevor eine neue DVD eingelegt werden muss, so hatte ich sie doch immer in der Wadentasche meines Fliegerkombis dabeigehabt. So konnte ich viele unbeschreibliche Aufnahmen während der Flüge machen. Gerade durch meine Position auf der Rampe als Observer hatte ich mit Abstand den besten „Kameraplatz" und die Möglichkeit für tolle Aufnahmen. Nur die Piloten hatten es da noch etwas besser, doch die waren ja die meiste Zeit mit der Steuerung beschäftigt.

Der britische General saust davon, als wäre es seine eigene Maschine. Zwar noch etwas schwammig auf dem geschotterten Untergrund, aber schon mit kräftig Tempo. Er fährt weit rüber in den benachbarten Bereich, was seine Bodyguards etwas unruhig machen dürfte. Doch er hat sichtlich Spaß dabei, denn er dreht eine Runde nach der anderen. Fährt auch durch den Pylonen-Parcours, ohne einmal die Füße abzusetzen und kommt dann zurück zum Startpunkt. Sofort habe ich noch einmal die Kamera im Anschlag und versuche auch gezielt Avabi mit in das Bild zu bekommen. Hiervon werde ich ihm, da im Gegensatz zum Vortag deutlich mehr und bessere Bilder entstanden sind, eine kleine Fotoserie erstellen. Sichtlich begeistert gibt der General mir den Helm zurück und richtet seinen Anzug. Er macht einen sehr lockeren und unkomplizierten Eindruck. Die ganzen Vorträge und Briefings scheint er leid zu sein, denn gerade in seiner Position wird man doch oft mit trockenen Zahlen und Fakten bombardiert. Darum würde ich mal meinen, dass auch dieser Tag ein voller Erfolg ist. Die Afghanen konnten an den Stationen ihre Fähigkeiten vorführen und nun ist unsere Arbeit ein wenig bekannter bei ranghohen und vor allem für den Bereich mitverantwortlichen Offizieren. Das ist wichtig, wenn es einmal darum geht auch weitere Gelder zur Fortführung oder Erweiterung der Aufgaben zu erhalten. Also gilt es die Notwendigkeit und Sinnhaftigkeit zu belegen und notfalls auch etwas schmackhaft zu servieren. Klappern gehört schließlich zum Geschäft und Bekanntheit, verbunden mit guten Eindrücken, kann oft hilfreich sein.

Langsam sammelt sich die Delegation wieder und scheint die Weiterfahrt vorzubereiten. Unterdessen beginnt sich im Nachbarbereich, wo die Masse der Fahrschüler ausgebildet wird, etwas zu bewegen. Es scheint so, als habe man am Vortag etwas abgeschaut und versucht nun mitzuhalten. Das ist auch der nächste Anlaufpunkt für die Delegation und macht daher Sinn. Salim, der Chef dieses Bereiches, ist ein alter Bekannter und versteht es auch sich gut zu „verkaufen“. Es sei ihnen gegönnt, denn wirklich toppen lässt sich die Motorradfahrt nicht. Zufrieden begeben wir uns in das Führungszelt, wo der Oberleutnant Rabur und seine Männer noch einmal ausdrücklich lobt. Dann wird es auch schon wieder Zeit für die Mittagsmahlzeit und so ziehen wir uns die Westen über und melden uns per Funk wieder für unser Camp an.

Die Woche vergeht wie im Flug und neben dem unregelmäßigen Begleiten der Ausbildung fungiere ich schon wie im letzten Einsatz wieder als Hausmeister und Mädchen für alles. Obwohl der Oberleutnant das nicht gerne sieht, dass ich praktische Arbeiten für die Afghanen durchführe, so hört bei ihm immer dann der Spaß auf, wenn wir selbst darunter leiden müssen. Obwohl wir es immer wieder ansprechen, fummeln die afghanischen Soldaten an den deutschen Heizgeräten herum oder basteln irgendwelche seltsamen Verkabelungen am Sicherungskasten. Als morgens wieder einmal der Strom für das Heizgerät und die Zeltbeleuchtung fehlt, gehe ich zu dem kleinen Sicherungskasten hinter dem Zelt. Er steht auf kleinen Metallstützen, damit er nicht so schnell nass wird. Beim Öffnen wird mir selbst als Laie klar, dass es so nicht funktionieren kann. Ein kleiner Stock hält den Sicherungsschalter in der oberen Position. Ein deutlicher Schmorgestank zieht in meine Nase. Weil anscheinend durch zu hohe Stromabnahme die Sicherung ständig herausfliegt, haben sie die Sicherung einfach blockiert. Damit ist der Sinn dieser Sicherung natürlich hinfällig. Einer meiner Vorgänger hatte es gut gemeint und durch die Afghanen ein Stromkabel zum Wachhäuschen legen lassen. Wenigstens hatten sie es eingebuddelt, so dass die Fahrzeuge es beim Überfahren nicht zerstören können. Doch ein normales Stromkabel über etwa 200 Meter in ein Wachhäuschen zu legen, ist nicht die beste Idee. Nun mache ich mir die Mühe und gehe gemeinsam mit einem Wachsoldaten, der nun auch neben mir am Sicherungskasten steht und sich wundert, warum in seinem Wachhäuschen kein Strom mehr ankommt, zu seinem Wachhäuschen. Durch die kleine Metalltür blicke ich auf insgesamt drei elektrische Heizstrahler, bei geöffneter Tür. Wenn dies schwache Heizstrahler sind, dann hat jeder etwa 2000 Watt. Macht ohne Beleuchtung, Wasserkocher und Musik, was sich ebenfalls in dem kleinen Häuschen befindet, etwa 6000 Watt. Da würde sogar bei mir zu Hause die Sicherung herausfliegen. Das sind die Momente, wo man die geringe Bildung widergespiegelt bekommt. Also rufe ich Avabi zu mir, der gerade vor dem Führungszelt raucht. Mittlerweile hat er sich zu meinem Schatten entwickelt, nur wenn er rauchen muss, dann verliere ich ihn in meinem Treiben schon mal. Mit Ruhe und sehr ausführlich versuche ich, den Soldaten die Situation zu erklären. Denn dass sie es warm haben wollen, ist mir auch klar. Die letzten Nächte habe ich selbst oft genug ohne Heizung auskommen müssen. Doch dann bitte nur einen Strahler und die Türe zumachen. In der guten Hoffnung sie haben es verstanden, verspreche ich, wenn sie machen was ich sage, den Strom wieder zu reparieren. Ein wenig verärgert bin ich dennoch, obwohl ich um ihre Unkenntnis und Schwächen weiß. Denn in Deutschland kann man es sich in der heutigen Zeit nicht mehr erlauben, so mit den Ressourcen umzugehen. Von der damit verbundenen Umweltverschmutzung ganz zu schweigen. Sie wundern sich, dass man in dieser Gegend kaum noch frische Luft atmen kann und wenn dann nur kurz nach den Regentagen. Aber zum Heizen wird hier alles in die Öfen geworfen was brennt. Ob alte Reifen oder Altöl, alles findet seinen Weg und wird in Wärmeenergie umgewandelt. Wenn man in Deutschland den Schornsteinfeger mal verpasst, riskiert man eine Stilllegung der Heizungsanlage. Bedenkt man jetzt noch, dass nebenan in China, Indien und Pakistan ähnliche Bilder geboten werden, so darf man sich schon die Frage stellen, wie viel wir mit unseren Umweltbemühungen eigentlich wirklich erreichen. Da grenzt es schon an offensichtliche Lächerlichkeit, wenn man die Diskussion über Umweltzonen verfolgt. Vermutlich weht uns mehr Luftverschmutzung aus anderen Teilen der Welt nach Deutschland, als wir durch eigene Maßnahmen verhindern können. Solange aber die Armut in diesen Teilen der Welt den Menschen keine bezahlbaren Alternativen bietet, dürfen wir uns ruhig der Illusion hingeben, dass wir in Deutschland Gutes tun. Da sind wir ähnlich dem Kettenraucher, der einmal in der Woche zum Sport geht, in dem Glauben er könne den Schaden an seiner Lunge durch den Sport wieder gutmachen. Ein wenig mag es ja helfen, dass man daran glaubt. Doch je kälter die Tage hier sind, desto schlimmer ist die Luft um uns herum. Wer ein Bild zum Vergleich braucht, sollte sich an den Tag nach und auch während der Osterfeuer bei uns zu Hause erinnern. Auch die Zeit in die Vorwende zurück, mit all den Zweitaktern die in den Tag gestartet sind, bringt hier Erinnerungen hoch.

Gedankenversunken tapse ich durch den Schneematsch zurück zum Wolf, der recht nahe am Sicherungskasten steht, und hole mir aus der Fahrzeugwerkzeugtasche einen Schraubendreher. Meine Knie stütze ich auf den Handschuhen ab, um nah genug an dem kleinen Kasten arbeiten zu können. Dafür ziehe ich den Starkstromstecker, der vom Generator kommt, aus der Seitendose des Kastens. Von sechs Sicherungsautomaten sind bereits zwei komplett verbrannt. Also lege ich das Kabel des Wachhäuschens auf die letzte freie Möglichkeit. Als ich fertig bin, sage ich über Avabi noch einmal dem Wachsoldaten, der neben mir steht, dass sie nicht an dem Kasten herumfummeln sollen. Gehorsam nickt er, auch wenn ich sicher bin, dass es beim nächsten Versuch, wieder alle Heizungen zu betreiben, erneut schiefgehen wird und die Sicherung herausspringt.

Schon am nächsten Morgen kommt nach der Begrüßung wieder Ismael, einer der Fahrlehrer zu mir, weil etwas nicht funktioniert. Am Ärmel meiner Uniformbluse zieht er mich wild mit dem anderen Arm wedelnd zu sich hin. Gemeinsam gehen wir hinter das Zelt zum Sicherungskasten, an dem bereits ein afghanischer Soldat mit einem Schraubendreher herumfummelt. In der Hocke sitzt er davor und scheint nicht wirklich Ahnung zu haben. Über Nacht war es den Wachsoldaten wieder zu kalt geworden und natürlich hatten Sie wieder alle ihre Heizungen an das eine Kabel angeschlossen. Nun sind 50 Prozent der Sicherungsautomaten zerstört. Die beste Lösung wäre jetzt eine eigene Stromversorgung zum Wachhäuschen, doch die stampft man ja nicht mal eben aus dem Boden. Amin sagt mir, dass es sich bei dem Soldaten vor dem Sicherungskasten um den Elektriker handelt. Da aber noch das Hauptstromkabel im Sicherungskasten steckt und er dennoch fleißig mit seinem Schraubendreher darin herumstochert, frage ich ihn, ob er eine Familie hat. Amin übersetzt wieder und der Elektriker nickt zustimmend mit dem Kopf. Dann frage ich ihn, ob er an seine Frau und seinen Kindern hängt, oder den Heldentod für die Armee sterben möchte. Jetzt habe ich seine Aufmerksamkeit. Diesmal schüttelt er deutlich verneinend den Kopf. Dann ziehe ich das Kabel aus dem Kasten und halte es ihm vor das Gesicht. Seine braunen Augen sehen mich fragend an und dann frage ich ihn, wie lange er wohl mit dem Finger im Stecker überleben würde. So langsam versteht er meinen Sarkasmus und mein Grinsen verrät ihm, dass ich keineswegs böse auf ihn bin. Nur durch Veranschaulichen erreicht man, dass sich Menschen Dinge einprägen und wenn er sich schon für einen Elektriker hält, dann sollte er auch im eigenen Interesse einige Grundregeln beachten. Dabei bin ich auch nicht sicher, ob es jetzt gerade Dummheit oder Bequemlichkeit ist. Mit der offenen Hand weise ich auf seinen Schraubendreher und bereitwillig gibt er ihn mir. Um aus der Not noch etwas Brauchbares zu machen, nehme ich das Kabel des Wachhäuschens ab und klemme es nun direkt unter die Hauptsicherung und erreiche dadurch, dass deutlich mehr Strom fließen kann, bevor sie rausspringt. Das unterstützt zwar indirekt den unsinnigen Einsatz der Heizstrahler, doch der andere Weg ist ja nun auch gescheitert. Innerlich regt es mich gerade schon wieder etwas auf, dass gerade bei solchen lebensgefährlichen Aktionen das Wissen so schlecht ist und sie andererseits aber auch völlig ignorant sein können, wenn es für sie bequemer ist. Noch einmal lasse ich durch Amin, diesmal aber in einem ernsten Ton mitteilen, dass sie ab sofort an diesem Kasten nichts mehr zu suchen haben und ansonsten dem Oberst Rabur gemeldet werden. Das möchte keiner von ihnen, auch wenn Rabur noch einer der angenehmeren Vorgesetzten ist.

Die körperlichen Bestrafungen haben zwar nachgelassen, sind aber immer noch vorzufinden. Gerade Mobbid, der Stellvertreter von Rabur, hat da ganz spezielle Maßnahmen drauf. Einmal hatte ich durch Zufall eine Züchtigung mitbekommen. Damals war ein Soldat wiederholt zu spät zum Dienst erschienen. Mobbid ließ ihn mit den Knien und den Ellenbogen auf dem Schotter robben und trat ihm währenddessen wiederholt mit dem Stiefel in den Rücken. Als deutsche Soldaten steht es uns grundsätzlich nicht zu, uns in solche Situationen einzumischen. Hinzu kam, dass ich zu diesem Zeitpunkt allein mit den afghanischen Soldaten im Gelände war. Man muss dann schon sehr feinfühlig vorgehen, um die Kultur und den Respekt des handelnden Vorgesetzten nicht zu verletzen. Was beim Beobachten der Szene in mir vor ging, lässt sich nur schwer beschreiben und holte sehr schlechte Erinnerungen aus meiner Kindheit hervor. Dieses Gefühl der Machtlosigkeit, wenn ich zusehen musste, wie mein Vater meinen Bruder verprügelte. Oft hat er sich dann in seinem Rausch immer weiter in seine Wut hineingesteigert und ohne Sinn und Verstand zugeschlagen. Und so war es, seit ich denken kann, bis wir irgendwann zu stark für ihn wurden und er vermutlich Angst hatte, dass wir uns auch wehren könnten. Selbst wenn ich dort nun als Hauptfeldwebel und sogar bewaffnet stand und die ganze Situation auf den ersten Blick sehr unverhältnismäßig wirkte. Wie soll man einen Menschen, der andere misshandelt, mit Respekt behandeln? Anfangs dachte ich noch, dass meine Anwesenheit ihn vielleicht abschrecken würde, doch diese Annahme war falsch. Mobbid ist ein sehr alter afghanischer Offizier, der die meisten der Kriegsjahre in diesem Land miterlebt hat. Das diese Bilder in meinem Kopf alte Wunden aufgerissen hatten, würde ich in meinen kommenden Albträumen leider noch erleben.

Als ich den Sicherungskasten schließe, prüfe ich im Kopf schon, wie man ihn am besten gegen unbefugten Zugriff verschließen kann. Doch auch das wäre nicht von langer Dauer. Hinge nicht das Zelt von Rabur am selben Strom, könnte man es aussitzen. Doch will man die Wachsoldaten frieren lassen?

Die nächsten zwei Tage haben die Soldaten feiertagsbedingt frei, sodass wir auch den Donnerstag im Camp bleiben. Am Samstag wollen wir dann noch ein wenig in den aktuellen Lehrplänen mit den Offizieren arbeiten und einen Termin in der Schule im Stadtzentrum bestätigt haben. Denn am Sonntag wollen wir uns in der Stadt mit den entsprechenden Verantwortlichen treffen, um die Instandsetzung unserer Motorräder voranzutreiben. Da wir dort nicht allein hinfahren können, setzen wir uns in die Fahrzeuge der Nachbarinspektion. Sie fahren mit insgesamt drei Wölfen, da sie in unserer Einheit das meiste Personal binden.

Es ist Sonntag früh und wir wollen in einem „bunten Konvoi" fahren, da ein Wolf grün, einer silbern und einer blau ist. Auf dem Blauen, der im ersten Einsatz bei unserer Einheit mal „mein Wolf" war, sitzen der Oberleutnant, Tilly und ich auf. Das Auto hat hier im Einsatz mit Abstand die höchste Laufleistung und soll angeblich seit 2005 in Afghanistan sein. Tilly, ein älterer Kamerad mit jeder Menge Einsatzerfahrung, fährt den blauen Wolf. In den beiden anderen sitzen der Chef der Nachbarinspektion, Felix, Kalle und der Oberstaber vom Schießen. Bevor es losgeht, hole ich mein Gerödel und schleppe es in den Kofferraum des Wolfes. Langsam haben sich alle eingefunden, obwohl einige sich noch schnell eine frische Zigarette angezündet haben. Der Chef der Nachbarinspektion beginnt bereits mit der Lage-Info und dem Ablauf der Verlegung zur DMS. So kompliziert brauchen wir es in unserem Zwei-Mann-Team nicht zu machen, aber bei so vielen Fahrzeugen und Personal macht es durchaus Sinn. Wir wollen die Südroute fahren, das freut mich, denn ich bin schon sehr gespannt, was sich alles verändert hat. Die Fahrt wird etwa 40 Minuten dauern. Wir sind das schließende, also letzte Fahrzeug und rollen langsam zum Camp-Ausgang. Über Funk wird noch einmal die Verständigung untereinander geprüft und dann meldet der Chef den Konvoi im Leitstand ab. Tilly hat einen tragbaren MP3-Player, welchen er auf das Armaturenbrett gelegt hat. Er startet den Player und Musik der 90er ertönt in etwas zu hohen Tönen. Da alle mit Gehörschutz fahren, dreht er den Player recht laut auf und kommt damit scheinbar an dessen Belastungsgrenze. Meine Handycam habe ich griffbereit und bei Erreichen des Maingates drehe ich die ersten Videoaufnahmen. Ganz praktisch, wenn man mal nicht selbst fährt, nur das von hier hinten rechts nicht alles gut zu erkennen ist. Durch die Tönung der hinteren Seitenscheiben und jeder Menge altem Schlamm darauf, bleibt nur der Blick zwischen die Vordersitze hindurch.

Es geht in zügigem Tempo zunächst ostwärts, obwohl wir nach den Himmelsrichtungen eigentlich nach Westen müssten. Doch eine neu ausgebaute Strecke, aus Richtung Pakistan kommend und südlich um

Kabul herumführend, spart Fahrzeit und ist darum die erste Wahl. Links lassen wir das gewohnte Militärgelände, in das wir normalerweise fahren liegen und ziehen mit etwa 80 km/h außerhalb der Stadt in Richtung Jalalabad. Der Konvoi hängt dicht aneinander, etwas zu dicht für meinen Geschmack. Zwar gibt es zum taktischen Fahren mittlerweile viele verschiedene Meinungen und speziell für Kabul gilt es sicher nicht immer, doch etwas mehr Abstand würde vor Auffahrunfällen schützen und bei einer Ansprengung eines Wolfes nicht gleich die anderen mit beschädigen. Und auch wenn einen die afghanischen Autofahrer mit ihrem Fahrstil teilweise zum Kochen bringen, so bin ich kein Freund von Drängelei. Das Ziel sollte sein, den Konvoi zusammenzuhalten, doch nicht um jeden Preis und wenn wir mal auseinandergezogen werden, dann muss der Vordermann eben in die Spiegel schauen und sich etwas zurückfallen lassen. Man merkt sofort, ob im Führungsfahrzeug ein erfahrener Fahrer sitzt oder nicht. Genau die Fahrweise, die sich sonst nämlich hochschaukelt, habe ich schon damals an Motorradtouren gehasst und mich dazu gebracht, später nur noch zu zweit oder dritt zu fahren. Wenn der Vordermann ohne große Rücksicht los düst, ist das für die Nachfolgenden wie ein Wettrennen, in dem sie ständig mit hohen Aufholgeschwindigkeiten dem Vordermann nachhetzen. Hinzu kommt, dass wenn ich mir mit meinem massiven Wolf eine Durchfahrt erzwinge, die deutsche Flagge auf dem Fahrzeugheck, dem „Verlierer“ im Gedächtnis bleibt. Doch genau das kann hier keiner gebrauchen! Teilweise zehren wir heute noch von dem guten Ruf, den Deutsche einige Jahre nach dem zweiten Weltkrieg hier hinterlassen haben. Amins Vater hat gemeinsam mit deutschen Ingenieuren die Straßen für den Salangpass gebaut und Amin redet noch heute sehr gut über die alten Freunde seines Vaters. Ein guter Ruf ist schnell zerstört, doch dabei kostet es gar nicht so viel ihn zu erhalten. Wenngleich es nicht vergleichbar und auch etwas schwerer umzusetzen ist, wir müssten eigentlich nur so fahren, wie wir es auch in Deutschland sollten. Andererseits sind die Umstände und anderen Verkehrsteilnehmer aber natürlich auch nicht mit hier vergleichbar.

Immer wieder kommt es bei dem Versuch, an den vor uns fahrenden Fahrzeugen dranzubleiben, zu gefährlichen Fahrmanövern. Die zivilen afghanischen Fahrer halten teilweise unsinnig lange drauf, obwohl sie sehen müssten, dass es eng wird. Zwischendrin laufen dann auch noch ständig Fußgänger über die Fahrbahn. Dabei stellen sich die Fußgänger normalerweise auf die vorbeifahrenden Fahrzeuge ein und queren die Fahrbahn in sicherem Abstand entweder davor oder dahinter. Doch hier, teilweise tief in ihre wärmenden Decken und Tücher verhüllt, scheinen sie auf Allah zu vertrauen. Noch nicht einmal der Blick wird genutzt, um gefährlichen Konfrontationen aus dem Weg zu gehen. Da erstaunt es mich umso mehr, dass hier verhältnismäßig wenig passiert.

Wir passieren eine Engstelle, die von der ANP (Afghan National Police) kontrolliert wird und überfahren dazu wieder eine der unzähligen Schwellen zur Geschwindigkeitsbegrenzung. Kurz danach sitzt auf einer kleinen Decke, fast direkt auf der Fahrbahn, eine Frau in einer Burka. Neben sich drei Kinder von etwa ein bis fünf Jahren. Gerade wenn es wieder wärmer wird, sieht man so etwas sehr häufig. Doch wenn sie selbst bei so einer Kälte mit ihren Kindern, die nur schlecht bekleidet wirken, hier sitzt, dann muss ihre Not schon sehr groß sein. Häufig sind es Frauen, die keinen „Ernährer" mehr haben, weil der Mann verstorben ist. Wenn diese Familie dann nicht von anderen Familienmitgliedern unterstützt wird, bleibt nur das Betteln. Mein damaliger Leiter hatte an solchen Stellen oft die Scheibe seines gepanzerten Toyotas einen Spalt geöffnet und Geld rausgeworfen. Dazu hatte er in der Mittelarmlehne immer einige „Afghanis" (Währung) liegen. Doch aus Sicherheitsgründen ist es uns nicht erlaubt die Türen (unsere Scheiben sind nicht zu öffnen) unterwegs zu öffnen, es sei denn, es handelt sich um einen Notfall. Und auch dann sollte man es sich gut überlegen. Die Fahrzeuge sind unser Schutzraum auf der Straße und öffne ich den, habe ich diesen nicht mehr oder nur sehr eingeschränkt. Nur die Toyotas können die Seitenscheiben einen Spalt öffnen. Doch selbst wenn es ginge, wie oft und wie viel müsste ich aus dem Fenster werfen, um dauerhaft etwas zu bewirken? Wer sagt mir, dass sie für sich bettelt und das Geld nicht später an irgendwelche Kriminellen abgeben muss? Es ist schwierig, in solchen Fragen etwas richtig zu machen.

Amin hat einmal zu mir gesagt, wenn die Deutschen Ende 2014 aus dem Land gehen, dann werden viele Menschen sterben. Nicht wegen der Taliban, die dann wiederkämen, nein wegen der Abhängigkeiten, die über die Jahre entstanden sind. Was werden die Hilfskräfte für die

NATO machen, wenn sie keine 1000 Dollar im Monat mehr bekommen? Werden sie dann für 100 Dollar im Monat in Kabul die Straße fegen oder Fladenbrot verkaufen? Mein alter Sprachmittler Enaijatulla scheint ihn darin zu bestätigen. Nur ein gutes halbes Jahr nach seiner Entlassung ist er gestorben und war nicht bereit, die ihm angebotenen Jobs anzunehmen. Für 200 oder 300 Dollar wollte er nicht mehr arbeiten, eine finanzielle Verschlechterung nicht akzeptieren, obwohl er eine Familie mit sechs Kindern zu versorgen hatte.

Die aktuellen Geschehnisse und die Machtübernahme der Taliban geben ihm wohl teilweise Recht.

Langsam fährt Tilly an der sehr dicht neben unserem Fahrzeug befindlichen Frau und ihren Kindern vorbei. Dann nimmt er, den vorderen Wölfen nacheilend, wieder volle Fahrt auf. Über eine weitere holprige Straße nähern wir uns wieder dem eigentlichen Kern von Kabul. Die Polizeikontrollen nehmen zu und der Verkehr wirkt wieder deutlich aufgeregter. Zur Linken lassen wir das Olympiastadion liegen und wieder kommt mir alles so vertraut vor. Ein seltsames Gefühl, dass oft in den letzten Tagen in mir hochkam, immer wenn wir an bekannte Punkte gelangten und einem die Erinnerungen an den letzten Einsatz wieder klar vor Augen lagen. Manchmal erschreckt mich diese Verbundenheit und diese Vertrautheit mit diesem Land. Obwohl ich hier ständigen Gefahren ausgesetzt bin, in sehr schmutziger und ungesunder Umgebung leben muss und die Zusammenarbeit mit den Afghanen nicht immer einfach und erfolgversprechend scheint. Doch das Gefühl, auch ein paar kleine Verbesserungen zu hinterlassen, in denen möglicherweise andere den Weg besser oder leichter finden, ist ein wichtiges Gefühl. Und dennoch wächst in mir die Gewissheit, dass es mit dem Ende dieses Einsatzes für mich keine Rückkehr im militärischen Auftrag geben muss. Wohl ein Gefühl der Vernunft, dass eine gewisse Sehnsucht zum Auftrag und dem Land besiegen muss. Dann habe ich einfach schon zu viel Zeit meines Lebens mit dem Aufbau und der Hilfe in diesem Land verbracht. Denn die Zeit, die mir dadurch mit meiner Familie, meiner Verwandtschaft und meinen Freunden fehlt, kann mir niemand wiedergeben. Doch wo fängt der Egoismus an und wo hört die Aufopferung auf? Eine Frage, die jeder mit seinem Gewissen vereinbaren muss.

Die Straßen auf der Strecke haben sich seit 2010 weiter verbessert und erwecken teilweise den Eindruck, sie könnten auch irgendwo durch Deutschland führen. Doch das letzte Stück, kurz bevor wir die afghanische Militärschule erreicht haben, hat es nochmal in sich. Tief tauchen die Räder der vor uns fahrenden Wölfe in die Pfützen der Schlaglöcher ab und spritzen das schlammige Wasser zu den Seiten weg. Ein einsamer Wachsoldat steht in seinem Regenponcho und mit einer Kalaschnikow bewaffnet vor der hohen Mauer der Schule. Sein Gesicht ist unter der Kapuze und dem Tuch vor dem Mund nicht zu erkennen. Die Temperaturen liegen bei etwa minus fünf Grad und ohne Bewegung müsste er schon angefroren sein. Wieder einer, mit dem ich nicht tauschen möchte. Direkt vor der Einfahrt steht der nächste. Rechts neben uns verläuft der Kabul-Fluss. Abgetrennt durch einen kleinen Wall bildet er die Barriere zur dahinterliegenden City, dem Stadtkern von Kabul. Von hier sind es nur wenige hundert Meter zum afghanischen Präsidenten und dem Hautquartier der NATO. Ebenso die deutsche Botschaft liegt in dieser Zone. Es ist der Bereich, der am meisten durch Anschläge bedroht und auch getroffen wurde. Ein riesiges Einkaufcenter ragt auf der anderen Seite in den Himmel. Es scheint vollständig nur aus blau abgetönten Glasscheiben zu bestehen und passt so gar nicht in eine Stadt wie Kabul. Der Rahmen des Gebäudes ist in hellem Grün gehalten. Da wäre ich schon gerne mal hineingegangen, um so etwas in einer afghanischen Ausführung zu sehen, doch das ist uns Soldaten natürlich nicht erlaubt. Zu groß wäre die Gefahr von Anschlägen. Damit würden wir dann auch unbeteiligte Zivilisten gefährden und das wäre es nicht Wert.

Im Januar 2010 konnte man von den Wachtürmen unserer Schule über Stunden einen komplexen Angriff durch Taliban auf diesen Bereich beobachten. Insofern ist es schon ganz gut, dass das Gelände, welches mittlerweile durch Rohbauten hoch umbaut wurde, aufgegeben wird. Ungünstiger hätte man die Baugenehmigungen für die mehrstöckigen Häuser, die lückenlos um die DMS reichen, nicht geben können. Jetzt kann man von dort aus taktisch sehr günstig auf diese militärische Anlage wirken. Die regelmäßige Streife, die durch die Rohbauten patrouilliert, ist da nur ein Tropfen auf den heißen Stein. Durch das Haupttor fahren wir in eine Schleuse aus Betonwänden und werden auch hier abgespiegelt. Teilweise noch schneebedeckt, mit großen Schlammpfützen und schmutzig grau, liegt der Platz vor uns. Rechts von uns streckt sich über 50 Meter die markante „gelbe Halle". Darin befindet sich die Werkstatt und dort müssen wir nachher wegen der Absprachen hin. Direkt vor uns ist die Tankstelle mit zwei Zapfsäulen und einem kleineren dazugehörigen Gebäude. Wir biegen nach links weg und fahren eine geschotterte Senke hinab. Dabei kommen wir zur Linken an einem langen Schleppdach vorbei, unter dem mehrere LKWs, Busse und Ford Ranger abgestellt sind, teilweise sogar sehr neue Fahrzeuge. Dann umfahren wir die „weiße Halle". Hier werden die zukünftigen Mechaniker an Waffen und Fahrzeugen ausgebildet. Dieser Bereich gehört zu unser begleitenden Nachbarinspektion und ist aufgrund der mehreren Themenbereiche auch der Personalintensivste. An der hinteren Seitenfront der Halle fahren wir mit unserem Konvoi in die Parkpositionen auf.

Nachdem wir die Ausrüstung abgelegt haben, gehen wir zum Seiteneingang. Ein riesiges Tor aus Stahl kann man hier zum Einfahren der Fahrzeuge öffnen. Doch wir gehen durch die kleinere Schlupftür in die dunkle Halle hinein. Es ist verdammt kalt, in der Halle brennt kein Licht und die Heizungen laufen auch nicht. Schnell stellt sich nach der Begrüßung der verschiedenen Sprachmittler, von denen ich einige noch gar nicht kenne, der Grund dafür heraus: Angeblich hätte die Schule mehrere Hunderttausend Afghani Schulden bei den Energiewerken angehäuft und auch keinen Kraftstoff für die eigenen Generatoren. Die Gespräche um die erneute Stromversorgung seien wohl im Gange. Der Zustand hält aber nun schon seit gestern Abend an und scheint mir nicht so schnell lösbar. Nachdem ich mit dem Oberleutnant einmal durch die dunkle Halle gelaufen bin und er, der in seinem vorherigen Einsatz auch hier eingesetzt war, seine alten Freunde begrüßt hat, begeben wir uns zum Stabsgebäude.

Obwohl der Oberleutnant jetzt schon wieder etwa vier Monate hier ist, hatte er es noch nicht geschafft, seinen alten Bereich zu besuchen. Aber dadurch, dass unser Gelände sehr weit östlich von Kabul liegt und die DMS mitten in der Stadt, bedarf es schon eines vernünftigen Grundes, extra hierher zu fahren. Den haben wir heute, denn die Instandsetzung der Motorräder muss dringend weitergehen. Noch sechs Wochen und der Lehrgang startet. Dafür sind nur zwei brauchbare Motorräder einfach zu wenig. In der weißen Halle sind mir sechs Kawasaki KLR 650 aufgefallen. Und wie mir scheint, stehen sie noch genauso da wie vor zwei Jahren. Eine dieser leistungsstarken Motorräder habe ich bereits draußen in der 3. Inspektion. Doch als Begleitmotorrad für die Ausbilder wären sie sicher nützlicher, als sich hier kaputt zu stehen. Mal sehen, wie der Oberleutnant dazu steht. Denn natürlich ist auch der Spaßfaktor mit so einer leistungsstarken Enduro im Gelände deutlich höher.

Auf dem Weg in den Stab treffen wir Rabur, er ist sehr pünktlich, wogegen wir immer noch auf Avabi warten. Da er noch nicht zu sehen ist, greifen wir auf einen der älteren Sprachmittler zurück und bitten ihn, uns zu folgen. Gemeinsam mit ihm und Rabur gehen wir zum Oberst, der für die Leitung der Lehre und Ausbildung verantwortlich ist. Rabur wirkt ihm gegenüber sehr unterwürfig, obwohl sie beide denselben Dienstgrad tragen. Oft senkt er schnell wieder den Kopf, um den direkten Blickkontakt zu meiden. Er scheint Angst vor Fehlern zu haben und möchte sich daher auch kaum irgendwo einmischen. Als die so unterschiedlichen Prüfungsergebnisse der letzten Fahrerlaubnisprüfungen zur Sprache kommen, winkt er dem Oberleutnant immer wieder verneinend zu. Er scheint einfach bestimmte Themen nicht ansprechen zu wollen. Doch wenn es uns gelänge die Prüfer zukünftig koordiniert einzuteilen, dann würde die Prüfung etwas fairer ablaufen und gäbe noch weniger Raum für Machenschaften und Bestechung. Für niemanden konnte es gut sein, wenn 97 Prozent der Fahrschüler dieser Schule, aber nur etwa 20 Prozent der KMTC-Schüler bestehen. Die Kanadier, die diese Ausbildung dort als Mentoren begleiten, waren mit Recht stinksauer über diesen Zustand. Dass die Prüfer auch noch aus der eigenen Schule kamen, macht den Umstand nicht besser. Unser Beisein bei der letzten Prüfung hatte deutlich gezeigt, dass der Prüfer schon klar über Bestehen und Nichtbestehen entscheiden kann. Darum schlägt der Oberleutnant vor, dass auch Rabur oder einer unserer afghanischen Offiziere einmal die Prüfung durchführen oder gemischte Teams aus verschiedenen Bereichen gebildet werden. Doch wieder schüttelt Rabur ablehnend den Kopf und redet sich mit dem Zeitmangel und dem Lehrplan heraus. Sicher haben die Offiziere und Fahrlehrer eigentlich andere Aufgaben. Doch das ließe sich ja organisieren. So ganz verstehe ich Rabur noch nicht und jede Annahme wäre Spekulation. Doch ich befürchte, dass wir hier in ein Wespennest stechen, wenn wir weiter bohren. Daher trifft der Oberleutnant auch eine gute Entscheidung und belässt es dabei. Er wechselt zu einem anderen Thema und scheint damit eine große Last von Rabur zu nehmen. Dieser bittet den Oberst bei der Tankstelle anzurufen. Der verantwortliche Tankstellenleiter hatte sich geweigert, der Fahrschule den benötigten Kraftstoff für die Ausbildung zu liefern. Unverständlich, da Rabur auch die notwendigen Unterlagen vorgelegt hat. Aber auch hier sind manchmal einfach nur kleine und unsinnige Machtkämpfe schuld, die Entweder aus Neid auf die Position oder der unterschiedlichen Ethnien zu stammen scheinen. Nur wenige Minuten und einen Anruf später ist alles geregelt und Rabur bekommt seinen Kraftstoff. Soldaten klopfen an die Tür und treten ein, die Gelegenheit für Rabur aus dem Gespräch zu entkommen. Er bittet uns über den Sprachmittler den Raum zu verlassen, dabei scheint es ihm gar nicht schnell genug zu gehen. Doch eine höfliche Verabschiedung vom Oberst muss nun mal sein. Dann trennen sich unsere Wege und Rabur fährt zum Gelände zurück. Oberleutnant und ich gehen weiter mit dem Sprachmittler zur gelben Halle. Dort wollen wir den Offizier für die Instandsetzung treffen. Auch diese Halle ist sehr dunkel und man bräuchte fast schon eine Taschenlampe, um hier unfallfrei durchzukommen. Überall stehen Fahrzeuge dicht an dicht und dazwischen laufen die Mechaniker umher. An einem Fahrzeug wird mit Taschenlampen an der Türverkleidung gearbeitet. Obwohl die Halle geschlossen ist, läuft der Motor. Bei näherem Hinsehen wird auch klar warum. Während drei Mechaniker mit der Türverkleidung beschäftigt sind, sitzen fünf – ja fünf! – Afghanen in dem Ranger und genießen die Heizung bei laufendem Motor. Einfallsreich sind sie ja, nur das sie nie weit vorausdenken. Wenn ich zwischen dem Vergiften der Atemwege oder ein wenig frieren wählen muss, denke ich über eine Entscheidung keine Sekunde nach. Doch teilweise Unwissenheit und wohl ein wenig Gleichgültigkeit, führen wie so oft zu seltsamen Handlungen. Sofort habe ich viele Beispiele, wie den Elektriker am Sicherungskasten vor den Augen und ein wenig wirken sie dann wie Kinder auf mich.

Der Instandsetzungsoffizier ist schon in einem kleinen Raum, der sich ebenfalls in der Halle befindet und wartet auf uns. Dabei handelt es sich um das Büro und den Aufenthaltsraum des Werkstattfeldwebels Said. Er war auch schon damals dort und ist ein sehr sympathischer Mensch. Immer freundlich und zuvorkommend. Auch jetzt begrüßen wir uns sehr herzlich und gleich darauf entschuldigt er sich dafür, dass er uns keinen Tee und Kaffee anbieten kann. Hier gebe es ebenfalls keinen Strom und außerdem sei er schon auf dem Sprung zum nächsten Auftrag. Mit meiner kleinen Lampe am Reißverschluss meines Kälteschutzes leuchte ich die Wand hinter seinem Schreibtisch ab. Dort hängen seit vielen Jahren seine Erinnerungsbilder mit den deutschen Mentoren. Einlaminiert in klaren Kunststoff, scheint ihnen die Zeit nichts anhaben zu können. Bis auf einen der Mentoren erkenne ich sie auch alle wieder. Der Computer auf Saids Schreibtisch scheint wie Dekoration, eingepackt unter einer großen Kunststofffolie. Darauf hatte er sich immer seine indischen oder pakistanischen Musikvideos angesehen. Selbst die deutschen Tassen mit Herzchen und Blumen darauf scheinen dieselben zu sein. Vermutlich Geschenke von Frauen oder Freundinnen der deutschen Soldaten, die den Weg nach Hause nicht mehr finden sollten. Möglicherweise aber auch tatsächlich irgendwo vom Basar in Kabul oder Umgebung.

Der Raum ist durch eine Kammer, die an der niedrigeren Deckenhöhe zu erkennen ist, abgetrennt. Darin lagern die etwas wertvolleren Ersatzteile, welche auf dem Markt sehr gute Preise bringen würden. Said verabschiedet sich und das Gespräch mit dem Offizier ist auch sehr schnell und positiv abgeschlossen. Er verspricht, den Werkstattwagen mit den Motorradersatzteilen zu uns rauszuschicken, wenn das Wetter etwas besser ist, und die Instandsetzung dann vor Ort durchführen zu lassen. Die Mängel an den Maschinen sind für mich, der gerne selbst schraubt, recht banal. Doch der Oberleutnant besteht auf der Durchführung durch die Afghanen und somit kann ich dabei höchstens unterstützen. Das würde die Sache deutlich beschleunigen, doch recht hat er: Wie lange sollen wir Deutschen noch den Hausmeister spielen? Nur wenn sie tatsächlich selbstständig und unabhängiger werden, können wir auch irgendwann das Land wieder verlassen, ohne dass gleich alles zusammenbricht. Doch die letzten zehn Jahre scheinen nicht sehr produktiv gewesen zu sein. Hassan, der älteste und erste Fahrlehrer bei uns, sagte 2011 zu meinem Nachfolder, der gerade wieder in Afghanistan eingetroffen war: „Vor fünf Jahren hast du mir sehr viel beigebracht und jetzt bin ich froh, dass du hier bist und es mir wieder neu beibringst." Vielleicht verallgemeinere ich damit zu sehr, doch empfinde ich diese Aussage exemplarisch. Selbst wenn es der Politik nicht schmecken dürfte, weil wir Ende 2014 noch lange nicht da sind, wo wir sein möchten – es sei denn wir verändern das Anspruchsniveau oder die Ziele.

Langsam beginne ich wieder auszukühlen. Da ich von einer beheizten Umgebung ausgegangen bin, habe ich mich zwar warm, aber eben nicht für einen ständigen Aufenthalt in der Kälte angezogen. Der Oberleutnant merkt schon, dass ich weiter möchte. Hier ist alles gesagt und ohne Strom und Heizung hält man es in der kalten Halle auch nicht lange aus. Wir gehen zum Seitenausgang. Ihn kann man in der Dunkelheit am besten sehen, weil die Außentür noch offensteht und der Hintergrund durch die Sonne hell erleuchtet ist. Wir kommen an den Toiletten vorbei und da meine Blase sich bereits meldet, biege ich noch schnell nach links in den gefliesten Raum ein. Optisch wirkt er viele Jahrzehnte alt, doch tatsächlich hat auch dieser Raum erst etwa zehn Jahre auf dem Buckel. Ein langes Waschbecken, welches wohl auch von den Deutschen stammt, zieht sich an der linken Wand unter den einzelnen Spiegeln entlang. Es ist stark verschmutzt und die Abläufe sind mit nicht mehr identifizierbarem, verrottendem Unrat zugesetzt. Rechts an der Wand verläuft im Boden eine Rinne, darüber drei Wasserhähne. Offensichtlich eine Rinne für das kleine Geschäft. Dahinter folgen drei Boxen. In der ersten steht eine „westliche" Version einer Toilette und dann folgen zwei afghanischen Ausführungen. Dabei handelt es sich eigentlich mehr um ein Loch im Boden mit einer Art Verkleidung, auf denen die Fußabdrücke zur Orientierung abgebildet sind. Das hatte ich bereits im Kongo gesehen, da waren die französischen Feldtoiletten genauso angelegt. Nur dass man dort lediglich einen Vorhang als Türersatz hatte, welcher nicht bis zum Boden reichte und den Blick auf die Füße und das Herunterfallende freigab. Das veranlasste damals die Deutschen, die ansonsten mit der Lagerorganisation nichts zu tun hatten, eigene Toiletten einzuschiffen. Daraufhin kamen einige Wochen später fünf Dixi-Klos nach Kinshasa für etwa 280 Deutsche. Die Idee war an sich ganz gut, nur nicht zu Ende gedacht. Denn nur wenige Tage nach der Aufstellung ging ich eines Morgens mit recht hohem Druck in der Blase aus meinem Zelt zu einem der Dixis hin. Als ich die Tür öffnete, kam mir nicht nur ein wirklich grenzwertiger Geruch in die Nase, daran hatte ich mich gewöhnt.

Doch das der Deckel der Toilette in einem etwa 45°-Winkel auf den Exkrementen meiner Vorgänger lag, so etwas hatte ich noch nie gesehen. Blieb die Frage; wer hatte wohl den letzten Haufen dort draufgesetzt und vor allem, wie? Denn gesessen haben konnte man darauf nicht mehr. Also musste man sich auch um die regelmäßige Entsorgung kümmern und fand auch bald bei den Kongolesen entsprechende Angebote. Anfangs wurde noch mit EPA (Einmannpackung für die Tagesverpflegung) bezahlt, doch irgendwann fand man bessere Lösungen, da auch das EPA nicht immer überzeugend genug war und anfangs keine zuverlässige Entsorgung versprach.

Hinter dem Loch im Boden befindet sich ein Wasserhahn. Daran befestigt ist ein etwas längerer Schlauch. Der ist zum Abspülen des Allerwertesten gedacht. Toilettenpapier ist hier nur die zweite Wahl. Daher findet man auch in vielen Dixi-Klos die im Gelände aufgestellt sind, Wasserflaschen. Aber das kennen die Amerikaner ja auch. Darum habe ich mir schon im letzten Einsatz angewöhnt, meine Bedürfnisse zu kontrollieren und vor allem zu organisieren. Da kann einem dann nur noch das falsche Essen einen Strich durch den Plan machen. Doch ich kann für ein sauberes Geschäft immer auf eine Packung Taschentücher in meiner Uniform zurückgreifen. Der Anblick der Toilette ist eher mit einer seit Tagen nicht gereinigten Autobahntoilette zu vergleichen. Ich weiß auch gar nicht, wer hier eigentlich für die Reinigung verantwortlich ist. Weibliche Reinigungskräfte gibt es hier grundsätzlich nicht. In unserem Camp übernehmen solche Dienstleistungen nur Männer.

Schnell fliehe ich vor den Gerüchen und gehe wieder nach draußen. Der Oberleutnant raucht gerade eine Zigarette und hatte sich so die Wartezeit vertrieben. Sein Grinsen bedarf keiner Worte. Er denkt wohl, dass ich mich hinsetzen musste. Der Oberleutnant drückt seine Zigarette an einem Metallbehälter aus und wirft sie dort hinein. Er ist sehr ordentlich veranlagt. Ich musste in den letzten Tagen immer wieder schmunzeln, weil wir uns in vielen Dingen gleichen. Zumindest was unsere Einstellungen angeht, bestätigt es sich mit jedem Einsatztag mehr. Das macht die Zusammenarbeit mittlerweile sehr angenehm. Auch wenn er kein Freund der amerikanischen Mahlzeiten ist, ich werde ihn in einigen Wochen wohl vermissen. Eigentlich soll er Mitte März wieder nach Deutschland zurückkehren. Aber das passt überhaupt nicht. Da sein Nachfolger nur eine Woche vorher ankommt und Feiertage dazwischen liegen, könnten sie gerade einmal einen Tag gemeinsam zu den Afghanen rausfahren. Dazu kommt, dass der Oberleutnant ja auch seine eigene Abreise vorbereiten muss. Und besonders erschwerend ist die Tatsache, dass dieser Zeitraum direkt in die Osterferien fällt, in die ich meinen ersten kleinen Urlaub legen möchte. Also versuchen wir seinen „OUT-Termin“ (Ende des Einsatzes) nach hinten zu verlegen und hoffen so, allen Seiten gerecht zu werden. Dann werden die Afghanen zwar den Motorradlehrgang ohne mich beginnen müssen, aber es ist ja auch nicht der Letzte. Mein Ziel ist es, möglichst einmal im Quartal einen Urlaub einzufügen. Mal sehen, ob das auch so hinhaut.

Gemeinsam mit dem Sprachmittler gehen wir in Richtung weiße Halle, wo Avabi auf uns zugelaufen kommt. Obwohl er direkt in der Stadt wohnt, hat er es wieder einmal nicht pünktlich geschafft. Jetzt brauchen wir ihn eigentlich nicht mehr. Dafür gibt es vom Oberleutnant gleich wieder ein paar mahnende Worte. Während ich doch sehr auf einen freundlichen Umgang bedacht bin, nimmt der Oberleutnant kein Blatt vor den Mund. Halte ich zwar nicht immer für optimal, aber das Spiel „Guter Bulle und böser Bulle“ funktioniert auch hier. Er schimpft meistens etwas mehr, wenn die Afghanen etwas nicht so gemacht haben, wie sie sollten und ich versuche ihnen hinterher gut zuzureden. Dabei ist mir wichtig, dass sie auch den Oberleutnant verstehen, denn im Grundsatz hatte er bisher immer Recht. Wir nehmen Avabi dennoch mit und laufen zurück in die weiße Halle. Hier ist immer noch alles recht dunkel und dennoch ist in verschiedenen Ecken reges Treiben. Sogar unser Oberst streift mit seinem afghanischen Offizier durch die Halle und lässt sich einige Ausbildungsmodelle zeigen. Doch so richtig ausbilden lässt sich unter diesen Bedingungen nicht. So kann eben keiner der Stabsoffiziere mit seinen Afghanen arbeiten, weil die Computer nicht laufen. Und wenn wir nichts Sinnvolles verrichten können, macht es überhaupt keinen Sinn hier zu frieren. Daher entscheidet der Oberst, dass wir für heute abbrechen und ins Camp zurückkehren.

Da mir immer noch sehr kalt ist und sogar meine Füße langsam frieren, lege ich meine Weste an und setze mich in den Wolf. Die Standheizung läuft bereits und so kann ich mich wieder etwas aufwärmen.

Trotz langer Unterhose, dicker Socken und meiner Wintereinlegesohlen bleibt die Wärme nicht im Körper. Dabei bin ich zu Hause derjenige, der fast immer halb nackt im Haus herumspringt und dem ständig zu warm ist. Doch eben das ist ein Luxus, den wir schon lange vergessen und als normal hingenommen haben. Wann müssen wir zu Hause schon mal frieren? Wenn die Heizung defekt ist oder wir vom Wetter überrascht werden, ansonsten wartet immer und überall ein wärmender Bereich auf uns. Doch die letzten Wochen haben mir gezeigt, dass es leider anders geht: Wenn tagelang keine Heizung die Räume erwärmt und man keine weiteren zusätzlichen Socken anziehen kann, weil sonst die Stiefel nicht mehr passen. Aber die an Kraft gewinnende Sonne macht Hoffnung, dass es bald wieder warm wird. Dann werde ich womöglich über das Schwitzen schimpfen.

Langsam setzt sich unser Konvoi wieder in Bewegung. Tilly hat die Musik wieder eingeschaltet, aber nur leise, um dem Funk folgen zu können. Wir sind wieder an letzter Position und passieren die Wachen. Diesmal fahren wir den direktesten Weg und da es stadtauswärts etwas weniger Verkehr gibt, sollten wir schneller als auf dem Hinweg sein. Ein wenig bin ich enttäuscht vom Vormittag. Zwar haben wir unser Tagesziel erreicht, wenn die Absprachen eingehalten werden, doch irgendwie hatte ich es mir anders vorgestellt. Die kalte und dunkle Umgebung und die wenigen bekannten Gesichter dämpfen meine Begeisterung. Was ich genau erwartet hatte, lässt sich schwer sagen. Doch das gerade Said an diesem Vormittag keine Zeit hatte, war wirklich ungünstig. So oft komme ich hier nicht mehr hin wie noch 2010, gerade wenn ich bedenke, dass selbst der Oberleutnant heute das erste Mal nach Monaten wieder hier war.

Der Verkehr ist noch dicht gedrängt und unser Konvoi hat Schwierigkeiten zusammenzubleiben. Wir passieren den „Gemüsekreisel“, einen Kreisverkehr der etwas größeren Ausführung. In der Mitte trennt ein Kreis aus Betonwänden die Insel ab und am Außenring stehen einige Händler mit ihren umgebauten Schubkarren. Es sind nicht so viele wie in der warmen Jahreszeit, doch das Angebot ist immer noch sehr vielfältig. Sie haben sich große Auslagen auf ihre Schubkarren gebaut, auf denen das Obst und Gemüse ordentlich aufgestapelt ist. Manche haben sich noch ein kleines Gestell, über das Tücher oder Folien gezogen sind, darüber gebaut. So haben sie zusätzlich einen kleinen Wetterschutz. Ebenso einzelne Händler und Straßenjungen, die entweder Telefonkarten oder gar Scheibenwischer verkaufen, laufen hier herum und bedrängen die Fahrzeuge. Wir brauchen nur ein kurzes Stück durch den chaotischen Ablauf dieses Kreisverkehres, da wir gleich die erste Ausfahrt wieder herausfahren. Muss man einmal vollständig hier durch, erlebt man die abenteuerlichsten Fahrweisen. Drei bis vier Fahrzeugreihen nebeneinander sind normal und dennoch fällt vielen erst kurz vor der Ausfahrt ein, dass sie ausfahren möchten und dann ziehen sie Stück für Stück von einer Spur zur nächsten und blockieren damit dann kurzzeitig alle Spuren. Hashib schätzt, dass etwa 90 Prozent der Autofahrer ohne reguläre Fahrerlaubnis unterwegs ist. Dabei hat der Rest gefälschte oder gekaufte Papiere oder einfach gar keinen Führerschein.

2010 haben wir für einen zivilen *Contractor* (Auftragnehmer) 100 Zivilisten ausgebildet, die als zivile Fahrlehrer arbeiten sollten. Der Contractor hat eine Vorauslese getroffen, die jedoch hauptsächlich die Papiere der Bewerber betraf. Dann kamen sie zu uns in die DMS und eine kleine Kommission, unter anderem mit Hashib besetzt, sollte die praktischen und theoretischen Voraussetzungen prüfen. Eine wichtige Voraussetzung war die zivile Fahrerlaubnis, denn schließlich sollten sie Fahrlehrer werden. Schon dabei fielen sehr viele schlecht gefälschte Führerscheine auf. Das führte dann sofort zur Beendigung des Auswahlverfahrens für den jeweiligen Kandidaten. Dann kamen für alle, die die Führerscheinüberprüfung bestanden hatten, ein theoretischer Test, in dem sie Verkehrszeichen und Regeln erklären mussten. Dazu sollten sie einen Fragebogen ausfüllen, an dem alle scheiterten, die eben gar nicht lesen und schreiben konnten. Wer auch diesen Test bestanden hatte, kam zur praktischen Prüfung der Fahrkünste. Dazu war eine kleine Gasse mit Pylonen aufgebaut worden. Sie führte mit einer 90-Grad-Kurve auf eine Rampe, die für Reparaturen und Wartungen gedacht war. Nun sollten sie rückwärts diesen Bogen fahren und dann in der Steigung der Rampe anhalten, um erneut gegen die Steigung anzufahren. So wusste man erstens, ob sie mit einem Schaltgetriebe umgehen konnten und zweitens, ob sie auch über Spiegel rückwärtsfahren könnten. Das Anfahren in der Steigung trennte dann noch einmal die Spreu vom Weizen, denn dazu musste man schon etwas Gefühl im Kupplungsfuß haben. Die Meisten würgten bei dieser Übung den Motor ab oder versuchten mit durchdrehenden Rädern loszufahren. Von insgesamt fast 500 Bewerbern blieben dann gerade die geforderten 100 übrig. Und auch nur, weil der Contractor ständig Nachschub an neuen Interessenten brachte. Die dann folgende Fahrlehrerausbildung dauerte gerade zwei Wochen und dementsprechend war auch das Ausbildungsniveau. Oft habe ich sie noch im großen Gelände wiedergesehen und viele hatten mich nicht vergessen und stets freundlich begrüßt. Vielleicht dachten sie auch, dass unsere Anwesenheit bei der Bewerberauswahl und der Ausbildung einen Einfluss auf ihre Einstellung gehabt hatte. Dem war nicht so, doch ich freute mich immer wieder über die freundlichen Begegnungen und die entgegengebrachte Dankbarkeit.

Ende Januar sind alle Verträge mit ihnen ausgelaufen und die Beschäftigungsverhältnisse wurden beendet. Sie hatten ganz gut verdient und bekamen 250 Dollar im Monat vom Contractor. Das war gutes Geld für eine saubere Arbeit. Als ich letztens der Prüfung der KMTC-Ausbildung unter Leitung der Kanadier beiwohnte, habe ich einige von ihnen wiedergetroffen. Sogar nach zwei Jahren hatten sie mich noch in guter Erinnerung und waren erneut sehr freundlich zu mir, obwohl die Ausbildung mit zwei Wochen sehr kurz war. Doch die Angst vor der Zukunft und gegenüber dem Ende des Arbeitsverhältnisses saß tief. Einige zogen in Erwägung, zur Armee zu gehen und sich auch dort zum Fahrlehrer ausbilden zu lassen. Doch einer von ihnen, ein schon sehr alt wirkender Mann, traf mich mit seiner Bewertung der Lage besonders. Er ließ mir übersetzen, dass er sich im Februar am besten das Leben nehmen sollte. Auf Nachfragen erklärte er mir dann sehr ernst, dass ihn die Armee wohl nicht nehmen würde, er aber der einzige Verdiener in einem Neun-Personen-Haushalt sei. Normalerweise habe ich immer eine passende Antwort auf die Fragen des Lebens, zumindest, wenn ich länger darüber nachdenke. Doch bei ihm hatte ich nun wirklich ein ungutes Gefühl. Was sollte man ihm sagen, wie Hoffnung machen? Er war einer von den Menschen, die Amin letztens noch mit seiner Prognose für den Abzug der Bundeswehr 2014 meinte. Er tat mir wirklich leid, denn seine Aussagen liefen nicht auf Betteln oder Mitleid hinaus. Sie stellten einfach die Fakten und seine persönliche Lage in den Raum. Und anerkennend muss ich trotz des geringen Niveaus der Ausbildung erwähnen, dass sie sehr pflichtbewusst gearbeitet hatten. Nur sehr wenige hatten den Job hingeschmissen. Fleißig haben sie ihr Programm mit den Schülern durchgezogen und sind wie an einer Schnur gezogen durch die Geländebahnen gefahren. Diese Einstellung zur Arbeit und diese konsequente Umsetzung würde Afghanistan auf allen Ebenen guttun. Doch das Geschwür der Korruption scheint sich immer wieder durch die gut gemeinten Ansätze im System zu fressen.

Die Ausfahrt des Kreisels ist durch eine Polizeikontrolle verengt und so drosseln wir das Tempo, bevor es mit höherer Drehzahl und lauter Musik wieder auf die Hauptstraße Richtung Pakistan, den Highway 7 geht. Etwa zehn Kilometer geht es nun fast nur gerade Richtung Camp Warehouse zurück. Die Bilder am Straßenrand bewirken bei mir eine Reizüberflutung und so muss ich mich für eine Seite entscheiden, um keinen Nackenschaden zu riskieren. So oft und so lange hatte ich das 2010 und 2011 schon gesehen und bis heute kommt keine Spur von Langeweile bei der Fahrt durch das Treiben auf. Ohne Zwischenfälle und mit weiteren interessanten Bildern kommen wir wieder im Camp an.

Da ich noch nicht allzu intensiv in der Ausbildung gebunden bin, nutze ich die Zeit, um Teile der aktuellen Führerscheine-/ Dokumente zu ändern. So möchte der Oberleutnant, dass die verwendeten Bilder der Fahrerlaubnisklassen direkt mit den Fahrzeugen vergleichbar sind. Damit erkennt auch jemand, der nicht lesen und schreiben kann, was gefahren werden darf. Dazu mache ich von allen Fahrzeugtypen Fotos aus der Seitenansicht. Wenn man jetzt glaubt, es müssten doch schon genug Fotos existieren, dann ist das sicher nicht ganz falsch. Doch für eine Bearbeitung der Fotos benötige ich eine exakte Seitenansicht. Davon gibt es wirklich gar keines, weil alle Fahrzeuge bisher immer schräg abfotografiert wurden. Die sehen in 3D natürlich auch interessanter aus. Mit einem Programm werde ich dann am Computer die Silhouette der Fahrzeuge nachzeichnen und sie in Weiß auf schwarzem Grund abbilden. Diese Bilder kann man dann in beliebiger Größe in die Dokumente hineinkopieren. Das ist zwar recht aufwendig und zeitintensiv, aber es soll ja auch wieder für viele Jahre reichen. Hierfür nutze ich die Nachmittage im Büro und beginne gleich heute mit dem ersten Bild. Auch ein Job, der seine Spuren in der Führerscheingeschichte dieser Armee hinterlassen wird. Also ein Job, den ich hochmotiviert angehe! Das Ganze entwickelt sich zwar zu einer Geduldsprobe, denn das verfügbare Programm und die Computermaus als Werkzeug bedürfen einer sehr ruhigen und gekonnten Hand. Gerade die Schrägen und Rundungen sind mit diesem Programm eine Herausforderung und ich hoffe nur, dass keiner kommt, wenn ich fertig bin und mir eine bessere Möglichkeit zeigt, die Piktogramme für die Fahrerlaubnisklassen zu erarbeiten. Dennoch empfinde ich es als eine gute Aufgabe, denn jetzt schaffe ich tatsächlich wieder etwas Bleibendes und sehe Tag für Tag, was ich erreicht habe.

Gestern noch hatte der Oberleutnant sich über einen Kameraden aufgeregt, weil der sich anscheinend mit fremden Federn geschmückt hatte. Im ersten Einsatz musste der Oberleutnant Fahrzeugmappen anlegen. Darin waren wichtige Informationen für jeden Fahrer und über das Fahrzeug eingeheftet. Diese Mappe liegt auch noch in unserem Wolf. Nur das jetzt in der ersten Seite, mit dicken schwarzen Edding, der Name des Kameraden mit dem Zusatz „erstellt durch..." steht. Nach Sichtung der Mappe konnten wir jedoch keine Neuerungen erkennen, die diesen Vermerk rechtfertigen würde. Aber ich denke solche Menschen gibt es überall. Umso eine Behauptung, egal ob schriftlich oder später mündlich zu vermeiden, greife ich zu einem kleinen Trick. Ich vergrößere mir das Bild auf die fünffache Größe und schreibe meine Initialen in eine Ecke der weißen Fahrzeugfläche. Als ich das Bild auf etwa DIN-A4-Größe verkleinere, kann man dies kaum noch erkennen. Höchstens als kleinen Fleck, der dort nicht hingehört. Die Bilder werden später kleiner als ein Passbild sein und dann ist es mit einfachem Auge nicht mehr zu erkennen. Doch die Initialen werden deswegen nicht weg sein und für mich der Nachweis meiner Mühe bleiben.

Fast zwei Wochen habe ich nun dafür gebraucht. Zeit, die mir nur in der Bürozeit, das heißt, wenn wir nicht draußen im Gelände sind bleibt und endlich habe ich alle Fahrzeuge unserer Inspektion als Bild für den Führerschein aufbereitet. In der verkleinerten Version sehen sie richtig gut aus. Wo ich bei der Bearbeitung in vielfacher Vergrößerung noch jede kleine Ecke gesehen habe, sind nun keine Fehler mehr erkennbar. Das Gefühl deutscher Gründlichkeit bestätigt mich. Selbst ein kleines Kind könnte jetzt diese Piktogramme dem passenden Fahrzeug zuordnen. Als kleiner Junge hatte ich sehr viel gemalt und skizziert, vielleicht hat mir auch deswegen diese Aufgabe sehr gelegen. Ursprünglich wollte ich mir eine Staffelei mit in den Einsatz nehmen, doch dann musste ich mich für das Malen oder Schreiben entscheiden. Und hoffe, dass es die richtige Entscheidung ist. Es bleibt neben dem Dienst einfach nicht genug Zeit, um gleichzeitig zu malen und zu schreiben. Aber aufgehoben ist ja nicht aufgeschoben. Ab und zu kribbelt es in meinen Fingern und ich möchte wieder sehen was entsteht, wenn ich mich beim Malen entfalten kann. Immer wieder holt mich meine künstlerische Ader im Alltag ein und wenn es nur die Haarschnitte der Kameraden sind, mit denen ich zusätzlich ein paar Spendeneuros einsammeln kann. Es bedeutet für mich abschalten, andere Regionen meines Gehirns zu stimulieren und etwas Bleibendes schaffen. Aber dafür braucht man Zeit und die habe ich hier nicht. Mittlerweile hat sich mein Tagesablauf eingependelt und ist bis mindestens abends 20 Uhr kaum veränderbar, außer ich beginne Abstriche zu machen und beispielsweise weniger zu schreiben und dadurch die Mittagspause zu beschneiden. Nun bin ich in der sechsten Woche hier und könnte es mir eigentlich sogar leisten. Ursprünglich war eine Seite pro Tag mein Ziel und da liege ich im Moment weit darüber. Doch solange es aus mir heraussprudelt und mir immer wieder neuer Stoff geboten wird, schreibe ich konsequent weiter. Wie viele Seiten es später dann letztlich werden, entscheidet die Feinschrift, denn viele meiner Erlebnisse möchte ich noch genauer und nachvollziehbarer beschreiben – immer mit dem Ziel, es auch Außenstehenden so verständlich wie möglich zu machen. Bei einigen Dingen möchte ich jedoch nicht zu sehr ins Detail gehen, da es sich oft um dienstliche Belange handelt, die nicht jedem zugänglich gemacht werden können oder dürfen. Es ist oft ein schmaler Grat für mich. Möchte ich doch einerseits so genau wie möglich schreiben, andererseits aber auch gegen keine Regeln oder Vorschriften verstoßen oder gar den Leser langweilen. Ich hoffe daher, dass es dennoch spannende und interessante Inhalte werden. Auf jeden Fall empfinde ich es inzwischen mehr als Ent- denn als Belastung.

Es ist kurz vor 17 Uhr und ich verlasse das Büro, um zum Sport zu gehen. In der Mittagspause hatte ich mir extra neue Musik auf den Player geladen, da die vorherige nicht so recht meine Sportmusik war und vom Rhythmus meines Trainingstempos abwich. Um 19 Uhr haben wir einen Unteroffiziersabend geplant. Bis dahin muss ich also wieder geduscht und umgezogen sein. Zügig packe ich meine kleine Einsatztasche, die ich mir hier schneidern ließ, mit dem Nötigsten. Also kommen die Hallenschuhe, mein kleines, dunkelblaues Luftwaffenhandtuch und zwei Wasserflaschen hinein. Schon beim Umziehen in meine Sportsachen setze ich mir den Player an die Ohren und lasse die Musik laufen. Da ich meine Rollos recht weit unten habe und das Licht in der Stube brennt, kann ich mir im Spiegelbild der Fenster beim Umziehen zusehen. Die Musik verleitet mich dazu, etwas herumzutanzen und mit ein paar Posen meinen Körperbau zu bewundern. Ich bilde mir ein, dass man das Training der letzten vier Wochen schon wieder gut sehen kann. Heute ist wieder Ruder-Tag und damit der anstrengendere von meinen „Wechseltagen". Auf Stufe acht und mindestens eine Stunde, ist ein gutes Level erreicht. Wenn der Rechner im Gerät tatsächlich richtig rechnet, dann sind dabei jedes Mal etwa 800 Kalorien weg. Damit bräuchte ich bei meiner abendlichen Dose Cola eigentlich kein schlechtes Gewissen zu haben. In kurzer Laufhose und mit der Wattejacke, die ich für die kalten Tage nun vorrangig zum Sport mitnehme, schnappe ich mir meine Tasche und begebe mich zum GYM. Die Sonne scheint stark und dennoch macht sich der kalte Wind an meinen leicht bekleideten Beinen zu schaffen. Das stört mich nicht sonderlich, denn die Jacke hält den Oberkörper warm und damit friere ich auch nicht. Lied für Lied klicke ich mich durch den Player, bis ein guter Song beginnt. Die Musik muss zur Stimmung passen und noch habe ich Energie und motiviere mich über den Song. Das GYM ist im Bereich der Laufbänder schon sehr voll, nur auf den Rudermaschinen ist kein Mensch. Mein Eindruck ist, dass die Rudergeräte deutlich weniger genutzt werden als die anderen Geräte. Gut für mich, denn so konnte ich bisher fast immer auf mein festes Gerät gehen. Dabei ist so ein Rudergerät doch echt gut. Man trainiert viele Muskelgruppen gleichzeitig und verbrennt viele Kalorien. Eine breite Schulter und ein knackiger Hintern sind vorprogrammiert. Wenn ich weiter so diszipliniert dabeibleibe, dann kann das in Zukunft nur gut aussehen. Das Display des Gerätes steht mal wieder auf Französisch. Darum nutze ich nur den Schnellstart, bei dem einfach bei Übungsbeginn alle Werte angezeigt werden. Mit lockerem Tempo lege ich los und während meine Musik läuft, folge ich dem Video auf dem Bildschirm über mir. Dabei nutze ich die Zeit eigentlich mehr zum Nachdenken und lasse die Bilder mehr unterbewusst vorbeiziehen. Auch wenn man sich hier oft deutlich besser kennt und versteht als in Deutschland, so vertraut man dennoch kaum private oder intime Details anderen Kameraden an. Der Beigeschmack, der damit verbunden wäre, gibt kein gutes Gefühl, egal ob der Gegenüber die Unfähigkeit, Probleme zu lösen, oder Schwäche in einem sehen könnte. Wer sich davor schützen möchte, lässt es einfach. Schließlich kann man ja auch am Telefon einige Dinge mit Menschen in der Heimat besprechen.

Der Major aus dem letzten Einsatz hatte oft und viel über sich und seine Probleme geredet. Teilweise fühlte ich mich schon wie ein Psychologe für ihn. Obwohl es mir an sich nichts ausgemacht hat, so habe ich mich doch oft gewundert. Einerseits gehört zwar eine gewisse Stärke dazu, sich in bestimmten Themen Kameraden zu öffnen. Doch wenn es sich dann noch um Untergebene handelt, muss man sich das wirklich gut überlegen. Aber richtig ist sicher auch, dass kein Dienstgrad von Problemen verschont ist. Auf jeden Fall haben wir dadurch ein recht persönliches Verhältnis gehabt und die Zusammenarbeit war, besonders für mich, recht angenehm. Damit meine ich keine Vorteile durch Schleimerei, sondern die Tatsache, dass man mit so einer Bezugsperson eben viel offener reden kann und dadurch weniger runterschlucken muss. Wo man sonst vielleicht einen Befehl als gegeben hinnimmt, hinterfragt man ihn so viel eher. Das kann dann auch für beide Seiten gut sein, weil der Vorgesetzte in diesem Fall eben Anregungen und Gedankengänge vom Untergeben ausführlicher eröffnet bekommt. Wichtig ist dann nur, dass beide Seiten den Respekt und ein Minimum an Distanz nicht verlieren.

Kontinuierlich ziehe ich am Rudergerät und schiebe mich über den Sitz vor und zurück. Ich merke, wie mein linker Fuß langsam einschläft. Seltsam, denn bei so viel Bewegung sollte doch genug Blut in die Extremitäten fließen. Dass mal das Bein einschläft, weil es am Oberschenkel etwas abgedrückt wird, kenne ich vom Autofahren. Aber beim Sport hatte ich es so noch nie, soweit ich mich erinnern kann. Dennoch mache ich konzentriert weiter und immer, wenn volle zehn Minuten vorbei sind, greife ich am Handgriff um und ziehe für die nächsten zwei Minuten aus dem Bizeps heraus. So habe ich gleich noch einen Muskel mehr im Training. In Kombination mit den darauffolgenden Trainings dürfte meine Kraftausdauer weiter aufgebaut werden. Vielleicht sitze ich etwas falsch oder führe die Bewegungen nicht sauber genug aus. Während der Übung versuche ich, in der Entspannungsphase die Sitzposition leicht zu verändern. Doch es wird nicht wirklich besser. Egal, diese Stunde ziehe ich durch. Das Gefühl, seine Vorgaben erfüllt zu haben, ist ein Gutes. Ich dehne mich noch einmal in allen Bereichen, um Muskelverkürzungen vorzubeugen und eine gute Beweglichkeit zu erhalten. Dann gehe ich, noch mit etwas Muskelschmerz, der wohl von dem eingeschlafenen Bein herrührt, zum Umkleideständer. Während die Musik immer noch fleißig weiterspielt, ziehe ich mir die Wattejacke wieder über und die Straßenturnschuhe an. Beim Rausgehen ziehe ich mir das Handtuch über den Kopf und ersetze damit eine Kapuze. Es ist noch sehr kalt und der verschwitzte Kopf würde beim Rückweg schnell auskühlen oder mir direkt eine Erkältung verpassen. Es ist schon dunkel geworden. Noch beim Rudern konnte ich in den kleinen Fenstern unter der Decke im GYM den feuerroten Sonnenuntergang beobachten. Nun kann man nur noch Umrisse erkennen. Da meine kleine Taschenlampe am Reißverschluss des anderen Kälteschutzes hängt, nutze ich die Taschenlampe aus dem Handy. So simpel das Handy in seinen Funktionen auch sein mag, die Lampe ist ein gutes Zubehör. Auch wenn der Lichtkegel nur sehr schwach vor mir auf den Asphalt scheint, so verhindert er doch, dass man Stolperfallen übersieht. Die Zeit läuft mir etwas davon, da ich nun nur noch etwa 15 Minuten bis zu unserem Treffen habe und auch noch duschen muss.

Schnell bin ich mit dem Duschen fertig, wenngleich ich noch gerne ein paar Minuten länger unter der angenehmen Wärme des Wassers gestanden hätte. Das Baden, was für mich schon fast ein Ritual zu Hause geworden ist, vermisse ich schon ab und an. Nachdem ich mich abgetrocknet habe, ziehe ich mit dem Abzieher die Pfützen von den Fliesen zum Abfluss.

Wieder muss ich mit dem leicht feuchten Oberkörper einmal durch den frischen Luftzug der Durchgänge, um wieder in meine Stube zu gelangen. Ein guter Zeitpunkt, um gleich die gesamte Uniform zu wechseln. Das füllt wieder ein Wäschenetz, dass ich dann morgen für die Wäscherei abgeben kann. Obwohl der Treffpunkt in unserem Betreuungsbereich liegt, lege ich auch die Waffe und die vollständige

Uniform wieder an. Zwar ist uns gestattet, diesen Bereich auch in privater Bekleidung zu besuchen, aber der Weg dorthin führt am „Icecube“, dem Stabsquartier des „Führers deutsche Kräfte“ vorbei. Da finde ich es einfach ungünstig, wenn man vielleicht dem Oberst in privater Bekleidung begegnet. Auf meiner Stube und im Gebäude ist das für mich in Ordnung, aber nicht draußen. Ich habe nur noch weniger als fünf Minuten und spute mich daher auf dem Weg dorthin.

Am Eingang kann ich den Geruch der Pizzen schon wahrnehmen und im Vorraum hat der Spieß Salate und Einweggeschirr aufgebaut. Nebenan, an den großen Tischen, sitzen schon fast alle Kameraden und ziehen sich die verschiedenen Pizzaschachteln heran, um den Inhalt zu prüfen. Wir konnten uns eine Pizza nach Wunsch bestellen, die aus unserer Unteroffizierskasse gezahlt wird. Gerne hätte ich eine mit Artischocken gehabt, doch die hatten sie schon beim letzten Mal nicht und so bekomme ich die gewählte Alternative mit Hühnchen Fleisch. Dazu hole ich mir auf einem der Plastikteller eine gute Portion vom Salat. Der ist zwar mit etwas viel Petersilie versetzt und sehr krautreich, aber das ist der türkischen Küche geschuldet. Die Salate sind jedenfalls um einiges näher an unserem Geschmack als die der französischen Küche und durch den dazugegebenen Thunfisch insgesamt sehr gut. Ich verspeise erst das warme Innenteil der Pizza und anschließend den Salat mit dem etwas trockenen Pizzarand als Brötchenersatz. Eine wirklich willkommene Abwechslung, auch wenn es bei den Franzosen fast jeden Abend Pizza gibt. Da sie wirklich jede Pizza mit sehr streng riechendem und schmeckendem Käse belegen, ist die zumindest für meine Geschmacksnerven nicht akzeptabel. Diese hier ist vom *Ciano* (kleines Restaurant im Camp) und sehr gut.

Nach dem Essen ist ein gemeinsamer Film im „Kinosaal“ geplant. Was gleich läuft weiß ich noch nicht, aber da sich Freiwillige finden, spielen wir noch etwas am Tischkicker. Im ersten Einsatz war ich das erste Mal überhaupt in meinem Leben mit diesem Spiel in Berührung gekommen. Ich musste einige Male „krabbeln“, weil wir zu Null verloren hatten. Dann muss man – so will es die Tradition – unter dem Tischkicker hindurchkrabbeln und mit einem Stift seinen Namen an die Tischunterseite schreiben. Doch nach und nach wurde ich besser. Nur wenn die Gegner wirklich beide gut sind und ich dazu noch einen schwachen Mitspieler bekomme, dann besteht die Gefahr, dass ich wieder krabbeln muss. Ich bin wirklich nicht gut, wenn ich die vorderen Spieler bedienen muss, womöglich weil es mir dann einfach zu unübersichtlich ist. Doch das sogenannte „Blitzen“, wenn man den Abschuss des gegnerischen Spielers direkt in sein Tor zurückschickt, das gelingt ganz gut. Keule, der meint vorne schwach zu sein, spielt mit mir gegen zwei „Stuffze“ (Stabsunteroffizier). Einer von Ihnen ist wirklich gut, doch der andere noch in der Findungsphase. Und schon die ersten drei Tore gehören uns und sind alle geblitzte Tore. Dann holen sie etwas auf, weil sich mein direkter Gegner auf meine Konter einstellt. Dennoch können wir das Spiel überzeugend gewinnen. Aus dem Kinosaal ruft der Spieß schon herüber. Einige sitzen noch an den Tischen und einige schon in den bequemen Ledersitzen des Kinosaales. Ich gebe die Info in den Nebenraum weiter, in der Hoffnung, dass sie dann auch dazukommen und suche mir selbst einen guten Sitzplatz. Hauptsache bequem und die Beine ausstrecken können. Eine Cola würde ich jetzt natürlich nicht ausschlagen, doch da ich schon sitze und den Anfang nicht verpassen möchte, verzichte ich darauf. Dann nachher auf der Stube vielleicht noch. Der Film beginnt zu laufen und die Audioanlage ist viel zu laut eingestellt. Der Bass bringt die Wände des Raumes zum Vibrieren. Die hat Power und würde sich gut zu Hause machen. Auch wenn nicht alle bis zum Schluss sitzen bleiben und den Film zu Ende schauen, so ist der Film, „The Grey“ gut und dieser Abend eine schöne Idee gewesen.

So langsam spüren wir die Vorbereitungen des anstehenden Umzuges. Selbst wenn unsere Einheit bisher nur auf dem Papier geplant hat, so ist der Rest der deutschen Kräfte schon voll dabei. Überall in den Deutschen Bereichen wird abgebaut und abgerissen. Aktueller Stand ist, dass wir fast zuletzt hier ausziehen, um im neuen Camp so schnell wie möglich arbeitsfähig zu sein. Denn wenn das deutsche Kontingent wieder vollständig aufgebaut und eingerichtet ist, dann haben wir auch die nötige Unterstützung für unsere Arbeit. In unserer Unteroffiziersbesprechung vereinbaren wir darum auch schon die ersten eigenen Maßnahmen. Dabei befürchte ich, dass uns noch gar nicht so recht bewusst ist, wie viel Zeug sich über die letzten zehn Jahre, in denen die Einheit besteht, angesammelt hat.

Für heute Morgen, an einem afghanischen Feiertag, sind wir zur Containerinventur verabredet. Wir haben verschiedene Überseecontainer und wollen einerseits wissen, was genau an Material vorhanden ist, und andererseits die Inhalte sinnvoll vorsortieren und zusammenpacken. So gewinnen wir Lager- und Transportraum. Da wir grundsätzlich nicht an Feiertagen rausfahren, bietet sich dieser Tag für solche Arbeiten an. Das gesamte Personal ist hier im Camp und sollte damit verfügbar sein. Acht Uhr war verabredet und nun ist es kurz davor. Keine Menschenseele ist hier hinter unserem Betreuungsbereich, in dem die Deutschen Container wie eine Garagensiedlung aufgebaut sind. Für die schmutzigen Arbeiten habe ich mir extra meine dienstlichen Handschuhe mitgenommen und da es die ganze Nacht geregnet hat, dazu meinen Nässeschutz. Zwar neigt man, weil er recht wenig atmungsaktiv ist, zum Schwitzen darunter, aber ausziehen kann ich ihn ja später immer noch. Theo, der „dienstälteste Oberstaber" hier in der Einheit, kommt auf mich zugelaufen und kurz dahinter ist auch der Fahrer vom Oberst. Mehr als eine Stunde habe ich eigentlich nicht, da der Tagesablauf mit dem Oberleutnant schon durchgeplant ist. Theo öffnet den ersten Container, nachdem er sich erfreut und erstaunt über mein Kommen gezeigt hat. So ist es in Deutschland und so ist es leider auch hier. Das hat nichts mit der Umgebung, sondern mit den Menschen zu tun, denn wenn Arbeit anliegt, kommen immer dieselben. Gerade in meiner Inspektion, wo wir gerade mal zwei Mann sind und eben alle anfallenden Arbeiten unter uns aufteilen müssen, haben wir nicht unendlich Zeit zur Verfügung. Aber da ich weiß, wie unangenehm es ist, wenn man mit allem allein dasteht, versuche ich mich grundsätzlich an solchen Aktionen zu beteiligen.

Der aufmerksame Leser wird bis hier gemerkt haben, dass ich bis auf die „Pflichtveranstaltungen" kaum über persönliche Zeit mit anderen Kameraden schreibe. Das liegt natürlich zum einen daran, dass mir deren Privatsphäre wichtig ist. Zum anderen bin ich schon immer ein Einzelgänger gewesen. Ich suche nur sehr selten die Gesellschaft anderer Menschen in meiner Freizeit. Zwar hat man mir oft in meinen Beurteilungen durch die Vorgesetzten kameradschaftliches und hilfsbereites Verhalten bescheinigt, doch oft werde ich als unnahbar und streng wahrgenommen. Das ist vielleicht so, wenn man sich nicht allzu leicht und schnell anderen gegenüber öffnet. Als Kind habe ich im Kindergarten oder später auch in der Schule oft mit blauen Flecken, die von den Schlägen meines Vaters herrührten, gesessen. So oft habe ich mir gewünscht, dass mal jemand hinschaut oder fragt, ob ich oder mein älterer Bruder Hilfe brauchen. Erst viele Jahre später, als erwachsener Mann, hatte ich die Gelegenheit, die ehemalige beste Freundin meiner Mutter mit dem Thema zu konfrontieren. Sie war die erste und bislang einzige Person, die sich sichtlich für ihr Wegschauen geschämt und sich dafür bei mir entschuldigt hat. Es war also bekannt. Aber was nützt das heute noch? Ich bin der Mensch, den die Zeit und die Erlebnisse aus mir gemacht haben. Sicher ein Grund, warum ich nur zwei Menschen als echte Freunde in meinem Leben betrachte. Das Leben hat mich sehr kritisch gemacht, was natürlich für meine Umwelt teils sehr schwierig ist. Aber wenn man als Kind kein Urvertrauen erlernt, sogar von der eigenen Mutter an den Vater wegen Banalitäten „verraten" wird, obwohl sie wusste, was uns danach blühte. Das Verhalten vieler Menschen, welches mir in den langen Auslandseinsätzen begegnet ist, hat es leider nicht besser gemacht. Die Abgründe können leider sehr tief sein...

Der Container liegt, neben gefüllten Regalen, voll mit verschiedensten Stromkabeln. Theo bittet mich, diese Kabel auszumessen und zu kennzeichnen. Da sie abgegeben werden sollen, müssen wir dokumentieren, um was es sich genau handelt und in welchen Mengen es vorhanden ist. Da sind Kabel von mehreren Zentimetern Durchmesser dabei und sie wiegen je nach Länge an die einhundert Kilogramm. Kaum zu bewerten, was hier an Rohstoffen und Werten liegt. Unser Schirrmeister „Ziege", der mittlerweile auch eingetroffen ist, hat eine gute Idee. Er holt zum Transport der Kabel, die auf der hinter den Containern liegenden Straße ausgelegt werden sollen, einen Mini-LKW. So ein Teil hatte ich vorher so noch nicht gesehen. Ein kleines Fahrerhaus für zwei Mann und eine Ladefläche, auf das gerade mal ein Fahrrad drauf passen würde. Erinnert mich etwas an den „Multicar" der DDR. Sehr schmal und flach passt es hier im Camp durch fast jede Lücke. Wir werfen die Kabel alle auf die Ladefläche, um sie anschließend zur Straße vorzufahren. Ziege und ich beginnen mit dem Abladen. So haben wir die Ladefläche wieder frei und können die gemessenen und verschnürten Kabel wieder dort drauflegen. Kalle kommt auch dazu. Er ist Elektrikermeister und wird uns bei der Identifizierung der Kabeltypen helfen und die Übersicht dazu anlegen. Es nieselt wieder leicht und so beginnen wir zu dritt, die Kabel am Straßenrand aufzutürmen. Mit einem 50 Meter-Maßband, das wir entlang des Bordsteines gelegt haben, wollen wir Maß nehmen. Dazu lösen wir zuerst die Kabelbinder und Schnüre, welche die aufgerollten Kabel halten. Drei können wir direkt wieder auf die Ladefläche werfen, da sie bereits eine Kennzeichnung mit den wichtigen Angaben enthalten. Und so kommt nur noch an eines der Enden ein Fähnchen aus Tape, auf dem die Nummer aus der Liste geschrieben wird. Leider liegen jetzt immer noch geschätzt über 30 Rollen Kabel hier. Also ran ans Werk, damit wir vorwärtskommen! Ziege und ich beginnen einen kleinen Wettstreit im Längenschätzen. Er scheint dafür das bessere Auge zu haben, denn nur selten liege ich wirklich richtig. So zieht einer das eine Ende des Kabels auf die Nullmarkierung des Maßbandes und der andere das Kabel daran stramm. Doch das Wiederaufwickeln des Kabels scheint die eigentlich schwierige Aufgabe zu sein. Nur mit viel Kraft und etwas Geschick lässt sich Runde für Runde zurückgewinnen. Die Dicke der Kabel macht sie unheimlich unflexibel und macht das Aufrollen zu einer Kunst und Anstrengung. Die Straße ist nass und schlammig und schon nach dem ersten aufgewickelten Kabel sind meine Handschuhe durchgeweicht und beginnen an den Nähten zu reißen. Richtige Arbeitshandschuhe wären die bessere Wahl gewesen, aber wer ahnt schon, dass sich das hier zu schwerer Arbeit entwickeln würde? Da Ziege schon mit dem Auseinanderziehen des nächsten Kabels beschäftigt ist und Kalle noch fleißig in seiner Liste schreibt, wuchte ich das erste schwere Kabel allein auf die Ladefläche. Dem folgen noch viele und zwischenzeitlich habe ich das Gefühl, dass ich hier alles allein machen muss. Ziege hat sich gerade auf die Toilette abgemeldet und Kalle wurde für einen Spezialauftrag abgezogen. Bei den Afghanen ist ein Hauptstromkabel zerstört und damit die halbe Kaserne ohne Strom. Das an einem Tag, an dem eigentlich nur die Wachmannschaft dort sein sollte. Gut, dass hier genug Kabel liegen und so kommt Kalle mit Felix auf dem Zweitonner angefahren und nimmt sich direkt etwa 250 Meter Kabel mit – leider von dem bereits gemessenen und beschrifteten.

Alleine hier herum rödeln macht aber auch wenig Sinn und daher entschließe ich mich zu einer Cola-Pause. Durch den offenen Hintereingang gelange ich auf kurzem Weg in unseren Betreuungsbereich und nehme mir eine schöne kalte Cola aus dem Kühlschrank. Nach dem dafür nötigen Strich in der Übersicht genieße ich die kühle Erfrischung. Denn mittlerweile bin ich unter dem Nässeschutz gut ins Schwitzen geraten. Ein guter Zeitpunkt, um ihn auszuziehen und an einen vorstehenden Draht am Hesko zu hängen. Die anderen Kameraden, die an den Containern beschäftigt sind, kann ich zwar hören aber nicht sehen. Kurze Zeit überlege ich, ob ich mir Verstärkung holen soll, doch die anderen werden sicher auch sinnvoll beschäftigt sein und eigentlich komme ich auch allein klar. Kostet eben nur viel mehr Zeit und das Heben und Werfen der Kabel auf die Ladefläche geht gut in den Rücken.

Da kommt Schmittchen um die Ecke – wie es scheint, geradewegs aus unserem Feldhaus. Etwas spät, dennoch besser so als nie. Das ist meine Gelegenheit und so ordere ich ihn direkt zu mir. Nach einer kurzen Einweisung legen wir dann gemeinsam los. Auch Ziege ist wieder dabei und so kommen wir ganz gut voran. Auch wenn Schmittchen wohl etwas lustlos bei der Sache ist. Mit seinen gerade etwas über 20 Jahren gehört er schon zu einer Generation, die nicht durch Bewegungsdrang bzw. Willen zu körperlicher Arbeit gekennzeichnet ist, dafür aber in der Welt der Computerspiele fit sein dürfte. Dasselbe beobachte ich auch schon seit Jahren bei meinem Ältesten. Er hat Potenzial und ist sicher nicht der Dümmste. Doch es scheint schwierig, ihm das deutlich zu machen, denn von allein bewegt sich auch bei ihm sehr wenig. Und das Computerspielen hat sein Leben entscheidend eingenommen, vielleicht ist es sogar bereits eine Art Sucht.

In der DDR wurden wir in Vereinen, Jugendgruppen und Sportförderbereichen auf Ehrgeiz und Siegeswillen getrimmt. Es machte Spaß etwas zu erreichen, sich neue Ziele zu setzen und dafür zu kämpfen. Die Anstrengungen wurden nicht in Bares oder Kalorien dafür aufgewogen. Wir taten es für uns und für die Anerkennung in der Gemeinschaft, wurden aber eben entsprechend motiviert und gefördert. Die jungen Generationen hingegen sind bequem geworden und fragen bei fast allem, was sie leisten sollen, nach dem Lohn dafür. Ideelle Werte und Anerkennung scheinen nicht mehr interessant zu sein. Doch irgendwann sind die Generationen, die ihnen heute noch unter die Arme greifen und sie vorantreiben, nicht mehr da. Wer wird sie dann motivieren? Da kann man nur hoffen, dass die Weisheit mit dem Alter kommt. Wenn Familie, Kinder und soziale Sicherheit an Bedeutung gewinnen.

So zeigt Schmittchen auch nach außen heute deutlich, was er von der körperlichen Anstrengung hält. Sicher ist es stimmungsabhängig und der Abschied eines Kameraden am Vorabend hat ihn wenig schlafen lassen. Doch wie heißt es so schön: „Wer feiern kann, der kann auch arbeiten!" Und nach einigen Sprüchen und Anmerkungen dazu, gibt er sich etwas mehr Mühe, damit das Arbeitstempo anzieht. So langsam ist das Ende in Sicht. Ziege fährt eine Ladung zu den Containern rüber, während Schmittchen und ich die nächsten abarbeiten. Der Nieselregen hat auch aufgehört und die Zeit rennt nur so davon. Die 9 Uhr kann ich keinesfalls mehr halten und darum rufe ich den Oberleutnant an, um ihm die Verspätung mitzuteilen. Das stellt kein Problem dar, nur brauche ich dann vormittags nicht mehr ins Büro zu gehen. In den kurzen Ruhephasen meldet sich mein Rücken mit einem unangenehmen Schmerz auf Hüfthöhe. Kein gutes Zeichen. Nur dann, wenn ich lange Zeit hintereinander in der Geländeausbildung auf unseren alten LKWs eingesetzt war, hatte ich starke Rückenschmerzen bekommen. Kein Wunder bei diesen ungefederten Lederbänken. Doch diesmal ist der Schmerz deutlich intensiver. Mir wird langsam klar, dass vielleicht das eine oder andere Kabel zu schwer für einen Mann allein gewesen ist. Mein Problem, einfach mal andere um Hilfe zu bitten, drückt hier wieder schmerzhaft durch. Auf der einen Seite möchte ich gerne fertig werden und auf der anderen Seite sollte ich vielleicht einfach mal warten, bis jemand da ist, der mit anpackt.

Doch das mache ich zu Hause auch nicht. Sitzt der Große in seiner Stube am Rechner und spielt seine Spiele Tag und Nacht, ist es mir einfach zu dumm, einen fast 20-jährigen darauf aufmerksam machen zu müssen, dass es auch nützlichere Betätigungsfelder gibt. Auch er nutzt den Garten des Hauses, und wenn es nur während seiner Anwesenheit beim Grillen ist oder um sein Fahrrad aus dem Gartenhäuschen zu holen. An wenigen Tagen des Jahres hat er dann fleißige Momente. Dann fragt er schon mal, ob er mir helfen kann. Und vielmehr möchte ich oft auch gar nicht. Interesse zeigen und sich anbieten. Bei manchen Dingen kann man Hilfe gebrauchen und bei manchen auch nicht, doch der Wille zählt. Nur der Spruch „Musst dann mal was sagen, wenn du Hilfe brauchst!" löst inzwischen nur noch Frust in mir aus. Entweder man sieht die Arbeit und möchte wirklich helfen oder eben nicht. Alles andere ist nur „Alibi". Die anderen beiden Jungs sind da noch etwas motivierter, auch wenn der Kleine erst fünf ist. Sie sehen die Zeit und auch die Herausforderungen, etwas mit mir gemeinsam zu tun. Denn gemacht werden muss es und vieles kann nur ich oder jemand der es sich teuer bezahlen lässt. So kann man sogar noch die wenige gemeinsame Zeit zusammen nutzen. Selbst meiner Frau macht es Spaß, wenn wir verschiedene Arbeiten gemeinsam erledigen können. Vielleicht wäre ich genauso gewesen, wenn ich seine Bedingungen damals mit meinen Eltern vorgefunden hätte. Doch das glaube ich nicht, weil ich nur zu gut weiß, wie viel schlechter wir es hatten. Diese Erfahrungen fehlen eben manchen und gerade im Heranwachsen will man so etwas, selbst wenn man es von den Eltern täglich gesagt bekäme, nicht hören. Seitdem er selbst beim Bund ist, ist es noch schlimmer geworden. Ich hoffe er erkennt es schon bald, um mal wieder auch für meine Frau in der Familie eine Hilfe zu sein. Gerade in der Zeit meiner Abwesenheit wäre das von großem Nutzen. Doch zwingen kann man keinen dazu, diese Einsicht muss von Innen kommen. Aber vielleicht mache ich mir auch gerade wieder zu viele Gedanken und sollte froh sein, dass er einen guten Job hat, den er Tag ein, Tag aus, zuverlässig meistert.

Die letzte Rolle ist gebunden und gekennzeichnet. Die Handschuhe scheinen am Ende zu sein. Voll mit bräunlichem Matsch und löchrig, blickt die schmutzige Haut meiner Hände durch. Nachdem ich sie von den Händen ziehe, blicke ich auf dunkelblau gefärbte Handflächen. Das Leder ist so stark durchnässt, dass es sich fast auflöst. Theo kommt gerade von den Containern zu uns und bedankt sich nochmal ausdrücklich, dass wir ihn so tatkräftig unterstützt haben. Eine einfache Geste mit wichtiger Wirkung. Man muss danken und auch loben können und vor allem wissen, wann und in welcher Intensität das tatsächlich erforderlich ist. Eine wichtige Eigenschaft für Vorgesetzte, in der sich im Wesentlichen die Motivation und Zielstrebigkeit des „Gefolges" beeinflussen lässt. Fällt mir aber auch oft schwer, als müsse man dafür auf einen Berg steigen. Daraufhin klopfe ich Theo auf die Schulter und biete ihm auch für die Zukunft Unterstützung an, denn der Umzug wird noch jede Hand gebrauchen können. Die Überreste und den

Müll, der nun noch auf der Straße liegt, greife ich mit beiden Händen solange auf, bis nichts mehr dazwischen passt. Damit laufe ich an den nächsten Mülleimer und von dort weiter zu meinem Feldhaus.

Am Feldhaus steht schon der Oberleutnant und eigentlich wollten wir heute Vormittag am französischen PX-Shop vorbei, da dort der Ausverkauf begonnen hat. Fast vier Monate vor dem endgültigen Auszug aus diesem Camp beginnt der Ausverkauf. Mal sehen, ob das nur Marketing ist, um in den letzten Monaten noch einmal den Umsatz hochzutreiben oder es wirklich gute Angebote sind. Meine Rückenschmerzen nehmen jedoch weiter zu und so verabreden wir einen neuen Anlauf für den Nachmittag. Es liegt ohnehin auf dem Weg zum Büro. Doch jetzt wasche ich mir die Hände und begebe mich auf meine Stube. Die schmutzige Uniform kommt direkt in den Wäschesack und die frische lege ich über den Stuhl am Eingang. Es ist kurz vor der Mittagspause und darum lege ich mich auf die Tagesdecke meines Bettes und versuche mich zu entspannen. Vielleicht lässt der Schmerz gleich wieder nach. Tatsächlich kann ich etwas schlafen und verpasse dabei sogar noch, mich von Tilly und dem alten „Oberstfahrer“ zu verabschieden. Vielleicht sieht man sich in Deutschland wieder, doch da Tilly demnächst pensioniert wird, könnte das knapp werden. Der alte Fahrer möchte, wie so viele, die die Annehmlichkeiten eines Einsatzes in unserer Einheit schätzen gelernt haben, wiederkommen. Es ist jetzt halb zwei und in etwa 30 Minuten werde ich mit dem Oberleutnant wieder Richtung Büro gehen. Doch ohne Medikamente scheinen die Schmerzen nicht abzuklingen und so begebe ich mich vorher in den nur wenige Meter entfernten „San-Bereich“. Der Doktor, ein noch recht junger Oberstabsarzt, empfängt mich freundlich. Und obwohl ich schon weiß was ich möchte, lässt er es sich nicht nehmen eine ordentliche Diagnose zu stellen und mich etwas zu untersuchen. Dann gibt er mir eine starke Ausführung von Schmerztabletten mit, die ich maximal dreimal am Tag nehmen darf. Das passt ganz gut, denn wenn ich jetzt meinem Magen eine Kleinigkeit zuführe, kann ich direkt eine nehmen. Er weist mich jedoch auf mögliche Magenprobleme hin. Doch da ich eigentlich einen sehr robusten Magen habe, mache ich mir darüber keine weiteren Gedanken. Der geplante Sport für diesen Tag ist so natürlich jetzt gestrichen.

Zurück auf meiner Stube mache ich mir ein Brot mit dem Griebenschmalz meiner Oma. Sie hat mir ein gutes Paket geschickt und erstaunlicherweise nicht gegeizt. Sie ist schon immer sehr sparsam mit Tendenz zum Geiz gewesen und durch ihre Erlebnisse der Nachkriegsgeneration gezeichnet. Doch dass zum einen sehr leckere Sachen und auch wirklich praktische Dinge wie Zahnbürsten und Zahnpasta dabei liegen, das erstaunt mich schon. Kalle hatte gerade gestern ein Paket von seinem Opa bekommen und darin waren sogar Zigaretten. Gut gemeint, doch da hier selbst eine Markenschachtel nur etwa 80 Cent kostet, völlig an der Realität vorbei. Sein Opa wird dabei sicher auch die alten Kriegszeiten im Hinterkopf gehabt haben, wo man für Zigaretten fast alles tat. Mittlerweile haben nun, durch die verschiedenen Pakete, meine Vorräte ein ansehnliches Volumen erhalten. Das ist auch gut so, denn gerade abends ist mir ein leckeres Butterbrot lieber und ausreichender, als das Essen in der Küche. Da ich nach der Regel „Schreibst du mir, schreibe ich dir" verfahre, bekommt meine Oma gleich morgen eine Antwort- und Dankeskarte zugesandt.

Dabei hatte meine Oma sich früher nicht nur beliebt bei uns Kindern gemacht. Oft war sie sehr hart mit unserem Opa ins Gericht gegangen und hatte ihm augenscheinlich das Leben schwergemacht. Und als meine Eltern in den Westen übersiedelten, war sie für meinen großen Bruder und mich die letzte Chance gewesen, in der „Heimat" zu bleiben. Doch das lehnte sie ab und nahm wenige Monate später die Kinder meiner alkoholkranken Tante auf. Die hatten es zwar offensichtlich nötiger und auch das war ein sehr gutmütiger Akt. Doch es blieb das Gefühl, dass wir weniger Wert waren und sie uns eben nicht so gerne hatte. Böse bin ich ihr deswegen nie gewesen, doch verstanden hatte ich es auch nicht. Da sie aber auch schon immer ein sehr angespanntes Verhältnis zu ihrem Sohn, meinem Vater hatte, und auch meine Mutter nicht als die perfekte Mutter sah, musste es wohl so sein. Sicher ist es wie so oft, wenn man nicht alle Umstände kennt, dass man einen sehr subjektiven und oft auch falschen Eindruck von der Lage bekommt. 2003 ist mein Opa dann an Lungenkrebs gestorben. Er war im Herzen ein sehr guter Mensch, auch wenn er gelegentlich unter Alkoholeinfluss Fehler machte. Vermutlich hat er sich in seinem Leben mehr mit uns Kindern beschäftigt, als es mein Vater je getan hatte. War angeln mit uns gefahren und hatte uns oft mit seinem Bus, den er beruflich fuhr, mitgenommen. Sehr viel und stark hatte er geraucht, war ständig den Abgasen seines Busses ausgesetzt und lebte auch sonst nicht sonderlich gesund. Seine Leidenschaft war das Schnitzen von Holzmasken. Aus der Borke der Bäume zauberte er immer die gleichen Gesichter aus dem Holz. Damit verdiente er sich dann die eine oder andere Mark dazu. Viele gute Erinnerungen und eigentlich kaum schlechte verbinden mich mit ihm. Vielleicht sah ich auch darum das Verhalten meiner Oma als ungerecht und hart an. Doch sie hat eben auch schwere Zeiten mit ihm durchgestanden, in denen er es meiner Oma auch nicht leicht gemacht hatte. Wer will sich jedoch im nach hinein ein gerechtes Urteil über die Umstände machen? Das steht wohl heute keinem mehr zu und die Vergangenheit ist vergangen.

Schon im letzten Einsatz hatte sie an mich gedacht. Und das, obwohl wir uns höchstens noch einmal im Jahr sehen. Hatte schon wieder fast vergessen, wie lecker so ein Schmalzbrot schmeckt. Gewürzt mit dem Meersalz meines kleinen Bruders genieße ich es und nehme zwischendrin schon einmal die Tablette, um eine baldige Wirkung zu haben. Die Zeit läuft mir nun ein wenig davon, daher werde ich das Geschirr erst heute Abend, wenn ich mich waschen gehe, säubern. Der Oberleutnant steht schon mit anderen Kameraden zwischen dem Durchgang und raucht. So stelle ich mich dazu und warte geduldig auf das Ende seiner Zigarette. Für heute Abend biete ich ihm ein gemeinsames Abendbrot auf meiner Stube an. Schließlich habe ich genug für die nächsten Wochen und von ihm weiß ich, dass er kaum etwas für eine vollwertige Mahlzeit gebunkert hat. Er ist im groben mit der Verpflegung zufrieden und sieht da wenig Notwendigkeit. Doch gegen ein deutsches Abendbrot mit Bauernbrot und Leberwurst hat er auch nichts einzuwenden.

Wir gehen gemeinsam zum französischen Shop und fast wie damals im Osten hat sich schon eine beachtliche Schlange gebildet. Dann muss es wohl doch sehr günstig sein. Da es unser Zeitplan zulässt, stellen wir uns auch an. Die stählerne Tür des Shops öffnet sich und mehrere türkische Soldaten kommen heraus. Ein afghanischer Angestellter regelt anscheinend den Zufluss in den Shop. Immer wieder kommen Soldaten heraus, doch er lässt niemanden herein. So ganz durchschaue ich sein System nicht, denn wenn ich einen rauslasse, so könnte ich ja auch einen rein lassen. Es sei denn er hat anfangs einfach zu viele hereingelassen. Darüber etwas lästernd, aber geduldig, warten wir weiter. Es dauert fast 20 Minuten, bis wir dann endlich hineindürfen. Nicht größer als ein Tante-Emma-Laden gibt es hier ähnlich wie bei uns Deutschen ein gewisses Grundsortiment. Es orientiert sich auch hier am Bedarf und der Nachfrage. Doch die Preise liegen normalerweise bei fast allen Angeboten deutlich höher. Im Uhrzeigersinn werden wir an den Regalen und Auslagen vorbeigeführt. Etwas Konkretes suche ich eigentlich nicht und nur um des Sparens Willen Geld auszugeben, bin ich auch nicht hier. Das meiste scheint mir auch uninteressant, weil entweder immer noch zu teuer oder einfach unbrauchbar. Was sollte ich mit einer französischen Armeejacke? Daher gehe ich vor bis an den Glastresen. Hier stehen schon einige Parfümtester und die Soldaten drängen sich dicht davor. Die Nase wird überreizt mit den verschiedensten Düften und der Oberleutnant scheint zielstrebig bekannte Marken zu testen. Immer wieder fragt er mich um Rat, ob ich die Düfte ebenfalls gut finden würde. Gar nicht so einfach, denn die Geschmäcker sind schließlich verschieden und wie erwähnt, kann ich die herumfliegenden Düfte kaum noch auseinanderhalten. Er kennt sich mit den Preisen gut aus und ist der Meinung, dass man hier beim Parfüm auf jeden Fall ein Schnäppchen machen könne. Das Parfüm meiner Frau gibt es nicht und ihr etwas kaufen, was sie nicht mag, wäre ja auch nicht sonderlich sinnvoll. Doch ein Duft gefällt mir sehr gut und scheint extrem preiswert. In dem Gewühl und dem Stress um mich herum versuche ich mich auf diesen Geruch zu konzentrieren und rieche immer wieder an meinem besprühten Uniformärmel. Ob er meiner Frau gefallen würde kann ich nicht genau sagen, aber ich nehme ihn mit. Wenn sie ihn wirklich nicht mag, kann sie es ja an eine Freundin weiterverkaufen oder verschenken. Das Risiko gehe ich ein. Der Oberleutnant ist mittlerweile bei mehreren Packungen der verschiedensten Marken angekommen. Damit möchte er vermutlich die halbe Familie eindecken. Deo und Rasierschaum sind ebenfalls sehr günstig. Selbst Markenrasierer sind um die Hälfte reduziert. Da mag man nicht darüber nachdenken, wie viel Gewinn in dem Verkauf steckt. Denn selbst jetzt werden sie uns die Produkte kaum schenken. Der Oberleutnant schlägt jedenfalls richtig zu und nimmt noch paar Stangen Zigaretten für zu Hause dazu.

Dafür bekäme er in Deutschland nicht einmal eine Stange und da er selbst raucht, lohnt es sich richtig. Für meinen Einkauf brauche ich keine Tüte und so klemme ich mir die drei Teile in die verschiedenen Taschen und gehe nach dem Bezahlen schon mal raus. Andere wollen ja auch noch und außerdem ist mir hier drinnen einfach zu viel Hektik.

Mir fällt auf, dass diese Menschen auf engem Raum mich stressen, denn ich schwitze stärker als gewöhnlich. Wieder überlege ich, ob ich das richtige ausgesucht habe und genieße bei diesen Gedanken die Sonne auf meinem Gesicht. So langsam wird es tagsüber schon sommerlich warm. Zumindest gefühlt, denn das Thermometer kommt noch nicht über 10 Grad. Doch die Sonne hat Kraft und bleibt man länger unter ihr stehen, so wärmt sich die Uniform angenehm auf. Durch die kleinen, verdreckten Scheiben der Stahltür kann ich den Oberleutnant nicht erkennen. Doch kurz nach mir kommt er dann wieder heraus und strahlt sichtlich erfreut über das ganze Gesicht. Er hat ein ehrliches Lächeln, nicht so ein Aufgesetztes. Seine Art macht ihn sympathisch, da man bei ihm eigentlich immer weiß, woran man ist. Er verstellt sich nicht und kann auch direkt sein. Selbst wenn das im ersten Moment etwas unangenehm ist, so hat man doch eine angenehme Berechenbarkeit. Die zwei Jahre Altersunterschied machen sich bei uns keineswegs bemerkbar. Nach diesen vielen Wochen können wir uns nun gut einschätzen und kennen unsere Einstellungen. Wenn ich daran denke hoffe ich, dass es mit seinem Nachfolger auch so wird. Nichts ist schlimmer, als wenn man monatelang mit kollidierenden Charakteren arbeiten muss. Die Schlange vor dem Shop hat weiter zugenommen und andere deutsche Soldaten erkundigen sich nach der Wartezeit und dem Angebot. Ich mache ihnen Hoffnung, denn je nach Bedarf lohnt es sich ja wirklich. Vielleicht komme ich die nächsten Tage noch einmal wieder und suche dann für mich ein neues Parfüm aus. Wenn dann der Laden noch nicht leer gekauft wurde.

Bei den Motorrädern sind wir immer noch nicht weitergekommen und so langsam rennen uns die Wochen davon. Noch einen Monat und der Motorradkurs startet mit gerade mal zwei nutzbaren Motorrädern. Darum habe ich mir für heute Vormittag vorgenommen, zusammen mit den afghanischen Feldwebeln und dem Hörsaalleiter eine Inventur zu machen und sie wiederholt mit dem Problem zu konfrontieren. Irgendwie scheinen sie es aussitzen zu wollen. Spricht man sie darauf an, wird die Schuld an der schlechten Situation stets dem anderen zugeschoben. Etwa die Hälfte der Ersatzteile ist schon da und trotzdem schaffen sie es nicht, den Werkstattwagen wie abgesprochen rauszuholen. Also werden wir wohl oder übel wieder hinterherfahren und die Ersatzteile selbst abholen müssen in der Hoffnung, dass dann auch der Werkstattwagen kommt. Mindestens acht Maschinen bräuchten wir, dann darf aber auch während des Kurses keine kaputtgehen. Darum lasse ich die neun Maschinen, die im Unterrichtszelt stehen, rausholen und nebeneinander aufstellen. Eine nach der anderen nehme ich die jeweiligen Schäden auf und komme aus dem Kopfschütteln kaum heraus. In meiner privaten Garage könnte ich den Großteil der Mängel in kurzer Zeit abstellen. Lose Kabel oder Teile müssten nur mit etwas Sorgfalt wieder befestigt werden. Die Ketten gespannt und überall ein wenig geölt werden. Am liebsten würde ich einfach selbst mit der Instandsetzung beginnen, dann wäre der Lehrgang gesichert. Doch die Ansage vom Oberleutnant dazu ist eindeutig und wohl berechtigt: Wenn ich es jetzt mache, wer macht es dann nach mir? Sie müssen sich einfach an Abläufe und Regeln gewöhnen. Wenn weniger Korruption und mehr Einsatzwille vorhanden wären, so wäre das eine Sache, die nach einer Woche erledigt ist. Immer wieder verlassen sie sich darauf, dass wir Deutschen den Karren aus dem Dreck ziehen, wenn nichts mehr geht. Oft funktioniert das auch, weil wir Deutschen um unseren eigenen Ruf fürchten, wenn unsere zu begleitenden Afghanen ihren Job schlecht machen. Mir schwebt ein kleiner Kompromiss vor, bei dem ich gemeinsam mit den Motorradfahrlehrern die Instandsetzung beginne. Ihnen zeige, wie sie einzelne Tätigkeiten machen müssen und maximal ein Motorrad dabei vorarbeite. Danach kann ich ihnen weiter über die Schulter schauen und bei Problemen eingreifen. Als ich nach den anderen neun Maschinen frage, die sie eigentlich auch noch irgendwo haben müssten, weichen sie aus. In irgendeinem Container seien sie gelagert und angeblich alle defekt. Dem werde ich noch nachgehen, denn oft bunkern sie gutes Material, um solange zu warten, bis das zuerst ausgegebene völlig unbrauchbar ist.

Da einfach zu viele Schäden an den Fahrzeugen der Schule verursacht werden, hat der afghanische Kommandeur entschieden, dass die verursachenden Soldaten die Schäden selbst zahlen sollen. Das verstärkt das Problem zusätzlich, denn für eine Reparatur muss vorher eine Unfallmeldung geschrieben werden. Genau die schreibt aber jetzt keiner mehr, weil er Angst vor dem Regress hat. Wie soll ich einem einfachen Soldaten, der zum Beispiel den Motorradführerschein macht, erklären, dass er für den Sturz während der Ausbildung selbst zahlen muss? So verstärken sich die Probleme wie in einem Teufelskreis und die Lösungen dafür scheinen immer unmöglicher. Der afghanische Kommandeur handelt so, weil er natürlich die Schäden begrenzen möchte und befürchtet, dass die erforderlichen Ersatzteile auf dem freien Markt verkauft werden. Hier wären die besten Ansatzpunkte, um durch uns Deutsche Verbesserungen voranzutreiben, doch genau das funktioniert nicht. Denn sich hier einfach hinzustellen und die verschiedenen Verantwortlichen an ihren Eid zu erinnern, wäre katastrophal. Man müsste dazu die korrupten Soldaten zuerst identifizieren, was für sich genommen nicht ganz so schwer sein sollte, sie dann aber auch entsprechend einer disziplinarischen Maßnahme zuführen. Redeten wir hier von dem kleinen Soldaten, wäre dies auch sicher schon öfter geschehen, doch das Problem zieht sich durch alle Dienstgrade, wie eben durch die gesamte Kultur dieses Landes. Wie sagt man jemandem, dass er Schlechtes tut, ohne ihn zu kränken und seine Ehre zu verletzen? Das wäre dann nämlich das Ende einer brauchbaren Zusammenarbeit. Auf jeden Fall habe ich jetzt einen Überblick, wenn tatsächlich der Werkstattwagen hier auftauchen sollte. Der Oberst kommt gerade in unseren afghanischen Bereich eingefahren und der Oberleutnant läuft ihm entgegen, während ich die letzten Mängel an den Motorrädern betrachte. Heute Nachmittag werde ich mir Sekundenkleber sowie Schraubensicherungskleber aus der Materialgruppe besorgen. Damit kann ich lose Gasgriffe, an denen die Griffgummis überdreht sind, wieder befestigen und wenigstens die sich immer wieder lösenden Schrauben sichern. Für die anderen Mängel müssen wir aber tatsächlich dann mal Ersatzteile haben, wenn wir es einigermaßen nachhaltig instand setzen wollen.

Der Oberst ist nun mit dem Oberleutnant an einem kleinen Tisch bei der Feuerwache. Ich gehe auch zu ihnen, begrüße den Oberst und setze mich dazu. Heute nimmt der Oberst sich die Zeit, unseren Bereich in Ruhe zu betrachten. Dabei aber weniger die Ausbildung und die Örtlichkeiten, sondern den inhaltlichen Teil. Mit den Besuchergruppen, die er in den letzten Wochen hier herumgeführt hatte, hat auch er genug von unserem praktischen Betätigungsfeld gesehen. Doch was lässt sich an Arbeitsabläufen verbessern? Damit schneidet er ein sehr interessantes, wie auch brisantes Thema an. Es ist sein erster Einsatz und etwas mehr als sieben Wochen werden vielleicht noch nicht ausgereicht haben, um das afghanische System zu verstehen. In unserer Inspektion kommt natürlich immer wieder die Fahrzeuglage ins Gespräch. Ärgerlich und frustrierend müssen wir, nach so vielen Jahren hier an der afghanischen Logistikschule, klare Mängel feststellen. Ein Hummer ist besonders markant. Er ist zwar fahrbereit, doch fehlen nun seit etwa zwei Jahren die vorderen Scheinwerfer, die bei einem Unfall zerstört wurden. Keiner fühlt sich für die Unfallmeldung zuständig und der Inspektionschef Rabur will sich auch nicht darum kümmern. Er hat ebenfalls Angst, dass er den Schaden dann aus seiner Tasche zahlen muss. Nur wie soll man einen funktionierenden Ausbildungsbetrieb hinbekommen, wenn alle paar Tage defekte Fahrzeuge abgestellt und nicht mehr benutzt werden? Zwei LKW, die dennoch den Weg zur Werkstatt gefunden haben, stehen nun ebenso schon über vier Monate dort. Anscheinend fehlen Rabur die Beziehungen, um die Abarbeitung des Auftrages durchzusetzen.

Damit lähmen die Afghanen sich selbst und werden zum Opfer ihrer eigenen Denk- und Handlungsweise, in der sich ohne Beziehung und Bestechung wohl kein Rädchen dreht. Der Oberst hört geduldig und interessiert unseren Anregungen und Argumenten zu. Auch er hat schnell erkannt, dass seine sechs Monate hier im Einsatz in der afghanischen Zeitrechnung nur ein Fingerschnipp sind. Will er etwas bewegen und damit auch bleibend verändern, hat er nur wenig Zeit dafür. Damit kommt dann das deutsche Problem zum Vorschein. Denn da wir in den Führungsebenen oft in kurzen Zeitintervallen durchwechseln, stehen immer wieder Stabsoffiziere in Verantwortung, die jeder für sich – und das ist grundsätzlich ja auch nichts Schlechtes – etwas verändern wollen. Dabei gehen nur leider oft gute Maßnahmen, die von einer Person angekurbelt wurden, nach deren Abschied den Bach runter. Wenn der Nachfolger nicht dort weitermacht, wo sein Vorgänger aufgehört hat, erfinden sie das Rad mit jedem Einsatz neu. Auch eine Form von Egoismus, wenn man zur eigenen Verwirklichung das eigentliche Ziel aus den Augen verliert. Hauptsache man kann eine eingeleitete Veränderung später auf seinem Konto verbuchen. Die Lösung wären Mentoren, die tatsächlich für drei bis vier Jahre, wie in anderen Auslandsdienstposten, in diesen Funktionen blieben. Hört sich einfach an, ist nur eben mit vielen Problemen behaftet. Wem will man Afghanistan für eine so lange Zeit zumuten? Bei einem verhältnismäßig anstrengenden Einsatz wie diesem sind die Soldaten irgendwann auch ausgebrannt. Verlieren die Geduld mit den Afghanen und verfallen dann wohl leider in Resignation. Bei allen, die hier so lange Zeit gewesen sind, – und davon kenne ich eine Handvoll – konnte ich einen starken Motivationsabbau feststellen. Das Gespräch mit dem Oberst war unsererseits auf alle Fälle sehr sinnvoll, wenngleich abzuwarten bleibt, was er daraus machen kann.

Es ist wieder Freitag und ich habe wieder nicht durchgeschlafen. Kann mich auch nicht daran erinnern, ob ich es überhaupt schon einmal in den letzten Monaten geschafft habe. Immer wieder stören mich die verschiedensten Geräusche oder Träume in der Nacht und durch meinen leichten Schlaf braucht es nicht viel, um mich wachzubekommen. Es ist gerade mal zwei Uhr morgens. Mein Magen meldet sich mit Hunger, wie er es eigentlich immer tut, wenn ich mitten in der Nacht wach werde. Mein prall gefüllter Vorratsschrank bietet eine große Auswahl. Auch diesmal fixiere ich mich jedoch auf was Süßes. Meine vorerst letzte Packung mit Schokobananen wird zur ersten Wahl im Halbschlaf und so reiße ich die Verpackung auf und stopfe mir drei Stück gleichzeitig in den Mund. Die Augen gerade so weit auf, dass ich sehen kann, wo ich herumlaufe. Meine LED-Leuchte habe ich unter das Bett gestellt und lasse sie jetzt immer die ganze Nacht in einem rotem-violetten Farbton leuchten. Wenn ich aus schlechten Träumen erwache, kann ich mich so sehr schnell orientieren. Erst kürzlich bin ich aus einem Albtraum erwacht und hatte mit weit aufgerissenen Augen die Orientierung in der Dunkelheit gesucht. Da ich nun aber sicher war wach zu sein, begann ich laut zu rufen und zu schreien. Wollte wohl so um Aufmerksamkeit ringen. Zum Glück habe ich dadurch niemanden geweckt, das wäre sehr peinlich geworden.

Da ich vorgestern mein zweites Bett, welches ich als Bettregal umfunktioniert hatte, abgeben musste, habe ich leider kaum noch Ablagen am Bett. Daher musste die Leuchte runter und der restliche Kleinkram auf meine Laptop-Ablage unterm Fernseher ausweichen. Ich brauche das Licht, denn wenn ich wieder einmal schlecht träume und wach werde, muss ich sofort sehen, dass der Traum vorüber ist und ich in der Realität bin. Der Mund ist klebrig und wird trocken von der Schokolade und dem süßen Gelee. Mein Cola-Vorrat ist stark geschrumpft und dennoch öffne ich mir eine der letzten Dosen. Nur zwei drei Schlucke und mein Verlangen ist gestillt. Das Nackenkissen und meine Bettdecke rücke ich mir etwas zu Recht, um leicht angewinkelt liegen zu können. Immer noch im Halbschlaf, suche ich hinter mir unter dem Kopfkissen mit der Hand nach der Fernbedienung. Mit leisem Knistern nimmt der alte Röhrenfernseher seine Arbeit auf und erhellt wie in Zeitlupe das Bild. Mittlerweile läuft bei mir fast nur noch der Videokanal der Bundeswehr. Nachrichten verfolge ich über die alten, ausgelegten Bildzeitungen und das Internet, da es uns unkompliziert bereitgestellt wird und ansonsten schaue ich einfach nur Filme, wenn ich nicht gerade schreibe. Die Alternativen der privaten Sender lösen in mir nur noch Ablehnung aus. Mit dreieinhalb Stunden Zeitversatz, bleiben einem nur Sendungen auf niedrigem Niveau. Stundenlange Berieselung mit mäßig fähigen Hobbydarstellern sind mir einfach zu schlecht. Weder ein anspruchsvoller Sinn noch gute Unterhaltung spiegeln sich darin wider. Aber jeder so wie er es mag. Es läuft gerade ein Film, der sich um die Kriege der Römer dreht. Auch nicht wirklich mein Interessengebiet und eigentlich möchte ich ja auch nur von dem nächtlichen Snack wieder in den Schlaf finden. Also Fernseher wieder aus und etwas weiter heruntergerutscht, um eine angenehme Liegeposition zu finden.

Es war nicht das letzte Mal in dieser Nacht, dass ich wach werde, doch Hunger habe ich keinen mehr. Vielleicht zieht der Sport einfach mehr Kalorien aus meinem Körper als sonst und daher habe ich nachts solchen Hunger. Solange ich alle zwei Tage zum Sport gehe, mache ich mir darum auch keine großen Gedanken. Es ist Freitagmorgen halb zehn und so langsam muss ich mich aufraffen. Der Nacken schmerzt und ein leichter Kopfschmerz drückt durch. Dennoch springe ich zielstrebig aus dem Bett und beginne damit meine Wäschesäcke zu füllen. Zuerst die alte Uniform getauscht und dann das Bett neu bezogen. Zwischendrin mache ich mir eine Nudelsuppe mit den kleingeschnittenen Wienern von meinem Bruder. Dazu noch ein paar extra

Kräuter und kochendes Wasser drauf. Den Becher mit dem Bild meines kleinen Sohnes und mir auf der MZ, stelle ich auf die Öffnung des Kruges. So kann die Nudelsuppe schön durchziehen, während ich weiter beschäftigt bin. Mit meinem Handtuch und dem Kulturbeutel unterm Arm geht es zum Waschraum. Er ist wie fast immer leer. Anscheinend bin ich sowohl unter der Woche als auch an den Freitagen einer der Ersten hier. Gut so, denn so ist mein Stammplatz immer frei.

Der Blick in den Spiegel zeigt mir ein müdes Gesicht und leicht unterlaufene Augen der kurzen Nacht und routiniert beginne ich damit die Zahnbürste über meine Zähne zu schicken. Als Abendduscher geht das morgens hier immer recht schnell und das ist auch gut so, da ich doch meine gute halbe Stunde zum richtigen Wachwerden brauche. Sorgfältig putze ich den Platz wieder mit den Papiertüchern sauber und klemme meine Sachen unter den Arm. Nach einem kurzen Abstecher an der Toilette vorbei, stehe ich wieder in meiner Stube. Aus meiner Tasche, in der noch mein Player vom Sport liegt, zieh ich ihn mir heraus und mache mir Musik. Jetzt komme ich langsam in Fahrt und suche mir einen Ordner mit guter Musik. Ein prüfender Blick in meinen „Nudelkrug“ zeigt eine fertige Mahlzeit. Während des Essens möchte ich den Fernseher laufen lassen, doch Kanal 12 ist schwarz. Der Rest geht, nur der Videokanal scheint außer Funktion. Dann eben nicht. So rühre ich in meinen Nudeln und genieße die kleinen schmackhaften Wienerstücke. Da ich es mir einteilen will und wieder etwas unruhig bin, beginne ich damit, mir ein neues Brot vorzubereiten. Zwischendurch nehme ich immer mal wieder einen Löffel aus meinem Krug. Kaum Kalorien und wirklich lecker könnte ich das ständig essen und dank meiner Frau und meines großen Bruders, ergibt es auch erst einmal einen guten Vorrat des eigentlich wenig gute Nährstoffe enthaltenden Fertiggerichtes.

Diese zwischenzeitliche Ruhe und Zeit für mich, sie könnte schnell vorbei sein, denn es liegen aufregende Wochen des Umzuges vor mir. Ein neues Camp und das Zurücklassen von eingespielten Abläufen. Veränderungen, neue Herausforderungen und noch so viele Monate.

Kapitel 4

Der Auszug aus dem Camp Warehouse

Der Regen hat wieder angefangen und es prasselt auf das Blechdach meiner Stube. Die Suppe ist gegessen und der Brotbackautomat knetet fleißig die Teigmasse. Letzten Freitag habe ich sehr gründlich saubergemacht und so sauge ich nur noch schnell den Teppich ab und lasse das Wischen weg. Wenn es mir zu staubig wird, hole ich es die Tage nach. Für morgen ist ein Fünf-Kilometer-Lauf im Nachbarcamp geplant, für den ich mich mit drei weiteren Kameraden angemeldet habe. Zwar laufe ich viel, aber in der Regel nicht schnell. Es ist dann der gleichzeitig 30. Geburtstag meiner kleinen Schwester und das T-Shirt von der Veranstaltung soll sie als Andenken zum Geburtstag bekommen. So schlägt man wieder zwei Fliegen mit einer Klappe: Ich habe etwas Besonderes als Geschenk und meine Einheit gemeinsam mit drei Kameraden bei diesem Lauf vertreten. Dazu werde ich natürlich mein Luftwaffenhandtuch mitnehmen, um den Stolz auf meine Zugehörigkeit zu unterstreichen. Das können viele der Heeressoldaten hier nicht verstehen. Warum ich, obwohl ich zurzeit in dieser Einheit der Einzige bin, so hinter der Luftwaffe stehe. Doch sie hat mir nach meinem Scheitern bei der Marine ein neues zu Hause gegeben. Mich gut behandelt und immer gefördert und unterstützt. Erst mit Eingliederung in die Streitkräftebasis ist dieses Gefühl der Fürsorge wieder verloren gegangen. Wenn eine Familie größer wird, ist es schwer für jeden die gleiche Energie aufzubringen. Und der väterliche Oberst, den ich damals als Chauffeur fahren durfte, hat in mir das Gefühl, in einer großen Familie angekommen zu sein, verstärkt. „Darum vergesse nie, wo du herkommst!“

Der Regen hat aufgehört und ich habe fast nicht geschlafen. Dabei bin ich wegen dem Lauf gar nicht aufgeregt, denn es geht nur um das Mitmachen. In meinen Träumen tauchten Bilder des Angriffs auf die Polizeistation auf. Die verschiedensten Abläufe und Szenen wurden mir durch die Gedanken gespült und haben die Nacht schweißnass beendet. War aber nur ein schlechter Traum.

Vermutlich werden Läufer dabei sein, die es viel mehr draufhaben als wir Deutschen. Es ist zwar mit etwa drei Grad recht kühl, aber die Luft ist nach dem Regen schön sauber und wenn die Sonne erst einmal am Himmel steht, dann wird es auch wieder angenehm warm. Dazu müssten sich nur noch die zurzeit recht dichten Wolken verziehen. Vorsorglich habe ich mir Wechselwäsche und Duschzeug eingepackt. Eine Kleinigkeit gleich noch vor der Abfahrt bei den Franzosen frühstücken und dann kann es losgehen. Wir fahren als Gäste in den Fahrzeugen einer Nachbarinspektion, denn da sie sowieso schon mit drei Wölfen dorthin verlegen, macht ein viertes Fahrzeug keinen Sinn, zumal auf jedem der anderen Wölfe noch Plätze frei sind. So brauche ich mich auch um keine Vorbereitung der Fahrt kümmern und einfach nur meine Waffen und meine Ausrüstung zum Auto mitbringen.

Nach kurzer Fahrt sind wir im Camp Phönix angekommen, da unsere Camps nur etwa fünf Kilometer auseinanderliegen. Viel hat sich seit 2011 nicht verändert. Lediglich die Straßenführung wurde etwas abgeändert und nun scheint es deutlich leichter, Parkflächen zu finden. Das war 2011 immer etwas nervig, denn fand man keinen guten Parkplatz, so musste man in diesem riesigen Camp sehr weite Wege zur Küche laufen. Als erstes suchen wir die Startanmeldung, auch wenn wir schon Wochen vorab schriftlich angemeldet wurden. Es zählt, wer am Starttag da ist. Deutlich erkennbar an mehreren zusammengestellten Tischen mit Unterlagen und Erfrischungsgetränken gefüllt, sind wir an der Anmeldung angekommen. Ein groß und kräftig gebauter amerikanischer Major in Sportkleidung empfängt uns freundlich. Nach kurzer Verständigung mit unserem verantwortlichen Offizier beginnt er in einem Karton am Boden zu wühlen. Ein Käppi und drei T-Shirts in Übergrößen kommen zum Vorschein. Er reicht uns die Sachen herüber und entschuldigt sich direkt dafür, dass es die letzten sind. Ohne zu zögern greife ich mir eines der gereichten T-Shirts, obwohl das Käppi auch nicht schlecht aussieht. Doch das Ziel war ein T-Shirt zum Geburtstag meiner kleinen Schwester und dabei soll es auch bleiben. Schließlich möchte ich ja auch einige Zeilen darauf verewigen und dafür ist auf so einem Cap zu wenig Platz. Eine amerikanische Soldatin soll uns die Duschen und Umkleideräume zeigen. So marschieren wir brav hinter ihr her. Während sich einer unserer Offiziere mit ihr unterhält, kommen aus allen Richtungen schon die ersten Figur-Bewertungen. Das bleibt wohl einfach nicht aus, wenn Männer so lange von den Frauen getrennt leben. Wir kommen an der Küche vorbei und langsam setzen sich puzzleartig meine Erinnerungen und Orientierung wieder zusammen. Wir laufen weiter daran vorbei und wollen, so wie es aus dem amerikanisch unserer Begleiterin herauszuhören ist, zum GYM. Es sind insgesamt drei riesige Blechhallen, deren Dach im Rundbogen bis fast auf den Boden reicht. Hier befinden sich nur sehr kleine Räume und auch keine Duschen. Der Plan war aber, im Anschluss an den Lauf erst zu duschen und dann wieder in Uniform zurückzufahren. Wir gehen nach dem Sichten der Räumlichkeiten wieder zum Anmeldepunkt zurück und einigen uns darauf, uns bei den Autos umzuziehen. Gut, dass ich die Laufkleidung bereits angezogen hatte.

Uns bleibt noch fast eine Stunde bis zum Start und nachdem nun auch die Namen auf der Anmeldeliste abgeglichen sind, begeben wir uns zu den Autos zurück. Das Frühstück meldet sich und das ist gut so, denn schließlich ist das nachher alles nur Ballast. Mit meinem Päckchen feuchten Toilettenpapiers begebe ich mich zum nur wenige Meter entfernten Dixi. Das hätte das erste Dixi in Afghanistan sein können, auf das man sich hinsetzt, doch Fehlanzeige. Die schlammigen Fußabdrücke auf der Toilettenbrille und auch darunter verraten mir, dass hier wohl jemand mit einheimischer Vorgehensweise vor mir drauf war. Wenigstens gibt es ausreichend Toilettenpapier.

Es ist recht frisch so im Sportdress und das, obwohl ich die Trainingsjacke übergezogen habe. Darum setze ich mich zum Offizier der Nachbarinspektion mit in den Wolf und höre noch etwas Musik. Beim Frühstück hatte der Oberst sich nach einem leistungsstarken Teilnehmer der Einheit erkundigt und wie aus der Pistole geschossen hatte mein Oberleutnant auf mich verwiesen. Da musste ich erst mal kurz schlucken, um darauf einen überlegten Kommentar wiederzugeben. Also versprach ich, mein Bestes zu geben. Die Konkurrenz würde schließlich jung und trainiert sein. Das löst schon etwas Leistungsdruck aus. Als ich dann auf die Frage meiner letzten Bestzeit für die 5.000 Meter 23:15 Minuten angebe, ist zumindest eine Marke gesetzt. Nur das war 2008 auf dem Lehrgang für Fachsportleiter Kondition und Fitness gewesen. Eine gewisse Grundnervosität lässt sich damit nicht abstreifen. Immer wieder haben die anderen Drei betont, dass sie nur zum Spaß und nicht auf Leistung mitlaufen. Da bin ich etwas ausgewichen und habe ergänzt, dass ich es auf mich zukommen lassen möchte.

Gemeinsam gehen wir zum Startpunkt, an dem sich mittlerweile über 100 Teilnehmer eingefunden haben. Darunter dürften ungefähr 30 Frauen sein, was schon sehr ungewöhnlich scheint. Der amerikanische Major stellt sich auf einen Tisch und beginnt ein paar einweisende Worte zum Lauf zu sagen. Ich drücke meinem Oberleutnant meine Kamera in die Hand und bitte ihn einige Fotos beim Lauf zu machen. Er legt auch sofort los und ich hebe bei dieser Gelegenheit mein dunkelblaues Luftwaffe-Handtuch grinsend in das Bild. Danach drehe ich ihm, die Arme hochreißend, den Rücken zu, um ihm die Aufschrift meines Lauf-Shirts zu bieten. Ein Überbleibsel vom erwähnten Lehrgang mit dem Text „Fachsportleiter Kondition und Fitness, nackt besser aussehen!“. Jetzt lässt sich noch Posen und Spaß machen. Und hoffen, dass es mir nicht gleich vergeht. Die Kameraden, die nur mitgefahren sind und nicht mitlaufen, postieren sich hinter der Startlinie an amerikanischen Fahrzeugen. So bekommt auch mein Oberleutnant relativ direkt nach dem Zieleinlauf die passenden Fotos geschossen. Der amerikanische Major wünscht allen 156 Teilnehmern viel Spaß und betont den Spaß- und Unterhaltungswert dieses Laufes. Wild mit den Armen winkend treibt er die Masse zur Startlinie. Meine drei Kameraden schwimmen in der Masse mit in den hinteren Teil, während ich fast ganz vorne stehen bleibe. Noch ein Erinnerungsfoto und alles wartet gespannt auf den Start. Es dauert und langsam wird es kalt.

Wir stehen dicht an dicht und mehr als ein wechselndes hin- und her Wippen geht nicht. Nur nicht auskühlen denke ich, sonst gibt es schnell Krämpfe und führt vielleicht zum Abbruch des Laufes. Doch so wie ich mich kenne, würde ich dennoch weiterlaufen, bis ich am Boden liege. Ein Fahrzeugkonvoi steht wohl noch auf der Laufstrecke und muss erst weggeschickt werden. Dann bittet der Major um Aufmerksamkeit und beginnt den Countdown von drei herunterzuzählen. Es geht los und mit kräftigem Schwung starte ich auf dem noch geteerten Untergrund. Möglichst nicht zu langsam, aber auch nicht zu schnell beginnen, sonst werden die sechs Runden um den sogenannten „Motorpool“ zu einer Ewigkeit. In guter Stimmung geht es zügig voran. Nach den ersten 500 Metern habe ich meine Atemfrequenz eingestellt und laufe mit langen und gleichmäßigen Atemzügen die Bahn entlang, hinweg durch schlammige Pfützen und über geschotterten Untergrund. Die Sonne scheint hell und hellt die Stimmung zusätzlich auf.

Noch kurz vor dem Start war eine *Trall* der deutschen Luftwaffe tief über uns im Anflug auf den KalA hinweg geflogen und nun kommen zwei *Black Hawks* direkt in die Mitte der Laufrunde hinein gelandet. Gut, dass es die letzten Tage geregnet hat und so kein Staub durch die Luft fliegt. Doch die aufgewirbelte Gischt zieht kalt durch meine Sportkleidung. Die Lunge beginnt sich leicht schmerzend anzufühlen und doch ziehe ich schon an den Ersten vorbei. Nur nicht zu schnell werden und übertreiben. Da passiere ich das erste Mal den Zieleinlauf. Wild rufend und fotografierend feuern meine Kameraden mich im Vorbeilaufen an. Ich höre noch im Vorbeilaufen, wie Felix einem anderen Läufer unseres Teams „bisher 18. Platz" zuruft. Das motiviert und abgeben will man ja auch nicht, doch auch mich überholen schon die ersten Läufer. Noch scheint es sich die Waage zu halten und damit meine Position in etwa dieselbe zu sein. In der zweiten Runde geht es schon an den Ersten, die das Gehen begonnen haben, vorbei. Wahnsinn, denn warum laufe ich hier mit, wenn ich kaum 1000 Meter durchhalte? Egal, weiter geht es im Slalom an den langsameren Teilnehmern vorbei. Ich schaue mich nicht um, doch von hinten müsste ich nun schon wie ein Ferkel aussehen bei dem Matsch, der hier hoch geschleudert wird. Die zweite Runde passiere ich bei knapp unter sieben Minuten und merke, dass ich etwas langsamer geworden bin. Jetzt wäre ein etwa gleich starker Partner, der einen mitzieht und auf Tempo hält, gut. So kann man allein kaum das eigene Tempo genau einschätzen.

In der vierten Runde versucht mich eine Kanadierin zu überholen und dürfte damit die erste Frau sein, die vor mir ist. Sie wirkt wie 15 oder 16, ist extrem zierlich und zieht sauber ihr Tempo. Da sie etwas schneller scheint, hänge ich mich an ihre Fersen und bleibe bis auf wenige Zentimeter wie ein Schatten hinter ihr. Es funktioniert, da ist mein „Zugpferd". Mit lautem „Geschnaufe" zieht Keule rechts an mir vorbei. Damit hätte ich jetzt nicht gerechnet, doch auch er ist nun mal ein Jahrzehnt jünger als ich und scheint sich nicht unterkriegen zu lassen. Es geht in die fünfte Runde und nun muss ich mich schon wirklich zusammenreißen, um mit guter Haltung an meinen jubelnden Kameraden vorbeizulaufen. Die Kanadierin zieht mich sauber mit, doch ein wenig scheint auch sie gerade abzubauen. Das kann ich nicht riskieren und gehe an ihr vorbei. Denn lässt sie sich weiter zurückfallen, kehrt sich der positive Effekt bis hierher auch schnell um. Sie will anscheinend an mir dranbleiben und deutlich höre ich ihr schnelles Atmen links hinter mir. Mit längeren Schritten versuche ich etwas Meter gut zu machen, doch sie gibt nicht auf. Respekt!

Die letzte Runde hat begonnen und ich höre das lästernde Rufen meines Oberleutnants, der mich damit wohl nochmal antreiben möchte. Dass ich mich doch wohl nicht von einer Frau schlagen lassen wolle, ruft er mir zu und recht hat er. Selbst wenn sie locker 20 Jahre jünger ist, das kratzt an der Ehre, denn genau so etwas kann man sich noch Jahre später von den Kameraden anhören.

Wir biegen in die Zielgerade ein und nun gibt sie richtig Gas. Versucht sie Abstand aufzubauen oder einfach nur noch eine bessere Zeit zu erreichen? Doch das findet so nicht statt! Es schmeckt seltsam blutig in der Lunge und mit jedem Atemzug verstärkt sich das Gefühl, sie reißt mir gleich weg. Ich beginne noch einmal richtig anzuziehen und verlängere die Schrittlänge erneut. Hebe das Tempo weiter und weiter und bin gefühlt im Springtempo angekommen. Wie in Zeitlupe ziehe ich rechts an ihr vorbei und lasse sie auf die letzten Meter deutlich zurückfallen. Sie scheint den Versuch noch vor dem Ziel wieder abgebrochen oder einfach zu früh gestartet zu haben und mit 21:57 Minuten komme ich, mit einer für mich absoluten Top-Zeit ins Ziel! Keule habe ich nicht mehr ganz eingeholt und so geht er keine 100 Meter vor mir durchs Ziel. Langsam geht es mit tiefen und langen Atemzügen zu meiner Gruppe und so genieße ich die Anerkennung und das Lob, dass sie mir entgegenrufen.

Jetzt beginnen sich trotz der Anstrengungen und meiner noch pfeifenden Lunge die Glückshormone freizusetzen. Genau in diesem Moment weiß ich, dass es gut und richtig war, hier mitzumachen. Eine Top-Zeit, ein T-Shirt für meine kleine Schwester und die Anerkennung der Kameraden sind Lohn und Bestätigung für mich genug. Kurz verschnaufe ich noch und hole mir dann einen der farbenfrohen Erfrischungsgetränke von den Tischen. Das schmeckt richtig lecker, nachdem mir der Mund beim Laufen fast völlig ausgetrocknet ist. Nicht einmal mehr etwas Speichel ausspucken könnte man jetzt. Damit holt mich mein Zahlenfetisch wieder ein, denn mit dem 16. Platz habe ich in der Gesamtwertung ein ansehnliches Ergebnis erreicht. Auch wenn es nur Preise und Urkunden für die ersten Vier gibt, es hat sich in jedem Fall gelohnt und so verschieben wir das Duschen in unser Camp und werfen uns nur unsere Westen über, um zurückzuverlegen. Jeden Tag eine gute Tat habe ich mir vorgenommen und sei sie noch so klein, irgendetwas findet sich immer. Das war sie für heute schon mal. Ich bin zufrieden. Mal schauen, wie die Bilder geworden sind. Es sind gar nicht so viele, recht viele Videosequenzen, aber das reicht auch. Denn die Sammlung der Einsatzbilder ist schon fast unüberschaubar geworden.

Als ich am neuen Morgen, es ist kurz nach sechs, aus dem Bett steige, melden sich meine Waden mit Muskelkater und eine gewisse Bettschwere lässt sich auch nicht leugnen. So hätte ich noch locker zwei Stunden länger liegen bleiben können, doch ich raffe mich auf. Es ist Sonntag und obwohl wir eine Viertelstunde später als sonst loswollen, muss ich mich etwas ranhalten. Da der Oberleutnant und ich dasselbe Waschbecken nutzen, er aber fast immer auf die Minute nach mir kommt, muss das Timing passen. Kalle steht auch schon am Waschbecken und berichtet mir von Keule. Er scheint sich gestern doch etwas übernommen zu haben, denn mit schweren Kopfschmerzen und Übelkeit hat er sich früh zurückgezogen. Seinen Ehrgeiz finde ich richtig gut und auch sonst ist er einer, der sich nicht vor dem Anpacken scheut. Er hatte mir gestern auch noch erzählt, warum er doch auf einmal so ein Tempo vorgelegt hatte. Denn in seiner langen Stoffhose und seinem Wollpullover war er eher für einen Spaziergang, aber keinesfalls für Spitzenzeiten beim Laufen ausgerüstet. Schließlich ist es ja auch alles Gewicht und beengt beim Laufen. Er hatte es einfach nicht auf sich sitzen lassen wollen, dass ich ihn abhänge und daher gab er Gas. Für die 100 Meter vor mir im Ziel hat er nun aber auch einen anständigen Preis bezahlt, den Muskelkater noch nicht eingerechnet. Mit ihm war ich 2011 den Kabul-Dankern-Marsch im KaIA gelaufen. Von 143 Teilnehmern sind wir immerhin 15. und 16. (witzig, wie auch jetzt!) geworden und hatten dafür auch den entsprechenden Orden mit Urkunde erhalten. Das hatte schon etwas mehr Qualität als hier, obwohl die Strecke um den Flughafen herum viele Tücken hatte. So musste man unheimlich darauf achten, sich nicht zu verlaufen und die Strecke führte zeitweise direkt am Außenzaun entlang. So konnten uns die Zivilisten direkt zusehen, was taktisch einfach nicht klug war, weil wir so ein gutes Anschlagziel abgaben. Wir marschierten zwar mit Waffe und Weste, doch wo will man zwischen zwei Zäunen auf einem Schotterweg schon in Deckung gehen, wenn man zum Beispiel beschossen wird? Aber es hatte Spaß gemacht und auch das war eine seltene Gelegenheit für einen besonderen militärischen Marschorden. Keule und ich, wir hatten uns damals gegenseitig gezogen und auf Tempo gehalten und so eine super Zeit und sehr gute Plätze auf den 22 Kilometern geschafft.

Schade, dass die Mail-Anhänge begrenzt sind. Nur wenige Videoclips sind klein genug, um verschickt zu werden und so sende ich ein Bild und ein kurzes Video von meinem Lauf nach Hause. Das kommt gut an, denn seit zwei Monaten hat mich zu Hause keiner mehr live gesehen und sowohl meine Frau als auch die Kinder scheinen begeistert. So werde ich alles Video- und Bildmaterial kurz vor meinem Urlaub auf einen Stick ziehen und das gemeinsam mit der Familie anschauen. Vielleicht erstelle ich auch daraus einen kleinen Film, der dann noch etwas interessanter und besser zu schauen ist.

Die Maßnahmen für den Umzug nehmen immer deutlichere Formen an. Heute Nachmittag werden Kalle und ich damit beginnen, unseren Kinosaal abzubauen und alles an Elektrik zu kennzeichnen und zu verpacken. Keiner weiß, wann und wo wir die Sachen wieder gebrauchen können, doch wenn, dann muss es so verstaut sein, dass es jeder wieder zusammensetzen kann. Auf dem Weg zum Betreuungsbereich stecke ich noch schnell eine Postkarte für die Lehrgruppe zu Hause ein, denn auch wenn die Kameraden sich nicht wirklich für einen hier im Einsatz interessieren, so ist es doch eine Geste der Höflichkeit und Ostern steht auch vor der Tür. Die Karten, die durch unsere Post für die Kontingente gestellt werden, sind außerdem sammelwürdig. Im letzten Einsatz haben mir sogar zwei Kameraden Päckchen zu Weihnachten geschickt und auch der Chef ruft in unregelmäßigen Abständen an. Natürlich kann auch ich anrufen, doch das möchte ich nicht zu oft, weil einem dann schnell „Arschkriecherei“ unterstellt werden könnte. Doch die Masse der Kameraden, das ist einfach so und selbst bei denen, die sonst viel Kontakt mit mir haben, ist man aus den Augen und aus dem Sinn.

Nach zwei Monaten hatte ich gerade zwei eingehende Anrufe von der Einheit und einen davon dienstlich begründet. Das spricht für sich. Und auch wenn die Kameradschaft hier intensiver gelebt wird, ist man wieder zu Hause, so sind genauso die Kontakte zu den Einsatzkameraden sehr spärlich. So ist das eben, wenn jeder mit sich und seinen Problemen beschäftigt ist und doch würde es manchmal nur einen Funken Mühe kosten, der einen enormen Effekt auf mich und meine Kameraden hätte. Weihnachten 2010 bekam ich vom General der Schule sogar eine Karte in den Einsatz geschickt. Es mag vielleicht eine Routinehandlung gewesen sein, doch es war für mich dennoch eine sehr kameradschaftliche Geste. Darum hatte ich es mir auch nicht nehmen lassen, meinem Grundsatz treu zu bleiben und zu antworten. Interessanterweise war der General selbst erst recht neu in der Position des Schulkommandeurs und hätte daher sicher auch andere Prioritäten setzen können. In diesem Bereich haben uns die Afghanen tatsächlich etwas voraus. Schon in den Begrüßungen nehmen sie sich verhältnismäßig lange Zeit, um sich nach dem Befinden des Gegenübers zu erkundigen. Und wenn man darauf eingeht, sind das auch nicht nur höfliche Automatismen. Wird man bei uns zu Hause nach dem Befinden fragt, dann möchte der Gegenüber eigentlich gar nicht die Wahrheit hören, sondern nur seine Form wahren oder den Einstieg in ein Gespräch suchen. Doch hier ist das anders und das ist gut.

Es ist kurz vor zwei und ich stehe zurzeit noch allein im Kinosaal. Da Kalle einer der Zuverlässigen ist, würde sich eine Verspätung wohl eher durch seinen Chef begründen, der ihn aufgehalten haben könnte. Um keine Zeit zu verlieren, fange ich schon mal an. Bevor es los geht, möchte ich mir etwas Musik über den virtuellen DJ laufen lassen und fahre dazu das System hoch. Der Laptop ist sichtlich in die Jahre gekommen und ein Wirrwarr aus Kabeln und elektronischen Komponenten liegt vor mir. Das System kenne ich nun recht gut und kümmere mich bei entsprechenden Anlässen um die Musik. Auch wenn das bei der großen Altersspanne und den verschiedenen Geschmäckern nicht immer einfach ist. Doch der Rechner braucht, allein um einen Mausklick auszuführen, gefühlte Minuten. Also lasse ich ihn erst mal warm werden und beginne im Kinosaal. Eine hochwertige 5.1 Anlage, eine Wii und ein Beamer mit DVD-Player und Satellitenanlage sind hier aufgebaut. Alles muss nach dem Verpacken wieder nachvollziehbar und leicht aufzubauen sein. Mit Decken und in Kartons kann man das Equipment transportsicher verstauen. Ich wickele die zusammengehörigen Kabel sorgfältig auf und verschnüre sie mit einem Kabelbinder. Dann befestige ich jeweils ein kleines Fähnchen aus Tape daran und beschrifte es mit einem weißen Marker. Der Raum ist mit einem großen olivfarbenen Fallschirm ausgekleidet. Er reicht von der Decke über die Seitenwände bis zum Boden herab und ist in diesem metallischen Faltcontainer mit kräftigen Magneten gesichert. Alles ist mit diesen Magneten befestigt. Ob Kabel, Lautsprecher oder gar die Deckenleuchten. Um die Magneten von der Wand zu bekommen, muss man entweder Werkzeug verwenden oder die befestigten Teile mit etwas Kraft abziehen. Doch zerstören möchte ich natürlich auch nichts und so ist etwas Weitblick gefragt. Doch als ich an einem Lautsprecherkabel ziehe, um es aufzuwickeln, kommt eine der Deckenleuchten, die sehr groß und schwer sind, direkt mit herunter und schlägt nur knapp neben mir auf dem Boden auf. Eine Neonröhre verabschiedet sich dabei direkt und der Blechrahmen löst sich etwas ab. Das lässt sich jedoch vorerst mit wenigen Handgriffen wieder richten.

Stück für Stück nehme ich die verschiedenen Teile der Anlage auseinander und verstaue sie in passende Kartons, die ich ebenfalls kennzeichne. Immer wieder versuche ich zwischendurch, die Musik zum Laufen zu bekommen und hoffe auf das Erscheinen von Kalle. Doch weder die Musik noch Kalle spielen mit. Dennoch geht es gut voran und da dann heute schon mal ein Raum unseres Betreuungsbereiches abgebaut ist, spart das an meinem letzten Tag vor dem ersten Urlaub eine Menge Zeit. Dann wird am Abend vor meinem Urlaub die „Abrissparty" unseres Bereiches stattfinden und alles für den Umzug vorbereitet. Es bleibt nur der Freitag und da ich der Hauptverantwortliche in diesem Rückbau der Elektronik bin, liegt es mir auch am Herzen, dass alles fertig ist, bevor ich wegfliege. Der Raum wirkt ohne den Fallschirm wieder richtig kahl und steril. Die Kartons türmen sich in der Mitte des Raumes auf und nun brauche ich nur noch die alten Tape-Streifen von den Wänden ziehen. Sie hängen da teilweise seit fast zehn Jahren und wehren sich dementsprechend auch. Dann steht Kalle doch noch in der Tür und entschuldigt sich mehrmals. Sein Chef hatte Kalle nicht zum abgesprochenen Termin gelassen, was für mich reine Willkür war. Doch Kalle ist motiviert und zusammen erledigen wir den Rest. Richten den Raum so her, dass wir am Donnerstag beim üblichen Treffen hier mit Verstärkung ausräumen können. Dann haben wir die nötigen Hände, damit es schnell erledigt ist. Zum Abschluss, es ist noch nicht einmal fünf Uhr, gebe ich eine Cola aus und wir Kickern gegeneinander. Allein spiele ich fast nie und so zieht Kalle mich mit 10 zu 5 sauber ab. Zufrieden melde ich dem Spieß die Ausführung des Auftrages und etwas Zeit für einen Anruf bei meiner Frau bleibt auch noch.

Es ist Mittwochmorgen und heute starten wir einen neuen Versuch mit dem Oberst der zivilen Polizei, um über die Führerschein-Problematik zu reden. Draußen schneit es ausdauernd vor sich hin und die Straßen sind mit einer weißen, frischen Schneedecke überzogen. Auch der Wolf trägt eine weiße Decke auf seiner grünen Haut. Die Standheizung arbeitet schon und die Vorbereitungen für die Fahrt stehen. Wir frühstücken noch hier im Camp und um 08:00 Uhr starten wir dann. Das Frühstück kann ich nun wirklich nicht mehr sehen, auch der angebotene Obstsalat aus Dosenobst und den zerstückelten Resten des alten Obstes aus der Auslage ist mir über. Die darin enthaltene Nashi schmeckt stark muffig. Das eine zugeteilte Croissant und etwas trockenes Baguette müssen also reichen. Das ich bei so einem Frühstück schon in einer Stunde wieder einen knurrenden Magen habe, ist verständlich. Aber das soll nach Gerüchten der Kontingentkameraden, die schon mehrmals im neuen Camp gegessen haben, deutlich besser werden. Nachdem ich die letzten Tage auch nur noch blutiges Fleisch auf dem Teller hatte, braucht mir auch Keiner mehr die Franzosen als Feinschmecker zu verkaufen. Das erzeugte Bild, hier aus der Einsatzverpflegung, wird schwer zu drehen sein. Und da es sowohl die Deutschen als auch die Amerikaner und Türken deutlich besser hinbekommen, lasse ich dafür auch keine Ausreden mehr gelten. Wenn es nicht möglich ist, mit den lokalen Arbeitern westliche Gerichte zuzubereiten, dann kann man sie eben dafür nur einsetzen, wenn sie besser ausgebildet werden. Für mich jedenfalls behält das Thema Verpflegung hier einen hohen Stellenwert. Der Spruch „Ohne Mampf keinen Kampf" hat schon seine Berechtigung. Auch im Kongo waren die Franzosen für das Essen verantwortlich und schon damals war das Essen dort mehr als grenzwertig. Dort hatte man neben den Soldaten auch auf lokale

Kräfte gesetzt und am Ende Schwierigkeiten gehabt. Kühlketten wurden nicht eingehalten und die Soldaten hatte alle paar Tage Probleme mit Durchfall und Magenproblemen. Einmal bekam ich ein Stück Fleisch gereicht, dass ich weder der Färbung noch der Form einem Tier zuordnen konnte und am Ende gar dachte, es könnte vom Affen sein. Naja, schlimmer geht es eben immer.

Mit zwei Wölfen und vier Mann geht es langsam über die schneebedeckten Wege zum Haupteingang. Es schneit immer noch vor sich hin und die Scheibenwischer des Wolfes ziehen fleißig Schlieren auf der Windschutzscheibe. Nicht jedoch, weil sie verschlissen sind, sondern weil die Beschädigungen durch Steinwürfe auf der Scheibe den Sand festhalten. Ich bin gespannt auf den neuen Teil der Stadt, in dem ich damals nur flüchtig vorbeigekommen war. Auch wie das Gebäude in der Zwischenzeit nach dem letzten Anschlag aussieht, ist interessant. Das Telefon des Oberleutnants klingelt und wir halten an. Die Tour ist abgesagt. Einer der beiden afghanischen Offiziere kann nicht mitkommen. Er ist einer der Befohlenen (der afg. Kommandeur will ihn dabeihaben) und ohne ihn brauchen wir dort nicht hinfahren. Angeblich ist seine Frau krank geworden, doch der viele Schnee der Nacht scheint der plausiblere Grund. Der Oberleutnant ist stinksauer und auch ich bin enttäuscht. Schließlich hatten sie uns um unsere Anwesenheit gebeten. Aber diese Unzuverlässigkeit, die die Afghanen nicht als solche empfinden, ist eben typisch für die Meisten, mit denen wir zusammenarbeiten. Jetzt kann es wieder Tage oder Wochen dauern, bis ein neuer Termin mit dem Polizeioberst zustande kommt. Aber es ist wie es ist und so machen wir, nachdem wir den Sprachmittlern Bescheid gesagt haben, einen Bürotag. Das passt auch ganz gut, weil wir so einen kurzfristig durchzuführenden Prüferlehrgang vorbereiten können.

Wir verabreden uns für kurz nach 19 Uhr und gehen zu sechst zum Portugiesen Abendbrot essen. Da seit 2012 die portugiesische Truppenküche für alle Nationen freigegeben ist, nutzen es auch manchmal einige von uns. 2011 war ich zwei-, dreimal vom portugiesischen Oberst und seinem Major hierher eingeladen worden. Wir hatten uns beim Kickern in der *Porto Bar* kennengelernt und wurden sehr freundlich aufgenommen. Es war nur ein kleiner Kreis von Deutschen und so hatten wir bei den Portugiesen eine Art VIP-Status. Zum Abschied hatte ich damals von beiden Offizieren jeweils einen „Coin“ bekommen.

Das sind kleine, im Durchmesser etwa drei bis vier Zentimeter große, münzähnliche Metallscheiben, auf denen die Einheiten oder andere Logos abgebildet sind. Das Besondere daran ist, dass derjenige, der diese Coins besitzt, auch darüber entscheidet, wer sie bekommt. Einige davon sind sehr selten und daher beliebt. Natürlich habe ich mich mit dem Coin unserer eigenen Einheit bedankt, denn das war schon etwas Besonderes. Ich kenne persönlich somit auch nur drei deutsche Soldaten, die diesen Coin der Portugiesen besitzen.

Wir laufen die dunkle Straße durch das Camp Richtung Main Gate. Es sind einige hundert Meter dorthin, doch ich bin gespannt, was sich hier verändert hat. Das Essen war damals schon deutlich besser als bei den Franzosen, auch wenn es nicht so vielfältig war. Durch einen schmalen und nur spärlich beleuchteten Gang, der zu der einen Seite durch eine Gebäudewand und zur anderen durch eine Klinkermauer begrenzt ist, gehen wir zum Eingang der Küche. Der abtauende Schnee tropft kräftig über dem Türeingang herunter und selbst im Vorraum sind die Wände und Decken voll mit abtropfendem Wasser. Es scheint Schwitzwasser zu sein. Wir tragen uns in die ausgelegte Liste zum Essen ein und waschen uns an den kleinen Waschbecken nach und nach die Hände. Durch einen schmalen, flurähnlichen Raum werden wir an der Ausgabe vorbeigeführt. Von einem hoch aufgetürmten Stapel von Einwegtabletts nehme ich mir eines und greife in die Box mit dem Einwegbesteck. Gleich der erste Behälter ist mit einer hellen Suppe gefüllt und da ich auch bei den Amerikanern immer eine Suppe, selbst zum Frühstück, dazu nehme, tue ich es auch hier. Noch kann ich nicht genau sagen, was es für eine sein soll, doch die durchschimmernden Möhren und der Weißkohl lassen Gutes erahnen. Danach kann man zwischen einem Gulasch, Fisch und einem Reis-Fleisch-Gemisch wählen. Als Beilage bieten sie Bohnen mit Shrimps und Speck an. Der Fisch sieht ebenfalls gut aus und so entscheide ich mich für ihn und die Bohnenbeilage. Dann werden wir wie in einer Einbahnstraße in den Speisesaal geleitet. Kurz vor der Durchgangstür steht ein großer Kühlschrank mit Glastüren, aus dem mich mir eine Dose Bitterlemon entnehme und von dort aus zu einem Sitzplatz weitergehe. Die ersten Kameraden haben sich schon am Tisch eingefunden und nachdem ich mein Tablett abgestellt habe, gehe ich noch zur kleinen Salatbar. Sie beschränkt sich auf wenig Auswahl aber da es alles Dinge sind, die ich mag, kann ich mir in wenigen Minuten selbst etwas zusammenstellen und das Dressing selbst mischen. Ein entscheidender Grund, warum ich bei den Franzosen nur Tomatensalat mit Zwiebeln und ohne Dressing esse. Das Dressing ist sehr eigentümlich und wenn man nicht auf reine Rohkost steht, bleiben einem nur die fertig gemischten Salate. Doch darin ist fast immer Fleisch oder Schinken mit eingemischt. Zwar bin ich kein Vegetarier, aber ich esse nur sehr wenige Salate mit kalter Fleischbeilage. Das Angebot der Portugiesen reicht, um meine Laune zu heben und so setze ich mich zu den Anderen und beginne mit der Suppe. Es scheint eine Art Kartoffelsuppe mit Beilage zu sein. Wenngleich die Kartoffeln nur in sehr kleinen Stücken vorhanden sind, geschmacklich gibt es nichts auszusetzen. Genauso ist der Fisch, geht geschmacklich voll in Ordnung, auch wenn ich mit etwas Geduld die einzelnen Gräten entfernen muss. Nur die Bohnen mit den Schrimps gehen leider gar nicht. Sie schmecken so stark muffig, dass man meinen könnte, sie wären in Abwaschwasser gekocht worden. Ebenso die kleinen Schrimps haben den Geschmack angenommen und zerfallen sehr mehlig im Mund. Sorgfältig schiebe ich die Bohnen mit dem Messer an den äußeren Rand und trenne sie so vom Rest. Wäre ja schade, wenn das restliche Essen auch diesen unangenehmen Geschmack annehmen würde.

Der Oberst und unser Oberstaber für die Schießausbildung betreten ebenfalls die Küche. Damit wir alle zusammensitzen können, ziehen wir von unserem Sechser-Tisch an einen langen Zehner-Tisch um. Der Oberst sitzt mir direkt gegenüber und in dem Kreis entwickelt sich eine lockere Gesprächsrunde. Alle sind gut gelaunt und es wird gescherzt und gelacht. Das ist gut so, denn dazu kommt man viel zu selten. Ein leckerer Sahnekuchen schließt mein Mahl ab und ist wirklich sehr lecker. Mit dem Rest aus meiner Dose spüle ich nach und genieße die leicht bittere, erfrischende Kühle des Bitterlemon. Wir haben nun fast 40 Minuten hier gegessen und langsam machen sich die ersten zum Aufbruch bereit. Bei genauerem Hinsehen sind es die Raucher, die bevor es zurückgeht vor der Küche noch schnell eine rauchen wollen. Kurz vor der Ausgangstür schieben wir unsere Tabletts über einen Tresen in den Küchenbereich und ziehen uns wieder den Parka oder den Nässeschutz über. Zurück durch den vermauerten Gang gehen es in die Dunkelheit und zurück zur Unterkunft. Das war eine gute Maßnahme und sollte, obwohl wir nur noch wenige Wochen in diesem Camp verbleiben, nicht das letzte Mal gewesen sein. Wünsche ich mir schweigend, doch das werden wir sehen.

Es ist genau 21 Uhr als mit langem Heulton die Sirene der Camp-Alarmanlage ertönt. Ich sitze gerade vor meinem Schreibtisch und schaue fern. Am Signalton kann man einen Übungsalarm erkennen und so lege ich in Ruhe meine Ausrüstung an. Da es im Bunker unbeheizt ist und man nie weiß, wie lange es dauert, ziehe ich mir auch noch meine Wattejacke unter die Weste. Auf dem Flur ist schon etwas Unruhe ausgebrochen und die ersten aufgerüsteten Kameraden laufen los. Die Stimmung ist locker und auch jetzt wird wieder gescherzt. Unser Bunker ist nur wenige Meter entfernt und wird im Eingang durch einen französischen Soldaten bewacht. Erst nach Bestätigung der aktuellen Parole, die ich immer parat habe, lässt er uns passieren. Jetzt befinden wir uns ebenerdig in einem Schutzbereich, der durch umbaute Überseecontainer zusammengestellt ist. Um und auf den Containern sind die mit Schotter und Beton gefüllten Heskos verbaut. Das sollte auch größeren Granaten und Geschossen standhalten. Eine Metalltür ist jeweils aus den Containereingängen entfernt und durch Holztüren ersetzt worden. An den Türen sind die Flaggen der jeweiligen Nationen angebracht und mit einer Nummer versehen. Hier befinden wir uns in einem deutsch-französischen Bereich. Der Container ist in der Mitte mit einer robusten Holzbank versehen, welche an einer Dachabstützung vernagelt ist. So wird das Containerdach, welches durch die tonnenschweren Heskos belastet ist, abgestützt und Sitzgelegenheiten für die Soldaten geschaffen. Als einer der Ersten erwische ich auch noch eine der eingeschweißten Bundeswehrdecken und lege sie unter mein Hinterteil. Stunden auf so einer Holzbank könnten unangenehm werden und so ist wieder einmal „haben besser als brauchen". Am anderen Ende des Containers ist eine viereckige Öffnung in die Wand geschnitten, durch die man gerade so mit seiner Ausrüstung hindurchpasst. Ein zweiter Raum in einem weiteren Container kann so aber nur einseitig begehbar genutzt werden. Da wir auf über 30 Soldaten kommen, muss ein Teil in den anderen Teil.

Ich sitze dicht am Haupteingang hinter der verschlossenen Metalltür und stelle mein Gewehr an der Containerwand in eine der kleinen Wellenausbuchtungen ab. Ich nehme meinen Helm wieder ab und reibe mir die juckenden Druckstellen am Kopf etwas. Das lederumzogene Innengestell des Helmes hinterlässt regelmäßig Spuren an der Stirn, denn er soll ja auch bei schneller Bewegung gut sitzen und nicht hin und her schaukeln. So muss man die Einstellung über den Kinnriemen schon eng wählen. Denn nichts ist störender, als wenn einem der Helm beim Schießen ständig auf die Nase rutscht. Das sind so die kleinen Fehler, die nur Soldaten auffallen, wenn sie alte Kriegsfilme sehen, in denen die Soldaten mit offenen Kinnriemen über das Gefechtsfeld hechten und in die Stellung springen, der Helm aber sitzt trotz immer noch offenem Kinnriemen wie am Anfang. So viel zur realistischen Darstellung in den Filmen...

Direkt im Rücken habe ich einen der Stützbalken und so kann ich mich sogar etwas anlehnen, auch wenn der Winkel alles andere als bequem ist. Nun sitzen die Kameraden mit dem Blick zur Außenwand Rücken an Rücken und beginnen sich zu beschäftigen. Einige hören Musik, andere haben sich sogar ihre Tablets mitgenommen und schauen Filme. Das würde bei einem scharfen Alarm sicher anders aussehen und habe ich auch schon anders erlebt. Mit den Füßen stütze ich mich an der Blechwand ab und fixiere mich so an dem Balken hinter mir. Bis auf wenige Sprüche, die ab und zu durch den Raum kommen, ist es sehr ruhig hier.

Seit meinen Einsätzen auf dem Transporthubschrauber in den Einsatzgebieten habe ich mir angewöhnt, die Plätze dicht bei den Türen zu besetzen. Wenn dann noch der Blick in den Raum und zu den Fenstern frei ist, behebe ich ein Stück der inneren Unruhe, die immer öfter aufkommt. So richtig einordnen kann ich es noch nicht, es sind mehr unterbewusste Handlungen, die sich da einstellen. Unser Administrator (Admin), ein recht junger Stabsfeldwebel, kommt mit einer Liste in der Hand zum Containereingang herein. Mit Blick in die Liste beginnt er, die Namen der Kameraden unserer Einheit aufzurufen. Für die Kameraden im hinteren Container müssen sie, da er recht leise spricht, wiederholt durchgegeben werden. Bis auf zwei Kameraden sind alle anwesend. Einer von ihnen befindet sich in einem französischen Bunker, da der für ihn am nächsten lag und der Andere ist im Bunker am Stabsgebäude, da er zum Zeitpunkt des Alarms noch im Büro war. Dann geht der Admin wieder raus und ich vermute, dass er die Meldung an die französische Leitung weitergibt. Da sie für die Sicherheit des Camps verantwortlich sind, läuft eben alles über sie. Es wird wieder ruhig im Container, keiner weiß, wie lange das nun dauern wird. Ich schließe die Augen und auch wenn ich nicht wirklich einschlafen möchte und werde, so kann ich dabei doch am besten entspannen. In unregelmäßigen Abstand ruft ein anderer Deutscher neue Lageinformationen in unseren Bunker. Draußen wird aus dem Alarm gerade eine komplexe Übung gemacht und die Franzosen geben gespielte Vorfälle vor, um verschiedene Verhaltensweisen auszutesten. Von alledem bekommen wir hier drinnen nichts mit. Nur das laute Lachen der Franzosen im Nachbarcontainer nervt etwas. Es nimmt die Ruhe. Zusätzlich zieht stinkender Zigarettenqualm in unseren Container herüber. Das können nur die Franzosen sein, die sogar in der Bewegung und eigentlich überall rauchen. Auch unserem Stellvertreter, der neben meinem Oberleutnant und mir sitzt, fällt das störend auf. Er schimpft ein wenig vor sich hin, doch dann ist auch er wieder ruhig und scheint mit geschlossenen Augen Ruhe zu suchen.

Trotz meiner langen Unterhose, der Wattejacke unter der Weste und den Handschuhen, beginnt die Kälte über die Füße in den Körper zu ziehen. Gerade wenn die Sonne untergegangen ist, wird es hier immer noch eisig kalt. Schon jetzt dürften draußen wieder die Minusgrade erreicht sein. Meine Beine fangen an zu kribbeln und die verkeilte Sitzposition wird unangenehm. Es ist selbst für meine Größe sehr eng hier. Platzangst wäre jetzt unangebracht, doch wenn mehr Stress aufkommt, dann könnte der ein oder andere die Nerven verlieren. Doch alles bleibt ruhig und nach knapp zwei Stunden ist der Alarm beendet und wir können, nachdem wir unsere Waffen vorm Unterkunftsgebäude überprüft haben, wieder auf die Stuben zurück. Vorteilhafterweise hatte ich bereits am Nachmittag geduscht und so kann ich mich direkt, leicht ausgekühlt in mein Bett legen. Nur kurz noch lasse ich den Fernseher laufen, um mit den Gedanken in den Schlaf zu finden. Gegen zwei Uhr werde ich wieder einmal wach und obwohl es immer andere Zeiten sind, es ist normal geworden. An eine einzige Nacht in der ich durchgeschlafen habe, kann ich mich nun erinnern. Auch diesmal knurrt mir der Magen. Im Halbschlaf greife ich nach den Schokoladenmilchmäusen auf meiner Laptopablage am Bettende und stopfe sie mir, eine nach der anderen in den Mund. Mit Genießen hat das nichts zu tun, sie sollen nur den Hunger beruhigen. Dabei hat mein Kopf kaum Zeit die Speichelproduktion hochzufahren und mein Mund trocknet in Sekundenschnelle aus. Ich rolle mich aus dem Bett und taumele zum Kühlschrank herüber. Das violette Licht unter meinem Bett scheint hell wie ein Stadionscheinwerfer und so habe ich selbst mit nur schwach geöffneten Augen keine Probleme mich zu orientieren. Mit gezieltem Griff ziehe ich mir die schon offene Cola aus der Tür und nehme mehrere kräftige Schlucke. Es brennt die Kohlensäure im Mund und doch empfinde ich es als angenehm und erfrischend. Spüle die Schokolade aus meinem Mund und stelle die Dose zurück.

Zielstrebig und fast elegant gleite ich wieder unter die Decke und greife nach der Fernbedienung am Kopfende, um den Fernseher einzuschalten. Der Videokanal bietet ja rund um die Uhr Filme und auch auf den privaten Sendern läuft jetzt bei der Zeitverschiebung ganz interessantes Programm. Doch eigentlich habe ich ja gar nicht vor, jetzt lange in die Glotze zu schauen und so schalte ich wieder ab, bevor ich wieder richtig wach werde, und ruhe weiter.

Heute Vormittag fahren wir nicht zu den Afghanen raus und ab nachmittags bin ich bei einer Tour zum Flughafen dabei, um Kameraden zum Urlaubsflieger zu bringen. Theo, bei dem ich auf seiner „Schwarzen Perle", einem Toyota Land Cruiser, aufsitze, benötigt einen Beifahrer. Es wird eine ganz interessante Tour, die ich streckenweise filme. Sie führt über die Nordroute zu unserem neuen Camp. Der Weg dorthin gleicht einem Schlachtfeld, denn dicht an dicht liegen sehr tiefe Schlaglöcher die voll mit Schlamm und Wasser stehen. Nur mit geringer Geschwindigkeit kann man hier vorankommen, auch wenn Theo dabei den Toyota an seine Belastungsgrenzen treibt und mir das Technikerherz beim Durchschlagen des Fahrwerkes schmerzt. Wir fahren nur am Eingang des Camps vorbei, da Fahrten hinein vorher angemeldet werden müssen. So möchte man zu viel Personal während der Aufbauphase vermeiden und das ist nachvollziehbar. Zumindest weiß ich nun, wie es hier hergeht und welche Orientierungspunkte dabei wichtig sind. Das ist am Ende einfacher als nach Karten zu fahren. Denn Navi in Kabul? Fehlanzeige! Als wir am Ende der Tour wieder in unserem Camp angekommen sind und vor der Tankstelle auf die freie Säule warten, lass ich es mir jetzt nicht nehmen, ein Foto von der nun „schlammigen Perle" zu schießen. An keiner Stelle kann man jetzt noch außen erkennen, dass es sich um ein schwarzes Fahrzeug handelt.

Wir schaffen es gerade noch zu den Vorbereitungen in unseren Betreuungsbereich, um den abgebauten Kinosaal in die Container zu bringen. Wieder einmal sind dieselben hier und von einer Beteiligung der gesamten Einheit ist nichts zu sehen. Doch gerade jetzt, wo es in die arbeitsreiche Zeit des Umzuges geht, wäre es nur fair, wenn jeder seinen Teil dazu beiträgt und wenn immer möglich auch mit anpackt. Doch hier werden viele plötzlich sehr kreativ und finden alle möglichen Ausreden. Nur ab 17 Uhr, wenn auch der Leiter erscheint, dann schaffen es plötzlich alle anwesend zu sein. Noch zwei weitere Treffen hier und dann ist dieser Bereich Geschichte. Da mein Oberleutnant und Kalle gern zum Sport möchten und heute auch kein Antreten mit Verabschiedungen oder Begrüßungen sind, gehe ich auch mit. Der Plan ist, später wieder hierher zurückzukommen und dann gemeinsam eine Pizza zu essen. So ziehe ich mein Ruderprogramm durch, während die anderen beiden ihre Gewichte stemmen. Mittlerweile schaffe ich auf der höchsten Belastungsstufe regelmäßig meine knapp 13 Kilometer und verbrenne dabei etwas mehr als 900 Kalorien. Ich fühle mich nach gut zwei Monaten auch schon wieder deutlich trainierter und bilde mir ein, es immer besser optisch zu erkennen.

Vier Jahre hatte ich im Leistungssport der DDR verbracht und mich vier Mal in der Woche für zwei Stunden zum Training begeben. Dafür hatte ich auch auf den optionalen Englischunterricht an den Nachmittagen verzichtet. Mit viel Ehrgeiz und Einsatz habe ich in der Sportart Gewichtheben meine Leistungen entwickelt. Und trotz einer recht durchschnittlichen Gewichtsklasse mit einer riesigen Konkurrenz, hatte ich vorzeigbare Ergebnisse erreicht. Wer jetzt denkt, ich wäre einer der stämmigen Sorte, mit viel Masse und Muskeln, der täuscht sich. Sehr sinnvoll wurden wir damals in den ersten Jahren aufgebaut und so wurde neben einem intensiven Muskeltraining Wert auf Schnellkraft gelegt. Wir wurden also parallel zu Leichtathleten trainiert. Das führte zu meinem größten Erfolg im Jahr 1987 in Halle, als die DDR-Meisterschaften im leichtathletischen Mehrkampf veranstaltet wurden. Ein Klassenkamerad lieh mir damals seine Spikes, die ich mir selbst hätte nie leisten können, und damit schaffte ich die 30 Meter Sprintstrecke in 4,3 Sekunden. Für einen 13-Jährigen damals die Bestzeit dieser Veranstaltung. Und dass trotz eines davor sehr ungünstig verlaufenden abends. Denn nach der Anreise im Reisebus über mehrere Stunden, auf denen wir einige Teilnehmer der nördlichen Republik eingesammelt hatten, wurden wir zum Abendbrot in eine Gaststätte gefahren. Während der Reise hatte ich nur wenig gegessen, da meine Eltern dachten, der Verein würde sich darum kümmern und so kam ich schon mit Bauchschmerzen vor Hunger in dieser Gaststätte an. Es gab wirklich reichlich und leckeres Essen und so nahm ich auch noch einige der Reste von den anderen Tellern dazu. Wegschmeißen und gerade so gutes Essen war mir einfach nicht anerzogen. Auch zu Hause spielte ich oft den „Müllschlucker", damit nichts weggeworfen werden muss. Doch dabei verlor ich meine eigenen Möglichkeiten etwas aus den Augen und überfraß mich völlig. Das waren sicher keine guten Voraussetzungen für den kommenden Wettkampftag. Noch am Abend beim Zähneputzen musste ich mich dann kräftig übergeben. Die teilweise nichtzerkauten und unverdauten Speisen kamen wieder zum Vorschein. Die Überwindung, dies alles wieder aus dem Waschbecken, aus dem es ja nicht ablaufen konnte, herauszuholen, war mir lange eine Lehre. Doch die Nacht reichte, um mich davon ausreichend zu regenerieren und so stand ich am nächsten Morgen in den Startlöchern. Mein damaliger Vereinskollege Kai, der mehrere Gewichtsklassen über mir war und nur zwei Konkurrenten hatte, war mit dabei.

Von 43 Teilnehmern erreichte ich den für mich sehr guten 4. Platz und Kai ging als Sieger seiner Gewichtsklasse hervor. Das stand dann in der folgenden Woche mit einem kleinen Artikel in der Ostseezeitung, doch leider wurde ich dort nur in einem kurzen Nebensatz bemerkt. Für mich war die Leistung jedoch gefühlt höherwertiger als die von Kai, weil ich wusste, gegen wie viele gute Gegner ich angetreten war. Mein Trostpreis war neben der Urkunde, die ich noch heute als eines von wenigen Erinnerungen aus DDR-Zeiten retten konnte, ein kleiner Plüschtier-Löwe. Einst hatte er noch eine kleine Medaille an einem dünnen blauen Faden um den Hals. Auf Ihr stand die Prägung: „Halle 1987, DDR". Doch irgendwann ging sie bei den vielen Umzügen nach der Wende verloren. Es sind diese kleinen Dinge, die einem die Erinnerungen erhalten und wenn ich den Löwen heute in die Hand nehme, dann sehe ich den kleinen gelockten Enrico, wie er aus aller

Kraft über die Ziellinie des 30 Meter Laufes rennt. In diesen Millisekunden wurde einem der anerzogene Ehrgeiz und Siegeswille wieder bewusst. Diese Erfolge brachten mich dann zur Auswahl für die Sportschule. Das war es, was ich wollte! Eingeredet und getrieben vom Trainer und dem Leistungsanspruch. Dazu wurde ein Testprogramm absolviert, in dem die verschiedensten Übungen erfüllt werden mussten. Es müssen insgesamt so an die 15 Übungen gewesen sein und tatsächlich bin ich an einer einzigen an diesem Tag gescheitert. Ein langer Bock in etwa 1,20 Meter Höhe war meine unüberwindbare Hürde geworden und einer der wenigen Momente in meinem Leben, wo mir eindeutig meine schon für mein damaliges Alter geringe Körpergröße zum Verhängnis wurde. Doch ich glaube an das Schicksal und so wird es vielleicht seinen tiefen Sinn gehabt haben. Kai hatte diesen Test bestanden und gehört heute wohl eher zu den gescheiterten Sportlern mit fraglicher Lebenszufriedenheit. Mich hat es gelehrt, nicht an einzelnen Hürden das Leben festzumachen.

Es war Frühjahr 1988 und für mich Grund genug, um deprimiert zu sein. Meinen Entschluss hatte ich mir wahrlich nicht leichtgemacht, doch ich wollte unter dem Ganzen einen Schlussstrich ziehen und hörte im Verein auf. Mein Trainer versuchte wirklich alles, um mich erneut für das Training und einen späteren Wiederholungstest zu motivieren, doch bei mir war einfach die Luft raus. Als dann eines Abends unangekündigt der Sportkreisvorstand auf unserem Sofa zu Hause saß, musste ich mich endgültig entscheiden. Sie nahmen mich gefühlte Stunden von allen Seiten in die Mangel und selbst meine Eltern sprachen ihnen zu. Vielleicht waren sie ja wirklich von der Sache überzeugt, doch ich kam mir alleingelassen vor. Wieder einmal. Machtlos gegen die vielen Erwachsenen und so knickte ich nochmals ein. Zur Belohnung versprachen sie mir eine Reise nach Riga in die damalige UdSSR. Es wurde ganz hoch aufgehängt und über meine Schule, als Delegation für besondere Verdienste an mich weitergereicht. Meine damalige Klassenlehrerin hatte noch dagegen interveniert, weil sie der Meinung war, es verdienten nur Musterschüler. Zu denen gehörte ich wirklich nicht, allenfalls zum Durchschnitt. Doch ihre Macht reichte nicht aus, um das Versprechen abzuwenden und so bekam ich die Reise wenige Tage später ganz offiziell und schriftlich. Sie war für die

Sommerferien geplant und dann kam das Unglück mit meinem Cousin dazwischen.

Lange habe ich mit mir gerungen und mich letztlich doch vom Umfeld überreden lassen. Der Hass auf den russischen Soldaten, der den Unfall verschuldet hatte und sein Land war groß. Es war gut, dass ich die Reise für wundervolle und wirklich interessante drei Wochen angetreten hatte. Wie verrückt hatte ich die Wochen vor der Reise mit meinem großen Bruder Kartoffeln am Fließband sortiert, um für nicht einmal 5 Mark für 8 Stunden ein Taschengeld zusammenzusparen. Denn die Reise und die Verpflegung waren zwar kostenlos, doch schließlich wollte ich auch Andenken und für mich und meinen neuen Roller, welcher mein gesamtes Jugendweihegeld verschlungen hatte, einen Helm dort kaufen. Das war der Plan und so setzte man mich mit 64 Ostmark, ein für mich kleines Vermögen, in den Zug nach Riga. Zuvor hatten wir mit dem Bus die anderen Teilnehmer aufgenommen und waren so auf eine Gruppe von etwa 40 Kindern und Jugendlichen gekommen.

Schon die Zugfahrt von über 32 Stunden war ein Erlebnis der besonderen Art, die mich Inselkind in eine neue Welt transportierte. Wir waren direkt in einen russischen Zug gesetzt worden, der ausschließlich aus Schlafwagons zusammengestellt war und später an der Grenze nur andere Räder für die russischen Gleisgrößen bekam. Zu viert hatten wir uns ein Abteil geteilt und gemeinsam die Zeit vertrieben und uns kennengelernt. Da saß ich nun in einem Zug voller „Streber und Klassenbester“ als einziger delegierter Sportler. In diesem Sommer wurde ich 14 und so begeisterten mich natürlich auch die verschiedenen Mädchen auf der Reise. Auch wenn ich wieder einmal aufgrund meiner Größe nicht in das „Beuteschema“ meiner gleichaltrigen Schülerinnen passte, so hatten wir dennoch einigen Spaß zusammen. Und eine wichtige Lektion blieb hängen: „Wer nur auf deine Größe schaut, kommt mit seiner Oberflächlichkeit nicht bis in dein Herz!“

Am besten verstand ich mich jedoch mit Sandro. Selbst für DDR-Verhältnisse hatte er einen außergewöhnlichen Vornamen und auch sonst war seine persönliche Art nicht ganz gewöhnlich. Heute würde ich ihn vermutlich in die homosexuelle Kategorie einordnen. Doch eigentlich war er ja auch damals noch zu jung, um darin schon sicher entwickelt zu sein. Jedenfalls weckte er meinen Beschützerinstinkt, denn bei den Anderen hatte er es von Anfang an nicht ganz leicht, akzeptiert zu werden. Doch er hatte aus meiner Sicht einen klaren Vorteil, denn seine Eltern gehörten zu den Gutverdienern und sein Taschengeld ließ keine Wünsche offen. Und so entwickelte sich neben einer Sommerfreundschaft auch eine Zweckgemeinschaft zwischen uns. Da sie an mir kleinen „Kampfsau“ vorbeigemusst hätten, ließen sie Sandro die meiste Zeit in Ruhe. Und ich lebte ein kleines Luxusleben neben ihm, da wann immer er sich leckere Dinge leistete, für mich etwas abfiel. Und dass Weintrauben, Melonen oder auch Eis in allen Varianten für mich im Osten nicht selbstverständlich waren, bedarf eigentlich keiner Erklärung mehr. Selbst wenn ich es mir nicht immer verkneifen konnte ihn auch mal zu ärgern, so haben wir uns doch gut verstanden. Er ist einer von den Menschen, die ich gerne einmal wiedergesehen hätte, doch selbst im Zeitalter des Internet ist es bei seinem weit verbreiteten Nachnachnamen nicht einfach. Es war im Nachhinein der schönste Urlaub meiner Kindheit, selbst wenn manche Jugendlager nahe dran waren. Unbeschwert und ohne irgendwelchen Stress konnte ich die Zeit genießen und viel über Lettland erfahren.

Eine Gedenkstätte des 2. Weltkrieges ist mir als einzige Stelle der schlechten Gefühle in Erinnerung geblieben. Auf dem Gelände hatte damals ein Konzentrationslager existiert und waren viele Menschen gestorben. Dazu wurde eine übergroße Grabstätte erstellt, die für alle Gestorbenen stehen sollte. Der riesige Steinsarg mit seiner Abdeckplatte hätte auch noch aus früherer Zeit stammen können und erinnerte mich ein wenig an die Gruften in den Pyramiden, die ich aus Büchern kannte. Mein Herz begann sehr laut zu pochen. Die ganze Rundführung und die gesammelten Eindrücke aus dieser Gedenkstätte brachten an dieser Stelle mein inneres Fass der Fassungslosigkeit zum Überlaufen und ich konnte mir nicht verkneifen zu weinen. Und da stand ich dann mit meinen pubertierenden knapp 14 Jahren und weinte am Grab der Getöteten. Ein wenig schämte ich mich, weil ich wohl der einzige Junge war, dem so etwas aus unserer Gruppe passierte. Andererseits war es kein „Geflenne“, sondern nur Tränen, die über meine Wangen kullerten. Und so stand ich dazu, dass mich das alles sehr beeindruckt und mitgenommen hatte. Vielleicht verband ich aber auch den eigenen Schmerz durch die Schläge meines Alten damit? Niemand der anderen Jungs hatte es später gewagt, mich deswegen aufzuziehen. Vermutlich hätte ich ihn mir dann auch vorgeknöpft.

Nach wunderschönen Wochen kam ich dann vollbepackt in Bergen am Hauptbahnhof an. Meine Reisetasche, einen Rucksack und drei prall gefüllte Plastiktüten mit Sachen und Souvenirs trug ich aus dem Zug. Und schon der erste Blick aus der Bahnhofshalle drückte mein Stimmungsbarometer wieder tief in den Keller. Während alle anderen freudig von ihren Eltern in Empfang genommen wurden und sich langsam der Bahnhofsvorplatz wieder leerte, wartete ich vergebens. Mein gesamtes Gepäck war wahrscheinlich um die 30 Kilogramm schwer. Die Plastiktüten gaben schon unter dem Gewicht nach und die Griffe längten sich deutlich. Eine blaue Glasschale für meine Mutter, die sternförmige Ausformungen hatte, schleifte mit den Kanten durch die Tüte am Boden. Verzweifelt versuchte ich, gegen immer wieder schwach werdende Arme, die Beladung hochzuhalten und zog dabei meine Schultern krampfhaft nach oben. Doch mit den leichten Auf - und Ab Bewegungen, hörte ich immer wieder das Kratzen des Glases auf den Gehwegplatten auf dem etwa vier Kilometer langen Heimweg und es tat mir in der Seele weh, wollte ich doch zu Hause stolz die Geschenke präsentieren und nicht mit Scherben im Beutel ankommen.

Drei Wochen war ich weg gewesen, hatte die letzten Rubel für die anderen ausgegeben und so nicht einmal mehr die Mark für den Bus nach Hause. Und doch schien ich meiner Familie egal zu sein. Es traf mich tief, dass keiner mich abgeholt hatte. Dabei waren die Anstrengungen und der Schweiß, nun alles auch noch so weit nach Hause zu tragen, schon fast eine Kleinigkeit. Sicher waren die Möglichkeiten der Kommunikation nicht mit den heutigen vergleichbar, doch die anderen Eltern hatten es doch auch irgendwie hinbekommen. Doch am Ende sind auch diese Erinnerungen in der Vierraumwohnung der Ostsiedlung irgendwie hängen geblieben. Für umgerechnet 25 Mark hatte ich mir den Wunsch nach einem Helm erfüllt. Es war ein weinrot lackierter Halbschalenhelm, mit einem Visier für das ganze Gesicht. Nicht sicherer als die Versionen des DDR-Marktes, aber dafür etwas nahezu einzigartiges und damit ein besonderes Stück. Viele meiner Freunde hatten mir später viel Geld dafür geboten und davon hätte ich problemlos einen guten Integralhelm kaufen können, doch ich wollte, dass der Helm die lange Reise nur für mich gemacht hat. Als dann die ersten

Kratzer kamen, dachte ich oft anders darüber, doch ich blieb ihm treu. Er passte einfach auch farblich gut zu meinem weinroten 50er Roller. Nachdem ich dann völlig erschöpft an der Wohnungstür stand, taten alle ganz verwundert, dass ich gerade jetzt zurückgekommen war. Doch das Gefühl, dass es ihnen nicht wirklich wichtig war, konnte daran nichts ändern.

Der Sport ist mir als guter Ausgleich und zur Stressbewältigung erhalten geblieben und so bemühe ich mich auch, weiter konsequent dranzubleiben. Da ist es schön, dass andere Kameraden einen mitreißen und man andererseits auch die Anderen motivieren kann.

Wir begeben uns mitten in die Vorbereitung eines weiteren Besuches unseres afghanischen Bereiches. Doch diesmal, es ist zurzeit noch streng geheim, wird unser höchster Vorgesetzter, der deutsche Verteidigungsminister erscheinen. Der Termin wurde vor einiger Zeit bereits angekündigt und dann wieder abgesagt. Vielleicht um Verwirrung zu stiften. Interessanterweise hat man sich, da nun mehrfach bewährt, auf eine weitere Präsentation der Fahrlehrerausbildung in der afghanischen Logistikschule versteift. Dann soll mit einer kurzen Visite der Neubau begutachtet werden. Doch das angepeilte Zeitfenster von etwas mehr als einer Stunde grenzt die Möglichkeiten ein. Das Ganze hat verständlicherweise höchste Priorität und vom Leiter bis zum Fahrer sind alle in der Mitverantwortung eines guten Gelingens. Dabei werden wieder die einzelnen Ausbildungsgänge und das verantwortliche Personal der Afghanen und auch der Deutschen vorgestellt. Somit steht mir vermutlich ein erster und direkter Kontakt mit dem Verteidigungsminister bevor. Es wird spannend.

Als Kommandeur-Fahrer hatte ich schon des Öfteren mit prominenten Personen der Politik und des Militärs zu tun, doch dies ist schon etwas Besonderes und somit eine weitere Premiere in meinem Leben. Kurzfristig muss ich einen Generator organisieren, um die Stromversorgung während der Präsentation abzusichern. Es ist zwar sehr unwahrscheinlich, dass der afghanische Generator ausgerechnet dann ausfällt, wenn der Besuch da ist, aber sicher ist sicher. Nur als ich bei unserer Instandsetzung das Gerät ausleihen möchte, stellt man mir einen 800 Kilogramm schweren Kasten vor die Füße. Mit der 12 KW-Anlage könnte man locker bis zu drei Haushalte versorgen, wenn nicht alle gleichzeitig kochen, und wir wollen nur einen Laptop und einen Beamer betreiben. Doch es gibt keine Alternativen und so leihe ich mir bei einem Fahrlehrerkameraden des Transportzuges, den geschützten Fünftonner aus und fahre damit den Generator zu den Afghanen. Direkt vor dem Zelt, auf einer kleinen eingemauerten Sandfläche, lasse ich ihn von Samuel mit dem Stapler abstellen. Der Oberleutnant kann mit dem Platz gut leben. Denn von hier müssen die Kabel in das Zelt verlegt und ein Probelauf durchgeführt werden. Doch das reicht auch morgen, da der Termin gerade wieder telefonisch um einen Tag nach hinten verschoben wurde.

Das Zubehör des Generators macht mir etwas Sorge, denn wenn er hier fast drei Tage frei herumsteht, ist genug Zeit, um ihn auszuräumen und Gelegenheit macht ja bekanntlich Diebe. Alles was ich problemlos abnehmen kann, entferne ich und verstaue es in meinem Wolf. Ich hoffe nun einfach, dass hier niemand einen passenden Werkzeugschlüssel hat, um die Staufächer des Generators zu öffnen. Wiederholt bitte ich die afghanischen Offiziere und die Wache gut auf den Generator aufzupassen. Es ist ihnen schwer zu erklären, für was wir diesen Aufwand machen, denn dass so hoher Besuch kommt, darf hier keiner erfahren. Zu groß ist die Verlockung für eine Belohnung, solche Informationen an die Taliban zu verkaufen. Das brächte eine unnötige Gefährdung aller hieran Beteiligten mit sich und ist vermeidbar. Darum greife ich zu einer Notlüge und stelle ungenaue Aussagen und Vermutungen in den Raum. Und dass eventuell das afghanische Fernsehen über die 3. Inspektion berichten soll, scheint glaubwürdig. Da der LKW schnellstens zurückmuss, weil er für die weiteren Umzugstransporte gebraucht wird, stellen wir die weiteren Vorbereitungen auf den nächsten Tag zurück und verlegen wieder in das Camp.

Schon früh am Morgen beginnen die weiteren Maßnahmen. Das Zelt muss hergerichtet und gereinigt werden, der Beamer und Laptop Probelaufen sowie die Leinwand dazu eingestellt werden. Auch die Beleuchtung im Zelt ist denkbar ungeeignet, da die chinesischen Energiesparlampen viel zu hell auf die Leinwand leuchten. Einfach ausschalten geht nicht, da sie mit zwei simplen Kabeln direkt im Lichtschalter, jedoch vor der Schalterfunktion angeklemmt sind. So bleibt nur, auf der alten Bambusleiter in die Spitze des Zeltes zu klettern und die Lampe direkt aus der Fassung zu schrauben. Wieder einmal eine

Situation für den deutschen Arbeitsschutz und selbst die Afghanen versuchen, mich davon abzuhalten dort hochzuklettern, da die Bambusleiter eigentlich viel zu lang und somit in sehr flachen Winkel im Zelt stehen muss. Doch die Vorbereitungen sollen nicht an solchen banalen Dingen scheitern und so klettere ich trotz der Zweifel langsam die Sprossen nach oben, immer wieder prüfend, ob ich Knackgeräusche wahrnehme. Dann strecke ich mich lang der Lampe entgegen, da die oberen Stufen schon fehlen und löse die Lampe in der Fassung, bis sie ausgeht. Alles gut gegangen und auch die Afghanen teilen mir jetzt, wie sie es bei ähnlichen Gelegenheiten gerne tun, ihre Bewunderung mit. Dabei kann ich mir das Grinsen nicht verkneifen, denn natürlich wusste ich, dass sie nicht ganz Unrecht mit ihren Zweifeln hatten.

Mit großer Beteiligung und hohem Eifer hat man draußen begonnen, die Bänke aus dem Unterrichtszelt zu reparieren und die besten Modelle auch aus den anderen Zelten zusammenzutragen. Das hat der Oberleutnant sich zum Projekt gemacht und dirigiert eifrig die afghanischen Soldaten in die verschiedenen Aufgaben. Prüft die Qualität der reparierten Bänke und schimpft auch mal mit unkoordiniert handelnden Soldaten. Sie entwickeln zwischendurch eine Eigendynamik, die gegen den Kontrollzwang eines deutschen Offiziers sprechen und so dauert es auch eine Weile, bis alles so steht, wie er es haben möchte. Da seine Stimmung sichtlich ausgereizt scheint, halte ich mich mit nur wenigen Hinweisen gezielt zurück. Viele Köche verderben den Brei und solange ich ihn nicht mit offensichtlichen Fehlern ins Messer laufen lasse, ist auch alles gut. In wenigen Minuten wird der Oberst hier erscheinen und sich den Fortschritt der Vorbereitungen zeigen lassen. Nicht mein Baby und so habe ich Zeit, den Generator zu verkabeln und einen Probelauf durchzuführen sowie die Stromversorgung zu testen. Er macht ziemlichen Krach, doch im Zelt ist es nicht besonders laut. Letztlich ist es auch nur die Garantie, die Präsentation unter allen Umständen zeigen zu können und dann ist etwas Brummen im Hintergrund immer noch besser als eine weiße Leinwand ohne Präsentation. Schließlich sind wir hier in einer afghanischen Übergangslösung, einer „Zeltstadt" und da gibt es eben nicht immer deutschen Luxus und die bewährte Zuverlässigkeit.

Für die vorangegangenen Besuche haben wir keinen so großen Aufwand betrieben wie für diesen und doch waren bisher alle Besucher rundum vom Gebotenen beeindruckt. Warum sollte es diesmal also anders sein? Der Generator verrichtet seinen Dienst und der Strom fließt. Jetzt ist noch etwas Zeit, im Zelt die feinen Mängel in deutscher Gründlichkeit abzustellen, denn das Equipment kann man hier sowieso nicht unbeaufsichtigt lassen. Und so hänge ich die Schaubilder, welche an den Zeltwänden hängen, gerade und räume hier und da noch etwas auf; richte die Bänke parallel zueinander aus und schiebe die Lüftungsschläuche der Heizungsanlage nach außen, um die Zeltwände rundherum ordentlich schließen zu können; räume auch die Lehrmodelle geordnet in die Regale und auf den Auslagen zurecht. Es sieht nun fast ordentlich hier drinnen aus und in Anbetracht der Möglichkeiten ist es durchaus akzeptabel. Würde der Oberleutnant mir jetzt ein Zeichen aus der Entfernung geben, so könnte ich das Equipment auch wieder abbauen, denn hier bleiben kann es nicht. Doch er steht gemeinsam mit dem Oberst und seinem Stellvertreter auf dem freien Schotterplatz, um ihm konzentriert den Ablauf und seine Pläne zu schildern.

Amin erblickt mich im Zelteingang und kommt mit einem Fahrlehrer zu mir. Es ist einer der unsympathischen Sorte, schaut immer grimmig drein und auch seine Gesten wirken stets sehr unfreundlich. Versucht man die Stimmung etwas aufzulockern und Scherze zu machen, dann muss er sich sichtlich zum Lachen zwingen. Amin übersetzt für ihn und wie sich herausstellt, hat er etwas von einem deutschen Soldaten gefunden, für das er einen Finderlohn haben möchte. Als ich ihn frage, was genau er denn hat, dreht er mir die rechte Handfläche zu und eine ID-Karte ist erkennbar. Ich nehme sie ihm aus der Hand, um nach dem Namen zu sehen und wild beginnt er die Verhandlungen mit mir. Ich beachte ihn aber vorerst nicht und schaue nach unseren Fahrern, die mit dem Leiter und dem Stellvertreter hier hochgefahren sind. Sie stehen an den Fahrzeugen und unterhalten sich. Mit lauten Rufen hole ich mir den Betreffenden herüber. Frage ihn, ob er etwas vermisst, um es etwas spannender zu machen. Nach etwas raten kommt er aber selbst darauf. Er schwört zwar, dass er die ID-Karte im Fahrzeug gelassen hatte, doch beim Ablegen der Ausrüstung wird sie wohl unter das Fahrzeug gefallen sein. Dafür wird er sich schon bei dem Fahrlehrer bedanken müssen, doch um nicht zu übertreiben frage ich ihn, ob er Softdrinks dabeihat. Aus seinem Wolf holt er eine Dose 7 Up und hält sie dem Fahrlehrer entgegen, doch der winkt mit böser Miene ab und dreht sich weg. Das scheint nicht seinen Erwartungen zu entsprechen, doch mit Hinweis auf den niedrigen Dienstgrad versuche ich etwas spaßig auf die begrenzten Mittel des Kameraden zu verweisen. Es macht auch keinen Sinn, jetzt hier mit Geldscheinen zu wedeln oder einen wertvollen Gegenstand wie eine Uhr zu opfern. Das würde zum einen falsche Zeichen setzen und andere möglicherweise sogar noch anspornen, auch etwas zu „finden".

Vor einigen Wochen, als die Kanadier bei uns waren, hatte der Fahrlehrer schon einmal eine ID-Karte gefunden und den Kanadier dazu gebracht, dafür seine teure Uhr herzugeben. Nur mit hartnäckigen Diskussionen konnte ich das unverhältnismäßige „Geschäft" rückgängig machen. Und ehrlicherweise muss ich zugeben, dass ich nun fast schon glaube, er stielt die Karten von der Uniform, um sich damit zu bereichern. Auf jeden Fall werde ich ihn im Auge behalten müssen, denn Amin hat mich schon vor ihm und einen weiteren Soldaten gewarnt. Und da wir bereits Kameraden durch „Innentäter" verloren haben, kann man nie skeptisch genug sein. Den Softdrink nimmt er dann doch widerspenstig an und reicht ihn aber sofort an einen anderen Feldwebel weiter. Mit abwertenden Gesten verschwindet er dann in einem der Zelte. Es so zu handhaben war genau die richtige Entscheidung, denn sollte er sie wirklich gestohlen haben, so hat er nun nichts davon gehabt. Und wenn nicht, dann weiß er nun vielleicht, dass es sich gehört, auch ohne etwas dafür zu verlangen dem Besitzer sein Eigentum zurückzugeben.

Der Morgen hat schon schlecht begonnen, denn nachdem ich aus dem Bett gestiegen war, hatte ich mir den Musikantenknochen am Rahmen angeschlagen und wurde so sehr unsanft und schnell aus dem Halbschlaf geholt. Dann hatte ich mir beim Auftragen der Zahnpasta durch das Zurückfedern der Borsten etwas davon in eines der Augen gespritzt. Es dauerte einen Moment, bevor die einsetzenden Tränen es wieder ausgespült hatten und der brennende Schmerz nachließ. Jeder kennt solche Tage, an denen man anscheinend mit dem falschen Fuß aus dem Bett gestiegen ist, doch ausgerechnet heute geht das gar nicht! Als mir dann auch noch die Toilettenpapierrolle vom losen Halter fiel und fast zum Nachbarn verschwand, mache ich mir schon etwas Sorgen. Wenn sich das über den Tag fortsetzt, dann kann das noch richtig spannend werden.

Wir sind sehr zeitig draußen und sogar unsere sonst meistens unpünktlichen Sprachmittler befinden sich bereits vor Ort. Das muss man den Afghanen lassen, so locker wie sie auch an viele Probleme des Lebens herangehen, wenn sie erkennen, dass es wichtig ist, dann läuft es auch. Zügig beginne ich die Ausrüstung aus dem Auto zu holen und drücke Avabi nach einer kurzen Begrüßung eine Tasche in die Hand. Gemeinsam mit dem Oberleutnant und auch Amin begeben wir uns zum Zelt 3. Hier hatten wir gestern das Wesentliche vorbereitet und bräuchten normalerweise nur noch das Equipment wiederaufbauen und einen erneuten Probelauf durchführen. Doch der Blick in das Zelt bringt den ersten Schock und Aufregung in meinen Oberleutnant. Hätte mich auch gewundert, wenn die Soldaten zugehört hätten und einfach alles so, wie es vorbereitet war, gelassen hätten. Aber wie oft auch in unserer Armee hatte wieder einer eine bessere Idee und hat die Bänke und Tische, die der Oberleutnant fast schon millimetergenau ausgerichtet hatte, umgestellt. Laut schimpfend beginnt er hektisch mit dem Rückbau in den ursprünglichen Plan und ich entziehe mich der negativen Stimmung, indem ich das Wasser für die Besucher aus dem Wolf hole. Wir liegen gut in der Zeit und es ist überhaupt kein Problem, nochmal alles so herzurichten, wie es war, nur ärgerlich ist es schon. Zwischendurch bekommen die afghanischen Offiziere weitere Instruktionen, um die verschiedenen Stationen vorzubereiten. Auf der anderen Seite der Parkflächen fährt bereits der Wasserlaster und spitzt in langsamer Vorbeifahrt die parkenden Fahrzeuge ab. Ebenso der Schotter wird großflächig gewässert, um Staubbildung zu vermeiden. Schon ein seltsamer Anblick in einer Region, in der Wasser ein noch wertvollerer Rohstoff ist als bei uns.

Ich kümmere mich vorerst um das „Briefing Zelt“ und beziehe den „Wassertisch“ sowie den Tisch für den Laptop und Beamer mit einer blauen Papiertischdecke. Das Ganze soll trotz der rudimentären Bedingungen ein gewisses Niveau bekommen und es wirkt. Nur der Blechboden des Zeltes macht keinen guten Eindruck und obwohl hier seit gestern mehrmals gewischt wurde, sind die staubig-schlammigen Abdrücke der Stiefel deutlich zu sehen. Das erinnert mich ein wenig an die Arbeiter in unserem kongolesischen Camp, wo zwischen den Zelten mit Stubenbesen der Sand auf dem Sand weggefegt wurde. Ähnlich paradox scheint der Versuch, dieses Zelt wirklich sauber zu bekommen. Doch auch dem Minister und seinen Generalen in Begleitung wird sicher klar sein, dass die gebotenen Bedingungen dem Bestmöglichen entsprechen. Noch einmal richten wir die Leinwand aus und stellen den Beamer in Schärfe und Entfernung ein. Avabi bekommt den Auftrag, das Zelt ab sofort nicht mehr aus den Augen zu lassen, um keinen in Versuchung zu bringen, hier vor der Präsentation wieder etwas „abzubauen". Nachdem ich den Tisch mit Wasserflaschen gefüllt habe und jeweils an die Enden der Holzbänke Flaschen postiert habe, nehme ich mir Zeit, die Umgebung des Zeltes genauer zu prüfen. Selbst dem Einfältigsten dürfte bei dem Aufwand nicht das Besondere an dem heutigen Tage entgangen sein. Und bedenkt man den geringen Verdienst des einfachen Soldaten in der ANA (Afghanischen National Army), so darf man die Verlockung, doch der anderen Seite gegen eine Entlohnung einen „Gefallen" zu tun, nicht ignorieren. Da mir auch Amin schon bedenkliche Soldaten aufgezeigt hatte, kann man eben nicht vorsichtig genug sein. Interessiert beobachtet mich Avabi dabei, wie ich im Zelt beginne die Schränke und Ablagen nach versteckten Ladungen (Sprengsätze) zu durchsuchen. Geduldig erkläre ich ihm in meinem mäßigen Englisch, welche Bedeutung dies hat und zustimmend hängt er sich an meine Seite. Vielleicht in der Hoffnung, noch etwas lernen zu können, denn alltäglich ist dieses Verhalten von uns Mentoren hier sicher nicht.

Wenn es um meine eigene Sicherheit geht, bin ich alles andere als ängstlich. Zu lange bin ich nun schon in diesem Land tätig, um mich an so etwas aufzureiben. Dass es nicht immer gut ist, weil man teilweise einer gewissen Nachlässigkeit unterlegen ist, scheint klar. Es ist ein schwieriger Spagat, welcher sich zwischen unnötiger Belastung und gebotener Vorsicht bewegt. Mit jedem neuen Kameraden hier im Einsatz kann man die für mich gravierenden Unterschiede stets deutlicher sehen. Schon der optische Eindruck, stellt man einen neuen und alten nebeneinander, spricht Bände. Während ich mich auch der Beweglichkeit zuliebe auf das Anlegen meiner Schutzweste und meiner Pistole beschränke, ist ein Neuling in der Regel voll bepackt. Zieht seine IDZ-Weste noch über die Schutzweste und quält sich dann in sein Fahrzeug. Anschnallen ist dann schon beinahe unmöglich und wird mit der Situation gerechtfertigt. Dabei sind die Folgen eines Unfalles gerade hier in Kabul, aber auch im Gelände, nicht zu unterschätzen. Ich habe diese Weste mit der Ausrüstung auch und sie liegt griffbereit in meinem Fahrzeug. Ich unterstelle dabei einfach, dass im entscheidenden Fall die wenigen Sekunden zum Erreichen dieser Ausrüstung auch noch vorhanden sind. Schließlich sitze ich in einem geschützten Fahrzeug. Sollte jedoch jemand mit der Panzerfaust das Fahrzeug zerstören, dann nützt mir der zusätzliche Schutz an der Weste nur wenig. Im Gegenteil wird eine Bergung durch äußere Kräfte deutlich erschwert, weil man mich dadurch auch schwerer aus dem Auto herausholen kann. Aber diskutiert man solche Themen im Kameradenkreis, so kommt man selten auf eine einheitliche Meinung.

Auch draußen schaue ich sorgfältig in die Luftschläuche der Heizgeräte, hebe Unrat beiseite und beobachte das nähere Umfeld. Je weiter ein versteckter Sprengsatz versteckt ist, desto höher eben auch die Überlebenschancen. Keine Auffälligkeiten.

Der Oberst der afghanischen Logistikschule ist eingetroffen und inspiziert mit seinem Gefolge das Gelände der Inspektion. Wie erwartet hat auch er noch die ein oder andere Veränderung im Kopf. Schließlich regt er sich etwas über eine Pfütze auf dem Platz auf, die durch das Bewässern entstanden ist. Hektisch rennen Soldaten über den Platz, um mit Spaten, die dafür eigentlich völlig ungeeignet sind, die Pfütze zu leeren. Mit schnellen Bewegungen versuchen sie etwas Wasser auf die Spatenfläche zu bekommen, um es dann im großen Bogen und mit viel Schwung auf dem Platz zu verteilen. Zufrieden schaut der Oberst sich das Schauspiel an und geht dann, die Hände auf dem Rücken zusammengelegt, weiter durch den Bereich. Als er an mir und Avabi vorbeikommt, Grüße ich freundlich mit einem „Salam Maleikum" und dem militärischen Gruß. Kein Muss, aber eine höfliche und respektvolle Geste. Freundlich nickend geht er an uns vorbei und setzt sich an den Tisch der Feuerwache. Auch unser Oberst und sein Stellvertreter sind nun angekommen und nehmen sich die Zeit, mit der afghanischen Abordnung zu reden. Dann führt der Oberleutnant sie ins Zelt, um ihnen den aktuellen Stand der Vorbereitungen zu erklären. Dem Oberst fallen die Wasserflaschen an den Enden der Holzbänke auf und er ändert kurzerhand und gegen die Einwände des

Oberleutnants die Aufstellung. Ich hatte mir schon etwas dabei gedacht, warum sie an das Ende der Bänke sollten, denn nun stehen sie direkt unter den Sitzplätzen der Besucher und damit im Bewegungsbereich der Füße. Worin sollte das Problem bestehen, auf Bedarf eine Flasche durchzureichen? So riskiert man nur, dass während der Präsentation die Flaschen durch den Raum kullern. Aber von mir aus, soll er seinen Willen haben.

Damit ich mich gar nicht erst über solche kleinen Unstimmigkeiten aufregen muss, gehe ich mit Avabi raus zu den Fahrlehrern, um ihnen beim Vorbereiten der Stationen zu helfen. Fast alle Fahrzeuge, die vorgeführt werden sollen, laufen bereits – trotz chronischem Kraftstoffmangel eine Stunde im Voraus. Darum gehe ich zu Hashib hinüber und weise ihn darauf hin, dass wir noch genug Zeit haben und die Motoren abgestellt werden können. Verständnisvoll gibt er dazu die entsprechenden Weisungen. Nur der große Stapler läuft weiter, weil er nur mit Starthilfe wieder anspringt und man auf Nummer sicher gehen möchte. Wenigstens kann ich sie auch dort davon überzeugen, dann wenigstens das Umherfahren zu unterlassen und stattdessen den Motor nur im Standgas laufen zu lassen. In einer anderen Ecke sind sie dabei, mit einem kurzen Stück eines Gartenschlauches den Kraftstoff aus einem LKW abzusaugen und in Kanister zu befüllen. Der Stapler scheint sonst bald ein Problem zu haben. Selten habe ich hier in so vielen Ecken so viel Bewegung gesehen – was meine Überzeugung bestärkt, dass die Afghanen mehr können als sie oft selbst wollen.

Die Kunst besteht darin, sie von der Wichtigkeit und der Notwendigkeit des Handelns zu überzeugen. Doch das ist oft sehr schwer, weil sie dabei nicht selten ihren ganz persönlichen Nutzen hinterfragen. Die Vorbereitungen sind nahezu abgeschlossen. Über Funk, den der Fahrer des Oberst schon den ganzen Morgen aufmerksam mithört, wird die Delegation angekündigt. In wenigen Minuten werden sie am Haupttor eintreffen. Mein Oberleutnant drückt mir einen Zettel in die Hand, auf dem die Parkordnung aufgezeichnet ist und bittet mich, die Koordination der auffahrenden Fahrzeuge zu übernehmen. So gehe ich, nur bestätigend nickend, an das Ende unseres Ausbildungsplatzes, um am Anfang der Parkposition die Einweisung durchführen zu können. Obwohl ich mich auch weiter mit Avabi unterhalte, blicke ich in regelmäßigen Abständen zum Haupttor, dass nur wenige Meter von mir entfernt liegt. Dann kann ich die ersten der über 20 Fahrzeuge sehen und melde es mit lautem Rufen und Handzeichen zum Oberleutnant weiter.

Eine Armada von silbernen und sandfarbenen Fahrzeugen fährt langsam und geordnet hintereinander in unseren Bereich ein. Vorweg das Fahrzeug unseres Spießes, der den Konvoi führen soll. Doch der Abstand vom Haupttor bis zum Briefing-Zelt ist viel zu kurz für alle Fahrzeuge und da sie nicht wie geplant weiter zu mir in die Parkreihen vorfahren, beginnt sich ein „Fahrzeugknäul“ vor unserem Oberst und Rabur zu bilden. Dennoch bleibe ich auf meiner Position und warte geduldig auf weitere Anweisungen. Eine große Menschentraube hat sich mittlerweile vor dem Zelt gebildet, doch unseren Minister ist noch nicht zu sehen. Damit entfällt wohl die persönliche Vorstellung beim Minister, was ich als äußerst schade empfinde. Denn geplant war, dass der Oberst zu Beginn die deutschen und afghanischen Teile dieser Inspektion dem Minister vorstellt. Da ich aber gerade zum Parkplatzeinweiser degradiert wurde, fällt das nun aus. Langsam setzen sich die ersten Wölfe wieder in Bewegung und wie es scheint, wurden sie angewiesen zu mir vorzufahren. Mit Handzeichen gebe ich ihnen die Aufstellung in Zweierreihen zu verstehen und bin positiv über die gehorsame und aktive Unterstützung hierbei überrascht. Nach und nach laufe ich zwischen den Fahrzeugen nach hinten und gebe jedem einzelnen Fahrer die nötigen Infos, um platzsparend zu parken. Wie vorher geübt, steht das letzte Fahrzeug am Zelt eins und somit nicht im Weg oder im Ausbildungsbereich. Avabi ist mir anscheinend nicht gefolgt, dennoch gehe ich zum afghanischen Hörsaalleiter des Motorradlehrganges und begrüße ihn noch einmal. Mit meinen wenigen Worten versuche ich ihn auf Dari nach dem aktuellen Stand zu fragen und er bestätigt nickend, dass es keinerlei Probleme gibt. Jetzt wird es etwa eine halbe Stunde dauern, bis der Minister aus dem Zelt kommt und sich die praktische Ausbildung anschaut. So lange werde ich schon aktiv die Stationen abwechselnd betreuen. Alle sind bereits eifrig in Aktion und die ersten Fotografen scheinen interessiert.

Ein Kamerateam läuft noch etwas unkoordiniert über den Platz und versucht spannende Bilder einzufangen. Jetzt bin ich in direkter Nähe zu den afghanischen Soldaten, der einzige Deutsche und die Bodyguards des Ministers haben sich in Zelt Nähe postiert. Schon steht das

Kamerateam hinter mir und gibt mir Handlungsanweisungen. Es ist kein Interview und so brauche ich lediglich gewisse Haltungen und Gesten, die ihnen anscheinend gefallen, zu wiederholen. Dabei versuche ich die Kamera so gut es geht zu ignorieren, um nicht direkt hineinzuschauen. Nur die Afghanen geben sich ihrem natürlichen Orientierungsreiz geschlagen und fixieren das Objektiv mit grinsender Miene. Immer wieder versucht der Reporter die Afghanen davon abzubringen, doch erst als ich ihnen auf Dari sage, dass sie dort nicht hinschauen sollen, geben sie sich etwas mehr Mühe. Dann fällt mir mein dickster Fahrlehrer auf, der ohne Warnweste den Wrecker (Kran) dirigiert. Dabei hatte ich auch darauf wiederholt hingewiesen. Mit schnellen Schritten gehe ich ohne weitere Beachtung der Reporter zu ihm herüber und beginne mit ihm eine kleine Diskussion.

Nun steht auch Avabi wieder an meiner Seite, der wohl vorher aus der Entfernung mit meiner Kamera schon einige Fotos gemacht hat. Der Fahrlehrer möchte die Weste nicht anziehen, weil er befürchtet, darin ein schlechtes Bild abzugeben. Denn da er die Weste wohl nicht zu bekäme, sähe das nicht gut aus. Dennoch, gerade wenn so etwas auch noch aufgezeichnet und womöglich im deutschen Fernsehen gesendet wird, kann ich das nicht durchgehen lassen. Freundlich versuche ich ihn vom Gegenteil zu überzeugen und dass er auch positiv mit der Weste auffallen könne. Etwas widerspenstig, aber freundlich wie immer, lässt er sich von mir die Weste anziehen. Mit lauten Rufen kommt der Reporter angesprungen und schreit mir entgegen: „Warten Sie Hauptfeld, ziehen sie ihm die Weste noch einmal aus und wieder an! Das ist genau das, was wir hier brauchen!“ Mir ist schnell klar was er meint, denn die Szene „Ein Deutscher hilft einem Afghanen bei der Ausbildung“ hat natürlich Symbolcharakter. Und so wiederholen wir den Ablauf und etwas langsamer helfe ich ihm in die Weste, um sie dann vorne am Bauch mit etwas Kraft zusammenzuziehen und den Klettverschluss sauber zu verschließen. Jetzt sitzt sie auch recht ansehnlich, wenn auch sehr stramm. Der Reporter scheint begeistert und bleibt direkt an meiner Seite. Dieses Foto wird später im deutschen Pressearchiv gespeichert und wohl der eigentliche Auslöser für die Veröffentlichung dieses Tagebuches. Das Foto zeigt zwar mich mit dem afghanischen Soldaten, der dazu gelieferte Beitrag handelt aber, obwohl das Thema gepasst hätte, von einem anderen ehemaligen Kameraden. Damit konfrontiere ich den Herausgeber später.

Samuel ist als Verantwortlicher dieser Station an meine Seite gekommen. Vielleicht, weil er von den Reportern angezogen wird oder weil, und das macht er auch sonst recht häufig, er einfach den Kontakt zu mir sucht. Wir lachen viel zusammen und wenn ich ihn brauche ist er auch stets sofort für mich da. Zwar habe ich mir vermutlich auch diese Gefälligkeit im Laufe der Zeit, in der wir uns schon kennen, etwas erkauft, doch so funktioniert das System und die Kultur in diesem Land nun mal. Diese Nabelschnur wird man auch nur mit viel Zeit und Geduld abschneiden können. Dabei sind es oft nur Kleinigkeiten, die mich wenig Umstände kosten. So habe ich ihm ab und zu etwas Shampoo oder mal Pflaster für seine Kinder mitgebracht. Dabei achte ich sehr genau darauf, dass ich keine persönlichen finanziellen Mittel einbringe und mir die Dinge dann bezahlen lasse. Nicht aus Geiz wie viele vielleicht denken würden, sondern weil sonst ein Fass ohne Boden entstehen würde und auch eine gewisse Hemmschwelle überschritten wäre.

Wieder weist der Fotograf mich zu bestimmten Posen an, um die Ausbildung, die Fahrzeuge und mich in ein gekonntes Bild zu setzen. Vielleicht liegt es an meiner unterbewussten Reaktion oder weil es ihm langsam selbst etwas unangenehm wird, denn er entschuldigt sich mehrmals für die Umstände. Dabei stört es mich nicht wirklich. Doch er zeigt mir die geschossenen Bilder auf dem Display seiner Kamera und weist noch einmal ausdrücklich auf die Sinnhaftigkeit und den Hintergrund für seine Vorgaben hin. Ein wenig fühle ich mich jedoch schon wie bei einem „Fotoshooting“. An jeder Station finden sich so einige Gelegenheiten, um gute Bilder zu machen. Hier draußen scheine ich der „Star“ zu sein, nur den Minister gab es noch nicht zu sehen.

Schließlich kommt Bewegung in das Zelt 3 und durch den offenen Vorhang im Eingangsbereich kann ich in dem deutlich dunkleren Zelt die Ersten aufstehen sehen. Dann bewegt sich die Menschentraube nach außen und auch den Minister kann ich zum ersten Mal klar erkennen. Er wirkt etwas älter und verbrauchter als im Fernsehen, doch das mag an der fehlenden „Schminke“ liegen. Von der Körpergröße her scheint er in meinem Bereich zu liegen. Neben unserem Oberst, der ihn fast zwei Köpfe überragt, kann es auch verfälscht wirken. Amin sticht in seiner afghanischen Tracht sofort aus dem Bild heraus und ist fleißig dabei, für unseren Oberst und meinen Oberleutnant zu übersetzen. Als er erfuhr, dass er vielleicht auch in das Fernsehen kommt, wollte er nicht mehr dabei sein. Er hatte mehrmals gefragt, ob wir das irgendwie verhindern könnten, ihn zu zeigen. Anscheinend ist es wirklich nicht ganz ungefährlich für ihn, wenn die falschen Leute von seiner Tätigkeit für die NATO erfahren.

Wie sich hier erst viele Jahre später herausstellt, werden ihm genau solche Bilder zum Verhängnis, denn er wird wiedererkannt und wird versuchen, mit meiner Hilfe nach Deutschland zu kommen um Asyl zu erhalten.

Doch in all dem Vorbereitungsstress ist es dann später auch wieder schnell untergegangen. Nun ist er mittendrin und auch der Oberleutnant scheint hierbei sehr gefragt. Aus der Entfernung versuche ich nur hin und wieder hinüber zu schauen, denn schließlich soll ich hier die Stationen betreuen und habe keine Zeit, mich ständig ablenken zu lassen. Die Delegation bleibt auf Distanz zu den Stationen und sieht sich das Programm geduldig an. So komme ich zwar auf etwa zehn Meter an den Minister heran, doch ist es zu weit weg für ein persönliches Kennenlernen.

Keine Ahnung, warum mir das im Moment so wichtig ist. Vielleicht weil die Gelegenheit einmaligen Charakter hat oder weil es grundsätzlich etwas Besonderes ist, Personen des öffentlichen Lebens einmal persönlich kennenzulernen. Dabei hatte ich tatsächlich schon die ein oder andere berühmte Persönlichkeit getroffen. Die bekannteste davon war sicherlich Erich Honecker, das damalige Oberhaupt der DDR. Ihn hatte ich auf dem Pfingsttreffen zum 40-jährigen Bestehen der DDR im Vorbeimarsch an der Haupttretbühne gesehen. Unfassbar sind damals die Begeisterung und Lautstärke der Menschenmenge gewesen. Sogar das eigene Mitjubeln und Schreien konnte ich nicht mehr unterscheiden oder heraushören. So etwas hatte ich zuvor noch nie erlebt. Und dass, obwohl die Stimmung des Volkes zu diesem Zeitpunkt schon mehr als schlecht war. Nur ein halbes Jahr später war es dann mit der 40-jährigen Geschichte der DDR vorbei. Ängstlich und verunsichert saß ich damals bei meinem Schulfreund André zu Hause vor dem Fernseher, als die Demonstrationen in Leipzig übertragen wurden. Sein Vater war Oberst der NVA und ich möchte gar nicht wissen, wie er sich damals gefühlt hatte. Wir realisierten damals auch keineswegs die Tragweite dieser Vorgänge, doch im Nachhinein und ohne die mögliche andere Zukunft in der DDR voraussehen zu können, bin ich mir heute sicher, dass es gut so war. Nicht weil ich glaube, dass wir es wirklich schlechter gehabt hätten, dafür war ich wohl noch zu jung, aber die Möglichkeiten, die jedem Einzelnen heute offenstehen, sind doch deutlich umfangreicher, als sie es damals gewesen wären.

Auch bei den dann folgenden Montagsdemos, die ab dann regelmäßig stattfanden, wurden mein großer Bruder und ich durch meinen Vater eingebunden. Dazu gingen wir in die *Bergener Kirche*, um uns die Reden der verschiedenen „Redner“ anzuhören. Doch niemand konnte einem wirklich verständlich machen, was uns nun erwartete und was all diese Aktionen für eine Bedeutung hatten. Mein Vater sah es als die lang ersehnte Erlösung und nutzte dann auch noch Ende 1989 die Möglichkeit, über Ungarn in den Westen zu gehen. Damit war mein erster Prominenter, Erich Honecker, dann noch prominenter in der ganzen Welt geworden und ich hatte ihn einmal live gesehen. Obwohl ich als Kommandeur-Fahrer einige bekannte Personen des öffentlichen Lebens gesehen hatte, bin ich doch vorerst keinem mehr so nahegekommen.

Jedoch bin ich mit einem, der erst später bekannter wurde, in persönlichen Kontakt gekommen; Der ehemalige Astronaut und heutige General Thomas Reiter, welcher damals als Oberstleutnant zu uns nach Goch kam, um einen Vortrag über seine Zeit im Weltall zu halten, ist mir sehr gut in Erinnerung geblieben. Mein Auftrag als Fahrer lautete damals, dass ich den Oberstleutnant und seinen begleitenden Offizier, vom englischen Militärflugplatz am Niederrhein abholen und in die Kaserne nach Goch bringen sollte. Er kam damals geradewegs aus Russland über Polen mit einem Tornado der Bundeswehr geflogen. Durch seine Tätigkeit als Astronaut bekam er als vierter Deutscher in die Gelegenheit, für sechs Monate auf der *Raumstation MIR* (russisch Frieden) zu verbringen. In einem Vortrag voller atemberaubender Bilder und in einer methodisch-didaktischen Perfektion, hatte er das Publikum aus Soldaten, Ehemaligen und Gästen mitgerissen. Mich hatte er durch seinen Vortrag ebenso und besonders durch seine sehr sympathische Ausstrahlung beeindruckt. Als damalige Vertrauensperson der Mannschaftsdienstgrade ergriff ich die Gelegenheit und bestellte meine „Wählergruppe“ am nächsten Morgen zum Fototermin. Dazu hatten sich alle die „gute“ Uniform angezogen und vor dem Haupteingang des Stabsgebäudes in ordentlicher Aufstellung versammelt. Ich sollte den Oberstleutnant nun morgens wieder an seiner Unterkunft abholen und mit dem Kommandeurswagen zum Flugplatz zurückbringen. Erst nachdem er im Fahrzeug Platz genommen hatte, fragte ich vorsichtig nach, ob etwas gegen ein gemeinsames Foto spräche. Verwundert verwies er auf seinen engen Zeitplan und zeigte sich erst recht sehr erstaunt, als wir wenige Meter später vor dem Stabsgebäude anhielten und eine ansehnliche Formation angetreten war. Mit einem bestätigenden Lächeln stieg er aus und sein Offizier knipste das Foto, welches noch heute einen Ehrenplatz in meinem Militäralbum hat. Es dauerte nur wenige Minuten und dann ging es auch schon weiter zum Flugplatz. Nach einer deutlich strengeren Sicherheitskontrolle als ich sie von unserem Wachdienst kannte, durften wir zum Abstellplatz des Tornados vorfahren. Ich half noch beim Ausladen des Gepäcks und setzte mich nach einer kurzen Verabschiedung wieder hinter das Steuer. Ich hatte den Gang bereits eingelegt und war im Begriff loszurollen, als ich sah, wie der Oberstleutnant sich umdrehte und wieder auf mein Wagen zulief. In der Annahme er habe etwas vergessen, öffnete ich von meiner Seite die Beifahrertür, um ihn besser zu verstehen und zu signalisieren, ihn bemerkt zu haben. Dann beugte er sich in das Fahrzeug und fragte: „Hauptgefreiter, haben Sie eigentlich schon einmal in einem echten Tornado gesessen?“ Nach kurzem Überlegen gab ich zur Antwort: „Nur einmal auf einer Messe im Simulator, doch noch nie in einem Echten.“ Meinem Strahlen konnte er die Begeisterung für das nun Kommende entnehmen und so winkte er mich mit einer Handbewegung aus dem Fahrzeug. Fast hektisch schaltete ich den Motor ab und sprang von meinem Fahrersitz, die Tür mit Schwung hinter mir schließend. Dann eilte ich ihm schnellen Schrittes nach. Während eine Crew mit dem Vorbereiten der Maschine beschäftigt war und sein Offizier irgendwelchen Papierkram erledigte, fragte er mich nach losen Gegenständen, bevor er mich auf die mobile Treppe zum Cockpit schickte. Vorsichtig kletterte ich auf den vorderen Platz und ließ mich in den Pilotensitz sinken. Eine Vielzahl von Anzeigen, Schaltern und Instrumenten überfluteten mich. Doch geduldig und wie bei einer Einweisung erklärte mir der Oberstleutnant die wichtigsten Dinge. Selbst wenn ich mit diesen Erklärungen und Informationen nicht direkt etwas anfangen konnte, beeindruckte mich die Geste doch sehr. Wie und warum kam ein Oberstleutnant, der sicher genug andere und wichtigere Dinge im Kopf gehabt haben muss, dazu, sich für so etwas Zeit zu nehmen? Für ihn war ich sicher keine wichtige Person und doch tat er etwas Besonderes für mich. Vielleicht hatte er einfach schon früh verstanden, wie wichtig manchmal die Kleinigkeiten und Gesten sind, denen viele aus Egoismus kaum Bedeutung beimessen. Doch hätte ich danach mit diesem Offizier in den Krieg ziehen müssen, so hätte er sich meiner absoluten Loyalität gewiss sein können. Er hatte mich menschlich und als Vorgesetzter einfach mitgenommen. Und das, ohne für sich einen direkten Nutzen daraus zu ziehen. Heute ist es schön zu wissen, dass genau solche Führer dieser Armee es in die Spitzendienstgrade schaffen und hoffentlich ihre Einstellungen und Sichtweisen auf ihre Art und unter den gegebenen Möglichkeiten auf den unterstellten Bereich multiplizieren. Später habe ich ihn noch oft im Nachtfernsehen mit der Weltraumsendung „Space“ gesehen und war jedes Mal wieder begeistert, diesen sympathischen Mitmenschen einmal persönlich kennengelernt zu haben. Leider habe ich ihn seither nicht wiedergetroffen.

Das Interesse der Delegation scheint gestillt und so bewegt sich die Menge pfeilartig zu den Fahrzeugschlangen, ihre Reise fortzusetzen. Auch den Afghanen ist das Ende dieser Vorführung nicht entgangen und so stellen sie fast auf Kommando ihre Aktivitäten an den Stationen ein. Zufrieden blickt mein Oberleutnant zu mir herüber und bestätigt mir offiziell das Ende der Veranstaltung. Als wir dann auf der Rückfahrt zum Camp das erste Mal in Ruhe und ohne weitere Zuhörer den Vormittag auswerten, bestätigt er mir, dass auch der Oberst rundum zufrieden ist. Zwar bleibt bei mir ein kleiner Beigeschmack, weil ich trotz der vielen Aufnahmen und Fotos in den Hintergrund gerückt bin, doch dabei geht es wohl nur um die Enttäuschung, den Minister nicht persönlich kennengelernt zu haben. Dennoch bleibt es eine rundum gelungene Angelegenheit und unsere Erfahrung der vorangegangenen Besuche hat sich ausgezahlt. Selbst 2010/2011 hatten wir nicht so viel und auch nicht so prominente Aufmerksamkeit genossen.

Beim Mittagessen spricht mich mein Oberleutnant auf ein abendliches Grillen in der FOB (Force Operation Base), unserem Betreuungsbereich an. Davon höre ich zum ersten Mal und es klingt ein wenig wie eine elitäre Veranstaltung, nur für einen begrenzten Personenkreis. Noch weiß ich nicht genau, ob er mir einfach nur etwas Gutes tun möchte und ob es wirklich in Ordnung geht, wenn ich teilnehme. Doch nach mehrmaligem Nachfragen besteht er auf meiner Teilnahme. Einer unserer Majore hatte schon in der Mittagspause einen bayrischen Kartoffelsalat angerichtet und deutsche Bratwürste aus Masar besorgt. Die Anzahl der Teilnehmer beschränkt sich nun auf wenige unserer Einheit. Da auch ich bis vor wenigen Stunden nichts von der Veranstaltung wusste, ist davon auszugehen, dass ein Großteil der anderen Kameraden es auch nicht wissen kann. Gereicht hätten die Vorräte sicher für alle. Gleich zu Beginn kümmere ich mich um etwas Musik und schon bald versammeln sich alle in der Nähe des Grills, wo auch der Tisch mit dem Kartoffelsalat und dem von uns besorgten Fladenbrot steht. Es zieht sich recht lange hin, bis die Grillkohle reif für die Würstchen ist und so bilden sich kleine Grüppchen zu Gesprächen.

Mir fehlt irgendwie eine persönliche Würdigung der Leistung des Tages durch den Oberst. Wenngleich der Oberleutnant mir mehr als einmal die Zufriedenheit der Führung bestätigt hat, so fehlt mir dennoch das i-Tüpfelchen. Wir sind eine Zweimann-Inspektion und der Oberleutnant hatte von allen Seiten viel persönliches Lob erhalten. Doch für mich kamen von keinem der Vorgesetzten, außer meinem Oberleutnant, lobende Worte. Dabei geht es mir nicht so sehr um die eigentliche Show, obwohl dort einiges hätte schiefgehen können. Nein, die gesamte Vorbereitung und auch die kommende Nachbereitung hatte in der Praxis mein Oberleutnant ja nicht alleine durchgeführt. Letztlich trug er zwar die Verantwortung für das Gelingen, aber die Arbeitsleistung war mindestens durch uns zwei geteilt. Dabei würden mir zwei bis maximal drei Worte reichen: „Gut gemacht Hauptfeld!“ oder so ähnlich. Umso mehr ich darüber nachdenke, desto mehr verbohre ich mich in diese eigentliche Kleinigkeit. Dann ergibt sich während des Essens doch eine Gelegenheit, mit dem Oberst ein wenig über den Tag zu reden. Ehrlicherweise zeige ich mich sichtlich von dem Medieninteresse an meiner Arbeit gerührt. Auf ein fehlendes Lob gehe ich jedoch nicht ein, da ich nicht provozieren möchte, dass er es aus Höflichkeit sagt. Es geht auf 20 Uhr zu und dem Oberst, Theo, der in die Gesprächsrunde hineingekommen war, und mir gehen die Themen aus. Daher wünscht der Oberst uns noch einen schönen Restabend und wendet sich beim Fortgehen mit kurzen Worten dem Oberleutnant zu: „Herr Oberleutnant, danke nochmal für alles!", kommt da über seine Lippen und jetzt fühle ich mich wirklich gekränkt. Wie ein Nachtritt auf einen Wehrlosen am Boden fühlt es sich an. Da hatten wir jetzt fast eine Stunde gesprochen doch die magischen Worte für mich sind nicht gefallen. Und dann bekommt der, dem er auch noch aus Dankbarkeit einen Coin vom Minister geschenkt hat, noch einmal Lob, als „Gute-Nacht-Gruß". Spätestens jetzt verstehe ich die Zusammenhänge nicht mehr und bekomme ein ausgeprägtes Gefühl der Wertlosigkeit.

Wirklich viele Jahre habe ich in der Lehre und noch danach gebraucht, um das durch meinen Vater zerstörte Selbstwertgefühl wieder aufzubauen. Und genau in diesem Moment wird mir klar, dass die alte Narbe wieder ein wenig aufgebrochen ist. Über 20 Jahre danach ist es möglich, mit dem Druck auf den richtigen Knopf die alten Wunden schmerzen zu lassen. Ohne Worte gehe ich nach nur wenigen nachdenklichen Minuten auch von der Veranstaltung auf meine Stube, um mich auf die Nacht vorzubereiten. Dabei lässt mich der nicht endende Versuch, mich selbst noch einmal klar zu reflektieren, gedanklich nicht mehr los. Hatte ich etwas falsch gemacht? Ist es einem klugen Mann wie dem Oberst vielleicht einfach nur nicht bewusst gewesen? Oder hatte er im Glauben der Weitergabe seines Lobes an den Oberleutnant das Thema abgeschlossen? Es ist die unruhigste Nacht bisher in diesem Einsatz. Immer wieder stehe ich auf und wechsele mich zwischen etwas Essen und Fernsehen gegen die Schlaflosigkeit ab. Nur wenige Minuten am Stück schlafe ich zeitweise vor Erschöpfung dann ein, um mich wenig später wieder von meinen mittlerweile unkontrolliert kreisenden Gedanken wecken zu lassen. Doch so oft und von so vielen Seiten ich auch mein Ärgernis betrachte, die Lösung bleibt für mich die gleiche. Der Oberst hätte sich einfach bei einer so kleinen Inspektion wie unserer, die Zeit und die Mühe machen sollen, dem ganzen Team und nicht nur dem Oberleutnant, gebündelt die Anerkennung zukommen zu lassen.

Total übermüdet und schlecht gelaunt beginne ich den neuen Morgen. Heute möchte ich mit Kalle den Generator abholen und bei der Gelegenheit gleich die ganzen Heizgeräte, welche eine Leihgabe der Deutschen sind, mitnehmen. Wir sitzen mit Ruhe bei den Amerikanern zum Frühstücken und da es mich noch immer beschäftigt, möchte ich von Kalle eine zweite Meinung dazu einholen. Zwar sieht er es im Grundsatz genauso wie ich, doch meint er schon, dass ich mich daran etwas festgebissen habe und die Situation überbewerte. Das mag tatsächlich sein, dennoch wäre mit einer Kleinigkeit für mich dieser unnötige Gedankenstress vermeidbar gewesen. Wenigstens läuft bei der Abholung des Materials alles planmäßig. Sogar dafür lobt mich der Oberleutnant, obwohl ich mir nun nicht sicher bin, ob es mehr ein etwas schlechtes Gewissen als ehrliche Anerkennung ist. Da nur wenige Tage zuvor unser Minister für einen Ausspruch zum Thema Anerkennung der Leistung unserer Soldaten in der Presse gerügt wurde, passte das hier schon fast wie die Faust aufs Auge.

Am Abend, beim routinemäßigen Treffen in der FOB, bedankt sich der Oberst noch einmal bei allen, die zum Gelingen der Veranstaltung beigetragen haben. Es fühlt sich noch einmal wie der Finger in der Wunde an, denn für wen sollte es gelten? Im Wesentlichen gab es hier vier bis fünf eingeteilte Kameraden, die für jeweils einen Abschnitt verantwortlich waren. Davon war ich neben dem Spieß der einzige Feldwebeldienstgrad. Der Beitrag vom Spieß hat sich mehr oder weniger auf das Bereitstellen einer Box mit gekühltem Wasser und etwas Dekomaterial beschränkt. Den Offizieren in seinem Umfeld hatte der Oberst sicher – wie auch meinem Oberleutnant – schon direkt im Anschluss an die Veranstaltung seine Anerkennung ausgesprochen. Also bleibe nur noch ich übrig, doch auch hier bleibt das Lob unpersönlich. Um nicht in eine negative Gedankenspirale zu geraten, versuche ich in diesem Moment, das Thema für mich abzuschließen. Falls sich die Gelegenheit ergibt, werde ich es noch einmal offen und direkt beim Oberst oder meinem Oberleutnant ansprechen, doch es scheint sehr unwahrscheinlich.

In all dem Trubel um den Ministerbesuch ist die Ankunft des Nachfolgers vom Oberleutnant untergegangen. Seit zwei Tagen ist er im

Camp und hat bereits die administrativen Dinge abgeschlossen. So hätte er theoretisch auch beim Besuch mit draußen sein können, doch wollten wir nicht noch mehr Personen ohne direkten Auftrag vor Ort haben. Und da er ohnehin noch nicht aktiv darin eingebunden gewesen wäre, war das eine ganz gute Entscheidung. Doch nun sitzt er ungeduldig im Camp, denn vor Samstag ergibt sich nun keine Möglichkeit mehr, zu den Afghanen zu fahren. Daher beginnt der Oberleutnant an diesem Freitagnachmittag im Büro mit der Einweisung und Übergabe. Da er schon einmal für sechs Monate im Jahr 2010 hier war, kenne ich ihn ein wenig und er kennt auch schon grundsätzliche Abläufe. Er ist ein ganz netter Kerl und daher mache ich mir wenig Sorgen, dass wir die nächsten neun Monate nicht gut miteinander auskommen würden, zudem ist er ebenfalls von der Luftwaffe. Ob sich dieser Eindruck dann in der täglichen und direkten Zusammenarbeit bestätigt, bleibt abzuwarten. Jedenfalls beginne ich dem Einsatzende vom Oberleutnant mit etwas Wehmut entgegenzusehen. Mit jeder Woche hier im Einsatz hatten wir uns besser verstanden und kennengelernt. So ist es auch nicht unangemessen, uns als wirklich gut eingespieltes Team zu bezeichnen. Viele Gemeinsamkeiten und seine offene Art haben die Zeit mit jedem Tag angenehmer gestaltet. Nun hat er keine zwei Wochen mehr und wenn ich aus meinem Osterurlaub zurückkomme, wird er schon weg sein. Auch wenn sich meistens die Kontakte nach den Einsätzen verlaufen, so glaube ich doch, in ihm vielleicht einen weiteren Freund gefunden zu haben. Er würde gerne weiter aufsteigen und in den Bereich der Truppenoffiziere wechseln. Dafür drücke ich ihm die Daumen, denn wenngleich er eine recht lockere Umgangsform pflegt, intellektuell hat er sicher das Zeug dazu.

Es ist kurz vor Dienstschluss, wenn man das so nennen kann. Mit einem Stapel an Prüfermappen, in die ich den Entwurf der neuen afghanischen Fahrerlaubnisprüfung und die aktuellen Verkehrszeichen des Landes eingearbeitet habe, bin ich schon auf dem Flur zum Treppenaufgang unterwegs. Durch die Lautstärke bekomme ich ein Gespräch mit meinem Oberleutnant und dem Stellvertreter am Ende des Flures mit. Es geht um das Treffen bei der *Traffic Police* (Verkehrspolizei), welches ja schon zweimal gescheitert ist. Darum stoppe ich und gehe in das Büro zurück. Den Stapel Unterlagen lege ich wieder auf die Tischkante zurück. Der Hauptmann sitzt gegenüber dem Platz vom

Oberleutnant und studiert fleißig Unterlagen für die Übernahme der Dienstgeschäfte. Dann höre ich den Oberleutnant meinen Namen rufen. Er ist sich wohl nicht sicher, ob ich schon weg bin und so trete ich zurück auf den Flur und gebe mich zu erkennen. Mit schnellen Schritten kommt er auf mich zu und beginnt schon die neue Lage bekannt zu geben. Wir fahren morgen früh zur Traffic Police und müssen nun noch ein zweites Fahrzeug finden und die Fahrtanmeldung aktualisieren. Es bricht ein wenig Unruhe aus, denn ein Großteil der Kameraden beginnt gerade damit, sich zum Dienstschluss in alle Winde zu verstreuen. Während der Oberleutnant mit der 2. Inspektion spricht, versuche ich Amin und Hashib, den Vorgänger Raburs, zu erreichen. Amin bekomme ich ans Telefon und bestelle ihn für den nächsten Morgen vor das Haupttor unseres Camps. So können wir ihn aufnehmen und er kann uns mit seiner Ortskenntnis unterstützen. Doch Hashib geht auch nach mehrmaligen Versuchen einfach nicht ans Telefon. Da dieses Treffen aber von höchster Stelle der Schule befohlen ist, sollte er die kleinste Unsicherheit darstellen. Nach einigem hin und her bekommen wir Begleitung von der Zweiten mit Felix und da wir ihm den Hauptmann mit in das Auto setzen können, sind wir komplett. Damit wir auch etwas für die Besprechung in der Hand haben, packe ich jeweils eine deutsche und eine afghanische Prüfungsrichtlinie mit den aktuellen Verkehrszeichen ein. Auf einer „jungfräulichen“ Karte zeichne ich mir die mögliche Strecke ein. Noch einmal versuche ich Hashib zu erreichen, dann stelle ich die Versuche ein.

Nachdem ich in dieser Nacht wieder einmal aufgestanden bin, um meinen Heißhunger zu stillen und mir das Standbild unseres Videokanales, der übrigens direkt aus unserem Camp gesendet wird, angesehen habe, springe ich dennoch um halb sechs wieder gefühlt fit aus dem Bett. Wir wollen uns zwar erst kurz vor halb acht an den Fahrzeugen treffen, doch die gute und ruhige Vorbereitung hat sich bewährt und so verlade ich meine Ausrüstung im Wolf, fülle den Fahrauftrag aus, starte die Standheizung und reinige die Scheiben. In der Nacht hatte es mehrmals heftig geregnet und nun liegt der ausgewaschene Dreck der Luft auf den Fahrzeugen. Nur die Anordnung der getrockneten Tropfen verrät, dass der Dreck nicht von einer Pfütze stammen kann, doch die Menge könnte die gleiche sein. Um einen Rückruf von Hashib nicht zu verpassen, habe ich mein sonst auf lautlos gestelltes

Handy auf laut gestellt. Während ich die Scheiben reinige ertönt ein schriller Ton aus meiner Hosentasche. Um auch später mit angezogener Weste an das Handy zu kommen, habe ich es für heute von der Brusttasche in die Hosentasche verlagert. Amin ist dran und erklärt mir bei schlechtem Empfang, dass seine Tante in der Nacht ins Krankenhaus gekommen ist und er nun mitten in der Stadt sei. Da es für ihn sehr umständlich und mit langen Wegen verbunden ist nun zum Camp zu kommen, sage ich ihm, dass er gegen halb neun direkt zur Traffic Police kommen soll. Damit fällt der erste Ortskundige für die Fahrt dorthin aus. Darum rufe ich nochmal Hashib an und diesmal erreiche ich ihn auch. Er ist über meinen Anruf verwundert, da Benni (einer der wenigen Kameraden mit sehr langer Dienstzeit in Afghanistan) ihm abends noch abgesagt hatte. Vermutlich ein Missverständnis, denn ursprünglich wollte Benni mitfahren. Doch das hat der Stellvertreter gestrichen, da kein dienstlicher Zweck erkennbar ist. Das hat Benni dann verkehrt vermittelt oder Hashib, der schlecht Deutsch spricht, falsch verstanden. So gerne ich es Benni auch gönnen würde, seine alten Bekannten in der Traffic Police wiederzusehen, ist mir die jetzige Regelung natürlich recht, da ich sonst nicht an den Besprechungen teilnehmen hätte können. Es macht einfach keinen Sinn jemanden aus einem anderen Fachbereich, der nun mal nichts mit der Fahrschule zu tun hat, mit in die Besprechung hineinzunehmen, damit er alte Bekannte treffen kann und mich, der noch zehn Monate hier ist und vielleicht noch öfter mit diesen Leuten zusammenarbeiten soll, vor der Tür sitzen zu lassen. Der Hintergrund für diesen begrenzten Kreis liegt in den örtlichen Bedingungen. Die Büros sind dort sehr klein und somit finden dort einfach nur wenige Leute Platz.

Wie abgesprochen treffen wir uns kurz vor halb an den Fahrzeugen und bei dieser Gelegenheit gebe ich die frischen Infos an meinen Oberleutnant weiter. Bei der Lageneinweisung und Fahrtbesprechung geht der Oberleutnant die Route und die Stationen noch einmal für alle Anwesenden durch. Mit einem Zwischenstopp in der DMS, bei dem wir Hashib aufnehmen, und einem Fahrzeug, welches sich beim *CWS (Central Work Shop)* aus der Formation der nun drei Wölfe ausklingt, geht es dann auf direktem Weg weiter zur Traffic Police. Es sind keine besonderen Meldungen für den Tag bekannt und somit spricht auch die Sicherheitslage nicht gegen die geplante Tour. Auf der Fahrt zur ersten Zwischenstation wird wieder einmal deutlich, wie schwierig es ist, einem Konvoi aus mehreren Fahrzeugen in diesem chaotischen Großstadtverkehr zu folgen. Trotz des Regens in der Nacht fliegt wieder unerträglich viel Staub durch die Luft. Viele der Menschen auf der Straße versuchen sich mit Stofftüchern vor dem Mund etwas davor zu schützen. Doch der mehlfeine Staub liegt wie eine Decke über dem Tal, in dem Kabul liegt. Und obwohl wir eine gut ausgebaute Hauptstraße befahren, liegt überall Dreck und Sand in den Fahrspuren. Mit jedem Fahrzeug, welches von den Nebenstrecken einfährt, kommt mehr und mehr Dreck dazu. Da helfen die Bemühungen der leuchtend orange gekleideten Straßenarbeiter, die mit Schaufeln den Dreck vom Straßenrand abtragen, nur wenig. Damit sinkt die Sichtweite an schlechten Tagen auf unter Hundert Meter und das, obwohl kein Nebel in Sicht ist. Heute wird der Wolf mal wieder richtig dreckig, denn jetzt wo wir auf das letzte, sehr holperige und mit Pfützen übersäte Stück einfahren, spritzt das Dreckwasser nur so um uns herum. Wir haben uns gleich wieder in Richtung Ausfahrt aufgestellt und schnellen Schrittes gehe ich in die gelbe Halle, in das Büro des technischen Offiziers. Hier erwartet Hashib mich schon und freundlich wie immer begrüßen wir uns. Er will noch eine Kopie der damaligen Genehmigung für die Nutzung der Militärführerscheine machen und verspricht in spätestens zehn Minuten am Fahrzeug zu sein. Afghanische zehn Minuten natürlich. Nach der zweiten Zigarette wird der Oberleutnant ungeduldig und daher versuche ich Hashib noch einmal anzurufen, um etwas Druck zu machen. Doch wie auf Bestellung biegt er gerade hinter einem LKW hervor und kommt zielstrebig mit einem freundlichen Grinsen auf unsere Gruppe zu. Es geht auf neun Uhr zu und so wollen wir direkt weiter. Hinter mir, weil dort am meisten Beinfreiheit ist, habe ich Platz für ihn gemacht. Nachdem er sich gesetzt hat, legt er seine Pistole unter meinen Fahrersitz. Wir ISAF-Soldaten dürfen unsere Waffen stets mitführen, doch die Afghanen vertrauen sich da noch nicht genug und so dürfte er sie nicht mit in die Traffic Police hineinnehmen. Die Fahrt geht weiter und nun wird es um uns herum sehr spannend. Wir haben immer noch extrem viel Verkehr und in dieser Ecke bin ich vorher höchstens einmal kurz gewesen. Hindurch zwischen zwei riesigen Berghängen, die bis hoch oben mit Hütten aus Lehmwänden bebaut sind, fahren wir auf eine Art Siegessäule zu. Zumindest erinnert mich die Form sehr stark daran, auch wenn sie deutlich kleiner als beispielsweise das Berliner Modell ist und in dem dunklen Orangeton etwas kitschig wirkt. Es ist neben weiteren „Sehenswürdigkeiten“, an denen wir vorbeikommen, eine willkommene optische Abwechslung zum Grau der anderen Stadtseite. Wir liegen mit unserem Camp leider in der nicht so ansehnlichen Ecke Kabuls, geprägt von wenig Grün und schlechter Luft.

Jetzt wird es richtig eng, denn die Zufahrt zur Traffic Police gelingt nur über den Hinterhof, den wir nur durch eine schmale Seitengasse erreichen können. Die Menschen drängen sich dicht an dicht und kümmern sich nicht um Fahrzeuge. So kommen wir nur mit weniger als Schrittgeschwindigkeit voran, bis wir auf der rechten Seite ein rotweißes Tor, welches stark bewacht ist, erkennen. Hashib lotst uns dort heran und nur Millimetergenau komme ich mit dem Wolf in die sehr enge Zufahrt eingebogen. Die Hauptzufahrt, direkt vorne am Kreisverkehr, hatte man nach mehreren Sprengstoffanschlägen mit Betonwänden versperrt. Die neue Zufahrt ist taktisch betrachtet sehr klug, denn mit Schwung kommt man hier nicht herein und einen Sprengstoff zu zünden bringt auch nichts, da das Gebäude zu weit entfernt liegt. Nachdem der Wachposten einige Zeit benötigte, um mit seinem Vorgesetzten zu funken und sich die Erlaubnis für unseren Einlass zu holen, dürfen wir einfahren. Ein zweites Tor, dass aus diesem Einfahrtbereich eine Schleuse macht, wird uns geöffnet. Macht für mich zwar so keinen Sinn, da die Schleusenfunktion bei beiden geöffneten Toren verloren geht, aber ist ebenso. Wir befahren den recht kleinen und für Fahrzeugverkehr völlig ungeeigneten Innenhof. Auch hier tummelt sich eine Vielzahl von Menschen, die anscheinend etwas von der Polizei wollen. Überall wird am Gebäude gearbeitet und die Schäden des letzten Anschlages werden beseitigt. Mehrere Steinhaufen scheinen die zusammengetragenen Reste der zerstörten Gemäuer zu sein und in der linken hinteren Ecke werden Gerüste geschweißt. Ohne dass einer der Arbeiter die Verstrebungen etwas beiseiteschiebt, kommen wir nicht durch. Nur mit viel Geschick und Geduld gelingt es uns schließlich, die zwei Wölfe einigermaßen platzsparend zu Parken. Der neue Hauptmann und Felix bleiben bei den Fahrzeugen und Hashib, Amin, der Oberleutnant und ich, gehen mit einem Begleiter der Polizei in das Gebäude. Während die Anderen schon loslaufen, ziehe ich mir noch schnell die vorbereiteten Unterlagen aus der hinteren Türtasche und verschließe das Auto. Das Handfunkgerät habe ich mir in die Beintasche gesteckt und auf unseren internen Kanal eingestellt. So kann ich mit dem zweiten Fahrzeug Kontakt halten. Zügig eile ich den Anderen durch die dichte Menschenmenge hinterher. Ganz wohl fühle ich mich dabei nicht, denn mit der auffälligen Uniform ziehen wir die Neugierde auf uns.

Nur flüchtig registriere ich die unterschiedlichen Blicke, die mal freundlich und mal grimmig wirken. Es sind Menschen, die sich Führerscheine oder andere Dokumente von der Polizei holen wollen und bei keinem von ihnen weiß man, wie sie eingestellt sind und was sie denken. Auch Hashib hatte mich kurz zuvor gewarnt, ich möge auf meine Waffe aufpassen. Und doch überwiegt auch hier in mir das Positive und ich versuche locker zu bleiben. Ich habe wieder aufgeschlossen und gemeinsam gelangen wir durch den Treppenaufgang in die oberen Etagen des Gebäudes. Am Ende eines jeden Aufganges sind schiebbare Stahlgitter angebracht, die im Angriffsfall verschlossen werden können und so den Eindringlingen den Weg in die nächsten Etagen versperren würden. In den Fluren sitzen und stehen viele Menschen. Das erinnert mich ein wenig an die Bilder in unseren Ämtern, wenn man in Abteilungen mit chronischer Unterbesetzung kommt. Ein Polizeioberst erwartet uns schon vor seinem Büro inmitten der Wartenden und schickt unseren Begleiter als Posten an die Seite seiner Bürotür. Dann bittet er uns herein.

Das recht kleine Büro ist gemütlich eingerichtet und stünde nicht der Schreibtisch am Fenster, so könnte man auch in einer einfach eingerichteten Wohnstube sein. Eine Couchgarnitur im Muster der 70er Jahre lädt zum Hinsetzen ein und mit einer Handbewegung weist uns der Polizeioberst den Weg genau dorthin. Beim Setzen versinken der Oberleutnant und ich deutlich in dem wohl stark durchgesessenen oder zu weich gepolsterten Sofa. Hashib ist da etwas geschickter, denn er positioniert sich weit vorne auf dem Rand, um nicht noch kleiner zu wirken als er es sowieso schon ist. Der Polizeioberst wirkt sehr gepflegt und seine Gesichtsform und die Farbe seiner Haut wirken wenig „afghanisch". Doch in diesem Land lebt eine Vielzahl von Ethnien, daher gibt es sowieso kein einheitliches „typisch afghanisches" Aussehen. Sein grauweißes Haar ist millimetergenau frisiert und sorgfältig zurechtgekämmt. So ganz ist er eigentlich noch nicht der richtige Ansprechpartner, auch wenn er hier in der Führerscheinstelle sitzt. Doch er hat Einfluss und weitere Gespräche selbst mit anderen Verantwortlichen sind ja noch möglich. Sehr ruhig und geduldig hört er den Ausführungen von Hashib und dem Oberleutnant zu. Würde er nicht Stichpunkte mitschreiben, so würde ich spätestens jetzt sein Interesse anzweifeln. Das kann er sich unmöglich alles merken, was hier fast 15 Minuten auf ihn einprasselt. Doch dann setzt er zum Antworten an und erklärt, warum er ein Problem mit dem militärischen Führerschein hat. Mit Unfallzahlen, die in der Masse das Militär zu verschulden hätte, will er uns seinen Standpunkt darlegen. Die Frage, die mich dabei am meisten beschäftigt, denn ich glaube seiner Aussage nicht ganz: Woher will er das so genau wissen? Es scheint kaum glaubhaft und seriös, wenn hier in einem Land, wo ganz andere Probleme Priorität haben, eine Unfallstatistik aufgeschlüsselt nach Verursachern geführt werden sollte. Das wirkt auf mich im Moment jedenfalls alles andere als positiv. Schließlich wollen wir einen Weg zur Anerkennung und vielleicht sogar die Möglichkeit der Umschreibung zum zivilen Führerschein erreichen. Der Oberleutnant kommt verhältnismäßig wenig zu Wort und so muss Amin nur wenig übersetzen. Er macht sich auch nicht die Mühe, uns die Dialoge zwischen Hashib und dem Oberst zu weiterzugeben. Womöglich ist es auch zu viel. Dann wendet sich das Blatt etwas, nachdem der Oberleutnant der Polizei die Teilnahme an unseren Prüfungen beim Militär anbietet und der Oberst wird konkreter. Sein Ziel scheint, etwas Einfluss auf die Ausbildung und Prüfung der Armee zu bekommen. Darauf geht Hashib jedoch nicht näher ein.

Das Handy des Oberleutnants klingelt und wir bekommen von unserem Leitstand im Camp die Order zur umgehenden Rückkehr in eine gesicherte Liegenschaft. Eine Demonstration, die nur etwa zwei Kilometer entfernt stattfinde, bewege sich auf uns zu. Mit etwas Schwung erhebe ich mich aus dem Sofa und stelle mich etwas versetzt hinter das Fenster des Raumes. Durch die Fliegengitter von außen scheint der Einblick von der Straße hier unwahrscheinlich. Sonst würde ich das Fenster auch meiden, doch nun gilt es die Augen offen zu halten. Der Blick liegt günstig, denn das Büro hat den Blick zur Hauptstraße und auf den Kreisverkehr. Dort scheint alles seinen normalen Gang zu gehen. Der Verkehr fließt stockend und die Menschen scheinen wie gewohnt ihrem Alltag nachzugehen. Mit dem Handfunkgerät versuche ich Verbindung mit Felix herzustellen, doch die Sendeanzeige ist auf null. Mit dem Handy erreiche ich ihn und mit leiser Stimme, um die Gespräche nicht zu sehr zu stören, frage ich Felix nach dem Sachstand. Er hat jedoch keinerlei Infos bekommen und so gebe ich das Bekannte kurz und knapp an ihn weiter. Der Oberleutnant hat bereits mehrfach versucht, das Gespräch zwischen Hashib und dem Oberst zu beenden, doch es scheint nicht ganz leicht, die Konzentration der Beiden zu gewinnen. Dann übersetzt Amin unser Anliegen und langsam scheint das Gespräch ein Ende zu finden. Hashib und der Oberst erheben sich und abschließende, freundliche Worte folgen. Auch der Oberleutnant bedankt sich noch einmal ausdrücklich für das Interesse und das Gespräch, bevor wir uns verabschieden. Unser Begleiter nimmt uns vor der Tür wieder in Empfang und ich rätsele noch etwas, ob er uns schützen oder auf dem rechten Weg (damit wir nur sehen, was wir sehen dürfen?!) halten soll.

Als wir wieder draußen in der grellen Mittagssonne stehen, verabschiedet auch er sich und zurück durch die Menschenmenge geht es zu den Wölfen. Hier gibt der Oberleutnant mit kurzen Worten den Ablauf des Gespräches und die aktuelle Sicherheitslage an den Hauptmann und Felix weiter, bevor wir uns die Ausrüstung wieder anlegen und in die Fahrzeuge setzen. Vorsichtig fahren wir durch die Menge zum Ausgang, um die Schleuse zu passieren. Auf dem schmalen Weg scheint sich ein Verkehrschaos zu entwickeln, denn es geht weder vor noch zurück. Nur alle paar Minuten geht es ein kleines Stück voran. Da wir zusammenbleiben müssen, sind auch wir zeitweise ein Hindernis, da wir die Zufahrt zur Polizei und den Gegenfahrstreifen, wenn man ihn so nennen kann, blockieren. Am rechten Rand steht ein älterer Mann im Rollstuhl. Durch meinen Wendekreis befindet er sich direkt im Weg und zwingt mich trotz des geringen Platzes, denn auch hinter mir drängeln sich inzwischen Fahrzeuge durch, zum Zurücksetzen. Er scheint auch neben den Beinen, die ihm in den abgebundenen Hosenbeinen fehlen, geistig behindert zu sein und macht keine Anstalten, etwas aus dem Weg zu rollen. Mit unkoordinierten Handbewegungen, einem seitlich leicht eingeknickten Kopf und seltsamen Grinsen, scheint er in seiner eigenen Welt zu sein. Meine Kamera gebe ich an den Oberleutnant weiter und bitte ihn, von den stark bebauten Berghängen einige Fotos zu machen.

Wir reden nur wenig über das Gespräch mit dem Oberst, denn Hashib versteht uns nun mal recht gut muss sicher auch nicht alles mithören. Doch die Umschreibung des militärischen in den zivilen Führerschein versucht Hashib uns auszureden. Mit der Befürchtung, die Soldaten würden mit dem zivilen Führerschein einen Anreiz haben, die Armee zu verlassen, um in der Privatwirtschaft damit mehr Geld zu verdienen, überzeugt er mich nicht. Bedenkt man, wie viele hier mit gefälschtem oder sogar ohne Führerschein unterwegs sind, kann das nicht das entscheidende Kriterium sein, um aus dem Armeedienst auszuscheiden. Vielmehr denke ich, dass damit eine entscheidende Einnahmequelle für den Einen oder anderen versiegen würde. Natürlich nehme ich mir nicht heraus zu behaupten, die gesamten Verzweigungen der Korruption in diesem Land durchschaut zu haben, doch das sich mit jeglichen Lizenzen und eben auch Führerscheinen viel Geld verdienen lässt, liegt auf der Hand. Dafür habe ich auch ein gewisses Verständnis. Wenn ich mit meinem Einkommen meine Familie nicht satt bekomme und ich mir sonst auch nichts leisten kann, dann ist es sicher nicht leicht der Verlockung, noch etwas auf der Seite zu verdienen – vor allem, wenn man entsprechende Möglichkeiten hat – zu widerstehen. Dies sind jedoch genau die Punkte, die in diesem Land den Teufelskreis befeuern. Wenn es nicht gelingt das System so zu gesunden, dass niemand in seinen Grundbedürfnissen eingeschränkt wird, kann man auch nicht die Korruption und damit den täglichen Schaden von diesem Land abhalten. Die Wenigen, die dennoch versuchen ehrlich zu bleiben, bleiben eben auch arm und müssen viele Abstriche in ihrem Leben hinnehmen. Der Oberleutnant will mir zwar klarmachen, dass Deutschland doch zeigt, dass es auch anders geht, doch das ist mir einfach zu kurz gegriffen. Denn schließlich gibt es – zwar meist weniger sichtbar – Korruption auch in unserem Land. Doch letztlich ist nicht die Frage, ob es Korruption gibt, sondern in welchem Umfang und zu welchem Preis, entscheidend. Umso höher der Preis ist, weil es eben nicht lukrativ oder zu gefährlich für den Bestochenen ist, desto unwahrscheinlicher ist es auch. Nur wer bestraft hier einen korrupten Politiker, Offizier oder Polizisten? Viele Steine müssen noch gemauert werden, damit die Wand den Anforderungen Stand hält.

2010 konnte ich live erleben, wie ein afghanischer Oberstleutnant seinen Privatwagen in der Werkstatthalle mit dem Kraftstoff der Armeetankstelle von seinen Untergeben betanken ließ. Nur wenige Stunden später wiederholte sich der Vorgang, nachdem er zwischenzeitlich das Camp mit seinem Privatwagen verlassen hatte. Und wie soll sich dann etwas ändern, wenn die, die es tun, entsprechende Positionen und Macht haben und deswegen keine Konsequenzen fürchten müssen?

Am *CWS* klingt sich das dritte Fahrzeug von der Hinfahrt wieder ein und gemeinsam geht es durch die staubigen Straßen, vorbei an Geschäftsvierteln und bettelnden Kindern, zurück zur DMS, wo wir Hashib aussteigen lassen. Der Vormittag wird als erster kleiner Erfolg verbucht. Möglicherweise könnte sich die Angelegenheit in die richtige Richtung entwickeln. Würde die Prüfungsrichtlinie wirklich auch von der Polizei anerkannt und in die Ausbildung und Prüfung mit aufgenommen, dann hätten sich der Oberleutnant und ich in der afghanischen Fahrausbildung verewigt, wenngleich nur in einem kleinen Rahmen. Zurück im Camp erstattet der Oberleutnant unserem Oberst und Stellvertreter einen Bericht über das Geschehene. Alle sind sichtbar zufrieden und nun ist es am Hauptmann und mir, die Bemühungen fortzuführen und nicht nachzulassen. Für einen 13. war das gar nicht so schlecht.

In den späten Abendstunden bekommen wir die Meldung über einen vereitelten Anschlag auf unser Camp. Drei LKW mit insgesamt 12 Tonnen Sprengstoff sind von ISAF-Truppen auf dem Weg zu unserem Camp abgefangen worden. Es war geplant die Fahrzeuge an mehreren Seiten des Camp-Zaunes zu postieren und dann in die Luft zu sprengen. Experten bestätigten, dass die Menge für Zerstörung innerhalb eines 500 Meter-Radius gereicht hätte und somit einer der schwersten Anschläge des Landes verhindert worden ist. Das hätten vermutlich nur wenige überleben können. Damit deute ich die 13 für diesen Tag als Glückszahl. Da unsere Betreuungseinrichtung und unsere Feldhäuser genau auf der westlichen Ecke des Camps liegen und wir an diesem Abend dort auch Zeit verbracht hatten, wäre das vielleicht auch unser Todesurteil gewesen. Es rückt die Gedanken an Verwundung und Tod, die sonst oft mit jedem weiteren Einsatztag geringer werden, wieder in den Vordergrund. Bei mir geht es noch in den Abendstunden so weit, dass ich das erste Mal darüber nachdenke, wie es wohl wäre, wenn ich aus diesem Land in einem Sarg zurück und an der Gedenktafel in Berlin enden würde. Ungewohnte Gedanken, die mich verwirren.

In wenigen Tagen fliege ich in den ersten Urlaub, es wird Zeit, um die Osterferien mit der Familie zu verbringen. Da fehlt mir so ein Zwischenfall gerade noch. Die Meldung löst bei allen Kameraden große Betroffenheit aus. Obwohl uns klar ist, dass mit zunehmenden Temperaturen auch die Aktivitäten der Taliban wieder steigen, hat hier keiner mit so einem geplanten Anschlag gerechnet. Gerade weil das Camp ohnehin geschlossen wird und immer weniger Soldaten hier sind. Doch welchen Hintergrund dieser sinnlose Plan der Taliban hatte, werden sie uns wohl nur selbst sagen können. Damit ist es innerhalb von etwas mehr als zwei Monaten das zweite Mal, dass wir nur mit viel Glück und guter Fügung einem Anschlag entgangen sind. Denn der Angriff auf die Traffic Police war nach meiner Erkenntnis noch knapper – mit weniger als zwei Stunden Vorwarnzeit – an uns vorbeigegangen und hatte auch wirklich stattgefunden. Es wird bei so langer Zeit, die noch vor mir liegt, auch nicht das letzte Mal gewesen sein.

Kapitel 5

Die Umstellungen

Das Wetter im Osterurlaub hat mit recht viel Sonne mitgespielt, obwohl die Tage in Deutschland für diese Jahreszeit recht kalt waren. Nur Schade, dass doch immer, wenn etwas Spaß macht und schön ist, die Zeit so schnell vergeht. Nun liegt die nächste Etappe von mehr als drei Monaten vor mir. Im Flieger habe ich noch darüber gegrübelt, wie erholsam der zweiwöchige Urlaub letztlich war. Durch das stramme Programm ist wenig Zeit für meine Frau und mich geblieben. Die Kinder haben wohl am meisten Zeit eingefordert und auch bekommen. Natürlich wollte ich die verlorenen Wochen ein bisschen wiedergutmachen. Im Flieger kam jedoch das Gefühl auf, dass mein Akku zwar geladen aber nicht mehr frisch ist. So wie wenn ein schwaches Handy schnell wieder vollgeladen ist, aber nach kurzer Zeit wieder an die Steckdose muss. Darum ist es sicher keine schlechte Idee, im Sommer auch wieder drei Wochen abzuschalten. Im letzten langen Einsatz hatte ich mich nach der Rückkehr aus dem ersten Urlaub noch auf eine lange, weitere Einsatzzeit gefreut. Jetzt, wo ich wieder in Masar sitze, habe ich das erste Mal Zweifel, ob meine Motivation und mein Akku für die vielen weiteren Monate reichen werden.

Der Flug von Masa nach Kabul in der Trall ist ungewöhnlich unruhig. Immer wieder sackt die Maschine in der Luft ab und beschert mir dabei ein unangenehmes Gefühl in der Magengegend. Man sieht schließlich nichts von Draußen und das Gehirn tut sich nach mehr als einer halben Stunde Flugzeit schon schwer, diese Bewegungen zu deuten. Mit prüfendem Blick schwenke ich durch den nur halb gefüllten Laderaum und nehme die Brechtüten, welche in die oberen Schlaufen der Sitzreihen geklemmt sind, zur Kenntnis. Noch nie hatte ich mich bei so einer Gelegenheit übergeben, doch so langsam werde ich unruhig, wie es hier weitergeht. Die Musik meines MP3-Players dudelt begleitet vom Dröhnen der Triebwerke laut vor sich hin und mit tiefen und langen Atemzügen versuche ich das unwohle Gefühl zu unterdrücken. Die Augen lasse ich geschlossen und versuche mich immer wieder in einen leichten Schlaf zu zwingen. Ein Team der ARD, das für eine Langzeitdokumentation mit an Bord ist, hat beim Start Aufnahmen für den Flug angesagt. So könnte es natürlich sein, dass ich später einmal schlafend in der geplanten Sendung erscheine. Doch das wäre zumindest keine gestellte Szene.

Im Urlaub hatte mich ein Kamerad angerufen, weil er mich auf seiner Startseite im Internet gesehen hatte. Leider hatte ich dieses Bild selbst nicht gesehen. Das Bild, welches er beschrieb, musste am Tage des Ministerbesuches gemacht worden sein und zeigte mich bei der Ausbildung mit den Afghanen, beim Verladen des Hummers (Geländewagen) auf einen LKW. Interessanterweise stand jedoch die Schlagzeile: „Deutsche Soldaten beginnen mit dem Abzug" neben dem Foto. Wer auch nur einen kleinen Einblick in die Materie dieses Einsatzes hat, muss sofort erkannt haben, dass natürlich nicht afghanische Soldaten amerikanische Fahrzeuge verladen, damit die Deutschen abziehen können. Völlig aus dem Zusammenhang gerissen und womöglich nur um ein ansprechendes Bild zu bieten, hatte man das Foto aus dem deutschen Pressearchiv verwendet. Ähnlich ging es mir 2010, als der Nachrichtensender N24 einen winzigen Ausschnitt aus einem Interview mit mir aus dem Zusammenhang gerissen und für einen inhaltlich zum Thema PtBS völlig anderen als angekündigten Beitrag genutzt hatte. Damals hätte ich selbst noch nicht geahnt, wie sehr mich das Thema einmal selbst erfassen würde. Aber auch das sind „Spuren im Sand", die sich in so einer Sendung „verewigen".

Die Landung in Kabul erfolgt butterweich und für einen kurzen Moment bin ich mir nicht einmal sicher, ob wir schon rollen oder noch fliegen. Es scheint beinahe, als wolle sich der Pilot damit für den wackeligen Flug entschuldigen. Die Rampe öffnet sich und ein stark wolkenbedeckter Himmel tut sich auf, so als würde jede Sekunde ein starker Regen losprasseln. Die Luft ist erstaunlich sauber und lässt vermuten, dass es die letzten Tage öfter geregnet hat. So ist es mit gefühlten 20 Grad nicht so warm wie ich es noch 2010 zu dieser Jahreszeit erlebt habe. Schon fast unterbewusst laufen die bekannten Vorgänge nach dem Flug ab und so stehe ich vor den Kameraden, die mich abholen. Auch hier hat die 2. Inspektion mit ihrer „Manpower" unterstützt. Fast dieselbe Crew wie am Abflugtag steht vor mir, nur steht der 2. ein neuer Oberstleutnant vor. Eigentlich ist er gar nicht so neu, da er nach nur etwas mehr als einem Monat Pause zurückgekehrt ist. Knapp zwei

Jahre hatte er zuvor hier verbracht und steht nun vor den nächsten Monaten. Die ARD-Reporter hatten ihre Doku „Soldaten und ihre Familien im Auslandseinsatz“ genannt, mit Schwerpunkt auf den Familien. Hier bei unserer Einheit würden sie sicher die Extreme für so eine Doku finden. Im Wartebereich vom Flughafen in Masar hatte ich zufällig ein Gespräch eines Reporters mitbekommen und überlegt, ihn anzusprechen. Doch das Gefühl, sich aufzudrängen, hatte mich zurückgehalten. Im Nachhinein die falsche Entscheidung, denn kaum jemand in der Öffentlichkeit und selbst die Soldaten unserer Armee wissen von so langen Einsätzen. Da wären die Belastungen sowohl für die Familien als auch für die betroffenen Soldaten selbst ein interessantes Thema. Wenngleich wir in Afghanistan vielleicht gerade mal 50 solcher Bundeswehrsoldaten und damit eine klare Minderheit sind. Aber wer weiß, wo die Reporter, die ja nun auch die nächsten Tage in Kabul unterwegs sind, noch überall vorbeikommen.

Kalle und Felix stürmen mit lachenden Gesichtern auf mich zu und lassen mich kaum zu Wort kommen. Sofort machen sie mir auf scherzende Art klar, dass es dringend Zeit für frische Haarschnitte wird. Obwohl ich etwas müde und gestresst von der Reise bin, sage ich noch für den Abend die ersten Termine zu. Es ist schließlich für einen guten Zweck und verlieren möchte ich die treuen Kunden auch nicht. Und obwohl sich die Freude, mich wiederzusehen, etwas auf meine Dienste reduziert, so wirkt es doch ehrlich und aufbauend. Zum Mittagessen rücken wir bei den Briten am Flughafen ein und mit großem Hunger falle ich über die vielen köstlichen Angebote her. Ein kühler Softdrink, Chicken-Wings und jede Menge frischer Salat kommen auf mein Tablett. Auch die Suppe darf nicht fehlen. Am Tisch gibt es viel zu erzählen. Nur der Oberstleutnant, der für seine Schweigsamkeit bekannt ist, hält sich zurück.

Er ist ein ruhiger und ausgeglichener Typ, den man oft mit einer Zigarette sieht und der fachlich zu fast allen Bereichen absolut sattelfest scheint. Immer ruhig und bedacht, kommt er sehr sympathisch rüber. Wie unser Oberstaber ist er ruhig und in sich gekehrt. Das Interesse an meinem Urlaub ist groß und so berichte ich recht genau, was ich gemacht habe. Ich kenne das gut, denn wenn Kameraden aus dem Urlaub zurückkommen und davon berichten, kann ich mich oft bildlich in diesen Urlaub hineindenken und damit, wenn auch nur für kurze

Momente, an dem Urlaub teilhaben. Beim Erzähler wiederum bleibt das gute Gefühl, für die Gruppe interessant und wichtig zu sein. Diesmal ist das Gefühl besonders stark. Noch kann ich gar nicht genau sagen, woran es liegt. Als ich den Oberst im Camp wiedertreffe und mich zurückmelde, lässt er mich seine Freude über meine Rückkehr ebenfalls überdeutlich wissen. Mit den Worten „Sie glauben gar nicht wie glücklich wir sind, dass Sie wieder hier sind!“, bringt er mich zum Grübeln. Mit einem kleinen ironischen Scherz versuche ich die Ernsthaftigkeit dieser Aussage zu testen und werde von ihm erneut bestätigt. Wie hatte ich mich noch vor dem Urlaub über die mangelnde Anerkennung der Leistungen geärgert und nun schien der Ärger wie weggeblasen. Als hätte es etwas gedauert, um zu erkennen, dass ich ehrlich bemüht bin, hier gute Arbeit zu leisten. Das macht den Rücken wieder gerade und motiviert enorm. Dabei sind es nur Worte zur richtigen Zeit in der richtigen Form. Selbst der neue Hauptmann nimmt mich schon kurz nach der Begrüßung in einem Vier-Augen-Gespräch beiseite, um die nächsten Projekte einzuleiten: „Gut, dass du wieder da bist, denn wir brauchen deine afghanischen Beziehungen, damit die nächsten Projekte gelingen!“ Sicher klingt das jetzt etwas arrogant und subjektiv geschönt, doch es fühlt sich gut an und ist eine weitere Bestätigung für mich, das Richtige zu tun. Am meisten freut mich aber zu sehen, dass es Vorgesetzte gibt, die auch die Stärke haben, die Fähigkeiten anderer zu bestätigen und zu loben. Sicher hat auch unser Oberst etwas gebraucht, um den Stress des Besuches vom Minister verfliegen und das Erlebte sacken zu lassen. Damit fühle ich mich gefordert, denn enttäuschen möchte ich auch weiterhin niemanden.

Meine Stube scheint unberührt, obwohl ich mit einigem Aufwand alles in Kisten und Kartons verpackt hatte, um auf einen vorgezogenen Umzug vorbereitet zu sein. Jetzt muss ich doch noch einmal für die letzten Tage einiges auspacken. Doch schön werde ich es mir jetzt nicht mehr machen und was ich hier nicht mehr unbedingt brauche, werde ich bei der nächsten Gelegenheit in das neue Camp schaffen. Viel Zeit zum Auspacken habe ich ohnehin nicht, denn als hätte man die Arbeit für mich aufgespart, stehen sofort wieder die verschiedensten Aufträge an. Nebenbei versuche ich meine Waffen, welche ich bei der Unterstützungskompanie eingelagert hatte, zurückzubekommen.

Überall sehe ich neue Gesichter, da der Kontingentwechsel abgeschlossen scheint.

Die Abbaumaßnahmen im Camp sind weitergegangen und die meisten Bereiche entweder schon ab- oder zumindest zurückgebaut. Teilweise sind sie nicht mehr arbeitsfähig, weil natürlich irgendwann vor so einem Umzug auch die letzten Kabel aus der Wand gezogen werden müssen. Der neue Verantwortliche ist gerade mit der Ausgabe von Waffen und Material an die neuen Kräfte, die mit mir angekommen sind, beschäftigt. Und den Oberstleutnant, der im Airbus neben mir saß, treffe ich hier auch wieder. Sicher bin ich mir nicht, aber ich halte ihn für einen zivilen Mitarbeiter der Bundeswehr, der aufgrund seiner Fähigkeiten hier im Einsatz gebraucht wird und in eine seiner Gehaltsstufe angepasste Uniform gesteckt wurde. Ich vermute dies, da er für einen Oberstleutnant er sehr jung wirkt, es sein erster Einsatz ist und seine Fragen aus der Unterhaltung im Flieger auf einen fehlenden militärischen Hintergrund schließen lassen. Damit wäre er nicht der Einzige hier. Ein nicht unwesentlicher Teil der in Afghanistan im Einsatz befindlichen Kräfte wird durch zivile Teile der Bundeswehr und Reservisten abgedeckt. Mit der weiteren Reduzierung dieser Armee werden es auch kaum weniger werden, da die Zeit- und Berufssoldaten auf Dauer den Einsatz nicht mehr allein bewältigen können. Der Oberstleutnant ist ein sehr sympathischer Mensch und hat viel hinterfragt. Vor allem hat er sich dadurch für mich ausgezeichnet, dass er offen für Ratschläge durch einen kleineren Dienstgrad ist und nicht durch arrogantes Verhalten die Gespräche zerstört hat. Sicher ein kluger Weg, denn nicht nur ich, sondern viele erfahrene Einsatzsoldaten haben sich abgewöhnt, ihre Erfahrungen mit „Besserwissern" und „Theoretikern" zu teilen. Wer fragt, dem wird geholfen, und wer etwas möchte, sollte freundlich sein. Einfache Grundsätze, die einem vieles im Leben erleichtern können.

Da ich etwas in Eile bin, habe ich keine Zeit mehr mich mit ihm noch einmal weiter zu unterhalten und so spreche ich den Hauptfeldwebel der Waffenkammer direkt auf meine Waffen an, um sie zurückzubekommen. Denn nur, wenn ich diese heute wiederbekomme, kann ich morgen wieder rausfahren. Er wirkt gestresst, obwohl noch freundlich. Möglichst genau versuche ich die Situation zu beschreiben, denn seine ersten Reaktionen lassen Schlechtes erahnen. Er weiß von keinen

Waffen und meiner Munition. Er hat wohl in Vorbereitung auf den Umzug auch schon den Großteil des Materials verpackt. Das wäre extrem ungut, denn die Behältnisse und Container wieder zu öffnen, um die richtigen Waffen anhand ihrer Seriennummer zu suchen, dürfte schwierig werden. Doch ich will seinen Stress nicht verstärken und mich bei neuen Kameraden unbeliebt machen. Sie sind gerade erst im Einsatz angekommen und ich bin noch vier Monate auf sie angewiesen. Also gebe ich ihm etwas Zeit und plane, kurz vor dem Abendbrot noch einmal wiederzukommen. Ein wenig komme ich mir wieder vor wie ein *TaPsl*, da außer Kameraden meiner eigenen Einheit nur unbekannte Gesichter in deutschen Uniformen herumlaufen und ich bei kaum einem zuordnen kann, was er hier macht. Aber das gibt sich bekanntermaßen auch schnell wieder. Und mit jedem Wechsel kommt eben die Hoffnung, dass die Stinkstiefel, die in allen Einheiten zu finden, weniger geworden sind. Es ist eine von vielen interessanten Beobachtungen, dass die gesamte Außenwirkung und Sympathie der Kontingente durchaus stark variieren kann.

Meinen Rucksack muss ich von der Reise auch noch umpacken, die Schmutzwäsche entsorgen und alles wieder für die Arbeit draußen umbauen. Der Wolf wurde nur wenig vom Hauptmann genutzt. Er musste sich Fahrgemeinschaften suchen, da er allein nicht rausfahren darf. Auch wenn die Scheiben wieder deutliche Regenspuren zeigen, sonst steht er da wie immer, als wäre ich nur zwei oder drei Tage nicht damit gefahren. Meine frisch gepackte Ausrüstung lege ich wieder in den Kofferraum, räume alte Wasserflaschen raus und schaue noch nach den Flüssigkeiten im Motorraum. Ebenfalls die nötigen Papiere sind frisch und vollzählig. Wenn ich nachher also meine Waffen wiederhabe, kann es morgen wieder losgehen.

Als wäre ich nie weggewesen, beginnt der neue Morgen. Es ist schon früh hell und die Sonne sucht sich den Weg durch die Schlitze des fast geschlossenen Rollos vor meinem Fenster. Eigentlich hätte ich wie ein Baby schlafen müssen nach der Reise und dem damit verbundenen Schlafmangel. Doch erst gegen halb zwei bin ich eingeschlafen, da die Eindrücke aus dem Urlaub ihre Verarbeitung suchten. Dafür hatte ich diesmal keine meiner nächtlichen Fressattacken. Das Gefühl, etwas in meinen Texten für dieses Buch zu vergessen, hat mir wohl ein schlechtes Gewissen beschert und meine Gedanken nicht zur Ruhe kommen lassen. Konzentriert versuche ich in den Tag zu starten, um nicht mit Fehlern in den neuen Einsatzabschnitt zu kommen. Die Luft ist immer noch schön klar und mit etwa zehn Grad auch erträglich frisch. Richtig kalt ist es also nicht mehr morgens, dennoch starte ich die Standheizung des Wolfs. Fülle, während sie startet, in Ruhe den Fahrauftrag aus und räume meine Waffe und Weste ein. Dann gehe ich in der Ruhe des Morgens zum Leitstand und scheine dabei fast der Einzige im Camp zu sein, der schon wach ist. Keine Menschenseele ist zu sehen.

Die Feldhäuser liegen fast romantisch im Licht der noch tief stehenden Sonne. Auch hier im Leitstand sind die Gesichter neu. Doch wie alte Bekannte begrüßen wir uns freundlich, wenn auch kurz. Die Räume haben sich im Laufe der letzten Wochen stark gelichtet und wirken mit dem wenigen Mobiliar nur noch provisorisch. Der Standardsatz „Die Lage ist unverändert“ lässt mich grinsen. Dies ist „die schnelle Art“, das Publikum (Kameraden, die Fahrten anmelden und sich aktuelle Informationen aus dem Leitstand holen) hier wieder los zu werden, wenn die Fahrt angemeldet ist, doch da ich die Lage der letzten zwei Wochen ja gar nicht kenne, unsinnig. Also nehme ich mir die Zeit den Hauptgefreiten darauf hinzuweisen, dass ich urlaubsbedingt etwas mehr Informationen benötige. Schnell bin ich wieder auf dem aktuellen Stand und begebe mich zurück auf meine Stube. Einige Minuten kann ich noch fernsehen und entspannen, bevor es dann raus zum Fahrzeug geht, um mich abfahrtbereit zu machen. Da es noch etwas frisch ist, ziehe ich den Parka unter die Weste, putze mit dem Stoff noch schnell die Gläser meiner Schutzbrille ab und stelle mir dann den verstellten Fahrersitz wieder ein. Während ich den Wolf auf die Straße vorfahre, kommt auch der Hauptmann aus dem Feldhaus, mit der Waffe und einem kleinen Rucksack unterm Arm. Freundlich und mit lockeren Worten begrüßt er mich, während er seine Ausrüstung hinter seinem Beifahrersitz verstaut.

Er ist sympathisch, weil er durch sein häufiges Lächeln eine gute Grundstimmung verbreitet. Mit so jemanden lässt es sich einfach besser zusammenarbeiten als mit einem ständig angespannten oder schlecht gelaunten Menschen. Auch ein Grund, warum ich den nächsten Monaten mit ihm positiv entgegensehe. Wie gewohnt fahren wir den kürzesten Weg zum *Camp Alamo*, um mit einem guten Frühstück in den Tag zu starten. Darauf legt er glücklicherweise genauso viel Wert. Das Haupttor ist durch afghanischen Soldaten besetzt. Wie es scheint, hat die Übergabe des Militärgeländes bereits deutliche Züge angenommen.

Die Kanadier, die zurzeit noch die Verantwortung in diesem Bereich tragen, streben ihren eigenen Umzug für die nächsten Wochen an. Das ist schade, da es dann ab spätestens Juli hier für uns auch nichts mehr zu essen gibt. Gerade mittags, wenn wir aufgrund der langen Anfahrwege nicht zu unserem neuen Camp zurückfahren können, müssen wir auf Alternativen zurückgreifen. Der Check durch die Afghanen wirkt professionell und steht bis jetzt den Kanadiern in nichts nach. Es sind genau diese kleinen Beispiele, die auch Erfolge erkennen lassen. Die Hoffnung besteht nun darin, dass es sich weiterentwickelt und nicht wieder schlechter wird.

Leider habe ich in anderen Büchern von Kameraden über Afghanistan gelesen, dass die Meinung vorherrscht, die Bemühungen der letzten Jahre in diesem Land wären vergebens gewesen. Wenn man unseren Standard und die Effektivität unserer Maßstäbe ansetzt, kann der Eindruck leicht entstehen. Doch hier trennt sich für mich der Teil der Unwissenden von den echten Insidern ab. Denn unter Berücksichtigung vieler kleiner und großer Faktoren, denen wir in diesem Land nun mal unterliegen, geht es sehr wohl vorwärts. Nur wenn man zu weit entfernt steht, kann man es manchmal mit den „einfachen Augen" vielleicht nicht erkennen. Zu Insidern werden hier leider nur die wenigen Ausländer, die täglich Kontakt zu den Einheimischen haben. Und damit meine ich nicht den Lokal, der im Camp arbeitet und nicht selten ohne Fremdsprachenkenntnisse täglich seinem Job dort nachgeht. Nein, die Entwicklungen spielen sich hier draußen ab!

Der Parkplatz vor den Mauern des Innencamps ist völlig frei und so nehme ich den schnellsten und trockensten Platz für meinen Wolf. Auf dem Weg zur Küche spricht der Hauptmann die wichtigen Punkte des Tages an. Er möchte den kanadischen Major für die KMTC-Fahrausbildung kennenlernen und da er sich nicht sicher ist, ob er dessen Handynummer hat, braucht er mich. Da ich auch seine anderen Offiziere kennengelernt habe und weiß, dass sie alle noch bis zum Sommer hier sind, sollte es kein Problem sein. Und wie auf Bestellung erblicke ich den Oberleutnant der Kanadier in der Raucherecke. Ich stelle den Hauptmann kurz vor und lasse ihn dann sein Anliegen selbst vortragen. Da wir auf dem Sprung zum Frühstück sind, vereinbaren sie einen Termin für danach im Büro des verantwortlichen Majors. Der Oberleutnant sagt zu, uns dorthin zu begleiten. Die Küche ist so gut wie leer und die Angestellten wirken sichtlich gelangweilt. Auch hier kann man den Abzug und die Veränderungen deutlich spüren. Mir gefällt die Ruhe, ist doch so weniger Hektik und Gedrängel in den Räumen zu verzeichnen. Die Laune ist wieder gut, bekomme ich doch mein frisches Obst, Spiegeleier und eine Suppe geboten. Der kühle Softdrink ist ebenfalls dabei, wie gewohnt.

Jetzt haben wir Zeit, um die nächsten Projekte zu erörtern und mich auf den neuesten Stand in unserem Bereich zu bringen. Viel hat sich nicht getan, auch wenn mal wieder die Lehrgänge in Zeit und Umfang umgeschmissen wurden und der so wichtige erste Prüferlehrgang nur einen Tag gedauert hat. Wenn ich mich richtig entsinne, hatte ich das dem Oberleutnant, der nun auch schon seit einer Woche wieder zu Hause ist, vorausgesagt. Doch wenn es jetzt gelingt, diese Prüfungsrichtlinien tiefer und nachhaltiger in die Köpfe der afghanischen Prüfer zu bekommen, dann ist das dennoch ein großer Erfolg.

Der kanadische Oberleutnant holt uns fast auf die Minute beim Essen ab und so begeben wir uns zum Bürobereich, der nur wenige Meter von der Küche entfernt ist. Hier im ersten Stock, neben dem *Green Beans*, war früher der amerikanische PX-Shop. Jetzt wurde hieraus ein Büro, welches aber schon wieder in der Zerlegung ist. Die Kanadier, so stellt sich gerade heraus, wollen schon in den nächsten Tagen in das Nachbarcamp *Black Horse* umziehen. Der Major wird den Bereich für seine letzten drei Monate wechseln und die Fahrschule im neuen Camp begleiten. Damit werden wir für ihn nicht ganz aus der Welt sein und sicher noch weiter mit ihm zu tun haben. Wir vereinbaren für den kommenden Montag einen Termin in unserem Bereich, um seinen Nachfolger einzuweisen und schweifen dann noch etwas in die kanadische Kultur ab.

Es ist beeindruckend, wie viel man in diesem Land auch über die anderen Nationen lernen kann. Hätte vorher nie gedacht, dass es kanadische Soldaten gibt, die kein Englisch sprechen. Doch wir wollen weiter und ich bin schon gespannt, ob die Afghanen sich auch freuen, mich wiederzusehen. Aus Höflichkeit würden sie immer den Eindruck erwecken, doch inzwischen weiß ich, woran man die ehrliche Freude erkennt und lasse mich überraschen. Wir fahren wieder los und als der Hauptmann mit dem Leitstand funkt fällt mir auf, dass auf der anderen Seite jetzt der gesamte Text ständig wiederholt wird. Das hatte ich in all den vergangenen Einsatzmonaten auch noch nicht gehabt. Das bestätigt jedoch meine Aussage, dass wirklich jedes Kontingent wieder von neuem anfängt, das Rad neu zu erfinden. Mich würde nicht wundern, wenn es das nächste Kontingent wieder anders macht. Irgendwie doch eine Art der Energieverschwendung in „Reibungsverluste".

Die letzten zwei Wochen hatten der Regen und die Sonne die Vegetation etwas befeuert und überall in den leicht schattigen Gräben wächst das Gras so groß und grün wie in Deutschland. Nur auf den Freiflächen der glatten Hügelketten reicht es nur für kurze Halme, so dass es von weitem ein graugrünes Farbgemisch ergibt. Auf dem ausgehärteten Sandboden, der von unzähligen Steinen und Geröll durchsetzt ist, sprießen vereinzelt kleine leuchtende Blumen. Sie sehen aus wie eine Mischung aus Kakteen mit Blüten und unseren heimischen Tulpen, nur viel kleiner. Der Kontrast der bunten Blüten zum grauen vertrockneten Boden lässt fast ein wenig Romantik aufkommen: Es ist doch irgendwie symbolisch, dass so kleine wunderschöne Geschöpfe der Natur ihren Kampf gegen die Trockenheit und Hitze versuchen. Mit etwas Phantasie kann man das auf dieses Land übertragen, in dem Menschen gegen alle Widerstände und ständige Misserfolge immer wieder dafür kämpfen, etwas Besseres zu schaffen. Nicht immer offensichtlich, gibt es neben den vielen Missständen auch einige schöne Seiten an diesem Land. Man muss sie nur sehen wollen und – um in der obigen Analogie zu bleiben – natürlich weiter gießen, um sie weiter wachsen zu lassen und für alle sichtbar machen! Später werde ich ein paar Fotos von diesem schönen, aber seltsamen Anblick machen, um auch daheim die kleinen Wunder dieses Landes zu zeigen.

Am Eingangstor stehen neue Gesichter. Außer der Wachfeldwebel, scheint die Mannschaft durchgetauscht worden zu sein. Normalerweise sieht man hier sonst über Monate immer dieselben Soldaten, die Wache schieben. Der Wachsoldat möchte erstaunlicher Weise meine ID-Karte sehen. Vor dem Urlaub hatte der alte Wachsoldat, der nun wirklich einige Wochen täglich mein Gesicht gesehen hatte, auch immer wieder meine ID-Karte sehen wollen. Daher hatte ich mir zuletzt nur noch kleine Scherze mit ihm erlaubt und entweder grinsend mit dem Finger in mein Gesicht gezeigt oder auf mein Namensschild. Klar ist es schön, dass sie es genau nehmen und auch nach vielen Wochen nicht nachlässig werden wollen. Doch die ID-Karte soll mich ja identifizieren und jemandem, der mich nicht kennt, die Gewissheit geben, dass ich zur ISAF gehöre. Er musste dann aber selbst grinsen und hatte die unterschwellige Botschaft verstanden.

Der neue Wachsoldat spiegelt gewissenhaft das Auto rundherum ab und lässt uns dann passieren. Beim Einbiegen zum Parkplatz sehe ich schon die Sprachmittler und einige bekannte Soldaten. Kaum aus dem Auto ausgestiegen, sind die Ersten schon da, um uns zu begrüßen. Jetzt dauert es bei jedem sehr lange, da es die Höflichkeit gebietet sich nach meinem Urlaub zu erkunden und nach dem Wohlbefinden der Familie zu fragen. Auch wird dabei immer nur von der Familie und den Kindern gesprochen und die Frau aus Respekt nicht erwähnt. Ganz selten vergesse ich dies noch, wenn ich selbst bei den Afghanen danach frage. Noch einige Male muss Amin und Avabi dieselben Fragen übersetzen und ich gebe dieselben Antworten, da jeder, der sich freundlich erkundigt, auch eine freundliche Antwort verdient. Dieses direkte und sehr ausgiebige Erkunden bestärkt den Eindruck der Ehrlichkeit. Selbst wenn es Tradition und so vorgegeben ist, allein der Umstand, dass sich hieraus auch Gespräche entwickeln, gibt dem Ganzen einen sinnvollen Charakter. Als Ausländer empfinde ich dies als Lob! Doch dann kommen auch schnell wieder die Fragen nach den Wünschen und Aufträgen, die ich vor dem Urlaub noch angenommen hatte. Von ausgedruckten Bildern der verschiedenen Besuche, über Lehrunterlagen und Shampoo. Doch vorerst kann ich die Anfragen abbügeln, denn natürlich hatte ich kurz vor der Abreise tausend andere Dinge im Kopf als die Probleme der Afghanen. Dennoch habe ich zumindest einige Dinge vorbereitet und auch abgearbeitet. Amin habe ich eine Salbe gegen seine Gelenkschmerzen aus Deutschland mitgebracht und ein wenig finde ich ihn undankbar, als er die Größe der Packung bemängelt. Darum gebe ich ihm zu verstehen, dass es keine Dauerlösung und auch nicht für den täglichen Gebrauch ist. Natürlich muss er sich das einteilen, schließlich bin ich keine Apotheke. Avabi wollte gerne Eiweiß als Sportergänzungsnahrung haben und auch das ist in die Wege geleitet. Dabei stellen die Sprachmittler aber auch eine wichtige Ausnahme dar, weil wir eng mit ihnen zusammenarbeiten und so kleine Gefälligkeiten das Verhältnis stärken. Sie sehen dadurch einfach deutlicher, dass sie uns nicht egal sind. Als Rabur merkt, dass die Sprachmittler die Gelegenheit genutzt haben, kommt er mit den Worten „Enrico my friend“ auf mich zu und beginnt ebenfalls, Wünsche zu äußern. Das ist der Effekt des kleinen Fingers, aber dennoch zücke ich meinen Notizblock und notiere seine Punkte. Es sind alles dienstliche Dinge, obwohl er damit wieder den afghanischen Weg umgehen will. Aber schließlich sind wir in Afghanistan und so nehme ich vier Wünsche mit, von denen ich schon die nächsten Tage mindestens zwei zurückweisen muss und bei den anderen Zwei wieder dabei helfe, es in die afghanische „Kette“ einzubringen. Schließlich sollen sie die eigenen logistischen Wege der Beschaffung von Material erlernen und nutzen.

Die nächsten Tage werden wir ohnehin genug mit uns selbst zu tun haben und bis sich alles eingespielt hat und wir wieder arbeitsfähig sind, kann es gut ein oder zwei Wochen dauern. Da wir deshalb auch noch genug zu tun haben, verlegen wir nach einer „Teerunde“ wieder zurück ins Camp. Für den Sonntag ist eine Reporterin der BBC angekündigt und so werden wir erneut ein kleines Programm vorbereiten und uns um den Umzug kümmern. Zurück im Camp beginne ich damit, das Fahrzeug wieder mit den Kartons und kleineren Dingen zu beladen. Viel Platz ist in so einem Wolf wirklich nicht. Doch nur die Möbel und wirklich großen Pakete können wir mit dem LKW, den der Spieß die nächsten Tage regelmäßig zum neuen Camp schickt, mitschicken. Da ich aber gerne die wichtigsten Dinge sofort in meiner Stube haben möchte, bereite ich mir dafür meine Kisten und Kartons vor. So können wir Morgen, nach einem kurzen Besuch bei den Afghanen, direkt zum neuen *Camp ACCL* (amerikanische Name)/ *Quasaba* (so von den Deutschen benannt) weiterfahren und unsere Stuben anschauen, sowie die ersten Dinge einräumen. Denn auch der Hauptmann hat einige Dinge, die mitmüssen und so versuchen wir, den Frachtraum einigermaßen gerecht unter uns aufzuteilen.

Gemeinsam, da wir nicht mehr wie noch 2010/11 einzeln fahren dürfen, treffen wir uns mit einem Fahrzeug der 1. Inspektion im *Alamo*. Die Zeit reicht für ein gemeinsames Mittagessen. Mario aus der 4. Inspektion und Tim, der Oberstleutnant, den ich bereits von einem Lehrgang für die Vorausbildung kenne, sind heute unsere Begleiter zum neuen Camp. Unsere Route soll die direkteste, etwa 20 Kilometer lange Strecke sein. Der Nachteil ist, wie ich vorm Urlaub schon auf der Besichtigungstour mit Theo feststellen musste, dass es extrem holprig zugehen wird. Doch für mich ist wichtig, so schnell wie möglich die Orientierung zu bekommen und mich auf den neuen Routen auszukennen. Diesmal fährt die Erste vor und übernimmt auch den Funk. Es nieselt leicht und die Wege sind vom Regen der letzten Tage übersät mit Pfützen und Schlammlöchern. Das aufgewirbelte Spritzwasser der vorderen Fahrzeuge zehrt enorm an den Wischwasserreserven. Nur wenige Sekunden schaffen es die Scheibenwischer, den Durchblick zu erhalten. Dann ziehen sie mehr und mehr nur noch den Schlamm auf der Frontscheibe hin und her. Nach nur fünf Kilometern ist das Grün unseres Wolfes von außen kaum noch auszumachen. Bis unter das Dach reichen die Spuren des Schlammes, der aus den Pfützen bei zügiger Fahrt ans Fahrzeug geschleudert wird. Selbst durch die vorderen Seitenfenster lässt sich die Umgebung nur noch erahnen. So sehr ich mich auch bemühe, wichtige Orientierungspunkte zu speichern, die Fahrt erfordert meine volle Konzentration. Die Schlaglöcher sind teilweise einen halben Meter tief und so ist es ein ständiger Wechsel zwischen Beschleunigen, um am Vordermann dranzubleiben und dem starken Abbremsen vor den Schlaglöchern. Die Kinder und Passanten laufen teilweise mit einer Gleichgültigkeit und Ruhe zwischen den herannahenden Fahrzeugen durch, dass man meint, sie hätten mit allem abgeschlossen. So versuche ich auch auf sie und die anderen Autofahrer zu achten, die immer wieder mit riskanten Überholmanövern versuchen, an uns vorbeizukommen. Wenn ich bedenke, dass wir ein Geländefahrzeug mit hoher Bodenfreiheit mit relativ zügigem Tempo über diese Piste bewegen, möchte ich gar nicht wissen, was den zivilen Autos hier zugemutet wird. Zumindest scheint es für die gute Qualität und Robustheit der vielen verschiedenen Toyota Corolla zu sprechen. Nie zuvor habe ich woanders so viele verschiedene Modelle dieses Autotyps gesehen. Fast scheint Toyota mit diesem Typ ein Monopol in Afghanistan zu haben. Nur selten sieht man eine andere Marke. Amin hatte es mir mal damit erklärt, dass diese Marke in Afghanistan einen sehr guten Ruf hat und durch die Vielzahl der Fahrzeuge immer günstige Ersatzteile verfügbar sind.

Wir durchfahren etwas schwächer besiedelte Stadtteile von Kabul und doch ist in manchen Ecken reges Treiben. Vorbei an kleinen Geschäften, Werkstätten, großen Gasfirmen und zivilen Camps, steuern wir auf den nördlichen Teil des Flughafens zu. Die markanten gewölbten Blechhallen und die symmetrische Ausrichtung der Gebäude und Zelte lassen eine westliche Struktur erkennen. Der Weg zum Flughafen ist damit vom neuen Camp deutlich kürzer, obwohl holpriger. Ein letztes Mal abbiegen und eine gut ausgebaute und geteerte Straße bringt uns die letzten Meter zur Camp-Einfahrt. Eine schwarze Schranke, die im früheren Leben auch eine Leiter gewesen sein könnte, öffnet sich langsam. Die Wachposten haben uns schon entdeckt, bevor wir sie richtig wahrnehmen können und springen mit drei Mann vor der Einfahrt auf die Straße. Bewaffnet mit ihren Kalaschnikows und deutlichen Handzeichen, bringen sie den restlichen herannahenden Verkehr zum Stehen. Deutlich halte ich meine ID-Karte in die Windschutzscheibe und selbst wenn sie von den Posten keiner auf diese Entfernung erkennen kann, signalisiert sie die Einhaltung von Regeln und öffnet uns das Tor. Freundlich grüßen die afghanischen Posten beim Vorbeifahren und winken uns durch. Mich hat dieses „doppelt gemoppelte“ Zeigen von Anweisungen und Gesten schon oft aufgeregt. Obwohl sie doch schon klar erkennen können, dass man etwas so macht wie gezeigt, weisen sie dennoch weiter und weiter dieselben Zeichen an. Mittlerweile stört es mich nur noch selten, doch irgendwie komisch ist es dennoch. Wir fahren hintereinander in eine Art Schleuse ein und sichern die Fahrzeuge. Sofort beginnt einer der Wachmänner damit, das erste Fahrzeug mit Spiegeln am Unterboden abzusuchen.

In großen blauen Worten steht am nächsten Tor auf Englisch *Welcome to Camp ACCL.* An solchen Kleinigkeiten merkt man recht schnell, dass man in ein ziviles Camp einfährt. Sichtbar gewissenhaft und konzentriert arbeitet sich der Posten zum nächsten Wolf vor. Das Tor hinter uns wurde bereits wieder geschlossen. Als wir das Zeichen bekommen, dass er fertig ist, steigen wir aus, um unsere Waffen an einer Kiste, aus der mehrere dicke Rohre ragen, zu überprüfen. Zwar hätten wir das auch während der Spiegelung machen können, doch sollte sich ein Sprengsatz am Auto befinden, so könnte dieser noch gezündet werden, bevor er entdeckt wurde. Wir steigen wieder ein und das letzte Tor öffnet sich.

Es ist das erste Mal, dass ich hier einen Blick nach innen bekomme, denn mit Theo waren wir zuvor nur außen vorbeigefahren. Eine schmale betonierte Straße führt gerade auf ein nur wenige Meter entferntes Gebäude zu. Alles wirkt stark beengt und in jeder Ecke herrscht reges Treiben. Eine Batterie an deutschen Faltcontainern baut sich zu unserer Linken auf. Rechts fahren wir an einem kleinen Parkplatz, der teilweise mit Umschlagcontainern zugestellt ist, vorbei. Jetzt wird auch schnell klar, warum wir hier nicht parken, sondern in das nebenan liegende Camp, welches noch eine Baustelle zur Erweiterung dieses Camps ist, fahren sollen. Zum Ausladen können wir jedoch hierbleiben und so fahren wir direkt vor das Gebäude am Ende des Weges. Rechts geht es vorbei an weiteren großen Hallen mit den gewölbten Dächern, wie sie typisch für Camps in Afghanistan sind.

Das Gebäude und das Camp insgesamt machen einen sehr neuwertigen und gepflegten Eindruck. Gedacht war es eigentlich als eine Art Hotelanlage für zivile Mitarbeiter der verschiedensten Firmen und Nationen. In der überwiegenden Zahl – und damit meine ich etwa 20 bis 30 Menschen – wird es durch amerikanische Zivilisten (sogenannte *Kontraktoren*) genutzt. Damit dürfte es, bevor die Deutschen Interesse angemeldet haben, recht unrentabel gewesen sein. Man hatte schon sehr früh die notwendigen Baumaßnahmen für die Anmietung des Camps durch die Deutschen begonnen. Damit hatte man sicherlich ein wenig gepokert, denn bis die endgültige Genehmigung aus Berlin vorlag, hat es schon ein wenig gedauert. Denn natürlich musste erst einmal die deutsche Maschinerie der Bürokraten ihren Dienst erledigen. Die verschiedensten Anforderungen, Ansprüche an Sicherheit, Unterbringung und Versorgung zu gewährleisten, mussten nachgewiesen werden. Doch die Pistole lag schon auf der Brust, denn hätte man dieses Camp abgelehnt, so wäre nur noch der KaIA oder der Aufbau eines eigenen deutschen Camps möglich gewesen. Doch der KaIA platzt schon aus allen Nähten und ein eigenes Camp wäre für eine so geringe Anzahl an Soldaten vermutlich unrentabel. Nun haben wir die All-inclusive-Variante und ich behaupte mal im Voraus, die für uns Soldaten komfortabelste, aber nicht sicherste Lösung. Doch die etwas bedrückende Enge bringt einen kleinen Beigeschmack. Für mich, der sechs Tage die Woche außerhalb des Camps im Einsatz ist, ist dies wohl weniger ein Problem. Doch die Kontingentsoldaten, die vier Monate lang nicht einmal das Camp verlassen können und hier nur gegen Mauern und Hallen schauen, könnte das Wort „Lagerkoller“ noch eine besondere Bedeutung bekommen. Zurzeit sind alle rege beschäftigt, da überall gebaut und geschraubt werden muss. Doch steht irgendwann alles, dann könnte der angenehme „Auslauf“ des alten Camp Warehouse fehlen.

Meine Weste packe ich auf den Fahrersitz und greife mir die ersten kleineren Taschen und Gegenstände. Der Hauptmann und ich nehmen, was uns beim Öffnen der Türen entgegenfällt. So trägt er teilweise meine und ich auch teilweise seine Sachen in den ersten Stock. Schon seit einigen Wochen trage ich nun den Stubenschlüssel bei mir und nun kann ich ihn endlich auch benutzen. Im Flur stehen schon jede Menge Mobiliar und Kartons herum. Direkt beim Betreten der Treppe in den ersten Stock kann ich das Türschild des Hauptmanns ausmachen. Er fällt quasi direkt vom Ende der Treppe in seine Stube. Meine liegt links daneben. Ein weißer Zettel mit dem Einheits-Wappen und meinem Namen klebt unter Folie an meiner Tür. Mit einem leichten Dreh nach links öffnet sich die Tür. Das amerikanische Schließsystem vermittelt einen ungewohnten Eindruck. So, als wäre die Tür gar nicht verschlossen gewesen. Doch im Gegensatz zu unseren heimischen Schließsystemen, dreht man hier nur eine halbe und keine ganze Drehung im Schloss.

Der erste Blick fällt auf ein Doppelstockbett der Bundeswehr. Diese Betten hatten wir gegen die Hauseigenen tauschen lassen, da wir so mehr Stauraum unter und auf den Betten gewinnen. Dunkelbraune Möbel auf grauem Teppich unterstreichen eine Hotelatmosphäre. Das Bett steht in einer Nische, die das Badezimmer übriggelassen hat. Es reicht, um hindernisfrei ins Bett zu gelangen, doch das Tanzen braucht man dazwischen nicht zu versuchen. Direkt am Fußende des Bettes steht ein großer Kleiderschrank. Ein Schreibtisch und Kühlschrank schließen die Runde zurück zu Tür. An der Wand hängt ein kleiner Flachbildfernseher und so greife ich direkt die Fernbedienung vorm DVD-Player auf dem Schreibtisch und schalte ihn ein. Wie befürchtet, finde ich nur amerikanische Sender, doch vielleicht hilft ja auch das beim Verbessern meiner Englischkenntnisse. Die Wände scheinen frisch gestrichen und wenn das Bad hält was der Rest verspricht, ist der Standard weit über dem einer Kasernenunterkunft. In Deutschland bekäme diese Anlage in der Ausstattung möglicherweise zwei bis drei Sterne. Für einen Soldaten jedoch, der auch schon Monate im Zelt in den Tropen verbracht hat, ist die Unterbringung fast paradiesisch. Man muss eben auch einmal Glück haben und schließlich glaube ich an so etwas wie ausgleichende Gerechtigkeit.

Die Tür zum Badezimmer öffnet sich in den Raum, was die Aufstellung und Organisation, des mit etwa sechs Quadratmetern knapp bemessenen Raumes weiter zu einer besonderen Aufgabe macht. Sein ganzes Zeug, das zuvor auf etwa 30 Quadratmetern verteilt war, nun auf 12 Quadratmetern/ zwei sehr kleinen Räumen unterzubringen, ist nicht ganz einfach. Besonders, weil nun dieses Zimmer auch gleichzeitig mein Büro ist und die Dinge von dort ebenfalls hier ihren Platz finden müssen. Aus dem Bad kommt mir ein unangenehmer Geruch entgegen, jedoch weniger nach Abfluss als nach Chemikalien. Eine amerikanische Toilette mit der Aufschrift „American Standard" befindet sich direkt hinter der Tür. Rechts daneben ist eine Dusche, die durch einen zu kurz scheinenden Duschvorhang begrenzt wird. Alles wirkt etwas verkalkt und ungepflegt. Das Chrom der Armaturen ist teilweise abgeblättert und grün angelaufen. Sofort laufen in meinem Kopf die weiteren Maßnahmen ab, wie ich mein neues Reich säubern und herrichten möchte. Ein kleines Fenster, in das ein Ventilator eingebaut ist, durchflutet das Bad mit ausreichend viel Licht. Auf dem Fensterbrett sind zwei Rollen des amerikanischen Toilettenpapiers abgelegt. Vier Haken an der linken Wand scheinen deutlich zu hoch zu hängen, doch vermutlich hat sich jemand etwas dabei gedacht. Auf jeden Fall hängen so selbst lange Badehandtücher nicht auf dem Boden herum. Doch zum langen Bestaunen meiner neuen Unterkunft ist keine Zeit und so mache ich mich wieder auf den Weg in das Erdgeschoss und weiter zum Wolf. Noch zwei bis dreimal und dann dürfte das Auto leer und die Stube etwas voller geworden sein. Obwohl es heute mit etwa 15 Grad gar nicht besonders warm zu sein scheint, bin ich durch meine gewohnt schnellen Schritte und Abläufe gut ins Schwitzen gekommen.

Während der Hauptmann vor dem Eingang eine Zigarette anzündet, werfe ich einen Blick in den fast vollständig geschlossenen Innenhof. Die im Karree angeordneten Gebäude geben einen nur etwa vier Meter breiten Durchgang frei. Saftig und dunkelgrün leuchtendes Gras, ist ordentlich in kleinen Beten zwischen den Wegen, die durch den Hof gezogen sind und ebenfalls an den Gebäuden entlangführen, angelegt. Mit zwei, nur einige Meter entfernt voneinander liegenden Sitzecken, die durch antik, jedoch gehoben anmutende Holztische und Bänke bestückt sind, wird fast eine Urlaubsatmosphäre erzeugt. Nichts erinnert hier an eine militärische Unterbringung. Die vielen schmalen Fenster der drei Stockwerke leuchten braun verspiegelt in der hochstehenden Sonne zurück. Nur die vielen Klimaanlagen unter den Fenstern wirken ein wenig unharmonisch und deplatziert. Hoch oben auf dem Dach sind einige Soldaten emsig dabei, die verschiedenen Antennen und Verkabelungen herzustellen. Mein Eindruck ist immer noch sehr positiv und mit der Enge wird man sich eben arrangieren müssen. Es ist schon wieder kurz vor eins und so machen wir uns wieder startklar. Die katastrophale Strecke zurück in unser altes Camp bringt zwar noch einen herben Beigeschmack, doch ich versuche Optimist zu bleiben. Mit der deutlich weiteren Entfernung zu unseren Afghanen werden damit auf jeden Fall eine Menge Kilometer in diesem Einsatz in Afghanistan und einer von vielen weiteren kleinen Rekorden anstehen.

Wir sind zurück im Camp und wieder muss so viel wie möglich in das Auto geladen werden, um jede Tour effektiv zu machen und unnötige Fahrten zu vermeiden. Morgen wollen wir dann das erste Mal im neuen Camp essen, denn der gute Ruf der Verpflegung dort eilt dem Camp voraus. Ein letztes Mal werfe ich im alten Camp meinen Brotbackautomaten an und kann so das Essen in der Küche umgehen. Nur die wichtigsten und meisten Vorräte habe ich leider schon mit den anderen Kartons im Fahrzeug. Das Fässchen Schmalz und ein angebrochenes Glas Marmelade vom Oberleutnant stehen noch neben einigen Dosen Cola im Kühlschrank. Das muss reichen und wird es auch, denn das Frühstück und Mittag in den auswärtigen Camps war völlig in Ordnung und sehr reichhaltig. Und obwohl es wieder etwas Überwindung kostet, mache ich mich für meine Sporteinheit fertig und packe mit etwas Wehmut meine Sportsachen in meine kleine Tasche. Die Regelmäßigkeit und die Zuverlässigkeit, die der Sport mit dem Oberleutnant brachte, fehlt mir schon jetzt, wo ich allein die wenigen hundert Meter zum GYM laufe. Der neue Hauptmann hat bereits während meines Urlaubs einen Sportpartner gefunden und da beide mehr

Krafttraining machen als Ausdauersport, passt die Kombination besser als mit mir. Auch wenn der Oberleutnant ebenfalls nur den Hin -und Rückweg mit mir geteilt hat, es macht einfach mehr Spaß, wenn man gemeinsam losgeht.

Wie immer hat der Sport seine Wirkung erreicht und obwohl ich es ruhig angegangen bin, so fühle ich mich wieder in meinem Rhythmus. Nur jetzt, wo ich mich zum Duschen fertig mache, wird mir mein Übereifer im Verpacken meiner Sachen deutlich. Nur noch zwei Unterhosen und zwei Shirts sind in meinem Schrank übriggeblieben. Das heißt, ich muss morgen auf jeden Fall noch einmal Wäsche abgeben. Damit sind sie ja glücklicherweise sehr schnell, sodass es für die letzten paar Tage reichen sollte.

So schlimm wie im Kongo, wo ich anfangs bis zu zwei Wochen auf meine Wäsche warten musste, wird es sicher nicht mehr. Dort hatte ich dann leider einen Satz Unterwäsche fast fünf Tage tragen müssen und seit meiner Kindheit nicht mehr so „dreckig“ gelebt.

Alles was jetzt entbehrlich ist, bereite ich zum Abtransport vor. Auch das Bord/ Regal für meinen Rechner nehme ich vom Bettende ab. Dafür habe ich noch eine Dose braunes Farbspray. So kann ich es farblich an die Möbel im ACCL anpassen und nehme ihm diesen Bretterlook. Jetzt muss der Platz auf dem kleinen quadratischen Tisch für den Laptop und den Fernseher reichen. Zwar habe ich den Fernseher Amin versprochen und er fragt auch fast täglich, wann er ihn bekommt, doch solange er mir nutzt, koste ich es aus. Danach gibt es erst mal einige Zeit kein deutsches Fernsehen und ob es Internet gibt, ist ja noch nicht sicher. Der deutsche Anbieter ist dort nicht verfügbar und so bliebe nur eine afghanische Version als Notlösung. Warten wir es ab. Mein Blick schweift ein letztes Mal durch die ungewohnt sterile und ungemütliche Stube, bevor ich die Augen schließe. Nur der leuchtend rote Teppich, den ebenfalls Amin bekommt, verströmt noch einen Hauch Privatsphäre.

Die ersten Kameraden werden heute schon im neuen Camp übernachten. Wir sind noch nicht dabei. Auch da sind die Einstellungen völlig gegensätzlich, denn einige können es kaum erwarten dort hinüber zu ziehen und andere versuchen, so viele Tage wie möglich im alten Camp zu bleiben. Die kurzen Wege zu unseren Afghanen sind schon ein tragendes Argument, doch innerlich würde ich mich wohler fühlen, wenn der Umzug schon geschafft wäre und so bin ich der Meinung, dass man so etwas nicht unnötig aufschieben sollte. Häufig haben die Ersten dann doch irgendwelche Vorteile, weil sie Informationen oder Material vor den Anderen bekommen haben. Der Hauptmann nimmt das alles etwas gleichgültig wirkend hin. Wobei ich nicht sicher bin, ob er einfach nur mit den Gedanken woanders und abgelenkt oder ein wenig Gleichgültig dabei ist. In dieser Phase werde ich auf jeden Fall eine gute Gelegenheit haben, ihn schnell und genau kennenzulernen. Bekanntlich erfährt man ja gerade in stressigen Zeiten sehr viel über einen Charakter. Doch auch hier bleibe ich optimistisch, denn die ersten Tage vor dem Urlaub und auch jetzt wirkt er relativ entspannt und ausgeglichen, wenngleich zeitweise etwas zerstreut. Er gibt mir das Gefühl, meine Erfahrung zu respektieren und ist als Luftwaffenoffizier im Führungsstil sicherlich auf meiner Wellenlänge.

Heute fahren wir erst zu den Afghanen und wollen dann zur Mittagszeit im *ACCL* sein. Damit bleibt uns für die wichtigen Punkte der nächsten Tage nicht besonders viel Zeit. Der Hauptmann ist etwas nervös wegen dem Besuch der Reporterin. Ich versuche ihn zu beruhigen und doch scheint er ein wenig Skepsis und Misstrauen nicht ablegen zu können. Noch versuche ich dieses Misstrauen nicht auf mich zu beziehen und sicher ist er auch um die Zuverlässigkeit der Afghanen besorgt. Tatsche ist aber, dass sie es die letzten Male, wo nun wirklich prominenter Besuch vor Ort war, sehr gut gemeistert haben. Warum sollte es in Zukunft anders laufen? Sicher werden sie es nicht alles nur dem Vorgänger zuliebe gemacht haben. So verabschieden wir uns früh für die nächsten zwei Tage, denn nach der Fahrt zum ACCL werden wir einen Tag mit dem Ausbilden bei den Afghanen aussetzen. Wir werden unsere neuen Stuben mit den letzten persönlichen Dingen ausstatten und die Möbel aufstellen. Dann, am Sonntagmorgen, muss umgehend die Show für den Besuch vorbereitet werden und wenn der Zeitplan wie geplant stehen bleibt, sollte das kein Problem sein.

Unser Begleitfahrzeug der 1. Inspektion wartet schon auf uns und so nehmen wir im Vorbeifahren Funkkontakt auf und verlegen gemeinsam zum *ACCL*. Wenn wir dort sind, wird es direkt zum Mittagessen gehen. Der Hauptmann hat einen Musikwürfel mitgebracht, den wir von nun an immer im Wolf behalten wollen. Die langen Fahrten in der Zukunft machen Musik sinnvoll. Denn unter dem Geklapper des Wolfes, der die Schlaglöcher hörbar schluckt, brauchen wir uns nicht anzuschweigen. Bisher hatte sich Musik auf den kurzen Fahrten kaum gelohnt.

Im Camp angekommen nehmen wir auf dem begrenzten Raum unsere Parkpositionen ein. Noch weiß keiner so genau, wo wer parken soll. So geht man natürlich zunächst den Weg des geringsten Widerstandes und da wir nicht zu stören scheinen, bleibt es vorerst dabei. Gespannt und gut gelaunt machen wir uns die wenigen Meter auf zur Küche. Im Vorraum ist wie schon überall üblich mit drei kleinen Waschbecken für die Handreinigung gesorgt. Alle Hinweise an den Wänden und Türen sind ausschließlich auf Englisch. Alles wirkt sehr neu und sauber. Im Speisesaal, der auf den ersten Blick für alle hier stationierten Deutschen zu klein scheint, herrscht eine freundliche und gemütliche Atmosphäre. Kein Vergleich zur französischen Einrichtung, die unpersönlich und steril wirkt. Man kann über die Sinnhaftigkeit solcher Dinge im Einsatz streiten, doch sind es eben genau diese Kleinigkeiten, die gute Laune und eine angenehme Stimmung hervorbringen oder verstärken können. Gut investiertes Geld mit hohem Gegenwert, den man allerdings erkennen muss. Gleich rechts liegen auf einem Tisch die verschiedenen Namenslisten der Essensteilnehmer. Wieder hat es eine persönliche Note. Wir tragen uns mit unserer ID-Kartennummer ein und reihen uns in die übersichtliche Schlange vor der Ausgabe. In einer blitzblanken Vitrine sind die unterschiedlichsten Speisen aufgebaut. Es ist Selbstbedienung gefragt und so nehme ich mir aus dem Geschirrkasten die ungewohnt geformten Bestecke und einen Teller für mein knallrotes Tablett. Alles ist mit den Buchstaben des ACCL graviert und lässt die Hotelatmosphäre wieder durchscheinen. Auf den ersten Blick scheint die Auslage nie und nimmer für so viele Soldaten zu reichen. Doch der Aufseher, ein freundlicher Afghane mit sehr guten Englischkenntnissen, hält das Personal auf Trapp. Emsig flitzen sie hin und her, ohne dabei störend zu wirken und füllen ohne Verzögerung das Essen wieder auf. Insgesamt wirken sie sehr diszipliniert und gut erzogen. Auch den Hundertsten Gast scheinen sie noch freundlich zu begrüßen. Ein reichhaltiges Salatbuffet schließt an die erste Auslage an und es gibt auch Suppe für mich. Alles wirkt nach den bekannten amerikanischen Maßstäben aufgebaut und hergerichtet. Nur eben noch sauberer und gemütlicher als in den reinen Militärküchen. Da meine Augen wie häufig gerne mehr wollen als mein Magen verträgt, bleibe ich bei kleinen Portionen und nehme dafür jedoch von fast allem eine kleine Probe mit auf den Teller. Es geht vorbei am offen einsehbaren Kühlschrank, in dem die verschiedensten Säfte und Softdrinks aufgereiht sind. Auf einem riesigen Fernseher an der rechten Wand wird das aktuelle Tagesgeschehen von einem amerikanischen Sender präsentiert. In den Ecken des Saales sind Grünpflanzen aufgestellt, die man erst bei genauerem Hinsehen als Künstliche entlarven kann. Man hat sich in Stil und Ausstattung ganz den amerikanischen Ansprüchen angepasst. Jeweils zu zwölft und an den langen Tischen gegenübersitzend, passt man in die verschiedenen, parallel aufgestellten Tischreihen. Stoffstühle und mit Kunststofftischdecken glatt bezogene Tische runden das häusliche und gemütliche Klima ab. Trotz des gut gefüllten Speisesaales finden wir für unser kleines Grüppchen eine zusammenhängende Sitzecke. Natürlich ist das Lager und alle damit verbundenen Informationen das Gesprächsthema in der Runde. Durchweg positiv wird der Umzug mittlerweile gesehen und nur mit viel Anstrengung lassen sich im Moment gravierende Nachteile erkennen. Man könnte es jetzt ein Klagen auf hohem Niveau nennen.

Der letzte Morgen in Camp Warehouse ist angebrochen und das Auto ist wieder einmal vollgestopft mit unseren Sachen. Mein Fernseher steht hinten auf dem Sitz angeschnallt zur Abgabe an Amin bereit. Es ist ein wenig wie eine kleine Erlösung, denn täglich kam in den letzten Tagen von ihm immer dieselbe Frage nach dem Zeitpunkt. Obwohl er ein kluger Mann ist und es sich eigentlich schon beim ersten Mal hätte merken können, hat er wie ein kleines Kind auf der Fahrt in den Urlaub immer wieder wissen wollen, wann er den Fernseher bekommt. Diese Eigenschaft zieht sich merkwürdigerweise durch die afghanische Mentalität und so richtig kann ich es nicht erklären, doch sie scheinen wohl entweder sehr misstrauisch oder einfach ängstlich zu sein. Dabei müssten sie und gerade Amin, der mich schon recht lange kennt, wissen, dass ich mein Wort halte.

Ab heute Abend schlafen wir im neuen Camp und ich habe bisher kaum etwas eingeräumt oder für die Übernachtung vorbereiten können. Doch da wir auch heute Mittag wieder im ACCL essen werden, bleibt fast der gesamte Nachmittag und das sollte reichen. Dann muss ich nur noch den Teppich und meinen letzten Karton aus der Stube holen. Da auch noch die letzten Möbel zum Abtransport vor die Tür müssen, gehe ich mich zügig waschen und hole mir das Werkzeug aus unserem Fernsehraum. Viel außer einer Abstellkammer ist davon nicht übriggeblieben. Ein kleiner Kühlschrank und die alte Ledergarnitur hatten die letzten Tage reichen müssen. Die Auflage der Franzosen, diese Feldhäuser möglichst im Ursprungszustand zu übergeben, macht uns viel zusätzliche Arbeit. Die vielen über die Jahre zusammengekommenen Aufkleber und Bilder, selbst gebastelte Halterungen und Verkabelungen, all das muss aufwendig zurückgebaut werden. Und natürlich haben die, die diese Dinge einmal angebracht haben, sich nicht viele Gedanken über das Später gemacht. Da meine Stube lange Zeit die Stube des Leiters war und dadurch wenig „Spielereien" gefragt waren, habe ich nur wenig Stress mit der Problematik. Lediglich ein großer runder ISAF-Aufkleber in leuchtendem Dunkelgrün wehrt sich hartnäckig gegen seine Entfernung. Doch darum kann ich mich kümmern, wenn ich den Teppich raushole, denn bis dahin behalte ich den Schlüssel und übergebe die Stube auch nicht.

Der Hauptmann schlendert etwas verschlafen aus seiner Stube über den Flur und erkennt schnell, dass auch er heute Morgen noch einiges vor sich hat, bevor wir losfahren können. Nachdem er aus dem Waschraum zurück ist und seine Uniform angelegt hat, beginnen wir gemeinsam mit dem Zerlegen der Betten und dem Raustragen der Möbel aus den Stuben. Alles, was noch mit in die neuen Stuben soll, wird in einer schon länger unbewohnten Stube und im Flur gesammelt. So steht der Flur nicht völlig voll und die Arbeiter haben es nachher beim Beladen des LKW etwas leichter mit dem Sortieren. Zwar klemmen die Schrauben am Bett des Hauptmanns etwas, aber mit etwas Geduld und Geschick klappt es dann doch noch, sie zu lösen. Beim Anblick meiner zerlegten Stube kommt langsam etwas Wehmut auf. Wer weiß schon, was einem später fehlen wird und ob es nicht doch gut so war, wie es war. Meine Waffe geschultert und die Hände mit Tüten und Kleinkram voll, ziehe ich die Tür hinter mir zu. Die Zwischentür zum Durchgang kann ich nur mit dem Fuß auftreten und mit einer gekonnten Drehung husche ich durch die sich sofort wieder schließende Tür hinaus. Nachdem der Hauptmann seine Zigarette ausgetreten und seine IDZ-Weste über seiner Schutzweste geschlossen hat, könnten wir starten.

Doch ich bitte den Hauptmann noch um einen kurzen Moment und husche im Laufschritt zur Stirnseite unseres Feldhauses. Nur wenige Meter entfernt hatte ein Schild in Form einer Ortstafel aus Deutschland gestanden. Hier hatte sich jedes Kontingent mit dem Heimatstandort eingetragen. Dieses Schild steckte mit einem längeren Holzstamm in einem Steinhaufen. Dieser Haufen bestand überwiegend aus hochwertig wirkenden Marmorsteinen, als wären sie frisch aus dem Felsen gehauen worden. Das Schild ist schon weg und der Haufen etwas flacher als sonst. Kurz mustere ich die Auswahl und greife mir einen ansehnlichen Stein heraus. Er mag vielleicht zehn Kilogramm wiegen und muss mit etwas Kraft vor meiner Hüfte in die Hände geklemmt werden. Zügig laufe ich zum Wolf zurück. Und als legte dieser Stein einen Schalter bei mir um, überkommt mich wieder ein Gefühl der Wehmut. Es wird künftig keinen Grund mehr geben, in dieses Camp einzufahren. Wenn es dann an die ANA übergeben ist, noch weniger. Noch ist es mir wohl nicht klar, auch wenn das Gefühl es schon untermauert, aber hier geht gerade ein wichtiger Abschnitt zu Ende.

Die Hecktür des Wolfs steht noch offen, der Hauptmann wirkt schon etwas ungeduldig. Dennoch grinst er wie gewohnt und will natürlich sofort wissen, was ich mit diesem Stein vorhabe. Kurz erkläre ich mich und mache ihm verständlich, dass es eine Angewohnheit geworden ist, Steine von fernen Orten, die ich besucht habe, mitzunehmen. Zwar ist das mehr eine Urlaubstradition, doch die Gelegenheit sprang mir ja förmlich ins Auge. Dann frage ich noch kurz, ob er auch einen möchte und entnehme seinem einsetzenden Gelächter, das wir losfahren können. Routiniert und ohne großes Nachdenken drücke ich nach dem Anfahren den Knopf zum Schließen aller Türen. Erst jetzt fällt mir bewusst auf, dass der Hauptmann immer noch einmal alles nachkontrolliert. Das war auch schon beim Abschließen des Wagens aufgefallen. Obwohl sich das Verschließen mit einem lauten Klacken klar erkennen lässt, drückt er dennoch jedes Mal wieder die Knöpfe der Türen nach unten, um den Verschluss zu überprüfen. Ein Beigeschmack bleibt dabei, weil es noch nicht klar ist, ob er mir oder der Technik misstraut. In Gedanken zwinge ich mich zurück in mein positives Denken und schiebe es auf die morgendliche Stimmung, warum mich das zu nerven beginnt. Er scheint ja insgesamt deutlich sicherheitsbewusster als ich zu sein. An manchen Punkten sehe ich es auch ein, doch es fällt mir schon auf, dass wir da in unseren Ansichten auf verschiedenen Seiten stehen. Selbst wenn er es gut meint und damit vielleicht seiner Sorgepflicht als Vorgesetzter gerecht wird.

Bei den Afghanen angekommen, werden wir schon sehnsüchtig von Amin erwartet. Nach einer sehr schnellen Begrüßung geht sein erwartungsvoll suchender Blick durch die getönten Scheiben in das Innere des Wolfes. Länger will ich ihn dann auch nicht zappeln lassen und so öffne ich die hintere Tür und zeige ihm den – vom Staub mal abgesehen – neuwertig aussehenden Fernseher. Hätte ich den an einen deutschen weiterverkauft, so hätte ich zwischen 30 und 40 Euro genommen. Doch da mein Vorgänger mir nichts dafür abgenommen hat, bekommt Amin ihn umsonst. Da Avabis Auto vor dem Camp steht, fahre ich mit dem Wolf dort vor. Amin will das Gerät schon ausladen, doch ich schiebe ihn etwas bei Seite und löse den Gurt, greife mir den sehr schweren Fernseher und setze ihn auf dem Rücksitz von Avabis schwarzem Mercedes ab. Festschnallen geht hier nicht, da die ledernen Sitzbezüge die Anschnallpunkte verdecken. Doch Amin winkt lächelnd ab und beruhigt mich mit den Worten „Das ist Afghanistan Herr Enrico!“. Dann drücke ich vorsichtig die Tür zu und wir begeben uns zurück. Als ich wieder aus dem Wolf steige, bedankt er sich erneut bei mir und wirkt etwas verwundert. Nach kurzem Überlegen sagt er dann zu mir: „Ihr Deutschen seid ganz anders...!“. Dann zögert er etwas und fährt fort: „Du schenkst mir etwas und trägst es, obwohl es sehr schwer ist, auch noch in mein Auto?“ Er macht eine abfällige Geste mit der Hand. „Wenn wir Afghanen etwas verschenken, dann soll der Andere das selbst nehmen!“

Er hatte mich, als einmal pornographische Videos unter den Afghanen im Umlauf waren, gefragt, ob alle deutschen Frauen so Sex praktizieren. So ähnlich stehe ich nun wieder da und merke recht deutlich, dass Dinge, die einzelne Menschen tun und die von vielen gesehen werden, oft mehr bewirken oder anrichten, als Dinge, die viele tun und nur wenige sehen. Auf der einen Seite möchte ich die Deutschen nun nicht schlecht reden und doch ist es auf der anderen Seite unbestritten, dass es eben auch nicht normal ist, wenn Menschen, egal ob Deutsche oder anderer Nationen, helfen oder uneigennützig sind.

Wahrscheinlich greift bei diesen Menschen eben nur ein anderer Maßstab über das „Geben und Nehmen". Nach gut zwei Jahren in Afghanistan habe ich schon verstanden, dass Kleinigkeiten manchmal nur etwas Überwindung kosten und doch viel bewirken können. Wenn du hier von vielen gemocht wirst, dann wird das sicher nicht zum eigenen Nachteil sein. Und wenn es nur der Anruf von Amin ist, der mir am Morgen mitteilt, dass ich an diesem Tage lieber im Camp bleiben soll, weil er Informationen zu „angeblichen" Bedrohungen bekommen hat. Unbezahlbar, wenn es berechtigt ist.

Die anderen Soldaten bekommen natürlich mit, dass mal wieder die gutverdienenden Sprachmittler die Geschenke absahnen und beim einen oder anderen ist der Neid an den Gesten und Äußerungen deutlich zu verstehen. Darüber hatte ich mir vorher schon einige Gedanken gemacht, denn nicht nur die Konkurrenz zwischen Amin und Avabi hatte mir zu denken gegeben, auch die Soldaten hatte ich im Hinterkopf. Doch Avabi hatte das umfangreiche Inventar des Oberleutnants abbekommen und selbst wenn er ihm als Gegenleistung eine Fleecejacke mitgebracht hatte, es war ein sehr gutes Geschäft für ihn gewesen und der Oberleutnant hatte ganz sicher nichts daran verdient. Doch wie sollte man das unter den vielen Soldaten regeln? Seinen Lieblingen etwas geben und den anderen nicht, wäre genauso ungünstig gewesen. Und für alle war eben nicht genug vorhanden. Aber der Einsatz dauert ja noch recht lange und so wird sich die Gelegenheit für einen kleinen Ausgleich möglicherweise schon noch ergeben.

Der Hauptmann beginnt etwas zu drängeln, denn der am Sonntag anstehende Besuch der BBC bedarf noch einiger Absprachen. Hashib und die anderen Offiziere sind an diesem Tag zum Prüfen von Fahrschülern auswärts unterwegs. Das gibt mir zu denken, denn wenn Rabur, so wie jeden Sonntag erst in die DMS fährt und später dann kurz vor dem Besuch erst wieder hier im Bereich ist, muss die Vorbereitung geklärt sein. Alle, die etwas zu sagen haben, versprechen uns einen wie gewohnt „reibungslosen" Ablauf. Doch ich weiß, wie schnell hier etwas nicht gelingt, wenn keiner das Zepter übernimmt. Allein auf uns Deutsche und einen Sprachmittler hören sie leider nicht immer so konsequent, wie es dann nötig wäre. Ein wichtiger Punkt ist immer wieder der Kraftstoff und so gehe ich zu den zwei wichtigsten Fahrzeugen, dem Kran und den Atlas, nach dem Kraftstoffvorrat sehen. Besonders ermutigend scheint nicht, was ich da sehen muss, denn beide Fahrzeuge sind bereits im roten Reservebereich. Dadurch, dass Kraftstoff sehr teuer ist, wird er eben auch oft gestohlen und so werden die Ausbildungsfahrzeuge stets nur recht knapp betankt. Dass aus diesem Grund liegenbleibende Fahrzeuge an der Tagesordnung sind, kann man sich vorstellen. Hashib und Samuel sind wie immer meine beiden wichtigsten Ansprechpartner bei den Spezialfahrzeugen und etwas lustig und doch glaubwürdig beruhigt mich Hashib. Seine Aussage von der letzten Vorführung „Deine Ehre ist auch meine Ehre", schwebt mir immer noch durch den Kopf. Ich vertraue ihm, soweit ich es vertreten kann.

Für Außenstehende mag es merkwürdig scheinen, doch wenn wir uns mit den Afghanen präsentieren, dann schauen unsere Vorgesetzten schließlich auch auf uns, da sie die Leistungen der Afghanen unserem Mentoring und unserer täglichen Ausbildung mit ihnen zuschreiben. Durch unsere minimale Besetzung kann ich nur noch stichprobenartig in den verschiedenen Lehrgängen anwesend sein und konzentriere mich in der aktuellen Phase an dem Bedarf und den offensichtlichen, noch existierenden Schwachpunkten. Immer wieder kommen sie von allein auf mich zu, um mich zu den verschiedensten Dingen um Rat zu bitten. Hauptsächlich fehlt es ihnen dabei an technischem Hintergrundwissen. Doch es macht viel Spaß, gemeinsam mit den afghanischen Fahrlehrern unter die Fahrzeuge zu kriechen und ihnen „Nachhilfe" zu geben. Damit geben sie mir das Gefühl, dass sie uns immer noch brauchen. Dabei sind die Offenheit und das ehrliche Interesse für mich besonders wichtig. So geben sie mir ganz klar das Gefühl, dass ich nach all diesen vielen Monaten der letzten Einsätze ihr volles Vertrauen erworben habe und sie mich in meiner Aufgabe respektieren. Das halte ich für eine wichtige Errungenschaft, ist sie doch der Schlüssel zum Nutzen unserer Aufgaben in diesem Land. Nur allzu oft und immer noch fallen mir auch genügend Negativbeispiele auf. Mentoren, die den Zugang zu den Afghanen nicht oder nur oberflächlich gefunden haben und so einen sinnlosen Kampf zu kämpfen scheinen. Die Wenigsten von ihnen würden das zugeben, spricht es doch möglicherweise für ein eigenes Defizit. Doch so schlimm würde ich es nicht bewerten, denn genau für diese Problematik werden wir in Deutschland nicht oder nur sehr oberflächlich ausgebildet. Die interkulturellen Fähigkeiten sind manchmal genauso wichtig wie eine gute Waffenausbildung. Einige Verhaltensweisen sind zudem nicht auf jede Ethnie und alle Bereiche übertragbar. Denn was in Kunduz funktioniert, kann in Kandahar schon als negativ aufgenommen werden.

Nehme ich zum Beispiel einen allgemeinen Ausbildungsabschnitt, in dem wir vor Sprengstoffanschlägen sensibilisiert werden sollen: Dabei sollen die Fahrer und noch mehr der aktive Beifahrer auf Besonderheiten in der Umgebung achten. Dazu zählen abgestellte Gasflaschen, Kabel im Boden am Fahrbahnrand, telefonierende Passanten und eben andere Dinge, die einen Anschlag andeuten könnten. Das mag im Umland und auf den Dörfern noch erkennbar sein. Doch in Kabul, wo die Straßen voll mit telefonierenden Passanten und abgestellten Gasflaschen sind, ist das kein brauchbares Zeichen mehr. So sind eben viele Informationen sehr individuell interessant und wichtig. Wir in unserer Einheit sind da fast unwichtig, keine lohnenden Ziele. Die meisten „Camp-Soldaten" werden auch keinen Gedanken an solche Probleme verschwenden, doch dieses Mentoring hat einen für mich hohen Multiplikationsfaktor. Wir und die anderen außerhalb der Camps tätigen Kameraden werden von den afghanischen Soldaten und auch von der Bevölkerung wahrgenommen. Somit wird das Bild, welches wir hinterlassen, jenes sein, welches sich als Meinung in der Masse wiederfindet. Und genau dieses Bild entscheidet über Sympathie oder Antipathie und in letzter Konsequenz, auch möglicherweise über Leben oder Tod. Über die Erfolge unserer Ziele in diesem Land sowieso.

Nicht mit einem guten, aber erträglichen Gefühl machen wir uns zum Mittag auf. Beim Schreiben fällt mir gerade auf, wie oft ich die Mahlzeiten erwähne. Liegt es nur am persönlichen Stellenwert oder daran, dass es ein wichtiger Teil des Lebens und hier im Einsatz des Tagesablaufes ist? Es ist wohl eine individuelle Mischung aus Beidem.

Nachher, wenn wir zurück im ACCL sind, beginnt das Herrichten der Stube und dann folgt die erste Nacht im wieder einmal neuen Bett in einer neuen Umgebung. Müsste ich schätzen, so würde ich behaupten, dass ich seit meinem Eintritt in die Bundeswehr deutlich öfter in fremden als im heimischen Bett geschlafen habe. Doch wahrscheinlich ist das als Pendler keine Kunst.

Es ist erstaunlich, wie schnell die sandigen Wege die Feuchtigkeit aufgesaugt und abgegeben haben, denn trotz des recht vielen Regens der letzten Tage, ist bereits wieder ein erdrückender Staub in der Luft. Benni fährt vor und so schlucken wir eine Menge seines aufgewirbelten feinen Staubes. Nur hoch konzentriert ist es möglich, jetzt noch die tiefen Schlaglöcher nicht zu treffen und dennoch an seinem vorausfahrenden Fahrzeug dran zu bleiben. Nur der leichte Wind, der die Staubschwaden immer kurz nach dem Fahrzeug etwas mitnimmt, begünstigt die heutige Fahrt über die losen, geländeähnlichen Straßen. Leicht hinter Benni versetzt fahre ich so, dass der Wind mir die Staubschwaden vor dem Auto wieder wegbläst und ich so wenigstens einige Meter vorausblicken kann. Etwa die Hälfte unseres Weges ist extrem schlecht. Kein Wunder also, dass wir lieber durch den Flughafen abkürzen und die zeitaufwendigen Kontrollen in Kauf nehmen.

Für etwa 20 Kilometer benötigen wir so eine dreiviertel Stunde, an guten Tagen mit wenig Verkehr. Fahren wir die etwas kürzere Route, brauchen wir zehn Minuten länger und haben eine doppelt so lange Holperstrecke. Als markanten Punkt zur Orientierung habe ich mir den im Hintergrund erscheinenden, grauen Wasserturm gemerkt. Ebenso gibt es ein kleines, fast unscheinbares blaues Schild als Orientierung, bevor wir ein letztes Mal nach rechts abbiegen müssen. Doch Benni fährt daran vorbei und legt wenige Meter nach der Kreuzung fast eine Vollbremsung hin. Eigentlich ist die Stelle nicht so schwer auszumachen, doch gerade als Fahrer ist man beim Suchen der besten Fahrspur im Staub der Anderen so konzentriert, dass man nicht immer auf die Route achten kann. Daher ist es auch die Pflicht des aktiven Beifahrers, den Fahrer bei solchen Dingen und wo sonst möglich zu unterstützen. Durch das Verpassen der Ausfahrt hat Benni den besten noch verbliebenen Parkplatz auf der recht chaotisch wirkenden Baustelle neben unserem Camp verspielt. So packe ich die Gelegenheit beim Schopf und ziehe, während er zurücksetzen muss, an seinem Wolf vorbei und nehme direkten Kurs über die letzten Bodenschwellen zur Baustelleneinfahrt.

Die Posten scheinen wirklich hoch motiviert und aufmerksam, denn schon einige Hundert Meter, bevor ich das Tor erreiche, springen sie wieder auf die Straße, um den Verkehr zu stoppen und uns die Einfahrt zu öffnen. Dabei sind sie keineswegs zimperlich, denn als ein

Corolla-Fahrer versucht, noch schnell durch eine der Lücken auf der versperrten Straße zu huschen, springt ihm einer der Wachposten vor das Fahrzeug und schlägt mehrmals wütend auf seine Motorhaube. Wäre unser Fahrzeug nicht so gut gedämmt und die eigenen Geräusche im Innenraum nicht so laut, könnten wir sein lautes Schimpfen hören. Dabei hat der Corolla-Fahrer noch Glück, denn so manchen Übermütigen hat das auch schon Löcher im Fahrzeug eingebracht oder sogar das Leben gekostet. Woher soll der Posten wissen, ob er es nur einfach eilig hat oder einen Sprengstoffanschlag verüben möchte? Der Grad ist schmal und auch für unsere Verhaltensregeln nicht immer einfach. Letztlich müssen wir die Situation möglichst klar und schnell beurteilen, und die entsprechenden Maßnahmen treffen. Und wenn mir nur wenige Sekunden bleiben, in denen das Adrenalin in die Adern schießt und eine falsche Reaktion für mich oder den Gegenüber den Tod bedeuten kann, ist hinterher leicht reden. Dann ahnt man, wie es einem Polizisten geht, der von einem Kriminellen mit einer täuschend echt wirkenden Spielzeugpistole bedroht wird und in der Dunkelheit der Nacht kaum eine faire Chance hat, eine rationale Entscheidung zu treffen. Entscheidet er sich zu schießen, geht der Aufschrei später durch die Medien und wird der Polizist erschossen, weil es doch kein Spielzeug war, ist er nach wenigen Tagen kein interessantes Thema mehr. Dabei ist noch das Schlimmste, dass Außenstehende, die keine Innenansicht der konkreten Situation und der Umstände haben, die Entscheidung oder das Urteil über Richtig oder Falsch treffen. Und dann steht zum Beispiel der deutsche Soldat, der monatelang erheblichen Bedrohungen ausgesetzt war, vielleicht Kameraden verloren hat, vor dem Staatsanwalt und Richter in Deutschland. Vor Menschen, die sicher qualifiziert sind, um Recht von Unrecht nach gültigen Gesetzen zu unterscheiden, doch keine Ahnung vom Leben und Überleben in diesem Land haben.

Der Parkplatzvorteil relativiert sich beim Einfahren in die Baustelle gerade, denn auf den ersten Blick habe ich keine Ahnung, wo man hier überhaupt parken kann. Ein Oberfeldwebel, der anscheinend das Entladen deutscher Materialien koordinieren soll, hält uns an. Ich öffne die Tür und frage, wo wir am besten stehenbleiben können, doch seine Antwort wirkt hilflos: „Ich habe weder hier noch drüben Platz für Eure Fahrzeuge.“ Der Hauptmann und ich schauen uns fragend an und grinsend erwidere ich: „Dann stelle ich mich auf die Hauptstraße ins Halteverbot!“ Das ist natürlich ein Scherz, da dort keiner wirklich auf die Fahrzeuge achten könnte und wer möchte schon morgens von einem Sprengsatz am Wolf überrascht werden?

Selbst hier, wo unzählige Arbeiter herumlaufen, ist kein optimaler Schutz sichergestellt. Die Prämien der Taliban für getötete ISAF-Soldaten sind immer noch sehr hoch und für so manchen verzweifelten Arbeiter, der es kaum schafft vom wenigen Geld seine Großfamilie zu ernähren, vielleicht ein Ausweg. Lässt der sich dann auch noch von dem Paradies im Jenseits, welches angeblich als Belohnung für sein Handeln wartet, überzeugen, haben wir den potentiellen Nachwuchs der Taliban vor uns. Was könnte für ihn schöner sein, als aus den Lasten und dem Dreck dieses Lebens in ein Paradies zu flüchten und zu wissen, dass seine Familie es danach auch etwas besser hat? Für uns Mitteleuropäer nie rational nachvollziehbar, wird es für den potentiellen Attentäter zu einer rationalen und greifbaren Option. Die Verkettung von vielen verschiedenen Einflüssen führt dann bei manchen Arbeitern zum Umsetzen der Tat. Der Schlüssel liegt wohl in der Bildung und dem Wohlstand, wie in allen Problembereichen dieser so unterschiedlichen Welt. Doch Wohlstand gibt es nur dann für alle, wenn wir in den reichen Ländern zum Teilen bereit wären. Abgeben oder verschlechtern möchte sich aber verständlicherweise niemand, also versuchen wir immer neue Wege und Lösungen für die Probleme dieser Welt zu finden und schützen uns mit dem Reichtum, den wir nicht teilen wollen. Dies wird besonders in diesem Land an einem einfachen Beispiel deutlich. Während der Lokalarbeiter, wenn er gut qualifiziert ist und etwa als Sprachmittler für die ISAF arbeitet, 1.000 Dollar im Monat bekommt, geht der amerikanische „Contractor“ (zivile Ausbilder unter Vertrag mit den amerikanischen Streitkräften/ Ministerien) mit 10.000 bis 20.000 Dollar (laut eigener Aussagen) im Monat nach Hause. Dabei sind es oftmals ehemalige Soldaten, die als Pensionäre über die Verbindungen bei ISAF einen guten Anschlussjob gefunden haben. Zieht man dann noch Bilanz und hinterfragt den Erfolg dieser vielen tausenden Kontraktoren, so kommt man zu einem ernüchternden Ergebnis. Sicher ist die Hilfe in Ausbildung und Aufbau durch äußere Unterstützung nötig, doch kein afghanischer Arbeiter oder Angestellter versteht diese indirekte Diskriminierung. Hinzu kommt, dass auch diese Gelder nicht an Bäumen wachsen, sondern von denen gezahlt werden, die sich den Frieden in ihrem Zuhause wünschen. Ich möchte mir nicht anmaßen die Lösung für alle Probleme dieser Welt zu haben, doch in vielen Bereichen scheint so offensichtlich Einiges schief zu laufen.

Mit einigem Rangieren und etwas Geduld habe ich mir im hintersten Teil der Baustellen einen Parkplatz an der Mauer gesucht. Damit der Hauptmann noch aus dem Wolf kommt, habe ich ihn vorher rausgelassen. Jetzt erledige ich noch den Fahrauftrag, ziehe den gebrauchten Akku aus dem Funkgerät und nehme meine Tasche und mein Gewehr aus dem hinteren Teil des Fahrzeugs heraus. Der Wolf ist mit Schlamm und Staub überzogen. Später, wenn im Camp etwas mehr Platz ist, werde ich den Wolf noch einmal holen, die restliche Ausrüstung ausladen, die Scheiben reinigen und unsere Wasservorräte auffüllen.

Gut bepackt geht es durch die schlammigen Spuren der Baustelle zum Haupttor. Eine zweite Mauer, die die Camps zur Straße abtrennt und durch verstellbare Betonteile zusammengestellt ist, hat einen schmalen Weg, der neben einem Abflussgraben verläuft. Im Abstand von ein paar Metern sind etwa drei Meter hohe Bäumchen gepflanzt, die ziemlich mittig und somit störend im Weg stehen. Ein Wachposten funkt kurz, bevor er uns die Hälfte des Weges zum anderen Camp begleitet. Damit hat er dem Posten auf der anderen Seite signalisiert, dass er uns entgegenkommen und ebenfalls abholen soll. Das ist der momentanen Trennung der beiden Camps, die zukünftig einmal zusammengehören sollen, geschuldet. Da die Mauer zur Straße an den Zufahrten der Camps noch offen ist, könnten sich hier auch unerwünschte Personen hineinbegeben. Das halte ich zwar für etwas übertrieben, doch andererseits ist es schon in Ordnung, dass man sich über unsere Sicherheit ausreichend Gedanken macht. In der Mitte des Weges, wo die Wachposten durchwechseln, hängt ein dicker schwarzer Schlauch aus der Camp-Mauer zur Straße durch. Der stechende Fäkaliengeruch verrät den Grund dafür. Die Schritte werden schneller und der Posten an der Eingangstür begrüßt uns schon freundlich, während er das Metalltor öffnet. Durch ein Schleusensystem gelangen wir in das nun bekannte Innere des Camps zurück. Damit bleibt der Rest des Nachmittages, um die eigene Stube einzurichten und sich auf das halbe Wochenende vorzubereiten. Ab Samstag sollten wir dann wieder einigermaßen arbeitsfähig sein.

Ob Telefon, Rechnernetzwerke oder gar schon das Internet funktionieren werden, bleibt abzuwarten. Zurzeit sind die Fernmelder noch fleißig dabei, das Kabel-Wirrwarr in den Fluren und Unterkünften zu organisieren. Es verdichtet sich jedoch das Gerücht, dass wir tatsächlich das kostenlose Internet auf den Stuben behalten könnten. In Verbindung mit dem Telefon, welches ja in die Büros kommt und auf das ich mich anrufen lassen kann, wird die Kommunikation mit der Heimat mustergültig. Einzig die Intervention der Kommunikationsfirma, welche aktuell die Exklusivverträge mit unserem Dienstherrn hat, könnte diesen Luxus noch kippen. Doch dann wähle ich lieber wieder einen afghanischen Anbieter und liege damit zwar in der Übertragungsgeschwindigkeit langsamer, aber auch kostengünstiger. Im persönlichen Gespräch mit dem Wehrbeauftragten vor wenigen Tagen hat er zumindest versucht, uns Hoffnung zu machen.

Der Blick in die Stube verheißt eine Menge Arbeit und an das amerikanische Schließsystem muss ich mich erst noch gewöhnen. Die Kartons in verschiedenen Größen stapeln sich hoch auf und dazwischen sind auch noch meine beiden Alukisten. Die reservierten Möbel sind zwar schon im Camp, werden aber erst heute Abend gemeinsam abgeladen. Damit bleibt Zeit, etwas Gemütlichkeit in meine neue Umgebung zu bringen. So wird es dann für die nächsten neun Monate das neue zu Hause in diesem Land sein und neben Rückzugsraum auch als Büro dienen. Um einen besseren Überblick über die Raumaufteilung und den verfügbaren Platz zu bekommen, schiebe ich die unwichtigsten Kartons unter das etwas erhöht stehende Bett. Verlängerungen an den Bettbeinen geben genug Raum frei, um meine Kisten und die Kartons aufzunehmen. Ganz nebenbei ist es auch angenehm, in hüfthoher Position in und aus dem Bett zu steigen. Das Doppelstockbett obenauf überziehe ich mit der Tagesdecke, um die Matratze zu überdecken und weiteren Abstellplatz zu haben. Der zur Verfügung stehende Raum hat sich mehr als halbiert und zusätzlich muss sämtliches Büromaterial, welches meine Vorauswahl überstanden hat, mit untergebracht werden. Um den schmalen Tisch für meinen Brotbackautomaten noch hinter das Bett zu bekommen, schiebe ich den Kleiderschrank dichter zur gegenüberliegenden Wand. Durch den fest verlegten Teppich lässt er sich etwas schwer bewegen und so setze ich mich auf den Boden mit dem Rücken am Bett abgestützt und drücke knapp über dem Boden mit den Füßen kräftig an der Seitenwand des Schrankes. Nur langsam und Zentimeter um Zentimeter bewegt er sich unter deutlichem Knarzen vorwärts. Da auf der rechten Seite nun der Kühlschrank immer dichter kommt und ich die Türen des Schrankes etwas freilassen muss, bleibt zur Wand und neben dem Kühlschrank ein kleines Loch. Der Schreibtisch, der direkt bündig an den Kühlschrank grenzt, kann auch nicht weiter rüber, da er ebenfalls direkt am Türrahmen steht. Die Leiter für das Doppelstockbett benötige ich nicht, muss aber der Vollständigkeit halber hier in der Stube bleiben. Daher stelle ich sie hochkant hinter das Bettende vor das Fenster. Das Rollo wird ohnehin gegen Blicke von außen geschlossen bleiben und so dient mir die Leiter beim Videoschauen noch als Rückenlehne. Das kleine Nachtschränkchen passt wie dafür gemacht ganz knapp unter das Bett und schließt somit optisch die Kartons nach vorne ab. Ein kleiner Rollschrank wird später seinen Platz neben meinem Bett einnehmen. Er hat mehr Ablageflächen und mehr einzelne Schubladen. In die Ecke neben dem Badeingang werde ich den Kleiderständer, der sich zwar hoch aber nicht breit ist stellen und kann so meine Waffen an ihren Haltern und Riemen sowie die Wäschesäcke und den Parka aufhängen. Direkt hinter die Tür kommen meine bewährten Fußmatten und werden an der Wand entlang meinen Stiefeln und Sportschuhen als Unterlage dienen. Ein wenig Platz bleibt sogar noch für meine Weste und die kleine Einsatztasche. Egal wie eng es zugeht, solange es übersichtlich und organisiert ist, kann ich in einer Höhle leben. Denn wenn es organisiert ist, verdreckt der Raum auch nicht so schnell, weil man die Ecken eben kennt. Da ich beim Verpacken den reinen militärischen Kram in eine geliehene Alu Kiste gepackt habe, kann ich sie fast ungeöffnet unter das Bett schieben und erstmal stehen lassen. Doch das Meiste aus meiner eigenen Verlege-Kiste muss raus, da es Wechselsachen und Dinge des täglichen Bedarfs beherbergt. Damit beginne ich und räume alles durchdacht in den Kleiderschrank. Damit ich viele Kleidungsstücke am Kleiderbügel aufhängen kann, habe ich im Moment scheinbar mehr Platz als ich tatsächlich benötige. Abwarten, ob das so bleibt. Um den vorhandenen Platz nun nicht zu verspielen, sortiere ich nicht direkt benötigte Dinge gleich so aus, dass sie in den Kartons – die kleineren auf dem Kleiderschrank und die größeren unterm Bett – verschwinden. Schritt für Schritt kommt System in den Raum. Die relativ hohe Luftfeuchtigkeit treibt mir allerdings den Schweiß auf die Stirn, denn das Ziel vor Augen lege ich ein recht forsches Arbeitstempo vor. Die Klimaanlage verschafft binnen weniger Sekunden angenehme Abkühlung und ein Schluck vom kalten Getränk aus dem vorgekühlten Kühlschrank hilft ebenfalls. Obwohl mir die Sauberkeit des Bades nicht gefällt, beginne ich noch nicht mit dem Putzen. Es wird sowieso nicht zugestellt und bleibt zum Reinigen somit gut zugänglich. Da ich mir angewöhnt habe, die Dusche beim Duschen zu reinigen, hat das bis heute Abend Zeit. Um aber vorbereitet zu sein, greife ich mir vom „Putzwagen“, der direkt vor meiner Stube auf dem Flur steht, eine Sprühflasche mit grüner Flüssigkeit und der Aufschrift „Green Power“. Das sollte brauchbar sein.

Wir können für das Reinigen der Stube und des Bades einen Arbeitsauftrag schreiben und ein Lokalarbeiter reinigt dann in unserem Beisein die Räume. Doch erstens mache ich das lieber selbst, weil vermutlich gründlicher, und zweitens empfinde ich es als unangenehm, wenn ich dem einheimischen Arbeiter beim Putzen meiner dreckigen Stube zuschauen soll. Allein lassen kann ich ihn nicht, da der Dienstrechner und dienstliche Unterlagen sowie meine Wertsachen und Waffen im Raum sind. Sicher würde er nicht stehlen, um nicht entlassen zu werden, aber wie heißt es so schön: „Gelegenheit macht Diebe.“ Aus einem der Kartons ziehe ich den Wandkalender, auf dem ich bereits jeden hier verbrachten Tag des aktuellen Einsatzes angekreuzt habe. Der schmale Streifen neben der Badtür bietet sich an und so klebe ich die Abreißseiten Monat für Monat untereinander und hänge mir das laufende Jahr an die freie Stelle. Das geht nur mit einem Stuhl als Erhöhung, denn die vielen Blätter bringen es fast auf zwei Meter Länge. Da ich aber bereits im April bin, brauche ich mich beim Ankreuzen nicht so zu strecken. Es ist optisch einfach motivierender, wenn man täglich auf die geschaffte Zeit im Einsatz und auch auf das Kommende blicken kann. Die vielen Bilder, die unter dem Kalender im Karton liegen, kann ich mit Magneten nicht mehr befestigen und so klopfe ich mit den Fingerrücken die Wände ab und finde schnell die gemauerten und die weicheren Stücke. Mit Reißzwecken drücke ich, auf den Raum verteilt, die Bilder an die Wand. Nur die Standbilder bekommen ihren Platz auf dem Schreibtisch und dem Nachtschrank. Der kopfgroße und sehr schwere weiße Marmorstein bekommt vorerst seinen Platz zwischen meinen Füßen unter dem Schreibtisch. Später werde ich ihn mir vielleicht als Andenken an das Camp Warehouse, wo er etwa zehn Jahre gelegen hat, nach Hause schicken.

Günstiger Weise liegt für den Schreibtisch schon eine Mehrfachsteckdose an der Wand, an die auch der Fernseher und der DVD-Player angeschlossen sind. Dadurch kann ich meinen Dienstrechner schon mal anschließen und behalte meine eigenen Verteiler für den Nachtschrank und das Bad. Am liebsten würde ich auch wieder meine LED-Lampe in den bunten Farben unter mein Bett stellen und nachts leuchten lassen, doch da das Rollo keine völlige Verdunklung möglich macht, werde ich wohl von außen genug Licht bekommen, falls ich nachts wach werde. Langsam beginne ich mich wohlzufühlen, denn die Tatsache, dass ich alles was jetzt seinen Platz hat auch selbst zurechtgerückt habe, gibt dem Raum meine persönliche Note. Die leeren Kartons falte ich zusammen und stecke sie in den Müllsack des Reinigungswagens vor meiner Tür. Selbst ein Staubsauger steht auf jedem Flur und so ist der graue, recht robuste afghanische Teppich zügig abgesaugt. Etwas nervig ist die Tatsache, dass nun in den wenigen Stunden, die ich mit dem Einräumen beschäftigt bin, der Strom dreimal ausging, weil wieder irgendeine Überlastung im Stromnetz lag. Sollte das zur Regelmäßigkeit werden, brauche ich den Radiowecker aus dem Büro nicht anzuschließen. Sonst benötige ich mehr Zeit für das Nachstellen der Uhr, als es mein alter bewährter Wecker durch das Ein -und Ausschalten je bräuchte. Der kurze Versuch, einen einigermaßen westlichen Radiosender einzustellen, hat schon mal nicht funktioniert. Der Nachmittag und der Abend fliegen nur so dahin und mein Plan, etwas länger auf zu bleiben und noch einen oder zwei Filme zu schauen, zerfällt gerade mit der aufkommenden Müdigkeit. Selbst der erste Film kommt nur bis zur Hälfte und so gehen schon kurz vor zehn die Lichter vor Erschöpfung aus und ich schlafe unter dem Geprassel des einsetzenden Regens zügig ein.

Eine der wenigen bisherigen Nächte, in der ich nicht zwischendrin aufgewacht bin, auch wenn der Wecker gerade kurz vor sieben zeigt und das mit Ausschlafen nicht viel zu tun hat. Doch ich fühle mich gut ausgeruht und der durch die Sonne, selbst durch das geschlossene Rollo erhellte Raum, macht das erneute Einschlafen schwer. Der aufkommende Hunger und eine innere Unruhe, noch einiges hier erledigen zu müssen, raffen mich hoch. Seit auch das Kontingent ihren „Baseday“ (Tag an dem wir im Camp bleiben) auf den Freitag verlegt hat, ist es morgens angenehm ruhig. Nur zwei oder drei sich unterhaltende Soldaten im Innenhof, den mein offenes Fenster nicht nur optisch frei gibt, stören ein wenig die friedliche Stille. Der Rauch ihrer Zigaretten zieht ein wenig unangenehm in meine Stube. Darum schließe ich das Fenster und lasse leise Musik aus meinem Laptop klingen. So wird das Putzen und letzte Umherräumen nicht ganz so trocken. Noch könnte ich die Frühstückszeit schaffen, doch extra wieder in die Uniform schlüpfen und diese etwas private Zeit an einem Freitag dadurch zerreißen, mag ich nicht. Kommunikation gibt es nun vorübergehend nur über die eine oder andere SMS. Doch das ist für beide Seiten sehr teuer und so reduziere ich das auf das Nötigste. Ein seltsames Gefühl, denn so von der Außenwelt abgeschnitten war ich zuletzt im Kongo. Sonst hatte ich hier in Afghanistan immer mehrere Optionen, wenn auch kostenpflichtig, mit den Daheimgebliebenen die Verbindung zu halten.

Da ich aufgrund der Brandschutzbestimmungen weder Wasserkocher noch Brotbackautomat benutzen darf, ist das Frühstück zwischen dem Reinigen und Aufräumen auf eine Dose Fisch und Obst vom Vorabend aus der Küche beschränkt. Doch mit kleinen Naschereien kann ich den Hunger bis zum Mittag unterdrücken. Kurz vor dem Mittag begebe ich mich in den Innenhof unter mein Fenster und stelle den großen Aschenbecher, der auch Müllbehälter ist, zu den Sitzgruppen. Denn bei offenem Fenster schlafen möchte ich auch weiterhin, ohne dass der stinkende und ungesunde Zigarettenqualm in meine Stube zieht.

Der LKW mit den reservierten Möbeln ist unten vorm Block vorgefahren und im Flur verbreitet sich Hektik. Jede Hand wird nun für ein zügiges Abladen gebraucht. Und wie so oft, wenn Anpacken gefragt ist, stehen wieder dieselben Kameraden bereit, um die Arbeit der Anderen mit zu erledigen. Einige haben sicher gute Gründe, doch da der Termin früh bekannt gegeben wurde, hätte sich jeder darauf einstellen können. Doch aufregen nützt jetzt auch nichts, denn davon kommen die Möbel und Kartons auch nicht ins Gebäude. Die 2. Inspektion hat es anscheinend sehr clever angestellt, denn mindestens der halbe LKW beinhaltet ihre Ausstattung. Wo der Hauptmann und ich selbst die Büroausstattung und Computer mit dem Wolf etappenweise hierhergebracht haben, hat die 2. alles auf den Flur gestellt und vom Spieß liefern lassen. Waren wir jetzt einfach nur zu dumm oder die Anderen sehr clever gewesen? Emsig geht es voran und scheinbar ist der Eine oder andere auch noch aufgewacht und packt nun mit an. Zwischendurch kommen Kameraden auch mit meinen Möbeln die Treppen hoch und meine Befürchtung, dass die reservierten Möbel ihren Bestimmungsort möglicherweise nicht finden, löst sich gerade in Luft auf. Alles ist vollzählig und auch der kleine Schreibtisch, den ich vorsorglich für den Hauptmann gesichert habe, ist mit dabei. Damit kann ich die letzten Dinge an einen für die nächsten Monate beständigen Platz packen. Auch das Aktenregal war eine gute Idee, denn im Bad gibt es kaum Ablagen und da es nur geringfügig den Durchgang einschränkt, dafür aber alles, was ich zuvor in den Spinden verstaut hatte, aufnimmt, hat es seinen Platz gefunden. Doch beim Einräumen der Elektrorasierer und des dazu gehörigen Equipments kommen mir Zweifel, wie ich in Zukunft das Haareschneiden organisieren werde.

Meine Spendenbox hatte sich gerade nach meinem Urlaub wieder deutlich gefüllt und das Schneiden möchte ich nun auch gerne, dem guten Zweck zuliebe, beibehalten. Nur in dem nun wirklich kleinen Bad möchte ich das nicht machen, denn dann habe ich neben der Arbeit auch noch den Dreck und da sehe ich für mich einfach die Grenze der Gutmütigkeit. Selbst wenn es für einen guten Zweck ist, die Geräte und das Zubehör sowie meine eigene Leistung dabei sollten Initiative und Hilfsbereitschaft abdecken. Ohnehin bin ich gespannt auf die Möglichkeiten hier im Camp. Während im Camp Warehouse ein Friseur, der offiziell von den Franzosen bezahlt wurde und somit hätte kostenlos für die Soldaten sein müssen, etwa zwei Euro Trinkgeld pro Haarschnitt nahm, soll es Gerüchten zu Folge hier kostenpflichtig sein und acht Dollar kosten. Damit wäre ich mit dem Preis einer „freiwilligen" Spende von zwei Euro konkurrenzlos. Doch über 150 Soldaten auf Dauer die Haare zu schneiden kann auch nicht mein Ziel sein, so lukrativ das Spendenergebnis am Ende meines Einsatzes auch sein könnte. Ich werde sehen, wie ich es am besten Regeln kann und wie es weiterhin eine vertretbare Nebenaufgabe bleiben wird. Die ersten Anfragen nach Terminen für die Kameraden haben mich bereits auch hier wieder erreicht.

So hatte der Freitag zwar nicht viel mit Abschalten zu tun und auch am Rechner konnte ich wegen des noch nicht geschalteten Netzwerkes nicht arbeiten, doch die Stube ist nun so wie ich sie mir vorstelle und mein Anteil an der Wiederherstellung der Dienstfähigkeit ist getan. Die Fahrtanmeldung für morgen mache ich direkt im Bürocontainer von Lars, unserem „Admin“. Er kümmert sich um alles rund um die Verwaltungsangelegenheiten und arbeitet damit dem Spieß zu. Er macht einen netten, wenn auch etwas steifen Eindruck, der aber wohl nur so wirkt. Da er auch das Motorradfahren als seine Leidenschaft entdeckt hat, haben wir auf jeden Fall ein gemeinsames Thema und womöglich kann ich es auch für ihn einmal organisieren, dass er eine Runde mit den afghanischen Motorrädern drehen kann. Ein wenig tut er mir leid, da es für ihn eigentlich nicht vorgesehen ist, mit rauszufahren und wenn überhaupt wohl eher als Beifahrer. Damit ist er so gut wie der Einzige, der in unserer Einheit einen vollständigen Camp-Posten bekleidet. Da würde er sich sicher freuen, wenn er nicht nur mal rauskommt, sondern auch dabei noch etwas erleben kann.

Der heutige Samstag und somit neue Wochenbeginn sollen die Vorbereitungen und Absprachen für den BBC-Besuch sicherstellen. Im aktuellen Fahrlehrer- und Fahrschülerlehrgang ist das Mentoring nur sporadisch nötig und so bleibt Zeit, mit Rabur die anderen kleinen und großen Projekte zu unterstützen. Sämtliche Übersichten und Schautafeln sind veraltet und müssen an die aktuellen Aufträge und das teilweise durchgetauschte Personal angepasst werden. Dazwischen habe ich begonnen die Motorräder, mit Priorität auf die große Kawasaki, wieder in Ordnung zu bringen. Vorerst nur das Nötigste, da die Teile aus dem Depot immer noch nicht den Weg zu uns gefunden haben. Um die Kawasaki als Begleitmotorrad in Gang zu bekommen, habe ich den etwas ungewöhnlichen Weg der privaten Materialbeschaffung eingeschlagen. Bevor ich weitere Monate und damit mehrere Lehrgänge auf die Ersatzteile warte, habe ich mir eine Batterie aus der Stadt mitbringen lassen. Nicht ganz billig, denn Batterien gehen hier weg wie warme Semmeln, aber nun springt die Kawasaki wenigstens an. Einige Reinigungs- und Einstellungsarbeiten werden noch folgen und dann kann es losgehen.

Das alles geht nur, weil der Hauptmann nicht ganz so stur den Weg der Instandsetzung durch die Afghanen verfolgt. Er gibt mir insgesamt noch mehr Freiraum in meiner Arbeitsweise. Da die Afghanen wie erwartet im aktuellen Lehrgang zeitlich hinterherhinken, bekomme ich die Maschine sicher bis zum Beginn der praktischen Ausbildung hin.

Doch nun ist der BBC-Termin der wichtigste Punkt des Tages und das Motorrad muss noch bis zum Montag warten. Unser Oberst verlässt sich natürlich darauf, dass wir auch Morgen wieder ein gutes Programm und damit eine ordentliche Darstellung unserer Inspektion abliefern. Und obwohl die meisten Offiziere morgen auswärts beim Prüfen sein müssten, haben sie wohl die Pläne etwas verändert und lassen Hashib vor Ort. Eine super Idee, denn er ist von allen dort der für mich fähigste Praktiker. Inzwischen sind diese „Vorführungen“ auch eine Erfolgskontrolle, denn fast immer sind neue Lehrgangsteilnehmer daran beteiligt und lernen dadurch etwas dazu. Wie auch bei den vorherigen Besuchen, überprüfe ich die Kraftstoffstände an den benötigten Fahrzeugen und muss diesmal mit Erstaunen feststellen, dass es keine Probleme geben wird. Das ist dem aktuellen Fahrlehrerlehrgang geschuldet, denn immer dann, wenn die Dienstpläne die praktische Ausbildung nachweisen, werden die Fahrzeuge vorher eben getankt. Nicht voll, sondern nur so viel wie vom verantwortlichen Offizier eingeschätzt wird, aber eben deutlich entfernt vom roten Balken in der Tankanzeige. Sollte der Sprit dann dennoch nicht reichen, wird als erste Maßnahme wieder aus den anderen Fahrzeugen umgepumpt. Soweit scheint alles zu stehen.

Da bei der letzten Vorführung mit dem Kran am Hummer ein Metallrohr den Schekel ersetzt hatte und das für eine Fahrlehrerausbildung in meinen Augen auch in Afghanistan etwas unprofessionell wirkt, hatte ich Salim, den afg. Chef der Fünften um einen Schekel gebeten. Mir waren vor einiger Zeit zwei Hummer aufgefallen, die bei einem Abschleppvorgang mit sehr vielen Schekeln statt einer Abschleppstange verbunden waren. Also hatte ich ihn um einen Schekel, von denen er anscheinend sehr viele hat, gebeten. Den hatte er mir auch ohne Ausreden zugesagt, doch bis heute nicht geliefert. Nochmal dorthin laufen, erneut betteln, möchte ich aber nicht und so entscheide ich mich dazu, kurzerhand meine Werkzeugrolltasche aus dem Wolf zu holen und hinter einem der alten Hummer zu verschwinden. Muss nicht jeder sehen, dass ich an den demnächst ausgesonderten Fahrzeugen einen der festverschraubten und gesicherten Transportschekel abbaue. Sie dienen eigentlich zum verzurren beim Transport auf dem LKW oder Schiff. Doch da sie nicht mehr repariert werden, wenn Schäden entstehen, kann man das brauchbare Material ebenso weiterverwenden. Gemäß der neuen Ausstattung unserer afghanischen Inspektion sind die älteren Modelle der Hummer nicht mehr vorhanden und so will sie auch niemand mehr zurücknehmen oder gar gegen neue Modelle tauschen.

Kaum zurück im Camp steht Theo vor mir und möchte wissen, was ich für den Nachmittag vorhabe. Da es nach einem Sonderauftrag riecht, schießen mir in Sekundenschnelle offenen Arbeiten oder besser gesagt, Ausreden durch den Kopf. Doch dieser innere Widerstand gegen das Neinsagen lässt mich dann doch weich werden und ich frage, wofür er mich bräuchte. Da wir nun bis auf ganz wenige Ausnahmen nur noch in Zweierteams draußen herumfahren dürfen, fehlt ihm ein Beifahrer für sein Fahrzeug. Das Begleitfahrzeug ist ausreichend besetzt und so wäre er mit mir beweglich. Diese Problematik wird uns noch öfter einholen.

Ab jetzt habe ich 15 Minuten, um wieder am Fahrzeug, Theos Toyota, zu sein. Nicht gerade viel, denn ich habe noch nicht mal die Ausrüstung vom Vormittag abgelegt. Doch da Theo selber fährt und ich nur funken und etwas mitschauen muss, sehe ich es entspannt. Theo hat verschiedene Termine im *HQ* (Hauptquartier) und einem Nachbarcamp. Dort werden wir den gesamten Nachmittag noch einmal unterwegs sein. Der Toyota ist schon eine ganze Ecke gemütlicher als unser sehr rustikaler Wolf. Dafür kommt man unter schwierigen Geländebedingungen mit dem Wolf deutlich weiter. Die weichen Sitze vermitteln ein Gefühl von Bequemlichkeit und die Klimaanlage bringt sogar ohne die höchste, ohrenbetäubende Lüfterstufe schon eine ganz angenehme Kühle in den Innenraum. Nachdem ich mein Gewehr hinter meinem Sitz eingeklemmt und meine restliche Ausrüstung aus meinem Wolf umgeladen und angelegt habe, fahren wir los. Es ist schon wieder am Regnen und wenn wir am Abend wieder drinnen sind, wird das Auto kaum noch etwas vom Originallack durchblicken lassen. Die

Straßen sind stark aufgeweicht und übersät mit tiefen Pfützen. Unsere Route führt uns zuerst zum KalA, wo Theo seinen Toyota betanken lässt. Wir müssen etwas warten, weil tschechische Kameraden gerade ihr Fahrzeug betanken und unglaubliche acht 20-Liter-Kanister zusätzlich befüllen. Wo auch immer sie mit dieser Menge an Diesel hinwollen? Das dauert natürlich. Bei uns geht es deutlich schneller und völlig unkompliziert bekommen wir für unsere Fahrzeugdaten und eine Unterschrift, einen vollen Tank.

Es ist zwar wieder etwas ungewohnt zu funken, da es ja sonst immer der Oberleutnant und nun der Hauptmann macht, aber sonst war der erste Teil mit Theo schon mal angenehm. Er erzählt gerne und viel, nutzt jede Gelegenheit, um seine Erfahrungen und gerade die Ortskenntnisse in Kabul weiterzugeben. Um unser Begleitfahrzeug an seinem Wissen teilhaben zu lassen, funkt er mit dem Handfunkgerät auf einem internen Kanal, während ich mit dem fest eingebauten Funkgerät die Verbindung zum Leitstand halte. Er sieht mittlerweile – er ist schon vor meinem letzten Einsatz hierhergekommen und nicht schon wieder, sondern immer noch hier – selbst ein wenig afghanisch aus. Sein langer, etwas verzottelter grauer Bart und das durch sein Alter gezeichnete Gesicht würde unter der passenden Bekleidung wohl kaum jemand enttarnen. Nur sein streng bayrischer Akzent würde ihn irgendwann wohl als Deutschen outen. Viel brauche ich auf seine Ausführungen und Geschichten nicht zu erwidern, denn ein gelegentliches Nicken oder kurze bestätigende Worte geben ihm immer wieder frischen Antrieb weiter zu reden. Und wenn er tatsächlich eine Redepause einfügt, brauche ich nur eine Frage zum Thema und der Umgebung stellen und er feuert wieder aus allen Rohren. Auch wenn Einiges nicht neu für mich scheint, so wird es dennoch nicht langweilig ihm zuzuhören. In diesem Einsatz bin ich noch nicht einmal in das *HQ* gekommen und da ich für gewöhnlich weit östlich im Kabuler Raum zu tun habe, werde ich vermutlich auch nach dieser Tour wieder eine längere Zeit mit solchen Ecken nichts mehr zu tun haben. Spaßfahrten, nur um mal etwas herumzufahren, finden nicht statt und das ist mit Recht der Sicherheit geschuldet. Theo nutzt die Gelegenheit und fährt, da sich der Verkehr schon deutlich zu stauen beginnt, eine Ausweichroute mit uns.

Die Erinnerungen aus 2010 und 2011 kommen mit jeder Ecke klarer zurück. Ich würde von hier problemlos noch zurück in unser Camp finden. Da Theo ein wenig das Mädchen für alles in unserer Einheit und bei den Afghanen ist, kommt er eben sehr viel herum und kennt nach mehr als drei Jahren fast jeden Winkel in Kabul. An den vielen Vorposten erkennt man deutlich die Nähe zum *HQ* und dem naheliegenden Präsidentenpalast. Alles ist nun enger und die Oberfläche der Straße ist selbst in diesem weichgefederten Auto grenzwertig. Ab der Einfahrt muss ich nun als „Vorläufer" den Toyota zum Parkplatz führen. So möchte man sicherstellen, dass in diesen Bereichen, wo auch reger Fußgängerverkehr herrscht, nicht zu schnell gefahren wird. Nach kurzer Absprache am Parkplatz geht Theo zu seinem Termin und wir anderen drei nutzen die Gelegenheit, uns die Angebote im amerikanischen Shop anzuschauen. Das ist mehr Zeitvertreib als wirkliches Shopping. Denn kennt man einen Shop in Afghanistan, kennt man sie durch das festgelegte Angebot alle. Nur wenn in einem etwas ausverkauft ist und man das Produkt noch in einem anderen bekommt, dann gibt es kleine Unterschiede. Und tatsächlich entdecke ich bei den Süßigkeiten, die schon damals begehrten M&M's mit Erdnussbutter. Die habe ich in Deutschland noch nie gesehen und nachdem meine Frau die gerne einmal probieren wollte, hatte ich sie selbst hier im Einsatz bisher vergeblich gesucht. Weil es hier einiges gibt, was es zumindest in der Verpackung bei uns nicht gibt, kaufe ich reichlich davon ein. Was soll ich auch sonst meinen Kindern oder meiner Frau schicken? Und wenn ich ihnen mit solchen kleinen Aufmerksamkeiten zeigen kann, dass ich an sie denke, dann umso besser. Nur wenig nehme ich für mich selbst mit und so kommt eine kalte Cola in meine schon überfüllten Hände, bevor ich mich hinter einen anderen Soldaten an die Kasse stelle. Beim weiteren Durchsuchen der Regale, um die Wartezeit vor der Kasse zu nutzen, übersehe ich den Anschluss der Warteschlange. Dabei habe ich glatt vergessen, dass es bei den Amerikanern wohl Sitte ist, etwas Abstand zum Bezahlenden zu halten. In dem Moment, als ich die Warteschlange entdecke, feuere ich auch schon mit einem Lächeln im Gesicht die Ausreden auf Englisch heraus. Die Soldaten sehen es entspannt und lassen es nicht peinlich wirken. Brav reihe ich mich hinter dem Letzten ein und warte geduldig auf meinen Moment. Beim Einsammeln der Ware habe ich die Preise nur flüchtig überschlagen und nun, wo ich Zeit für einen Überblick habe, kann ich die Preise nicht mehr nachvollziehen. So hoffe ich, dass die etwa 20 Dollar, die ich noch besitze, ausreichen. Der freundliche Kassierer ruft 14,40 $ auf. Wechselgeld gibt es hier nur in Form von Plastikchips. Sie sind nur im Einsatz zur Vermeidung von Klimpergeld vorzufinden und sind auf der Vorder- und Rückseite mit den verschiedensten, hauptsächlich aber mit militärischen Motiven versehen. Schon im letzten Einsatz habe ich unzählige davon in guter Qualität gesammelt und möchte damit nicht wieder anfangen. Die bereits zu Hause liegen behalte ich und hoffe einfach mal auf einen späteren Sammlerwert. Doch diesmal winke ich freundlich ab und lasse sie als Trinkgeld für das Personal zurück. In Theos Auto kann ich keine offenen Dosen gebrauchen und so trinke ich recht zügig das kühle Getränk leer. Mal abgesehen vom Verschütten des Inhaltes, könnte sich so eine gefüllte Dose auch zu einem unangenehmen Geschoss entwickeln. Sollte ein Sprengstoffanschlag auf das Fahrzeug verübt werden, stellt man recht schmerzlich den Nachteil eines unaufgeräumten Innenraumes fest, wenn die losen Teile schlagartig mit einer sehr hohen Geschwindigkeit beschleunigt werden. Genau aus diesem Grund habe ich den Musikwürfel in unserem Wolf mit einem robusten Hosengummi an der Armatur befestigt. So kann er nicht umhergeschleudert werden und bleibt auch bei den vielen Holperpisten an seinem angestammten Platz.

Wieder laufe ich vor und geleite so den Toyota und den dahinter folgenden Wolf zur Ausfahrt. Als ich einsteige, beendet Theo gerade den Funkspruch mit dem Leitstand, um unseren weiteren Weg ordnungsgemäß weiterzugeben. Noch weniger Arbeit für mich. Wenn das so weitergeht, fühle ich mich bald wie auf einem Sonntagsausflug mit Theo. Zum Nachbarcamp sind es nur wenige Minuten und auch hier macht die beengte Parkplatzsuche nur wenig Spaß. Der Toyota fühlt sich für mich sehr unübersichtlich an und so manches Mal hatte ich schon auf das Kollisionsgeräusch mit den anderen Fahrzeugen gewartet, doch Theo kennt die Abmessungen gut und manövriert uns bisher ohne Fremdkontakt durch Kabul. Um ihm dennoch etwas Arbeit abzunehmen, steige ich vor dem Einparken aus und sichere ihn nach hinten ab. Es besteht die Gefahr, dass er gegen Baugerüste und Mauerreste am Boden fährt, weil er diese Dinge auch über die Spiegel nicht erkennen kann. Dann stehen wir. Theo bittet mich diesmal am Fahrzeug zu bleiben, da er den Motor laufen lassen möchte. Sein letzter Besuch hier hatte ihm wohl etwas zugesetzt, nachdem der Toyota später nicht mehr anspringen wollte. Der Startknopf hatte gestreikt und Theo den „Jammern“ (Störsendern) die Schuld gegeben. Tatsächlich lässt sich der Startknopf nur betätigen, wenn der Zündschlüssel in der Nähe ist und diese Info wird über Funk übertragen. Die „Jammer“ stören bekanntlich die Funkwellen, um das Auslösen von Sprengsätzen per Funk zu unterbinden. Somit kann an der Theorie etwas dran sein. Die Musik in Theo seinem Auto ist recht ruhig und so gebe ich der aufkommenden Müdigkeit nach und schließe die Augen. Da ich nicht genau weiß, wie lange er nun weg ist und die anderen Beiden zum *Lokalmarkt* gegangen sind, schlafe ich nicht fest ein, sondern döse etwas entspannend vor mich hin. Nur das Handy, welches ständig unter den Werbe-SMS des Netzbetreibers vibriert, stört diese Ruhe. Schneller als gedacht ist Theo zurück. Aufmerksam geworden durch seinen bayrischen Akzent, in dem er mit den Anderen, die schon am Wolf warten, Kontakt aufnimmt, raffe ich mich wieder aus meiner Ruheposition nach oben. Theo will die Gelegenheit nutzen und mir auf der Rückfahrt Ausweichrouten zeigen, die meine Ortskenntnisse weiter verbessern.

Es geht dem Abend zu und langsam stören selbst mich, der sonst fast immer und überall mit Sonnenbrille unterwegs ist, die dunklen Gläser der Schutzbrille. Schon kurz nach der Ausfahrt aus dem Camp kommen wir am Präsidentenpalast vorbei. Seit 2010 scheint es hier noch edler und gepflegter geworden zu sein. Zwar kann ich ihn von der Straße nicht direkt erkennen, dennoch versprechen die verzierten Mauern, die vielen begrünten Anlagen und prächtige Bäume auf der Anlage eine kleine paradiesgleiche Oase in dieser sonst oft so schmutzigen Stadt. Unser Weg führt uns vorbei an der kleinen Einfahrt zur deutschen Botschaft und direkt in den Feierabendverkehr. Immer wieder ändert Theo staubedingt seine Route und führt mich damit in nie zuvor gesehene Ecken dieser Stadt. Geduldig und sichtlich begeistert redet er auf mich ein, seine Strecken nachvollziehbar zu machen, wohl in der Hoffnung, ich könne mir das alles merken. Doch mein Orientierungssinn ist seit meinem Motorradunfall im Mai 1993 nicht mehr der beste. Dies war in diesem „Pech-Jahr“ der erste von drei schweren Unfällen. Geschehen am 05.05.1993. Neben den Verletzungen und Ärger mit der Versicherung blieb als Langzeitfolge eine deutliche Orientierungsschwäche, die ich über die Jahre irgendwie zu kompensieren gelernt habe. Der Kombifahrer, der den Unfall verursacht hatte und vermutlich alkoholisiert gewesen war, ist nach den Aussagen von mir und meinem Betreuer vor Gericht für ein halbes Jahr seine Fahrerlaubnis losgeworden. Er hat nie einen Versuch der Entschuldigung unternommen, daher hatte ich auch wenig Mitleid mit ihm und empfand das Urteil als durchaus gerecht.

Da Theo mich inzwischen wirklich mit seinen Streckeninformationen, auch weil der Tag schon lang genug war und die Konzentration nicht mehr die Beste ist, überfordert, lenke ich vom Thema etwas ab. Wir kommen in ein sehr belebtes Viertel und läge nicht überall so viel Müll, könnte dieser Teil von Kabul auch irgendwo in Europa liegen. Ein großes, einem Würfel ähnliches Gebäude, steht zu unserer Linken. Die riesigen Werbebilder auf der vorderen Außenwand lassen deutlich ein Kino erkennen. Durch einen Metallzaun eingegrenzt, wirkt das Gelände recht ordentlich und organisiert. Ein Stück Normalität scheint hier zu herrschen. Obwohl die vielen verschiedenen Geschäfte, Fitnessstudios und Imbisshäuschen an dieser Stelle der Stadt nur wenig von der Geschichte Afghanistans verraten. Nie habe ich in dieser Stadt so viele Frauen, deren Gesichter man erkennen kann, gesehen. Aber darauf hatte Amin mich auch schon oft hingewiesen, dass es ganz entscheidend ist, aus welchem Stadtteil oder welcher Provinz die Menschen kommen, wenn es um das Tragen von Burkas oder Kopftüchern geht. Weiter vorne kann ich durch die recht große Werbeaufschrift ein Fastfood-Restaurant erkennen, dass sich auf „Chicken-Spezialitäten" ausgerichtet hat. Und obwohl ich in einem recht zivil wirkendem Toyota unterwegs bin, komme ich mir seltsam vor in meiner Ausrüstung. Am liebsten würde ich die Weste jetzt ablegen und einfach mal in die verschiedenen Geschäfte schauen. Theo und ich beginnen darüber zu scherzen, wie es wäre, wenn wir jetzt als Fußgänger unter den anderen Menschen ein wenig durch die Stadt bummeln würden. Selten spürt man so wie gerade, dass man durch all unsere Sicherheitsbestimmungen wie in einem Käfig leben muss. Natürlich zu unserer Sicherheit, aber dennoch ein beklemmendes Gefühl. Das Gegenteil von Freiheit und vielleicht sogar ein wenig kontraproduktiv. Würde hier, in der so stark belebten Stadt ein Attentäter einen Anschlag auf uns verüben? Jetzt gerade wohl kaum, denn mit Soldaten, die hier shoppen gehen, würden wohl selbst die Taliban nicht rechnen. Irgendwie werde ich auch den Eindruck nicht los, dass es sogar ein stückweit besser wäre, wenn die Truppen in diesem Land sich nicht überall abschotten würden. Der Kontakt zu den Menschen hätte eine soziale und interkulturelle Funktion. Nur wenn man die Menschen unter den Uniformen kennenlernt, kann man auch persönliche Beziehungen aufbauen und sich eine realistische Meinung über sie bilden. Wir könnten den Menschen auf der Straße Rede und Antwort stehen und deren Sichtweisen aus erster Hand erfahren. Doch welchen Preis hätte dies? Ist es auch nur ein Menschenleben wert? Ein Teufelskreis, der nur schwer zu durchbrechen ist und uns um unser selbst Willen davon abhält, einen offenen Weg zu gehen. Dieses Flair, den dieses rege, völlig normal wirkende Treiben in der Dämmerung unter den vielen bunten Lichtern der Reklametafeln und Geschäftsbeleuchtungen hat, ist für uns selten und außergewöhnlich. Nur wenige Soldaten unserer ISAF-Truppen kommen in den Genuss dieser Eindrücke.

Wir schlängeln uns im dichten und zähflüssigen Verkehr weiter die Geschäftsstraßen entlang. Es kann mir gar nicht langsam genug gehen, denn es ist mir fast unmöglich, alle interessanten Bilder und Situationen einzufangen. Theo redet immer noch fleißig auf mich ein und merkt dabei wohl nicht, dass ich in Gedanken schon lange woanders bin. Im Hintergrund erhebt sich einer der Berge von Kabul City. Die vielen kleinen Hütten, die bis in die Spitze zu reichen scheinen, sind nur noch schemenhaft in ihren Umrissen zu erkennen. Wie man dort wohl hochkommt? Mit dem Corolla sicher nicht mehr, denn zu steil sind die Anstiege und zu schmal die Gassen, die durch die ärmlich wirkenden Hütten führen. Ein kleines Mädchen steht vor uns am Straßenrand und wartet wohl auf den richtigen Moment, um über die Straße zu kommen. Sehr gepflegt und fast nobel wirkt ihre Kleidung. Mit leicht verzerrtem Gesicht, den Kopf dicht unter das Kopftuch gehüllt, versucht sie mit ihren weißen Schuhen, die mit roten Blumen verziert sind, dem braunen Schlamm auszuweichen. Dass die Schuhe überhaupt noch so sauber aussehen, wirkt hier schon sehr paradox. Möglicherweise ist sie gerade erst aus einem Auto gestiegen, doch das sie es die nächsten Meter ohne Schlamm an den Füßen schafft, scheint aussichtslos. Zu tief ziehen sich die mit Schlamm gefüllten Furchen der Reifenspuren durch die unebene Fahrbahn. Immer wieder spritzen die Räder der vorbeifahrenden Autos den Schlamm weit über den Straßenrand in Richtung der Passanten. Und doch laufen viele von ihnen irgendwie scheinbar unbekümmert weiter. Auch ein plötzliches Abbiegen und über die stark befahrene Fahrbahn laufen, ist nicht selten. Selbst wenn die Fahrzeugschlange nur langsam vorbeikriecht, scheinen sie bei dem was sie tun, auf Allah zu vertrauen. Wo wir Deutschen mindestens mal in die Richtung des ankommenden Verkehrs schauen, um uns nicht selbst zu gefährden, laufen sie scheinbar unbekümmert darauf los. Über die vielen Monate, die ich nun hier schon abgespult habe, habe ich mich darauf eingestellt. Doch ohne die nötige Konzentration würde ich gerade Zusammenstöße mit Fußgängern nicht vermeiden können. Leicht ist das nicht, denn wenn man so wie ich, oft das zweite Fahrzeug in unseren kleinen Konvois fährt, ist es ein ständiges Hinterherhetzen und Aufholen. Scheinbar ununterbrochen drängeln sich andere Autos zwischen uns und passt man nicht genug auf, ist man schnell außer Sichtweite zum zweiten Fahrzeug. Da wir seit unserem Umzug in das neue Camp deutlich mehr Stunden am Tag auf der Straße verbringen, ist es nicht immer ganz leicht, bis zur letzten Minute aufmerksam zu bleiben. Den ganzen Tag auf einer deutschen Autobahn zu verbringen, ist im Vergleich dazu ein entspannteres Fahren mit deutlich weniger Ermüdung.

Diese zusätzliche Tour hat sich an diesem Tag für mich mehr als gelohnt und wieder einmal gezeigt, dass man trotz der vielen Monate in diesem Land dennoch ständig noch Überraschungen und Besonderheiten erlebt. Ließe sich diese „Normalität", wie ich sie gerade in der City gesehen habe, auf ganz Afghanistan übertragen, so wäre ein großer Schritt getan. Doch viel zu groß sind auch in diesem Land die Gegensätze in allen Bereichen und Schichten. Wir sind hier im Jahr 1392 nach dem arabischen Kalender angekommen und ich hoffe sehr, dass es nicht bis in das 20. Jahrhundert nach diesem Kalender dauern wird, bis die Menschen ähnliche Lebensverhältnisse wie wir zu Hause vorfinden.

Wieder einmal wird ein wichtiger Besuch erwartet und der Oberst verlässt sich auf unsere Vorbereitungen. Die BBC, die weltweit berichtet, möchte verschiedene Aufnahmen von unserem Ausbildungsbereich machen. Seit man sich bei allen Nationen um das Jahr 2015 und somit um das weitere Arrangement in Afghanistan Gedanken macht, haben die Besuche deutlich zugenommen. Es ist recht ruhig heute Morgen und der Schein von Routine liegt über den Zelten der Afghanen. Noch macht niemand Anstalten, die Fahrzeuge für den BBC-Besuch vorzufahren und den Platz herzurichten. Entweder liegt es daran, dass der afghanische Schulkommandeur heute nicht dabei ist oder sie haben die Ruhe weg und alles im Griff. Da Hashib uns freundlich begrüßt und bestätigt, dass er den ganzen Vormittag hier sein wird, können wir ebenfalls entspannt bleiben. So teilen der Hauptmann und ich uns auf und kümmern uns um die verschiedenen Stationen. Später erfahren wir durch einen kurzen Anruf beim Hauptmann, dass der Besuchertrupp unterwegs ist. Die Ausgangsbedingungen sind sehr gut, denn die Sonne strahlt über dem afghanischen Himmel und die Fahrzeuge sind bereits in Betrieb und haben mit den Arbeiten begonnen. Ein recht kleiner Fahrzeugkonvoi aus unseren militärischen Wölfen und den zivilen Toyota der BBC-Reporterin rollt langsam vor das Zelt von Rabur. Das Empfangskomitee aus Rabur, meinem Hauptmann und einigen anderen afghanischen Soldaten wartet geduldig vor dem Zelt auf die Besucher. Meinen Platz habe ich wie auch die vielen Male zuvor schon bei den afghanischen Fahrlehrern gefunden. Mit Abdullah, dem Hörsaalleiter, und Samuel, kümmern wir uns um den Verladevorgang mit dem Kranwagen. Und jetzt sieht es auch deutlich professioneller aus, wie der Hummer an den Seilen und Schäkeln befestigt ist. Der zweckentfremdete Schäkel ist ein guter Ersatz für das alte, abgesägte Stück Rohr. Avabi, der nun wieder übersetzen muss, hatte mich wieder einmal um Bilder gebeten. Da ich nun aber der einzige Deutsche zwischen den Afghanen bin, verzichte ich darauf, meine Kamera aus der Tasche zu holen. So sinnvoll diese Beweisfotos für Avabi auch sein mögen, um sie später bei anderen internationalen Arbeitgebern als Referenzen zu nutzen. Es sieht halt unpassend aus, wenn die Deutschen, statt in der Ausbildung zu unterstützen, dauernd nur Fotos machen.

Eine recht zierliche wirkende Frau in den 30ern steigt gemeinsam mit zwei afghanischen aussehenden Männern aus dem Toyota. Der Kontrast ihrer hellblau leuchtenden Bluse zur sonst recht eintönigen Umgebung, zieht die Aufmerksamkeit der Soldaten auf sich. Zwar hat sie ein schwarzes Kopftuch über die Haare gelegt, doch dieses deckt nur den hinteren Teil des Kopfes ab und die Konturen ihrer Figur sind durch die recht enganliegende Kleidung leicht zu erkennen. Sogar die Hose, die sie trägt, ist enganliegend. Als gebildete Reporterin müsste ihr eigentlich klar sein, dass genau diese Erscheinung bei den Afghanen zwar Aufmerksamkeit erzeugt, aber durch die kulturelle Prägung verpönt ist. Bei den Strenggläubigen fällt sie damit in eine ungünstige Schublade, selbst wenn es ihr für diese Reportage an sich egal sein kann. Samuel schuppst mich leicht von hinten an und grinst mir zu. Mit den Worten „good woman“ will er mir wohl mitteilen, dass ihm die Frau gefällt.

Die beiden afghanischen Begleiter haben sich inzwischen mit ihrer Ausrüstung beladen und während der Eine mit seiner Fotokamera die Stationen abläuft und jede Menge Bilder zu machen scheint, bereitet der Andere die Kamera vor. Es scheint die Vorbereitung für ein Interview zu werden. Gemeinsam mit Abdullah wechsle ich die Position und wir gehen zu den Motorrädern. Amin hat sich uns angeschlossen, da er bei den Besuchern jetzt ohnehin nichts machen kann. Auch die vier Motorradfahrer haben die Reporterin entdeckt und beginnen mit ihrem „Balzverhalten“. Als hätten sie noch nie eine echte Frau gesehen und müssten nun im Konkurrenzkampf gegenseitig um sie werben, beginnen sie mit den Motorrädern übermütig zu werden. Sie ziehen das Tempo an und werden so, etwas leichtsinnig. Ganz so leicht ist es nicht, durch die schmalen Gassen der Pylonen zu fahren und dabei auf dem Schotter die Balance zu halten. Durch höheres Tempo steigt dementsprechend die Chance auf einen Sturz. Das könnte peinlich enden und so bitte ich Amin, auf die vorbeifahrenden Fahrer etwas einzuwirken. Der Fotograf findet das Geschehen anscheinend interessant, denn er kommt zu uns herüber. Er spricht sehr gut Englisch und bittet mich, verschiedene Positionen mit den Afghanen für Fotos einzunehmen. Alles schon bekannte Abläufe und daher funktioniert es auch ganz gut. Er scheint zufrieden und schaut sich einen Teil der Aufnahmen direkt auf dem Display seiner Kamera an. Er möchte wissen, ob ich Englisch spreche und bereit wäre, später ein Interview über meine Tätigkeit hier zu geben. Wenngleich ich regelmäßig übe, ist mein Englisch sicher nicht fernsehtauglich, daher mache ich ihn auf meinen begrenzten Sprachschatz in dieser Sprache aufmerksam. Doch er versucht mich zu beruhigen und fragt dann gleich noch einmal. Um Zeit zu gewinnen, bitte ich ihn zu warten, bis ich mit unserem Oberst Rücksprache gehalten habe und er willigt nickend ein. Amin hat die Motorradfahrer, da sie ihn beim Fahren wohl kaum verstanden haben, zu sich heran gewunken. Fast zeitgleich kommen sie mit ihren Motorrädern zu uns herangefahren und bremsen erst kurz bevor die Vorderräder unsere Füße erreicht haben. Amin macht einen kleinen Schritt zurück und winkt mit den Händen leicht aufgeregt Richtung Boden. Das würde auch ein Europäer verstehen und soll die Fahrer dazu anhalten, etwas langsamer zu fahren. Bevor Amin unter dem Geknatter der Motorengeräusche zu Wort kommen kann, bombardieren sie ihn schon mit Fragen zu der Frau. Die Fragen sind nicht direkt an Amin, sondern wohl an mich gerichtet und so übersetzt er fleißig an mich weiter. Als würde ich sie schon ewig kennen, möchten sie auch sehr persönliche Dinge über sie wissen. Ob sie verheiratet ist, Kinder hat und wie alt sie sei. Bei dem Durcheinander kommt Amin nicht dazu, jede der Fragen zu beantworten. Um es mir etwas leichter zu machen, gebe ich recht kurz und klar zu verstehen, dass auch ich sie erst heute zum ersten Mal sehe. Selbst die Frage, ob man eine Chance bei ihr hätte, gibt einer der afghanischen Fahrer an mich weiter. Ich muss mich schon ein wenig zusammenreißen, um ernst zu bleiben, schließlich möchte ich niemanden beleidigen. Doch einen kleinen Seitenhieb muss ich dann doch austeilen, um diesem schon fast albernen Verhalten Einhalt zu gebieten. So frage ich den Frechsten von ihnen, wie viel Geld er im Monat von der Armee bekommt. Sein verdutzter Blick sagt mir, dass er noch keine Ahnung hat, was ich damit erreichen will und etwas zögerlich und ausweichend zeigt er auf die neben ihm Stehenden und will wohl sagen, soviel wie sie. Um den Dämpfer nun auszuteilen, deute ich auf die Reporterin und gebe über Amin weiter, dass sie vermutlich das zwanzigfache bekommt und damit keiner der hier anwesenden für sie eine interessante Option wäre. Nickend und mit an ihr festgesaugtem Blick scheint ihm langsam zu dämmern, wie lächerlich sie sich gerade benehmen. Einige der Soldaten hier können sich noch nicht einmal eine afghanische Frau „leisten“, weil das voraussetzt, dass sie sie und die kommende Familie ernähren können. Und da haben die Eltern der zukünftigen Frau ein wachsames Auge drauf.

Der Oberst ist mit seiner Besuchergruppe am Stapler angekommen und da es nur wenige Meter für mich sind und die Reporterin gerade abgelenkt scheint, spreche ich ihn auf das erbetene Interview an. Er hat keine Einwände, solange es nicht politisch wird und ich nichts schlechtreden möchte. Das hatte ich nicht vor und so bestätige ich sein Anliegen und laufe auf direktem Weg zum afghanischen Fotografen und stimme dem Interview zu. Zwar habe ich ein mulmiges Gefühl wegen meinen Englischkenntnissen, aber wenn es misslingt, kann man einzelne Stellen ja wiederholen oder ganz rausschneiden. Er berichtet es auch direkt seiner Chefin und winkt mich zu sich und der Reporterin herüber. Sie möchten das Interview gerne so machen, dass im Hintergrund die verschiedenen Stationen in Aktion sind und so bittet mich die Reporterin auf einen wohl schon vorher festgelegten Punkt. Ich bitte sie, mir die Fragen möglichst klar und ohne schwierige Fachwörter zu stellen und sie willigt nickend ein. Sie redet recht schnell, doch inhaltlich kann ich ihr gut folgen. Der Kameramann positioniert sich und seine Kamera, während sich die Reporterin links von mir aufstellt, um mit mir und der Kamera im Dreieck zu stehen. Sie bittet mich, nicht in die Kamera zu schauen, während ich mit ihr spreche und ich denke, das bekomme ich hin. Mein Mund wird gerade sehr trocken und signalisiert mir, obwohl ich jegliche Aufregung gerade bewusst unterdrücken möchte, dass ich eben doch nervös werde. Die Vokabeln und möglichen Antworten beginnen in meinem Kopf zu kreisen und machen es mir schwer, klare Gedanken zu behalten. Jetzt hätte ich doch lieber etwas mehr Vorbereitung gehabt und fühle mich sehr unwohl. Der Oberst und der Hauptmann haben sich hinter dem Kameramann aufgestellt und verschärfen die Situation für mich noch zusätzlich. Bei so vielen Beobachtern in einer so wichtigen Szene muss man ja nervös werden! Doch ändern kann ich es jetzt auch nicht mehr und so konzentriere ich mich auf die Fragen. Die Sonne steht mir leicht im Gesicht und ich versuche die Augen nicht allzu stark zusammenzukneifen. Aufmerksam versuche ich der Fragestellung zu folgen. Auch diesmal ist es inhaltlich kein Problem. Doch die Antwort sollte möglichst zügig kommen und so rede ich einfach darauf los und hoffe, dass es sich nicht völlig unsinnig anhört. Sie möchte recht genau erklärt haben, was wir hier tun und was die einzelnen Stationen darstellen. Doch für genaue Ausführungen würde mein Sprachschatz ohnehin nicht reichen, also halte ich mich kurz und knapp. So kann ich die Fehler minimieren. Sie bohrt wiederholt nach und da ich gedanklich schon versuche meine eigenen Fehler und Texte auszuwerten, kann ich ihr nur noch etwa zur Hälfte folgen. Ein wenig ärger ich mich gerade, denn warum ist mir nicht vorher eingefallen, die Fragen zwar auf Englisch gestellt zu bekommen, aber dafür die Antworten in Deutsch zu geben? Es ist doch alltäglich in den Medien zu sehen und hören, wenn Interviews simultan übersetzt werden. Freundlich bedankt sie sich bei mir und etwas verunsichert möchte ich noch von ihr wissen, ob es trotz der Sprachschwierigkeiten für sie in Ordnung war. Lächelnd versucht sie mich zu beruhigen und wiederholt ihren Dank und dass alles gut ist. Ob es nun Höflichkeit oder die Wahrheit ist, kann ich nicht sagen, doch es ist abgehakt und wie die meisten Ereignisse dieser Art aus den letzten Jahren gezeigt haben, bekomme ich es sowieso nie zu sehen. So schnell wie die Reporter erschienen sind, so schnell haben sie auch wieder ihre Ausrüstung zusammengepackt und rollen vom Hof. Der Oberst wirkt wie immer, wenn er in den vergangenen Monaten diese Inspektion besucht hat, zufrieden. Es war ganz sicher nicht der letzte Besuch dieser Art und so kann man nur besser werden und aus den Erfahrungen lernen.

Mein Mentoring hat sich nun an den neuen Rhythmus gewöhnt. Die Unterschiede zwischen den beiden Offizieren, dem Oberleutnant und dem Hauptmann, sind doch deutlich. Der Hauptmann ist noch viel häufiger bereit, die afghanischen Kameraden auch mit Taten zu unterstützen. Wo der Oberleutnant die Eigeninitiative grundsätzlich und in allen Bereichen von den Afghanen gefordert hat, kommt der Hauptmann ihnen deutlich öfter entgegen. Beide Seiten haben ihre Argumente und für mich hat der Hauptmann den Vorteil, dass ich mehr praktisch gefordert bin und so ständig klare Ergebnisse und die Fortschritte meines Handelns sehe. Die Gefahr, dabei ausgenutzt zu werden, besteht immer. Doch da meine Meinung zum Sinn unserer Mission in diesem Land immer klarer wird, kann es auf viele Jahre und wenn man das Land in einem zielführenden Tempo nach vorne bringen will, nur eine ständige und auf Jahrzehnte ausgelegte Unterstützung geben. Jetzt bewirken wir sichtlich mehr, auch wenn die Selbstständigkeit der Afghanen damit nicht ganz so schnell wie durch die

Herangehensweise des Oberleutnants vorangetrieben wird. Bliebe die personelle Besetzung in dieser Inspektion und im Militär über Jahre beständig, dann würde ich der Umsetzung des Oberleutnants ganz klar Recht geben. Doch die Erfahrung und die Realität zeigen, dass gute Leute früher oder später weiterziehen, weil sie verständlicherweise ihr Potenzial in diesem Land oder der Armee nutzen wollen. Also beginnt man in regelmäßigen Intervallen von vorne und kann nur hoffen, dass irgendwann genügend Leute ausgebildet wurden und sich Wissen und Verhaltensweisen auch ohne uns weiterverbreiten und nachhaltig wirken.

Die Ersatzteile für unsere Motorräder kreisen leider seit Monaten irgendwo im afghanischen System. Mal heißt es, wir könnten sie abholen, doch fragt man dann gezielt nach, wird man wieder vertröstet oder bekommt völlig unsinnige Teile gezeigt, die nicht passen können. Glücklicherweise gibt es im aktuellen Lehrgang Verzögerungen und so haben wir erneut einen kleinen Zeitaufschub erhalten. Doch um wenigstens teilweise vorbereitet zu sein, habe ich gemeinsam mit den afghanischen Motorradfahrlehrern begonnen, die ersten Reparaturmaßnahmen einzuleiten. Sie sind sehr interessiert und durchaus gewillt, mit anzupacken. Wenn ich sie dazu bekommen kann, später mit ihren Fahrschülern wenigstens die wichtigsten Wartungsarbeiten selbst vorzunehmen, ist schon viel geschafft. Viele Schäden, abgesehen von den Sturzschäden, sind auf mangelnde Pflege und Wartung zurückzuführen. Die Ketten haben mehr als doppelt so viel Spiel wie sie sollten und hätten schon längst abfliegen müssen. Sämtliche beweglichen Teile haben seit Monaten keinen Tropfen Öl mehr gesehen. Entweder bekommen sie kein Öl oder erkennen einfach nicht die Bedeutung dieser kleinen Maßnahmen. Außerdem gehören ihnen die Maschinen ja nicht, und wie bei uns wird mit fremden Dingen oft weniger pfleglich umgegangen als mit den Eigenen. Dabei könnte man sogar mit dem Altöl aus den Motoren schon eine Menge „abschmieren". Die große Kawasaki hat gerade die ersten 500 Kilometer hinter sich und läuft wie eine Maschine, die schon viele Jahre unter härtesten Belastungen gefahren ist. Dichtungen lecken nun, weil sie vertrocknet und damit undicht geworden sind. Selbst meine alten Simson und MZ stehen da zumindest technisch deutlich besser da.

Im hinteren Teil des Zeltes läuft gerade der Motorradunterricht. Ich habe damit begonnen, mit zwei Fahrlehrern, die gerade Zeit haben, die Maschinen weiter vorzubereiten. Der unterrichtende Fahrlehrer hat die Lehrgangsteilnehmer in die Pause geschickt und kommt auf meine Seite. Mit Amin an der Hand hat er einige Fragen an mich. Vermutlich ist ihm jetzt, wo er den Unterricht halten muss, aufgefallen, dass er beim Stoff nicht sattelfest ist. Er möchte gerne den Unterschied zwischen einem Zweitakter und einem Viertakter erklärt bekommen und wie man an den Motorrädern den Unterschied erkennt. Mit Waschalkohol wische ich mir die Hände ab und richte mich auf, um ihm zu antworten. Innerlich bin ich begeistert, da ich an solchen Fragen das ernsthafte Interesse erkenne und meine Tätigkeit hier seine eigentliche Bedeutung bekommt. Denn trotz aller anderen Unterstützungsleistungen, ist dass der Grund, warum es meine Stelle gibt. Es sind noch andere Fahrlehrer dazu gekommen und der kleine Teil des Zeltes füllt sich auf. Das Licht ist nur schwach, da es mal wieder keinen Strom gibt und dicke Wolken den Himmel verdunkeln. Nur der geöffnete Zeltvorhang bringt etwas Licht in den Raum. Zwei ausgemusterte deutsche Lehrmodelle habe ich holen lassen. Sonst finden sie ihre Bedeutung überwiegend in der Gestaltung und Verschönerung der Räumlichkeiten, doch jetzt können wir sie tatsächlich einmal gebrauchen. In Ruhe und immer nur in kurzen Sätzen, damit Amin übersetzen kann, erkläre ich den genauen Ablauf des Zweitakters. Immer wieder warte ich auf Rückfragen, denn einige sind mit den Fingern immer wieder am Modell und beginnen sich untereinander zu unterhalten und zu diskutieren. Nur in den Phasen, in denen Amin übersetzt, wird es schnell wieder ruhig und aufmerksam folgen sie den Erklärungen. Für einen Laien ist der Verbrennungsvorgang eines Zweitakters tatsächlich nicht unbedingt in den ersten Erklärungen zu verstehen. Darum versuche ich, es aus verschiedenen Perspektiven verständlich machen. Dabei fällt mir in den Redepausen, die Amin zum Übersetzen nutzt auf, dass ich gerade wieder voll in meinem Element der Ausbildung angekommen bin. Erst jetzt fühlt es sich an, als fehlte mir sonst etwas. Die Ausbildung an der Logistikschule trägt in der Regel viel klarere Früchte und die deutschen Lehrgangsteilnehmer sind ein anspruchsvolleres Publikum. Sogar das gelegentliche Unterrichten in der zivilen Fahrschule beginnt mir zu fehlen.

Es macht einfach viel mehr Spaß, wenn die Schüler wissbegierig sind und den Stoff auch verstehen. Als nächstes ist der Viertakter dran und sehr genau achte ich darauf, ob man mir noch aufmerksam zuhört. Mir selbst brauche ich es schließlich nicht erklären. Doch sie sind noch voll dabei. Sehr kritisch beginnen sie das Modell unter die Lupe zu nehmen. Leider ist das Viertaktmodell, das eines Dieselmotors und recht alt. Es stammt aus einer Zeit, in der die Direkteinspritzer noch nicht in Serie gebaut wurden. So sieht das Modell mit dem Vorkammersystem für den Laien etwas kompliziert aus. Nicht allzu einfach, den Unterschied jetzt richtig klarzumachen, ohne auch noch das Vorkammerverfahren mit in meine Erklärungen einzubeziehen. Um die Geduld und die Aufnahmefähigkeit meiner Zuhörer nicht zu überfordern, springe ich daher wieder zur Frage zurück, die mich gerade aus der hinteren Reihe erreicht. Dieser Fahrlehrer ist der Meinung, dass die 200er hier in der Ausbildung einen Zweitakter haben, doch das ist falsch. Leider habe ich hier nur Viertakter herumstehen und so gehe ich an eine der fast zwanzig 200er im Zelt und beginne noch einmal und direkt am Motor, die Bauteile zu erklären. Beide Modelle stelle ich auf einen kleinen Tisch vor das Motorrad. Um möglichst einfach einzusteigen, versuche ich verschiedene markante Merkmale eines Viertakters aufzuzeigen. Das Erste könnte sich selbst mein kleiner Sohn zu Hause merken, denn ein Viertakter lässt sich sehr einfach über das Geräusch, welches den Auspuff verlässt, ausmachen. Da ein Zweitakter die gleiche Arbeit wie ein Viertakter im Motor verrichten muss, um zu funktionieren, muss er entweder doppelt so schnell laufen oder eben zwei der vier Takte zusammenlegen. Darum klingt jeder Zweitakter recht nervös und deutlich hektischer als die Viertakter. Während ein größeres Motorrad mit Viertakter mehr ein blubberndes Geräusch hinterlässt, bei dem man meint, man könne die Kolbenbewegungen mitzählen, knattert der Zweitakter munter vor sich hin. Die kleinen Motorräder oder Mopeds, die aus Kostengründen häufig die günstigere Technik haben, sind daher oft mit einem Zweitaktmotor ausgerüstet. Ich erkläre ihnen also, dass größere Motorräder oft einen Viertakter haben, starte das Motorrad und lasse sie das Geräusch wahrnehmen. Einige Köpfe beginnen zustimmend zu nicken. Nur der Fragestellende lässt mir über Amin wörtlich mitteilen „Enrico ich kann deine Meinung nicht akzeptieren!“. Noch habe ich aber ein paar Argumente in der

Hinterhand und lasse mich darum auch nicht aus der Ruhe bringen. Ich zeige auf den großen Ventildeckel über dem Zylinder und erkläre, dass der Zweitakter die darunter angesteuerten Ventile nicht braucht. Denn bei ihm kommt das Kraftstoffluftgemisch durch Öffnungen in den Zylinderwänden in den Motor. Doch ganz von sich überzeugt, bestreitet der Fahrlehrer nun, dass dieses Motorrad Ventile für das Kraftstoffluftgemisch und den Abgasauslass hat. Auch kein Problem, denn mit wenigen Handgriffen habe ich die Zündkerze aus dem Zylinderkopf gedreht und beginne mit der Hand den Kickstarter zu bewegen. Ohne großen Widerstand hört man den Kolben durch ein leises Plopp-Geräusch im Zylinder auf- und abwandern. Mit der Taschenlampe meines Handys leuchte ich in das kleine Loch für die Zündkerze und tatsächlich sieht man ein Ventil auf- und abfahren. Obwohl auch er es jetzt genau gesehen hat, behauptet er, dass so ein Ventil auch am Zweitakter sein könnte. Also greife ich zum nächsten Argument und verweise auf die Motorschmierung. Ich stelle das Motorrad etwas gerade auf und langsam füllt sich das kleine Schauglas an der rechten Seite des Motors mit pechschwarzem Öl. Es ist genau das Öl, das die Kurbelwelle, die Zylinderbahnen und einige Lager sowie Zahnräder im Motor schmiert. Beim Zweitakter gibt es dagegen nur zwei gängige Versionen und beide sehen eigentlich kein Motoröl im Motorgehäuse vor. Nur das Getriebe zum Schalten der Gänge hat einen festen Ölhaushalt. Da dieses Öl im Getriebe jedoch nie mit dem Verbrennungsbereich in Berührung kommt, ist es auch eigentlich sehr sauber und hell – nicht wie an diesem Motorrad.

Doch an seiner Reaktion merke ich, dass es nun schon etwas zu kompliziert für ihn wird. Daher wundert mich, dass er dennoch wissen will, wie denn nach meiner Theorie die Schmierung der Kurbelwelle und der Lager im Zweitakter funktionieren soll, wenn das Getriebeöl es nicht macht. Die Antwort liegt in dem Mischen des Kraftstoffes mit Öl und stellt für mich den nächsten Beweis dar. Denn nun müssten sie schon irgendwann mal Öl in den Kraftstoff gegeben haben oder irgendwo am Motorrad müsste ein kleiner Öltank sein, der das Mischen dann selbstständig, wie bei modernen Zweitaktern üblich, übernimmt. Er winkt etwas abwertend ab und scheint einfach nicht von seiner Meinung abrücken zu wollen. Doch zugegeben geht meine Geduld dem Ende zu, denn ich könnte die Zeit auch sinnvoller nutzen als einen anscheinend Unbelehrbaren bekehren zu wollen. Diese für mich recht kleine Lektion hat nun sage und schreibe fast 90 Minuten gedauert und den Vormittag damit wie im Flug vergehen lassen. Die Lehrgangsteilnehmer dürften sich über diese überaus ausgiebige Pause sehr gefreut haben. Mit etwas Werkzeug hocke ich mich wieder an die letzte Maschine, an der ich die Kette spannen will und beachte den uneinsichtigen Fahrlehrer nicht mehr. Schnell leert sich der Raum wieder und gemeinsam mit dem „Grimmigen“, der stets böse schaut, mache ich weiter, wo ich aufgehört habe. Er war mir erst etwas unsympathisch und nun arbeiten wir fast täglich an den Motorrädern zusammen und haben schon gemeinsame Probefahrten abgespult. Er ist ehrlich interessiert und lässt sich, was für mich völlig in Ordnung geht, nur von Erfolgen überzeugen. Da er nun schon einige deutsche Mentoren miterlebt hat, scheint er mir zu vertrauen und ist äußerst lernwillig.

Wir sind schon wieder voll in die Arbeit vertieft, da ruft Amin aus der anderen Hälfte des Zeltes zu mir hinüber, um mich auf sich aufmerksam zu machen. Auch der Hauptmann steht bei ihm. Der Unterricht wurde wohl fortgesetzt und das Thema ist, wie ich es vermutet hatte, die Ausgangsfrage nach dem Motortyp. Amin übersetzt, was der Fahrlehrer nun ausbildet und bringt den Hauptmann damit leicht zum Ausrasten. Denn als hätte unsere Lektion nie stattgefunden, redet er ganz und gar weiter überzeugt davon, dass die 200er ein Zweitakter ist. Da ich nicht reagiere, fragt Amin mich, ob ich seine Übersetzung verstanden hätte. Klar habe ich es verstanden! Der Hauptmann macht seiner Verärgerung durch lautes Zurufen in meine Richtung Luft. Das man es so nicht stehenlassen könne und er nun wohl hoffe, ich käme rüber, um den Fahrlehrer zu verbessern. Das tue ich natürlich nicht! Ich richte mich auf und gehe zu der Stoffabtrennung, die durch das Zelt gezogen ist. Mit einer Hand drücke ich sie etwas herunter, damit man mich sehen kann. Der Fahrlehrer bemerkt mich nicht und der Hauptmann möchte wissen, was wir jetzt machen. Verständlich, dass es kein guter Zustand ist, wenn etwas falsch unterrichtet wird und wir es nicht klarstellen. Doch jetzt bin ich etwas trotzig, denn der Weg, der optimal gewesen wäre, ist gescheitert. Die Alternative, nun den Fahrlehrer zu berichtigen und damit vor den Schülern bloßzustellen, scheidet für mich definitiv aus. Der Schaden, den ich damit für die Zukunft bei diesem Ausbilder anrichte, weil ich ihn in seiner Ehre verletze, steht in keinem

Verhältnis zu der Wichtigkeit der Aussage. Jemanden in diesem Land in der Ehre zu verletzen kann ein tödlicher Fehler sein, den auch schon deutsche Soldaten mit ihrem Leben bezahlen mussten. Innerlich ärgert es mich verständlicherweise etwas, doch graue Haare werde ich mir deswegen nicht wachsen lassen. Den Schaden, den sich dieser Fahrlehrer damit bei mir und dem Hauptmann zugezogen hat, wird ihm noch lange nachhängen. Denn die nächsten Versuche, ihm etwas beizubringen, werde ich mit Bedacht, wenn überhaupt unternehmen. Zu kostbar ist mir die Zeit für die anderen, ernsthaft lernbereiten Soldaten, um sie an solche Ausbilder zu verschwenden. Auch seinen Vorgesetzten werde ich davon nichts erzählen, da die Kränkung dann nur auf anderem Weg zu ihm kommen würde und er dennoch genau wüsste, von wem es kommt. Den Sichtschutz lasse ich wieder zurück in seine alte Position springen und drehe mich zurück zum Motorrad, an dem ich gerade noch weitergearbeitet habe. Amin ruft mir noch einmal zu und seine Worte verwundern mich, da sie aus dem Mund eines sehr gebildeten Afghanen stammen: „Die sind wie Tiere Herr Enrico, die begreifen gar nichts!"

Vielleicht, um ein neues und interessantes Gesprächsthema auf den Tisch zu bringen, erzähle ich es den Kameraden der anderen Inspektionen beim Mittagstisch. Doch ein wenig wird mir bewusst, dass es, obwohl ich das nicht möchte, mich doch etwas genervt und belastet hat. Die anfängliche Freude über das Interesse des Fahrlehrers war in Enttäuschung umgeschlagen und Wasser auf die Mühlen der größten Kritiker am Tisch.

Zu Hause ist zurzeit auch viel in Bewegung, denn nach jahrelanger Tätigkeit als Tagesmutter hat meine Frau zusammen mit mir entschieden, ein Pflegekind in die Familie aufzunehmen. Das hatten wir schon vor einigen Jahren in Angriff nehmen wollen, doch mein Beruf und die damit häufige verbundene Abwesenheit hatte uns immer wieder zögern lassen. Nun bin ich zwar auch noch einige Monate nicht zu Hause, aber ansonsten ist der Zeitpunkt für sie recht gut. Unser Kleinster kommt dieses Jahr in die Schule und somit wird auch etwas mehr Zeit für ein neues Kind frei. Wenngleich manche Leute jetzt finanzielle Gründe vorschieben werden, weil sie entweder nicht rechnen können oder eben sehr oberflächlich denken, sind die Gründe für die Aufnahme eines Pflegekindes anders gelagert. Ich wollte schon früher noch mehr Kinder haben, doch meiner Frau die Belastungen der Schwangerschaften und der Geburten nicht mehr zumuten. Das Risiko und die Beschwerden, die damit verbunden sind, sind eben mit zunehmendem Alter nicht zu unterschätzen. Heute geht es uns gut und da wir auch genug Platz im Haus haben, sind die Grundvoraussetzungen eigentlich optimal. Wenn ich an meine eigene Kindheit zurückdenke, erinnere ich mich gut daran, wie oft ich mir einen Ausweg aus dem Alptraum zu Hause gewünscht hatte.

Ein Onkel meiner Mutter hatte vor vielen Jahren, als ich noch sehr klein war, versucht, mich aus unserer Familie herauszuholen. Er konnte mit seiner Frau keine eigenen Kinder bekommen und hatte wohl gehofft, dass meine Eltern unter den Belastungen nachgeben. In der Phase, und die hatte ich schon sehr genau mitbekommen, als dieses Thema über Wochen präsent war, hatte ich in all dem Sumpf aus Prügel und Armut wieder Hoffnung geschöpft. Einzig die Tatsache, dass ich meinen Bruder zurückgelassen hätte, lag wie ein Stein im Magen. Alles hat seinen Sinn und das Schicksal wollte es anders. Doch heute weiß ich, wie wichtig so ein Ausweg sein kann. Der Kleine, den wir nun aufnehmen, hatte unter widrigsten Bedingungen bei seiner Mutter gelebt, die ihn nicht annehmen wollte. Vernachlässigt und oft allein zu Hause gelassen, hatte das Jugendamt ihn dort herausgeholt. Aufgrund der Vorgeschichte wird die Mutter dieses Kind wohl nie zurückbekommen und so werden wir nach bestem Wissen und Gewissen dem Kleinen ein neues zu Hause geben und seine neuen Eltern werden. Obwohl dadurch in unseren Telefonaten zurzeit nur ein Thema wirklich interessant scheint, meine Frau geht in ihrer neuen Aufgabe voll auf. In etwa zwei Monaten, wenn ich in den Urlaub nach Hause komme, werden wir drei Wochen zusammen verbringen und den Kindern großartige Ferien bieten. Wenn der kleine Mann mich dann genauso sympathisch findet wie meine Frau, bin ich sehr hoffnungsvoll für die Zukunft.

Es ist wieder Freitag, an dem man etwas länger schlafen könnte, doch pünktlich werde ich, dank meiner inneren Uhr, kurz vor sechs wach. Um den Lärm von außen auszusperren und einen neuen Versuch zum Einschlafen ohne den ins Zimmer dringenden Zigarettenqualm zu starten, schließe ich das Fenster, welches leicht geöffnet im

Wind hinter den Metallstangen wackelt. Es ist sehr hell im Raum und so drehe ich mich genervt von einer auf die andere Seite. Doch es bringt nichts. Meine Dosis Schlaf scheint trotz Unregelmäßigkeit aufgefüllt und so springe ich um halb sieben schon in meiner Stube herum.

Etwas gefrustet und weil die Raucher auch schon wieder weg sind, nehme ich den Ascheeimer, der wieder unter meinem Fenster steht, im Vorbeilaufen mit. Gehe schnellen Schrittes und zielstrebig die wenigen Meter zurück zum Camp-Zaun und werfe ihn mit einem kräftigen Schwung hinüber. Fest entschlossen, mit dem nächsten Ascheeimer unter meinem Stubenfenster genauso zu verfahren. Denn obwohl ich die Kameraden die letzten Tage immer mal wieder mit dem Thema konfrontiert habe, wanderte der Ascheeimer immer wieder neben den Eingang unter mein Fenster. Es ist schon bedrückend genug, dass ich dem alltäglichen Dreck in der Luft nicht ausweichen kann. Doch zusätzlicher Zigarettenqualm muss wirklich nicht sein. Zumal nur die Bequemlichkeit, einfach zehn Meter weiter hinüber zu den Sitzgruppen zu gehen, für mich kein akzeptabler Grund sind, das hinzunehmen. Und wie mit dem Alkohol verfahre ich nach dem Prinzip: „Macht was ihr wollt aber belästigt mich nicht damit, denn wenn ich oder andere darunter leiden müssen, ist bei mir Schluss!“

Felix hat aus Masar neue Musik mitgebracht. Dort hat er sich fast zwei Wochen von Belgiern auf neuen Fahrzeugen, die von der afghanischen Armee übernommen werden sollen, ausbilden lassen. Nun soll er auch hier in Kabul für die Verbreitung des Wissens sorgen. Es dauert etwas, bis ich mich durch die mehr als 20 GB durchgearbeitet habe und da ich vieles von dem neueren Zeug nicht mag, filtere und lösche ich gleich bei dieser Gelegenheit. Dann habe ich etwas, dass mir um diese Zeit etwas Schwung geben dürfte und in Zimmerlautstärke lasse ich meine Boxen mitlaufen. Der Hauptmann, Tim und ich haben ein gemeinsames Frühstück vereinbart. Da ich recht gut mit dem Platz in meiner Stube zurechtkomme und einen kleinen Tisch habe, den man problemlos verschieben kann, habe ich meine Stube dafür angeboten. Noch gestern Abend habe ich dafür ein frisches Brot gebacken. Damit ich es schneiden kann, ohne es dabei zu zerstören, musste es erst einmal abkühlen. Dann, etwas später, sollte es gehen und so beginne ich mit dem großen und sehr scharfen Brotmesser, die erste Scheibe zu schneiden. Der obere und der untere Teil sind aber einfach zu lose und fallen schon fast von allein ab. Also mache ich mir die Mühe und schneide jede Scheibe an den Rändern gerade. So sehen wenigstens alle Scheiben recht gleich aus und die ohnehin recht harte Kruste ist auch ab. Acht Scheiben sollten reichen. In eine Suppenschale mit einem Küchentuch abgedeckt, sind sie schon mal verzehrbereit. Den kleinen Tisch hole ich in die Mitte des Raumes und schiebe ihn bündig an den Schreibtisch. So kann man von drei Seiten daran sitzen und den Schreibtisch als Ablage für den Aufschnitt nutzen. Meine Vorräte gehen zur Neige, denn seit ich zu Hause vom guten Essen berichtet habe und die Angebote für weitere Pakete ausgeschlagen habe, ist fast nichts mehr dazu gekommen. Letztlich macht es auch den Daheimgebliebenen nur Mühe und kostet Geld. Und durch das gute Essen im neuen Camp gibt es nur noch wenige Gelegenheiten, um die Vorräte sinnvoll zu verwerten. Etwas Marmelade, verschiedenen Döschen mit Wurstaufstrich und mehrere kleine Nugatcreme-Päckchen, die ich noch aus der französischen Küche als Freitagsvorrat hatte, kann ich anbieten. Eine angefangene Packung mit Margarine kommt auch auf den Tisch. Auf jeden Platz lege ich ein gefaltetes Küchentuch und Besteck, was ich vorrätig habe. In Ruhe betrachtet sieht es nun zwar ganz nett aus, doch das täuscht nicht über das magere Angebot hinweg. Ich greife mir eine kleine Dose mit Bockwürstchen und steche sie mit dem großen Brotmesser auf. So kann ich mit einem kleineren scharfen Messer den Deckel Stück für Stück mit etwas Kraft aufschneiden. Da ich den Wasserkocher verliehen habe, muss ich mir etwas einfallen lassen, um sie heiß zu bekommen, denn richtig lecker sind sie eben nur so. Es dauert etwas, bis mir der Wasserhahn des Waschbeckens heißes Wasser liefert, doch dann reiße ich mir ein Stück Folie einer Wasserpackung ab und lege sie über den Abfluss des Waschbeckens, da es keine Stöpsel für die Abläufe gibt. Das sollte gehen. Mit etwas Gefühl drücke ich den Hebel so lange hin und her, bis nur recht wenig aber eben noch genug heißes Wasser aus dem Hahn kommt. Die Dose mit den Würstchen stelle ich etwas schräg in das Becken hinein und lasse das Wasser weiterlaufen. So kommt das Wasser nicht in die geöffnete Dose und die Würstchen erhitzen im eigenen Saft. Mit diesem kleinen Trick vermeide ich, dass das durchlaufende Wasser den Geschmack aus den Würstchen zieht und sie fad macht. Würstchen sind hier wertvolle Ware, denn gute Qualität gibt es nicht überall und wenn dann nur zu gepfefferten Preisen. Nun lohnt es sich auch die Flasche Ketchup dazuzustellen.

Es ist gerade halb neun und wir sind für kurz vor neun verabredet. Da das Telefon und Internet seit gestern Abend abgeschaltet sind, gehe ich in mein Englischprogramm und lerne meine Lektion weiter. Es geht gut voran und heute möchte ich die vierhundertste Vokabel knacken. Es ist so simpel wie gut, denn nur, wenn ich ein vorgegebenes Wort viermal richtig geschrieben habe, kommt es auf den erledigten Stapel. Dabei achte ich sehr genau darauf, mich nicht selbst zu betrügen, denn sobald auch nur ein Buchstabe an der falschen Stelle steht, markiere ich das ganze Wort als falsch. Das kostet bei einigen Wörtern wirklich Geduld, denn bei schwierigen Wörtern habe ich nicht selten sechs und mehr Anläufe gebraucht. Da ich die Hoffnung auf einen Lehrgang durch den Dienstherren nach vielen Jahren erfolgloser Bemühungen aufgegeben habe, ist dieses Programm sehr gut investiertes Geld. Einzig mein Zeitmanagement wird dadurch weiter strapaziert. Selten zuvor ist die Zeit so schnell vergangen wie in diesem Einsatz. Die Musik schalte ich in den Pausenmodus, da sie die Texte des Programmes überlagern würde und das einfach nur nervt. Es fühlt sich jedes Mal gut an, wenn ich eine Lektion fortgeführt oder auch wieder einige Seiten weitergeschrieben habe. Meinem inneren Drang, jedem Tag einen neuen Sinn zu geben, kann ich wirklich täglich damit nachkommen. So wechseln sich viele Einzelaufgaben durch die Woche ab. Um 14 Uhr hat sich ein Oberstleutnant für einen Haarschnitt angemeldet und wenn er fertig ist, stehen noch vier weitere Kameraden in der Schlange. Gut, dass heute Freitag ist. Die Nachfrage nach den Haarschnitten scheint immer noch anzusteigen. So kommen je Woche inzwischen etwa fünf bis sieben Haarschnitte zusammen. Auch wenn man damit keine Berge versetzen kann, so hat es doch seinen guten Zweck.

Es klopft an der Tür und etwas verschlafen blickt mich der Hauptmann, wie immer mit einem Grinsen, an. Er hält meinen kleinen gelben Wasserkocher in der Hand und möchte ihn mir wohl wiedergeben und sich wegen des Frühstücktermins vergewissern. Er hat definitiv einen ausgeprägten Kontrollzwang, doch ich beginne mich daran zu gewöhnen. Die Tage, an denen ich sein Verhalten auf mangelndes Vertrauen zu meiner Person bezogen habe, sind vorbei. Jetzt habe ich die Phase erreicht, in der ich beginne, ihn damit etwas zu veräppeln. Und als er sieht, dass der Tisch schon fertig vorbereitet ist, lässt er sich ein klares Lob auch nicht nehmen. Diese Seite gefällt mir an ihm besonders, denn selbst wenn es nicht bei jeder Gelegenheit sein muss, so hat Lob doch eine wichtige Bedeutung in einer Gesellschaft, die überwiegend leistungsorientiert denkt. Und Menschenführung kann er gut!

Auf die Minute pünktlich steht Tim dann ebenfalls in der Tür. Noch hat er seine Uniform an, da er gerade noch in der Küche war, um einige Dinge zum Frühstück beizusteuern. Eine super Idee, doch bevor es losgeht möchte er sich seine bequemen Sachen anziehen. Schließlich haben wir, wenn auch nur kurz, Wochenende. Wenige Minuten später ist er zurück und fast typisch für einen Kameraden, der das erste Mal im Einsatz ist, beginnt er einige Bilder zu machen. Bittet mich auch ihn einmal mit auf ein Bild zu bringen und schaut sich das Ergebnis dann direkt auf dem kleinen Display an. In der Verpackung aus der Küche befinden sich zwei zusammengefaltete Crêpes und etwas frisches Gemüse in Scheiben. Ein großes Glas mit Nussnugatcreme ziert jetzt auch den Tisch. Jetzt, wo der Platz auf dem Tisch knapp wird, sieht die Auswahl sehr großzügig aus und steht dem gedeckten Tisch in einer heimischen Küche sicher kaum in etwas nach. Das frische Mischbrot und der Wurstaufstrich sind, trotz des sonst wirklich guten Essens hier, eine willkommene Abwechslung. Man gewöhnt sich schnell an die etwas amerikanische Ernährungsweise und doch beginnt einem die heimische Nahrung zu fehlen. Selbst wenn ich nicht jeden Freitag dieses Frühstück haben muss, es war eine gute Idee vom Hauptmann. Die Zeit verrinnt wie im Flug mit guten Gesprächen und locker Stimmung und schon bald haben wir fast zwei Stunden verbracht. Doch langsam beginne ich die ersten Dinge wieder in den Kühlschrank zu räumen. Ein dezenter Hinweis, dass wir zum Ende kommen sollten. Denn die Stube muss noch gereinigt werden und da nun einiges an Brotkrümeln auf dem Boden liegt, lohnt es sich auch. Wir sind uns einig, dass dies eine runde Sache war und so räume ich den Rest weg und beginne das schmutzige Geschirr abzuwaschen. Alles kommt wieder an seinen angestammten Platz, nur die Nachttischlampe lasse ich jetzt bei meinem Bett stehen. Durch die ständigen Umschaltvorgänge bei den Generatoren und den damit verbundenen kurzzeitigen Stromausfällen, schaltet sich meine Dauer-Lampe ständig aus. So habe ich nachts kein Licht, wenn ich wach werde. Die stubeneigene Leuchte hatte ich zwischenzeitlich wieder zum Schreibtisch gestellt, da sie mir einfach zu grelles Licht wirft und das gerade morgens oder in der Nacht eher unangenehm ist. Nachdem ich nun auch die Möbel oberflächlich mit einem feuchten Tuch abgewischt und den Boden gesaugt habe, bleibt wieder etwas Zeit für mein Englischprogramm. Zum Mittag werde ich aufgrund des ausgiebigen Frühstücks nicht gehen und so bleiben mir gut zwei Stunden, um einen neuen Versuch für ein kleines Nickerchen zu unternehmen.

Das Englischprogramm mache ich immer genau so lange, bis ich keine Lust mehr habe. Dadurch behalte ich den Spaß an der Sache und glaube auch recht effektiv zu lernen. Zu viele neue Informationen lassen sich eben schwerer aufnehmen und so hoffe ich, dass von dem „Weniger“ etwas mehr hängenbleibt. Der Versuch, sich noch einmal hinzulegen, scheitert leider. Selbst das Handtuch, welches ich zusätzlich vor das Bett gehängt habe, um den Schlafbereich etwas abzudunkeln, bringt nichts. Ich bin einfach hellwach. Um jetzt noch einen Film zu sehen ist die Zeit zu knapp und so bereite ich meine Utensilien zum späteren Haareschneiden vor. Sauber ist alles, da ich es immer direkt nach der Nutzung reinige, doch etwas Öl kommt dennoch wiederholt an die Klingen, denn heute gibt es wieder einiges zu tun. In einer kleinen weißen Plastiktüte verstaue ich die Tasche mit den Geräten und Aufsätzen und lege mir diesmal zusätzlich wieder ein Verlängerungskabel dazu. Noch nicht ganz fertig, klopft es an der Tür und Jörg, ein Offizier der Nachbarinspektion, steht vor meiner Tür. Wir hatten 14 Uhr ausgemacht, doch er kommt gerade erst vom Sport und bittet mich, zehn Minuten später zu erscheinen. Um davor noch jemand anderen dranzunehmen, ist die Zeit zu knapp und so klingele ich meinen Bruder auf seinem Handy an, um ihm zu signalisieren, dass er mich anrufen soll.

Schon kurz danach klingelt mein Telefon und so komme ich auch aus anderer Quelle wieder an Informationen zum aktuellen Geschehen in unserer Familie. Viele Kleinigkeiten, über die ich oft nur noch schmunzeln kann und die mich ab und zu auch mal aufregen. Das Leben könnte so einfach sein, wenn man nicht aus jeder Mücke einen Elefanten machen würde. Doch fallen die großen Probleme weg, sucht man sich die Kleinen und macht sie groß. Mit jedem Telefonat fällt mir auf, dass ich vielmehr Zuhörer als Gesprächspartner bin. Oft bin ich schon froh, wenn ich die Fragen, die mich interessieren, auch loswerde und beantwortet bekomme. Nicht selten bemerke ich dann erst nach dem Auflegen des Hörers, dass ich wieder nur teilweise oder überhaupt nicht zu Wort gekommen bin. Ich denke, dass es auch nicht böse gemeint ist, sondern mehr das Ergebnis meiner sonst weniger gesprächigen Art, die nun mal alle von mir kennen. Die Zeit rennt mir unter dem Redefluss meines Bruders davon und ob ich will oder nicht, ich muss ihn abwürgen. Zwar will er später wieder anrufen, aber ich weiß schon jetzt, dass er es vergessen wird. Kein Problem, denn ich bin ja nicht aus der Welt. Vielleicht rede ich auch von mir aus so wenig, weil ich immer die Belehrungen über das Abhören der Telefone im Hinterkopf habe. Erst gestern hatte uns der Stellvertreter eröffnet, dass Namenslisten durch den Geheimdienst entdeckt wurden, die auch eine Vielzahl von Soldaten unserer Einheit zugeordnet wurden. Nachnamen und die passenden Telefonnummern waren dort verzeichnet. Und mich belächelt man, weil ich nur meinen Vornamen, auf dem für jeden gut sichtbaren Namensschild trage und außerhalb der Camps nie meine ID-Karte mit aus dem Fahrzeug nehme. Viele tragen sie permanent in einer Hülle am Oberarm, um sie bei den Checkpoints möglichst immer griffbereit zu haben. Außer mir kenne ich in meiner Einheit niemanden, der sie immer noch an einer kleinen Klammer an der Uniform festklemmt und so ständig den Platz wechselt. Bin ich bei den Afghanen, so steckt sie im Wolf in einem Schlitz der Armatur. Mit dem Foto nach unten, ist es so unmöglich, von außen etwas von den Daten zu lesen. Und so vermeide ich eben genauso bei jedem Telefonat genaue Angaben zu Personen, Orten oder Terminen. Sicher einer der Hauptgründe, warum dann das Telefonieren mit der Familie irgendwann sehr eintönig wird. Diese Zeilen kompensieren dieses Defizit ein wenig zeitversetzt und haben sich nach mehr als vier Monaten definitiv bewährt.

Nachdem ich den Hörer aufgelegt habe, begebe ich mich nach oben zu Jörg. Er wartet schon und hat sich einen Holzstuhl in sein Bad gestellt. Fast routiniert frage ich die Wünsche und Besonderheiten für den Haarschnitt ab. Kaum jemand macht es so kompliziert wie damals der Oberleutnant. Man will nicht schlecht aussehen, ist sich jedoch bewusst, dass wir hier nicht auf einem Schönheitswettbewerb sind. Und ohne Eigenlob zu verteilen, würde ich schon sagen, dass die Übung der letzten Monate ihre positiven Erfolge zeigt. Selbst längere Frisuren sind inzwischen kein Problem mehr. Und auch wenn einige sehr ähnliche Frisuren wünschen, die oberflächlich einen Einheitsbrei vermuten lassen, so gibt es durchaus deutliche Unterschiede. Jörg ist ein unkomplizierter Kunde, denn als ich ihm mit meinem weißen Pinsel die Haarreste grob von den Schultern und aus dem Nacken entfernt habe, ist er schon beim ersten Blick in den Spiegel sichtlich zufrieden. Einige wollen mittlerweile nicht mal mehr schauen und vertrauen mir blind. Mein immer wiederholtes Angebot bei Nichtgefallen auch zu korrigieren, bringt den Rest an Zufriedenheit. Ohne großes Zusammenpacken wechsle ich den Standort nur wenige Meter auf die andere Seite des Flures. Kalle hat eine Kiste und einen Stuhl vor seine Stube auf den Flur gestellt und muss mir jetzt nur noch mein Verlängerungskabel anschließen. Hier warten drei Kameraden auf ihren frischen Haarschnitt und beinahe wie im Akkord, brauche ich nur etwas mehr als eine halbe Stunde für alle drei. Dabei bin ich sehr genau und manchmal schon zu sehr Perfektionist, doch wenn es zügig geht, habe ich natürlich kein Problem damit. Die Idee mit dem Flur ist sehr gut, denn hier ist Platz und die Fliesen lassen sich ebenfalls sehr leicht absaugen. Zufrieden geht es flink wieder die Treppe runter, denn der letzte Kunde wartet noch. Ich werfe einen kurzen Blick in die geöffnete Tür des Hauptmanns und lasse seinen fragenden Blick etwas auf mich wirken. Er hat schon wieder vergessen, dass ich ab 14 Uhr Termine habe und wusste nicht, wo ich gewesen bin. Um wenig Zeit zu verlieren, kläre ich es kurz auf und verabschiede mich direkt zum letzten Termin. Ich hätte nie gedacht, dass sich dieses Haareschneiden in so viele Richtungen positiv entwickelt. Man kommt mit den Kameraden und besonders mit denen, die man sonst sehr selten spricht, in Kontakt. Gerade so schweigsame Typen wie ich. Erfährt eine Menge und erreicht durch den persönlichen Bezug und den Nutzen für den Gegenüber ein Stück mehr Ansehen, als wenn man sich nur kennen würde. Die Einnahmen kommen einem guten Zweck zugute und die Kameraden sind mit einem gepflegten Haarschnitt merklich zufriedener.

Um 19 Uhr hat der Pfarrer einen Videoabend im Konferenzsaal angesetzt. Tim und Dieter fragen, ob ich mitgehe. Der Film „Schutzengel“

hatte mich ohnehin schon gereizt, da er bei seiner Vorstellung damals in Masar sehr gute Kritiken bekommen hatte. Die beiden wollen vorher noch zum Sport und so nutze ich die Zeit zum Schreiben und gehe kurz vorher noch zu Abend essen.

Der Konferenzraum ist sehr nobel mit gemütlichen beigefarbenen Ledersesseln bestückt. Etwa zehn Kameraden sitzen schon wartend an dem großen, langen Tisch. Ein Laptop und eine recht große Stereoanlage stehen auf dem Tisch. Die Leinwand ist am Tischende aufgebaut und ausgerollt. Einige haben sich die Sessel etwas zurechtgerückt, um aus der Position vor dem Tisch heraus einen besseren Blick zur Leinwand zu bekommen. Auch ich suche kurz einen guten Platz, denn noch ist die Auswahl recht ordentlich. Nur keinen vor mir haben und die Beine ausstrecken können, dann wird es schon gemütlich. Direkt nebenan in der improvisierten „Wolfshöhle“, die aus dem Camp Warehouse deutlich verkleinert übernommen wurde, hole ich mir noch schnell eine kalte Cola. Die erste Cola, die ich seit etwa vier Wochen wieder selbst bezahlen muss. Seit der Verpflegung in diesem Camp mit zwei Softdrinks je Mahlzeit, die auch mitgenommen werden dürfen, komme ich damit sehr gut hin. Nebenbei diszipliniere ich mich dazu, nicht zu viel dieses ungesunden Zuckerzeugs zu trinken. In Verbindung mit dem kostenlosen Internet sind meine Ausgaben nahezu auf null gesunken. Lediglich Süßigkeiten oder Hygieneartikel aus dem PX gehen noch auf eigene Kosten.

Langsam füllt sich der Saal etwas auf und auch Dieter und Tim sind jetzt da. Der Pfarrer begrüßt die Anwesenden und freut sich über die rege Teilnahme. Sicher wären noch mehr gekommen, doch der Informationsfluss ist eines der deutlichsten Defizite in diesem Camp. Sehr unverständlich, da gerade in diesem winzigen Camp fast jeder jeden täglich trifft.

Etwa 30 Leute haben sich nun eingefunden und auf die Plätze verteilt. Mit diesem Videoabend knüpft der Pfarrer an eine Tradition aus dem Camp Warehouse an und das finde ich wirklich gut. Durch den Wegfall der vielen Möglichkeiten, gemeinsam etwas zu machen, schläft die Kameradschaft etwas ein. Die Wolfshöhle bietet mit ihrer winzigen Sitzfläche und dem Tresen aus Büroschränken keine wirkliche Alternative. Um zu Kickern muss man in den Keller des GYM oder eingeengt zwischen der Wand und dem Geländer in einem Flur spielen. So zieht sich die Masse mittlerweile auf die bequemen und gut ausgestatteten Stuben zurück, um vom Dienstalltag abzuschalten. Der Film ist gut gemacht und da Til Schweiger neben Jürgen Vogel und Moritz Bleibtreu einer meiner beliebtesten deutschen Schauspieler ist, bin ich ohnehin positiv eingestellt. Der Film, der sich um einen Exsoldaten, der nun als Polizist eine Kronzeugin beschützen soll dreht, ist zwar teilweise etwas amerikanisch übertreibend, aber immer noch absolut sehenswert. In diesem Aktion-Film sympathisiert Til Schweiger klar mit den Soldaten und ihren Erlebnissen aus den Einsätzen. Stellt immer wieder klar heraus, dass wir uns hier in einem Krieg befinden. Wenngleich dieser auch nichts mehr wirklich mit den Kriegen der vergangenen Jahrzehnte gemein hat. Schon etwa 20 Minuten nach dem Filmstart unterbricht der Pfarrer und bietet eine Runde Pizza der verschiedensten Sorten frisch aus der Küche an. Er hatte damit im Vorfeld keine Werbung machen wollen, um nicht vom eigentlichen Grund für diesen Abend abzulenken. Hätte ich das jedoch früher gewusst, so hätte ich auch auf das Abendbrot verzichtet und mir das schlechte Gewissen gespart. Doch ihn darauf sitzenzulassen wäre irgendwie unfair und zu meiner Überraschung schmeckt sie absolut super. Aus allen Ecken kommen immer wieder kleine Scherze, die dann auf Eis und Popcorn hinweisen. Die Stimmung ist locker und so essen wir den Großteil der Pizzen, während die Raucher noch schnell Zigaretten vernichten. Auch der weitere Verlauf des Filmes bleibt super. Zwar lädt der Pfarrer nach Ende des Filmes noch zum gemütlichen Beisammensein und Gesprächen ein, doch es ist nun halb zehn und morgen geht es wieder früh los. So räumen wir die Sessel an ihre Plätze und entsorgen den Müll. Zurück auf der Stube versuche ich noch das Schreibpensum zu erfüllen, um meiner Frau die versprochenen Seiten und auch etwas über meinen Tag zu erzählen, doch es wird zu spät und ich möchte ungerne angefangenen Teile halbfertig liegen lassen. Also werde ich morgen daran weiterarbeiten, wenn ich von den Afghanen zurück bin.

Kapitel 6

Ein langer Weg

Wir stehen im Leitstand, um die Fahrt für den Tag anzumelden. Einer der Kameraden begrüßt uns mit einem kleinen Scherz, in dem er uns fragt, ob wir bei dem angekündigten „Angriff der Taliban“ wirklich rausfahren wollen. Da es wirklich absurd klingt, nimmt ihn keiner ernst und auch ich schreibe unbekümmert meine Eintragungen weiter. Doch dann wird er genauer und auch sein Kamerad, der ernster die Lage erklärt, wundert sich über unser Erscheinen. Für sie ist klar, dass heute niemand das Camp verlässt. In der Nacht sind wohl aus dem Nachbarcamp Informationen für einen geplanten Angriff durchgesickert. Ein Wachposten ist als Sympathisant der Taliban aufgeflogen. In seinem Handy hat man Nachrichten gefunden, die recht genau auf einen Angriff unseres oder der Nachbarcamps schließen lassen. Die Camps neben uns sind mit amerikanischen Einheiten belegt und wären so sicher ein lohnendes Ziel. Doch ob wir Deutschen wirklich von Interesse sind, mag ich bezweifeln. Möglicherweise werden wir zum Ziel, wenn die Taliban sich in der „Hausnummer“ irren oder so ein Angriff übergreift, aber sonst halte ich es für unwahrscheinlich. Nur der Informationsfluss hatte in der Nacht nicht gut funktioniert – vielleicht, weil man die Lage noch nicht als so ernst angesehen hatte. Doch jetzt sind wir recht genau im Bilde und damit ist verständlicherweise jede Fahrt gestrichen.

Gemeinsam mit Tim und Dieter gehe ich frühstücken. Die Stimmung ist durchweg sehr aufgelockert und es werden schon auf dem Weg zur Küche eine Menge Scherze über diese Informationen gemacht. Am Frühstückstisch treffen wir dann viele, die noch gar nichts wissen und einige, die bereits in der Nacht informiert wurden. Angeblich hatte man an den Stuben geklopft, um jedem Bescheid zu sagen, doch da ich einen wirklich leichten Schlaf habe, kann ich nicht glauben, dass auch bei mir jemand gewesen sein soll. Wie auch immer, denn nun werden nach und nach alle ins Bild gesetzt. Für acht Uhr hat der Stellvertreter eine Besprechung angesetzt, damit alle auf denselben Stand gebracht werden. Nun kann der Tag ruhig beginnen, denn der außerplanmäßige „Baseday“ (Tag im Camp) verschafft Spielraum für Erledigungen und Tätigkeiten aller Art. So kann ich auf jeden Fall meinen planmäßigen Sport machen und mich im Internet nach den Preisen für ein geräumigeres Familienfahrzeug schlaumachen. Denn mit nun bis zu sieben eigenen Familienmitgliedern reicht selbst der aktuelle Siebensitzer nicht mehr aus. Denn nutzt man die sieben Sitze, so bleibt nur ein winziger Platz für Gepäck und einkaufen oder in den Urlaub fahren kann man dann höchstens nur noch mit Anhänger. Doch meine Frau könnte sicher nicht darüber lachen, wenn sie mit dem Anhänger zum Supermarkt fahren soll, selbst wenn man nicht immer alle mitnehmen muss.

Pünktlich um acht steht der Stellvertreter vom Oberst in unserem prall gefüllten Betreuungsraum. Und obwohl kaum noch Platz für weitere Kameraden wäre, fehlen noch welche. Ob sie die Info nicht bekommen haben oder einfach nur unpünktlich sind, lässt sich schwer sagen. Der Stellvertreter macht seinem Frust Luft. Er ist eigentlich ein umgänglicher Mensch, jedoch kann seine Laune auch sehr schnell umschlagen, wenn er das Gefühl hat, es läuft nicht wie es sollte. Dies ist so ein Moment und sein kurzer, aber klarer Anschiss bringt Totenstille in den Raum. Ein wenig ungerecht empfinde ich dies schon, denn was hatten die Anwesenden denn falsch gemacht? Sollen wir uns jetzt bei jedem Treffen gegenseitig an die Hand nehmen, um niemanden zu vergessen? Von erwachsenen Menschen erwarte ich da etwas mehr Eigenständigkeit und wenn überhaupt, müsste er seinen Anschiss beziehungsweise Belehrung an die verspäteten Kameraden richten. Vielleicht ist es aber auch die angespannte Lage und die Verantwortung, die er nun als Leiter tragen muss, wenn es „heiß“ wird, die ihn etwas gestresst wirken lässt. Er wiederholt knapp die schon bekannten Informationen und bestätigt, dass wir auch morgen nicht zu den Afghanen fahren werden. Nur dass diese Informationen weder zu diesen noch zu uns nach Hause gelangen darf, wird sehr deutlich betont. Man möchte einerseits unnötige Panik bei den Daheimgebliebenen verursachen und andererseits die Verbreitung von militärischen Informationen unterbinden. Allzu schnell verfallen die Soldaten bei den Telefonaten mit der Heimat zur Weitergabe von wichtigen Informationen, wenngleich das nicht bewusst oder in böser Absicht geschieht. Da sehr sicher ist, dass wir alle und permanent von den verschiedensten Geheimdiensten abgehört werden, sollen alle möglichen Lecks abgedichtet bleiben. Es reicht schon, wenn die in den Stellungen eingesetzten Soldaten zu genaue Angaben über ihre Aufgabe machen, zum Beispiel, wenn der Schütze auf dem Dingo hinter der Einfahrt des Camps seinen Wirkungsbereich nur beiläufig erzählt. Schnell sind Dinge bekannt, die es potenziellen Angreifern leichtmachen könnten, ein Bild von den Abwehrmaßnahmen zu erstellen.

Der Nordbereich, in dem immer noch gebaut wird, ist vorläufig gesperrt und sämtliche Arbeiten wurden eingestellt. Eine Absicherung ist dort nicht möglich, weil uns Deutschen dafür schlicht das Personal fehlt. Auch die jetzt getroffenen Maßnahmen sind so eigentlich nicht gedacht und einige Leute haben jetzt eine Menge damit zu tun, unser Sicherheitskonzept von der afghanischen Wachmannschaft unabhängiger zu machen. Alle sind äußerst sensibilisiert, denn die Anschlagswarnung ist diesmal einfach zu konkret. Noch ahnt niemand, dass nach fast zwei Jahren das erste Mal in diesem Jahr einer unserer Kameraden fallen und ein weiterer verletzt wird. Auch ich habe mir für mich allein Gedanken darüber gemacht, wie es ablaufen könnte und welches die besten Verhaltensweisen sein würden. Ob die verantwortlichen Vorgesetzten ihren Anforderungen in so einer Ausnahmesituation gerecht werden, kann keiner vorhersagen. Am meisten jedoch gibt mir das Verhalten der eigenen Kräfte zu denken. Die wenigsten sind aus der Kampftruppe und somit nicht wirklich Profis im Gefecht oder Feuerkampf. Aber auch das würde sich zeigen, wenn es so weit ist. Wir begeben uns zurück in unsere Stuben und Büros und gehen den täglich anfallenden Aufgaben nach. Um gut vorbereitet zu sein, nutze ich noch einmal die Zeit, um meine Waffen zu überprüfen und die gesamte verfügbare Munition bereitzulegen. Lange Feuerkämpfe könnten damit zwar nicht stattfinden, aber das ist eigentlich nicht vorgesehen.

Endlich habe ich auch mal vormittags Zeit, um zum Sport zu gehen. Ich ziehe mich um, lade mir noch frische Musik auf den immer mehr kränkelnden MP3-Player und packe meine Pistolentasche in meine kleine „Handtasche“. Das GYM wirkt völlig überfüllt. Die letzten Tage hat man begonnen die Sportgeräte aus dem Camp Warehouse hier unterzubringen. Doch der verfügbare Platz ist nun ausgereizt, da ja schon Geräte vorhanden waren. Platz für mein Dehnungsprogramm ist jetzt und gerade, wenn so viele Kameraden gleichzeitig Sport machen, schwer zu finden. Keiner kann raus und so vertreiben sich jene, die gerade keinen anderen Auftrag haben, die Zeit beim Sport. Eines von zwei Rudergeräten ist schon besetzt und ausgerechnet mein „Stammgerät“. Der Mensch ist ein Gewohnheitstier und so auch ich. Was sich bewährt, behalte ich bei. Hier beim Sport habe ich mich, seit der Oberleutnant weg ist, noch mehr zum Einzelgänger entwickelt. Der Hauptmann geht mir einfach zu spät abends los und in den anderen Inspektionen findet man auch schwer jemanden, da die meisten schon morgens vor dem Dienst gehen. Genau genommen entwickelt sich der Tag recht angenehm, da ich für viele Dinge Zeit habe, die sonst zu kurz kommen. Und es passiert, wie innerlich vermutet, nichts mehr. Zumindest nicht bei uns, denn amerikanische Drohnen haben für 48 Stunden die Überwachung unseres und der Nachbarcamps übernommen. Da nun der morgige Tag auch hier im Camp für uns stattfinden wird, planen wir ein spät angesetztes Frühstück, um ein paar Minuten länger schlafen zu können.

Dieser 04.05. war kein guter Tag. Während wir hier die Zeit mit administrativen Dingen verbracht und uns die Zeit vertrieben haben, sind in Baghlan (einer Provinz im Norden Afghanistans) Tote zu beklagen. Diese Nachricht erreicht uns erst heute am frühen Nachmittag des 05.05. Einem deutschen und sieben amerikanischen Kameraden haben ein Hinterhalt und ein Sprengstoffanschlag das Leben gekostet. Fast zwei Jahre war nun kein Deutscher mehr gefallen und vielleicht war das Glück schon zu lange auf unserer Seite. Bei einem Gefecht, das aus einem Hinterhalt heraus geschah, ging für die Deutschen vorerst alles recht glimpflich ab. Doch bei der darauffolgenden Geländeerkundung kam es erneut zum Beschuss durch feindliche Kräfte und ein deutscher Kamerad der KSK (Kommando Spezialkräfte) wurde tödlich getroffen. Ein weiterer wurde bei diesem Gefecht verletzt. Die amerikanischen Soldaten kamen teilweise durch einen Sprechstoffanschlag und durch einen afghanischen Soldaten, der das Feuer auf sie eröffnet hatte, ums Leben. Gerade diese Innentäter, die wir „Blue on Green“ nennen, haben in den letzten Jahren viel Schaden angerichtet. Da sie sich als eine Art Schläfer in die afghanische Armee einschleusen und für uns unberechenbar und schwer zu identifizieren sind, sind sie besonders heimtückisch. Da man hier wesentlich schlechter die

Vergangenheit der Menschen nachvollziehen kann und in der Regel nur wenig aktenkundig ist, kann theoretisch jeder früher bei den Taliban gewesen sein oder ihnen immer noch angehören. Ich bin schon des Öfteren im Kameradenkreis darauf angesprochen worden, ob ich vor diesen Innentätern keine Angst hätte. Es sind die Kameraden, die solche Fragen stellen, die häufig selbst noch nie im Einsatz waren. Viele der afghanischen Soldaten kenne ich mittlerweile recht gut, da ich einige auch schon 2010/2011 hier kennengelernt habe. Es sind auch viele neue Gesichter dazu gekommen, doch das spielt keine Rolle. Egal, wie gut ich den einen oder anderen zu kennen meine, es gibt keine hundertprozentige Sicherheit. Viele Soldaten leben in großen Familien und sind sehr häufig sogar die Alleinernährer. Wenn die Not dann irgendwann zu groß und keine Auswege mehr erkennbar scheinen, muss man noch nicht einmal mit der Sache der Taliban einverstanden sein. Wenn sie nach einem Attentat, bei dem in der Regel der Angreifer stirbt, die Versorgung der Familie garantieren, scheint es für viele als Motiv auszureichen. Amin und auch einige der älteren Offiziere können uns Deutsche und vor allem mich recht gut leiden. Das hat mir schon häufiger gute Ratschläge eingebracht und vielleicht vor Schlimmeren geschützt. Doch die Wahrheit bleibt auch hier genauso hart. Garantien bekommst du nur, wenn du ein deutsches Produkt kaufst und davon hast du später vielleicht nichts mehr. Schon recht früh im ersten Einsatz habe ich aufgehört, diese Fragen zu stellen und mir möglicherweise Angst einzureden. Eher im Gegenteil, tendiere ich nach so vielen Monaten in diesem gefährlichen Land zu übertriebener Lässigkeit. Vielleicht klingt es überheblich oder etwas dumm, doch ich verspüre keine Angst mehr. Oft laufen Szenen wie in einem Film vor mir ab und Realität und Traum verschwimmen. Hätte ich ständig Angst, ich hätte mich mental wohl schon längst aufgerieben. Solange ich mich selbst dennoch immer wieder daran erinnere, dass mangelnde Angst auch mangelnder Selbstschutz sein kann, komme ich so scheinbar am besten zurecht. Die Gefahr besteht nur darin, dass eben die Routine einkehrt und Sicherheitsregeln aufweichen.

Wenn die Angaben eines ungarischen Kameraden stimmen, dann hatten wir etwa zwei Wochen lang einen Scharfschützen der Taliban im Berg hinter unserer afghanischen Liegenschaft sitzen. Da hätte es schon Gelegenheiten gegeben mich zu treffen, beispielsweise als ich etwa eine Stunde lang die defekte Kawasaki von der Ausbildung im Gelände wieder zurück in die Halle geschoben hatte und auch vorher damit im Gelände vor dem Berg herumgefahren war. Sein ungarischer Kamerad, der einen versteckten Sprengsatz entschärfen wollte, ist von diesem Scharfschützen getroffen worden. Obwohl er in diesen zwei Wochen hätte viel mehr Schaden anrichten können, war nichts weiter passiert. Möglicherweise hatte er wirklich nur auf den richtigen Moment gewartet, um den Sprengsatz zünden zu können, doch es blieb bei dem verletzten Ungarn. Gefasst hat man ihn nicht, da man diesem Vorfall nicht genug Bedeutung beigemessen hatte. So bleiben einige Fragen, die an dieser Geschichte zweifeln lassen. Womöglich sind wir tatsächlich kein lohnendes Ziel für Anschläge, denn wenn der oder die Angreifer schon damit rechnen müssen ihr Leben zu lassen, sollte es sich vermutlich auch lohnen. Zwei Deutsche sind da sicher keine ausreichende Aussicht auf weltweite Schlagzeilen.

Mein Hauptmann ist da etwas besorgter als ich. Er ist zwar lebenserfahrener als ich, hat aber außer sechs Monaten bei unserer Einheit im Jahr 2010 noch keine weiteren Einsatzerfahrungen gemacht. Wenngleich mich seine vorsichtige Haltung manchmal etwas nervt, bin ich doch froh, einen guten Gegenpart zu meiner mittlerweile recht lässigen Einstellung den Gefährdungen gegenüber zu haben. Der Tote gestern sollte eine Warnung sein, doch in meinem Inneren bin ich schon zu fest davon überzeugt, dass mir hier nichts passieren wird. Warum sollte Gott fast 40 Jahre so gut auf mich aufpassen und aus vielen gefährlichen Situationen herausholen, um mich dann, wenn ich Vater von vier und bald fünf Kindern bin, zu sich zu holen? Ich bin mir sicher, dass auch dieses Mal wieder alles gut geht und ich am Ende des Jahres physisch gesund nach Hause komme.

Da der gefallene Kamerad Angehöriger der KSK war, wird sein Name nicht bekannt werden. Lediglich seine Kameraden aus der Stammeinheit werden ihn kennen. Es ist dem Schutz der Angehörigen geschuldet, so hart es gerade in der Verarbeitung der Trauer auch sein mag. Weder wie alt er war oder ob er Familie hatte, wird die Außenwelt erfahren. Dennoch hat der Pfarrer unseres Camps für morgen Abend einen Gedenkgottesdienst nach dem Trauerappell angesetzt. Die deutsche Fahne hängt auf Halbmast und an einigen Fahrzeugen sind die kleinen Flaggen an den Antennen etwas heruntergezogen.

Die Stimmung im Lager ist heute erkennbar ruhiger. Sicher regt es bei jedem etwas zum Nachdenken an und lustige Stimmung wäre jetzt absolut fehl am Platz.

Es beginnt zu dämmern und nach und nach kommen die Soldaten ins Freie des kleinen Camps. Direkt auf dem Parkplatz vor der Ausfahrt wird der Appell stattfinden. Unser Leiter hat Barett und Schiffchen als Kopfbedeckung für diesen Appell befohlen. Damit steht unsere kleine Einheit rein optisch sehr allein dar, denn der Rest des Kontingentes hat sich den Tropenhut aufgesetzt. Das erklärt sich daraus, dass der Tropenhut die einzige Kopfbedeckung ist, die jeder dabeihaben muss. Barett oder Schiffchen und selbst die Feldmütze sind keine Pflicht oder für den Einsatz dienstlich geliefert. Jetzt ist es aber zu spät und würde nur Unruhe bringen, wenn wir wieder auf die Stuben müssten, um den teilweise in den Einsatzkisten tief vergrabenen Tropenhut zu suchen. Da Hauptmann Dieter sein Schiffchen nicht dabeihat und wir nun die Einzigen von der Luftwaffe unserer Einheit sind, stehe ich unter etwa 200 Soldaten als einziger mit einem blauen Schiffchen auf dem Kopf auf dem improvisierten Antrete Platz. Immer wieder kommen Sprüche aus den eigenen Reihen deswegen. Ein ewiger, spaßiger Streit zwischen den Teilstreitkräften, der wohl auch noch in 100 Jahren andauern wird. Doch ich stehe dazu. 2010 hatte ich mir aus Protest mein Schiffchen nachschicken lassen und so den Kameraden des Heeres optisch und oft auch verbal die Stirn geboten. Geschichte lässt sich nun mal nicht leugnen. Nach meiner schweren Zeit bei der Marine hat mich die Luftwaffe sehr gut aufgenommen, mir eine gute Verwendung mit vielen guten Vorgesetzten und vor allem eine Zukunft in dieser Armee gegeben. In all den Jahren kann ich mich an keine wirklich schlechten Zeiten erinnern. Die gab es nur davor und nachdem ich aus der Luftwaffe genommen und in die Streitkräftebasis gesteckt wurde.

Der Parkplatz ist für dieses Antreten bis auf einen alten Toyota freigeräumt. Er wird einem der amerikanischen Kontraktoren gehören. So langsam hat das Antreten seine Form gefunden. Die verantwortlichen Vorgesetzten sorgen dafür, dass die Formationen am richtigen Platz positioniert werden. Wie fast immer in solchen Momenten dauert es einige Minuten, bis sich der angesammelte Haufen an Personal geordnet hat und ein militärisches Bild entsteht. Es ist innerhalb der letzten

Minuten fast vollständig dunkel geworden und nun sind in der orange-erleuchteten Umgebung kaum noch Gesichter zu erkennen. Es ist ruhig geworden. Keiner redet mehr und alle warten auf das Erscheinen des Kontingentführers. Die Generatoren brummen im Hintergrund monoton vor sich hin und nur ab und zu fallen Geräusche von der Stadt auf. Wie immer, wenn man auf etwas wartet, dauert es eine gefühlte Ewigkeit, bis dann endlich der Oberst aus der Halle der Büros gelaufen kommt. Noch bevor man ihn im schwachen Licht erkennen kann, beginnt unser Stellvertreter als dienstältester Stabsoffizier und damit verantwortlich für die Meldung des Kontingentes an den Oberst, mit dem formalen Teil. In kräftiger und auch sehr lauter Stimme gibt er den Befehl zum „Stillgestanden“. Für etwa eine Sekunde geht ein Ruck durch die Truppe und unter dem dumpfen Aufsetzen der Stiefel auf dem Boden erstarren alle in der Grundstellung. Der Blick ist jetzt frei geradeaus und sollte, um nicht mehr den Kopf zu bewegen, auf einen Punkt fixiert sein. Mein Blick fängt sich an der rostigen Motorhaube des vergessenen Toyota und während sich meine Gedanken mit dem Grund für diesen optischen Mangel beschäftigen, nehme ich im Hintergrund die weiteren Kommandos wahr. Mit dem Befehl „die Augen rechts!“ schwenkt mein Kopf ruckartig und routiniert um etwa 45 Grad nach links. Da wir in diesem Moment eigentlich seitenverkehrt zum Oberst stehen, folgen wir dennoch, obwohl es nicht rechts, sondern links ist, mit dem Blick zum Oberst. So sieht es das Protokoll vor und klappt auch regelmäßig. Selbst wenn ich den Oberst jetzt nicht gesehen hätte, wäre unser Stellvertreter mein Orientierungspunkt und wenn ich auch ihn nicht sehen könnte, hätte er etwas falsch gemacht. Dann würde ich das machen, was die Masse macht. Kurz und knapp meldet er dem Oberst das angetretene Kontingent. Dieser grüßt zurück und wendet seinen Blick zur Truppe. Nach einer kurzen Pause begrüßt er ebenfalls lautstark die Angetretenen. Es dauert recht lange, bis der Chor zur Erwiderung mit den Worten: „Guten Abend Herr Oberst!“ einsetzt. Niemand will den falschen Zeitpunkt erwischen und aus dem Takt rufen und so wirkt es ein wenig lustig, dass alle auf den Beginn eines Einzelnen warten. Doch dann lässt der Oberst sofort nach dem Abklingen des Chores die Angetretenen rühren. Damit steht jeder wieder etwas entspannter aber dennoch in der vorgegebenen Form mit den Händen auf dem Rücken und die Füße etwa schulterbreit auf dem Boden. Immer drei hintereinander und viele, viele nebeneinander. Unser Stellvertreter begibt sich an das linke Ende der angetretenen Einheit und reiht sich damit in die Formation ein. Der Oberst schaltet eine kleine, wie ich sie auch in der dunklen Jahreszeit an der Uniform trage, Leuchte ein. Genau sehen kann ich es nicht, aber sie scheint irgendwo in der Nähe seines Kragens befestigt zu sein. Mit der linken Hand hält er den kleinen blauen Lichtkegel auf mehrere Blätter, die er in der rechten Hand in Leseposition hält. Es ist eine kleine Ansprache, die er sicher zuvor gewissenhaft ausgearbeitet hat. Sie ist nicht sehr lang und schildert zum einen den bekannten Ablauf der Ereignisse und schließt mit mahnenden und gedenkenden Worten ab.

Es folgt eine Gedenkminute und vom Zugang der oberen Container, die den Parkplatz zur Tankstelle abschließen, ertönt eine Trompete. Sie spielt das Lied „Ich hatte einen Kameraden". Die Köpfe sind leicht gesenkt und die Gedanken beginnen zu arbeiten. Es ist ein sehr emotionaler Moment, in dem man auf eine sehr tiefgreifende Weise mit dem Schicksal des gefallenen Kameraden konfrontiert wird. Ich ertappe mich dabei, wie meine Augen feucht werden und der leichte Wind sich seltsam auf ihnen anfühlt. Ob es die Erinnerung an andere verstorbene Menschen ist oder zum Teil auch der Gedanke an das nun kommende Leid in der Familie des Getöteten, vermag ich nicht auseinanderzuhalten. Ein Schauer fährt mir über den Rücken. Es ist kalt geworden. Die Töne der Trompete scheinen bis ins Mark zu ziehen und für einen kurzen Augenblick fliegt mir die Frage nach dem Grund für mein Hiersein durch den Kopf. Doch schnell drücke ich diese Frage weiter, denn schon sehr oft habe ich mir darüber Gedanken gemacht und es mir mit vielen Argumenten positiv geredet. Alle diese Argumente würden wie die Asche im Wind verfliegen, wenn mir hier etwas passieren würde. Es geht also nur so lange auf, wie ich immer wieder gesund heimkehre und das ist natürlich bei schlecht berechenbaren Risiken ein Stück weit gepokert.

Der letzte Ton aus der Trompete schrillt durch die Dunkelheit und wieder folgt erdrückende Stille. Der Oberst hebt durch seine abschließenden Worte diese gedrückte Stimmung etwas auf und übergibt an die Vorgesetzten der Teileinheiten. Unser Stellvertreter beendet die Formation und sofort setzen die Gespräche wieder ein.

Es war das erste Mal seit dem Umzug, dass ich die gesamte deutsche Mannschaft des Camps hier gesehen habe. Vielleicht 150 oder auch 200 könnten wir gewesen sein. Sieht man mal alle Kameraden auf einem Haufen, wird einem erst die logistische Meisterleistung der zivilen Mitarbeiter dieses Camps bewusst. Man sieht selten mehr als zwanzig von ihnen und doch ist es immer sehr sauber. Es wird reichlich und sehr gut gekocht und die Wäsche ist auch immer pünktlich gereinigt. Jetzt folgt direkt an dieses Antreten der Trauergottesdienst und auch wenn ich ganz sicher nicht zu den regelmäßigen Kirchgängern gehöre, so ist es doch eine Frage des Respekts und der Anerkennung gegenüber dem gefallenen Kameraden.

Dieter und ich gehen langsam zur Außentreppe, die von zwei Seiten A-förmig zum Konferenzsaal hochführt. Einige Raucher haben sich schon die ersten Zigaretten angezündet und eine Traube vor der Treppe gebildet. Doch da ich mich nicht mit in den Qualm stellen möchte, gehe ich schon einmal die Treppe herauf in den vorbereiteten Saal. Der Pfarrer und sein Helfer haben die Ledersessel etwas umgestellt und zwischen den Reihen einen kleinen Altar aufgebaut. Ein bisschen wie in einem Theater sind nun viele Reihen von mehreren Seiten zum Altar ausgerichtet. Auch wenn die langen Tische in der Mitte des Raumes noch an ihrem Platz stehen, so wirkt alles sehr durchdacht und geordnet. Der Pfarrer begrüßt die nach und nach hereinkommenden Soldaten. Es gibt keine feste Startzeit für den Gottesdienst und so scheint keiner wirklich in Eile zu sein. Nur der Pfarrer in seiner schwarzen Robe und dem großen, glänzenden Kreuz an der Kette vor seiner Brust, wirkt ein wenig ungeduldig. Es zieht sich wieder etwas unnötig lange hin, bis Ruhe einkehrt und jeder seinen Platz gefunden hat. Kurz überflogen zähle ich um die 50 Kameraden. Viele Plätze bleiben frei und auch wenn sicher nicht für 200 Platz gewesen wäre, es könnten sich deutlich mehr an dieser Veranstaltung beteiligen. Da jeder seinen Glauben frei wählen und ausleben kann, wird natürlich niemand gezwungen. Doch wie sagte es unser Stellvertreter, als er in unserer Nachmittagslage diesen Termin ansprach: „Ich empfehle die Teilnahme“. Dies heißt übersetzt so viel wie „Ich wünsche sie dort zu sehen“. Wenn man also etwas nicht befehlen kann oder darf, steht es immer noch frei, es sich zu wünschen. Nun ist es am Untergeben zu entscheiden, ob er diesen Wunsch erfüllt oder nicht. Diejenigen, die dem

Wunsch nicht nachkommen, werden den anderen möglicherweise „Schleimerei“ unterstellen, doch das muss jeder mit sich selbst ausmachen. Ich finde es schade, dass es gerade etwas mehr als ein Drittel hierhergeschafft haben.

Der Pfarrer beginnt seinen Gottesdienst und selbst wenn er mir anfangs etwas trocken scheint, so ist er dem Anlass doch angemessen. Beim Singen und Nachsprechen der Gebete fällt auf, dass selbst unter den Anwesenden viele zu sein scheinen, die nur aus Respekt vor dem Toten hier sind. Die Beteiligung klingt recht kläglich und so versucht der Pfarrer mit lauter und kräftiger Stimme, die Gruppe mitzuziehen. Das gelingt nur mäßig und doch ist es in Ordnung so. Mit dem Zelebrieren des Abendmahles schließt er die Veranstaltung nach etwa einer halben Stunde ab. Der Kreis der aktiv Teilnehmenden ist auch jetzt wieder sehr überschaubar und so bildet sich um den kleinen Altar ein kleinerer Halbkreis von etwa zehn Personen. Ich habe mich dazugestellt und bekomme leichte Zweifel. Wie soll ich jetzt dem Wein ausweichen, ohne den Ablauf zu stören? Also werde ich den Schluck aus dem Kelch einfach antäuschen und hoffen, dass es nicht auffällt. Während der Kelch die Runde rechts von mir beginnt, bereitet der Pfarrhelfer, ein Hauptfeldwebel der Panzertruppe, einen zweiten Kelch vor. Der Pfarrer dreht bei jeder Weitergabe den Kelch etwas um seine eigene Achse, um dem Nächsten nicht den Speichel des Vorgängers zuzumuten. Der Kamerad rechts von mir bekommt den ersten Kelch als letzter gereicht, bevor ich dann den zweiten Kelch als erster benutzen darf. Kurz zuvor hatte ich die Oblate auf die Zunge gelegt und leicht verklebt liegt sie dort noch. Ich setze den Kelch an und der Wein benetzt meine Lippen. Beim Absetzen wische ich mit der Zunge über die Lippen, um sie vom Wein zu trocken. Es brennt leicht auf der Zunge und die Lippen fühlen sich leicht erhitzt an. Der Geschmack erreicht meine Geschmacksnerven auf der Zunge und obwohl mich der stechende Alkoholgeruch etwas ekelt, ist der Beigeschmack des Weines nicht schlecht.

Die Erinnerungen aus meiner Kindheit und Jugend werden dennoch wohl für den Rest meines Lebens ausreichen, um dem Alkohol fern zu bleiben. Bis heute hat man immer wieder versucht, mich bei den verschiedensten Gelegenheiten zum Mittrinken zu überreden. Doch ohne jedem meine Vergangenheit auf die Nase zu binden, bringe ich ein für mich recht gutes Argument vor: „Ich habe fast 40 Jahre nicht getrunken, warum soll ich nun noch damit anfangen?“ Und ich bin überzeugt davon, dass ich bei dieser Meinung bleiben werde, um nie zu vergessen, was dieser Stoff alles angerichtet hat und anrichten kann. Obwohl es für viele schwer zu verstehen ist, denn sie haben nicht dieselben Bilder im Kopf wie ich. Das führt zwar immer wieder zu interessanten Erfahrungen, doch ist es für mich richtig so.

So kam ich 2003 eines Nachts in eine Polizeikontrolle. Damals hatte ich bis spät in die Nacht die neue Wohnung am Standort Rheine renoviert. Kurz darauf war der Umzug mit der gesamten Familie dorthin geplant. Das erste und letzte Mal, dass ich für die Bundeswehr mit Frau und Kindern umgezogen bin. Die Nacht war sehr nebelig und da mein damaliger Opel Omega Nebelscheinwerfer hatte, schaltete ich diese für etwas bessere Sicht an. Dann kam ich in die Stadt Rheine gefahren und da es schon recht spät war, gab es kaum noch Verkehr auf der Straße. Als ich gemütlich die Straße entlang ins Zentrum fuhr, begegnete ich einem anderen Fahrzeug, welches kurz vor mir die Lichthupe betätigte. Reflexartig grüßte ich mit meiner Lichthupe zurück. Im nun grellen Lichtkegel des Fernlichtes ließ sich klar die Silhouette eines Streifenwagens der Polizei ausmachen. Blitzartig schoss mir ein unangenehmes Gefühl in die Brustgegend, denn klar erkannte ich sofort meinen Fehler. Der Wagen fuhr an mir vorbei und sehr aufmerksam und hoffend, er würde weiterfahren, beobachtete ich den Rückspiegel. Doch im etwas entfernten Kreuzungsbereich wendete der Streifenwagen und schaltete das leuchtend rote Schriftband zwischen den blauen Leuchten ein. „Shit“ fuhr es mir lautstark über die Lippen und da die Parkflächen entlang der Fahrbahn fast durchgängig frei waren, fuhr ich rechts ran. Ohne zu zögern stieg ich aus dem Wagen und ging hinter das Heck. Der Streifenwagen brauchte noch einige Sekunden zu mir und so wühlte ich meine Geldbörse hervor, um den Führerschein und den Fahrzeugschein bereitzuhalten.

Mit eingeschaltetem Fahrtlicht und Blaulicht kam der Streifenwagen nur wenige Meter hinter mir zum Stehen. Fast zeitgleich stiegen zwei uniformierte Beamte aus dem Fahrzeug und kamen direkt auf mich zu. Im schwachen Licht der Straßenbeleuchtung konnte ich beim ersten, der mich erreichte, zwei silberne Sterne auf der Schulter erkennen. Mit den Worten „Guten Abend, sie wissen ja sicher, was sie falsch gemacht haben“ begrüßte er mich und forderte direkt die bereitgehaltenen Papiere von mir. Ich erwiderte freundlich „Guten Abend Herr Oberkommissar, nicht genau aber sie werden es mir sicher gleich sagen, oder?“. Der Oberkommissar wendete sich ohne weitere Worte von mir weg und ging zurück zum Streifenwagen. Während er sich hineinsetzte und wohl per Funk eine Datenabfrage durchführte, begann der zweite Beamte das Gespräch mit mir. Dass es zur Unsitte geworden wäre mit eingeschalteten Nebelscheinwerfern herumzufahren und dass es nur bei Nebel mit Sichtweiten unter 50 Meter erlaubt wäre, gab er mir zu verstehen. Weiterhin freundlich wies ich ihn auf den tatsächlichen Nebel außerhalb der Ortschaft hin und konnte mir als Fahrlehrer einen Zusatz nicht verkneifen, denn so war seine Aussage schlicht falsch! Darauf antwortete ich ihm: „Gemäß § 17Abs. 4 STVO darf der Nebelscheinwerfer bei erheblicher Sichtbehinderung durch Nebel, Regen oder Schnee eingeschaltet werden. Was Sie meinen, ist die Nebelschlussleuchte!“ Sein Zögern verriet mir seine aufkommende Unsicherheit und so antwortete er sehr schnell und ausweichend „Das muss mein Kollege dann gleich klären!“ und ging ebenfalls zum Streifenwagen zurück, um sich zu seinem Kollegen ins Auto zu setzen.

Nur wenige Minuten später, ich stand immer noch brav wartend zwischen den beiden Wagen, kamen sie gemeinsam zu mir heraus. Wieder von zwei Seiten stellten sie sich neben mich. Der Oberkommissar fragte mich, ob ich bereit wäre zu „Pusten“, um einen Alkoholtest zu machen. Ich erklärte ihm im ruhigen Ton, dass ich nie Alkohol trinke und so auch keinen Anlass für einen Alkoholtest sehe. Verdutzt begann er jedoch hartnäckig zu werden und meinte: „Wenn sie nicht pusten wollen, scheinen sie ja etwas verbergen zu wollen!“ Ich wurde etwas deutlicher und antwortete, aber immer noch freundlich: „Ich habe über 10 Jahre im Besitz des Führerscheins in keiner Kontrolle gepustet und es gibt auch jetzt keinen Anlass dafür, warum sollte ich es also tun?“ Er wies mich darauf hin, dass ich ab jetzt damit rechnen müsste, dass sie mich für eine Blutprobe mit auf das Revier nehmen könnten, wenn ich mich weiter weigern würde. Mein Fahrlehrerlehrgang lag schon einige Jahre zurück und doch schoss es wie geübt aus mir heraus: „Das können sie gerne tun, doch sie wissen ja, dass sie sich dann gemäß § 81 StPO richterliche Befugnisse anmaßen, die sie später vor Gericht, wenn ich eine Anzeige wegen Körperverletzung stellen würde, rechtfertigen müssten." (Anmerkung: diese Rechtslage ist seit 2017 geändert, um die Abläufe bei der Blutentnahme zu vereinfachen.) Er hielt immer noch meine Papiere in seiner rechten Hand vor sich und sein Kollege nahm unseren Dialog nur schweigend zur Kenntnis. Sein Schweigen zeigte jedoch für mich deutlich, dass er meine fachlichen Kenntnisse immer noch nicht zuordnen konnte. Außer, dass ich Soldat bin, hatte ich auch nichts über meine Qualifikationen mitgeteilt. Lediglich die vielen Fahrerlaubnisklassen hatten die beiden etwas stutzig werden lassen.

Hätte er nun seine Androhung war gemacht, wären zwei Wege denkbar gewesen. Entweder hätten sie bei einer Anzeige zusammengehalten und einfach einen begründeten Verdacht für Alkoholmissbrauch erfunden, oder sie hätten eine Anzeige wegen Körperverletzung bekommen und damit ein Disziplinarverfahren und möglicherweise die eigene „Entlassung" riskiert. Hätten sie etwas erfunden, so hätte ich vor Gericht schlecht ausgesehen. Doch da, und davon gehe ich aus, sie beide ehrliche Typen waren, tat der Oberkommissar das klügste was die Situation hergab. Er reichte mir die Papiere rüber und verabschiedete sich mit: „noch einen schönen Abend und gute Fahrt!" von mir. Bei all dem Wortwechsel hatten sie sich sogar davon ablenken lassen, dass sowohl die Nebelscheinwerfer als auch die Lichthupe innerhalb der Ortschaft für ein „Ticket" gereicht hätten. Interessant für mich war im Nachhinein die Tatsache, dass ihre Reaktion auf meine Aussage, nie Alkohol zu trinken, extrem unglaubwürdig gewesen sein musste. An diesem Abend wurde ich unterschwellig wieder stark an meinen Einzelgänger-Charakter erinnert, doch keinesfalls unangenehm, sondern eben als etwas Seltenes.

Langsam gehe ich die stählerne Treppe vom Konferenzraum außen am Gebäude herunter. Ein frischer Wind weht durch die Nacht und fühlt sich im Vergleich zu manchen heißen Stunden sehr angenehm an. Ohne mich jetzt noch von irgendwem aufhalten zu lassen und eine Diskussion zum Tage zu riskieren, geht es zielstrebig weiter bis zu meinem Gebäude, den dienstlichen Teil des Abends abschließen. Trotz dieser traurigen Ereignisse fühle ich mich noch gut. Es war richtig und hat auch gutgetan, diesen Appell und den Gottesdienst mitzuerleben. Mir wird bewusst, dass es tatsächlich einen formalen Schlussstrich unter solch ein Ereignis zieht. Er soll nicht dazu beitragen, es schnell zu vergessen, doch es bringt das Gefühl, seinen würdigen Beitrag dazu geleistet zu haben und es nicht einfach so hinzunehmen. Für Außenstehende sicher schwer zu verstehen, denn Verstorbene in der Familie stehen einem sehr viel näher und treffen somit auch sehr viel tiefer unsere Seele. Doch ein Kamerad ist auch kein einfacher Arbeitskollege, denn selbst wenn man ihn nicht persönlich gekannt hat, verbinden uns alle, die wir hier oder anderswo im Einsatz Dienst leisten, viele sehr eigenwillige Erlebnisse und Erfahrungen. Im Zweifel würden wir mit dem eigenen Leben füreinander einstehen, egal wie gut wir uns kennen, wenn die Lage es erfordert. Ob meine Sichtweise damit der repräsentative Durchschnitt der Kameraden ist, weiß ich nicht mit Bestimmtheit, denn es bleibt bei der geringen Teilnahme am Gottesdienst der Beigeschmack, dass es eben nicht alle so sehen. Schon am nächsten Morgen macht wieder jeder, wofür er hier ist und die Routine gewinnt die Oberhand. Nur die kleinen, auf Halbmast gezogenen Fähnchen erinnern flatternd im Wind an den gefallenen Kameraden. Und nichts scheint jetzt leichter und sinnvoller, als den Alltag zurückzuholen und die Tage weiter abzustreichen. In ruhigen Minuten durchstreifen mich immer wieder noch einmal die Gedanken an unsere Vergänglichkeit, die durch solche Ereignisse direkt vor das Bewusstsein gerückt werden. Mache das Beste aus der Zeit, die du hast und schaue nicht allzu oft zurück, bleibt als Quintessenz bei mir hängen.

Der Wecker klingelt auch heute Morgen und weckt mich am 116. Tag in meinem vierten Einsatz. Es wäre ein Tag wie jeder andere, wenn sie sich überhaupt etwas gleichen. Doch heute hat Dieter Geburtstag. Von seiner Familie wird ihm heute keiner von Angesicht zu Angesicht gratulieren können, also versuche ich mit einer kleinen Aufmerksamkeit den Start in diesen Tag für ihn beginnen zu lassen. Ein kleines LED-Teelicht, welches ich eigentlich für die Nächte nutzen wollte, um immer etwas Licht im Raum zu haben, wenn ich wach werde, habe ich auf einen Schokoriegel gestellt. Da es sogar etwas flackert, wenn auch recht künstlich in unnatürlichem Orange, passt es als Ersatz für eine Geburtstagskerze ganz gut. Obwohl ich kurz nach sechs noch früh dran bin, klopfe ich an Dieters Tür. Es ist noch sehr ruhig auf dem Flur und es scheint, als wäre ich der Einzige, der schon wach ist. Doch kurz nach dem leisen Klopfen, höre ich Geraschel aus seiner Stube und direkt danach öffnet er mir schon die Tür. Erst nur einen Spalt und noch mit sich selbst beschäftigt, die Uniform zu schließen, beachtet er mich nicht direkt. Er weiß, dass nur ich es um diese Uhrzeit sein kann und blickt erst einige Sekunden später direkt zu mir hoch. Das Licht im Flur habe ich kurz zuvor ausgeschaltet und obwohl es draußen schon recht hell ist, kommt die kleine „Kerze" auf dem Schokoriegel super zur Geltung. Würde ich den ganzen Tag so viel grinsen und lachen wie Dieter, so hätte ich vermutlich Muskelkater im Gesicht. Doch auf sein tägliches Lächeln ist Verlass und so ziehen sich beim Anblick des kleinen Präsentes die Mundwinkel weit hoch. Er nimmt das Präsent mit Freude entgegen und stellt es direkt neben der Tür auf dem Schreibtisch ab. Dann besiegeln wir den Anlass mit einer kameradschaftlichen Umarmung. Das wäre in Deutschland im normalen Dienstalltag völlig undenkbar, dass der Hauptmann sich mit dem Hauptfeldwebel in den Armen liegt. Doch hier ist das etwas ganz anderes.

Die meiste Zeit sind wir mit unseren Gedanken und Problemen allein und da sind solche Anlässe wie Geburtstage oder Verabschiedungen eine gute Gelegenheit, um persönliche Verbundenheit zu demonstrieren. Seine wiederholenden, dankenden Worte zeigen seine ehrliche Freude über diese kleine Geste und es fühlt sich gut an, mit wenig Aufwand so etwas erzeugt zu haben. Da ich nachher in einem anderen Fahrzeug in unserem heutigen Dreier-Konvoi mitfahren werde, wird es für Dieter die erste Gelegenheit sein, einmal die neue Strecke selbst zu fahren. Er hat mir schon öfter angeboten, sich auch mal ans Steuer von unserem Wolf zu setzen, doch hier bin ich etwas altmodisch eingestellt und finde es nicht gut, wenn der kleinere Dienstgrad sich vom Hauptmann fahren lässt. Sicher spielt immer etwas das Vertrauen in die eigenen Fähigkeiten eine Rolle, doch da ich gar nicht genau weiß, welchen Fahrstil Dieter pflegt, wäre das in diesem Punkt voreingenommen. Da ich einem anderen Hauptmann der 2. Inspektion eine Überprüfungsfahrt abnehmen werde, sitze ich in dem Fahrzeug der Zweiten auf. Dennoch bereite ich den Wolf, soweit es noch nötig ist, vor. Doch Dieter ist mit seinem ausgeprägten Kontrollzwang sogar schon vor mir am Wolf und hat sich wohl ein Vorbild an mir genommen und die Scheiben bereits gereinigt. Fast jeden Morgen liegt eine dicke Staubschicht auf den Scheiben und Spiegeln, die nur dadurch noch extremer wirkt, dass der Regen den aus der Luft gewaschenen Dreck mit darauf abgelagert und verschmiert hat. Penibel bereitet sich Dieter vor, während ich einen Teil meiner Ausrüstung umräume.

Ein paar Meter entfernt sehe ich den zu überprüfenden (Einweisung in ein unbekanntes Fahrzeug) Hauptmann der Nachbarinspektion über den frisch betonierten, aber eng abgegrenzten Parkplatz laufen. Mit meiner Ausrüstung laufe ich in seine Richtung, doch er schlägt immer wieder Haken. Mit der Fernbedienung des Toyota vom Oberst sucht er wohl das Fahrzeug, welches sich optisch oder akustisch zu erkennen gibt. Da mittlerweile auch kleine, hinter der Windschutzscheibe angebrachte Parkmarken vorhanden sind, findet er es dann ohne die Hilfe der Fernbedienung auf einem Nebenparkplatz. Es scheint, als ließe sich der Toyota wegen leerer Batterie in der Fernbedienung, nur noch mit dem Notschlüssel öffnen. Etwas ungeschickt wirkend fummelt der Hauptmann mit seiner Ausrüstung unter den Armen den kleinen Schlüssel in das Türschloss und bekommt das erleichternde Klacken der Zentralverriegelung zu hören. Wir steigen zeitgleich ein, denn inzwischen habe ich an der Beifahrertür gewartet. Mein Gewehr, welches ich sonst immer hinter meinen Fahrersitz lege, stelle ich diesmal direkt neben mein linkes Bein im Fußraum. Jetzt als Beifahrer könnte es durchaus Sinn machen, die Waffe im Fall des Falles griffbereit zu haben. Als Fahrer wäre das die absolut letzte Notlösung und so stört mich die griffbereite Waffe dann mehr als sie mir nützt. Bevor ich als Fahrer im Falle eines Beschusses den Feuerkampf erwidere, würde ich alles versuchen, um durchzubrechen und Land zu gewinnen. Zwar haben wir hier mittlerweile eine sehr gute und einsatzbezogene Schießausbildung bekommen, doch wir haben weder die Menge an Munition noch eine wirkliche Chance in unserem Zweimannteam, einen längeren Feuerkampf zu führen.

Die anderen beiden Wölfe haben bereits Funkkontakt mit uns aufgenommen und routinemäßig eine Verständigungsprobe begonnen. Als Beifahrer übernehme ich den Funk und schon kurz danach rollen wir zum Haupttor. Es stehen noch Fahrzeuge in der Schleuse und so müssen wir etwas warten, bis diese kontrolliert wurden und aus der

Schleuse – unter sehr beengten Verhältnissen an uns vorbei – auf den Parkplatz durchgefahren sind. Erst jetzt kommen wir selbst mit unseren drei Fahrzeugen in die Schleuse. Motiviert springen wieder drei der Wachposten auf die Straße, um diese für den Zivilverkehr abzuriegeln, damit wir herausfahren können. Dabei sind sie oft nicht zimperlich und haben auch schon Autofahrer, die ihre Anweisungen ignorieren und einfach weiterfahren wollten, durch das offene Fahrerfenster geschlagen. Zu groß ist die Angst bei ihnen, Opfer eines Anschlages zu werden und da das Durchsetzen von Interessen mit Gewalt hier durchaus Alltag ist, findet es in allen Bereichen der afghanischen Kultur seine Anwendung – selbst wenn es von der Regierung und deren Ministerien offiziell untersagt wurde. Was sich über Jahrzehnte oder gar Jahrhunderte in einer Kultur eingebrannt hat, ist mit Worten nicht so einfach abzustellen. Der Konvoi beschleunigt überaus zügig und wirbelt den feinen und sehr dichten Staub stark auf. Als zweites Fahrzeug fahren wir schon wieder durch eine Nebelwand aus Staub und das dritte Fahrzeug muss schon weit in den Gegenverkehr ziehen, um wenigstens etwas Sicht zu den Vorausfahrenden zu halten. Da gerade keine Fahrzeuge von vorne kommen, dürfte es nur die Passanten am Fahrbahnrand stören, da sie vom trockenen Staub eingehüllt werden. Ein paar Meter weiter, vor dem Nachbarcamp, haben die Wachleute die Straße mit einem Wasserschlauch nass gesprüht. Eine sehr verbreitete Praxis, den Staub der Vorbeifahrenden zu bändigen. An manchen Stellen wirkt das schon ein wenig seltsam, denn Wasser ist in diesem Land, wie in vielen Regionen, ein sehr kostbares Gut.

Die Kinder stehen täglich entlang unserer Routen und betteln nach Wasser und hier schüttet man es auf die Straße, um Staub zu vermeiden. Dabei hat die Sonne schon morgens wenig Probleme damit, die Flächen sehr schnell wieder zu trocknen. Wir sind diese Routen jetzt seit unserem Umzug schon so oft gefahren, dass ich wirklich alle Schlaglöcher auswendig kenne. Fahren wir den kurzen, aber schlechteren Weg, sind mindestens die Hälfte der gut 20 Kilometer geländeähnliche Strecken. Wenn es geregnet hat, fühlt sich das Überfahren der harten und tiefen Kanten im Straßenbelag deutlich härter an und jedes Mal schlägt es hart in das Fahrwerk des schweren Fahrzeuges. Wie lange das wohl so gutgeht? Die ersten Schwierigkeiten deuten sich bereits an und dabei betrifft es verschiedene Stellen unseres

Wolfes. Obwohl ich mindestens einmal in der Woche den Luftfilter vom feinen Staub der Strecke frei puste, kommt jetzt immer häufiger die Kontrollanzeige im Cockpit, die einen verstopften Filter meldet. Nach einem Komplettausch des Filters in den letzten Tagen hat es ganze zehn Minuten nach Fahrtantritt gedauert, bis erneut die Kontrolllampe anging. Im Wissen um die Umstände könnte man das vielleicht ignorieren, doch die sensible Elektronik quittiert die Ignoranz mit dem Schalten in das Notprogramm. Damit fährt sich der Wolf dann wie ein Trabi mit 26 PS. Zwar geht es noch weiter und man erreicht „sicher" auch immer sein Ziel, doch im Konvoi an den anderen Fahrzeugen dranbleiben, wird zur sportlichen Aufgabe. Um das Problem etwas in den Griff zu bekommen, habe ich am Lufteinlass seitlich am rechten Kotflügel einen zusätzlichen Filter angebracht. Diesen kann ich beim Waschen abspülen, da er schwammähnlich aufgebaut ist. Müsste der Wolf nicht in den nächsten Tagen zum „TÜV", würde ich eine Konstruktion bauen, die die Ansaugluft von weiter oben zieht und so dem groben Staub besser zu entgehen. Doch damit gäbe es Schwierigkeiten, weil es eine Veränderung am Fahrzeug ist, die so nicht einfach gemacht werden darf. Hier gelten für die deutschen Fahrzeuge eben dieselben Vorschriften wie in Deutschland. Fast zumindest, denn den werksseitig verbauten Partikelfilter für die Abgase hat man für Afghanistan ausgebaut. Vermutlich befürchtet man durch die schlechte Kraftstoffqualität und die schwierigen klimatischen Bedingungen zu viele Probleme mit dem System.

Im Toyota gestaltet sich die Fahrt sehr viel angenehmer. Das weiche Fahrwerk und diese Ruhe hier drinnen sind einfach angenehm und friedlich. Im Wolf klappert und quietscht ständig irgendetwas von den Einbauten und der Ausrüstung. Das Gespräch mit dem noch recht jungen Hauptmann ist zudem sehr angenehm und unterhaltsam. Wir reden über seine Familie und das Leben allgemein. Die Zeit vergeht dabei sehr schnell und auch sein entspannter Fahrstil leistet seinen Beitrag zu einer sehr erträglichen Fahrt. Dieser Toyota (Ersatzfahrzeug) zieht mit seinem V8 und deutlich über 200 PS locker im Konvoi der Wölfe mit, auch wenn ich die Rechnung für das verbrauchte Benzin nicht gerne selbst bezahlen würde, denn mit dem großen Motor und dem hohen Gewicht dürften problemlos um die 25 Liter auf hundert Kilometer zusammenkommen. Wir erreichen die Einfahrt zum

Camp Warehouse. Hier soll der eingeteilte Sprachmittler für den Hauptmann zusteigen. Doch typisch afghanisch ist er unpünktlich. Um nun nicht ewig als Zielscheibe vor der Camp-Einfahrt zu stehen, entschließen wir uns zum Personaltausch auf den Fahrzeugen. Ich springe als Beifahrer zurück in meinen Wolf und der Oberstaber der 2. Inspektion steigt beim Hauptmann ins Auto. So können wir weiterfahren und der Hauptmann fährt ins Camp Warehouse, um sich telefonisch mit seinem Sprachmittler abzusprechen. Nach kurzer Funkverständigung geht es mit dem Wolf der 4.Inspektion, die uns die letzten Monate seit dem Umzug eigentlich immer als Begleitfahrzeug eskortieren, die letzten Meter weiter bis zur *KMTC*-Einfahrt. Dort trennen sich dann unsere Wege, da wir weiter ins Gelände müssen, um unseren afghanischen Bereich zu erreichen.

Schon auf den wenigen verbleibenden Metern wird klar, dass Dieter sichtlich Freude daran hat, auch mal selbst zu fahren. Er sieht jetzt, wo er seine Brille aufhaben muss, deutlich älter aus. Doch mit seinem Fahrstil kann ich vorerst leben. Für ihn ist es sicher kein Geburtstag wie zu Hause, doch etwas Besonderes bleibt er dennoch. Für die Afghanen ist sein Geburtstag nichts Besonderes. Nur Avabi gratuliert ihm auf Englisch. Hier gibt es nur wenige Menschen, die auf den Tag genau wissen, wann sie geboren wurden und selbst Amin kann nicht einmal eindeutig die Jahre seines Lebens eingrenzen. Aber wer sollte es auch registrieren, wenn in irgendeiner dieser Lehmhütten des Landes Kinder geboren werden? Die Geburt in Krankenhäusern ist gerade in den ländlichen Teilen undenkbar, da entweder nicht vorhanden oder nur mit langen und mühseligen Wegen zu erreichen. Heute Nachmittag gibt Dieter für die Angehörigen unserer Einheit noch eine Runde Kuchen aus und wird dann sicher noch die Glückwünsche bekommen, die wir in unserer Kultur gewohnt sind.

Da man die Ausbildung für die Spezialfahrzeuge und die Motorräder nun vor das kleine afghanische Camp verlegt hat, sind dort verschiedene Stationen aufgebaut. Man will damit eine praxisbezogene Ausbildung vorantreiben. Das kann ich nur begrüßen, denn das Gelände ist zwar nicht besonders schwer, bietet aber dennoch gerade für die Motorradausbildung eine gute Basis. Während Dieter sich mit Rabur im Zelt über die verschiedenen Projekte und Probleme der nächsten Tage unterhält, gehe ich mit Avabi nach draußen, die Ausbildung begleiten. Avabi beginnt schon auf dem Weg durch das Haupttor mir seine Ängste und Befürchtungen zu erklären. Er fühlt sich hier, weit aus der Sichtweite der Wachposten, unsicher. Verstehen kann ich das, denn erst vor wenigen Tagen sind wir über verschiedene Kopfgelder und die Anzahl der zuletzt getöteten afghanischen Offiziere informiert worden. Avabi brächte demnach angeblich 35.000 Dollar Kopfgeld bei den Taliban ein, weil er mit uns zusammenarbeitet. Ob diese hohen Beträge tatsächlich gezahlt werden, werden uns die Taliban (was eigentlich Schüler oder Student bedeutet) nicht erzählen. Allein in der vergangenen Woche sind 54 afghanische Offiziere von den Taliban, wie Amin es ausdrückt, „geschlachtet“ worden.

Avabis Frau, die ursprünglich wohl bereits vor Jahren nach Australien emigriert ist, war nur für ihn und ihre Ehe nach Afghanistan zurückgekehrt. Eine von wenigen Ehen in diesem Land, die wohl aus Liebe geschlossen wurde, wie er mir versichert. Er hat damals die Möglichkeit gehabt, als sie ihre Familie besucht haben, sie persönlich kennenzulernen und sich so für sie zu entscheiden. Die Masse der Ehen wird sonst immer noch durch die Eltern entschieden. Sie treffen sich und begutachten, ohne dass sich die zukünftigen Eheleute zuvor sehen können, die zu Vermählenden. Durch eine seltene Blutkrankheit, die bereits das erste Kind von Avabi das Leben durch eine Frühgeburt gekostet hat, muss sie in qualifizierte medizinische Behandlung. Der erste Versuch, durch eine sehr teure Reise nach Pakistan einen guten Arzt für sie zu finden, ist bereits gescheitert. Sie hat die Möglichkeit genutzt und ist nach Australien zurückgekehrt. Dort bekommt sie die notwendige medizinische Versorgung und hat außerdem die Möglichkeit, Arbeit zu finden. Wie lange Avabi nun braucht, um ebenfalls nach Australien auszuwandern, wird sich zeigen. Das Erstellen von Fotos, die wir vor einigen Monaten beim Besuch eines hochrangigen australischen Offiziers gemacht haben, hat sich auf alle Fälle bereits gelohnt. Er hat bei der australischen Botschaft einen Asylantrag gestellt und diese sowie auch andere Fotos, auf denen er mit ISAF-Soldaten zusammenarbeitet, eingereicht. Die Botschaft hat zugesagt, seine Angaben durch einen persönlichen Besuch zu überprüfen und ein Visum in Aussicht gestellt. Das wäre seine Zukunft. Zumindest eine, die Hoffnung machen kann, was in seiner Heimat wohl auf Jahre weniger der Fall wäre.

Samuel und Hashib stehen unter einem selbstgebauten Sonnenschutz. Ein paar Metallstangen vom Schrott der Umgebung und ein Stück Sichtschutz, den sie vom Camp-Zaun einfach abgerissen haben, dienen als kleine Oase. Lehrgangsteilnehmer, die gerade nicht fahren, sind dabei, aus Hohlbetonsteinen eine flache Umzäunung dieser Oase zu bauen. Dort sollen später in die Hohlräume der Steine Pflanzen gesetzt werden, und das Ganze etwas begrünen. Alle empfangen mich wie immer sehr freundlich und berichten stolz von ihrem „Bauvorhaben“. Ich gebe ihnen eine positive Rückmeldung, auch wenn der entfernte Sichtzaun nicht die optimale Lösung sein kann. Dann erkundige ich mich nach der Ausbildung und gehe mit Avabi die Stationen ab. Es ist sehr heiß heute und unter einem weiteren Verschlag, der gerade groß genug für eine Hundehütte scheint, haben sich fünf der Stationsausbilder vor der Sonne versteckt und essen Fladenbrot und rauchen. Auch sie begrüße ich und lasse danach den Blick in das weitläufige Gelände ziehen. Die Stationen liegen recht weit auseinander. Weit hinten, etwa einen Kilometer entfernt, sehe ich die kleinen Staubwolken der Motorräder. Es könnten zwei, aber auch drei sein. Da wieder nicht genug Kraftstoff für mehr Motorräder zur Verfügung steht, fahren nur die Lehrgangsteilnehmer und die Ausbilder schauen aus der Ferne zu. Gute Ausbildung ginge anders, doch in der Not ist das wohl besser als nichts.

Ich laufe die anderen Stationen ab und sowohl beim kleinen als auch beim großen Stapler sind die Lehrgangsteilnehmer allein am Üben. Das positive an den Stationen ist, dass bis auf die wenigen, die gerade an der Oase bauen, alle beschäftigt sind. Zurück bei Hashib spreche ich ihn darauf an, denn als ranghöchster Offizier trägt er hier die Verantwortung. Es soll mindestens immer ein Ausbilder an den Stationen stehen, denn wenn etwas schiefläuft, könnte er sofort eingreifen. Hashib ist ein guter Mensch und Ausbilder. Er sieht viele Dinge sehr realistisch und hat die Fähigkeit, Dinge gut umzusetzen. Er weiß, dass ich Recht habe, auch wenn den Ausbildern der Schatten gerade wichtiger scheint als ihr eigentlicher Auftrag. Doch er zögert nicht lange und treibt die Ausbilder aus ihrem Verschlag an die Stationen. Zwar ist der Deutsche damit gerade der Spielverderber, doch damit kann ich in diesem Fall leben. Samuel ist privilegiert und kann sich weiter um die Oase kümmern. Damit kann ich ebenso leben. Das Telefon klingelt und der Hauptmann ist dran. Er macht sich Sorgen, weil ich allein hier mit den Afghanen bin. Gute Fürsorge, doch meine beruhigenden Worte halten nicht lange. Keine zehn Minuten später klingelt es erneut. Er möchte wissen, wann ich zurückkomme. Einer dieser Momente, in denen ich mit meinem durch jahrelange Einsätze abgestumpften Sicherheitsempfinden konfrontiert werde. Dieter ist da noch deutlich empfindlicher und das bekomme ich regelmäßig durch kleine „Predigten" zu hören. Dennoch bin ich ganz nüchtern, wenn auch subjektiv betrachtet der Meinung, dass mir hier nichts passieren wird. Ich bin nur ein einzelner Soldat, es ist nur schlecht vorhersehbar, wann ich wo sein werde und bin in Begleitung von mehreren afghanischen Soldaten. Und schließlich laufe ich ja nicht in völlig offenen Bereichen herum, so dass auch ein Attentäter erst einmal hier in das Gelände hineinkommen muss. Beim Grübeln merke ich jedoch schnell, dass ich es mir oft schöner und sicherer rede als es tatsächlich ist. So will ich es nicht ausreizen und verabschiede mich von Samuel und Hashib. Samuel legt seine Hand auf meine Schulter und dreht mich durch einen Griff mit leichtem Druck in die Gegenrichtung, in die ich eigentlich müsste. Samuel ist ein „Brecher". Er mag um die 1,90m groß und sicher um die 120 Kilo schwer sein. So jemanden möchte man nicht zum Feind haben. So drehe ich mich bereitwillig mit und frage Avabi, was Samuel möchte. Er übersetzt. Samuel hat, weil er zu faul ist, den weiten Weg am Zaun durch die Wache zu laufen, ein Loch in den Camp-Zaun geschnitten. Ein Metallgitter soll das Loch abdecken. Das erinnert mich an den Versuch eines Kindes, nicht gesehen zu werden, indem es sich die Augen zu hält. Er gibt mir zu verstehen, dass dies der Weg nur für ihn und die Offiziere ist und so darf ich es wohl als freundliche Geste verstehen, dass er mich dort durchschlüpfen lassen will. Natürlich schlage ich das nicht aus, da ich ihn sonst beleidigen würde. Und so hebt er hilfsbereit den Zaun mit seinen kräftigen Armen ein Stück nach oben, sodass ich auf allen Vieren hindurchkriechen kann. Avabi folgt mir direkt und bedankt sich für uns beide bei Samuel.

Dieter steht schon in einiger Entfernung aufgeregt vorm Zelt. Das Telefon ist schon wieder oder immer noch in seiner Hand. Er möchte ganz genau wissen, was draußen so los ist und wer alles dort war. Aber zwischen den Zeilen spürt man deutlich, dass er sich tatsächlich einfach nur Sorgen gemacht hat. Und obwohl es mich nervt, so ist es doch ein gutes Gefühl, ihm nicht egal zu sein. So sollte vermutlich Kameradschaft und Fürsorge aussehen. Er möchte zurückverlegen und hat wohl schon mit der Vierten einen Treffpunkt verabredet, an dem wir zusammenschließen und gemeinsam zum ACCL zurückfahren. Es bleibt dabei, dass er fährt, auch wenn er „meinen" Arbeitsplatz schon etwas umgebaut hat. Es ist nicht schlimm und lässt sich leicht zurückbauen, doch irgendwie ist es nun mal für die vielen Monate „mein" Auto. Aber ich sage nichts und nehme mir vor, die Fahrt entspannt und unkommentiert über mich ergehen zu lassen. Selbst wenn der Zeitpunkt für ein wenig „Rache" nicht schlecht wäre. Irgendwann habe ich aufgehört, sein nervöses Zucken beim Fahren und seine Hinweise zu zählen, die ich mir auf den Fahrten anhören kann. Fahrlehrertypisch eben. Doch ich reiße mich zusammen, denn heute ist sein Geburtstag. Dabei erinnere ich mich an eine der bisher lustigsten Aktionen im Auto von ihm.

Es ist zwar nicht üblich und eigentlich nicht wirklich optimal, wenn man als Beifahrer einschläft, doch verstehen kann ich es durchaus. Gerade an langen Tagen macht die Hitze einem zu schaffen und der Jüngste ist Dieter ja auch nicht mehr. Jedenfalls konnte ich schon kurz nach der Abfahrt von den Afghanen, wir wollten zu unserem Camp zurück, seinen wegnickenden Kopf registrieren. Seine Augen waren durch die dunkle Schutzbrille nicht zu erkennen und die vor der Brust aufbauende Weste verhindert ein zu weites absacken des Kopfes. Es ist also nicht immer leicht erkennbar, ob er nur leicht nach unten schaut oder schläft. Da er schon auf der recht guten Fahrbahn des Highway 7 eingenickt war, konnte ihn die Rüttelpiste bis zum Flughafen, durch den wir abkürzen wollten, nicht wirklich wieder aufwecken. Gelegentlich kam der Kopf zwar wieder kurz hoch, doch das reichte nicht, um wach zu werden. Und natürlich lasse ich ihn dann auch in Ruhe. So kann er sich ausruhen und ich erspare mir die gelegentlichen Kommentare zu meinem Fahrstil. Am Main Gate vorm KalA hatte sich eine Fahrzeugschlange gebildet. Das Überprüfen eines zivilen LKW zog sich hin. Das dürfte Dieter den Rest und damit den Tiefschlaf gegeben haben. Es ging langsam weiter und Fahrzeug für Fahrzeug wurde man von den ungarischen Posten von einer Kontrolle zur nächsten weiter gewunken. Langsam fuhr ich hinter Bennis Wolf und stellte den Automatikhebel auf Parken. Es dauert in der Regel um die zwei drei Minuten, bis das Fahrzeug abgespiegelt ist und wir zum Entladen der Waffen aussteigen dürfen. Der ungarische Posten begann langsam und gewissenhaft mit seinem Spiegel, der wie ein umgebauter Besen aussieht, den Wolf von vorne und unten abzuspiegeln. Auf Höhe meines Seitenfensters hob er dann den Kopf und blickte zu mir herein. Wie immer hielt ich meine ID-Karte an die Scheibe, um mich auszuweisen. Er wartete kurz auf den Hauptmann, doch der rührte sich nicht. Vorsichtig nahm ich daraufhin seine umgehängte Brusttasche, in der die ID-Karte vorne in einer Klarsichthülle steckte, und drehte sie ohne sie abzunehmen zum Ungarn. Dieser begann sich, als er merkte, dass der Hauptmann schläft, tierisch zu amüsieren. Ich konnte mir nur sehr schwer selber das Lachen verkneifen und musste, weil der Ungar sich wirklich herzlich freute und da draußen das „Tanzen“ begann, mir selber eine Hand vor den Mund halten. Leise quietschte die Luft stückweise aus mir raus. Hätte der Ungar nicht damit angefangen, wäre es halb so schlimm gewesen, doch jetzt hatte ich echt zu kämpfen. Ich senkte meinen Kopf tief in den Schoß, um ihn aus dem Blick des Ungarn zu bekommen und mich wieder etwas zu fangen. Bloß nicht Dieter wach machen dachte ich und versuchte, mich auch gedanklich abzulenken. Der Ungar war inzwischen auf der rechten Seite an Dieters Fenster angekommen und hob, immer noch lachend, den Daumen. Ganz leise und vorsichtig öffnete ich die Tür und entlud unsere Waffen. Dann setzte ich mich wieder an meinen Platz und schloss vorsichtig die Tür. Mit einem freundlichen Lächeln fuhr ich an den Wachposten vorbei und winkte ihnen zu. Dann ging es weiter hinter Benni her. Und als hätte einfach nur der innere Wecker von Dieter nicht richtig funktioniert, hob er plötzlich den Kopf und versuchte, sich zu orientieren. Er war wieder aufgewacht. Ob es das schlechte Gewissen oder etwas anderes war, weiß ich nicht, doch jetzt hieß es, sich zusammenzureißen, denn seine Fragen konnte ich kaum erwarten. „Sind wir schon durch?“ fragte er leise und müde. „Wo durch?“ antwortete ich kurz und knapp. „Na durch die Schleuse, das Main Gate!“ Mit unveränderter Miene gab ich wieder nur kurz zurück: „Na klar!“

Jetzt konnte ich das Rattern in seinem Gehirn deutlich hören und es fiel mir immer schwerer, nicht einfach stumpf los zu lachen. Doch ich konnte mich immer noch beherrschen und reagierte nicht weiter. Dann fragte er wieder sehr leise und zögerlich „Und die Waffen?“, wobei bereits etwas sein schlechtes Gewissen in seiner Stimme mitklang. „Habe ich gemacht!“, antwortete ich überzeugend. „Wie...und meine?“ Ich konnte es mir einfach nicht verkneifen und wollte seine Reaktion sehen: „Ja, auch!“ Wieder ratterte es in seinem Kopf und es schien, als hätte er versucht, sich krampfhaft daran zu erinnern. Doch so richtig wollte er es wohl nicht wahrhaben und murmelte: „Echt?“ Ohne zu zögern schob ich hinterher: „Na klar, ich bin doch dein Kamerad!“ In mir baute sich ein Druck auf, als wollte ein Kessel mit Tausend Bar Überdruck platzen. Ich schaute zu ihm hinüber, um seine Gesichtszüge zu sehen – ein Augenblick, den ich festhalten wollte! „Na dann Danke, ne!", rutschte es reumütig über seine Lippen. Jetzt konnte auch ich nicht mehr, denn die Szene war so komisch, dass ich laut loslachen musste und beim Klopfen auf die Schenkel fast aus der Spur geraten wäre. Ich hatte ihn voll drangekriegt und musste das einfach feiern. Mit den Worten „Du Arsch!“ versuchte er einen kurzen Moment ernst zu bleiben, doch dann konnte auch er sich nicht mehr halten und musste mitlachen.

Wann hat man schon mal in einem solchen Einsatz so schnell so viel Spaß? Und obwohl er mir versprach, sich zu gegebener Zeit an mir zu rächen, die Gelegenheit muss erst einmal kommen, und wenn sie kommt, war es mir das auf alle Fälle Wert! Jetzt war er jedenfalls wach und hat das dann auch bis ins Camp durchgehalten.

Aus der Sicht des Beifahrers wirkt die Fahrweise des anderen wohl immer etwas schlechter. Man vertraut sich eben selbst am meisten, gerade wenn man selbst fährt und nicht als Beifahrer daneben sitzen muss. Doch aus der kritischen Betrachtung meiner Fahrlehreraugen gibt es wenig zu meckern. Wir kommen gut durch und ich habe das erste Mal Zeit, die Umgebung jenseits der Straße zu beobachten. Jetzt fällt auch auf, wie viel ich über die vielen Wochen noch gar nicht wahrgenommen habe. Für Dieter mag das etwas langweilig wirken, doch für ein durchgehendes Gespräch bin ich nun nicht mehr zu gebrauchen. Kurz vor einer Geschwindigkeitsschwelle steht in der Mitte der Fahrbahn eine Frau in blauer Burka. Die Kombination aus Kleid und Kopftuch gibt nichts außer das bisschen Haut, welche aus den stark beschädigten Schuhen hervordringt, frei. Direkt vor den Augen und der Nase ist der Stoff etwas durchlässiger und gleicht einem Stück aus einer Gardine. Die Burka ist sehr schmutzig und bei genauerem Hinsehen kann ich erkennen, dass sie darunter im Arm etwas hält. Die Haltung und Form lassen ein Baby oder Kleinkind vermuten. Sie wird permanent von den Fahrzeugen, die die Bodenschwelle überfahren haben und wieder stark beschleunigen, eingestaubt. Das kann weder für sie noch das Kind gesund sein. Die freie Hand hält sie leicht zusammengerollt in bettelnder Geste vor den Körper und dreht sich immer wieder zu den verschiedenen Fahrzeugen, die sie passieren. In Deutschland würde ich hinter so einer „Bettlerin“ mit hoher Wahrscheinlichkeit eine kriminelle Bande vermuten, doch hier dürfte es anders sein. Amin hat mir einmal erzählt, dass diese bettelnden Frauen in der Regel Witwen sind, die vom Rest der Familie nicht mehr unterstützt werden oder verstoßen wurden. Ein staatlich finanziertes soziales Netz kann man in diesem Land vergebens suchen – wie sollte das auch bezahlt werden? Steuern fließen nur spärlich und der Großteil der Bevölkerung lebt selbst in ärmlichen Verhältnissen. Eine wirkliche Mittelschicht sucht man hier mit der Lupe.

Einige der Vorbeifahrenden haben die Fenster auf und sie nutzt jede Gelegenheit, um die sehr langsam über die Bodenschwellen Fahrenden anzusprechen und die Hand dabei deutlich in das Fenster zu strecken. Wasser könnte ich ihr geben und selbst Afghanis habe ich einige dabei. Doch es ist nicht erlaubt unterwegs, wenn es nicht triftige Gründe dafür gibt, die Türen zu öffnen. Zu oft schon wurden Soldaten so „reingelegt“ und Opfer eines Anschlags. Das könnte schließlich auch der letzte Ausweg für sie sein, um ihre Kinder durch die Taliban versorgen zu lassen. So bleibt für einen Augenblick ein schlechtes Gewissen in meinem Kopf und doch siegt die Vernunft, die mir sagt, dass dies von mir nicht zu ändern ist. Schon wenige Kilometer weiter, in einer belebteren Straße, treffen wir die nächsten Menschen, denen nur noch die Hoffnung auf das Mitleid der Mitmenschen bleibt.

Und tatsächlich kann ich schon aus der Ferne erkennen, dass er auch Erfolg hat und etwas bekommt. Diesmal ist es ein älterer Mann. Schlecht und sehr verschmutzt gekleidet, sitzt er am rechten Fahrbahnrand und hält den rechten Arm ausgestreckt den Autos entgegen. Es ist sehr eng an der Stelle, denn andere Fahrzeuge, die trotz Gegenverkehr in die Fahrbahnmitte zum Überholen hineindrücken, zwingen zum langsamen Fahren. Sehr langsam fährt Dieter an dem Mann vorbei und auch mir streckt er die Hand entgegen und scheint, für mich durch das gepanzerte Fahrzeug nicht hörbar, etwas vor sich hinzusprechen. Erst jetzt sehe ich, dass er anscheinend kriegsversehrt oder behindert sein muss. Das rechte Bein ist unterm Knie nur noch ein Stumpf und das linke liegt so abnormal verdreht neben ihm, dass auch dieses Bein für keine Fortbewegung mehr taugen kann. Ein Bild, welches ebenfalls nicht selten in dieser Stadt ist. Solange es schon her sein mag, dass die sowjetischen Truppen das Land wieder verlassen haben, die Folgen des langen Krieges sind allgegenwärtig. Auch solche Bilder nehme ich sonst, wenn ich selbst fahre, nur noch beiläufig war. Zu sehr muss man sich hier auf die Straßenverhältnisse und die Fahrweise der anderen Autofahrer einstellen und konzentrieren. Tief in mir drinnen spüre ich Erleichterung in dem Gedanken daran, dass mein „Beifahrerjob“ die Ausnahme bleiben wird. Sicher ist es ein ganzes Stück weit egoistisch, diese Schicksale auszublenden oder zu übersehen, doch auch hier greift die nüchterne Vernunft. Sie liegt eben darin, dass weder ich noch grundsätzlich jeder Einzelne an jeder „Front“ kämpfen kann, um die Probleme dieser Welt zu lösen. Ich leiste meinen Teil, so wie ich es soll, da draußen bei den afghanischen Soldaten und hoffe einfach, dass sich dadurch wirklich etwas und wenn nur in winzigen Schritten, zum Besseren entwickelt.

Nur noch wenige Meter und wir haben wieder unser Camp erreicht. Ich schalte unseren kleinen Musikwürfel aus und nehme mir das Funkgerät zur Hand. Sobald wir in der „Main-Gate-Schleuse“ stehen, schalte ich es eigentlich aus und nehme den Akku ab. Da aber noch ein Funkspruch des „Führungsfahrzeuges“ kommen könnte, warte ich die wenigen Sekunden noch ab. Routiniert springen die afghanischen Posten auf die Straße, um für uns den Verkehr zum Einfahren zu stoppen. Es ist ruhig im Auto und wir fahren schweigend auf das sich langsam öffnende Tor zu. Wir werden, wie eigentlich immer, freundlich begrüßt. Wir scheinen als Deutsche auch hier bei den Posten und Angestellten des Camps beliebt zu sein. Unsere in der Regel anerzogene Freundlichkeit und Hilfsbereitschaft hat sich in diesem Land schon gut herumgesprochen, wenngleich vereinzelt ein Posten darunter ist, der etwas grimmig zu schauen scheint. Vorsichtig rangiert Dieter den Wolf auf den Parkplatz. Unser extra fahrzeugbezogene, gekennzeichnete Platz ist wieder einmal durch ein anderes Fahrzeug belegt. Durch die Frontscheibe des Falschparkers kann ich die Kennung erkennen und so könnten wir uns auf seinen Platz stellen, doch auch dort parkt ein anderes Fahrzeug. Ein Exempel für den Versuch deutscher Ordnung und Gründlichkeit unter „erschwerten" Bedingungen. Wenn einer damit anfängt – es könnte auch die Werkstatt nach dem Zurückstellen eines reparierten Wolfs gewesen sein –, löst das eine Kettenreaktion aus. Uns bleibt nur ein Platz am Ende der Parkreihe. Der ist jedoch so eng, dass ich vorher aussteigen muss, da nur noch der Zugang zu einer Fahrzeugseite möglich sein wird. Da ich es etwas unpassend finde, dass Dieter – selbst wenn jedes Mal nur gut gemeint – mir Zeichen gibt, um mich beim Einparken zu unterstützen, schaue ich zwar aufmerksam, unterlasse aber jegliche Hinweise. Der Wolf ist schließlich kein Panzer mit Sehschlitzen und sollte daher schadenfrei von einem Fahrlehrer oder Prüfer einzuparken sein.

Jetzt, wo wieder etwas Luft unter die schwere Weste kommt, merke ich wie sehr ich schwitze und die Kleidung am Körper klebt. Ich drücke die Oberarme leicht nach außen und bewege sie ein wenig auf und ab, um die Achseln besser zu belüften. Das sieht zwar beim Laufen etwas schräg aus, ist aber sehr effektiv. Bei Temperaturen um die 30 Grad und höher, hat es die Klimaanlage schon sehr schwer, die dunklen, sich stark aufheizenden Wölfe herunter zu kühlen. Und das Schwitzen wird in den nächsten vier bis fünf Monaten noch eher zu- als abnehmen. Selbst morgens ist das Fahrzeug schon so aufgeheizt, dass ich mich beim Nassmachen und Abziehen der Scheiben richtig beeilen muss, da sonst der Abzieher nicht hinter dem verdunstenden Wasser hinterherkommt. Bei genauerem Hinsehen kann man dann tatsächlich den Wasserdampf aufsteigen sehen.

Bepackt mit unserer Ausrüstung geht es zwischen Außenmauer der alten Camp-Anlage und den Blechgebäuden auf einem frisch mit Schotter gefüllten Weg zur Unterkunft. Hier, hinter den Gebäuden, kann man einen Blick hinter die Kulissen werfen. Manche der Räume am Ende der Gebäude sind noch nicht ausgebaut oder werden als Abstellfläche genutzt. Teilweise wirkt es etwas dreckig und unordentlich, doch der Weg ist eine Abkürzung und spendet zudem Schatten. Am Eingang zur Unterkunft warte ich kurz noch auf Dieter und drücke mit dem linken Fuß die Tür für ihn weit auf. Er ist in der Regel noch bepackter als ich und dabei kann ich gar nicht genau sagen, was alles so wichtig ist, dass es täglich hin- und hergeschleppt werden muss.

Es ist Trinkwasser in das Gebäude gebracht worden, denn im ersten Gang stehen hoch aufgestapelt die 12er Träger und machen den Durchgang noch etwas enger. Doch das ist gut, da ich so morgens beim Verlassen des Gebäudes auf dem Weg zum Wolf einen Träger greifen und für den Tag mitnehmen kann. Gerade jetzt, wo es wieder sehr warm wird, werde ich jeden Tag von den afghanischen Soldaten um Wasser gebeten. Zwar wird fast täglich der LKW mit dem Wassertanker gefüllt und zur Versorgung der Soldaten ins Gelände gefahren, doch dieses Wasser mögen sie nicht. Es ist vom Nebengelände, dass für uns gebaut wird. Aus einem Brunnen, der angeblich aus etwa 200 Metern das Wasser fördert. Probiert habe ich es noch nicht, doch wenn es nur ansatzweise so schmeckt, wie das Wasser in meinem Bad, dann kann ich sie verstehen. Es kostet schon etwas Überwindung, dass ich mir nach dem Zähneputzen den Mund damit ausspülen muss, denn der sehr eigenwillige Beigeschmack lässt keine gute Wasserqualität erahnen. Tatsächlich ist uns vom „Genuss“ des Wassers durch den Truppenarzt abgeraten worden. Zum Waschen und Zähneputzen sei es aber unbedenklich.

Dabei habe ich direkt wieder die Bilder aus 2010 vor Augen. Damals war ein Werkstattwagen zu uns rausgekommen, um Ölwechsel an den Fahrschulfahrzeugen durchzuführen – auf einer alten Betonfläche, die nur noch durch ein verrostetes Stahlgerüst abgedeckt war und in der mehrere Gruben ausgehoben worden waren. Nachdem der Werkstattwagen nach getaner Arbeit wieder vom Hof fuhr, bot sich ein Bild wie auf einem Autobahnparkplatz, der als wilde Müllkippe herhalten musste. Schlimmer noch, denn überall lagen die leeren Öl-Dosen herum und es waren sehr viele. In der Grube, die zum Arbeiten und Auffangen des Öls gedient hatte, stand deutlich sichtbar ein dicker Ölteppich am Boden. Nur das die Grube nicht nach unten durch Beton geschlossen war, sondern durch einfachen Sandboden bedeckt. Bedenkt man, wie groß der Schaden durch Öl für das Grundwasser ist, bleibt nur zu hoffen, dass nie genug Regen fällt, der das Öl durch die Erdschichten treibt.

Also muss ich hier mit etwas Fingerspitzengefühl vorgehen, denn die afghanische Armee mit Wasser zu versorgen, wäre sowohl unmöglich für uns als auch der falsche Weg. So versuche ich, nicht jeder Anfrage nachzugeben und zwinge sie damit eben mal wieder ohne frisches Wasser zum Wassertanker zurück. Das Ziel dahinter ist der Spagat zwischen dem Machbaren, aber dennoch keine Regelmäßigkeit aufkommen zu lassen. Schnell wird es sonst zur Normalität, und daraus ein Anspruchsdenken auszubilden, haben die Afghanen gut drauf.

Die Waffe kommt an den Kleiderhaken und die kleine Tasche in die Ecke an der Wand. Dreimal ratscht es an der Weste, bevor der Schulterverschluss, der Hüftverschluss und der Beckengurt aus ihrer Klettbefestigung gerissen sind und ich die schwere Weste an ihren Platz fallenlassen kann. Wenige Minuten später, nach dem Erleichtern der Blase und dem Waschen der Hände, stehe ich vor Dieters Tür. Auf mein Klopfen ertönt, schon fast vorhersagbar, sein „Bin noch auf Toilette“. Zwar gehe ich nicht gerne draußen bei den Afghanen auf die Örtlichkeiten, doch stelle ich mich nicht besonders an, wenn es nun mal nicht anders geht. Dieter scheint wirklich nur den Notfall als geeignete Lösung für die afghanische Toilette zu sehen. Dennoch sind wir vor den „älteren Herren“ der Zweiten in der Küche, die ansonsten schon prall gefüllt ist. Mittags sind wir durch die lange Fahrzeit nie die Ersten hier, doch der Nachschub für die Auslage funktioniert hervorragend und wenn man nicht gerade die letzten fünf Minuten vor der Schließung kommt, hat man auch wie alle anderen die volle Auswahl. Mit der Zeit habe ich mich gut diszipliniert und esse nach klaren Mustern. Wenn es mehrere leckere Speisen zur Auswahl gibt, nehme ich von jeder ein wenig und dafür aber dann auch viel Salat oder Obst dazu. Ist zu viel kalorienreiches Essen auf dem Tablett, so fällt das Dessert aus. Die kalte Cola aus dem Kühlschrank ist jedoch, da komme was wolle, immer auf dem Tablett. Die vielen Stunden nur mit Wasser da draußen in der Hitze, machen diese Erfrischung für mich unverzichtbar. Die Tatsache, dass Dieter nachher noch Kuchen ausgibt, zügelt mich ein wenig beim Aufladen der Speisen. Es gibt, und das hält sich jetzt schon kontinuierlich seit dem Einzug, wieder nichts ernsthaft zu bemängeln. Der Geschmack und die Darstellung der Speisen haben Sterneniveau! Meinen Frust über das Essen der Franzosen im Camp Warehouse habe ich überwunden. Ich muss auch fairnesshalber anmerken, dass es sich dort vorrangig um Essen für ihre eigene Truppe, d. h. die kleinen Dienstgrade, gehandelt hat.

Zufrieden falle ich wenig später, der Uniform entledigt, auf mein Bett. Um nicht zu verschlafen, stelle ich mir den Wecker und schließe die Augen. Ganz selten gelingt es mir, sofort ein Nickerchen zu machen, denn mein Kopf scheint Besseres mit der Zeit vorzuhaben und beginnt mit der Verarbeitung der Bilder des Tages. Die Gedanken springen, wie bei der Suche nach dem richtigen Programm, hin und her. So geht es mir sehr oft und die verfügbare Mittagspause schmilzt irgendwie ungenutzt dahin. Wenigstens das Ablegen der Uniform und das Entspannen der gestressten Füße hat sein Gutes. Wenn ich zu sehr aufgedreht bin, ist das eine gute Gelegenheit, um weiter in meinem Englischprogramm zu lernen. Schneller als gedacht arbeite ich den Berg an Vokabeln ab, auch wenn ich immer noch skeptisch bin, wie viel davon beim zweiten, selbst verordneten Durchgang hängengeblieben ist. Also raffe ich mich auch dieses Mal zeitig auf und ziehe mich wieder an. Für Englisch reicht die Zeit dennoch nicht, da ich Dieter etwas bei den Vorbereitungen für sein Kaffeetrinken unterstützen möchte. Dabei merke ich immer bewusster, dass Tätigkeiten jeglicher Art mich gedanklich ablenken, meinen Kopf oft aus den startenden Grübel-Prozessen herausholen.

Angesprochen habe ich es vorher nicht, doch eine Viertelstunde vor dem Termin begebe ich mich in den Konferenzraum. Hier ist bisher noch nichts vorbereitet und die Luft hat um die 40 Grad. Die Fernbedienung für die verschiedenen Klimaanlagen ist nicht auffindbar und so öffne ich den Haupteingang und blockiere die Tür mit einem Stuhl. Am anderen Ende des Saales öffne ich die Tür, die zur *Wolfshöhle* führt. Sie liegt ebenfalls auf der 2. Ebene und bietet in ihrer terrassenähnlichen Anordnung einen Blick auf das Fitnessstudio im ebenerdigen Bereich. So kann es, wenngleich mit recht warmer Außenluft, durch den Raum zirkulieren. Da ich der Einzige hier im Raum bin und es anscheinend noch nichts zu tun gibt, setze ich mich in einen der vielen Lederstühle und schließe die Augen. Mein Kopf beginnt mit etwas Druck einen leichten Schmerz aufzubauen. Recht deutliche Anzeichen dafür, dass ich wohl wieder zu wenig getrunken habe. Für einen Moment lasse ich dennoch die Ruhe auf mich wirken. Ein wenig wie autogenes Training, nur das weder Musik noch ein Therapeut das ganze unterstützt und die Geräuschkulisse des nahen Stadtzentrums sich in den Vordergrund schiebt. Dann stehe ich wieder ungeduldig auf und nehme mir eine der ordentlich vor den Sitzplätzen auf dem Tisch aufgestellten Flaschen. Das Wasser ist so warm und durch die fehlende Kohlensäure geschmacksarm, dass der halbe Liter fast unkontrolliert die trockene Kehle runterläuft. Besser wären regelmäßige kleine Schlucke, die der Körper dann auch direkt verwerten kann. So ist sicher, dass es in spätestens einer halben Stunde wieder in der Masse raus will. Keine fünf Minuten später und da steht Dieter ebenfalls im Raum. Er hatte sich wohl auf den Service des Kameraden der Wolfshöhle verlassen und ist enttäuscht worden. Weder Kuchen noch Kaffee stehen bereit und schon strömen die Kameraden unserer Einheit in den Saal. Dieter wird nun sichtlich nervös und bittet mich, beim Spieß der Unterstützungskompanie nach dem Grund für die geplatzte Absprache zu fragen. Zügig geht es die Metalltreppe runter und mit einem kleinen Linksbogen falle ich schon fast in den passenden Bürocontainer.

Der Spieß ist freundlich und kennt mein Gesicht noch aus 2010. Einer von vielen „Wiederholungstätern", die hier zu finden sind. Gezielt und zügig greift er zum Telefon und wählt eine Nummer. Es klingt, als hätte er schon den Verantwortlichen am anderen Ende und bittet ihn, sich um das Problem zu kümmern. Mit einem Lächeln bestätigt er mir, dass Bewegung in das Problem kommt und dankend mache ich mich wieder auf den Weg nach oben, um Dieter zu beruhigen. Peinlich ist es ohnehin schon, doch jeder dürfte erkennen, dass es nicht an Dieter liegt. Fast zeitgleich stürmt hektisch der Betreuungsfeldwebel durch den Eingang von der Wolfshöhle und bringt zwei Kartons und Beutel mit Besteck mit. Er ist sichtlich am Schwitzen und beginnt direkt mit Entschuldigungen. Ein wenig typisch, schiebt er es auf seinen „Stuffz" (Stabsunteroffizier). Ihm habe er den Auftrag gegeben, die Kuchen rechtzeitig bereitzustellen. Doch nun ist Hektik angesagt und die Wartenden machen den Druck nicht geringer. Wenigstens Kaffee kann jetzt aus den Thermoskannen gegossen werden, um die Zeit etwas zu überbrücken. Dieter hilft beim Auspacken der Kartons und zum Vorschein kommen zwei wirklich köstlich scheinende Kuchen. Einer ist mit einer rosaroten Creme überzogen und mit eingelegten Kirschen auf kleinen Sahnekringeln verziert. Der andere Kuchen ist dick mit Schokoladencreme überzogen und ebenfalls etwas mit Sahne verziert. In den Schokoladen-Erdbeerkuchen stecke ich zwei kleine Zahlenkerzen, die ich erst verkehrt als 84, doch dann kurz darauf wieder richtig einstecke. Die Scherze der Herumstehenden sind nicht zu überhören und die Stimmung ist wieder entspannt. Zwar scheinen die im Durchmesser recht kleinen Kuchen nicht für alle zu reichen, aber das wird gleich beim Anschneiden ausgeglichen. Während noch einige Nachzügler den Saal betreten und Dieter durch die Glückwünsche etwas vom Schneiden des Kuchens abhalten, stelle ich mehrere Plastikteller bereit, auf die dann reibungslos der Kuchen serviert werden kann. Schnell bildet sich eine kleine Schlange am Tisch und wie am Fließband gehen die Teller in die Hände über.

Nach und nach wird es wieder ruhiger im Saal. Der Lärmpegel der Gespräche ist durch die beschäftigten Münder zurückgegangen und der Geschmack der Kuchen scheint voll anzukommen. Ein kleines Stück Heimat, obwohl der Kuchen von der Küche kommt und das Personal nicht Deutsch ist. Zum Schluss bleibt tatsächlich gerade einmal ein Stück übrig und da jeder nur eines hatte, findet sich schnell ein Freiwilliger für das letzte Stück. Während sich nun schon wieder recht schnell das Zusammensein auflöst, helfe ich Dieter beim Aufräumen und Müll entsorgen. Das war keine große Sache, doch eine nette Geste, die immer gut ankommt. Mal sehen, wie ich meinen Geburtstag hier verbringen werde, denn passt meine Urlaubsplanung und der Flug geht pünktlich, bin ich genau einen Tag später schon unterwegs. Die Geschenke aus der Heimat haben Dieter noch nicht erreicht, doch als Stubennachbar ist es mir nicht entgangen, wie oft am heutigen Tage schon sein Telefon geklingelt hat. Damit ist der Tag vielleicht nicht außergewöhnlich für Dieter gewesen, aber etwas Besonderes wohl schon. Der nächste Morgen bringt dann die vermeidliche Routine zurück und ein neuer Tag mit den Afghanen wartet auf uns.

Es herrscht viel Bewegung, fast so, als käme wieder wichtiger Besuch. Und tatsächlich hat sich für die kommenden Tage eine Kommission im Auftrag des amtierenden Präsidenten Hamid Karzai angekündigt. Es ist endlich bis in die Spitzen durchgedrungen, dass der Fuhrpark des Militärs in einem erbärmlichen Zustand ist. Schäden werden nicht oder nur mit ewig langen Wartezeiten behoben und die Pflege und Wartung der Fahrzeuge findet quasi nur sporadisch statt. Wen wundert es, wenn doch sowohl Kraftstoff als auch andere begehrte Materialien einer Werkstatt im Nirgendwo versickern und nie den eigentlichen Bestimmungsort erreichen. Nun nimmt man sich von höchster Stelle des Problems an und hofft mit „Dienstaufsicht“ den Druck auf die verantwortlichen Bereiche zu erhöhen. Meiner Meinung nach genau der richtige Ansatz! Doch muss nun auch die nötige Konsequenz und Unterstützung folgen.

Im linken Teil, bei Salim in der „Fahrschule“, ist an allen aufgereihten Fahrzeugen die Motorhaube geöffnet. Es könnten an die 40 sein. Ein Wassertanker fährt, begleitet von einigen Soldaten, die Reihe ab. Mit einem „Gartenschlauch“ wird ein Fahrzeug nach dem anderen abgewaschen. Überall klettern Soldaten auf den LKW und Hummer herum, um afghanischen Fahnen anzubringen. Es wirkt auf mich schon etwas lächerlich, da es nicht gerade kleine, sondern recht große Fahnen sind. Ein buntes und völlig überladenes Bild entsteht. Ist es wirklich das, was bei so einer Kommission Eindruck macht? Dass die Afghanen es gerne bunt mögen und lieber etwas mehr schmücken, als es mein europäischer Geschmack gut findet, ist mir bekannt. Doch das hier ist mindestens zwei Nummern übertrieben!

Bei Rabur im Zelt beginnen unmittelbar auf die rituale Begrüßung, die Lästereien über unsere Nachbarn. Er macht und das finde ich gut, keine Anstalten, eine ähnliche Show zu bieten. Das gefällt mir an dem sonst recht trockenem Typen, er ist kein Blender. Auf dem Weg zurück ist es dann unter vier Augen noch einmal ein Thema, doch schon kurz nach der ersten längeren Sprechpause, gibt Dieter der Müdigkeit nach und es bleibt ruhig im Wagen.

Dieter schleppt seit einigen Tagen eine leichte Erkältung mit sich herum und so könnte der Grund für die Müdigkeit der letzten Tage auch darin begründet sein. Also lasse ich ihn in Ruhe und versuche, wenn überhaupt möglich, nicht zu viele der tiefen Schlaglöcher mitzunehmen. Ich fühle mich ein wenig wie früher als Kommandeursfahrer, wo man möglichst fahrgastfreundlich fahren sollte. Der Boden ist wieder sehr trocken und die Fahrbahn wirbelt meterhohen Staub in die Luft. Bennis Auto kann ich wieder mal nur erahnen und so kostet es jede Menge Konzentration, einerseits dranzubleiben und andererseits nicht plötzlich hinter einer endenden Staubwolke in seinen Wolf hineinzufahren. Der Staub kommt in solchen Mengen auf die Scheiben, dass er wie aus einer Hand rieselnd von oben herunterrutscht. Scheibenwaschwasser würde hier nichts bringen, da auf der feuchten Scheibe sofort wieder Dreck klebenbliebe. So mache ich etwas, was ich in Deutschland aus Angst, die Scheiben könnten zerkratzen, nie tun würde und wische ohne Wasser mit den Scheibenwischern den Staub aus dem Sichtfeld. Es hilft nur bedingt, da die Wischer teilweise einfach über den feinen Staub rutschen. Doch es ist besser, als würde ich so weiterfahren. Sicherheit kostet eben manchmal Material.

Plötzlich hebt Dieter seinen Kopf, wie er es ab und zu tut, wenn er nicht tief eingenickt ist und murmelt: „Voll warm hier, ich glaube ich werde müde." Fast zeitgleich geht seine linke Hand blitzschnell zum Umluftschalter und drückt diesen aus. Ich kann gar nicht glauben, was er da gerade macht, denn draußen sieht man vor lauter Staub keine zwei Meter weit und er lässt den Dreck gerade mit einem Tastendruck herein. Zwar habe ich mehrere Filter vor den Lufteinlass gelegt, doch die sind schon nach der halben Strecke wieder zugesetzt und so bläst mir sofort und direkt eine dichte Wolke aus feinst gefilterten Staub in das Gesicht. Da ich die Lüftung der Klimaanlage immer in Richtung Stirn pusten lasse, bekomme ich die volle Ladung ab. Meine Reaktionszeit ist zwar rekordverdächtig, dennoch kann ich mit dem Wiedereinschalten der Umluft den Staub nicht mehr aus dem Innenraum halten. Blitzschnell setzt sich das trockene Zeug an die Atemwege und verklebt Nase und Mund. Unweigerlich muss ich zu Husten beginnen und lasse den aufkommenden Unmut in meiner Stimme klar erkennen: „He Mann, was soll das werden?" Dieter schreckt hoch und merkt recht schnell, dass hier was nicht stimmt. Nur dass er der Auslöser war, hat er noch nicht begriffen. „Was ist denn los?" fragt er mit noch müder Stimme. „Warum machst du denn die Umluft aus? Schau dir den Dreck jetzt mal an!" Dass mein für dieses Land wirklich sauberer Innenraum gerade mit einem Staubteppich zugedeckt wird, lässt ein wenig Ärger in mir hochkochen. Noch einmal frage ich ihn: „Warum hast du die Umluft ausgemacht, da draußen sieht man die Hand vor Augen nicht und du schaltest die Umluft aus?!" Er versucht sich zu rechtfertigen: „Bin voll müde geworden und wollte Sauerstoff rein lassen." Der Husten bricht immer wieder mal kurz durch und wäre dieser Staub nicht so ungesund, könnte ich über die Szene vielleicht sogar lachen. Doch im Moment ist mir nicht danach und so halte ich meinen Mund und konzentriere mich etwas bockig wieder voll aufs Fahren. Wäre Dieter kein Offizier und mein Fachvorgesetzter, so würde es jetzt Sprüche hageln! Doch bevor ich etwas sage, was mir später leidtut, bleibe ich lieber ruhig und schüttele nur demonstrativ den Kopf. Eigentlich sind wir ein gutes Team und haben im Angesicht der Umstände immer wieder viel Spaß. Doch dies sind genau die kleinen Momente, die mich an ihm etwas aufregen. Aber so ist das wohl, wenn man 16 bis 18 Stunden des Tages miteinander zu tun hat. Dafür kommen wir, wie gesagt, ansonsten recht gut klar. Ich meine sogar, dass sich trotz des Stresses im Einsatz eine kleine Freundschaft entwickelt.

Seit Tagen versucht einer unserer Kameraden eine Einweisung auf den Toyota zu bekommen. Doch trotz meiner mehrmaligen Angebote es zu übernehmen, ist immer wieder etwas dazwischengekommen. Nun hat er, vermutlich um die Trefferquote zu erhöhen, auch Benni noch gefragt. Kein guter Zug, da ich mir dabei ein wenig veräppelt vorkomme. Dennoch, weil auch das zweite Fahrzeug noch einen Beifahrer braucht, sage ich für heute Abend zu. Früher können wir nicht raus, da noch eine Besprechung ansteht und dieser einen Pflichttermin darstellt. Wenn alle sich ranhalten, könnten wir gegen halb vier los und wären zum Abendbrot schon wieder zurück. Das macht den Tag außerhalb des Camps zwar etwas lang und ermüdend, doch als Beifahrer kann man es aushalten. Noch kurz vor der Besprechung bekomme ich die Abfahrtzeit bestätigt. Daher habe ich meine Ausrüstung schon einige Minuten vorher in meinem Wolf bereitgelegt und darauf geachtet, dass ich nun nicht noch einmal zur Stube zurückmuss, um irgendetwas zu holen. Um keine Zeit zu verlieren und nicht der Letzte zu sein, begebe ich mich mit Beendigung der Besprechung direkt zu meinem Wolf. Den Schlüssel für das Fahrzeug, auf dem ich mitfahren soll, habe ich nicht und so hole ich meine Ausrüstung aus dem Wolf und lege sie vor der Windschutzscheibe auf die Motorhaube. Noch bin ich der Einzige und es ist von den anderen dreien niemand zu sehen.

Die Sonne brennt und Schatten gibt es kaum. Mein ganzes Gerödel möchte ich jetzt aber auch für die wenigen Minuten nicht umherschleppen, um es mit mir in den Schatten zu bringen. Also klettere ich über den „Rammschutz“ auf die Motorhaube und setze mich auf das heiße Blech. Es dauert einige Sekunden, bis die Temperatur am Hintern erträglich wird, denn wie bei einer heißen Sitzheizung, die man ausschaltet, wird es nur langsam schwächer. Mein Gewehr kippelt unter der Fahrzeugbewegung auf dem Doppelmagazin umher. Mit der linken Hand ziehe ich es zu mir nach vorne und lege es auf meinen Schoß, mit der Mündung nach links. Das könnte ein cooles Foto geben, doch es ist ja keiner da, um es zu machen. Die Minuten verstreichen und immer noch niemand in Sicht. Die Sonne brennt auf der Stirn und jetzt haben, meine wieder auf etwa zwei Zentimeter gewachsenen Haupthaare eine kleine Sonnenschutzfunktion. Um keine Streifen an der Schläfe von den Bügeln der Schutzbrille zu bekommen, schiebe ich sie mal etwas höher und später wieder etwas tiefer über die Ohren. Selbst unter den dunklen Gläsern ist mir die grelle Sonne zu hell.

Fast 15 Minuten sitze ich hier nun schon und meine Geduld ist definitiv strapaziert. Dafür, dass die, die zu spät sind, etwas von mir wollen, reizen sie meine Geduld extrem aus. Mit meinem Handy erreiche ich wenigstens Benni. Er steht etwas außerhalb meines Sichtfeldes an einer Gebäudeecke und unterhält sich mit den Feldjägern. Doch dies auch nur, weil er weiß, dass die anderen beiden noch im Gebäude sind und sich anscheinend alle Zeit der Welt nehmen, um sich für die Fahrt fertigzumachen. Am liebsten würde ich jetzt mein Zeug packen und die Fahrt absagen. Doch Benni ist genauso verärgert und dennoch geben wir ihnen noch ein paar Minuten. Dann treffen sie endlich zusammen am Parkplatz ein und beginnen damit, ihre Ausrüstung zu verstauen. Bei mir geht es schnell und so sitze ich wenige Sekunden später, etwas beleidigt, auf dem Beifahrersitz eines sehr verbrauchten, älteren Wolfs. Der Kilometerstand verrät, dass er schon einige Jahre hier unterwegs ist. Für meinen Geschmack ist er sehr ungepflegt. Der Innenraum muffelt nach Raucherauto und der Staub liegt dick auf den Oberflächen. Eine Schachtel Zigaretten, mit einem dicken Streifen Panzertape neben der Schaltung festgeklebt, sticht markant hervor. Jockel, Fahrer des Wolfes, setzt sich auf den Fahrersitz, lässt das linke Bein aus der Tür hängen und zündet sich eine Zigarette an. Grinsend blickt er zu mir herüber und sagt: „Ist wohl klar, dass dies ein Raucherauto ist!“ Ich schaue ihn an: „Ist ja wohl nicht dein Ernst!“ und schüttele den Kopf. „Na, klar!“ antwortet er selbstsicher. „Wo soll der Rauch denn hin, wenn die Umluft an und die Türen zu sind?“, frage ich ihn. Die Fenster lassen sich schließlich nicht öffnen. Der Qualm seiner

Zigarette beginnt zu mir in den Innenraum zu ziehen. Mit der linken Hand drehe ich den Zündschlüssel in die Position 2, die Kontrolllampen und die Lüftung schalten sich ein. Das Gebläse drehe ich direkt auf mein Gesicht, doch es hilft nur bedingt. Streiten möchte ich mich jetzt eigentlich nicht, doch hinnehmen will ich es so auch nicht. Also appelliere ich an die Vernunft und sage mit ernster Miene „Kameradschaft sieht aber anders aus!" und öffne die Beifahrertür wieder.

Jockel ist einer, der über die Einsatzzeit recht gleichgültig geworden ist. Natürlich gibt er dafür allen anderen die Schuld und versucht sich auch bei jeder Gelegenheit dafür zu rechtfertigen. Das spricht dafür, dass er es wenigstens selbst erkennt. Doch mit dem Qualm im Auto hat er bei mir einen Nerv getroffen. Zu oft haben meine Eltern und auch mein Opa, der Kettenraucher war, im Auto in unserem Beisein geraucht. Zu oft war ihnen eine angenehme Innentemperatur wichtiger als frische Luft für ihre Kinder. Zum Schluss haben wir mit vier Kindern hinten im P70 Coupe (Vorläufer des Trabanten) eingeklemmt gesessen, während vorne eine Zigarette nach der anderen geraucht wurde und uns verboten wurde, die Fensterkurbeln anzufassen. Noch heute kommt regelrechter Hass in mir hoch, wenn ich an dieses egoistische Verhalten denke. Glücklicherweise ist es für die Fraktion der Nichtraucher in den letzten Jahren deutlich besser geworden.

Ich habe überhaupt kein Problem damit, dass jemand raucht, trinkt oder sonst seinen Vorlieben nachgeht. Doch immer dann, wenn andere dadurch in Mitleidenschaft gezogen werden, die es erstens nicht wollen und sich zweitens vielleicht nicht einmal wehren können, ist mit meiner Toleranz Schluss! Gerade seinen Kindern oder anderen Schutzbefohlenen gegenüber ist es in meinen Augen ein Vertrauensbruch und beschämend, wenn man zum eigenen Vorteil die Machtposition ausnutzt. Mütter, die neben ihrem Kinderwagen stehen und nicht einmal registrieren, dass der Qualm in die Atemwege ihres Babys zieht, handeln für mich unverantwortlich! Sicher gibt es viel Schlechtes, was ich aus Unwissenheit nicht von meinen Kindern fernhalten kann. Doch da, wo es selbst das Schulkind erkennt, erwarte ich es auch von jedem Erwachsenen. Mit welchem Recht will Jockel Lungenkrebs bei mir riskieren? Würde ich ihm als „Gegenleistung" mit dem Schulterstück vom Gewehr einen Hieb versetzen, so wäre das von der

Schädlichkeit nicht im Ansatz vergleichbar und dennoch würde er sofort und unmissverständlich die Botschaft schmerzlich verstehen!

Als ich noch im Regiment als Fahrer eingesetzt war, haben wir, die Soldaten des „Dezernates", regelmäßig freitagmorgens zusammen gefrühstückt. Unser Hauptmann war ein sehr radikal eingestellter „Öko". Eines Freitagmorgens waren wir dann auch soweit fertig mit dem Essen und unterhielten uns in der relativ kleinen Runde. Unser Geschäftszimmerfeldwebel zog seine Zigarettenschachtel aus der Uniformtasche und steckte sich eine Zigarette in den Mund. Damals gab es das Nichtrauchergesetz so noch nicht und rauchen in Räumen wurde in der Regel hingenommen. Nach den ersten Zügen an seiner Zigarette begann der Hauptmann damit, seine Fingerspitzen in den schon etwas abgekühlten Kaffee zu tauchen. So richtig hatte das aber noch niemand in der Runde registriert. Doch als er begann mit den feuchten Fingern in Richtung des Rauchers zu schnipsen, hatte er unsere ungeteilte Aufmerksamkeit. Der Geschäftszimmerfeldwebel war sichtlich sprachlos, denn die braunen Spritzer waren unübersehbar auf seiner hellblauen Uniformbluse verewigt. In aller Ruhe lud der Hauptmann die „Munition" für die nächsten „Schüsse" nach. Erst jetzt, wo er erneut, ohne eine Miene zu verziehen, die nächsten Flecken auf der Uniform des Kameraden hinterließ, reagierte der Feldwebel. Verwundert fragte er den Hauptmann, was das denn werden sollte, wenn es fertig ist. Völlig ruhig und entspannt antwortete er ihm: „Wenn meine Klamotten heute Abend nach Ihrem Zigarettenqualm stinken, werde ich sie waschen müssen. Da ist es doch nur fair, wenn auch sie ihre Uniform durch meine Verschmutzung reinigen müssen!" Anschaulicher hätte man es wohl nicht zeigen können und obwohl der Feldwebel sichtlich verunsichert war, war dieser Weg noch verhältnismäßig harmlos gewesen.

Jockel wirft die Zigarette auf den Boden und zerdrückt mit dem Stiefel den Rest. Der Funkverkehr beginnt und da ich Beifahrer bin, ist das eigentlich meine Aufgabe. Das Handfunkgerät für den internen Kreis hat Jockel fest in einer Halterung über dem Handschuhfach angebracht. Die abgerufene Kennung des fremden Fahrzeugs ist für mich ungewohnt und so überhöre ich die Anfrage auch direkt. Meine eigene Fahrzeugkennung ist so stark in das Gedächtnis eingebrannt, dass ich mich jetzt wirklich konzentrieren muss. Zudem ist dieses Fahrzeug mit einem weiteren, festen Funkgerät ausgestattet, welches für den Funk mit dem Leitstand genutzt wird. So muss ich jetzt zusätzlich unterscheiden, welches Gerät gerade etwas von uns will. Doch Jockel greift zum Handfunkgerät herüber und drückt die Sprechtaste. Obwohl er recht weit von dem Gerät entfernt sitzt, scheinen ihn die anderen gut zu verstehen. Das Führungsfahrzeug, der Toyota, übernimmt den Funk mit dem Leitstand.

Tagsüber hatte ich mit Dieter über das Thema Verkehrszeichen in Kabul gesprochen und er hatte dabei gemeint, dass es hier eigentlich keine gibt. Nun habe ich als Beifahrer Zeit, Fotos zu machen und versuche jetzt auf dieser Fahrt alle Verkehrszeichen einzufangen, die ich ausmachen kann. Jockel hält ebenfalls die Augen offen und obwohl wir nicht in vielen Punkten auf der gleichen Welle liegen, unterhalten wir uns angeregt. Er ist mit seinem Job hier bei unserer Einheit sehr unzufrieden. Da er seine Mentoren-Funktion nicht mehr als notwendig ansieht und daher auch selten bei seinem „Menti“ ist, fühlt er sich unterfordert. Zudem hat er das Gefühl, dass die wenigen Aufgaben, die ihm dadurch noch verbleiben würden, von anderen Kameraden „abgenommen“ werden. Da er auch anscheinend keinen Weg gefunden hat, diese Probleme zu lösen, ist seine Motivation auf ein bedauerliches Maß zusammengeschrumpft. Daher brauche ich gar nicht so viel zu reden. Kurze Antworten und Kommentare genügen völlig, seinen Redefluss am Fließen zu halten. Er scheint sich damit etwas seinen inneren Frust von der Seele zu reden und es stört mich auch nicht. Nur lenkt er mich teilweise so stark ab, dass es schon richtig anstrengend wird, die an uns vorbeifliegenden Verkehrszeichen festzuhalten. Zudem hat sich der Akku von Dieters Kamera schon mehrmals gemeldet und möchte gerne wieder aufgeladen werden. Eigentlich hätte ich meine eigene Kamera dabei, doch die hängt bereits am Ladegerät und so habe ich mir die von Dieter geliehen. Um den Akku noch etwas länger nutzen zu können, muss ich nun also die Kamera nach jedem Foto wieder ausschalten. Das ist sportlich, denn das Verkehrszeichen zu entdecken, die Kamera hoch zu fahren und dann auch noch rechtzeitig das Foto zu bekommen, ist gar nicht so einfach. Um den Aufwand etwas zu reduzieren, beschränke ich mich nun nur noch auf jene Verkehrszeichen, die ich zuvor noch nicht fotografiert habe. Teilweise geht es nur schleppend durch den abendlichen Verkehr und die Fahrweise der anderen Autofahrer wirkt auf mich deutlich aggressiver als sonst tagsüber. Benni biegt mit dem Führungsfahrzeug in eine etwas engere Seitengasse. Es geht zwischen alten Lehmhütten hindurch in einen Feldweg hinein.

Vor uns liegt ein recht hoher Berg. Von hier unten kann man die Sprungtürme eines Schwimmbades erkennen. Die markant blau gestrichene Anlage habe ich aus der Stadt heraus schon oft hier oben erkennen können. Sie prägt ein stückweit das Stadtbild Kabuls. Durch enge Kurven geht es steil den harten Sandboden hinauf. Umso höher wir kommen, desto grüner scheint die Umgebung zu werden. Hohe Büsche und recht viele Bäume zieren nun den Hang. Wir haben die Spitze erreicht und fahren vorbei an ordentlich angelegten Rosenbeeten. Die großen Flächen neben uns sind in prächtigen Farben erblüht. Wir scheinen dem Paradies, von dem sie hier immer reden, ein Stück nähergekommen zu sein. Die Rosenbeete sind eingeschlossen von schattenspendenden Büschen und Bäumen. Nur die Wege zwischendurch sind grau und sandig. Recht viele Menschen sind unterwegs und scheinen diese Oase des Grünen als Erholungs- und Entspannungspunkt zu nutzen. Es waren nur wenige Hundert Meter hier herauf, doch wir scheinen ein anderes Land befahren zu haben. Alles wirkt so friedlich. Paare spazieren Hand in Hand und Kinder spielen auf den Freiflächen. Wir fahren an den Rand der Plattform mit Blick auf die westliche Seite Kabuls. Direkt neben uns befindet sich tatsächlich ein Schwimmbad. Alles wirkt stark heruntergekommen und der massive Stahlzaun um die Anlage herum verhindert das Betreten. Doch am anderen Ende des etwa 50 Meter langen Beckens, strömt durch eine große Öffnung Wasser mit hohem Druck in das Becken. Dort werde ich gleich noch mal rübergehen. Doch die Aussicht auf die Stadt lenkt jetzt mehr ab. Es weht ein frischer Wind hier oben und nicht selten muss man die Augen dicht zusammenkneifen, um sich vor dem vorbeifliegenden Sand zu schützen.

Benni, der in einer Nebenfunktion ehrenamtlich das Projekt „Lachen Helfen" betreut, hat den Toyota voll mit Spendengütern und beginnt, die in der Umgebung spielenden Kinder heranzurufen. Ein Junge, etwa zehn Jahre alt, ist bereits auf seinem braunen Pferd an uns herangekommen. Er sieht nicht ärmlich aus und der Besitz des Pferdes spricht auch nicht für Armut. Doch das Pferd scheint in einem schlechten Zustand. Stark abgemagert und das Becken völlig schief, trabt es langsam immer näher an den Toyota heran. Vermutlich wird es tagsüber als Lastenträger oder Zugpferd eingesetzt, denn die Scheuerspuren am Hinterteil und den Schenkeln sind unübersehbar. Kurz hinter ihm reitet vermutlich sein Vater auf einem schwarzen Pferd. Er trägt typisch afghanische Tracht und könnte so auch als Nomade durchgehen. Beide schließen dicht auf. Da der Toyota recht dicht an der steilen Kante steht, bleibt eigentlich kaum Platz für zwei Pferde. Doch da Benni genau auf dieser Seite an die hintere Tür des Toyota geht, um die ersten Spenden rauszuholen, pressen sie sich mit ihren Pferden zwischen die nun immer mehr werdenden Menschen. Der Mann steht nun nur noch wenige Zentimeter vom Abhang entfernt. Die Kamera vom Hauptmann habe ich immer noch startbereit und warte eigentlich nur noch auf den Moment, wo das Pferd wegrutscht und den Abhang herunterstürzt. Vermutlich sehe ich das zu empfindlich, denn der Reiter ist völlig entspannt. Seine Aufmerksamkeit liegt jetzt mehr auf dem, was Benni so alles aus dem Auto zieht. Benni hat über die Jahre ebenfalls sehr viel über das Land und die Menschen gelernt und ist auch heute noch sehr offen und wissbegierig. Ich bin erstaunt, wie gut er auf Dari die Menge in Schach halten kann, obwohl nun immer mehr Hände zu ihm herübergreifen. Immer wieder ruft er sie in ihrer Sprache zur Ordnung. Nach und nach verteilt er anscheinend gerecht die Spenden. Wer etwas bekommen hat, rennt aus dem Pulk heraus, um seine „Eroberung" zu begutachten. Von Schokolade, Bällen, Faltflugzeugen und Basecaps sind viele verschiedene Dinge dabei. Wir machen Fotos, um die Übergabe der Spenden für die Organisation zu dokumentieren. Ab und an werden wir, die etwas unbeteiligt herumstehenden Deutschen, ebenfalls von den Einheimischen angesprochen. Sie kennen weder unsere Uniformen noch unsere Hoheitsabzeichen darauf. Wir sind hier seit über zehn Jahren und gerade in Kabul recht präsent. Dennoch scheint es viele Menschen zu geben, die uns tatsächlich nicht (er-)kennen. Sobald man sich als Deutscher zu erkennen gibt, sind die Reaktionen durchweg positiv. Noch nie habe ich in den vielen Monaten von den Afghanen etwas wirklich Schlechtes gehört, wenn es um uns Deutsche ging, obwohl es natürlich Ausnahmen gibt.

Einige von den Menschen um uns herum und besonders zwei Jungen, die kaum älter als 12 sein können, sprechen erstaunlich gutes Englisch. Einer von ihnen bittet mich um meinen Kugelschreiber und bereitwillig gebe ich ihm diesen. Davon habe ich mehr als genug und da der Bundeswehrverband zugestimmt hat, darf ich diese Dinge auch an die Afghanen weitergeben. Nur leider habe ich nichts von den „Vorräten" mitgenommen und so kann ich nur mit dem Einen dienen. Ein hochwertiger Bleistift mit Wechselmine in meiner Armtasche, entgeht durch seinen Glanz jedoch dem Freund nicht. Dieser greift in die Richtung und möchte auch diesen haben. Doch den möchte ich nicht hergeben, da ich keinen Ersatz habe und er mich bereits durch alle Einsätze begleitet hat. Freundlich sage ich ihm auf Dari, dass es meiner ist. Seine ausgestreckte Hand geht wieder runter und freundlich, wenngleich etwas geknickt, wiederholt er meine Worte. Das erstaunt mich, denn die Kinder in unserem Ausbildungsgelände sind in diesen Dingen deutlich penetranter. Die guten Sprachkenntnisse und das wirklich gute Benehmen machen Mut. Genau das sind für mich die Hoffnungsträger dieses Landes. Sie haben durch Bildung die Möglichkeit, das Land weiter aufzubauen und zu entwickeln. Sollte es gelingen, diese und viele andere klugen Köpfe in diesem Land zu halten, gibt es auch Hoffnung. Sie mögen nur ein Tropfen auf den heißen Stein sein, doch es gibt viele dieser Tropfen. Man muss sie nur fördern und fordern.

Die Umgebung ist etwas bunter geworden. Überall sieht man jetzt Kinder und Erwachsene, die etwas von Benni bekommen haben. Ein kleiner Junge, etwa sieben Jahre alt, hat so viel abbekommen, dass er nun neben seinem grauen rostigen Fahrrad nicht mehr weiß, wie er alles transportieren soll. Aus beiden Seiten der alten Stoffhose ragen Dinge heraus. Das neue schwarze Käppi sitzt schief auf seinem Kopf. Sein kleines verschmutztes Gesicht scheint aus dem Grinsen nicht mehr herauszukommen. Immer wieder fällt ihm der Ball bei dem Versuch, das Fahrrad zu schieben, aus der Hand. Ich gehe auf ihn zu und nehme den wegrollenden Ball auf. Dann ziehe ich sein schon sichtlich ausausgeleiertes Shirt am Bauch etwas nach vorne. Bereitwillig lässt er, etwas verwundert, alles über sich ergehen. Unter das vorgezogene Shirt, dass seinen kleinen braunen Bauch kurz frei gibt, schiebe ich den Ball. Ich drücke ihn noch etwas nach oben, damit er auch wirklich hängen bleibt. Sein Grinsen wird wieder stärker und ich zwinkere ihm nickend zu. Jetzt hat er die Hände für das recht große Fahrrad frei und kann alles mitnehmen. Kurz überlegt er noch, ob es wohl so bleiben kann und dann schiebt er sein Fahrrad weiter. Benni hat inzwischen zur anderen Fahrzeugseite gewechselt, weil er sonst nicht an alle Geschenke herankommt und verteilt nun fleißig weiter. Jedem anderen hätten sie vermutlich schon die Vorräte geplündert, doch Benni ist voll in seinem Element und führt die Menge geordnet an. Jockel hat sich etwas weiter weggestellt. So wird er kaum belästigt und fühlt sich anscheinend sicherer. Aufpassen muss man schon, denn wie Amin immer zu sagen pflegt: „Du kannst niemandem trauen!" Das klingt zwar recht negativ, ist aber realistisch. Sicher will uns hier nicht jeder etwas Böses, doch wir kennen die Menschen nun mal nicht und somit können wir nie sicher sein. Gerade in dieser Menge an Menschen ist schnell etwas entwendet. Also heißt es, gerade die Waffen im Auge zu behalten. Ein Druckknopf gelöst und schon ist die Pistole mit flinken Fingern aus dem Hohlster gezogen. Benni hat seine Spenden an den Mann gebracht. Mir fällt jetzt auf, dass ich hier nicht ein Mädchen oder eine Frau gesehen habe. Die Menschen sind so schnell wie sie gekommen sind, bereits wieder dabei, sich zu zerstreuen. Um näher an das Schwimmbad heranzukommen und die Aussicht auf den östlichen Teil der Stadt zu bekommen, fahren wir die Fahrzeuge etwa hundert Meter weiter. Nur zwei, drei Menschen, darunter die beiden gut gebildeten Jungen, folgen unseren Fahrzeugen. Wir schießen immer noch Bilder von der Umgebung und obwohl wieder einmal der Staub die Sicht in die Ferne verhindert, so hat sich diese Fahrt auf jeden Fall gelohnt. Selbst der Ärger über die lange Warterei vor Fahrtbeginn ist unter den außergewöhnlichen Eindrücken verflogen. Benni, der schon des Öfteren hier war und sich sehr gut in der Stadt Kabul auskennt, gibt uns Hinweise zu den Besonderheiten der Stadt. Sogar unser neues Camp können wir von hier oben erkennen. Wäre nicht die Staubglocke über der Stadt, man könnte von hier wirklich fast alle Teile der Stadt überblicken.

Eine alte Betontreppe, die provisorisch im viel zu steilen Winkel an einen Hang angelehnt ist, führt hoch zum Schwimmbad. Die Sprungtürme haben mein Interesse geweckt und so klettere ich auf einer Leiter die Betontreppe hinauf. Würde ich jetzt abrutschen, könnte der

Schwung reichen, um auch gleich den nächsten, sehr tiefen Abhang mit hinunterzurollen. Wer wohl auf die Idee gekommen ist, hier auf die Spitze des Berges ein Schwimmbad zu setzen? Ich gehe an das Tor und bin enttäuscht, denn es ist durch ein massives Vorhängeschloss verschlossen. Doch nur wenige Sekunden später steht ein Afghane hinter mir. Typisch afghanisch sieht er mit seinen roten verzottelten Haaren nicht aus. Doch er scheint so etwas wie der Hausmeister oder Verantwortliche für die Anlage zu sein. Ein Polizist, der aus einer kleinen Holzhütte zu kommen scheint, ist ebenfalls auf mich aufmerksam geworden. Er soll wohl die Anlage bewachen. Der „Hausmeister" kramt einen Schlüssel aus seiner Westentasche. Eine der Schokoladen, die Benni vorhin verteilt hat, ragt angebrochen aus der anderen Tasche heraus. Man sieht sich eben immer zweimal im Leben und nun scheint er sich revanchieren zu wollen. Der Polizist begrüßt mich auf Englisch und wedelt mit dem rechten Arm in Richtung Sprungtürme. In der linken Hand hält er eine glänzende Kalaschnikow mit hölzernen Griffelementen. Er wirkt freundlich und aufgeschlossen. Quietschend öffnet sich das Metalltor und der Weg ist frei. Die Anlage sieht verschmutzt aus. Warum das Wasser läuft, ist immer noch unklar, denn auch im Becken, das im vorderen tiefen Teil nur etwa einen Meter tief mit Wasser gefüllt ist, liegt jede Menge Schmutz und Unrat. Hier möchte vermutlich sobald niemand hineinspringen. Ich stecke meine flachen Hände über meiner Brust unter die Schutzweste und lasse den Anblick etwas auf mich wirken. Es ist trotz des recht starken Windes sehr warm und die Luft, die nun der leichte Abstand zwischen schwerer Schutzweste und Oberkörper frei gibt, wirkt erfrischend. Mein Blick geht kritisch zur Metallleiter, welche zur ersten Sprungebene führt. Wohl wie vieles hier Marke Eigenbau. Doch trotz des Rostes und der abgeblätterten Farbe sieht sie stabil aus. Nur ein seitliches Geländer hat sie nicht. Lediglich flach an den Sprossen anliegende Rohre, an denen man sich mit den Händen hochziehen kann. Ich trete an die Leiter und greife die Griffe. Nach kurzem Zögern beginne ich zügig aber kontrolliert die Stufen zu erklimmen. Das Drei-Meter-Brett ist uninteressant und so geht es direkt noch eine Etage höher. Da die Leitern am Ende der Sprungflächen befestigt sind, bleibt nur sehr wenig Platz zum äußeren Rand. So komme ich auf etwa fünf bis sechs Meter Höhe in der zweiten Ebene an. Der Blick links, seitwärts der Leiter herab, bringt ein mulmiges Gefühl in mir hoch. Höhenangst habe ich für gewöhnlich keine, doch die Kombination aus fehlendem Seitengeländer und den marode wirkenden Betonflächen hier oben, lässt mich nachdenklich werden. Wäre sicher schwer zu erklären, wenn man hier abrutscht und herunterstürzt. Ich rufe unserem Informatik-Feldwebel, der unten fleißig Fotos macht, zu und bitte ihn, mich hier oben zu fotografieren. Zwei Posen, dann geht es eine weitere Etage auf den Acht-Meter-Bereich merklich hoch hinauf. Der Wind zieht hier nochmals deutlicher als unten. Die anderen Kameraden und Menschen wirken jetzt wie Figuren auf einer Modelleisenbahn. Das mulmige Gefühl hat weiter zugenommen. Dennoch trete ich langsam zum Absprungrand vor. Nur langsam, Schritt für Schritt komme ich näher. Ich möchte von unten, von den Kameraden, die mich jetzt beobachten, natürlich nicht als Weichei abgestempelt werden und so gehe ich bis auf etwa 30 Zentimeter an die Kante heran. Im Schwimmbad würde mir das nichts ausmachen und vermutlich hätte ich eine Menge Spaß dabei, von hier oben runterzuspringen. Doch ich stehe hier in Uniform mit Weste und Waffe und dort unten scheint gerade mal eine Pfütze Wasser im Becken. Bei einem Sprung würden diese wenigen Zentimeter den Fall nicht wirklich abbremsen. Der Wind rüttelt nun leicht an meinem Körper und fühlt sich an, als versuchte jemand mich immer wieder etwas zu schubsen. Der Ausblick ist jedoch sagenhaft! Langsam drehe ich mich um mich selbst und lasse die Bilder auf mich wirken. Die Mischung aus befreiendem und beängstigendem Gefühl brennt eine tiefe Erinnerung in mein Hirn. Die Bilder sind zu beeindruckend, um sie mir in eine angemessene Beschreibung zu holen. Und umso länger ich hier stehe, desto intensiver scheinen sie zu werden. Als flöge ich gerade aus meinem Körper, weit über mich selbst, kreisen die Gedanken wie in einem Strudel in eine andere Welt. Wie im Traum, in dem man irgendwo herunterstürzt, um dann wie ein Vogel über der Landschaft zu fliegen. Es reißt mich für wenige Sekunden in eine andere Welt, die unter mir immer kleiner zu werden scheint. Weit weg aus diesem Einsatz und diesem Land.

Der Blick fällt zurück auf den aufgebröckelten Beton unter meinen Füßen. Schlagartig holt es mich in die Realität zurück und ein Gefühl, wie ich es aus meiner Kindheit noch gut kenne, überkommt mich. So ganz allein hier oben kommt das Gefühl, wenn man einen Baum raufgeklettert ist und später Angst bekommt, ihn wieder herunterzuklettern, in mir hoch. Langsam gehe ich zurück zur Leiter. Die letzte Plattform hat ihren Reiz für mich verloren. Was sollte es auch Wert sein von dort zu sehen, was ich nicht auch von hier erkennen konnte? Um zurück auf die Leiter zu kommen, muss ich sehr nahe an den hinteren Rand der Geländer freien Betonfläche. Der Blick nach links in die Tiefe lenkt mich stark ab und schon senke ich fast übervorsichtig den ersten Fuß in Richtung Leiter. Da die Leiter sehr steil, fast im 90-Grad-Winkel steht, kann ich meinen Fuß nicht sehen und ertaste die erste greifbare Stufe. Mein linkes Bein stützt auf dem Knie noch auf der Betonfläche und die Griffe der Leiter, unterhalb der Betonfläche, scheinen viel zu tief. In der Ausrüstung bedarf es leichter Verrenkungen, um sich ordentlich zu halten und dennoch das linke Bein nachzusetzen. Jetzt wo beide Füße auf einer Sprosse stehen, kommt das Gefühl über die Kontrolle zurück. Wer diese Leiter konstruiert hat, hatte den Weg nach oben wohl als „Einbahnstraße“ gesehen. Da scheint es um vieles einfacher, einfach zu springen. In Deutschland hätte so eine Konstruktion sicher nie eine Zulassung bekommen und in Gedanken frage ich mich, wie viele Menschen hier wohl schon abgestürzt sein mögen. War das Schwimmbad nun wegen fehlendem Wasser oder aus Sicherheitsgründen geschlossen worden? Ich fühle mich wieder sicherer, obwohl es immer noch recht hoch ist. Die Befürchtung, ich könnte hier runterfallen, legt sich deutlich. Damit hätte ich nicht gerechnet, denn selten hatte ich zuvor solche Probleme. Fast könnte man meinen, mit zunehmendem Alter bekäme ich Höhenangst. Doch das ist es nicht. Die Kombination aus Misstrauen gegenüber der Konstruktion, dem maroden Beton und dem schlechten Zustand der Anlage, hatten diese Gefühle in mir hochkommen lassen. Ein wenig unvernünftig, sicher. Je mehr Einsatztage ich abspule, desto häufiger begegnen mir Gedanken, die mich tief ins Grübeln stürzen. Als wäre meine Lebenszeit auf einmal auf diesen, vielleicht letzten Einsatz begrenzt. Gedanken, die ich früher nicht hatte. Ganz im Gegenteil.

Wenigstens habe ich nun die Fotos auf der Kamera des Hauptmanns und die Bilder von mir, durch unseren S6. Wie erwartet kommt von Jockel die Frage, warum ich nicht bis zur letzten Plattform geklettert bin. Keiner von den Dreien hätte sich jetzt einen Spruch erlauben können, denn sie selbst hatten ja anscheinend nicht den Mut, dort hochzugehen. Trocken verweise ich auf den schlechten Zustand der Anlage und die offensichtlich nicht sehr vertrauenserweckenden Betonplattformen. Es scheint in Ordnung, denn keiner von ihnen kommentiert meine „Ausrede“. Jetzt wo ich wieder hier unten stehe, bereue ich meine Hemmungen schon wieder, doch vermutlich war es besser so. Vielleicht angestachelt durch meine „Vorreiterrolle“, klettern nun auch der Hausmeister, der Polizist und ein weiterer Afghane die Etagen rauf. Ohne die Aussichten der ersten Plattformen zu nutzen, klettern sie direkt bis nach ganz oben. So hätte ich es auch machen sollen, denn dadurch, dass ich meinen Gedanken vorher die Möglichkeit des Überlegens gegeben habe, haben sie mich vom Weiterklettern abgehalten. Egal, denn das Gesehene und Erlebte reichen mir Jockel wird ungeduldig, er hat in der Zwischenzeit vermutlich eine halbe Schachtel Zigaretten geraucht. Mir ist das Recht, denn besser jetzt als wenn er tatsächlich versuchen würde, während der Fahrt zu rauchen.

Nach kurzer Absprache über den Rückweg geht es zurück in die Fahrzeuge und durch den Feldweg des Rosengartens. Die Dämmerung hat eingesetzt und der Himmel hat sich mit dichten Wolken zugezogen, als wollten sie uns sagen „Es reicht für heute“. Jetzt müssen wir uns ranhalten, wenn wir noch etwas zu Abend essen wollen, da die Küche gegen 19 Uhr abräumt. Es geht zurück durch den dichten Verkehr. Obwohl genügend neuer Gesprächsstoff vorhanden wäre, dreht sich schon kurze Zeit später alles wieder um Jockels persönlichen Ärger. Ich bin wieder mit dem Erhaschen neuer Verkehrszeichen beschäftigt und brauche so nicht ständig hochkonzentriert seinen Sorgen zu folgen. Erstaunlicherweise scheint der Akku, obwohl er mir schon auf der Herfahrt mangelnden Stromvorrat angemahnt hatte, weiter zu halten. Also knipse ich bei jeder Gelegenheit weiter. Am Ende sind es erstaunliche 24 verschiedene Verkehrszeichen, die ich als Beweise festhalte. Für deutsche Verhältnisse klingt das wenig und das wäre es auch, doch hier ist das eine Menge. Dazu sind sie allesamt in einem erstaunlichen guten Zustand. Wenn sie jetzt noch Beachtung finden würden – was voraussetzt, dass die Afghanen sie verstehen –, dann wären wir auf dem richtigen Weg. Doch selbst für uns, die wir versuchen müssen unfallfrei im Verkehr mitzuschwimmen, scheint es fast unmöglich.

Deutlich verbraucht kommen wir wieder im Camp an. Auf dem Weg zur Unterkunft fällt mir besonders an dem Brennen der Augen auf, dass für heute die Luft raus ist. Theoretisch bleiben uns noch etwa fünf Minuten, um in die Küche zu kommen, doch wie sich herausstellt, nehmen es die Bediensteten nicht ganz so genau und so bekommen wir sogar kurz vor Schluss noch volle Teller gegen den Hunger geliefert. Immer wieder spricht Benni, der seit Monaten kaum etwas anderes als den Weg zu seinem afghanischen Bereich gesehen hat, über die Begeisterung für diesen Nachmittag. Ich fahre zwar oft mit Dieter ins Gelände und bekomme dadurch etwas mehr Abwechslung, doch ich bestätige ihm, dass auch mir diese Ausfahrt sehr gefallen hat. Das soll nicht unsere Letzte gewesen sein, denn noch haben wir etwa sieben Monate hier in Kabul zusammen. Benni ist einer von denen, die sich hier bei unserer Einheit festgebissen haben und da er demnächst von seinem auf den Dienstposten von Jockel springt, hat er weitere zwölf Monate sicher. So ist er, bis auf etwa fünf Monate Unterbrechung, nun auch schon seit Januar dieses Jahres hier. Zusammen mit seiner Zeit von 2005 kommt er auf über vier Jahre in Kabul. Viel Zeit in einem fremden Land, fernab von der Familie und den Freunden. Doch diese Faktoren muss jeder mit sich selbst klären. Ich bin froh, dass wir zusammen hier sein können und hätte es nie für möglich gehalten, dass es tatsächlich einmal klappt, und dann noch für so viele Monate. Zurück auf der Stube und gut gesättigt, hole ich die Kamera von Dieter. Er hat sich schon wieder etwas Sorgen gemacht, weil wir solange unterwegs waren. Doch das Angebot mitzukommen, hat er ausgeschlagen. Ich gebe ihm die Kamera und berichte kurz, wo wir waren. Er sagt nicht viel dazu und versucht mit den wichtigen Punkten des nächsten Tages etwas abzulenken. Vielleicht mag er auch nicht zeigen, dass er es ein wenig bereut, nicht mitgekommen zu sein. Ich jedenfalls gehe jetzt noch duschen und lasse den Abend ausklingen.

Heute scheint für die Afghanen ein besonderer Tag, denn sie wollen die Ausbildung mit dem Wrecker weiterentwickeln. Das klingt gut, denn das stupide Auf- und Abheben eines Hummers auf die Ladefläche des Trailers scheint langsam etwas anspruchslos. Samuel dirigiert schon eifrig die anderen Ausbilder und einige Fahrzeuge sind schon vorgefahren. Ich kann bisher nur wenige Lehrgangsteilnehmer ausmachen, doch der Rest wird sicher noch dazustoßen. Ein alter, eigentlich ausgemusterter Hummer wird aus der Parkfläche herausgefahren. Seine Scheinwerfergläser sind zerschlagen und auch sonst sieht man ihm seine Abnutzung deutlich an. Da dieses Modell offiziell nun nicht mehr im Materialkatalog (Taschkil Bezeichnung der ANA) vorhanden ist, gibt es eben keine Ersatzteile mehr auf dem Versorgungsweg. Gegen ein neues Modell tauschen scheidet ebenfalls aus, da man ja nichts tauschen kann, was man offiziell nicht mehr besitzt. Verdrehtes System. Nach kurzer Rücksprache mit Rabur stellen wir uns ebenfalls darauf ein, mit ins Gelände zu fahren. Samuel scheint sich darüber auch ehrlich zu freuen. Wir werden sehen, was er heute vorhat. Langsam kommt der Konvoi aus Wrecker, Hummer und mehreren Rangern in Bewegung. Der Himmel ist wolkenlos und die Sonne strahlt schon wieder mit voller Kraft in diesen Morgenstunden. Ich habe den Wolf neben einem alten Anhänger der Bundeswehr gestellt. So steht er wenigstens nicht voll in der Sonne. Der Anhänger ist stark heruntergekommen und die total verbogene Deichsel spricht für die mangelnde Ausbildung im Anhängerfahren. Eine sandfarbene Plane eines amerikanischen LKW ist über das Metallgestell gezogen. Es sieht sehr unprofessionell aus, da sie augenscheinlich nicht passt. Diesen Anhänger nehmen die Soldaten sowohl bei Regen und bei warmem Wetter mit, um im Gelände Schutz vor der Witterung zu haben. Da sie offensichtlich Schwierigkeiten damit haben rückwärts zu rangieren, stellen sie den Anhänger immer einfach entlang der geparkten Fahrzeugreihen. So können sie ihn leicht ankuppeln und auf dem Platz drehen, ohne zurückzusetzen.

Bevor es losgeht, ist bereits Tee im Zelt von Rabur vorbereitet. Da mein Englisch immer besser wird, bringt Avabi mir auch immer mehr Dari bei. Etwas aufgeregt, während ich den noch viel zu heißen Tee zum Mund führe, hat er wohl die nächsten Worte für mich parat. Kurze Sätze sind dabei natürlich vorteilhafter und teilweise sogar einfacher für mich zu lernen. Und so wiederhole ich gehorsam in den Trinkpausen die Worte Avabis. Das Kopfschütteln gepaart mit einem breiten Lächeln von Amin nehme ich in meiner Konzentration nur unterbewusst wahr. Während Samuel das Zelt betritt und augenscheinlich noch etwas mit Rabur abklären möchte, zeigt Avabi aufgeregt in seine Richtung. Er möchte, dass ich das Gelernte an Samuel ausprobiere.

Vielleicht um die richtige Aussprache an diesem Mann zu testen? Erst jetzt kommen mir Zweifel, denn bei all den Wiederholungen hat Avabi mir noch gar nicht erklärt, was die Worte eigentlich bedeuten. So stehe ich auf und biete Samuel meinen Platz an, der dies etwas verwundert, aber freundlich und dankend annimmt. Nun, dicht am Zelteingang, klopfe ich ihm, der sich gerade Tee in sein Glas füllt, auf die Schulter und habe seine Aufmerksamkeit. „Walle tu Kuni!“ kommt es mehrfach über meine Lippen. Ob er es erst beim zweiten Mal richtig verstanden hat oder nur etwas Bedenkzeit braucht, beginnt Samuel nun das Gesicht ins Böse zu verziehen, begleitet von einem unüberhörbaren „Grrrr!“. Das ist mein Zeichen und blitzschnell, wie nach dem Startschuss beim Sprint, drehe ich mich zum Ausgang. Fest gewillt, jetzt sofort aus dem Gefahrenbereich zu kommen, treten meine Stiefel so fest in den Schotter vorm Eingang, dass einiges davon ins Zelt geschleudert wird. Voll im Fluchtmodus renne ich, nun selbst laut lachend, in die Mitte des Platzes vor dem Zelt davon. In der Hoffnung, Samuel könnte es als Scherz akzeptiert haben, lasse ich ihn auf wenige Meter an mich herankommen. Immer wieder muss ich jedoch erneut zum Sprint ansetzen, damit genügend Sicherheitsabstand zwischen uns bleibt. Mein Training der letzten Monate scheint konditionell Früchte zu tragen, denn während Samuel nach dem dritten Versuch bereits stark schnaufend, mit den Händen den Oberkörper auf den Knien stützend, nach Luft ringt, fühle ich mich gerade wie ein Gewinner. Und dabei weiß ich immer noch nicht, was ich eigentlich genau zu ihm gesagt habe. Er setzt erneut zum Aufholen an und nun, wo ich wieder versuche gekonnt zum nächsten Vorsprung anzusetzen, überschlage ich mich. Noch während das rechte Bein nach vorne schnellt und der Körper kaum in der Drehung nachkommt, rutscht der Fuß wie durchdrehende Räder über den losen Schotter. Bevor der linke Fuß jedoch nachsetzen kann, wird die aufgenommene Bewegungsenergie in eine kreisförmige Bewegung katapultiert. Vielleicht sogar in der Situation elegant, aber dennoch sehr schmerzhaft, rolle ich mehrmals mit kräftig Schwung über den spitzen Schotter um die eigene Achse. Als hätte ich mich, wie wir es früher als Kinder gerne gemacht haben, einen Hang hinuntergerollt. Doch das war auf Wiesen und nicht so schmerzhaft. Noch bevor mir genug Zeit bleibt, wenigsten den ersten Schmerz zu verarbeiten, hat Samuel die Chance genutzt und steht direkt neben mir. Aus dieser bodennahen Perspektive und mit der hochstehenden Sonne hinter sich, sieht er, der auch so schon angsteinflößend groß und stark scheint, richtig bedrohlich aus. Langsam beugt er sich zu mir vor und streckt mir seine Hand entgegen. Erst jetzt kann ich gegen die Blendung der Sonne auch sein Gesicht erkennen. Etwas verunsichert, ob mich der Sturz in einen besonderen Schutzstatus gebracht hat, schiebe ich ihm langsam und leicht stöhnend meine Hand entgegen. Der Schwung, mit dem er mich da gerade hochzieht, hätte gereicht, um mich über den Platz zurück ins Zelt zu katapultieren. Alle, die bis zum Start im Zelt waren, stehen nun wie interessierte Zuschauer vor dem Zelt. Selbst Lehrgangsteilnehmer haben sich versammelt, um anscheinend Samuel anzufeuern. Hätte ich wohl auch, denn wer will es sich schon mit ihm verscherzen? Immer noch ein wenig meine Knochen geraderückend, bin ich so mit mir beschäftigt, dass ein weiterer Fluchtversuch vom Gehirn nicht mehr schnell genug an die Muskeln gemeldet werden kann. Blitzschnell und doch irgendwie unerwartet, greift mich Samuel, der nur wenig Mühe hat, mich mit seinen Armen zu umschließen, und hebt mich mehrmals weit nach oben. Mit so viel Kraft in den Armen, dass das Knacken im Rücken kein Ende zu nehmen scheint und ich mich vorm geistigen Auge schon im Rollstuhl durch das Camp fahren sehe. Dann, mit einem breiten Grinsen, lässt er mich fast übervorsichtig, als wolle er nicht noch mehr kaputt machen, wieder auf den Boden. Der einsetzende Beifall scheint ihm zu gelten, denn ich versuche gerade die Schadensfeststellung und muss erkennen, dass er gerade anscheinend die Blockaden der letzten 20 Jahre in meinem Rücken gelöst hat. Nur langsam, immer wieder vergewissernd, dass sich mein Bewegungsapparat gerade tatsächlich viel gelöster anfühlt, zieht auch mir das Grinsen wieder ins Gesicht. Wie alte Freunde nach einem fairen Kampf, gehen wir, die Arme über die Schultern des anderen gelegt, zum Zelt zurück.

Spätestens jetzt, wo Avabi mit verschiedenen Gesten um Entschuldigung ringt, muss er mich aufklären. Mit schwenkendem Zeigefinger vor meinem Gesicht wiederholt Samuel mehrmals: „Ne tu Kuni, chup nes!“ Bevor Avabi jedoch aus seinem Entschuldigungsritual heraus ist, ruft Amin mir zu „Herr Enrico, du hast zu Samuel gesagt du Schwuler!“ und beendet seine Übersetzung mit einem weiteren Lachen. Genau genommen hatte ich gesagt: „Warum du Schwuler?“ Dass ich diese

Worte in mein Leben nicht mehr vergessen werde, sollte klar sein. Und es beweist einmal mehr, dass Lernen durch Schmerz sehr effektiv sein kann. Wäre Samuel mir nicht so freundlich gesonnen, hätte das Ganze schnell eine handfeste Beleidigung werden können. Denn, und das hat er mir deutlich gezeigt, so richtig lustig fand er nur meinen Sturz. Da hat Avabi sich ein wenig auf meine Kosten einen Spaß erlaubt und bei der Reaktion scheinbar gepokert.

Dieter hat sich mit Rabur anscheinend festgeredet und Amin nervt schon wieder etwas mit irgendwelchen Dingen, die er gerne aus Deutschland haben möchte. Da ist immer schwer rauszukommen, denn einerseits möchte man die Afghanen bei solchen Bitten nicht direkt vor den Kopf stoßen, doch andererseits kommen sie dann alle, wenn es sich herumspricht. Zudem könnte der Eindruck von „Geschäftemacherei" entstehen. Also vertröste ich ihn damit, dass ich mich im Internet schlau machen werde, um zu schauen, ob es gute und rezeptfreie Salben für sein Rheuma gibt. Doch selbst wenn, es würde Wochen dauern, bis sie im nächsten Paket hier ankommt. Es ist nicht einmal so, dass es das hier nicht gäbe, doch die gute Qualität der deutschen Produkte hat sich bis in den letzten Winkel dieser Welt herumgesprochen und so wollen sie um jeden Preis diese.

Avabi wird uns zum Gelände begleiten, denn Amin soll noch einiges am Rechner von Rabur übersetzen. Ich winke Avabi zu mir und bitte ihn hinter mir im Wolf, wo ich etwas Platz gemacht habe, einzusteigen. Gemeinsam fahren wir langsam aus dem Schatten zum Führungszelt, vor dem Dieter und Rabur stehen. Mit laufendem Motor bleibe ich auf Dieters Höhe stehen. Die Klimaanlage beginnt kühle Luft aus den verstaubten Lüftungsschlitzen zu pusten. Seit ich ein- bis zweimal in der Woche meinen selbst gebauten Innenraumfilter auswasche und den Fahrzeugluftfilter ausblase, kommt selbst bei ausgeschalteter Umluft recht saubere Luft in den Innenraum. Doch mit dem Umlegen des Schalters bricht sofort der kühle Luftzug ab und es scheint, als hätte ich die Heizung hochgedreht. Die Klimaanlage ist gerade für die warme Region viel zu schwach ausgelegt. Hat sich der Wolf in der Sonne erst einmal aufgeheizt, so scheint es ein Kampf gegen Windmühlen zu sein und der Fahrzeuginnenraum wird zu einer Sauna, in der sich leider auch keine Fenster oder anderen Öffnungen zur Erfrischung während der Fahrt öffnen lassen. Dieter kommt zum Wolf und öffnet die

Tür. Während er Amin noch etwas zuruft, kommen gefühlt tausend Fliegen in den Innenraum. Ungeschickt. „Dieter, die scheiß Fliegen!", rutscht es mir raus und es klingt fast ein wenig enttäuscht. Es ist eben nicht das erste Mal und die Viecher können, gerade in dieser Vielzahl, bei der Fahrt echt nerven.

Es dauert noch einige Zeit, bis dann noch die Weste angelegt ist. Dieter sagt zwar immer, dass er sie nur anzieht, weil er zu bequem ist sie nach hinten zu legen, doch das glaube ich nicht mehr. Er fühlt sich wohl einfach sicherer damit. Der alte Spieß unserer Einheit hat mal gesagt, dass er von der Weste gar nichts hält, weil sie die Bewegung deutlich einschränkt. Er, als Fallschirmjäger, hatte schon Gefechte hier in Afghanistan miterlebt. Und da dieses Argument tatsächlich seine Berechtigung hat, lasse ich die Weste eben aus, wo immer es möglich ist. Unter Beschuss geht einem bei mehreren Stellungswechseln – das hat auch die Vorausbildung gezeigt – schnell die Puste aus. Doch jetzt, wo endlich die Tür vom Wolf zugeht, machen mir die vielen Fliegen mehr Sorgen. Wenigstens muss Dieter da jetzt mit drunter leiden. Unsere verschwitzte Haut scheint für sie eine willkommene Quelle der Feuchtigkeit zu sein. Man kann sehr gut erkennen, wenn sie in der Trockenheit länger keine Flüssigkeiten mehr bekommen haben. Sie fliegen deutlich aufgeregter und wenn sie landen, laufen sie fast ziellos, ständig die Richtung wechselnd, hin und her. Dabei zittert der ganze Körper sehr stark und die Flügel klappen – als könnten sie sich nicht entscheiden, ob sie wieder fliegen wollten – auf und zu. Ich fahre los und lasse mich vorm Ausfahrttor langsam im Standgas rollen. So hat der Wachposten Zeit, um das Tor zu öffnen.

Dieter versucht per Funk den Ortswechsel zu melden, doch das laute Piepen macht klar, dass es hier noch keinen Empfang gibt. Ungeduldig drückt er jetzt, während ich langsam über das Metallrohr, welches die Fahrzeuge ausbremsen soll, rolle, immer wieder die Sprechtaste. Doch das nervende Piepen bleibt. Um den Funkkontakt etwas zu begünstigen, stelle ich mich rechts am Fahrbahnrand hin und warte einige Sekunden. Mittlerweile kann ich selbst in diesem weitläufigen Gelände fast auf den Meter genau sagen, wo man funken kann und wo nicht. Doch jedes Mal bekomme ich diese skeptischen Blicke von Dieter, wenn ich ihn vertröste, um noch einige Meter weiterzufahren. Erfahrung ist eben durch nichts zu ersetzen. Es klappt, er hat Funkkontakt. Fast verzweifelt scheint der Versuch, die Standzeit zu nutzen, um die ersten Fliegen wieder aus dem Auto zu jagen. Die Fahrertür ist einen Spalt auf und sobald die Fliegen sich an das Fenster begeben, wedele ich sie mit meinen Handschuhen raus. Sie zu erschlagen habe ich schon lange aufgegeben, denn hinterher sieht das Auto von innen aus wie ein Schlachtfeld und die nächsten Fliegen hätten dazu noch was zu fressen in unserem Innenraum. Es geht weiter und in etwa zwei, drei Kilometern Entfernung kann ich weit oben auf einem der vielen Hügel schon den Wrecker erkennen. Die Personen drumherum sind noch zu klein, um genau auszumachen, was sie tun. Doch ich vermute, dass sie die Station noch aufbauen. Jetzt, wo wir etwa 40 km/h draufhaben, starten wir einen neuen Versuch, uns von den lästigen Mitfahrern zu befreien und drücken fast zeitgleich die vorderen Türen gegen den Fahrtwind auf. Man muss sie gut festhalten, denn schon leichtes Bremsen zerrt äußerst stark an den schweren gepanzerten Türen. Es funktioniert hervorragend, denn wie in einem Flugzeug, aus dem bei voller Höhe ein Loch in die Kabine gerissen wurde, werden die meisten Fliegen nach draußen gesaugt. Mit kräftigem Schwung reiße ich meine Tür wieder zu, denn die Betonbarrieren, die einem zur Slalomfahrt zwingen, lassen nicht genug Platz für einen Wolf mit offenen Türen. Dieter hat seine Tür nun ebenfalls wieder geschlossen. Etwas altklug lasse ich noch einige belehrende Worte zum Thema offene Türen und Fliegen los. An Dieters gelassener Reaktion kann man seine gutmütige Art erkennen. So mancher Offizier hätte so etwas wohl persönlich genommen und entsprechend beantwortet. Das gefällt mir jedoch an Dieter, er ist nicht kritikscheu.

Um auf den recht steilen und hohen Berg zu kommen, geht es nun ins Gelände. Beim Einfahren schalte ich die erste Sperre zu. Sie sorgt dafür, dass die Vorderachse und die Hinterachse nun zu gleichen Teilen angetrieben werden. Zwar ist der Untergrund fest und trocken, doch in wenigen Metern beginnt die erste Steigung und dann ist die Gefahr durchdrehender Räder gegeben. Je dichter ich an die größte Steigung heranfahre, desto skeptischer bin ich, dass die Sperre für unsere mehr als vier Tonnen Fahrzeuggewicht reicht. Da in diesem Fall mehr besser als zu wenig ist, bleibe ich kurz stehen und schalte in Neutral. „Was hast du vor?“, will Dieter wissen. Mit dem Druck auf die Low-Taste antworte ich: „Ich schalte die Untersetzung ein!“ Ich schiebe den Schalthebel zurück auf „D“ und weiter geht es. Mit möglichst gleichbleibender Geschwindigkeit und mittlerer Drehzahl geht es in die Steigung. Ich muss das Gaspedal noch deutlich weiter durchtreten, da die Drehzahl in den Keller fallen will. Man kann deutlich hören, wie die losen Steine des Untergrundes über die jetzt leicht durchdrehenden Räder an den Minenschutz geschleudert werden. Wir haben gerade einmal die Hälfte des steilen Berges befahren, da springt, wie so oft in den letzten Tagen, die Luftfilterverschmutzungsanzeige an. Durch das nun fast komplett durchgetretene Gaspedal springt der Motor dann sofort in das Notprogramm, deutlich hörbar durch den Klang, der einem abgerissenen Auspuff gleichkommt, und die mangelnde Leistung. Die Drehzahl fällt, obwohl ich voll draufstehe, gnadenlos in den Keller. Ich halte an, da der Wandler im Getriebe es nun nicht mehr schafft, die Drehzahl des Motors zu den Rädern weiterzuleiten. Mit gefühlten 50 PS kann man eben keine vier Tonnen den Berg hochfahren. Dieter schaut mich an und fragt: „Und was nun?“ Ich antworte selbstsicher: „Zeige ich dir!“ und schalte den Motor ab. Dadurch werden der Fehler und das Notprogramm vorerst wieder gelöscht. Nach erneutem Starten des Motors muss ich nun nur die Sperre wieder bestätigen. Der Klang des Motors ist wieder normal, nur wie lange das so bleibt, kann ich nicht sagen. Also lege ich den ersten Gang ein und fahre langsam mit Gefühl und mittlerer Drehzahl weiter. Es klappt und wir kriechen auf den Gipfel dieses Berges.

Nur wenige Meter von uns entfernt steht auch schon der Wrecker. Ich parke mit Abstand, da die Seilwinde des Wrecker ausgerollt ist und ich nicht im Sicherheitsradius stehen möchte. Hier auf dem Berg haben wir wieder guten Empfang und so meldet Dieter diesmal unkompliziert unsere Ankunft an den Leitstand weiter. Langsam gehe ich mit Avabi zur Gruppe der Afghanen, die zur Hälfte sichtlich beschäftigt und zur anderen Hälfte am Diskutieren sind. Der sehr kleine Oberleutnant, er ist der Hörsaalleiter für diesen Kurs, kommt auf mich zu gerannt. Mit seiner sehr lauten und quäkigen Stimme begrüßt er mich und Avabi. Sofort, und das ist eine für mich sehr unangenehme Art, sucht er wieder Körperkontakt. Es ist wohl die sehr ausgeprägte Kultur, damit dem Gegenüber seine Sympathie zu zeigen. Doch abgesehen davon, dass ich nicht auf Körperkontakt mit fremden Menschen stehe und selbst bei Bekannten Probleme damit habe, ist er auch übertrieben grob dabei. Als wolle er seine geringe Größe mit dieser Grobheit kompensieren. Am liebsten würde ich ihm mal einen „Konter" dafür zu spüren geben und Gegenhalten, doch immer wieder versuche ich, mich im Zaum zu halten. Seine Art, auch wenn er mich anscheinend sehr gut leiden kann, macht ihn für mich zum unsympathischsten aller Afghanen, mit denen ich zusammenarbeiten muss. Als habe er starke Komplexe und wolle diese durch ständiges Kräftemessen kompensieren. Und obwohl wir uns heute schon gesehen und begrüßt haben, beginnt das Ritual bei Samuel, Hashib und den Anderen von vorne.

Die guten Freunde werden in den Arm genommen, bis die Gesichter sich an den Wangen berühren und die Bekannten mit lockerem Handschlag, auf den das Auflegen der Hand auf die Brust folgt, begrüßt. Das kostet Zeit, ist aber wichtig, um die sozialen Bindungen zu bekräftigen. Dieter hat dabei, obwohl er es aus 2010 noch kennen müsste, etwas Berührungsängste. Deutlich dreht er das Gesicht zur Schulter des Gegenübers, um den Kontakt mit den Hautflächen zu vermeiden. Ob er damals genauso war weiß ich nicht, doch die Afghanen sind da sensibel und so werde ich später, wenn die Gelegenheit günstig ist, noch einmal darauf eingehen. So banal es sich anhört, doch solche Gesten entscheiden über die Bindung zu jedem Einzelnen. Samuel meint es heute besonders freundlich und schlingt seine riesigen Arme um meinen Oberkörper und drückt mich. Dabei hebt er mich mehrmals etwas an und scheint sichtlich Spaß daran zu haben. Bestätigend klopfe ich ihm auf den Rücken und spreche alle Begrüßungsfloskeln, die mir gerade einfallen, in der Hoffnung, dass mich dieser Zwei-Meter-Mann nicht durchbricht. Er meint es natürlich nur freundlich und glaubt wohl, je intensiver er an mir herumdrückt, desto mehr wären wir befreundet. Und ich muss zugeben, neben Amin ist er definitiv der beliebteste Afghane, den ich kenne. Wir kennen uns schon lange und hatten noch nie irgendwelche Probleme miteinander. Wenn ich ihm etwas erkläre, hört er respektvoll zu und versucht Hinweise anzunehmen, selbst wenn es nicht immer nachhaltig ist. Zudem ist er fachlich in seinem Bereich vorbildlich. Einzig seine privilegierte Stellung als „altgedienter" in dieser Armee, verhindert zeitweise eine effektive Nutzung seines Potenzials. Er ist nicht immer der Fleißigste. Stolz führt er mich zum Abhang des Berges. Unten am Hang steht der alte Hummer und wird gerade mit zusammengeknoteten Stahlketten mit dem langen Drahtseil des Wrecker verbunden. „Esel“, ein Fahrlehrer ohne Fahrlehrerschein und einem Gebiss, dass in Größe und Form wirklich vom Esel stammen könnte, steht auf der Haube des Hummers und treibt die Lehrgangsteilnehmer an. Er ist nicht der Hellste aber sehr eifrig und ehrgeizig. Das ist wohl der Grund, warum man ihn trotz des nicht bestandenen Fahrlehrerlehrganges hier in der Ausbildung behalten hat. In Deutschland wohl undenkbar, weil natürlich nicht zulässig. Avabi übersetzt fleißig, was Hashib und Samuel mir erklären wollen. Dieter begutachtet in der Zwischenzeit den Aufbau des Wreckers. Die Stützen sind ordnungsgemäß ausgefahren. Dennoch wirkt das Bild etwas seltsam. Der Kranwagen steht sehr nahe am Abhang und quer dazu. So könnte er, wenn die Last zu groß wäre, seitlich am Abhang herunterstürzen.

Um diese Ausbildung zu dokumentieren und für später auch Bildmaterial zu haben, mache ich mehrere Fotos. Klettere auf den Kran und nutze die Vogelperspektive, um die Umgebung und den etwa 70 Meter entfernten Hummer am Stahlseil mit aufs Bild zu bekommen. Die Landschaft ist auch von hier beeindruckend schön. Der ausgiebige Regen der letzten Wochen hat viel Grün sprießen lassen. Vereinzelt schießen leuchtende kleine Blumen aus dem Boden. Die Farben Lila, Rot und Orange stechen besonders hervor. Es sind diese kleinen Geschöpfe, die Farbe und Frieden in die Umgebung bringen. Sie sind die Brücke für meine Gedanken an schöne Ecken, an denen ich war und erholsame Tage hatte. Samuel greift die Fernbedienung aus der Hand eines Lehrgangsteilnehmers und ruft Esel etwas zu. Dieser wedelt mit den Armen, so dass es losgehen kann. Esel steigt in den Hummer und die anderen Soldaten kommen wieder den Berg hinauf. Die Ersten kommen zu mir und bitten um Wasser. Dinge, die sie einfach nicht lernen. Wie kann man an so heißen Tagen für Stunden ohne Wasservorräte in das Gelände fahren? Hier sind mindestens 20 Soldaten auf dem Berg und ich habe keinen Wassertanker, werde also nicht alle versorgen können.

Samuel hat damit begonnen, wie in Zeitlupe den Hummer am Seil den Hang hinaufzuziehen. So soll das Bergen eines ausgefallenen Fahrzeuges simuliert und den Lehrgangsteilnehmern eine von mehreren Möglichkeiten dargestellt werden. Da 80 Meter auf der Rolle waren und nur noch wenige darauf aufgewickelt sind, kann das jetzt etwas dauern. Immer wieder springen Lehrgangsteilnehmer im Gefahrenbereich um das gespannte Drahtseil herum. Doch meine Hinweise finden nur wenige Sekunden Beachtung. Das Gefahrenbewusstsein ist in diesem Land schon sehr stark abgestumpft, denn es lauern eben viele Gefahren im Alltag. Der Wrecker ist deutlich am Wackeln. Esel scheint nicht verstanden zu haben, dass es leichter wäre, wenn er mit dem Hummer in die Richtung lenken würde, in die er auch gezogen wird. Doch er ist weit weg und würde jetzt im gepanzerten Fahrzeug nichts von den Zurufen hören. Dennoch stehen die ersten Soldaten mit wild gestikulierenden Armen am Hang und versuchen ihn auf den Fehler hinzuweisen. Gut ist, dass alle recht aufmerksam dabei sind. Es scheint wohl wirklich etwas Neues und somit Interessantes zu sein. Nach etwa zehn Minuten, und der Hummer ist immer noch nicht hier oben, verliert auch Samuel die Geduld und lässt eine Umlenkrolle am anderen LKW, den sie unmittelbar an den Wrecker herangefahren haben, anbringen. Die Umlenkrolle kann als Flaschenzug zur Verstärkung genutzt werden und zusätzlich das Stahlseil bei ungünstigen Winkeln zum defekten Fahrzeug leiten. Zwar ist es so, wie sie es nun machen, nicht wirklich effektiv, doch zur Demonstration der Möglichkeiten scheint es notfalls geeignet. Viele packen eifrig mit an, das Seil umzulegen und die Umlenkrolle zu befestigen. Auch Esel ist aus dem Hummer nach oben gekommen und packt mit an. Sie erklären wenig und machen gerade viel durcheinander, doch damit machen sie deutlich mehr als in den Jahren zuvor. Zu oft kann ich mich nicht einmischen und den „Allwissenden“ spielen. Denn nur, wenn ich den Grad zwischen sinnvollen Hinweisen und nicht Bloßstellen hinbekomme, kann ich mir ein offenes Ohr und den dafür nötigen Respekt erhalten. Die Stimmung ist gut und alle, vor allem die afghanischen Offiziere scheinen zufrieden. Der Hummer hat nach etwa einer Stunde sein Ziel erreicht.

Ein paar Meter vom Kranwagen entfernt hat der kleine Oberleutnant damit begonnen, sich mit einem recht großen Stein im „Kugelstoßen“ zu trainieren. Das ist auch für mich ein neuer Anblick, denn für gewöhnlich kommt in solchen Phasen der Volleyball ins Spiel. Doch weder der Ball noch ein Feld stünden hier zur Verfügung und so bekommen „die Kugelstoßer“ immer mehr Aufmerksamkeit. Mit dem Fuß ziehe ich eine Linie in den steinig sandigen Boden und zeige darauf. Grinsend kommt der Oberleutnant angelaufen und will mir den Stein in die Hand drücken. Doch ich will erst ihn werfen lassen. Nickend geht er in Position und legt den Stein in seiner Hand auf die rechte Schulter. Das rechte Bein, fast wie ein Profi, setzt er zur Abstützung lang nach hinten raus. Dann duckt er seinen zierlichen Oberkörper etwas ab, um wohl Schwung zu holen. Blitzschnell schießt sein Oberkörper nach oben und stößt den streckenden Arm hinterher. Etwas mehr als fünf Meter weiter schlägt der Stein am Boden auf. Siegesgewiss geht er zur Einschlagstelle und legt einen kleinen Stein darauf. Das soll wohl seinen Wurf markieren. Samuel ist herangeeilt und reißt ihm den großen Stein, den er gerade wieder mit zurückbringen möchte, aus der Hand. Er hat nur noch ein T-Shirt an und obwohl er einen recht dicken Bauch hat, wirkt er äußerst stark. Noch sucht er die Abwurflinie, doch dann steht er genau wie der Kleine in der Abwurfposition. Mit einer unterstützenden Drehung des Oberkörpers heraus aus der Gegenrichtung, stößt er ab. Weit hinter dem kleinen Stein des Oberleutnants schlägt seiner ein. Und demonstrativ legt er anschließend auch einen größeren Stein als Markierung auf die Einschlagstelle. Zappelnd und gestikulierend gibt der kleine Oberleutnant Samuel das Zeichen, mir nun den Stein zu reichen. Ich bin überhaupt nicht warm in der Muskulatur und habe eigentlich auch keine Lust auf irgendwelche Probleme dadurch. Also beginne ich, während Samuel auf mich zu stapft, den rechten Arm zu kreisen. Das Gelächter bei den Afghanen setzt immer lauter werdend ein. Sie halten es wohl für eine lustige Geste und verstehen nicht, wofür ich das gerade mache. Den Spielverderber möchte ich nicht spielen und so lache ich mit und nehme den Stein von Samuel entgegen. Meine Stärke ist Kugelstoßen nicht, doch die letzten Jahre hat es immer für das Erfüllen des deutschen Sportabzeichens gereicht. Mit aller Kraft stoße ich den Stein weg. Er schlägt etwa einen Meter hinter dem des Kleinen und etwa zwei Meter vor dem von Samuel ein. Wieder beginnt das Lachen, obwohl es am lautesten von dem Kleinen kommt. Dabei war ich ja besser als er. Doch vermutlich hatte er von einem größeren Mann auch mehr erwartet. Ich nehme es locker und denke mir grinsend meinen Teil. Auch Dieter hat sich jetzt in die etwas bunte Schlange der Wartenden eingereiht. Da sind nun Männer in ihrem ureigensten Elementen. Kräftemessen, nur ohne

Keule. Dieters Eitelkeit scheint herausgefordert. Mir reicht es und glücklicherweise geht mir jetzt der Kleine auch nicht mehr auf die Nerven. Zu groß ist der Andrang. Selbst Hashib, der eigentlich überhaupt nicht sportlich erscheint und Abdullah, den man überwiegend sitzend in Erinnerung hat, treten mit an. Das bisschen Spaß haben sich alle verdient und schlecht ist es auch nicht, wenngleich etwas deplatziert.

Den Wrecker und den Hummer beachtet jetzt niemand mehr und munter laufen die Motoren sinnlos vor sich hin. Als ich Hashib nach seinem recht schlechten ersten Wurfversuch darauf anspreche, kommt nur sein freundliches: „No Problem, Anrico“ aus seinem verkniffenen Gesicht. Er ist einer von vielen Afghanen, die meinen Namen falsch aussprechen, doch halb so wild. Ärgerlich ist nur gerade, dass der Kraftstoff sinnlos verbrennt und sonst ständig Schwierigkeiten herrschen, genug für die Ausbildung zu beschaffen. Aber so ist es jetzt eben. Nach einigen Versuchen hat auch Dieter die Lust am Werfen verloren, doch die Afghanen machen munter weiter. Ein guter Zeitpunkt, um zu Rabur zurückzufahren und Avabi wieder abzusetzen. Dieter stimmt mir zu und so fahren wir quer durch das Gelände, scheinbar den kürzesten, aber nicht bequemsten Weg, zurück zum afghanischen Camp. Insgesamt bin ich zufrieden, weil die Afghanen den Vormittag sinnvoll genutzt haben und Dieter stimmt mir zu. Doch auch die Fliegen, die sich hinten im warmen Fahrzeug versteckt haben, sind wieder dabei und beginnen zu nerven.

Auf dem Heimweg zu unserem Camp spricht Dieter mich erneut, wie er es die letzten Wochen schon mehrmals getan hatte, auf ein spezielles Video an, dass er gerne haben möchte. Dabei geht es darum, ihn einen Tag lang per Videokamera zu begleiten und so für die Daheimgebliebenen seinen Alltag in Afghanistan zu veranschaulichen. Bisher bin ich nicht darauf angesprungen, da ich nicht genau einordnen konnte, ob er es ernst meint oder es nur eine fixe Idee ist. Doch um das Thema aus der Welt zu schaffen, werde ich mir nachher meinen Wecker auf kurz nach fünf stellen und ihn morgen früh überraschen. Wenn schon, dann soll es auch realistisch sein und so gehe ich nicht direkt darauf ein und wiegele mit den Worten: „Jupp, müssen wir mal machen.“ ab.

Das Fiepen des Weckers schrillt in den Morgen. Aus dem Unterbewusstsein heraus greife ich ihn und schiebe den Alarmschalter einmal zurück und wieder ein. Die Augen gehen nur schwer auf und immer wieder fallen die Lider flackernd zu. Es ist gestern spät geworden. Obwohl ich gegen 23 Uhr im Bett lag, hat es noch sehr lange gedauert, bis mein Kopf Ruhe gefunden hat und meine Gedanken in den Schlaf-Modus gefallen sind. Alles, wofür tagsüber keine Zeit bleibt, scheint vor dem Einschlafen verarbeitet werden zu wollen. So geht es mir oft und ich kann es nicht mehr beeinflussen. Dafür sind die Tage, an denen ich nachts wach werde und den Heißhunger befriedige, weniger geworden. Das könnte an der guten Verpflegung aber auch an meinem Sportrhythmus liegen.

Mein Handy würde erst gegen sechs klingeln und so muss ich mich, wenn ich meinen eigenen Vorsatz für diesen Tag halten möchte, jetzt aus dem Bett schwingen. Lust habe ich auf diese Filmerei zwar nicht so wirklich, doch ich möchte es gerne abgehakt haben und da Dieter hartnäckig bleiben wird, bringe ich es hinter mich. Nach mehreren Spritzern kalten Wassers und der Zahnpflege fährt mein System langsam hoch und ich werde richtig wach. An manchen Tagen kann das dauern. Dann sitze ich mit geschlossenen Augen, das Licht lasse ich aufgrund der Helligkeit von außen ohnehin aus, auf der geschlossenen Toilette und putze bis zu zehn Minuten die Zähne. Meine Art, schonend das System hochzufahren. Spätestens wenn dann das kalte Wasser ins Gesicht kommt, bin ich voll da. Gut, dass der Boiler immer einige Minuten braucht, bis er das Wasser warm aus dem Hahn fließen lässt. Wenn ich die Augen schon vorher aufbekomme, weil ich doch mal ausnahmsweise recht gut geschlafen habe, blättere ich beim Zähneputzen in meiner Autozeitschrift. Erstaunlich, wie gut sie dabei hilft, mit den Gedanken in die heimische Normalität abzugleiten. Da stört es mich auch nicht, wenn ich sie zum zweiten oder dritten Mal durchblättere. Im PX gibt es sie meist mit zwei Wochen Verspätung und wenn in den Paketen aus der Heimat auch ab und an eine dabei ist, dann kann ich mich damit eine Weile über Wasser halten. Und so seltsam es sich anhören mag, diese kleinen Dinge erweisen sich inzwischen als äußerst wichtig für mich. Sie bieten mir den gedanklichen Rückzugsraum aus der teilweise schmutzigen und chaotischen Einsatzwelt. Wenn man diese und noch einige andere Möglichkeiten für sich entdeckt um abzuschalten, dann kann das über viele Monate eine wirkliche Hilfe sein, um zu den Problemen im Einsatz immer ausreichend Distanz zu halten.

Der Blick in den Spiegel verrät noch nicht viel, denn dafür ist es hier nicht hell genug. Ich mache meine Hände noch einmal nass und gehe durch mein kurzes Haar. Es ist für meine Verhältnisse lang geworden. An den Seiten schneide ich sie immer noch bis auf einen Millimeter, doch nach oben gibt es einen Übergang, den ich von Mal zu Mal besser hinbekomme. So lasse ich sie obendrauf vorerst einfach wachsen und forme sie mit dem Wasser etwas lockig durcheinander, aber nicht unordentlich. Dafür, dass ich fast mit einer Glatze hier angekommen bin, hat sich einiges getan. Ich hätte nicht gedacht, dass es weniger Arbeit macht als das regelmäßige Nachrasieren der Glatze. Einzig der Übergang braucht etwas Genauigkeit und kostet so etwas Zeit. Der Rest ist schnell geschoren. Alle vier bis fünf Tage rasiere ich die Umrisse des Drei-Tage-Bartes nach und glaube damit für die Außenwelt einen gepflegten Eindruck zu hinterlassen. Jetzt wo die Haare oben mit zwei Zentimetern wieder recht lang sind, schimmern vereinzelt graue Haare durch. Man muss schon genau hinsehen, um sie zu erkennen, doch dass sie mehr werden, scheint unbestreitbar. Ich bummele zu viel und muss mich nun etwas sputen, wenn ich Dieter noch vor dem Aufstehen erwischen will. Zügig schlüpfe ich in die Unterhose und die Socken. Das Shirt stecke ich mit in die Unterhose, da später, wenn die Pistole an der rechten Gürtelseite zieht, die Spuren in der Haut vom einschneidenden Gürtel nicht ganz so stark und unangenehm sind. Sorgfältig krempele ich die Hosengummis in die unteren Hosenbeine. Das ist zwar im Einsatz unüblich, weil so zwischen Stiefel und Hose ein Spalt für Mücken und andere Insekten entstehen kann, doch es sieht definitiv besser aus, als die Hose einfach lang über dem Stiefel hängen zu lassen. Die wenigsten nutzen die Bänder im Hosenbund, um den Abschluss der Hose am Fuß zu verschließen. In den gut fünf Monaten hier bin ich tatsächlich zweimal in diesem Bereich von Mücken erwischt worden. Da ich teilweise, weil nicht alle Größen bei unserer Materialgruppe vorrätig, zu lange Hosen habe, ist dies die optisch eleganteste Lösung. So schlüpfe ich in meine sichtlich abgenutzten „Lieblingsstiefel“. Das zweite Paar trage ich seit Monaten immer nachmittags, doch sie sind immer noch steif und unbequem. Einzig, dass sie noch Wasserabweisend sind, macht sie besser.

Die Kamera hat abends noch am Rechner über USB geladen und sollte Saft für einige Stunden bieten. Leise gehe es zur Nachbarstube. Der Bildschirm der Kamera ist aufgeklappt und das Gerät eingeschaltet. Vorsichtig klopfe ich an die Tür und höre direkt darauf Bewegung im Raum. Die Tür öffnet sich einen Spalt. Im Raum ist es recht dunkel und Dieter kann kaum aus seinen zugekniffenen Augen schauen. Dennoch, er grinst wie immer und weiß sofort was los ist. „Heute?“, fragt er. „Klar, wann sonst?“, antworte ich grinsend. Die Tür öffnet sich weiter und Dieter steht in seinem langen gestreiften Pyjama verschlafen vor mir. „Leg dich nochmal hin!“, weise ich ihn an, um einen realistischen Beginn für das Video zu bekommen. Wortlos und gehorsam geht er zum Bett zurück und legt sich hinein. „Warte!“ ruft er mir zu. „Dann muss ich aber auch gleich meine Übungen machen!“ Ich nicke. „Mach mal, ich filme was du mir bietest!“ Dieter legt sich hin und deckt sich mit seiner weißen Bettdecke wieder zu. Ich trete zurück und schließe die Tür. Alles was schon im „Kasten“ ist, kann man ja später zurechtschneiden. Die Kamera ist wieder im Aufnahmemodus und ich öffne langsam die Tür. Das Bild im Display ist grisselig, da es anscheinend zu wenig Licht im Raum gibt. Egal, ich lasse weiterlaufen, bleibe jedoch im Türrahmen stehen. Mit dem Zoom hole ich mir Dieter weiter ins Bild. Er beginnt damit, sich etwas zu recken und zu strecken und deckt seine Bettdecke auf. Nur noch seine Füße sind jetzt zugedeckt. Das Oberteil vom Pyjama hat er ausgezogen und beginnt mit den Händen im Nacken seine Übung. Mit Schwung reißt er seinen Oberkörper einige Male auf und ab, um so seine Bauchmuskeln zu trainieren. Für mich wäre das nichts, denn morgens muss ich langsam hochfahren. Nach einigen Wiederholungen steigt er aus dem Bett, geht zielstrebig zum Bad, schaltet das Licht ein und bereitet sich die Zahnbürste vor. Das Bild ist jetzt deutlich besser, doch da er sich vor den Spiegel stellt und ich nicht mit in das enge Bad hinein möchte, kann ich immer nur einen kleinen Teil von ihm filmen. Darum trete ich dichter an die Badtür heran und filme, die Kamera am langen Arm von mir gestreckt, um die Ecke. Immer wieder drücke ich die Pausentaste, um Zeit für Anweisungen zu haben. Dieter lässt sich brav anleiten. Auch das Anziehen der Uniform kommt aufs Band. Nur den Moment, als die

Pyjamahose fällt, trete ich weiter hinter die Stubentür, damit sein bestes Stück nicht ins Bild kommt. An seinem kritischen Blick lässt sich gut erkennen, dass er selbst gerade zweifelt. Für solche Späße bin ich gerne zu haben, doch wir wollen ja ein vernünftiges Video für die Verwandten und Bekannten drehen. Dieter ist fertig angezogen und geht zurück ins Bad. Die Kamera läuft derweil weiter, obwohl ich ihn wieder nur ein wenig sehen kann. Das Surren eines Rasierapparates setzt ein und Dieter guckt, während der Apparat zügig über seine Bartregion fliegt, immer mal wieder kurz mit dem Kopf in das Bild. Dann schalte ich ab und gehe wieder in meine Stube, um mich selbst fertig anzuziehen. Wir wollen als erstes zum Leitstand, die heutige Fahrt bestätigen und uns die aktuellen Lageinformationen holen. Für einen kurzen Moment warte ich noch an der offenen Tür von Dieter, da er sich noch seine Pistole umschnallt. Kameraden, die gerade vom Sport kommen, ziehen grüßend an uns vorbei. Jetzt ist unser Tagesvideo kein Geheimnis mehr und vermutlich hätten wir daraus auch keines machen können. Nur das Filmen der sicherheitsrelevanten oder eben dafür gesperrten Bereiche muss man jetzt im Auge behalten. Egal ob unser täglicher Weg oder unsere Fahrten, alles was passt, kommt mit in den Film. Nur das spätere Schneiden des Films werde ich Dieter überlassen, denn ein wenig muss er für seinen Wunsch schon selbst tun. Wenn er aber dabei genauso konsequent ist wie beim Mitlesen meines Rohmaterials für das Buch, dann kann das einige Monate dauern. Dabei sehe ich das als einen klaren Vertrauensbeweis, ihn mein noch nicht überarbeitetes Werk mitlesen zu lassen. Wir werden sehen, denn die Endversion des Films möchte ich natürlich auch haben. Das Rohmaterial werde ich nicht bei mir abspeichern, denn zu viel Datenschrott hat sich bereits in meinen Festplatten absammelt. Selbst Bilder und Filme aus 2006 habe ich noch nicht alle gesehen, wie soll ich da jemals die immer weiter ansteigenden Datenmengen abarbeiten?

Mit laufender Kamera geht's hinter Dieter her. Ab und zu bleibe ich stehen, um auch ruhige Aufnahmen zu bekommen und folge ihm dann wieder. Der Leitstand ist Tabu. Auch in der Küche kann ich nicht filmen, da das Personal Angst vor Veröffentlichung und damit verbundenen Schwierigkeiten hat. Sie wären nicht die Ersten, die durch Angehörige der Taliban erkannt und verfolgt würden. Wofür das Video sein soll spielt dabei keine Rolle, denn im Zeitalter der sozialen Netzwerke geht so etwas schneller über den Globus als jedes Flugzeug. Mit zwei Riemen und die Kamera in einen „Handystrumpf“ gesteckt, befestige ich alles im Fahrzeug vor der Windschutzscheibe. Zwar ist es jetzt, wo der Bildschirm immer aufgeklappt bleiben muss, etwas umständlich die Kamera ein und auszuschalten, doch für diesen einen Tag wird es gehen. Wir fahren heute zur DMS, also nicht unsere Standardroute. Einerseits ist das später nicht tatsächlich das, was wir täglich gemacht haben, doch andererseits zeigt es eben auch einen kleinen Teil der Abwechslung im Wochenverlauf. Es ist wie es ist und da nun mal dieser Tag gefilmt wird, kommt eben alles mit rein, was heute passiert. Bei den Planungen für die laufende Woche müsste man sogar schon den Tag, der dem Alltag am nächsten kommt, suchen. Ständig liegt irgendetwas anderes an und das ist gut so, um die Zeit einigermaßen spannend zu erleben. Die Kamera sitzt und lässt sich trotzdem noch leicht auf- und ab bewegen. Nur seitlich besteht kein Spielraum mehr aber das ist kein Problem. Bei der Fahrt durch den Flughafen deckt Dieter die Kamera immer wieder mit seinem Halstuch ab. Er befürchtet, dass wir Schwierigkeiten bekommen, wenn es von außen gesehen wird. Doch schaut man mal aufmerksam herum, so sieht man ständig irgendwelche Soldaten, die Fotos machen oder filmen. Auch afghanischen Soldaten kommen hier in den Bereich. Was also wird hier wohl noch geheim sein? Aber ich lasse ihn, denn es wird sein Film und was er nicht hat, hat er eben nicht. Die Strecke bietet dennoch einige spannende Ausschnitte des Lebens auf den Straßen von Kabul. Nur der Akku macht mir Sorgen. Nach etwa zwei Stunden Gesamtzeit, inklusive der Standby-Zeiten, neigt er sich dem Ende. Das USB-Kabel unserer Musikbox, die fast filmreif die Aufnahmen mit Musik unterlegt, kann auch die Kamera laden. Doch stecke ich das Kabel ein, so sind keine Aufnahmen mehr möglich. Also werde ich in der DMS dafür sorgen, dass der Akku wieder geladen wird. Dieter hat dort eine Besprechung mit afghanischen Offizieren. Zwar soll ich auch mit teilnehmen, doch ich kenne die Räumlichkeiten für diese Besprechung und viel Platz ist dort nicht. Es kann also nur peinlich werden, wenn die unteren Dienstgrade den Raum verlassen müssen. Aber ich kann Dieter überzeugen und so machen wir ab, dass ich beim Wolf bleibe und mich nach einer Ersatzmaschine für die Motorradausbildung umsehe. Nach der Ankunft in der DMS stellt sich schnell heraus, dass die Kamera nur bei eingeschalteter Fahrzeugzündung geladen werden kann. Avabi wartet schon vor dem Unterrichtsgebäude. Ich begrüße ihn und bitte ihn, mit mir zu kommen. Dieter geht seinem Termin nach und ich mit Avabi in die weiße Halle.

In der Ausbildungshalle für die Mechaniker der verschiedensten Bereiche stehen noch sechs der Kawasaki. Da unsere, die wir in Pol-E-Sharki (PeC) haben, zu viele Mängel hat, würde sich ein Tausch der ungenutzten Motorräder hier anbieten. Leider ist es sehr schwierig – wenn man die Teile nicht selbst zahlen möchte – Ersatzteile für die Kawasaki zu bekommen. Da diese hier aber ohnehin nicht und wenn nur zu Anschauungszwecken genutzt werden, würde es keine Rolle spielen, wenn nicht alle laufen. Batterien gibt es schon lange nicht mehr dafür und so kann man sie leider nicht starten. Über das Geröll eines großen Durchbruchs in der Seitenwand der Halle gelangen wir hinein. Einige Soldaten sitzen herum und genießen anscheinend den Schatten des Gebäudes.

Die Halle ist voll mit verschiedenen Fahrzeugen der ANA und jeder Menge Lehrmodellen. Die Zweite, die für gewöhnlich diese Halle betreut, ist heute nicht hier. Zu viele eigene Fahrzeugausfälle haben sie im Camp festgesetzt. Das kann man sehen, denn ist die Katze aus dem Haus, so scheinen die Mäuse auf den Tischen zu tanzen. Wir haben es neun Uhr und hier müssten eigentlich alle mit der Ausbildung beschäftigt sein. Vielleicht habe ich aber auch gerade die Pause erwischt. So stört mich wenigstens niemand und stellt dumme Fragen. Die Motorräder stehen eingeschlossen hinter einem Raum aus Metallgittern. Das reicht mir aber, da ich genug sehe, um den äußeren Zustand bewerten zu können. Weder Undichtigkeiten noch Schäden durch Stürze sind erkennbar. Kleinere Abschürfung an den Handschutzen stören nicht und sind bei allen gebrauchten Motorrädern in dieser Armee wohl normal. Was ich gesehen habe reicht mir und so geht es zurück durch die Baustelle zum Wolf. Avabi ist eigentlich für Dieter hier, doch wie erwartet ist der Besprechungsraum voll und für Avabi und auch mich wäre kein Platz mehr. Während ich mich auf den Weg zur Toilette mache, begibt Avabi sich zu unserem „Iren“, einem unserer deutschen Fahrer. Als Stabsgefreiter ist er völlig unterfordert. Doch wie so oft werden nicht immer die, die es sollten, gefördert. Er spricht sowohl Englisch als auch Französisch und macht einen aufgeweckten und intelligenten Eindruck. Gelegentlich etwas frech, nimmt er sich dabei nicht viel mit den anderen zwei Fahrern. Hier im Einsatz, wo der Umgangston sich nicht immer am Dienstgrad orientiert, verwischen manchmal die Grenzen. Nicht tragisch, aber dennoch für Deutschland undenkbar. Das zieht sich aber generell durch alle Schichten, denn auch ich kann hier anders mit Vorgesetzten reden, als es oftmals in Deutschland denkbar wäre. Dennoch achte ich schon sehr genau darauf, es nie am nötigen Respekt fehlen zu lassen, denn letztlich macht der Ton die Musik.

Obwohl der Schulkommandeur hier in der DMS seinen Dienst versieht, sind die Toiletten erstaunlich verdreckt. Die Türen der Kabinen lassen sich nicht mehr verschließen und so muss ich mich beim Wasserlassen etwas verbiegen. Mit dem rechten Stiefel drücke ich die Tür hinter mir zu und verrichte mein Geschäft etwas seltsam positioniert im Ausfallschritt. Das durch Fußflächen markierte Loch im Boden ist nicht schwer zu treffen. Nur der übermäßige Dreck in allen Ecken gibt mir zu denken. Selbst in Deutschland habe ich mir aus hygienischen Gründen angewöhnt, die Türen der öffentlichen Toiletten, wenn immer möglich nicht an den Griffen anzufassen. Oft packe ich sie direkt am Türblatt an, um sie aufzuziehen. Selten sehe ich die Reinigungskräfte auch die Türklinken putzen. Dabei nützt mir das ganze Hände waschen nichts, wenn ich anschließend an die Klinke fasse, die von irgendeinem Ferkel angepackt wurde. Geht das nicht, packe ich entweder vor dem Wegwerfen das Papierhandtuch auf die Klinke oder nutze den Ellenbogen, um die Tür wenigstens einen Spalt auf zu bekommen und an das Türblatt greifen zu können. Ganz schön viel Aufwand dafür, dass ich hier oftmals dem Dreck und den Bakterien gar nicht ausweichen kann. Wenn ich jetzt die Spültaste drücke, vorausgesetzt sie funktioniert überhaupt, dann packe ich in den ersten „Süff“ (Dreck und Keime). Dann begebe ich mich an das verdreckte Waschbecken und drehe den vergammelten Wasserhahn auf. In der Hoffnung auch ohne Seife, denn die gibt es hier schlicht nicht, trotzdem den schlimmsten Dreck mit Wasser ab zu bekommen, drehe ich anschließend den verseuchten Hahn wieder zu. Dann stehe ich mit meinen nassen Händen im Raum, weil es auch kein Papier oder andere Handtrockner gibt. Deshalb gehört in jedes Fahrzeug eine Flasche Reinigungsalkohol!

2011 sind zwei Kameraden einmal freundlich von der „Zahnfee“ (sehr unhygienisch wirkendende Person mit wenigen, schiefen Zähnen, die als Reinigungskraft arbeitet) der DMS begrüßt worden. Sie wollten höflich sein und er war in seiner Arbeit versunken. Einer, der wirklich hart und ehrlich arbeitenden Menschen dieser Liegenschaft. Kurz zuvor hatte er wohl intensiv die Toiletten gereinigt und klugerweise dabei Handschuhe getragen. Nur vergaß er in der Freude um die Aufmerksamkeit, auch mal persönlich begrüßt zu werden, die Handschuhe auszuziehen. Nichts ahnend schlugen die beiden Kameraden ein. Im Wolf fiel ihnen dann der ekelige Geruch auf, doch auf die Hände kamen sie erst viel später. Stattdessen schoben sie sich gegenseitig während der Fahrt die Schuld zu und glaubten bis zum Schluss an einen Tritt in den Hundehaufen. Der aufmerksame Beobachter hätte das jedoch schnell ausgeschlossen, da der Kommandeur keine Hunde auf dem Gelände der DMS duldete. Erst als sie aus dem Fahrzeug ausstiegen, ging ihnen ein Licht auf. Schnell standen sie vor mir und baten um Alkohol. Damals hatte ich jedoch auch keinen im Wolf und konnte lediglich mit Scheibenreiniger aushelfen. Ich denke sie hätten damals alles genommen, um den Geruch von den Händen und dem Lenkrad zu bekommen. Die Handschuhe jedenfalls waren reif für die Wäsche.

Mit nassen Händen begebe ich mich zurück zu meinem Wolf und schließe den Kofferraum auf. Die Handflächen begieße ich großzügig mit dem etwas schmierigen Alkohol und stelle die kleine Flasche zurück. Eine angefangene Wasserflasche öffne ich und lege sie flach, mit der Öffnung nach außen, in den Kofferraumboden. Das Wasser, dass nun aus der Flasche wie aus einem leicht geöffneten Wasserhahn über den Stoßfänger fliest, reicht, um den Alkohol und Dreck gründlich von den Händen zu spülen. Die Methode hat sich bewährt, obwohl ich dafür ungerne auf Trinkwasser zurückgreife. Die Medizin bei einer Infektion wäre deutlich teurer und die Folgen stünden natürlich in keinem Verhältnis.

Schon früh, direkt nach Beendigung der Besprechung, geht es im Konvoi von drei Fahrzeugen zum Camp ACCL zurück. Die Kamera ist zur Hälfte wieder aufgeladen und so kann ich sie noch einige Minuten mitlaufen lassen. Soviel wie möglich soll auf Band. Auch die Mittagspause, in der Dieter sich meistens zum kleinen Nickerchen hinlegt, wird dokumentiert. Über solches nicht „gestelltes“ Filmmaterial würden sich ehrgeizige Reporter sicher freuen. Ich glaube nur kaum, dass Dieter es später für die Öffentlichkeit freigeben wird und ich werde das Rohmaterial ja löschen. So landen noch einige gute Aufnahmen im Kasten und kommen, als bei Dieter das Licht zur Nacht ausgeht, immerhin über fünf Gigabyte zusammen.

Es ist Donnerstag, zwei Tage nach einem ungarischen Feiertag. Der Tag der Befreiung aus dem Budapester Kessel 1849 soll durch eine kleine Feier gewürdigt werden. Damals hatten die Österreicher gemeinsam mit den Italienern, Ungarn angegriffen und wurden von der verhältnismäßig kleinen Armee zurückgeschlagen. Schon bei unserer Rückkehr von den Afghanen sind die Vorbereitungen im vollen Gange. Der Parkplatz soll der Bereich für die Feier werden. Eine riesige Plane ist über einen Teil des Platzes gespannt. Darunter stehen einige Ungarn, die mit den Vorbereitungen beschäftigt sind. Große Aluminiumkochtöpfe stehen zwischen Gartenbänken herum. Eine mannsgroße Gasflasche, verbunden mit mehreren Campingkochern, ist aufgestellt. Lange wollen wir mit unserer Ausrüstung unterm Arm hier nicht herumstehen, daher bleibt es vorerst bei einer freundlichen Begrüßung und lockeren Sprüchen. Wir kommen insgesamt sehr gut mit den Ungarn aus. Neben den Franzosen, zu denen wir nach dem Umzug nur noch wenig Kontakt haben, sind sie die einzigen verbliebenen Ausländer in unserer Einheit. Sie betreuen die Fahrschülerausbildung, die meine Inspektion nur als „Puffer“ bei hohem Bedarf mitmacht. Menschlich gibt es, wie gesagt, keine Probleme. Sie sind, bis auf ihren Chef, der etwas introvertiert scheint, alle aufgeschlossen, freundlich und hilfsbereit. Dennoch habe ich den Eindruck, dass die eigentliche Arbeit bei den Afghanen etwas zu kurz kommt. Man sieht sie entweder bei den Mahlzeiten oder beim Sport. Und wer den Funkverkehr etwas aufmerksam verfolgt, stellt recht wenige und kurze Fahrten zu den Afghanen fest. Möglicherweise läuft es tatsächlich gut bei ihnen, denn Salim, für den sie zuständig sind, hat seinen Laden im Griff und dennoch sehe ich das, wenn auch sicher teilweise subjektiv, etwas skeptisch.

Wenn es so ist, dass alles super läuft, muss die Frage erlaubt sein, wofür sie dann eine so große Anzahl an Dienstposten in unserer Einheit belegen? Wir kommen in der 3. Inspektion mit zwei Mann aus und sie bräuchten lediglich einen oder zwei Mann für die Begleitung des Küchenpersonals. Die Zukunft wird sicher im Rahmen weiterer Reduzierungen des Militärs in diesem Land auch weitere Dienstpostenstreichungen bei unserer Einheit nach sich ziehen.

Pünktlich um 18 Uhr geht es los. Mehrere Ungarn vom Flughafen und einzelne Gäste der Unterstützungskompanie sind neben dem Rest unserer Einheit eingetroffen. Der Oberst hat Angehörige der ungarischen Botschaft an seiner Seite. Auf Englisch begrüßt er die Anwesenden und übernimmt damit als Führer der Einheit die einleitenden Worte. Der ungarische Oberstleutnant, Chef der 5. Inspektion, schließt an und beginnt seine Ausführungen mit einem recht umfangreichen Vortrag über die Geschichte hinter dem Feiertag. Ich vermute, dass die Anwesenheit der Botschaftsangehörigen eine gewisse Erwartungshaltung darstellt. Obwohl ich glaube, ihm inhaltlich folgen zu können, stört markant die Nutzung des Füllwortes „a“ nach gefühlt jedem zweiten Wort“. Würde er dies weglassen, so wäre er vermutlich schon fertig. Dennoch bleiben die Anwesenden diszipliniert und lassen die umfangreichen Erläuterungen gehorsam über sich ergehen. Seine Rede endet mit der Bitte um Haltung, da eine ungarische Hymne gespielt wird. Es kann nicht die Nationalhymne sein, denn die hatte ich vor einigen Monaten schon mal bei einem Antreten abgespielt. Möglicherweise eine spezielle Hymne zum Ereignis. Sie ist sehr ruhig, langsam und geht, obwohl ich den ungarischen Text des Chores nicht verstehe, unter die Haut. Einige Offiziere salutieren, doch die Masse steht im „Stillgestanden“ auf dem Platz. Die Plane, die mit einem recht dünnen Seil auf einem Container an einer Metallbox befestigt ist, wird durch den Wind auf- und abgedrückt. Teilweise ist der Wind so stark, dass der recht große Oberst am Ende der Plane, immer wieder durch sie im Kopfbereich verdeckt wird. Die Box scheint nicht schwer genug und bewegt sich unter dem Reißen der Plane Stück für Stück zum Rand des Containers. Die Hymne ist aus. Die Hände gehen zurück von den Köpfen an den Körper und die Haltungen der Körper entspannen sich. Einer der Ungarn macht sich auf den Weg zum Container, um das Problem mit der Plane lösen.

Der ungarische Oberstleutnant eröffnet das Essen. Es gibt ungarischen Gulasch und Langosch, ein ungarisches Fladenbrot. Die Einwegsuppenschalen stehen bereits in einer Vielzahl mit der Gulaschsuppe gefüllt auf dem Tisch. So kann in recht kurzer Zeit eine große Anzahl an Personen abgefertigt werden. Vorausschauende Organisation! Weiter auf dem Tisch entlang sind die Zutaten zum Langosch und eine Art Käsefladenbrot aufgebaut. Das Langosch kann jeder nach seinem Geschmack mit Naturjoghurt, öligem Knoblauch, verschiedensten frischen Salaten und Käse belegen. Damit es erst mal schnell geht, denn ich habe großen Hunger, nehme ich mir eine der Gulaschsuppen und suche mir einen Platz. Die Grüppchenbildung, eine verbreitete „Soldatenkrankheit", greift wieder um sich und so gibt es wenige Tische, an die sich viele (zu viele) Deutsche gequetscht haben und Tische, an denen nur vereinzelt Ungarn sitzen. Obwohl diese wenigen Gelegenheiten dafür geeignet und wohl gedacht sind, mehr Kontakt zu anderen Kameraden zu bekommen, macht der gemeine Soldat, was wohl in seiner menschlichen Natur liegt und hängt sich an seine Gruppe. Dasselbe würde ich vermutlich auch tun, doch jetzt, wo ich hier mit meiner Suppe vor den Tischen stehe und mich setzen will, bleibt nur ein mit Ungarn besetzter Tisch übrig. Dass ausgerechnet an diesem Tisch eine ungarische Soldatin vom Flughafen sitzt, bringt mir – noch bevor mein Hintern die Bank berührt – die ersten Sprüche der Kameraden des Nachbartisches ein. Doch Jörg, der Oberstleutnant der 4., ergreift ebenfalls die Gelegenheit und setzt sich mir gegenüber hin. Schnell kommen wir ins Gespräch, denn genau wie ich war er als Soldat in Afrika eingesetzt. Geduldig höre ich ihm zu und lasse seinem Redefluss freien Lauf. Es ist interessant, wenngleich die Kameraden des Nachbartisches keine Ruhe geben und mich immer noch mit regelmäßigen Sprüchen ablenken. Jörg, der direkt neben der Ungarin sitzt, steht auf, um sich einen Nachschlag holen. Blitzschnell ergreifen die Ungarn die Gelegenheit und schieben den frei gewordenen Platz zu. Jetzt sitzt die Ungarin genau vor meiner Nase und scheint etwas verunsichert. Die Sprüche des Nachbartisches sind nicht zu überhören und selbst wenn sie kein Deutsch versteht, diese Botschaft versteht sie sicher. Am liebsten würde ich jetzt aufstehen und mir auch noch was holen, doch dann kann ich mir morgen und die nächsten Tage die Sprüche anhören. Sie sieht zwar nicht hässlich aus, mein Geschmack ist es jedoch nicht. Doch allein die Tatsache, dass sie hier unter etwa 50 Männern die einzige Frau ist, von der etwa 60-jährigen Frau aus der ungarischen Botschaft mal abgesehen, löst hier bei den meisten animalische Instinkte aus. Als könnte sie Gedanken lesen, steht sie auf und holt sich ebenfalls noch etwas zu Essen. Jörg hat ein gutes Timing, denn wie auf Kommando steht er mit seinen Händen voller Essen wieder am Tisch. Sein Platz ist wieder frei und so setzt er sich. Der Glaube, jetzt hätte ich meine Ruhe, ist vergeblich, denn als hätten die anderen nur darauf gewartet, dass die Ungarin weggeht, gehen die Sprüche wieder los. Da hilft nur, mit coolen Sprüchen gegenzuhalten. Seit ich meine Haare wachsen lasse, habe ich mir den Ruf des „schönsten Fahrlehrers von Afghanistan“ eingefangen. Spitznamen gibt man sich nicht selbst, auch wenn ich durch meine eigenen Sprüche, die oft vor Selbstbewusstsein strotzen dürften, das etwas befeuert habe. Dabei stünde es Benni deutlich, mit seinen, für einen Soldaten recht langen und stets gestylten Haaren, besser zu. Dazu ein für sein Alter recht junges Erscheinungsbild, machen ihn eigentlich zum Anwärter auf den „schönsten Fahrlehrer“. Ich nehme es spaßig und meine häufigste Antwort auf eine Begrüßung mit dieser Anrede ist „Ich kann doch auch nichts dafür!“. Diese Späße und diesen Humor teilen wir aber überwiegend in meiner Dienstgradgruppe. Doch ich versuche jetzt nicht mehr darauf einzugehen und konzentriere mich auf das Gespräch mit Jörg, der munter weitermacht, wo er aufgehört hat. Mit den Ungarn am Tisch kommt man kaum ins Gespräch, denn alle sind vom Flughafen und haben uns vorher noch nie gesehen. So versuche ich dennoch mit einem kleinen Scherz die Stimmung etwas zu lockern und das Eis zu brechen.

Ein afghanischer Mitarbeiter des Camp-Managements, der ebenfalls eingeladen ist, hat sich mit seinem kleinen Teppich in eine Parklücke zum Gebet abgehockt. Sein Blick ist Richtung untergehenden Sonne gerichtet, doch wenige Zentimeter vor ihm steht ein Wolf. Aus Respekt lasse ich die Kamera aus, doch der Anblick hat definitiv eine „versteckte Botschaft“. Seine Position und die sich nun bildende Silhouette, wären wohl eine gelungene Werbung für unseren Mercedes. Wie beim Beten üblich, er sitzt mit dem Gesäß auf seinen Füßen und die Knie liegen auf dem Teppich, hebt er beide Arme lang gestreckt in die Luft und zum Teppich. Ich mache den ungarischen Hauptmann am

Tisch auf das Bild aufmerksam und sage „That's German quality!" Fragend schaut er mich an, da er das Gebet noch nicht gesehen hat. Ich zeige dezent in die Richtung und füge hinzu: „He makes a prayer for the Mercedes!" und kann mir das Lachen nicht verkneifen. Auch wenn ich über dieses wirklich seltsame Bild eines Betenden vor einem deutschen Fahrzeug lustig finde, mache ich mich dennoch nicht über das Beten an sich lustig. Der Ungar versteht die Botschaft sofort und antwortet: „Das ist der Grund, warum wir in Ungarn so viele Mercedes fahren!". Er übersetzt für seine Kameraden am Tisch, die wohl nicht oder nur wenig Englisch verstehen. Doch schnell sind sie wieder in ihrer Runde und es bleibt alles recht steif. Überhaupt ist die Stimmung recht trocken. Wie auf einer Hochzeit, zu der eigentlich niemand wollte und nun alle auf das Ende warten. Es gilt die „Zwei-Dosen-Regelung", das heißt, jeder bekommt nur zwei Getränke. Vielleicht nicht genug Alkohol für die meisten, um in Stimmung zu kommen? Und die Gäste von außerhalb müssen ganz trocken bleiben, weil sie später wieder zurückverlegen müssen.

Der deutsche Camp-Kommandant und auch der Führer der deutschen Kräfte finden noch ihren Weg an unseren Tisch. Es gibt interessante Informationen zu aktuellen Problemen aus erster Hand. So gibt es doch, entgegen den Beteuerungen des Wehrbeauftragten, Interventionen der Kommunikationsfirma wegen der kostenlosen Internetnutzung für die deutschen Soldaten in unserem Camp. Wenn es schlecht läuft, muss das Camp-Management demnächst das kostenlose Angebot beenden und wir müssen wie früher wieder Guthaben kaufen oder die Kommunikationsfirma bietet als Konkurrenz einfach ihre Leistungen im Camp an. Das ergäbe zwar wenig Sinn, denn wer wechselt schon freiwillig von kostenlos auf kostenpflichtig, doch wer weiß was dahintersteckt. Und wieder einmal scheinen ungünstige Verträge der Bundeswehr mit der Privatwirtschaft das Problem zu werden. Es bleibt abzuwarten, wo die Reise hingeht. Für mich steht jedenfalls fest, sollte ich wieder gezwungen sein für das Internet zu zahlen, werde ich mir lieber einen afghanischen Anbieter mit Internet-Stick besorgen, als überteuerte Entgelte zu zahlen. Ärgerliche Themen, die andere Nationen deutlich unkomplizierter gelöst haben, wenngleich wir damit auf hohem Niveau jammern. Die Kommunikation hat und behält für mich eine der wichtigsten Pfeilerfunktionen für gute Stimmung und

Motivation in den Einsatzländern. Ist sie doch der so wichtige Draht zu unseren Angehörigen!

Es ist dunkel geworden. Das Scheinwerferlicht der Strahler erhellt den Bereich der Feier aber ausreichend. Die Plane, die ursprünglich als Sonnenschutz gedacht war, liegt zusammengerollt am Boden hinter dem Kochbereich. Zwischendrin war eines der Seile gerissen und irgendwann haben sie es wohl aufgegeben, da die Sonne ohnehin untergegangen ist. Jörg ist immer noch in seinen Geschichten und irgendwie scheint ihm nie der Erzählstoff auszugehen. Es hat lange gedauert, doch jetzt, es ist kurz nach neun, nutze ich den günstigen Moment, um mich aus dem Staub zu machen. Mir brennen die Augen und es reicht für heute. Die Gäste haben uns bereits verlassen und es formiert sich der harte Kern. Auf dem Weg zum Block kommt mir ein Ungar mit einer Palette Bier entgegen und fordert mich auf, zurückzukommen. Wer auch immer diese Palette noch trinken soll, als Antialkoholiker gibt es keinen guten Grund mehr, noch länger zu bleiben. Selbst wenn die Vermutung naheliegt und wohl auch zutreffen könnte, in der Regel gibt es wenig Probleme mit der Alkoholregelung. Wenn es Kameraden geben sollte, die mehr trinken, dann tun sie es vermutlich alleine oder in kleinen unauffälligen Gruppen auf ihren Stuben. Und wenn ich ehrlich bin, kann ich wie so oft, gut damit leben, wenn sie sich nicht ins Koma saufen. Solange sie bei einem Alarm wissen, was sie zu tun haben und das auch leisten können, müssen sie es mit sich selbst ausmachen. Das kann man von erwachsenen Menschen erwarten. Viel Aufwand für die Ungarn, der sich zumindest für eine Abwechslung, aus den sich ständig wiederholenden Abenden heraushebt. Das Essen war auch sicher gut gemacht, hat aber nur teilweise meinen Geschmack getroffen. Viel Fett und Schwarte im Gulasch konnten mich nicht überzeugen. Lediglich das Brot für das Langosch fand ich sehr lecker. Aber so ist es oft mit Essen aus anderen Kulturen, entweder man mag es oder eben nicht.

Das war für die nächsten Tage die letzte Gelegenheit, zu den Afghanen zu kommen. Die Sicherheitslage spannt sich deutlich an. Recht konkrete Informationen zu einem geplanten Anschlag auf unser oder unsere Nachbarcamps zwingen uns zum Handeln. Jetzt, wo man sich mit einer Bedrohung auseinandersetzen muss, werden die bisher getroffenen Maßnahmen zum Schutz unseres Camps hinterfragt. Meiner Meinung nach haben wir zumindest in den ersten Wochen hier im Camp möglichen Angreifern „die offene Brust“ geboten. Ein komplexer Angriff hätte vermutlich hohe Verluste für uns bedeutet. Für die nächsten Tage ist ein Übungsalarm geplant, um zu überprüfen, ob die Meldeketten eingehalten werden und jeder Soldat weiß, wo er hinmuss. Ob dieser Alarm jetzt Sinn macht, darf hinterfragt werden. Denn eine direkte Bedrohung mit einer Übung zu vermischen, kann Nachteile und Missverständnisse bedeuten. Als erste Maßnahme wird für die kommenden Tage „No move“ befohlen. Somit sind alle Fahrten aus dem Camp untersagt oder bedürfen der Genehmigung der Führung. Da mein Wolf und zwei weitere Fahrzeuge unserer Einheit sowieso zur technischen Überprüfung müssen, sollte dieses Fahrverbot kein Problem darstellen. Und da Menschenleben wichtiger sind als die Zusammenarbeit mit den Afghanen in unseren Bereichen, fährt keiner unnötig raus. Zudem ist unsere Einheit in das Verteidigungssystem des Camps eingebunden und somit in einer solchen direkten Bedrohungslage personell erforderlich. Da die Informationen von den Geheimdiensten mehrerer Seiten bestätigt wurden, erfordert sie entsprechende Maßnahmen.

Der Vorarbeiter der Baustelle, die später einmal das Camp erweitern soll, ist nach eigenen Aussagen von „seltsamen Gestalten“ auf dem Weg nach Hause angesprochen worden. Er war den kurzen Weg nach Hause mit dem Fahrrad gefahren und bereits nach der ersten Kreuzung von mehreren Männern in einem weißen Toyota Corolla („wie könnte es auch anders sein?!“) angesprochen worden. Sie hätten ihn gefragt, ob er einen Job suche und vielleicht für 1.000 Afghani ein paar Kühlschränke mit verladen würde. Das lehnte er mit Verweis auf seinen bestehenden Job ab. Dann fuhr er weiter und wurde nur wenige Hundert Meter später in einer Seitenstraße erneut vom selben Wagen gestoppt. Diesmal bot man ihm 20.000 Dollar an. Er solle dafür mit einem Fahrzeug in die Fahrzeugschleuse des Camps fahren und danach das Fahrzeug verlassen. Das wäre alles. Diese Vorgehensweise ist nicht neu. Doch mit hoher Wahrscheinlichkeit hätte man einen Sprengsatz im Fahrzeug versteckt und es mit ihm darin direkt nach der Einfahrt gesprengt. So hätte man schon das erste Tor offen gehabt, die Wachposten vor Ort außer Gefecht gesetzt und mit weiteren Angreifern durch das aufgesprengte zweite Tor eindringen können. Nachdem er aber auch dies abgelehnt hatte, hat man ihn seltsamerweise weiterziehen lassen. Dieser Vorfall in Verbindung mit den Geheimdienstinformationen, sorgt nun für eine gewisse Aufregung im Camp.

Ein in der Theorie genehmigter Notfall- und Verteidigungsplan soll nun in der Praxis vertieft und umgesetzt werden. Dazu werden alle vorgesehenen Stellungen (bewaffnete Bereiche mit Übersicht über gewisse Bereiche des Camps) personell und materiell besetzt, je nach Stellung durch eine 24-Stundenbereitschaft oder Rufbereitschaft. Kritische Teile des Camps, die ein feindliches Eindringen begünstigen könnten, werden zusätzlich soweit geräumt, dass ausreichende Schussfelder (Wirkungsbereiche der Waffen) für die Verteidigung zur Verfügung stehen. Nie vorher wurden so viele und so kurzfristige Besprechungen angesetzt. Doch das ist gut, weil unser Oberst jede Gelegenheit ergreift, um uns mit neuen Informationen zu versorgen und weitere Anweisungen zum Verhalten zu geben. Dass diese Vorgehensweise unseres Leiters mustergültig auf seine Untergebenen wirkt, wird deutlich, als wir die Kameraden der Unterstützungskompanie im Camp umherlaufen sehen. Die Kameraden unserer Einheit sind bereits sehr früh mit beiden ausgegeben Waffen aufgerüstet und haben Informationen, die zu den anderen anscheinend noch nicht durchgedrungen sind. Einzig unser verschärfter „Dress-Code“ (anzulegende Bekleidung und Ausrüstung) führt dazu, dass wir von ihnen angesprochen werden.

Wieder einmal hängt es anscheinend am Informationsfluss. Wann und ob der Angriff stattfindet kann niemand voraussagen, doch die schnell und leicht zu ergreifenden Maßnahmen sollten selbstverständlich sein. Da ich auch schon andere Vorgesetzte im Einsatz und unter entsprechender Belastung gesehen habe, kann ich das Auftreten und Vorgehen unseres Oberst nur ausdrücklich loben. Ruhig und mit Bedacht tritt er vor uns und macht etwas, was in solchen Lagen unverzichtbar ist: Er gibt klare und unmissverständliche Befehle. So gibt es keine Unsicherheiten oder Unklarheiten im unterstellten Bereich. Ob diese Befehle dann immer richtig sind oder andere besser gewesen wären, spielt für mich absolut keine Rolle. Denn Stärke beweist man durch das Treffen der Entscheidung, hinter der man stehen muss und die sicher gut überlegt sein will. Doch so viel Vertrauen in die Intelligenz und Umsichtigkeit eines Oberst sollte man schon haben. Da unser Oberst für mich bisher nichts getan hat, um seine Fähigkeiten in Frage zu stellen, vertraue ich ihm da voll!

Die erhöhte Wachsamkeit im Camp ist nicht mehr zu übersehen. Dennoch wirkt hier alles ruhig und geordnet. Ab sofort dürfen wir uns nur noch im Ausnahmefall außerhalb der Gebäude im Camp aufhalten. Was in einem Bereich, wo es nur wenig Außenfläche gibt, weniger schwer sein sollte. Jegliche Gefährdungsmöglichkeiten sollen dadurch minimiert werden. Auch die Feldpost und der PX-Shop, welche sich in der Nähe der Wache befinden, sind geschlossen. In diesem Bereitschaftsgrad dürfte es nur wenige Minuten dauern, bis die direkte Verteidigung im Angriffsfall beginnen kann. Es stellt sich zwar als etwas lästig heraus, doch das ständige Mitführen der Waffen ist nun erforderlich. Mein Gewehr habe ich mir so auf den Rücken gehängt, dass ich sogar damit am Tisch essen kann, ohne es abzulegen. Hier scheinen einige etwas unbeholfen, denn während der Mahlzeiten in der Küche hört man immer wieder mal Waffen, die umfallen oder über die gestolpert wird. Es stört mich nicht besonders, da ich die Rohrmündung beim Hinsetzen etwas nach rechts weghalte, um damit nicht auf der Sitzfläche aufzuliegen. Mit etwas Abstand zur Rückenlehne sitzt es sich immer noch akzeptabel. So ist für mich auf jeden Fall sichergestellt, dass die Waffe niemandem im Weg liegt oder ich sie sogar bei vollen Händen mit meinem Tablett vergesse. In Gedanken spiele ich schon ab und zu verschiedene Szenarien durch, doch so richtig darauf einstellen und reagieren kann man erst, wenn es soweit ist. Zu viele mögliche Abläufe und Vorgehensweisen sind denkbar.

Fast fünf Tage hält der Zustand so an und täglich vertröste ich Amin und Avabi mit Ausreden. Es wäre nicht gut, zu viele Informationen nach außen zu geben. Sie müssen nur wissen, ob und wohin wir kommen. Daher halte ich die Infos kurz und ohne Erläuterungen. Amin hakt zwar immer mal wieder nach, doch es bleibt dabei. Sie bekommen nur so viele Infos, wie sie brauchen. So haben sie außerplanmäßigen, bezahlten Urlaub. Für mich ist es, auch wenn durch häufige Unterbrechungen begleitet, eine gute Gelegenheit, Liegengebliebenes aufzuarbeiten. Der Computer muss entrümpelt und mein Wolf für die TMP (Technische Materialprüfung) vorbereitet werden. Er steht bereits zum Wechseln der Frontscheibe, die von erneuten Steinwürfen auf den Ausfahrten mittlerweile stark beschädigt ist, in der Werkstatt und muss anschließend nur noch einmal gründlich gereinigt werden. Jetzt stehen die Chancen gut, dass er ohne Mängel besteht und somit die vermutete Sperrung wegen der defekten Frontscheibe entfällt. Ebenso der Sport, den ich jeden zweiten Tag anstrebe, hat durch unseren erzwungenen Camp-Aufenthalt wieder seine Regelmäßigkeit gefunden. Meine Pistole habe ich mit den Beingurten am Gewehr befestigt. Sie lassen sich schnell und leicht durch die Schnellverschlüsse wieder öffnen. So habe ich auch beim Sport meine Waffen immer dabei.

Die angekündigte Alarmübung findet statt. Sie wird über einen „stillen Alarm" aktiviert. Um die Nachbarcamps in der momentanen Situation nicht zu verwirren, verzichtet man auf die Alarmierung per Sirene und gibt den Termin lieber ganz offiziell bekannt. So ist zwar der Überraschungseffekt weg, aber wo jeder hinmuss und welche Aufgabe er hat, kann dennoch überprüft werden. Ich denke, dass es unter den gegebenen Umständen eine gute Lösung ist. Da wir befestigte Gebäude bewohnen, bieten sich die Flure als Sammelräume an. Bunker aus Containern und Heskos gibt es hier nicht. Rechtzeitig beginne ich damit, meine Weste und Überweste anzuziehen. Es ist alles dabei, was an Ausrüstung ausgegeben wurde. So bepackt mache ich mich kurz vor drei auf den Flur, auf dem bereits Sitzbänke an der Wand aufgestellt sind. Wer jetzt pünktlich ist, bekommt auch einen Sitzplatz. Selbst wenn dieser Alarm nicht so lange dauern wird, wie es bei den Franzosen im Camp Warehouse der Fall war, so ist es doch deutlich bequemer, wenn man mit der Ausrüstung, die nun um die 20 Kilogramm (ohne Rucksack) wiegen dürfte, sitzen kann. Schon kurz nach drei beginnt ein Oberleutnant der Unterstützungskompanie mit der Überprüfung auf Vollzähligkeit der Anwesenden. Dazu ruft er die auf seiner Liste vermerkten Soldaten auf und bekommt darauf jeweils ein „Hier!" zurück. Kameraden, die auf der Liste stehen und nicht vor Ort sind, werden durch entsprechende Begründungen entschuldigt.

Da einige Soldaten Stellungen bezogen haben und zur Zeit – gerade von unserer Einheit – einige im Urlaub sind, können nicht alle anwesend sein. Wichtig ist nur, dass man weiß, ob jemand vermisst wird. Jeder, der jetzt hier sitzt und auf den ersten Blick nichts tun muss, außer warten, kann später im Bedarfsfall zur Unterstützung abgerufen werden. Dabei kann es sich einerseits um das Nachbesetzen von Stellungen, in denen es Verluste gibt, handeln oder um Unterstützung beim Transport von Verwundeten und Toten. Auch eine direkte Verteidigung und Einbindung in Gefechte zur Verteidigung des Schutzbereiches ist denkbar. Wie genau und wie gut durch die Führer vor Ort koordiniert, bleibt abzuwarten. Alle haben eine relativ gute Vorausbildung durchlaufen und müssten auf solche Situationen vorbereitet sein. Doch die Realität ist nun mal, dass nur sehr wenige über Gefechtserfahrung verfügen. Woher auch, wenn sie im Hauptauftrag für Logistik und Unterstützung gebraucht werden? Doch bis auf die wenigen Wachsoldaten ist die Verteidigung des Camps unsere eigene Aufgabe.

Auch ich habe nur wenig Erfahrung in diesem Bereich. Die Tatsache, dass ich bereits Beschuss ausgesetzt war, macht mich nicht zum gefechtserfahrenen Soldaten. Den tatsächlichen Vorteil meiner Erfahrung sehe ich dennoch. Denn heute weiß ich vermutlich, wie ich körperlich und geistig auf solchen Ausnahmezustand reagieren werde. Selbst wenn ein gewisses Maß an natürlicher Angst vorhanden ist und das ist gut so, wirft es mich nicht aus der Bahn. Markant jedoch ist ein anderer Umstand für mich geblieben. Jedes Mal, wenn mir die Realität der Bedrohung bewusst geworden war, bin ich gedanklich in eine „Filmwelt" abgeglitten. Alles um mich herum schien, obwohl ich genau wusste, wie real es war, als wäre es nur ein Film. Vielleicht zum Selbstschutz hat mich mein Bewusstsein auf der irrealen Seite gelassen. So hatte ich weder „Aussetzer", noch konnte ich mich in Angst hineinsteigern. Wie andere, ungünstigere Reaktionen sich äußern können, habe ich mehr als einmal miterleben dürfen. Leider werden solche, „außer Kontrolle" geratenen Kameraden dann zu einer wirklichen Belastung. Einerseits muss man sie vor sich selbst schützen und ihnen im Zweifelsfall natürlich die Waffen abnehmen. Andererseits fehlt einem der Mann, der ja auch seine Aufgabe hatte. Leider haben solche Kameraden hinterher oft ein schweres Leben, wenn der Kameradenkreis nicht auf ihrer Seite ist. Nur zu schnell wird so jemand als „Weichei" abgestempelt. Es ist ein schmaler Grat, denn schließlich muss ich mich gerade dann, wenn mein Leben davon abhängen kann, auf den anderen verlassen können. Und dennoch kann man so einen Kameraden nicht gänzlich fallenlassen. Hier gilt es gerade für die verantwortlichen Vorgesetzten, mit gutem Fingerspitzengefühl und den richtigen Maßnahmen zu reagieren. Das ist definitiv eine schwierige Aufgabe.

So habe ich 2006 auf dem Hubschrauber selbst miterlebt, wie in einer Beschusssituation einer der Door Gunner statt zurück zu feuern, vom MG zurückgetreten ist und am ganzen Körper zitternd, in eine Bewegungsstarre verfallen ist. Daraufhin hat ihn der Bordtechniker auf einen der Sitze verfrachtet, angeschnallt und dann selbst das MG übernommen. Doch das Theater begann erst, als wir wieder zurück im Camp gelandet waren. Denn diese Aktion hatte sich schnell herumgesprochen. Nicht, dass dem Soldaten irgendjemand disziplinar etwas wollte, nein, das Problem war komplizierter. Denn unsere Einteilung war passgenau berechnet. Wurde also jemand krank oder fiel aus anderen Gründen aus, musste jemand aus der Bereitschaft seine Lücke füllen oder der ganze Hubschrauber am Boden bleiben. Zwar sind wir recht selten mit allen Maschinen gleichzeitig rausgeflogen, aber es kam schon vor. Das Problem lag nun einfach darin, dass diesen Kameraden niemand mehr in seiner Crew haben wollte. Zu groß waren ab da die Zweifel, sich auf den Kameraden im Notfall verlassen zu können. Also musste ich als Teileinheitsführer eine Entscheidung treffen, um die Einsatzbereitschaft unserer Einheit nicht zu gefährden. Der Kamerad wurde repatriiert (aus dem Einsatz zurück nach Hause geschickt) und es musste Ersatz aus Deutschland nachkommen. Das tat mir natürlich leid, denn auch das Bitten und Betteln des Kameraden, ihm noch eine Chance zu geben, konnte ich nicht erfüllen. Denn wenn es um die Sicherheit der Crew und Maschine ging, gab es keine zwei Versuche!

Die Informationen, die sich mit unseren Meldungen decken, werden von den Nationen und verschiedenen Einrichtungen sehr unterschiedlich bewertet. Es scheint, als befänden wir uns in einer Bedrohungssituation der Stärke 9 von 10. Während die Amerikaner lediglich einige Straßen meiden und somit immer noch außerhalb des Camps aktiv sind, haben wir das Mentoring vorerst vollständig eingestellt.

Ob es notwendig oder angemessen ist, werden wir wohl nie erfahren, doch wenn wir nun 5 Tage im Camp „gefangen“ waren, haben wir doch etwas Positives daraus ziehen können. Wir sind sowohl in der Theorie als auch in der Praxis nun tatsächlich – und in meinen Augen angemessen – auf äußere Bedrohungen vorbereitet. Dennoch bin ich froh, dass es ab morgen wieder raus geht. Und wieder einmal ist sehr deutlich geworden, dass ich mit keinem der „Camp Soldaten“ tauschen möchte, selbst wenn es die meiste Zeit deutlich sicherer ist als außerhalb. Die Tage haben sich gezogen wie Kaugummi. Irgendwann gehen einem die Beschäftigungsmöglichkeiten aus und einfach ins Bett legen oder Videos schauen, findet zumindest in unserer Einheit während der offiziellen Dienstzeit nicht statt. Dieter und ich haben die Zeit gut genutzt. Er hat die Prüfungsrichtlinie überarbeitet und ich verschiedene Präsentationen und Poster, sowie einen neuen Sehtest für die Afghanen erstellt. Die Poster sollen bei Besuchen und für die Lehrgangsteinnehmer die 3. Inspektion veranschaulichen und natürlich ist das den Afghanen besonders wichtig, die Zelte „schmücken“. Denn alles was Bunt ist, kommt hier gut an. Den Sehtest hatte ich 2011 bereits einmal entworfen und bei den Afghanen angebracht, doch im Zuge des Umzuges ist lediglich eine Version übriggeblieben, die hier im „Zeltlager“ unbrauchbar scheint. Sie führen den Sehtest im Zelt auf eine ungefähre Entfernung von drei Metern durch. Die kleinsten Zeichen sind jedoch auf 12,5 Meter ausgelegt. Die einlaminierten Teste für andere Entfernungen konnte vermutlich jemand für andere Zwecke gebrauchen, denn die gibt es nun nicht mehr. Darum habe ich auch mehrere Ausfertigungen angefertigt, um den Schwund zu kompensieren.

Als wir nach gut einer Woche „Pause“ das erste Mal wieder bei den Afghanen eintreffen, ist die Stimmung sehr gut. Ich habe wirklich das Gefühl, dass sie uns etwas vermisst haben. Die Begrüßungen und auch die dann folgenden, sehr konkreten Fragen zu unserem Befinden und den Gründen für die „lange“ Abwesenheit, kommen ehrlich herüber. Da geht es fast unter, dass natürlich wieder Wünsche und Forderungen an uns herangetragen werden. Wobei es keine verpflichtenden Forderungen sein können, da wir die meisten „Leistungen“ nicht erbringen müssen. Wäre der Oberleutnant noch hier, könnten sie sich jetzt auch wieder Sprüche anhören und müssten am Ende erst mal selbst die Probleme lösen. Ein möglicher Weg, der langfristig sicher richtig ist. Doch Dieter ist in diesen Dingen immer noch zu gut und wenn ich – und das heißt schon etwas – ihn nicht hin und wieder bremse, machen die Afghanen bald nichts mehr selbst. Glücklicherweise hört er auch auf mich und denkt zumindest über meine Argumente nach. Vor einigen Tagen hat er, um Rabur etwas bei Laune zu halten, zwei Dosen Cola mitgebracht. Noch im Auto, als ich die Dosen entdeckt habe, habe ich ihn gewarnt. Fängt man mit solchen gut gemeinten Gesten einmal an, so entsteht auf afghanischer Seite schnell ein Anspruchsdenken. Und das erste Problem stand dann sehr schnell im Raum. Neben Rabur und seinem Stellvertreter waren nämlich noch weitere Offiziere im Raum. Wenn mich einer von ihnen um eine Flasche Wasser bittet, komme ich immer mit einem ganzen Paket zurück, weil ich genau weiß, dass die Anderen ebenfalls fragen werden. Da stand Dieter mit seinen zwei Dosen und hatte sich selbst in eine Zwickmühle befördert. Erstaunlicherweise haben die Afghanen sich die Dosen geteilt, doch sofort kam von Rabur die Forderung nach mehr. Gutmütig wie Dieter nun mal ist, hat er sich bequatschen lassen und weitere Dosen für den nächsten Tag zugesagt. Für solche „Geschenke“ sehe ich einfach keine Notwendigkeit, obwohl es tatsächlich aus meiner Erfahrung dazu beiträgt, sich hier beliebt zu machen. Wie weit will ich das treiben? So kaufe ich mir indirekt die Zustimmung der Afghanen und darf mich nicht wundern, wenn sie immer dann, wenn ich etwas möchte, etwas von mir fordern. Das einem Hauptmann die Dosen finanziell nicht wehtun ist klar, doch hier geht es ums Prinzip. Bis heute ist Dieter darin jedoch nicht konsequent genug. Wenn ich mich am Ende des Einsatzes von den Afghanen mit einer kleinen Feier verabschiede, dann werde ich sicher auch etwas mitbringen, um den Tisch zu decken, doch nicht jede Woche.

Dieter hat im *Green Village* mit der deutschen Polizei, die die Ausbildung der afghanischen Polizei unterstützt, einen Termin vereinbart. Seine überarbeitete Prüfungsrichtlinie für die Fahrerlaubniserteilung in der afghanischen Armee soll dort vorgestellt werden. Wir erhoffen uns durch die Kontakte der Polizei eine bessere Anerkennung und mögliche Angleichung an die afghanische Polizei. Nachdem er meine „Streichungen“ zur Vereinfachung der Prüfungsrichtlinie angenommen hat, scheint diese neue Version für mich deutlich leichter umsetzbar zu sein. In der Ersten waren einfach noch zu viele umständliche Beschreibungen der Abläufe, die wir Deutschen immer dann zu formulieren beginnen, wenn wir mögliche Schlupflöcher stopfen wollen. Amin hatte jedoch erhebliche Schwierigkeiten, die Sätze inhaltsgleich zu übersetzen. Erst spät hatte sich herausgestellt, dass ihm dabei in der ersten Version einige Fehler unterlaufen sind. Zwar sind immer noch einige Punkte enthalten, die zumindest in der jetzigen Zeit noch keinen Sinn machen, aber möglicherweise in der Zukunft Bestand haben könnten. Gerade die Ausbildung im öffentlichen Straßenverkehr und auch die Prüfungsfahrten, lassen sich noch nicht verwirklichen. Doch der Weg ist der Richtige.

Unser Zeitplan ist eng, denn obwohl wir bereits den Vormittag bei unseren Afghanen verbracht und auf der Heimfahrt im Flughafen einen Kameraden abgeholt haben, warten weitere Termine auf uns. Um 14 Uhr wollen wir gemeinsam mit dem aktuellen Vertreter des Oberst nach *Green Village*. Mit etwa 40 Grad dürfte es einer der bisher heißesten Tage in diesem Einsatz sein. Da mein Wolf nun vorerst gesperrt ist und auf seine frische TMP wartet, habe ich mir für die nächsten Tage den Wolf vom Spieß geliehen, einen der ältesten Wölfe in unserer Einheit. Um mich einigermaßen wohl darin zu fühlen, habe ich ihn gestern Nachmittag komplett gewaschen und überprüft.

Bereits am Donnerstag wollten wir ihn eigentlich nutzen, doch nur wenige hundert Meter vom Camp entfernt gab er den Geist auf. Ein Wackelkontakt in einem Sensor hatte die Bordelektronik lahmgelegt und so den Motor absterben lassen. Einige Male konnte ich ihn wieder starten, doch bei jeder Bewegung fiel der Motor wieder aus. Einer der bisher wenigen Tage, an denen ich gegenüber Dieter schlechte Laune aufgebaut habe.

Benni fuhr das vordere Fahrzeug und schnell war die Lage über Funk weitergegeben. In Ruhe und überlegt, begann Benni und ich das Material für das Abschleppen aus den Wölfen zu holen und das Abschleppseil zu verbinden. Dieter und einer der Offiziere aus Bennis Auto übernahmen die Sicherung. Sie stellten sich wenige Meter von uns entfernt auf die Straße und wollten uns die nötige Deckung zum Arbeiten geben. Doch immer wieder schaute Dieter uns über die Schulter und redete auf uns ein. Sicher gut gemeint, um die Führung zu signalisieren, doch leider in diesem Moment völlig fehl am Platz. Wären wir zwei unerfahrene Soldaten und mit kaum Einsatzzeit, so hätte ich den Führungsdrang verstehen können. Doch Benni und ich haben bereits sehr viele Monate in diesem Land verbracht, mehr als die Meisten hier und wohl mit Abstand die meisten „Einsatzkilometer“ zusammengefahren. Was also möchte ein Hauptmann, der zwar auch einige Monate im Einsatz ist, jedoch überwiegend Beifahrer war, jetzt erzählen? Für gute Hinweise wären wir ganz sicher offen gewesen. Doch die Situation war keineswegs kompliziert und wir sind eben nicht kopflos umhergeirrt. Praxisausbilder und erfahrene Dienstgrade halt!

Doch die Angst, dass möglicherweise jetzt etwas schieflaufen könnte, hat Dieter seinen Kontrollzwang heraufbeschworen und leider mehr genervt als geholfen. Als wir im Auto saßen, habe ich ihn gefragt: „Du bist wegen so einer Lappalie ohne Ende aufgeregt, was machst du, wenn wir mal beschossen oder angesprengt werden?“ „Dann werde ich ruhig...“ antwortete er mir. Doch wie soll ich das glauben? In der gesamten Zeit, die Benni und ich für den Abschleppvorgang zurück zum Camp gebraucht haben, ist mein Puls lediglich durch den inneren Ärger über Dieter sein Verhalten angestiegen. Nach etwa vier Monaten kenne ich ihn recht gut und weiß seine Art wohl einzuordnen, doch diesmal habe ich mich tatsächlich darüber geärgert. Oft meint er es einfach gut und doch muss es natürlich passen.

Als wir nachmittags mit dem Ersatzfahrzeug wieder in das Camp einfahren, ist die Durchfahrt zu unserem Parkplatz durch andere Fahrzeuge eingeengt. Hätte ich das Gefühl, ich passe dort nicht durch, würde ich ihn bitten auszusteigen und mich einzuweisen. Habe ich aber nicht! Langsam und mit aufmerksamer Spiegelarbeit fahre ich in die Engstelle ein. Zweimal sagt Dieter mir innerhalb von zehn Sekunden, dass rechts genug Platz ist und wiederholt sich wie eine Schallplatte mit Sprung, bis die Engstelle genommen ist. Das Erlebnis vom Morgen und nun diese erneuten Hinweise bringen das Fass für mich zum Überlaufen! „Wenn ich deine Hilfe brauche, frage ich danach und wenn du mir, so gut es auch gemeint sein mag, fünfmal hintereinander sagst, dass ich Platz habe, hilft mir das keineswegs, sondern nervt und stört nur!“ Er fühlt sich jetzt natürlich angegriffen und antwortet: „Ich habe es nur zweimal gesagt, du Arsch!“ Richtig, aber übertreiben macht anschaulich und so antwortete ich: „Wenn du mir einen Kratzer in der Stoßstange zeigen kannst, dann darfst du mich gerne anleiten!“ Die Wahrheit ist, dass man als Fahrlehrer immer das Bedürfnis verspürt, die Fahrt des Fahrers zu kommentieren. Hätte ich bessere Laune gehabt und mich nicht durch seine Art in etwas hineinsteigern lassen, so wäre vermutlich nie ein Wort darüber gefallen, da es eigentlich meine Art ist, Dinge runterzuschlucken, wenn die Konfrontation sinnlos scheint. So hat er anschließend fast eine Stunde nicht mehr mit mir geredet und ich hatte meinen Frust einfach mal rausgelassen.

Einer der wenigen Momente, wo wir im Einsatz mal aneinandergeraten sind, was im Nachhinein doch ein gutes Zeichen unserer menschlichen Beziehung ist. Nachtragend ist er definitiv nicht, denn das ist Thema erst mal vom Tisch. Im Gegensatz zum Beginn des Einsatzes ist er schon deutlich ruhiger geworden und gibt seinen Senf nur noch selten dazu. Wir werden uns die nächsten Monate noch arrangieren und darum lege ich das Thema ebenfalls zu den Akten.

In der Mittagspause steht Dieter dann unerwartet vor der Tür, eine offene Dose mit Würstchen in der Hand vor seiner Brust: „Möchtest du auch ein Würstchen, Rico?“, kommt es fast vorsichtig aus ihm heraus. In diesem Moment hätte ich ihn in den Arm nehmen und drücken sollen! Tat ich zwar (leider) nicht, aber mit einem: „Klar Dieter, die nehme ich gerne!“, gehe ich auf sein Friedensangebot ein und kann mir die Erwiderung seines nun wiedereinsetzenden Grinsens nicht verkneifen.

Die Mittagspause war recht kurz. Die Hitze des Vormittags hat Spuren hinterlassen und so habe ich die Zeit genutzt, um mich in der angenehmen Kühle meiner Stube abzukühlen und die verschwitzte Unterwäsche zu wechseln. Lange wird diese kleine Erfrischung nicht halten, denn mit dem Öffnen der Ausgangstür vom Gebäude kommt die drückende Hitze zurück. Die Luftfeuchtigkeit ist zwar recht gering, dennoch lässt sich nun das Schwitzen nicht mehr vermeiden. Der Weg zum Wolf bietet recht viel Schatten, doch immer dann, wenn mich die Sonne wieder direkt bestrahlt, beginnt schon nach wenigen Sekunden die Haut unter der Hitze zu brennen. Immer wieder schiebe ich mittlerweile fast unterbewusst an meiner Sonnenbrille herum, um die weißen Streifen hinter den Bügeln zu vermeiden. Ich könnte meine Schutzbrille mit den dunklen Gläsern noch über die normale Sonnenbrille setzen und dennoch würde die Umgebung zu hell auf meine Augen wirken. Ohne Brille würde ich nach kurzer Zeit durch das ständige Zukneifen der Augen Kopfschmerzen bekommen. Der Wechsel in dunklere Räume ist dann sehr gewöhnungsbedürftig und durch sich wechselnde, grelle und dunkle Flecken vor den Augen spürbar. Neben der Halle der Materialgruppe ist ein schmaler Streifen Schatten und so parke ich, bevor ich meine Ausrüstung wieder anlege, den Wolf um. Der Innenraum hat sich auf etwa 50 bis 60 Grad aufgeheizt. Mit laufendem

Motor und aufgedrehter Lüftung versucht die Klimaanlage dagegen zu arbeiten. Mit dem Anziehen der Weste warte ich noch, denn jede Minute unter der schweren und enganliegenden Ausrüstung schont den Kreislauf und die Muskulatur.

Dieter und Benni biegen hinter der Mauer, die den Parkplatz vom alten Camp-Bereich trennt, hervor. Benni wird bei uns mitfahren und der Stellvertreter mit seinem Fahrer das Begleitfahrzeug stellen. Wir fahren diesmal vor, da wir in etwa wissen, wo wir genau hinmüssen. Damit brauchen wir nicht schon wieder in den Staubwolken des Vordermannes umherfahren. Dieter ist wieder ein wenig aufgeregt, denn noch wissen wir nicht, was uns genau erwartet.

Den Bereich *Green Village* habe ich zuvor auch noch nie gesehen. Gehört habe ich viel Gutes, da die Anlage wohl einen hohen Standard haben soll. Einige Deutsche hatten beim Auszug aus dem Camp Warehouse darauf gehofft, dort hinzuziehen. Doch der Raum dort ist sehr begrenzt und hätte weder für Personal noch Material gereicht. So viel besser als das jetzige ACCL kann es eigentlich auch nicht sein. Das Green Village liegt direkt an einer unserer Hauptstrecken und ist somit leicht zu finden. Angemeldet sind wir. Sonst bekämen wir Probleme hineingelassen zu werden. Kurz vor der Einfahrt kann ich im Wachturm einen Posten erkennen, der uns, die wir mit gesetztem Blinker vor dem Tor gehalten haben, genau bewertet. Wie auch im ACCL üblich, kommen mehrere gut bewaffnete Posten auf die Straße, um den fließenden Verkehr zu stoppen. So stellen sie sicher, dass bei geöffnetem Tor nicht jemand Unerwünschtes die Gelegenheit ergreift und in die Schleuse fährt. Ein deutscher Polizist, gut an seiner Uniform erkennbar, wartet bereits in der Zwischenschleuse auf uns. Hier tragen die Polizisten entweder sandfarbene Uniformen oder die in Deutschland im Sommer bekannten hellblauen, kurzen Hemden und dunkelblauen Hosen. An den Wappen auf den Oberarmen kann man erkennen, ob und aus welchem Bundesland sie kommen oder ob es eben Bundespolizisten sind. Das Gesicht des Beamten kommt mir bekannt vor. Dieter steigt aus dem Wolf und begrüßt ihn. Nach einem kurzen Gespräch kommt Dieter wieder an den Wolf und bittet mich den Beiden, zu folgen. Im Standgas lasse ich mich den Beiden hinterherrollen. Da wir begleitet werden, scheint sich niemand für unsere ID-Karten zu interessieren und wir können so durch die verschiedenen

Kontrollen durchfahren. Die Posten, die von einer privaten Firma gestellt werden, wirken deutlich besser ausgestattet und ausgebildet als unsere im ACCL. Es könnten Filipinos oder Thailänder sein. Sie tragen alle eine einheitliche Uniform und sprechen gutes Englisch. Freundlich winken sie uns weiter. Nach einigen engen Passagen kommen wir an ein weiteres Tor. Es scheint also ein Camp im Camp zu geben. Das System ist auch bei den Amerikanern sehr beliebt, die sich ihre eigenen Camps innerhalb der afghanischen Camps anlegen. So gewinnt man im Falle eines Angriffes oder Anschlages wertvolle Zeit, um Gegenmaßnahmen zu ergreifen. Es wird immer eine gewisse Zeit dauern, bis die ersten „Hindernisse" genommen wurden. Noch ist man von hohen Mauern mit aufgesetztem „S-Draht" umgeben und alles wirkt, bis auf wenige kleine Rasenflächen entlang der Straße, recht steril. In einem Gefängnis könnte es ähnlich aussehen. Ein kleines Guckloch im nächsten Tor gibt dem Posten die Möglichkeit, erst einmal zu schauen wer ankommt. Das tut er auch, denn sein Gesicht ist fast vollständig in dem Loch hinter der Metallklappe erkennbar. Alle Posten, die ich bisher hier gesehen habe, könnten aus demselben Land stammen und sehen sich auch sonst sehr ähnlich. Der Beamte und Dieter gehen zuerst durch den kleinen Spalt des Tores in den nächsten Bereich. Die Wölfe müssen kurz warten, doch dann öffnet sich das große Metalltor, welches auf Schienen verschoben wird, vollständig. Wir müssen, um Besucherausweise zu erhalten, auf einen kleinen Parkplatz vor einem flachen Gebäude parken. Der Platz reicht geradeso für unsere zwei Fahrzeuge. Wir treffen uns neben der Einfahrt in einem kleinen Raum. Eine Personenschleuse, wie man sie aus den Flughäfen kennt und ein kleines „Schalterbüro" sind hier untergebracht. Während afghanische Zivilisten die Personenkontrolle über sich ergehen lassen müssen, bekommt einer nach dem anderen von uns einen Besucherausweis. Dazu muss ich als Pfand meine ID-Karte hierlassen. Den Besucherausweis im Checkkartenformat hänge ich mir mit dem blauen Band um den Hals. Nun gehen alle außer dem Fahrer vom Stellvertreter zu Fuß und laufen durch den weiteren Bereich. Wir fahren weiter langsam der Gruppe hinterher.

Ab hier bekommt der Name *Green Village* seine verdiente Bedeutung: Wie in einer Hotelanlage fahren wir auf schmalen betonierten Wegen der Gruppe hinterher. Alles, bis auf die Straße ist begrünt. Saftiger Rasen ziert die verschiedenen Blumenbeete zwischen den Wegen zu den Unterkunftsgebäuden. Es wirkt ein wenig wie die Fußgängerzone einer deutschen Stadt. Nur viel mehr grün. Große Bäume mit schattenspendendem Auswuchs zieren die Umgebung. Auch hier ist alles recht eng angelegt, doch alles wirkt wie eine Oase der Erholung. Rechts fahre ich an einer „Cafémeile“ vorbei. Mehrere kleine Cafés und Restaurants sind aneinandergereiht. Alles natürlich sehr klein, doch mit gehobenem Eindruck. Auf den Gartenstühlen unter dem Sonnenschutz der Terrassen sitzen einige Gäste. Spätestens jetzt ist der Unterschied zu daheim nicht mehr spürbar. Nur das Wissen um die Örtlichkeiten, kann das Bild jetzt noch trügen. Sogar einige Frauen, zumeist in Begleitung von Männern, sitzen hier im sommerlichen Outfit und genießen den Kaffee oder das Eis. Überhaupt scheint die Vielzahl an „westlichen“ Frauen hier extrem hoch, sicher auch bedingt durch die Unterbringung der vielen Polizistinnen der verschiedensten Nationen. Ob die Frauenquote hier genauso hoch ist wie bei der Polizei in Deutschland, kann ich nicht beurteilen. Doch in jedem Fall ist sie höher als in der Bundeswehr. Es geht immer noch weiter durch die Anlage, vorbei an weiteren Unterkunftsgebäuden, vor denen die Grünflächen zum Sonnenbaden genutzt werden. Verstreut stehen Sonnenliegen auf den Wiesen und selbst die Schutzbunker sind optisch elegant mit grünem Sichtzaun bezogen, um kein störendes Bild zu erhalten. So langsam bekomme ich das Gefühl, dass die Gäste dieses Camps einen Zuschlag zahlen sollten, statt für die Anwesenheit von ihren Staaten noch Auslandsverwendungszuschlag zu bekommen. Auf einem großen Parkplatz, der jedoch gut gefüllt ist, kommen wir am Gebäude der deutschen Polizei an. Man unterscheidet hier zwischen den Polizisten, die von Deutschland gesandt werden und denen, die von Europa (EUPOL) kommen.

Glaubt man den Gerüchten, dann ist die Unterbringung der EUPOL noch besser. Zudem erhalten sie eine deutlich höhere Entschädigung für ihre Zeit in diesem Land. Die Dienstposten bei EUPOL sind daher sehr beliebt, denn wenn sowieso alle in etwa das gleiche bei gleicher Gefährdung tun, nimmt man verständlicherweise die besser bezahlte Stelle. Nachdem ich das Fahrzeug geparkt und verschlossen habe, gehe ich zur Gruppe, die bereits am Eingang des Gebäudes wartet. Mein Verdacht bestätigt sich, denn Franz, der Polizist von der Schleuse, war bereits 2010 mit mir für 11 Monate in Kabul. Wir hatten uns nur wenig und flüchtig gesehen, doch er kann sich noch gut an die Offiziere meines Bereiches erinnern. Franz ist hier bei der Polizei Mentor für die afghanischen Polizisten in der Polizeiakademie von Kabul. Sein Fachbereich schneidet sich mit unserem und macht ihn so für uns zu einem interessanten Ansprechpartner.

Der Beginn unseres Treffens soll ein kleiner Erfahrungsaustausch sein. Dann wollen wir Gemeinsamkeiten finden und die Kontakte zur zivilen Polizei nutzen, um die Anerkennung des militärischen Führerscheines voranzutreiben. Gemeinsam begeben wir uns in eine Art Vorraum vor den Fluren der Unterkünfte. Dieser ist recht groß und je zur Hälfte als Kinosaal und Besprechungsraum umfunktioniert. Alles wirkt gemütlich und ein wenig privat. Bilder und Wappen schmücken die Wände. Wir nehmen nach der Begrüßung durch den Leiter dieser Einheit Platz am Besprechungstisch. Dieter hat Fertigkuchen mitgebracht und bietet ihn zum dazu gereichten Kaffee an. Da ich keinen Kaffee trinke und erst gar keine Umstände machen möchte, nehme ich mir eine der Wasserflaschen, die auf den zusammengeschobenen Tischen aufgebaut sind. So braucht für mich erst gar keine Tasse bereitgestellt werden. Es dauert einige Minuten, bis der Aufbau abgeschlossen ist und wir mit den Beamten ins Gespräch kommen. Dieter trägt unser Anliegen vor und versucht ein wenig unsere Aufgaben bei der ANA zu umschreiben. Gelegentlich greift er auf meinen Hintergrund zurück und bittet mich seine Ausführungen zu begleiten oder im Detail zu ergänzen. Damit überrascht er mich positiv, da der Oberleutnant, sein Vorgänger, auf diese Dinge weniger Wert gelegt hat. Er hatte seinen eigenen Kopf und hat meine Meinung in der Regel unter vier Augen erfragt. Die Einbindung durch Dieter in die Unterhaltung bringt natürlich eine gewisse Wertschätzung, die ihre motivierende Wirkung nicht verfehlt.

Bei den vielen Ideen, die Dieter in den letzten Monaten in das Gespräch gebracht hat, bin ich mir schon etwas wie ein Querulant vorgekommen, weil ich mehr die negativen Aspekte, die gegen seine Ideen sprachen, in die Diskussionen eingebracht hatte. Immer wieder hat mein leicht schlechtes Gewissen dann meine Meinung hinterfragt. Doch geändert hat sich selten etwas, so dass ich entweder uneinsichtig oder bestätigt war. Auch jetzt, wo er eine immer noch umfangreiche und für dieses Land sehr umständliche Prüfungsrichtlinie durchsetzen möchte, habe ich klare Zweifel. Wir hätten natürlich eine stärkere Lobby, wenn die Polizei unseren Weg mitgehen würde und ebenfalls diese Prüfungsrichtlinie – auf die ANP (Afghan National Police) zugeschnitten – übertragen würde. Doch der Leiter, ein Polizeioberrat, verpasst uns einen klaren Dämpfer.

Es wird deutlich, dass die Prioritäten der Polizei hier in anderen Bereichen liegen und sie sich damit eben sichtlich ausgelastet fühlen. Zwar bieten sie ihre Kontakte, die aufgrund von persönlichen Spannungen bei den „Mentis" zurzeit recht schlecht scheinen, an, doch darüber hinaus ist nur wenig Beteiligung zu erwarten. Während unser Stellvertreter sich demonstrativ nach hinten in den Stuhl schiebt, bleibt Dieter mit seinen Ausführungen unbeirrt. Entweder will er diese Botschaft nicht hören oder einen weiteren Versuch der Überzeugung starten. Doch es bleibt dabei. Wir können jederzeit Unterlagen und Vorschriften über die Polizei bekommen, doch die anstehenden Termine werden wir als Militär allein wahrnehmen. Um jetzt etwas zu bewegen, müssen wir über den afghanischen Polizei General der Traffic Police gehen und der ist als harter Verhandlungspartner bekannt. Der Kaffee und der Kuchen lockern die Gesprächsrunde, die nun auch zwischen den einzelnen Personen entstanden ist, etwas auf. Dieter möchte die Richtlinie, die er zusätzlich in Papierform übergeben hat, als Präsentation vorführen.

Eine SMS auf dem Handy des Leiters der Polizei bringt etwas Unruhe in die Runde. Sie scheinen schneller und genauer über Ereignisse in Kabul unterrichtet zu werden. Zwei Anschläge im Stadtzentrum wirken sich auf die Fahrten ihrer Beamten aus und so gibt es nun Wichtigeres zu tun als unsere Besprechung. Franz bleibt als Einziger, um sich dennoch die Präsentation anzusehen. Eine telefonische Anfrage bei unserem Leitstand bestätigt die mangelnden Informationen. Das kann daran liegen, dass diese Informationen unzuverlässig sind oder unsere Quellen einfach schlechter als die der Polizei. Da zwischenzeitlich jedoch eine weitere SMS von EUPOL eintrifft, scheint zweites der Fall. Unser Stellvertreter setzt eine Abfahrtszeit fest, um nicht zu riskieren, dass sich die Sicherheitslage weiter verschärft und wir hier nicht mehr wegkommen, weil „No move" befohlen wird. Somit hat Dieter noch ziemlich genau 20 Minuten für seine 22 Folien. Zügig beginnt er seine Ausführungen, während ich für ihn durch die Folien klicke. Doch seine sehr ausführlichen Erläuterungen zu den verschiedenen Punkten lassen keinen Zeitdruck erkennen. Ich klicke nun teilweise schon weiter vor, obwohl er noch in seine Erklärungen steckt, um leichten Druck auszuüben. Dabei kann ich mir ein sichtbares Grinsen nicht verkneifen, denn mehr als einmal will er mich bitten die nächste Folie zu öffnen und muss dann beim Blick auf die Leinwand feststellen, dass sie schon offen ist und ich damit hellseherische Fähigkeiten an den Tag lege. Teamwork nennt man das wohl. Als er am Ende der 22 Folien merkt, dass darin noch nicht einmal die umfangreichen Anlagen enthalten sind, bremst ihn der Stellvertreter ein, um die pünktliche Abfahrt einzuhalten. Hätte er direkt alles Uninteressante, sprich Militärische, weggelassen, dann wäre er vermutlich schon fertig. Warum sollte die Polizei sich für eine Prüfung auf Panzer oder Motorräder im Gelände interessieren, wenn wir so etwas noch nicht einmal bei unserem afghanischen Militär haben?

Wir brechen ab und bedanken uns für die Einladung und das Entgegenkommen der Polizei. Auch als wir wieder in den Fahrzeugen sitzen und uns auf den Rückweg machen, gibt es noch keine aktuellen Informationen aus unserem Camp. Die Rückfahrt verläuft normal und ein langer, aber interessanter Tag geht zu Ende. Wer weiß, wann wir das nächste Mal die Gelegenheit bekommen, in das *Green Village* zu fahren. Es bleibt der Eindruck, für eine kurze Zeit in eine kleine, aber andere Welt inmitten von Afghanistan eingetaucht zu sein.

Wenn wir uns frei bewegen dürften oder gar zivile Einrichtungen zur Freizeitgestaltung nutzen könnten, würden wir sicher mehr von den schönen Seiten Kabuls kennenlernen. Amin und Avabi berichten öfter von sauberen und grünen Bereichen in dieser sonst so staubigen und schmutzigen Stadt. Doch es wird wohl noch viele Jahre dauern, bis sich ausländische Soldaten hier frei bewegen können, ohne ständig Anschlägen ausgesetzt zu sein und schwer bewaffnet und geschützt auftreten zu müssen. Ein wenig neidisch bin ich durch dieses Treffen auf die Polizei schon geworden. Ob ich wohl auch in den Einsatz gekommen wäre, wenn ich mich damals für die Polizei entschieden hätte? Durch die Umstellung in vielen Bundesländern auf den gehobenen Dienst wäre zumindest die Karriere aussichtsreicher gewesen. Die Zusammenarbeit der Deutschen mit der afghanischen Polizei scheint jedenfalls etwas schwierig zu sein. Doch das haben wir in einigen Bereichen ebenso bei der afghanischen Armee.

Es kristallisiert sich für mich eine wichtige Botschaft aus den geteilten Erfahrungen mit der Polizei: Die Afghanen scheinen es langsam leid, sich immer wieder den Vorstellungen der Ausländer beugen zu sollen und blocken somit viele der gut gemeinten Bemühungen ab. Was sie nicht einsehen oder nicht wollen, führt nur dazu, dass sich die Mentoren die Zähne ausbeißen. Wie der Leiter der Polizei selbst feststellte, ist gerade die kurze Stehzeit einzelner Mentoren das größte Hindernis in der Zusammenarbeit mit den Afghanen. Diesen Eindruck kann ich aus Erfahrung nur bestätigen und somit ginge es mir sicher nicht anderes, wenn man mir in der Schule jedes halbe Jahr einen neuen Klassenlehrer vorgesetzt hätte. Damit befinden wir uns jedoch in einem Teufelskreis, denn wem wollen wir jahrelangen Dienst in diesem Land zumuten? Und diejenigen, die ihn, warum auch immer, machen wollen, brennen hier aus. Uneingeschränkt alle, die ich hier als Langzeitmentoren kennengelernt habe, waren in ihrer Motivation und ihren noch vorhandenen Zielen deutlich im Anspruch gefallen. Das ist aufgrund der wirklich zermürbenden Zusammenarbeit mit vielen Afghanen einerseits verständlich, andererseits jedoch sehr unproduktiv. Sogar ich habe im Vergleich zum ersten Ausbilder-Einsatz meine Vorstellungen und Ansprüche deutlich zurückgeschraubt. Dabei wäre es unehrlich, wenn ich nicht zugeben würde, dass auch mein Ehrgeiz ein wenig zerrieben und gestutzt wurde. Heute setze ich mir lieber sehr kleine Ziele und glaube daran, dass diese sich einfacher und nachhaltiger durchsetzen lassen. Dabei sind immer wiederkehrende Rückschläge die Normalität geworden. Oft frage ich mich, ob die Afghanen unsere Hilfe und unser Wissen überhaupt noch wollen. Doch in den direkten Gesprächen hört man schnell die Angst durch, die mit unserem Abzug entstehen würde.

Gestern Nachmittag habe ich mir mit Dieter die Ausbildung am Sattelzug angeschaut und begleitet. Die Lehrgangsteilnehmer sollten lernen, die Zugmaschine am Auflieger anzukoppeln. Dabei stellte sich sehr schnell heraus, dass sie einfach nicht in der Lage waren, die Zugmaschine rückwärts mittig vor den Auflieger zu fahren. Dabei ist das eine noch recht leichte Aufgabe. Alle Ratschläge, die von Dieter und mir kamen, schienen zu verpuffen. Mehrmals forderten sie mich auf, die Aufgabe einmal vorzufahren. Doch nach meinen Erkenntnissen und Berechnungen hat jeder Lehrgangsteilnehmer gerade einmal etwas mehr als zehn Minuten pro Tag zum Üben und ich wollte ihnen nicht auch noch diese wenige Ausbildungszeit nehmen. So setzte ich mich in die Fahrerkabine in die Mitte zwischen die Sitze auf eine Metallkiste und nahm Avabi mit auf den Beifahrersitz. Der Lehrgangsteilnehmer, ein Mann von der ANCOP, eine Art militärische Polizei, war froh und aufnahmebereit für meine Hinweise. Immer wieder versuchte er ohne die Außenspiegel, mit dem Blick durch das kleine Heckfenster, den LKW auszurichten. Das versuchte ich ihm aber auszureden, denn viele LKW haben aufgrund von Anbauten oder Schlafkabinen diese Fenster nicht. Mit den Spiegeln war es für ihn jedoch unmöglich. Dann gab ich nach und bat ihn mich an das Steuer zu lassen. Erst jetzt, wo ich selbst direkt die Spiegel nutzen konnte, fiel mir die unmögliche Einstellung auf. Die großen Spiegelarme waren sehr weit an das Seitenfenster des Fahrers und Beifahrers herangezogen. So standen sie an der weitesten Position nach außen und gaben nur einen sehr kleinen und ungünstigen Blickwinkel direkt hinter die Fahrerkabine frei. Maximal die Räder des LKW konnte man über sie einsehen. Zudem ist so die Gefahr, dass ein entgegenkommender LKW im Straßenverkehr gegen die Spiegel fährt, sehr hoch. Ich drückte den auf der Fahrerseite liegenden Spiegelarm soweit es ging wieder nach vorne zur langen Haube des amerikanischen LKW. Dann stellte ich den Spiegel über die elektrische Verstellung wieder auf die richtige Position. Nun konnte ich über die gesamte Länge am LKW vorbeischauen und vor allem den Auflieger ordentlich einschätzen. Denn nun brauchte man nur noch die linke und rechte Seite des Aufliegers gleichmäßig im Spiegel auszurichten. Ohne das hintere Fenster zu nutzen, konnte ich jetzt fast problemlos den Auflieger mit der Sattelkupplung verbinden. Dann stieg ich aus und erklärte Hashib, was ich gemacht hatte und wo ich das Problem sah. Der sonst sehr offene afghanische Hauptmann bestritt jedoch, dass es LKW gibt, die hinten keine Fenster haben. Diesen Streitpunkt konnte ich durch das Angebot, später auf der Heimfahrt solche LKW zu fotografieren, beenden. Zumindest war ich nun sicher, dass mein Tipp zur korrekten Spiegeleinstellung die „gute Tat des Tages“ war. Denn die kleine Ursache hatte ein großes

Problem ausgelöst, dass die Fahrlehrer anscheinend nicht erkannt hatten.

Heute haben sie denselben LKW wieder benutzt und hätte der Spiegelarm nicht eine unverwechselbare Beschädigung, so hätte ich den LKW für einen anderen gehalten. Doch es ist derselbe und die Spiegelarme stehen genauso, wie ich sie gestern falsch eingestellt vorgefunden habe. Was die Afghanen nicht verstehen oder nicht annehmen wollen, das tun sie auch nicht. Sicher wird das nicht der afghanische Hauptmann gewesen sein, der den Spiegel wieder verstellt hatte, doch das spielt keine Rolle. Wenn Veränderungen – und ich hoffe es sind dann in der Masse auch Verbesserungen – nicht bis in die unterste Ebene vordringen, machen wir immer wieder die berühmten zwei Schritte vor und mindestens einen zurück. Optimisten wie ich verbuchen selbst das noch als positives Ergebnis. Wohl wissend, dass es den Preis von viel Zeit, Geduld und vor allem auch Geld bedeutet. Es kann nur eine Frage der Zeit sein, bis dieser Spiegel unnötigerweise abgefahren wird. Von den Schäden durch das schlechte Sichtfeld der Spiegel beim Rangieren mal abgesehen. Und es sind auch unsere Gelder, die der Deutschen, die wir für die Hoffnung auf Entwicklung und Selbständigkeit dieses Landes hergeben. Hashib betont immer wieder, wenn wir die Ausbildung begleiten, dass er froh ist, uns zu haben. Doch manchmal bin ich nicht sicher, ob es wegen dem Wasser, welches wir mit in das Gelände bringen ist oder wegen unserer Erfahrung, die wir versuchen einzubringen. Zweifel werden bleiben und müssen erlaubt sein.

Der nächste Morgen bei den Afghanen beginnt etwas ungemütlich. Noch während ich auf den Platz fahre und einen schattigen Parkplatz ansteuere, spielt sich nur wenige Meter vor einem der Zelte ein Streit mit Handgreiflichkeiten ab. Mobbid und Hassan, der älteste Fahrlehrer, scheinen eine Meinungsverschiedenheit zu haben. Immer wieder verpasst Mobbid dem riesigen Hassan Hiebe mit den Fäusten auf den Oberkörper. Gefolgt von Gesten, die ihn wohl verscheuchen sollen. Hassan könnte diesen alten Mann vermutlich mit wenig Aufwand niederstrecken, wenn nicht sogar töten. Doch wie ein großer Teddy nimmt er die Hiebe hin, macht aber wenig Anstalten zurückzuweichen. Andere Offiziere und Fahrlehrer beginnen sich einzumischen. Nur vorsichtig versuchen sie die beiden Streithähne voneinander zu trennen.

Aus den zögernden Bewegungen ist die Angst, selbst etwas abzubekommen oder in den Streit gezogen zu werden, unübersehbar. Immer wieder ziehen sie Hassan an seinen langen Armen von Mobbid zurück.

Wir beschließen im Wolf zu bleiben und abzuwarten, bis sich die Lage etwas beruhigt hat. Nicht aus Angst etwas abzubekommen, sondern um nicht auf eine der Seiten gezogen zu werden. Wir müssen hier mit allen gut zusammenarbeiten und Partei zu ergreifen kann da nur schädlich sein. Hassan versucht nun auf die Schläge zu antworten und die Anderen umso energischer, ihn davon abzuhalten. Etwa 15 Afghanen haben sich mit den Streitenden vor dem Zelt versammelt. Aus unserer Sicht lässt sich nicht beurteilen, warum es diesen Streit gibt oder gar, wer Recht hat. Endlich wendet Hassan sich von dem immer noch schimpfend gestikulierenden afghanischen Oberstleutnant ab. Von zwei Kameraden wird er an der Hand, was ja unter Freunden hier absolut üblich ist, zu seinem Wachturm geführt. In diesem Wachturm hat Hassan es sich mit einigen anderen alten Offizieren und Feldwebeln gemütlich eingerichtet. Er bildet nur noch sehr, sehr selten aus. Das ist ohne Zweifel eine große Verschwendung bei seiner Erfahrung, die er seit 2004 hier erworben hat. Doch man respektiert, dass auch er alt geworden ist und sich diese entspanntere Position verdient hat.

Wir steigen aus und gehen langsam zu den Afghanen herüber. Avabi kommt uns aus der Menge mit Amin entgegen und begrüßt uns freundlich mit lächelnder Miene, als wäre nichts gewesen. Dieters Neugier ist kaum zu bremsen und so erkundigt er sich direkt bei Amin, was der Grund für den Streit gewesen ist. Amin weicht aus, als wolle er nicht schlecht über die Soldaten reden und auch Avabi gibt Antworten, die wenig Bezug zur Frage haben und wohl ablenken sollen. Amins „Die sind wie Tiere, die verstehen gar nichts!“ habe ich mittlerweile schon oft gehört. Aber auch dies scheint ein Ausspruch, um nicht auf die gestellten Fragen antworten zu müssen. Dieter begibt sich mit Hashib und zwei anderen Offizieren in das Zelt von Rabur und Avabi folgt ihm. Ich halte Amin an der Schulter zurück und beginne vor dem Zelt erneut das Gespräch. Da auch mich interessiert, was hier los war, lasse ich nicht locker. Nach und nach beginnt er, noch etwas zögerlich, die Hintergründe zu erklären. „Du weißt, Herr Enrico, Mobbid ist kein guter Mensch!", beginnt er leise zu sprechen. Und ja, ich kenne viele schlechte Geschichten über Mobbid. Ob sie wahr sind, kann ich nicht beurteilen, weil ich (zum Glück) nicht immer dabei war. Doch die Häufung der Geschichten und die Anklagen von unterstellten Soldaten, ergeben ein sich immer deutlicher abzeichnendes Bild. Erst in der letzten Woche hatte er sich bei Rabur rechtfertigen müssen, weil er einen Lehrgangsteilnehmer der 5. Inspektion geschlagen hat. Dieser hatte behauptet, sich sexuellen Annäherungen des Oberstleutnants zur Wehr gesetzt zu haben. Mobbid wird nachgesagt, dass er viele Male junge Soldaten sexuell missbraucht haben soll. Doch in der Regel trauen sich die Opfer nicht, es zu melden, aus Angst vor Konsequenzen. In Gesprächen hat er selbst mehr als einmal deutlich herausgestellt, dass seine Neigung keinesfalls homosexuell wäre, da hier in Afghanistan nur diejenigen homosexuell wären, die „hinhalten". Somit scheint er zu keiner Zeit ein schlechtes Gewissen zu haben. Leider scheint bei allen späteren Untersuchungen das Motto „Eine Krähe hackt der anderen kein Auge aus" verfolgt worden zu sein. Mobbid hat hochrangige Verwandte und Bekannte, sowohl beim Militär als auch in den Ministerien. Das kann ein klarer Grund dafür sein, warum die Vorgesetzten vor so einem Mann die Augen verschließen. Doch diesmal ging es wohl nicht um einen versuchten Übergriff, sondern um einen Vorschriftenverstoß eines Soldaten.

Einer der Fahrlehrer, Nasim, war in ziviler Kleidung morgens in das Camp gekommen. Gemäß den aktuellen Weisungen des Schulkommandeurs müssen alle Soldaten jedoch in Uniform zum Dienst kommen. Ob es einfach nur die schlechte Laune von Mobbid war oder ein anderer Grund, weiß nur er selbst. Jedenfalls hat er sich Nasim gegriffen, körperlich gezüchtigt und anschließend in einen Container gesperrt. Hassan, der ein gutes Herz hat, muss kurze Zeit später davon von anderen Soldaten erfahren haben und wollte Nasim aus dem Container befreien. Doch Mobbid wollte sich von Hassan wohl nicht in seine disziplinarischen Methoden reinreden lassen und ging daraufhin auf Hassan los. Nachdem Amin mir nun recht ausführlich die Umstände erläutert hat, begebe ich mich mit ihm ebenfalls in Raburs Zelt, guten Morgen sagen. Mobbid sitzt mit böser Miene im Stuhl unter dem Fernseher und redet ununterbrochen auf Rabur ein. Rabur hat den Kopf gesenkt, als würde er die vielen Dokumente auf seinem Schreibtisch studieren. Dabei reibt er sich mit den Fingern, wie er es oft tut, wenn er mal wieder Kopfschmerzen hat, die Schläfen. Noch scheint er gar nicht auf seine Erklärungen eingehen zu wollen. Dieter sitzt neben Avabi und lässt sich übersetzen. Natürlich rechtfertigt sich Mobbid und schiebt die Schuld auf Nasim. Dass er gegen einen Befehl verstoßen hat, scheint dabei unstrittig und eigentlich nicht mehr das Thema. Mobbid fordert nun von Rabur, dass er Nasim umgehend aus der 3. Inspektion entfernt. Genaugenommen spricht Mobbid sogar von Entlassung aus der Armee. Rabur sitzt in einer Zwickmühle, denn nimmt er Nasim in Schutz, könnte er die Loyalität seines Stellvertreter Mobbid verlieren. Doch einen der guten Ausbilder zu feuern, um den alten Mann ruhigzustellen, will er auch nicht. Dabei geht es keine Sekunde des Gespräches um die körperliche Misshandlung und den anschließenden überzogenen Arrest. Energisch wie Mobbid die Konsequenzen fordert, könnte auch der Eindruck entstehen, da müsste mehr vorgefallen sein. Wundern würde es mich nicht. Finanziell hätte Mobbid das Militär als Verdienstquelle nicht mehr nötig. Mit seinen Gärten, die jedes Jahr viel Geld über die Ernte einbringen und den Söhnen, die gut laufende Geschäfte haben, könnte er sich sofort zur Ruhe setzen. Doch er weiß, dass er nur noch etwa zwei Jahre durchhalten muss, um sich eine kleine Pension zu sichern und da er sich hier eben nicht totarbeiten muss, sitzt er es aus. Nur leider ist der Schaden, den er sowohl menschlich wie auch militärisch anrichtet, unübersehbar.

Es kann nur eine Frage der Zeit sein, bis der nächste Vorfall uns beschäftigt. Mit dieser sehr schlechten und klar überholten Verhaltensweise, die Mobbid seit Jahrzehnten anscheinend ungehindert praktiziert, steht er nicht allein dar. Eine Studie der afghanischen Regierung hat ergeben, dass es in der afghanischen Polizei eine Vergewaltigungsquote von 100 % unter den weiblichen Polizistinnen gibt. Bedingt durch die kulturellen und religiösen Regeln warten viele Männer sehr lange auf eine Partnerin. Nur wenn die Eltern grünes Licht geben, dürfen die Töchter heiraten. So bleiben viele sexuelle Verlangen für Jahre auf der Strecke. Erst wenn man finanzielle in der Lage ist, die zukünftige Frau und eine Familie zu versorgen, hat man gute Chancen als Bewerber. Und leider sind in vielen religiösen Gruppierungen Frauen, die nicht zu Hause die Familie versorgen, nichts wert. Warum dennoch Frauen in diesem Land den harten Weg gehen und sich sowohl bei der Polizei, dem Militär oder auch anderen öffentlichen Ämtern bewerben und ihren Dienst tun, ist schwer und nicht nur mit dem Einkommen zu erklären. Die Quote unter den männlichen Vergewaltigungsopfern dürfte deutlich tiefer liegen, dennoch sind solche Informationen erschreckend. Klar scheint aber auch, dass, solange Leute wie Mobbid gedeckt werden, sich wenig ändern dürfte. Wen würde es da wundern, wenn Betroffene oder sich verantwortlich fühlende wie zum Beispiel Hassan, irgendwann zur Selbstjustiz greifen?

Wir haben jetzt die erste deutsche Soldatin in unsere Einheit bekommen. Ihre Anreise hat fünf Tage gedauert, da die Sicherheitslage wiederholte Versuche, nach Kabul zu kommen, zunichte gemacht hatte. Aus Neugierde, wie die neue Kameradin wohl sein würde, haben einige sie schon gegoogelt. Somit dürfte schon jeder in der Einheit einmal ihr Gesicht gesehen haben. Sie wird als Nachfolgerin des Admins dessen Aufgaben zur Unterstützung des Spießes übernehmen. Sie ist damit zwar ein Mitglied unserer Einheit, wird aber nicht im eigentlichen Auftrag als Mentorin eingesetzt sein. Damit ist sie die dritte Frau in unserer Einheit nach einer Belgierin und einer Französin, die jedoch als Mentorinnen gearbeitet hatten. Da sie im Organisationsbereich der Streitkräftebasis als Frau Oberbootsmann ihren Dienst tut, ist sie zurzeit dann auch eine recht seltene Vertretung der Marine. Aus organisatorischen Gründen ist es nichts Ungewöhnliches, dass die Streitkräfte bei Einsätzen Uniformträger der verschiedenen Teilstreitkräfte beschäftigt, die mit dem eigentlichen Auftrag, den man ihren Schulterklappen zuordnen könnte, nichts zu tun haben müssen. So ist sie genauso wie mein Vorgänger nie zur See gefahren oder direkt in einer Marineeinheit eingesetzt gewesen. Der erste Eindruck von ihr ist positiv, wobei sie im Moment noch etwas unsicher und schüchtern ist. Sie ist kurz vor der 30, sieht aber durch starken Zigarettenkonsum, wie ich vermute, etwas älter aus. Auf jeden Fall macht sie keinen eingebildeten Eindruck und wirkt auf mich auch nicht wie eine Frau, die den Männern den Kopf verdreht.

Damit steht Lars, ihr Vorgänger, kurz vor dem Ende seines ersten Einsatzes. Anfangs fand ich ihn etwas steif und spießig, doch Gemeinsamkeiten und seine wirklich korrekte und ehrliche Art haben ihn für mich sympathisch gemacht. Ich bin froh, dass ich ihm eines seiner schönsten Erlebnisse dieses Einsatzes schenken durfte. Er, der sonst die meiste Zeit in seinem Bürocontainer im Camp verbringen musste, ist leidenschaftlicher Motorradfahrer. Davon hatte er mir schon am Anfang des Einsatzes erzählt und die Gelegenheit, einmal ein afghanisches Motorrad zu fahren, kam. Um auch ihm einen Einblick in die Arbeit unserer Einheit, dort draußen und im Besonderen der Fahrlehrerinspektion zu geben, nahm ich ihn zu einer Motorradtour für einen britischen General mit in das Gelände. Ausgerüstet mit einer HD-Helmkamera bekam er von mir die Gelegenheit, eines der eingesetzten Motorräder von unserem afghanischen Bereich in das alte Fahrschulgelände zu fahren. Der britische General, in wichtiger Position für die Ausbildung in Afghanistan, wurde bei dieser Gelegenheit mit einem interessanten Programm versorgt. Einerseits ist auch er ein leidenschaftlicher Motorradfahrer, andererseits kann es nie schaden, wichtige Leute bei Laune zu halten. So kann man diesen Tag sicherlich kritisch sehen, doch die Verbindung der Präsentation unserer Einheit mit einem ansprechenden Erlebnis bot sich an. So kam unser Admin zu einem einmaligen Erlebnis und der General wird uns sicher ebenso wenig schnell vergessen. Ich finde es – selbst wenn wir im Dienst nur wenig miteinander zu tun hatten – sehr schade, dass er schon nach so kurzer Zeit wieder das Land verlässt. Doch vielleicht bekommen wir in der Heimat doch irgendwann eine gemeinsame Motorradtour hin. Mit seiner Zuverlässigkeit und Qualität des Dienstes hat er die Latte für seine Nachfolgerin hochgelegt. So wird man sehen, ob sie in seine Fußstapfen treten kann.

Die seit längerem angekündigte Band „Villa Música“ aus Deutschland ist in Kabul eingetroffen. Eine sehr seltene Gelegenheit für die verhältnismäßig wenigen Deutschen hier, an einem Konzert teilzunehmen. Wenn, dann finden diese Events in der Regel am Standort Masar statt, weil hier einfach die meisten deutschen Soldaten in Afghanistan stationiert sind. So konnten wir leider diese Besuche von Prominenten oder Bands nur auf dem Bundeswehrkanal verfolgen. Gerade für die im Camp „eingesperrten“, die nun viele Wochen kräftig mit dem Umzug und dem Aufbau hier beschäftigt waren, ist das eine willkommene Abwechslung und Belohnung. Gerüchten zu Folge sollte sogar ein Strip mit in das Programm eingebaut werden. Doch aufgrund der Befürchtungen um den damit möglichen Ärger, wurde dieser Programmpunkt gestrichen. Wäre das Camp ausschließlich mit männlichen deutschen Soldaten belegt, hätte man es möglicherweise geduldet. Doch mehrere offene Fragen haben die Verantwortlichen dann vor den möglichen Konsequenzen kapitulieren lassen. Wie so etwas außerhalb des Camps angekommen wäre, wenn lokale Beschäftigte es weitergetragen hätten, ist schwer zu sagen.

Der LKW mit dem Personencontainer auf der Ladefläche ist rückwärts durch das Camp-Tor eingefahren. Die Hecktür wird von einem der Transportkameraden geöffnet und nach und nach kommen die Bandmitglieder aus dem Container über die Leiter herausgeklettert. Noch stehe ich zu weit weg, um sie genau zu erkennen, doch da sie für die nächsten vier Tage hierbleiben wollen, werden wir sie sicher noch genauer zu Gesicht bekommen. Dieter und ich gehen zur Küche, zum Mittag essen. Wir sind eigentlich schon spät dran und so ist der Speisesaal schon wieder recht leer. Noch mit den frisch gefüllten Tabletts in den Händen, werden wir von einer Dame mittleren Alters, die kurz nach uns in die Küche gekommen sein muss, angesprochen. Ihre Freude darüber, endlich auch einmal Kabul erreicht zu haben, scheint groß. Sie ist die Reiseleiterin und Organisatorin der Band. Ungebrochen in ihrem Redefluss, berichtet sie uns von den vielen Versuchen, einmal hier in Kabul ein Event anzubieten und wie sie immer wieder aufgrund des Wetters oder der Sicherheitslage gescheitert sind. Nun haben sie es ja endlich mal geschafft.

Mein Essen wird schon langsam kalt und so hören wir dennoch geduldig zu, würden dieses Gespräch aber lieber zu einem späteren Zeitpunkt weiter fortsetzen. Als wären ihre freudigen Worte vom Falschen gehört worden und er hätte sich vorgenommen, ihr einen Strich durch die Rechnung zu machen, kommt nur eine Stunde später eine schlechte Nachricht in unser Camp. Im Laufe des Vormittags ist in Masar im *Camp Marmal* ein schwer verletzter deutscher Kamerad aufgefunden worden. Wenig später, trotz der eingeleiteten medizinischen Versorgung, ist er seinen Verletzungen erlegen. Aus diesem Grund hat die Führung der Deutsche Kräfte für halb drei nachmittags, also in wenigen Minuten, ein Antreten im Innenhof der Unterkünfte befohlen. Ein richtiges Antreten wird nicht daraus, weil der Platz, bedingt durch die Grünflächen, für ein formal militärisches Antreten nicht geeignet ist. Der relativ kleine Oberst stellt sich auf die Stufen des Eingangsbereiches um etwas erhöht zu stehen und beginnt eine Rede. Die Blätter in seinen Händen verraten, dass er sich zuvor Gedanken darüber gemacht hat, was er nun sagen wird. Nur knapp und ohne auf irgendwelche Spekulationen einzugehen, gibt er die Fakten bekannt. Eindringlich bittet er darum, sich nicht an Spekulationen zum Tod des Kameraden zu beteiligen. Untersuchungen diesbezüglich sind eingeleitet. Unsere gerade erst bei der Einweihung des Camps gehisste Bundesdienstflagge wird unter dem Klang der Trompeten, begleitet durch die salutierenden Soldaten, auf Halbmast geholt. Der Akt zieht sich etwas hin, da die Flagge zuerst vollständig herabgezogen, dann wieder ganz hinauf und anschließend auf die Hälfte des Mastes zurückgezogen wird. Die steife und angespannte Haltung der Grundstellung mit der dazu an die Schläfe angesetzten flachen Hand, fühlen sich mit jeder Sekunde unangenehmer an.

Diese erzwungene Ruhe und Konzentration auf die Situation, lassen unangenehme Gedanken wieder hochkommen. Es fühlt sich anders an als bei dem Kameraden, der vor wenigen Wochen gefallen ist. Dennoch reicht die Zeit, um die Gedanken, die man am liebsten nie wieder aufkommen gelassen hätte, frei zu lassen. Es führt einem wieder einmal die Vergänglichkeit, von der niemand ausgenommen ist, vor Augen.

So schnell wie das Antreten anberaumt worden ist, so schnell ist es auch wieder aufgelöst. Ruhig und unter dem leisen Geräusch von nur wenigen einzelnen Gesprächen, verlassen die Soldaten langsam den Innenhof. Noch im Eingang des Gebäudes, auf dem Weg zurück zur Stube, werden die ersten Gerüchte laut. Die moderne Kommunikation kennt keine Grenzen und so kommen die Informationen von Kameraden, die andere Kameraden in Masar kennen, und sie so innerhalb weniger Minuten oder Stunden durch ganz Afghanistan verbreiten. Masar gilt als der sicherste Standort der Bundeswehr und die Zahlen der Gefallenen oder Verwundeten untermauern diese Aussage. Wie also kann ein deutscher Soldat dort schwer verletzt werden? Entweder handelt es sich um einen Unfall und dabei gibt es sehr viele mögliche Szenarien oder es war tatsächlich, wie es die Gerüchte weitergeben, ein Selbstmord. Nur die deutlich spätere Veröffentlichung dieser Zeilen erlaubt mir die Wiedergabe dieser Spekulation. Es wäre nicht der Erste und sicher auch nicht der letzte Fall dieser Art in einem Auslandseinsatz. Welche Motive auch immer zu solchen Handlungen führen, die deutschen Soldaten bilden einen Querschnitt unserer Gesellschaft ab. Doch erschwerend kommen die besonderen Belastungen, die solche Einsätze mit sich bringen, dazu. Beziehungsprobleme, Probleme mit den Erlebnissen des Einsatzes allgemein oder eben andere Gründe können zu solchen Taten führen. Die Ermittlungen der kommenden Wochen werden es zeigen, ob es sich hierbei nur um Gerüchte handelt oder nicht. Dennoch gebührt dem Kameraden Respekt, denn niemand kann abschließend von der Hand weisen, dass der Einsatz einen Einfluss auf solche Entscheidungen, wenn das Gerücht sie denn bestätigen sollte, hatte.

Das Konzert ist abgesagt. Die Einzige jetzt noch verbleibende Möglichkeit, die Band ein wenig spielen zu lassen, bietet der in den Abendstunden angesetzte Gottesdienst. Heute vor genau zehn Jahren wurde ein Sprengstoffanschlag auf einen Bus mit deutschen Soldaten verübt und hat vier Kameraden das Leben gekostet, weitere zehn wurden zum Teil schwer verletzt. Mit den Folgen haben die Überlebenden und die Helfer vor Ort noch heute zu kämpfen. Sie waren auf ihrer letzten Fahrt durch Kabul auf dem Weg zum Flughafen. Sie wären noch am gleichen Abend in Köln gelandet und hätten ihre Familien und Freunde wieder in die Arme schließen können. An diesem Tag wurde sowohl der deutschen Öffentlichkeit als auch den Mitgliedern der Regierung schlagartig und ungeschönt gezeigt, dass dieser Einsatz keine, wie der Pfarrer in seine Worte fast, Klassenfahrt ist. Und jetzt, nach zehn Jahren fällt auf, dass sich Jahrestage mit dunklem Hintergrund in diesem Land für uns Soldaten häufen. Weit weg, dem Blick der deutschen Medienwelt entrückt, scheint sich, gemessen an den Opfern der letzten Jahre, kaum etwas an der Sicherheitslage geändert zu haben. Die Tatsache, dass wir nicht mehr gutgläubig unsere Soldaten in ungeschützten Bussen durch Afghanistan fahren, hat es für die Gegenseite schwerer gemacht, solche Tiefschläge zu verteilen. In der Diskussion mit anderen Kameraden zu den Fortschritten des Landes in den letzten Jahren schoss mir ein sehr bildlicher, wenn auch harter Vergleich in den Kopf. Afghanistan ist wie ein Esel den man – gezogen von der NATO und zivilen Hilfsorganisationen – an der Leine durch sein Land führen muss, um etwas Produktives zu vollbringen. Lange nicht so produktiv wie die Ladefläche eines deutschen LKW, aber immerhin in Bewegung. Doch wehe, man lässt die Zügel etwas locker, dann steht der Esel störrisch und sinnlos in der Landschaft herum und stoffwechselt nur vor sich hin.

Der Gottesdienst, der offiziell dem Gedenktag des Anschlages auf den Bus gewidmet ist, ist nur mäßig besucht. Ebenfalls ein Querschnitt der Gesellschaft, die auch hier nur zum Teil Interesse an den Geschehnissen zeigt. Und dass, obwohl sie doch einen direkten Bezug hätten. Wenigstens sind die Ungarn unserer Einheit hier erschienen. Überhaupt ist unsere Einheit als kleinstes Element dieses Camps mit 16 Deutschen und neun Ungarn der „Saalfüller". Enttäuschende acht Vertreter der Unterstützungskompanie, die mindestens 130 Soldaten im Camp beherbergt, haben in den Ledersesseln Platz genommen. Natürlich ist so ein Gottesdienst freiwillig, dennoch ist diese geringe Teilnahme für mich nicht nachvollziehbar. Ich nehme neben Keule und zwei anderen Kameraden der Zweiten an der Wand auf einem normalen Stuhl Platz. Damit sitzen wir vier etwas abseits vom Rest, die sich um die Besprechungstische und in den Stuhlreihen vor dem großen, durch Jalousien verdeckten Fenster verteilt haben. Die Bandmitglieder haben an der gegenüberliegenden Wand auf den Stühlen Platz genommen und stimmen teilweise noch ihre Instrumente. Neben mir ist ein Tisch aufgebaut, auf dem CDs und T-Shirts liegen. Der Pfarrer steht auf und geht mit leicht wippendem Schritt in die Mitte des Saales vor ein kleines Holzkreuz, welches auf dem Tisch aufgestellt ist. Er lässt die rechte Hand zu einem Kreuz vor seiner Brust fließen und murmelt dabei unverständlich etwas vor sich hin. Dann beginnt er mit seiner aufgeschlagenen Bibel, in die er lose Blätter gelegt hat, seine Andacht. Alles was er sagt, klingt deutlich überlegter als beim letzten Mal. Weniger übertrieben und wiederholend. Nach nur wenigen Worten lässt er die Band ihren ersten Titel spielen. Das Lied und auch die folgenden scheinen mit Bedacht ausgesucht. Ruhig und mit nachdenklichen Texten bestückt beginnt der Einstieg. Obwohl im Verlauf der Andacht der Eindruck nicht zu leugnen ist, dass die Band das geplatzte Konzert nun zum Teil hier nachholen möchte, kommt die Kombination aus Gottesdienst und Musik bei mir gut an. Doch an den Gesichtszügen des Führers Deutsche Kräfte kann ich auch andere Empfindungen ablesen. Die sehr ausgeprägte und permanent wechselnde Mimik des „kleinen" Oberst, sprechen ihre eigene Sprache. Dass der Pfarrer und der Oberst nicht auf einer Wellenlänge zu sein scheinen, ist mittlerweile ein offenes Geheimnis im Camp. Doch die Andacht hat genug Stil. Dass der gerade erst verstorbene Kamerad lediglich mit dem Hinweis auf die Halbmastflagge erwähnt wird und sonst in diesem Gottesdienst keine Erwähnung mehr findet, kann man kritisch sehen. Ob es die ungeklärten Umstände des Todes oder einfach nur die Eigenwilligkeit in der Ablaufplanung des Pfarrers sind, weiß nur er selbst. Immer wieder wird Musik von der Band eingespielt. Mit irischem Touch klingt sie für mich aber recht angenehm. Immer wieder ertappe ich meine Füße beim Mitwippen. Meine Hände habe ich zwar zusammengefaltet, dennoch versuchen auch meine Daumen den Rhythmus aufzunehmen. Der Sänger klingt gut, auch wenn man die fehlende Technik, die sonst bei einem Konzert Standard ist, etwas heraushört. Mit ein wenig Eigenwerbung der Band für ihre CDs und die T-Shirts klingt der Gottesdienst aus. Diese Tatsache und die Auswahl des letzten, recht rockigen Songs, sorgen wenig später für weiteren Diskussionsstoff unter den Teilnehmern. Überhaupt empfinde ich zurzeit eine deutliche Überempfindlichkeit bei vielen Personen. Da sind solche Dinge wie Öl im Feuer.

Die Einsatzzeit des aktuellen Kontingents neigt sich in wenigen Wochen dem Ende und aus eigener Erfahrung kenne ich die dann bei vielen aufkommende Stimmung. Eine Mischung aus Motivationstief und Heimweh macht sich breit. Doch auch das wiederholt sich gerade, denn bereits bei den Kontingenten zuvor ist es sehr ähnlich gewesen und in etwa vier Monaten wird es sich vermutlich ebenfalls wiederholen. Ich kann mich auf so etwas einstellen, dennoch kann ich nicht bestreiten, dass es teilweise anstrengend ist und nervt, wenn man weiß, wie viele Kontingente ich in diesem Land schon kommen und gehen sehen habe. Und selbst hier passt der Spruch „Wer keine Probleme hat, macht sich welche.“.

Neugierig schaue ich mir noch, bevor ich den Gottesdienst verlasse, die Auslage der Band an. Die T-Shirts sehen gut aus. Schwarz, mit der afghanischen Fahne im Hintergrund und Sprüchen sowie dem Namen der Band darauf, wirkt die Qualität gut. MASA, Kunduz und Kabul steht groß in der Mitte des Rückenbildes. Mit dem Spruch auf der Brust, direkt in die afghanische Fahne geschrieben „Nix für Pussys“, sollte man nur nicht in Kabul City herumlaufen, da es sicher Afghanen gibt, die das fehlinterpretieren könnten. Die CD, zwei „Pinup-Aufkleber“ mit einer „angedeuteten“ Tänzerin und das Shirt gibt es für 30 Euro. Eine Mischung aus Neugier und Mitleid zieht mir das Geld aus meiner Dokumententasche. Sie sind so viele Tage nun für fast nichts, außer den Eindrücken aus Afghanistan unterwegs gewesen. Durch den tragischen Zwischenfall sind auch die Konzerte in Kunduz und Masar abgesagt worden. Somit werden sie, abgesehen von diesem und dem nächsten Sonntagsgottesdienst, kaum gespielt haben. Wenn mir die Musik auf der CD nicht gefallen sollte, bleibt wenigstens das Shirt als Souvenir. Wenig später zurück auf meiner Stube schiebe ich direkt die CD in meinen Laptop und schließe für einen besseren Klang die externen Lautsprecher an. Wieder dominiert die irisch angehauchte Musik. Nichts für jeden Tag, doch für zwischendurch und bestimmte Stimmungslagen sicher eine willkommene Abwechslung zum Rest auf meinem Rechner.

Mit der an uns herangetragenen Bitte, den Bandmitgliedern ein wenig Einblick in die Tätigkeit unserer Einheit und dem Land zu geben, begeben wir uns kurz nach der Mittagspause des neuen und sehr warmen Tages in den Innenhof. Dieter hat zugesagt und mir erst vor wenigen Minuten die Information zu dem Termin gegeben. Groß darauf vorbereitet hätte ich mich wohl ohnehin nicht, doch so richtig Lust habe ich eigentlich auch nicht. Wir setzen uns unter den Pavillon zur größten Gruppe, da sie sich auf beide im Innenhof befindlichen Pavillons aufgeteilt haben. Die Tänzerin sitzt links von mir und ist in das Gespräch mit einem Kameraden vertieft. Sichtlich entspannt, ihre Stiefel an der Kante des Tisches aufgelegt, raucht sie eine Zigarette und hört dem Kameraden aufmerksam zu. Jetzt, wo uns nur wenige Zentimeter trennen, sehe ich erst wie jung sie zu sein scheint. Höchstens 20 bis 22 schätze ich. Schnell konzentriere ich mich aber auf Dieter, der bereits zu einem reißenden Redefluss angesetzt hat. Immer wieder stimme ich innerlich nicht mit seinen Ausführungen überein und seine sehr detaillierte Vortragsform scheint mir fehl am Platz. Vor uns sitzen absolute Laien zum Thema Afghanistan und Dieter redet über „seine“ Prüfungsrichtlinie. Vielleicht, um erst mal warm zu werden und in der Hoffnung, damit Fragen zu aktivieren? Nur durch sekundengenaues Timing kann ich in seine Erklärungen einhaken und komme so auch zu Wort. Jetzt weiß ich auch, warum ich wenig intrinsische Motivation für diese Gesprächsrunde hatte. Eigentlich hätte es gereicht, wenn Dieter hier gesessen hätte. Seine Gegenüber werden es nicht merken, doch mir fällt auf, dass einige Dinge zu pauschal und andere teilweise nicht ganz richtig sind. Den Klugscheißer will und werde ich nicht spielen, zumal ich dann nur Gefahr laufen würde, Dieter schlecht dastehen zu lassen.

Die nächste Fahrt im Wolf wird mir Gelegenheit geben, das Eine oder andere noch einmal aufzugreifen und richtigzustellen. Und wo es mir einerseits schwerfällt, mich zurückzuhalten und so Dieter nicht die Show zu stehlen, so unterdrückt auf der anderen Seite das bekannte Gefühl der Lustlosigkeit, mich immer wieder zu denselben Fragen zu äußern. Wie Schüler in der Schule, werden sie und auch die Nächsten aber immer wieder im Kern dieselben Fragen stellen, weil einfach keine Berührungspunkte vorhanden sind. Damit stehen die hier anwesenden Bandmitglieder exemplarisch für die Masse unserer Bevölkerung. Auch sie müssen mit den Wenigen und vielleicht einseitigen Berichten aus den Medien leben. Doch ohne einen realistischen Blick durch Insider oder eigene direkte Eindrücke aus diesem Land und unserem Dienst hier, wird nie mehr als Stammtischparolen für Diskussionen übrigbleiben. Vielleicht der einzige Grund, warum ich mir auch nach längeren Gedankenpausen immer wieder die Mühe mache, die Fragen, die mich betreffen, zu beantworten. Es kann nur der Tropfen auf den heißen Stein sein und dennoch ist jeder Fragende ein potenzieller Multiplikator der Erklärungen, zumindest wenn nicht allzu viel „stille Post“ die erlangten Informationen verfälscht. Dies wäre ein weiterer Grund, dieses Tagebuch weiter zu schreiben und damit einen mehrschichtigen Einblick in unser Leben im Einsatz zu geben.

Die Sonne steht mir ungünstig im Rücken und heizt sowohl diesen als auch meine gesamte linke Körperhälfte stark auf. Ich kann spüren, wie immer wieder die Schweißperlen an meiner Wirbelsäule hinab in die Unterhose rutschen. Damit ist es eindeutig zu warm und mit jeder Minute fühle ich mich hier unwohler, wenngleich die Stimmung locker ist und einige Fragen nun auch direkt an mich gerichtet werden. Selbst wenn ich mich sehr gut an die klimatischen Bedingungen gewöhnt habe, so achte ich sehr genau darauf, mich nie unnötig und lange der direkten Sonnenbestrahlung auszusetzen. So geht es auch der Tänzerin neben mir, die das Flirten des Kameraden sichtlich hochnäsig genießt, auch sie kann nicht verbergen, dass ihr die Hitze zu schaffen macht. Es nervt mich ein wenig, dass der Rauch ihrer Zigarette immer wieder direkt in mein Gesicht zieht. Aber so wie ich hier aus Höflichkeit geduldig weiter schwitze, nehme ich ebenfalls diesen Umstand hin.

Nachdenklich sinkt mein Blick immer wieder zu Boden. Es ist einer der unregelmäßigen Momente im Einsatz, wo man sich wieder mit Fragen auseinandersetzt, die man sonst klar verdrängt, um sich nicht unnötig zu belasten. Das macht die Anwesenheit doppelt unangenehm. Es liegt auch nicht an den Bandmitgliedern, die sind offen, freundlich und stellen normale Fragen. Wenn dieser Einsatz vorbei und einige Monate vergangen sind, dann werde ich womöglich wieder mehr Lust auf Antworten haben und meine Erfahrungen und Erlebnisse gerne an meine Umwelt und besonders an die jüngeren Kameraden weitergeben – das hoffe ich zumindest. Doch im Moment fühle ich mich einfach nicht wohl dabei. Selbst das Schreiben dieser Zeilen, die mir immer wieder dabei helfen, mich mit den Erlebnissen des Tages auseinanderzusetzen, kann mir keine klare Antwort auf diese Empfindungen geben. Die zurückgelegte Strecke des laufenden Einsatzes und der Ausblick auf weitere anstrengende Monate werden mir bewusst und deprimieren mich gerade. Doch es werden wohl wieder bessere Tage kommen. Und es warten noch einige Abenteuer und einschneidende Erlebnisse auf mich in diesem Einsatz.

Ausblick

Mitten im doch recht langen Einsatz finden merkliche Veränderungen statt. Auf vielen Ebenen geht es vor und auch zurück. Der schwindende Rückhalt in der Familie, die immer größer werdende Distanz, alles scheint schwieriger. Und so liegen noch viele Monate vor mir, die nicht einfacher werden.

Was kann ich hier (noch) bewegen?

Liegt es an mir?

Verändere ich mich gerade schneller, als meine Umwelt damit Schritt halten kann?

Oder muss das so sein?

Ein Blick zurück, zerrt der Wind bereits an den „Spuren im Sand" und lässt mich zweifeln. Doch wie immer in meiner Vergangenheit, geht der Blick danach schnell wieder nach vorn, weiter und weiter.

Im 2. Teil nehme ich euch mit auf eine begonnene Reise, die so glaube ich, immer spannender wird.